EL LIBRO DE LA REVELACIÓN, POR SAN JUAN EL DIVINO

VOLUMEN UNO

POR
HERB FITCH

© 2021 by Bill Skiles.

ISBN   Softcover   978-1-956998-12-2

Reservados todos los derechos de autor.

Prohibida la reproducción total o parcial de este libro, su incorporación a un sistema informático, así como su trasmisión en cualquier forma, sea ésta electrónica, mecánica, por grabación u otros medios, sin el permiso previo y por escrito de los titulares del *copyright* – excepción hecha a breves extractos del mismo a efecto de reseña, incorporados en revisiones con intención de crítica, y a algunos otros usos sin fines comerciales permitidos por la Ley de Derechos de Autor.

Para adquirir ejemplares adicionales de este libro, favor de ponerse en contacto con:

Bookwhip
1-855-339-3589
https://www.bookwhip.com

VOLUMEN UNO

ÍNDICE DE CONTENIDOS

Éste, es el *Índice de Contenidos* original, como fue dado como consecuencia de la transcripción directa del inglés, de la serie de grabaciones de las contemplaciones impartidas por Herb Fitch.

Derechos De Autor v
Prólogo a la Edición en Inglés, por Bill Skiles vii
Prólogo al Volumen Uno de la Edición en Español x

Clase 1: Sólo el Cristo Conoce al Cristo 1
Clase 2: El Yo Cristo, El Tú Cristo 34
Clase 3: Aceptando Tu Divinidad 71
Clase 4: Identificando el Velo 105
Clase 5: ¿Fue Jesús Crucificado? 137
Clase 6: Amor Divino, Y Amor Personal 173
Clase 7: El Secreto del No-Poder, de la No-Acción 208
Clase 8: El Don de Dios – La Sabiduría Divina 244
Clase 9: Séptima Carta A Las Iglesias 278
Clase 10: Detrás del Velo 308
Clase 11: Secretos de los Cuatro Jinetes 339
Clase 12: El Séptimo Sello 377
Clase 13: El Sonido de las Trompetas 407

DERECHOS DE AUTOR

Este Libro es propiedad de
THE MYSTICAL PRINCIPLES GROUP (GRUPO DE PRINCIPIOS MÍSTICOS)

http://www.mysticalprinciples.com

La publicación no autorizada del contenido está prohibida, sin antes haber contactado al propietario del sitio MYSTICAL PRINCIPLES.

PRÓLOGO A LA EDICIÓN EN INGLÉS, POR BILL SKILES

Hace más de dos mil años, la Mente-Cristo entregó un Mensaje al mundo: *"Vosotros, tenéis que nacer del Espíritu"*. A través de la disposición de Jesús, dicha *Mente que estaba en Cristo-Jesús*, Se vertió para todos aquellos que tuviéramos *"oídos para oír"*, revelándonos Su plan para llevarnos dentro del Reino **de** Dios, aquí sobre la tierra – pero la humanidad, *no* comprendió este gran Mensaje. Por lo tanto, con Gracia y Amor infinitos, la *misma* Mente-Cristo, hablando desde lo Invisible, repitió el Mensaje con gran detalle por medio de San Juan el Divino, y esto se convirtió en lo que conocemos como *El Libro de La Revelación*.

Por más de dos mil años, esta Revelación ha estado a la vista, aunque *no* ha sido entendida – de hecho, ha sido mal entendida; y la causa es, que únicamente la Mente-Cristo en el hombre, puede revelar la Verdad del Ser. Fue hasta el año de 1970 cuando un hombre (quien también experimentó *la Mente que estuvo en Cristo Jesús* que fluyera por medio de San Juan el Divino), se sentó en silenciosa meditación durante muchos meses, hasta que al fin le fue revelado el Mensaje *completo* del *Libro de La Revelación*. Ese hombre fue, Herb Fitch. Lo que ahora tienen ante ustedes, es la Revelación COMPLETA de San Juan el Divino, cuya interpretación fue recibida en la Conciencia desde la Mente-Cristo, y declarada a través de Herb Fitch.

Una obra de esta envergadura conlleva horas y horas de dedicación de muchos individuos. Estos individuos también se sentaron en meditación, antes de comenzar la transcripción, o antes de comenzar a editar los textos – para que todos pudieran estar *receptivos* a la Mente-Cristo, en tanto trabajaban en esta Revelación, y para que este Mensaje pudiera ser presentado nuevamente al mundo, con integridad, preservando la Verdad.

El Espíritu de este Mensaje está intacto – exactamente tal como fue entregado al mundo por medio de Jesús, por medio de Juan, y ahora por medio de Herb. Si existe algún error en la letra de este Mensaje, es del todo *mi* falta, y asumo la responsabilidad por ello. Sin embargo, no hay errores en el Espíritu Es intacto; y aquellos que estén receptivos a *esa Mente que estuvo también en Cristo-Jesús*, hallarán al Espíritu, aquí.

Mi intención en esta obra, que ha requerido más de un año en completarse, es simplemente que el Mensaje de Cristo, como fue vertido por medio del *Libro de La Revelación*, ya **no** vuelva a estar *extraviado* para el mundo. Es más, algún día no lejano, cuando los recursos estén a la mano, es mi intención publicar un juego de dos volúmenes, para que todos podamos contar con esta información, impresa en nuestros libreros, de manera que el Mensaje pueda ser preservado para las generaciones futuras.

El prerrequisito para penetrar hacia este gran *Mensaje*-Cristo, es ser capaces de ir al *Interior* y contactar la *Mente*-Cristo, y permitir que Ella revele aquello que estén leyendo. Si acaso ustedes no han aprendido todavía cómo meditar, entonces tendrán que dejar de lado por un tiempo esta Revelación, y regresar después que hayan adquirido dicha habilidad.

Luego yo les sugiero que encuentren un lugar tranquilo, y lean únicamente un párrafo, hasta que "algo" atraiga su atención desde estas páginas. Entonces pongan el libro a un lado, levántense, y encuentren un lugar donde sentarse a meditar acerca de ese "algo" que los conmovió interiormente. Les puedo decir con la certeza nacida de la experiencia, que podrán caminar dentro de *otra* Dimensión – justo aquí y ahora, hacia un Reino, hacia *un Templo Interior no hecho de manos*, incomprensible para la mente humana. Se trata de la Dimensión en la cual, su Ser Interno camina; se trata del Reino en el cual, mora la Identidad Espiritual de ustedes; se trata de una Presencia Interior, del Espíritu, que está *más cerca que la respiración*; *más cerca que manos y pies* – y Esto, tiene que hacerse cargo de su experiencia de vida total, tanto interna como externamente. Sólo entonces estarán ustedes obedeciendo el Mensaje: "Vosotros, *tenéis* que nacer del Espíritu".

Bill Skiles
Robbinsville, Carolina del Norte, Estados Unidos
10/05/2009

Enlace:

http://www.mysticalprinciples.com
(Haga clic en el enlace anterior para accesarlo)

PRÓLOGO AL VOLUMEN UNO DE LA EDICIÓN EN ESPAÑOL

"Jesús dijo:
'Si yo quiero que él quede
hasta que el Yo venga,
entonces, ¿qué a ti?
¡Sígueme tú!'

Este dicho se extendió entonces
entre los hermanos:
que *aquel* discípulo, 'no moriría'.

Pero Jesús no dijo
que 'no moriría', sino:

'*Si* yo quiero que él quede
hasta que el Yo venga,
entonces, ¿qué a ti?'

Éste es 'el Discípulo'
que da testimonio de esto,
y que escribió todo esto.

Y sabemos que **su Testimonio
es verdadero**.

Y hay también mucho más
que hizo Jesús,
lo cual, si se escribiera uno a uno,

pienso que ni aun en el mundo
cabrían los libros
que se habrían de escribir.
Amén".
—Juan 21:22-25

Esas palabras, con las que concluye el *Evangelio Según San Juan*, evidencian y corroboran la cercanía que tuvo "el Discípulo Amado" con el Maestro. Si alguno de los discípulos se mantuvo cerca de Jesús durante todo su Ministerio hasta su Ascensión final sobre toda creencia de 'este mundo', ese fue Juan. Sus palabras y el *enfoque místico* de su testimonio, difiere por completo del enfoque de los demás Evangelistas. ¿*Qué* le compartió Jesús a Juan? ¿Qué le impartió el Maestro al Discípulo Amado? Tanto, que resulta imposible imaginarlo, aunque mucho se percibe por su declaración final en el mencionado Evangelio.

Sin embargo, todo cuanto le fue impartido cayó en la 'tierra fértil' de la Conciencia de Juan; y una vez que fue 'relegado de sus deberes humanos' al ser desterrado a la Isla de Patmos, las semillas comenzaron a dar fruto, y pudo cumplir con la *Meta* de la Vida: "... Hacerse a sí mismo, Hijo de Dios" [Juan 19:7]; llegando a ser reconocido como *San Juan el Divino*, autor del *Libro de la Revelación*.

La posibilidad de "Hacerse a sí mismo Hijo de Dios" – alcanzando el nivel de **experiencia** de la Divinidad *Individualizada*, no solamente la vivió Juan, sino también dejó *minucioso* y *protegido* testimonio escrito, perfectamente codificado con la simbología bíblica ancestral, de la totalidad de dicha vivencia, para Guía y Luz en el Camino de todo aquel que se encontrara con el *despliegue* de Conciencia necesario como para "negarse a sí mismo; tomar su cruz, y seguir al Cristo Interior" [Mateo 16:24].

Tuvieron que pasar cerca de dos mil años, para que *uno*, con el *despliegue* de Conciencia necesario, no solo decodificara la enseñanza, sino recorriera la *Senda* señalada y alcanzara **a experimentar** la tan anhelada *Meta*.

Herb Fitch no nos habla, en este taller, de la *decodificación* del Mensaje de San Juan el Divino en forma *literal*. El impacto de sus palabras en nuestra Alma, testifica de *su propia experiencia* al haber recorrido *El Camino* – las sesiones de estudio que conforman este *Taller* están impregnadas de *Autoridad Divina* claramente perceptible, la cual ilumina directamente a toda Conciencia *Receptiva*.

Herb Fitch, tan cercano a nuestros días que aún sentimos el latir de su amoroso corazón, *reinterpreta* para nosotros, la Senda para abandonar en definitiva esta experiencia *Tridimensional* de Conciencia, y alcanzar la 'Tierra Prometida', la *Cuarta* Dimensión de Conciencia.

He aquí *El Camino* – "Y el Espíritu y la Esposa dicen: '¡Ven!' Y el que oiga, diga: '¡Ven!' Y el que tiene sed, venga; y el que quiera, tome del Agua de la Vida, *gratuitamente*" [Revelación 22:17].

—*marsha.within, de paso por Betania – agosto del 2021*

CLASE 1

SÓLO EL CRISTO CONOCE AL CRISTO

Revelación 1:1 – 10

Herb: - Primero, una cordial bienvenida para todos ustedes. Deseo que esto sea una Experiencia *Trascendente* en nuestras vidas.

Tenemos un Libro que 'este mundo' ha *ignorado*; y, sin embargo, en él está contenido TODO – TODA idea, TODA verdad que hayamos estado buscando y cuestionándonos; la respuesta a TODA frustración; la respuesta a TODOS los problemas que encara el hombre de la tierra; la respuesta a TODA enfermedad; la respuesta al significado de la Vida. TODO esto y más, está *escondido* aquí – bueno, en realidad **no** *escondido*, tan solo *latente* – en espera del *reconocimiento* de aquellos que pudieran considerarse, a sí mismos, *Siervos del Altísimo*. Y cada Verdad *Individual* que ustedes *descubran* en este viaje, constituirá una tarea *consagrada* a una Vida de verdad.

Tenemos que encontrar una *Autoridad*, en la cual podamos *creer* – ése parece ser uno de los problemas fundamentales de la vida. Al volvernos hacia las 'autoridades' de 'este mundo', las encontramos *inadecuadas*; encontramos las huellas de *barro*, de aquellos quienes nos hubiera gustado que *nos guiaran*, demasiado *tarde* y demasiado *trágicas*. Hubo una *Autoridad* sobre esta tierra *antes* que el mundo comenzara, y esta *Autoridad* jamás ha abandonado esta tierra. *Antes que Abraham fuera, El YO, SOY* (Juan 8:58), y todavía *El YO, SOY*;

y *El YO, SOY* por siempre. El YO, *SOY* el Ser Eterno; El YO, *SOY* la *Autoridad* de ustedes; y cuando ustedes *Me* encuentren, entonces ustedes *descubrirán* por qué las autoridades *humanas*, jamás han sido suficientes. Ustedes *descubrirán* por qué, la Palabra *de* Dios, *jamás* puede ser hallada *fuera* del propio Ser – ustedes *descubrirán*: la Senda *de* la Revelación.

Bien, yo sé que bastantes de nosotros hemos *descubierto* esta Senda *de* la Revelación **y** estamos *permitiendo* que el Verbo del Padre *Interior*, surja para: *guiarnos, enseñarnos, alimentarnos*; para *guiarnos*, en TODO sentido, hacia la *Filiación con* Dios. Desafortunadamente, la senda *actual* de 'este mundo', **no** es la de la *Filiación con* Dios. *Difícilmente* alguno de nosotros podría *pretender* haber *incursionado* en esa Dimensión *Interior* llamada El Reino **de** Dios – y, sin embargo, el Mensaje del Cristo es: *"Mi Reino,* **no** *es de 'este mundo'* (Juan 18:36); porque *El Reino* **de** *Dios, está* **dentro** *de vosotros"* (Lucas 17:21). Así entonces, sí existe una senda *hacia* ese Reino **de** Dios; y hay algo muy *extraño* que se dice al respecto. El Maestro dice: *"El Camino que conduce* **hacia la Vida** *es, un Camino estrecho y angosto"* (Mateo 7:14). Y cuando ustedes consideran esas palabras: *"que conduce* **hacia la Vida**", debieran cuestionarse: "¿Y dónde me encuentro yo, ahora? Si tengo que *encontrar* una Senda hacia la *Vida*, entonces ¿qué es esto?" –*Esto* es, 'este mundo', el cual **no** es el Reino del Padre; esto, constituye la *imitación* de la vida; esto, constituye el concepto *humano* de la vida; y esto, es el concepto *humano* que *jamás* puede sustentarse a sí mismo, hasta la Eternidad – y *tiene* que *acabarse*, a menos que... a menos que descubramos el Camino para *entrar hacia esa Unicidad con el Padre*, hacia esa Filiación con el Padre que conduce hacia la Vida.

Existe un pasaje en el Evangelio de San Juan, que comienza de esta manera:

"Si vosotros Me amáis, entonces obedeced Mis mandamientos" (Juan 14:15-21).

Se encuentra en el Capítulo 14.

"Si vosotros Me amáis, entonces guardad Mis mandamientos. Y yo, oraré al Padre; y Él, os dará a vosotros otro Consolador, para que Él, pueda morar con vosotros para siempre; es decir, el Espíritu de Verdad, a quien el mundo no puede recibir, porque no Lo ve ni tampoco Lo conoce. Pero vosotros Lo conocéis, porque Él, mora con vosotros y está en vosotros. No os dejaré sin consuelo; el Yo, vendré a vosotros. Todavía un poco, y el mundo no Me verá más – pero vosotros, Me veis. Puesto que el Yo vivo, vosotros viviréis también. Y en ese día, vosotros sabréis que el Yo, estoy en Mi Padre, y vosotros en el Mí, y el Yo en vosotros. Aquel que tiene Mis mandamientos y los guarda, es quien Me ama. Y aquel que Me ama, será amado por Mi Padre; y el Yo lo amaré y Me manifestaré a él".

Y luego, justo arriba de eso, se dice:

"En verdad el Yo, os digo, aquel que cree en el Mí, las obras que el Yo hago, él también las hará. Y mayores obras que éstas hará, porque el Yo, voy a Mi Padre. Y todo cuanto pidiereis en Mi nombre, eso, el Yo haré – para que el Padre pueda ser glorificado en el Hijo" (Juan 14:12-14).

Ustedes pudieran entonces preguntar si estas palabras tan importantes, fueron dichas *en medio* de 'este mundo': "*Si vosotros Me amáis, entonces obedeced Mis mandamientos. Y todo cuanto pidiereis en Mi nombre, el Yo, lo haré*". Ahora pues, ¿quién en 'este mundo' ha obedecido Sus Mandamientos? Ahora pues, ¿quién, en 'este mundo', puede decir que *todo cuanto yo pida en Su Nombre*, Él lo está haciendo? ¿*Quién* puede ondear una varita mágica, y traer

Paz a este mundo? *¿Quién* conoce la forma de purificar el aire que respiramos, y prevenir el fuego que viene como un ladrón por la noche? *¿Quién* conoce la forma de prevenir la enfermedad? *¿Quién* conoce la forma de vencer la muerte? *¿Quién* conoce la senda de la felicidad eterna? –Y así es como *descubrimos* que la Biblia, y 50 millones más de Biblias, y 50 millones más de sermones, y 50 millones más de oraciones... *todos* se han separado de los Mandamientos – se han *desviado* del Camino. Y la *misma religión* ha encontrado *otra* manera – **no** la manera del Cristo, porque de hecho **no** hay demostración del Camino del Cristo, en la religión. ¿Dónde van a encontrar al Cristo demostrado? ¿En *qué* hogar, en *qué* ciudad, en qué *país* podemos decir: *"Ahí* está El Cristo encarnado – ahí está la pureza de Sus enseñanzas, apareciendo como el gozo, la paz, la verdad, el milagro de Dios sobre la tierra"? Mas el Maestro *sabía* esto, y por ello el Maestro *hizo* algo muy extraño. –Él, estaba sobre la cruz, en ese momento – se trata de un pasaje muy *importante* a *considerar*, si es que vamos a *comprender* la *Revelación de San Juan*.

La *enseñanza* de Cristo Jesús, **no** ha sido *observada* sobre esta tierra. Sus escuelas, **no** la enseñan; la educación actual del hombre, *nada* tiene que ver con la *enseñanza* del Mensaje de Cristo; la religión, **no** la enseña; la religión, **no** tiene interés alguno en enseñar el Mensaje *del* Cristo – el propósito de la religión, es enseñar su doctrina, sus creencias acerca del hombre – pero **no** sabe cómo *apartarse* de dieciséis siglos de *obscuridad*. Pero la *Omnisciencia*, *jamás* falla; la Omnisciencia, **siempre** va por delante – incluso *antes* que la iglesia prepare el Camino – la Omnisciencia va, *delante* de los tres billones y medio de personas que caminan sobre la tierra, *inconscientes* de los *hechos* fundamentales de la propia vida.

Así en la cruz, Cristo-Jesús miró hacia abajo, y vio a su madre; y señalando a Juan, dijo: *"Madre, he aquí a tu **hijo**";* y señalando a su madre, le dijo a Juan: *"Hijo, he aquí tu **madre**".* Y en seguida las Escrituras dicen: *"Ahora que supo que su obra estaba terminada, dijo: Yo, tengo sed"* (Juan 19:28). Él, **no** podía partir hasta que hubiera

designado *al Cristo sobre la tierra*, *como Juan*, quien *recibiría* el Verbo. Y luego se dice que: *Juan, a partir de ese instante, llevó a María a su hogar* – hacia su *Conciencia*-Cristo.

Ahora bien, esta fue la forma en que el Espíritu *preparó* a los hombres, para que 'vieran a Juan' sobre esta tierra, ahora que el Maestro estaba *moviéndose* hacia el Reino *Invisible*. Juan *poseía* el Verbo, **y** a Juan le sería *revelado* el Verbo. Y *cuando* nosotros *aceptamos* los principios de El Cristianismo, entonces *miramos* los cuatro Evangelios, y *encontramos* en ellos que uno de los cuatro, *difiere* de los otros tres. Uno, fue escrito por un recaudador de impuestos que se había convertido en discípulo – y registró *fielmente* lo que 'vio'. Otro, fue escrito por un joven bajo el auspicio de Pedro – y así es como tenemos el Evangelio de Marcos. Y estos dos, Marcos y Mateo, escribieron desde el punto de vista de los primeros *hebreos*. Lucas es quien sigue, y escribió desde el punto de vista de los primeros hebreos *cristianos*; y como ustedes saben, él tuvo bastante dificultad en *reconciliar* la genealogía *humana* de Jesús, con el nacimiento *divino* de Jesús, por lo que por un lado describe *humanamente* a Jesús, de retorno hacia David; y por el otro lado Lo menciona naciendo: *Inmaculadamente*.

De esa manera encontramos en *Juan*, una clase de *enseñanza distinta*. Los hechos *históricos*, hasta cierto grado, se encuentran en los *tres* primeros Evangelios; pero en *Juan* encontramos una *enseñanza* acerca del Ser *Interno*. Y se trata de este *mismo* Juan de quien se dice que: *abandonó esta tierra, sin dejar un cuerpo – jamás* fue encontrado el *cuerpo* de Juan. Al igual que Jesús, él se *llevó* su cuerpo con él – y es este *mismo* Juan, sobre quien se *cimentó* el cristianismo.

Basados tanto en el Evangelio de *Juan*, como en el de los otros tres, resulta *evidente* que es este *Juan*, quien *recibió* el Verbo *Interno* que conforma *la Revelación de San Juan*. Se trata de este *Juan*, quien, habiendo *alcanzado* tal altura de *concientización*, es a quien le fue *encomendada* la 'madre' de Jesús. Se trata de este *Juan*, quien estuvo en la Isla de Patmos, quien *registró* una *Experiencia Interna*, y que ahora, más de dos mil años después, dicha Experiencia resulta tan *actual* como el día en que fue escrita, y tan *nueva* como el mañana.

Se trata de este mismo *Juan*, cuyas obras de *curación* fueron tan milagrosas, que resultaba *sospechoso de brujería*; y se dijo que el *emperador* lo mandó llamar para ver *si* realmente era un brujo, haciéndolo beber una poción – y, *antes* de tomarla, Juan la *bendijo* en el Nombre de Cristo, y entonces procedió a beberla, *sin* sufrir el menor daño.

Esa *misma* poción le fue dada a un *criminal*, y éste *murió* instantáneamente. Se trata de este Juan, quien fuera *desterrado*. Y para aquellos de nosotros que encontramos alguna *discordia* en nuestras vidas, vale la pena que *recordemos* que, el *exilio de Juan* – su aparente discordia – constituyó el *origen de la Verdad que actualmente podemos disfrutar*. Lo que el mundo consideró como un posible mal, en realidad no fue sino la Gloria *disfrazada*, porque *apartó* a Juan de sus deberes oficiales. Eso, fue lo que lo condujo *fuera* de 'este mundo', hacia un lugar donde la plenitud de todo cuanto había *aprendido* en el Reino *Interior*, pudo ser *plasmado* en un nivel adecuado para el mundo, desde el enfoque *privilegiado* de alguien que había viajado primero *con* Jesús en la carne, y después por cerca de cincuenta años, dentro de lo *Invisible*. Se trata de este mismo *Juan*, quien un día *compartió* con sus discípulos, y cuando al día siguiente ellos *regresaron*, todo cuanto quedaba en donde *Juan* había *estado*, era una *fuente de agua*. –Y ésta es, la *leyenda de Juan*.

Muchos grandes *pensadores* han considerado esta *Revelación*. *No* existe un solo miembro de alguna *iglesia* en el universo, desde el comienzo *del Libro de la Revelación* en la Biblia hace cerca de mil seiscientos años, que no haya *visto* esta Revelación, y no haya sido *confrontado* con ella; que no la haya *considerado*. Y hay algunos, muy *pocos*, que, habiéndola mirado, se han separado como si *jamás* hubiera *existido* esta *Revelación* que proviene de uno de los Escribas de la Biblia; de uno de los *grandes* Profetas de todos los tiempos – el *hombre* designado *por* Jesús, como *su sucesor sobre la tierra*. *¿Cómo* podríamos *ignorarla* y *decir* que somos Siervos del Altísimo? Entonces, ¿por qué decimos que Juan recibió *otro* Mensaje desde El Cristo *Interior*? ¿Acaso no estaba *terminada* la obra de Jesús sobre la tierra? –**No**; *no* pudo haber estado *terminada,* sino hasta que hubiera *preparado,* cuidadosamente, el *antídoto* para lo que podría haberse hecho con su Mensaje, *después* de su partida en la carne. Puesto que El Espíritu es *infalible*; puesto que El Espíritu *conoce todo*; puesto que El Espíritu es *Omnipresente* por toda la *eternidad*, entonces resulta lógico que El *Espíritu, conociera* que ahí, existía una *necesidad* – una *necesidad* para que la Verdad se *presentara* justo *en* la Biblia, como un *candado seguro*, tal como cuando la Cámara de Representantes y el Senado, cuando pueden, *checan* al presidente. Y este *candado* seguro fue, *El Libro de la Revelación*. *El Libro*, fue capaz de decirles a los hombres en la tierra: "Ahora, ¡un momento! Ustedes *ya* cuentan con la Verdad en: los Cuatro Evangelios, en el Libro de los Hechos, en las Epístolas; entonces… *¿por qué no* están *siguiendo* esa Verdad?"

Y por supuesto que, la *mente mortal*, rechazó esta *Revelación* – la mantuvo *fuera* de la Biblia – pero el *poder* del Cristo *Interior* es: *portentoso*. Y *a pesar* de lo que *la Revelación* tiene que decir acerca de las iglesias y acerca de las religiones de 'este mundo' – *no* hubo *poder* alguno sobre la tierra para *eliminar*, de la Biblia, *El Libro de la Revelación de San Juan*. Finalmente fue *aceptado*, y *permanece* en su gloria, como una *hoja en blanco,* para muchos; pero como *faro de luz,* para aquellos quienes, por sobre *todo* y a *cualquier* precio, están *determinados* a que, para ellos, exista *solo un único* Camino. Y *si* ellos requirieran de *mayor* 'autoridad' en su caminar en este Libro, la *encontrarán*. En este Libro, ellos pueden *adquirir* el *coraje* para volverse hacia 'este mundo' y decir: "**No**; lo que ustedes están *logrando* con el Mensaje de *Jesús, no* es aquello que el *Yo* quiero. El Yo, *no* quiero un *comportamiento* de *tercera* clase; el Yo, **no** estoy *satisfecho* con un código *moral*. –Lo que el Yo *quiero* es, la

Verdad *Interior*; la Verdad *Superior*; la Verdad *Real*, la Verdad de la *Propia* Vida".

Y puesto que tiene que haber una *Autoridad* que ustedes puedan *seguir*, el Maestro, por medio de *Juan*, reitera de nuevo este Mensaje, dándoles, a *ustedes*, esa *Autoridad Superior* que ustedes *buscan*. Esa Autoridad *Superior*, nos llega por medio de **24** Capítulos: primero, *anunciando* la *Autoridad* de la *Revelación*; luego *informando* acerca de lo que la *Revelación*, es; *cómo* habrá Siete *Sellos rotos* – 'sellos' que nos están *apartando* de la Verdad. Y luego nos dice: "Ustedes *pueden seguir* esta Senda; ustedes *pueden elegir* recorrer esta Senda *Interior*, en la cual se va *rompiendo* un Sello *a la vez*. Y conforme *cada* Sello sea *roto*, otro Don **de** Dios *fluirá, a través* de ustedes – *hasta* que el *séptimo* Sello sea *roto*. *Todos* los siete Dones **en** ustedes, están **unidos** en un *Río de Vida* para sustentar al Ser *exterior* – para *llevarlos hacia* El Reino **de** Dios, *sobre la tierra*, en donde la Voluntad *del* Padre, **en** ustedes, sea la *única* Voluntad *presente* dondequiera que se encuentren".

Éste, es *el Camino* que conduce hacia la *Vida*. Y luego, por otro lado, nos *muestra* que, **si** nosotros **no** *elegimos* esta Senda en particular, en la cual los Siete *Espíritus*, los siete *Dones*, las siete *Estrellas* o los siete *Propósitos* están *revelados* y *entrelazados* dentro de un Ser *Unificado* que es *completo* en Dios, entonces por otro lado, seremos *obligados* a aceptar aquello que **no** hayamos *elegido* hacer. Eso resultará un tanto más *difícil*, requerirá de un poco más de *tiempo*, resultará un poco más *doloroso*. Pero, en cualquier caso, ya sea que *elijamos* la Senda o que hayamos sido *obligados* a aceptarla, lo *inevitable* del Cristo, *elevado* en ustedes, es mostrado *forzosa* y *dramáticamente*, y **sin** la menor *posibilidad* de ser *negado* jamás. Éste, es el Libro que nos cuenta que El Cristo sobre la tierra, constituye la *realidad de todo* individuo que está sobre la tierra o que algún día pueda estar en ella – y **no** hay poder alguno sobre la tierra para *evitar* que así sea. Se nos da la *oportunidad* de *elegir* el Camino del Cristo, o de ser forzados a través de la ley del *karma*, hacia una *sumisión* al Cristo. Por eso *siempre* es que se dice: "**Si** *vosotros tuvierais ojos para ver y oídos para oír* (Revelación 1:1Mateo 13:11-13; Lucas 8:9-10; Marcos 4:11-12; Juan 16:12-14), *éste sería su Mensaje".*

Ahora pues, ustedes pudieran haber *leído* muchas, muchas *revelaciones*; muchas *interpretaciones* del *Libro de la Revelación.* Algunas de ellas *dejan* mucho que desear; *todas* contienen el *temor* hacia un *Armagedón,* cuando el hombre vaya a ser *borrado de la tierra. Todas* ellas dicen que *el Día del Señor,* llegará cuando Él dicte *sentencia* sobre Sus *enemigos.* Y hallamos que la conciencia de 'este mundo', ha sido *condicionada* en forma tal, que incluso en el *sacerdocio,* en el *ministerio,* en los hombres con *puestos* altos, existe la creencia de que Dios, tiene *enemigos* – hay una creencia de que Dios, tiene *oponentes*; que Dios, tiene que vencer a los *enemigos* de Dios. Así, todas esas distintas *interpretaciones,* cuentan con estos *molinos de viento,* contra los que hay que *luchar.* Pero, en esta *Revelación, aprendemos* que Dios, **no** tiene *enemigo* alguno; que Dios, **no** tiene *oponentes* – es decir, *aprendemos* la *diferencia* entre la Verdad **y** el hipnotismo.

Pongamos ahora la *atención* en nuestra *Revelación* – pero antes de hacerlo, *recordemos* que, en este momento **no** lo vamos a *enfocar* como simples *principiantes.* De hecho, *ya* llevamos recorrido un *largo* trecho en este *reconocimiento* de la Verdad, por lo que, en cierto grado, ya *sabemos* lo que este *Libro* contiene para nosotros. ¡Y **no** cometamos el mismo *error* de 'este mundo', tratando de *enfocar* este *Libro* con la mente *humana!*

La *Revelación* llegó durante el tiempo que Juan *pasó* en la isla de Patmos – durante el tiempo en el cual, él mantuvo un *nivel alto de sumisión* hacia la Voz *Interior,* dentro de los reinos del Alma; la *Revelación* llegó dentro del grado de Conciencia *Superior.* Y al igual que todos los Libros que han *llegado* dentro del *más alto* grado de Conciencia, cuando se leen desde un grado *inferior* de Conciencia del hombre de la *tierra* o con una mentalidad *humana,* bueno, entonces es como tratar de escuchar con un oído **no** entrenado, a Beethoven o a Brahms. Se requiere de un *alto* grado de Conciencia – el cual **ya** *poseen* ustedes – para poder *escuchar* el *lenguaje del Alma* – para *escucharlo* con el *Alma*, y **no** con la *mente*. Es entonces cuando ustedes se *darán cuenta*, que se encuentran moviendo dentro del *mismo* nivel que el de la *Revelación*; y Ésta, la *Revelación*, puede desplegarse *dentro* de su reconocimiento, en una forma *distinta* a la que hubieran tenido *si* se hubieran apoyado en la barrera de una mente *humana*, tratando de *descifrar* símbolos que, para nuestro sentido *humano* normal de valores, *carecen* de todo significado. Así que, su *primer* paso, para la *comprensión* de la Biblia, y en realidad para *comprender* la propia Biblia, así como para *escuchar* el Verbo *del* Padre dentro de ustedes, radica en *deponer* toda *consideración* del pensamiento de 'este *mundo'*.

A su alrededor se encuentra el *pensamiento de 'este mundo'* – y ustedes, tienen que *descansar* y *dejar* de considerarlo; tienen que *dejarlo ir*; tienen que *saber* que ahora todo cuanto ven en 'este mundo', no es más que el *pensamiento* de 'este mundo', haciéndose *visible*. Todo cuanto ustedes vean en 'este mundo', resulta en una *imagen mental* – las condiciones, las personas, los lugares, las cosas de 'este mundo', no son más que la *conciencia* de 'este mundo' hecha *visible* y *tangible*. La vía para hacer *visible* esta conciencia de 'este mundo', está constituida por el *pensamiento* – así que: **no** *pensemos* (Mateo 6:25) – *descansemos* **de** la consideración del pensamiento *humano*; *moremos* **en** el ámbito del no-pensar. **No** *detengamos* nuestro pensamiento – sencillamente *dejemos* que el pensamiento de 'este mundo', se *siga de largo*, hasta que ustedes, **sientan** que está ocurriendo un *cambio* dentro de ustedes.

Este *cambio* interior, está conformado por una *nueva corriente* de Vida – **no** la corriente del pensamiento de 'este mundo', sino un gran *Silencio* – una forma *inusual* de Paz, donde todo pensamiento en el universo, se convierta en nada para ustedes – porque *ahí* es donde Jesús *siempre* vivió; *ahí* es donde Juan *siempre* vivió – y eso es lo que constituye: la isla de *Patmos*. En Patmos, es donde ustedes *reciben las aguas vivas del Pensamiento divino* – cuando en ustedes, el gran *Vacío* del pensamiento *humano*, *permite* tal Vacío, de manera que ustedes ya **no** están *buscando* personas, cosas **ni** poderes – tan solo, la dicha de estar **en** la Isla del *No-Pensar*, y la dicha de poder decir: "El Yo, he *vencido* al pensamiento de 'este mundo'; el pensamiento de 'este mundo', ya **no** fluye a través de mi consciente ni del inconsciente; El Yo, siento una *nueva corriente de vida* que apenas está comenzando" – en ese instante, ustedes estarán *preparados,* para *escuchar* la voz del *Maestro*.

El mundo pretendió *destruir* al hombre que llamaba *Jesús*, debido a que *compartió* la Verdad que había *escuchado*, **de** Dios. Él, dice que: "El Yo, les he *dicho* la Verdad que *escuché* **de** Dios, y por eso, pretenden darme *muerte*". Así que cuando ustedes *escuchen* la Verdad **de** Dios, jamás será desde una lengua *humana*. La Verdad **de** Dios, *solamente* llegará cuando ustedes, se *encuentren* en la isla de *Patmos*; cuando ustedes, sean *capaces* de *saber* que el pensamiento de 'este mundo', *carece* de *poder* sobre ustedes; cuando ustedes, sean capaces de *saber* que dicho pensamiento **no** *puede entrar* en su conciencia; cuando ustedes, sean capaces de *saber* que el pensamiento de 'este mundo', **no** *puede* engañarlos, **no** *puede* manipularlos, **no** *puede* amedrentarlos, **no** *puede* convencerlos de que Dios, **no** *está* donde *ustedes*, están. Ése es el *Reconocimiento* Supremo que constituye el *umbral* para la *Revelación* – justo el lugar donde ustedes están, *tiene* que ser la Ciudad **de** Dios, la Casa **de** Dios; *tiene* que constituir su *Reconocimiento* Consciente, de la *presencia* **de** Dios. Y El Cristo que va a serles *revelado*, **no** implica una vida *separada* de ustedes – sino que El Cristo ES, El Espíritu, que mora *dentro* de ustedes.

Toda esta *Revelación* de San Juan constituye la *Revelación* **del** Espíritu, que mora en *todo* hombre, mujer y niño, sobre la faz de la tierra. Juan, *a través* de Jesús, *por medio* de Dios, está trayendo la *Revelación* de que: *únicamente* por medio del *Reconocimiento* del Espíritu Morador del Ser de *ustedes*, es que ustedes pueden *conocer* la Verdad **de** Dios; *únicamente* por medio del *Reconocimiento* de que El Espíritu **del** Cristo mora en *ustedes*, es que ustedes pueden *encontrar* el Templo *Interior* **de** Dios.

Al **no** considerar *ningún* pensamiento *humano*; al *permitir* que el pensamiento de 'este mundo' se *deponga*, todo cuanto *queda* es, El Espíritu Morador llamado: *Cristo*, para *revelarse* justo donde *ustedes* están, como la *Sustancia* de su Ser; como el Primer *Encarnado*; como el *Primogénito*; como la *Verdad* confiable que *jamás* puede ser hallada *fuera* de ustedes. Todo esto había sido *cumplido* por Juan, en el tiempo que *pasó* en la tierra, para *convertirse* en una *vía* o *transparencia* para el Verbo. Y después, en un momento, el *contacto* fue hecho – y entonces Juan **supo** que era Uno **con** Dios; Uno **con** Cristo; Uno con esa individualidad del Cristo, llamada Cristo-*Jesús*. Y el *Uno*, Quien le había *instruido* sobre la tierra, ahora estaba enseñándole *desde* lo *Invisible*. Ahora, cada Palabra *hablada, escrita, escuchada*, procedía del Verbo **de** Dios, por medio de *Jesucristo* – enviada por medio de Su Ángel, a Juan. Y *si* creemos en el *Evangelio* de Juan; *si* creemos en la *Autoridad* de Juan; *si* creemos en las palabras que él había hablado para decir que: "Ésta, **no** es 'mi revelación', sino *La Revelación* **de** Jesucristo enviada *a mí, por medio de Su* ángel", entonces somos privilegiados al *escuchar* lo que la Voz **del** Padre, *por medio* de este Canal, tuvo que *decirle* al mundo – porque Juan, era el representante *de Jesucristo*, sobre la tierra.

Así es como Juan dice:

> "*Ésta, es la Revelación* **de** *Jesucristo, que Dios Le dio a él, para mostrar a Sus siervos, las cosas que pronto deberán acontecer. Y Él, las enfatizó (sic); las envió y las enfatizó por medio de Su ángel, hacia Su siervo Juan*" (*Revelación 1:1*).

¿Qué es un *ángel*? –El *ángel* **de** Dios es, el *Espíritu* **de** Dios; el ángel **de** Dios es, la *Presencia* **de** Dios. Esa *Presencia Espiritual* **de** Dios, en ustedes, es llamada, el *ángel* **de** Dios. La *Presencia Espiritual* en Juan, fue el *ángel* **de** Jesucristo. Juan, siendo *Uno* **con**

El Cristo de su propio Ser – estando en la *naturaleza* Cristo – pudo *comulgar* con El Cristo **de** Jesús. El Cristo *único* en Juan, fue El Cristo *único* en Jesús – esto constituyó el *método* de comunicación. Y ese Cristo es, el *ángel* del Señor; y ese Cristo es, la *sustancia* de su Ser.

Ese ángel, a través del cual Juan se *comunicó* con Jesús, es la *misma* sustancia de *todos* nosotros. Ese *Espíritu* Morador es, el Ángel **del** Señor. Y ahí mismo dice: *"Para mostrar a Sus siervos, las cosas que pronto deberán acontecer"*.

Cuando esto fue hecho *público* o *publicado* por Juan, **no** había muchos *Siervos* del Cristo. –En realidad eran *pocos* y *distantes* entre sí; eran gente que había llegado a *cierto* nivel de conciencia, que los capacitó para *renunciar* a *todo* cuanto alguna vez hubieron creído, *antes* del perdón del Cristo; y que estaban *dispuestos*, en caso de *necesidad*, a *deponer* sus vidas *personales*, en su *búsqueda* de la Verdad. Ellos, eran los *Siervos* del Cristo – esos *individuos*, dondequiera que él o ella pudieran estar, en tiempo o espacio – que habían *alcanzado* ese lugar en la Conciencia donde él o ella, podían *afirmar*: *"Por encima de todo y más allá de todo lo demás, mi único propósito sobre esta tierra es servir al Cristo Interior. El Yo, soy un Siervo del Altísimo – ésa es mi primera y última actividad sobre esta tierra"*. Para ese *individuo*, ahora como entonces, esta *Revelación* **de** Dios, *a través* de Jesús **y** *por medio* de Juan, **no** solo estuvo *dirigida* para los pocos *discípulos* disponibles en el *primer* siglo, puesto que El Espíritu, **no** obra en el *tiempo* – El Espíritu, actúa en la *eternidad*; El Espíritu, obra en el *Eterno Ahora*.

Y ahora este Mensaje del *Espíritu, llega* tan *fresco* como el día en que se *pronunció* por medio de Juan, para decir que: El Yo, Soy un *Mensaje* solamente para aquellos que, por su *forma* de vida, están *decididos* a *servir* al Cristo, y *únicamente* al Cristo. Otros más que *leerán* este Mensaje, *nada* recibirán de él; otros que aún **no** se han decidido a *servir* a la Verdad, habrán *leído* este Mensaje, y *nada* habrán *recibido* de él. –La razón de lo anterior es que **no** existe *capacidad* para *recibir* esta Verdad, *excepto* en alguien que, a través del *deseo* de ser un *Siervo*, haya sido *abierto* desde el *interior*, para que sus *facultades* del Alma, sean *preparadas* para *recibir*, para *verter*, para estar *receptivo*, a la *Voz* del Maestro. Esto, ayer como ahora, constituyó el Mensaje *exclusivamente* para quienes *buscan* la Gloria *final* de la Conciencia-*Cristo*, de manera que lo que se *requiera* **de** ellos, resultará *factible*. –Y lo que **de** ellos se *requiere*, resulta *imposible* para quienes **no** se encuentren *preparados* para ese Nivel de *servicio*, a la Verdad. Ser un *Siervo* del Altísimo, conlleva una *renuncia total* de *mis* deseos, de *mis* anhelos, de *mis* ambiciones, de *mis* limitaciones, de *mis* temores; ser un *Siervo* del Altísimo, implica permanecer *muerto* a la personalidad, **y** permanecer vivo *únicamente* al Cristo; *despertar, volverse, arrepentirse; poner* al Cristo primero, sobre *todo*, al *final*, y *siempre*. Ésa, es la *razón* por la que existe tan solo un pequeño porcentaje sobre la tierra, que se encuentra *dispuesto* a *hallar* al Cristo. –Éste, **no** es un *servicio* en el cual puedan *dividir* sus intereses – requiere de *todo* cuanto ustedes *son*; y a cambio, Les otorga *todo* cuanto El Cristo, *es*.

Ahora bien, Juan está *señalando deliberadamente,* que esto es, para los *Siervos* **del** Altísimo. –Se trata del *Verbo* **de** *Dios, dado a Jesucristo, para mostrar a Sus Siervos, las cosas que pronto deberán acontecer.*

Pueden darse *cuenta* que entre todo eso que *pronto deberá acontecer,* está una *advertencia* implícita. –Y la *advertencia* es que: incluso las 'autoridades' sobre la tierra que *supuestamente* se encuentren en ese puesto de 'autoridad', y que pudieran *ayudar* a conducir a los hombres hacia El Cristo, **no** lo harán – de hecho, *erigirán* monumentos para *ellos mismos.* Y ésta es la *advertencia*: que los hombres *caerán* dentro de la hipnosis de *su propia* voluntad; que van a *adulterar* la enseñanza del Cristo – y así tendrá que ser, para que los hombres, dirijan *sus* propios caminos; para que los hombres, *echen suertes sobre Sus vestiduras*; para que los hombres, *claven* al Cristo – y es que ellos, *son una casa dividida contra sí misma.*

Se trata de la *declaración* que el hombre de la *carne, jamás* podrá ser, El Hijo **de** Dios, hasta que haya *renunciado* a toda *creencia* en una vida *separada* **de** Dios. **No** existe *lugar* alguno en la *naturaleza* del Cristo, para quien *todavía* se considere, 'a sí mismo', como un ser *físico* **y** *mortal*; y **no** existe lugar alguno en la *enseñanza* del Cristo, donde ustedes puedan *desviarse* del Camino, insistiendo en *mantener* su mortalidad, y *esperando* al mismo tiempo, ser *llamados* un *Siervo* o un *Testigo* fiel, del Altísimo. La *naturaleza* verdadera del Cristo, es Vida *Eterna* – la *naturaleza* de la mortalidad, es muerte. ¿Cómo podría haber *mortalidad* en la Vida *Eterna*? Y así, la *conciencia* de la Vida *Eterna*, se convierte en la Conciencia de *ustedes*. El Yo, SOY Vida *Eterna*. –Esto, **no** es un *hecho* a alcanzar en un *futuro* – esto, es un *hecho* para ser *conocido* **y** *aceptado,* como una verdad *básica* para *toda* vida.

Así, al proseguir la *Revelación*, ésta *enfatiza* con *certeza* creciente, que sobre esta tierra tan solo hay *Una Sola* Vida – ésa es, la Vida **de** Dios – y **no** es *mortal*. Se trata de la Vida de *todo individuo* que aparezca bajo un 'aspecto mortal'. Y todo aquél que vaya a *recorrer* la Senda del Cristo, tiene que *aceptar* la *Identidad*-Cristo; tiene que *aceptar* que El Yo, *Soy* Él. El Yo, *Soy* ese Ser; El Yo, *Soy* ese Ser *Espiritual* que *jamás* puede ser *dividido*, y que Es, *Todo*.

De esa manera es como somos *confrontados* con la *necesidad* de *apartarnos* de todo concepto *mortal* que admitamos acerca de un *mortal* que está 'madurando'; acerca de un *mortal* que está 'envejeciendo'; acerca de un *mortal* que está 'enfermándose o sanándose'; acerca de un *mortal* que se esté 'convirtiendo' en algo. Y el *Siervo* del Padre, dice: "*Dios, ha declarado sin duda alguna: Hijo,* todo *cuanto Yo, tengo, es tuyo*" (Lucas 15:31). Ese Hijo ES, Cristo; y esa Totalidad, está *incorporada* en la *Simiente*-Cristo del Ser. Y para que dicha *Totalidad* sea *manifestada*, se requiere de *alguien* que esté *consciente* de que El Yo, *SOY* ese Cristo. Después, cuando ustedes hayan *llevado a cabo* dicho *ajuste* – ese *primer* paso en la *aceptación* de que la *Naturaleza*-Cristo **no** es un Estado de Conciencia que 'haya de ser alcanzado', sino que tiene que ser *aceptado ahora,* como un *hecho* del Ser: de que *antes que Abraham fuera, El Cristo era el Ser de ustedes* – por lo que *ahora*, El Cristo *constituye* el Ser de *ustedes*. Entonces ustedes estarán *descubriendo* la razón por la que **no** puede existir *ninguna* iglesia *externa*, ya que la Iglesia **de** Dios, la constituye el *Espíritu* **de** Dios, morando **en** el Ser de *ustedes* – y Su nombre es: *El Cristo*.

El Verbo **de** Dios, llega *dentro* de la Iglesia **de** Dios; *dentro* del Reino **de** Dios; *dentro* del Cristo **de** Dios. Y ese Verbo, constituye la *Totalidad* que es *heredada al* Hijo, *por* El Padre. –"*Hijo: Todo cuanto El Yo, tengo, es tuyo*" – se encuentra *dentro* de *tu* Ser – porque *tu* Ser y *Mi* Ser, Un Solo Ser, *son*. Y ahí, **no** existe *autoridad* alguna sobre esta tierra, excepto el *Ser*-Cristo, en el cual, la *Totalidad* **de** Dios, es. Cuando Jesús *venció* la *creencia* en la mortalidad, **y** *conoció* que: *Él Mismo* era El Cristo **del** Padre; cuando *conoció* que esa *Totalidad* del Padre estaba **en** El Hijo, quien *es* El Cristo; y cuando *conoció* que El Yo, SOY ese Uno, es que entonces fue capaz de decir: "*El Yo,* **SOY** *El Cristo; El Yo,* **SOY** *la Luz; y todo cuanto el Padre tiene, es Mío, porque El Yo, [y] el Padre,* **Uno** *somos*". Y entonces Jesús, fue el *Siervo* del Altísimo. Pero *Jesús*, fue el *único* Siervo capaz de probar, **en** *Sí Mismo*, el *salir* de la forma, y de *retornar* a la forma. Y por su *Resurrección*, se *convirtió* en el Primer *Engendrado*, en el *Primogénito* sobre la tierra, y ser el *único* Hombre sobre la tierra que fue *avivado* – Jesús es quien nos *mostró* que el Poder del Cristo, es la *única* autoridad que *debemos* seguir.

Ahí es donde ustedes hallarán la *Totalidad* **de** Dios; el *Verbo* **de** Dios, la *Paz* **de** Dios; la *Gracia* **de** Dios – *no* dentro de la Biblia; *no* dentro de la Iglesia; *no* desde el púlpito; *no* en sus oraciones – sino en el *Reconocimiento* de que ustedes, *son* ese Espíritu **de** Dios que es llamado, El Padre Interior. –He ahí, la *Iglesia* **de** Dios; he ahí, El *Cristo*; he ahí, el Dios *Vivo* **y** la Palabra *Viva* de ese Dios *Vivo*. Entonces ustedes, *jamás* volverán a *sostenerse* con *citas* prestadas **ni** con la verdad revelada por *hombres*. Un Dios *Vivo*, constituye una Verdad *Viva, ahora* – y las palabras de *ayer*, **no** constituyen *el maná* del hoy. Por eso es que Jesús dijo: "*El Yo,* **no** *os dejaré sin consuelo. El Yo, vendré a vosotros, incluso el Espíritu de Verdad*" (Juan 14:18). Y justamente eso, es lo que ha estado *faltando* en todos nosotros – **no** el *Reconocimiento* de: la Verdad, sino el *Reconocimiento del Espíritu* de la Verdad.

La *diferencia* implícita en lo anterior es ésta: *Humanamente, aceptamos* la Verdad como: una *frase*, una serie de *palabras* y una *declaración* – pero eso, **no** constituye la Verdad, sino tan solo nuestro concepto *humano* acerca de la Verdad – la Verdad, *sólo* puede surgir *desde el interior* de ustedes, *desde* el Espíritu *Viviente*, de la Verdad.

Permítanme mostrarles lo que quiero decirles: Una mujer sumergió sus anillos de diamantes en un pequeño vaso con alcohol, aparentemente para limpiarlos; unos cuantos días después, para su sorpresa, descubrió que había echado dicho recipiente en el cesto de basura, y por supuesto que ésta ya había sido recolectada. Los anillos eran valiosos – además tenían para ella, un gran valor sentimental. Bueno, el caso es que estaba deshecha. ¿Qué podía *hacer* al respecto? Llamó a una amiga y le platicó, diciendo que, por error, había tirado el vaso en el cesto de la basura. Buscaba en su *mente* algo que pudiera hacer – y por supuesto que **no** había nada que *hacer*. Debido a que **no** había nada que pudiera *hacer*, llegó al punto donde **ni** siquiera podía pensar; e *instintivamente* supo que todo *pensamiento* era por demás, *inútil* – y justo en ese momento, *ya no estaba pensando*. Entonces algo muy extraño ocurrió. Mientras estaba siendo *incapaz de pensar*, se halló a sí misma *atravesando* la habitación, dirigiéndose hacia cierto cajón; lo abrió, y sacó sus anillos de diamantes. Aparentemente, *ella pensó* que había tirado el vaso, *antes* de sacar los anillos.

∞∞∞∞∞∞ Fin del Lado Uno ∞∞∞∞∞∞

Ustedes pueden *aprender*, acerca del Cristo. Si lo que ustedes quieren es, *aprender* acerca del Cristo, entonces **no** habrá *lugar* alguno hacia dónde dirigirse – el **único** *lugar* hacia dónde dirigirse, es hacia El Mismo Cristo. **Nadie** puede *enseñarles* acerca del Cristo, sino El **Mismo** Cristo. Y *El Cristo* **de** Juan, está trayendo esta información, *a través de él*, para nosotros. **Sólo** quienes caminan *fuera* de la ley *material*, debido a la *aceptación* de *Su Naturaleza*-Cristo, son quienes constituye la *autoridad calificada*, para ustedes. Ese **Único**, que caminó *fuera* de la ley *material*, fue Cristo, *apareciendo* en la tierra, *como* Jesús. Así que *únicamente* ese Cristo, puede *conducirlos* a ustedes, hacia El *Reino* **de** Dios, puesto que Cristo dice: "*El Yo, [y] El Padre,* **Uno** *Somos*". (Juan 10:30) Todo esto está *establecido* justo aquí, en el *principio* del *Libro de la Revelación*:

"*Bendito aquél que* **lee**", pero eso, **no** basta; "*y bendito aquél que* **escucha** *las palabras de esta profecía*", pero eso tampoco basta; "**y** *bendito aquél que* **guarda** *aquellas cosas que están escritas aquí – porque el tiempo está cerca*" (Revelación 1:3).

Así es como se les dice, que *escuchen*, después de *leer*; y que *guarden*, después de *escuchar*. He ahí una distinción entre: *leer, escuchar* y *guardar*. Todos podemos *leer*; y cuando *comprendemos* la naturaleza de lo que *leemos* en las Escrituras, eso significa *escuchar*; cuando *comprendemos* lo que *leemos*, lo *escuchamos*; pero eso, **no** es suficiente, porque muchos de nosotros somos personas que podemos *comprender* pero que **no** *estamos dispuestas* o **no** *somos capaces*, de encontrar esa *convicción* **y** *dedicación* que nos capacita para *guardar* [**obedecer**] aquello que *comprendemos* – es decir, para ***vivir*** el Verbo.

Una vez más, la *diferencia* está entre aquél que dice: "Yo *creo* en Dios", – pero que **no** cree en El Cristo de <u>su</u> propio Ser, y con ello **no** permite al Cristo, *vivirse* a Sí Mismo donde *él* se *encuentre*. Ése, **no** está *guardando* el Verbo – quizá tan solo está *leyéndolo* y *escuchándolo*. Y de nuevo, *nosotros* <u>tenemos</u> que saber que, si acaso vamos a *entrar* al Reino **de** la Realidad, **de** la Gracia, **de** la Paz, **de** la Vida Eterna, será *únicamente* por medio de **guardar** el Verbo, *deponiendo* 'nuestras' convicciones al respecto. Y ***guardar*** *el Verbo* implica *permitir* que <u>ustedes</u> acepten la Vida *Divina*, como la **única** Vida que existe; y, por consiguiente, la *única* Vida que *ahora*, <u>ustedes</u> pueden *ser*.

Cuando *ustedes* hayan decidido que *ustedes* **son** la Vida *Divina* **ahora**, **y** cuando *ustedes* estén dispuestos a *vivir* sobre esa base – *sin* aceptar la realidad de *nada más* acerca de *ustedes* mismos, que no sea *Divino* – entonces *ustedes* estarán **guardando** *el Verbo*; entonces *ustedes*, estarán **cimentándolo** en una forma *vital*, en lugar de cimentarlo, en un *concepto* durante una *conversación*. Así que *si ustedes* están **guardando** el Verbo – **aceptando** la Vida *Divina* como *su* propia vida – entonces *ustedes* ya **no** serán capaces de *mirar* aquellas cualidades de 'este mundo' que **no** son *Divinas* – y *ustedes* sabrán que **no** son *Divinas*, y, por consiguiente, que *carecen* de Sustancia-*Divina* en ellas. Así *ustedes*, a través de *su* fidelidad a la Vida *Divina*, *sabrán* que todo poder **no** *divino* en 'este mundo', *carece* de *poder* sobre la Vida *Divina* que *ustedes*, **son**. Y eso hará de *ustedes*: un *Testigo Fiel*.

El tiempo *llegará*, o habrá llegado, cuando *ustedes* podrán *aceptar* esta Senda. Y eso corresponderá con el **guardar** el Verbo que *ustedes*, han escuchado **y** comprendido. Entonces *ustedes*, estarán *caminando* **con** Dios; **no** con una *abstracción*, **no** con un dios que vive en alguna región *distante* – sino con la *Esencia* **de** *la Vida*. Y entonces *aceptarán* la *Esencia* **de** *la Vida*, como la esencia de lo que *ustedes*, son – *una* **y** la *misma*. Y *sabrán* que esa Esencia **de** la Vida, – tal como fue demostrada a través del *testimonio* de Cristo *Jesús* – está *más allá* del poder del mundo *material* en *todo* sentido; *más allá* del poder de todas las *cosas* y *condiciones* sobre esta tierra. Y ése, es el *hecho presente* del Ser de *ustedes*; **no** es algo que *ustedes*, tengan que *alcanzar* – es algo que *ustedes*, tienen que **reconocer** como el hecho *terminado y completo* de la *realidad* de su Ser, *ahora*.

Y en tanto *ustedes* van *estableciéndose* en esto, están siendo un *Testigo Fiel* – incluso aunque no lo logren del *todo* – porque estarán *comprometidos* en **guardar** la Palabra de que: **no** hay *otro* poder, que *no* sea la *verdadera* Esencia **de** la Vida misma. –Y *ustedes*, constituyen dicha *Esencia*; *ustedes* constituyen esa *Sustancia*, y el nombre de esa Esencia y Sustancia es, *Cristo*. Así pues, El

Espíritu Morador **de** Dios, constituye el Ser, de *ustedes* – contiene **e** incorpora, la *totalidad* del Padre, por Su Verbo o Palabra; y *mantiene* Su propia *Integridad*, **sin** ayuda *humana* de parte de alguien. El Ser de *ustedes* está por *siempre,* perfeccionando **y** manteniendo *Su* Perfección – incluso frente a circunstancias *nefastas*. Y cuando ustedes *tardan* en experimentar ese *Reconocimiento*, en tanto son *confrontados* con esas llamadas circunstancias *nefastas*, *ustedes* se *esforzarán* por **guardar** el Verbo; se *volverán* al Hogar; y en su *esfuerzo de* **guardar** el Verbo, *descubrirán* que existe una Fuerza *Invisible presente*, para ayudar.

Yo considero que Juan, está diciendo eso *aquí*: "*Juan, a las siete Iglesias que están en Asia: la Gracia sea en ustedes*" (Revelación1:4). Eso significa que en tanto *ustedes* se están *esforzando* por **guardar** el Verbo para *mantener* la *Integridad* de su propia *Individualidad* como El Cristo Viviente **de** Dios, entonces la Gracia, el Poder, la Totalidad de ese Cristo, está *presente,* invisiblemente, como la seguridad **y** protección de *ustedes*. Ustedes, son *ayudados* en *su* esfuerzo de ser lo que *verdaderamente* son, por la *misma* Fuerza que *ustedes,* se encuentran *reconociendo*. Pudieran 'caerse' – pero eso, *carece* de importancia. Ahí están *siempre* los *Brazos Eternos*, para quienes son: los *Siervos* **del** Cristo – los *Siervos* de *su* propia *Individualidad*.

Ahora bien, *las siete Iglesias*, **no** son, en sí, 'iglesias'. Nosotros percibimos estas *siete Iglesias*, como la *representación* de nuestra Conciencia – existen *siete propósitos* en el hombre, *siete niveles* de *Iniciación*, que *conducen* hacia la *totalidad* de la *naturaleza*-Cristo en ustedes. Y dichos *propósitos* **y** *niveles*, estaban *sujetados* a la tierra, en esa época; de hecho, existían *distintos* grupos de hombres – y *cada* grupo, constituía una *representación* de un *cierto* grado, de uno de los *siete propósitos*. Siendo *siete*, tenían, por consecuencia, que existir *siete Iglesias*. Cada una de estas *Iglesias*, conforma un *grupo determinado*, expresando un *propósito distinto* **de** Dios, **en** el hombre. Así, el Mensaje *permanece velado* al dirigirse a estas *iglesias* 'físicas' – porque está dirigido a los *siete propósitos* **en** ustedes. Y es que *cada* uno de estos *propósitos*, <u>*cumplido*</u>, se convierte en ese *Río de Vida*, el cual constituye al Ser *Interno* que, a *cambio*, les *muestra* que cuando han encontrado tal *Río Interior*, entonces el hombre *exterior*, se *convierte* en el *fruto* de dicho *Río Interior*. Por ello es que las *siete Iglesias* **en** ustedes, constituyen la *única* Iglesia-Cristo. Existen así, *siete propósitos*, cuyo *objetivo* es, *cumplir* el *Propósito único* – esto es lo que constituye las *siete Iglesias*.

"*Paz de Aquél que Es, y que Era, y que Será; así como de los siete Espíritus que están delante de Su Trono*" (Revelación 1:4).

"*Era*", "*Es*", **y** "*Será*". Esto suena como el *único Uno*, ¿cierto? "*Paz a vosotros*", ¿*de parte* de quién? –La Vida *única* es, la *única* Vida; la *única* Vida que siempre *fue*, siempre *es*, y por siempre *será* – **no** existe otra *más*.

Y *éste*, es un lugar *tan bueno* como cualquier *otro*, para *alcanzar* esa *comprensión*. *Cada* vez que ustedes ***no son*** El Cristo, ustedes están *clavando* al Cristo; cada vez que ustedes ***no son*** la Propia Vida **de** Dios, ustedes están *bajo la ilusión* de que existe *otra* vida distinta a la Vida **de** Dios. Ustedes, ***no*** tienen que *tomar* a Jesús, y *ponerlo* sobre una cruz, para *crucificar* al Cristo – nosotros *crucificamos* al Cristo, *cada* vez que *creemos*, *pensamos* **y** *actuamos*, como si sobre esta tierra pudiera haber *otra* Vida que la Vida **de** Dios. Ésa, es la *crucifixión* de *ustedes*, del Cristo. Cuando se nos dijo en la *segunda* Bienaventuranza que *lloráramos, y que entonces seríamos bendecidos*, se nos estaba diciendo que *llorábamos* porque habíamos *crucificado* al Cristo – *nosotros* estábamos *muertos* para *nuestra propia* naturaleza-Cristo. Eso era todo por lo que *llorábamos*: porque estábamos *muertos* al Cristo. <u>*Nosotros*</u>, en nuestra *ignorancia* del Cristo *como* nuestra Identidad *verdadera*, habíamos *clavado* al Cristo. Nuestro lamento constituiría el *reconocimiento* de que *ciertamente* habíamos *clavado* al Cristo; pero **también** el *reconocimiento* de que habíamos *recibido*, al *Consolador* – la *concientización* del Espíritu **de** Dios, *dentro* de nosotros mismos. Este *crucificar* al Cristo, *continuará* en *toda* persona sobre la faz de la tierra, hasta que *acepten* al Cristo, *como* la *Identidad* para *sí mismos*, *así como* para *toda* persona sobre la faz de la tierra.

Nunca ha habido un solo momento, en la historia de 'este mundo', en que El Cristo *único*, **no** haya caminado sobre la tierra, *como* el Ser *Invisible* de *todo* hombre. En este Cristo *Único*, todos somos *coherederos* como seres *humanos*. Y cuando *comprendamos* que **El** Coheredero en Cristo, **no** es un ser *humano*, entonces comenzaremos a *darnos cuenta* que tan sólo hay un *Único* Cristo, y ese *Único*, El Yo, SOY. Esto tiene que constituir el *reconocimiento individual* de ustedes: *ese Único Yo, Soy*. Y entonces los *siete propósitos* de ustedes, comienzan a *actuar* a través de esa misma *aceptación*. Los *siete propósitos* comienzan a *enviar* los Dones, **y** a aparecer *externamente*. Y estos *siete* Dones de los *siete propósitos*, apareciendo en la experiencia de *ustedes* conforme <u>ustedes</u> aceptan su *Identidad*, estos *siete* Dones, son llamados: *los siete Espíritus*. Los *siete propósitos* les entregan *siete* Dones. Y estos *siete* Dones son, los *Frutos del Espíritu*, los cuales son llamados, los *siete Espíritus*. Se dice aquí que, *estaban esperando en el Trono*: – "*Y los siete Espíritus, que están delante de Su trono…*" (Revelación 1:4) La Voluntad **de** Dios, constituye el Trono **de** Dios; y delante del Trono, delante de la Voluntad, están estos *siete Espíritus*. Conforme *ustedes* cumplan con cada propósito, los propósitos se *abrirán* al igual que la eclosión de un huevo de gallina, *revelando* un *nuevo* Don. –Esto constituye los *siete Espíritus* delante de *Su* Trono.

Y así, conforme *recorremos* la Senda del Cristo-*Interior*, al *mismo* tiempo *asistimos* a cada una de las *Iglesias dentro* de nosotros – *una por una*. Y a medida que *asistimos* a *cada* Iglesia, *cada* Propósito es *cumplido* – y a *cambio*, nos concede un *fruto* – otro Don; otro *nivel* de Conciencia *Espiritual*. Al final, *descubrirán* que estas *Siete Iglesias* en ustedes, los están *conduciendo* al *Reconocimiento* de *los Siete Cielos*. Y *descubrirán* que *los Siete Cielos* alcanzados por aquel llamado Jesús, hicieron de Él, *el Primogénito* **del** *Padre*.

Recuerden que hace un instante se dijo: *"Cosas que pronto deberán acontecer"* (Revelación 1:1) Una de esas *cosas* es, que ustedes alcanzarán *el Séptimo Cielo*; que ustedes, siguiendo la Senda que fue *encendida* por el Primogénito, *renacerán* a la Vida. Y ahora, lentamente, se está *aclarando* por medio de la *Revelación*, que *todos* nosotros estamos siendo *conducidos de nuevo*, a un Estado de Ser del que disfrutábamos *antes* del nacimiento *humano* – estamos siendo *re-Unidos*, con el Ser-*Cristo*; estamos siendo *elevados* de nuevo a ese *reconocimiento* de que: *"antes que Abraham fuese, El Yo, SOY"*; estamos viendo el *significado* de estar 'caídos' – 'caídos' *fuera* de la Gracia, *fuera* de nuestra Identidad verdadera, hacia la *creencia* de que yo soy, un *hombre de la tierra*. Entonces esto se convierte en el viaje *espiritual* que *prueba* que ustedes, de hecho, **no** *son* el hombre de la tierra – este es un viaje *espiritual* que *reestablece* su reconocimiento de su *Filiación con la Vida Eterna* – dando por resultado, su *aceptación* de la Vida *Única*.

¿En *dónde* se encuentra esa *Vida Única* ahora? –*No* existe lugar alguno donde no se encuentre. Ustedes pudieran mirar hacia los tres millones y medio de personas en el mundo, y verían tres millones y medio de formas *caídas*, debido a la falta de entendimiento de que, *"antes que Abraham fuese, El Yo, SOY"* – todos ellos *creen* que El Cristo, se ha ido a algún 'lugar'; por lo que están esperando que El Cristo, *regrese*. La *llegada* del Cristo al *reconocimiento* de *ustedes* es, aquello que se ha llamado: *La Segunda Venida*. –Pero Cristo, **no** se ha ido a *ningún* 'lado' – ahí donde ustedes *miran* 'tres millones y medio de personas', **sólo Cristo está**. Existe **una sola** Vida *Divina* – y ésta, **no** se encuentra *dentro* de las *formas*, sino que constituye el Ser *Verdadero*, de ustedes. La 'forma' es, una 'ayuda' para poder *descubrir* esa Vida *Única*. Encontrarán la *utilidad* de la 'forma', al *redescubrir* su *Identidad*, como la *Única* Vida *Eterna*.

Ustedes encontrarán que *jamás* han sido algo *menos* que el *Hijo* de esa *Única* Vida *Eterna*. Ustedes, *siempre* han sido aquello que *son*. Nosotros, *jamás* hemos *abandonado* el Hogar – así que tan solo tenemos que *reajustar* nuestro *sentido* de: haber abandonado el Hogar. *Descubramos* que justo donde nos encontremos, la Vida *Divina está* – tan *solo* hay Vida *Divina* – y Ésta, es totalmente *inmune* a toda ley del *karma*; es totalmente *inmune* a toda *condición* de 'este mundo'. Algunos de nosotros hemos pasado por *estados* bastante *críticos* – estados de *confusión*; estados de frustración. Lo que quizá *no sabíamos* en ese entonces, era que **toda** condición fue *necesaria* para *despertar*, en nosotros, ese *Reconocimiento* final de que, en nuestra *Identidad*, eso *jamás* pudo ser. La *única* razón para lo anterior, fue que **no** habíamos *aceptado* esa Identidad – habíamos morado *separados* de *nosotros* mismos. Yo, *acepté* esa vida *humana* para *mí* mismo, *olvidando* la enseñanza *de* Cristo de que: Dios, **no** creó una vida *mortal,* en *ningún* lado; que Dios, es *Todo*; y que, por lo tanto, la Vida *Eterna* de ustedes, está ahora *tanto* en el siglo XXV *como* en el siglo XXI. La Vida *Eterna* está en *todo* siglo que pueda haber. De hecho, existe justo *ahí,* tal como existe en *todo* siglo que alguna vez haya *sido.*

Y *si* aconteciera que ustedes *ahora* requirieran algo que necesitara llegarles en el siglo XXX, tengan la *seguridad* que El Cristo del Ser de *ustedes* existe *ahora,* y *jamás* cambiará; y existe en el *ahora,* y *también* existe en lo que más tarde les parecerá *como* el siglo XXX – pero *puede* ser *alcanzado* justo en *este* instante, *antes* del siglo XXX; y si lo necesitaran, puede ser tomado *de ahí* **y** *traído al* siglo XXI. ¿Por qué? –Porque El Cristo *es*, lo *Eterno*; *independiente* del tiempo – el *tiempo* es tan solo un 'giro' de lo Eterno.

Lo Eterno es "aquello que fue, y que es, y que será"
(Revelación 1:4).

La *plenitud* de esa Vida *Única-Eterna* que nosotros llamamos "Dios", *no* va a *cambiar* en quinientos años; *jamás* será *distinta* a su Perfección *actual*. Y debido a que *siempre* mantiene esa *Perfección* cuando es *aceptada* como siendo *su* Vida *ahora,* es que entonces ustedes están *adelantándose* al siglo XXI – *adelantándose* al mismo *tiempo.* Y todo cuanto el *tiempo* representa en su esfuerzo *lento* para imitar al *Eterno*-Ahora, está *disponible* para ustedes, dondequiera que se encuentren, al nivel de su *necesidad*, debido a La *Gracia*. –Ustedes están *adelantados* a la interpretación *mental*, limitada y finita, de la Vida. Ustedes están de *retorno* en el *Mensaje*-Cristo, de que el *Yo*-Cristo, Soy *Omnipresente* por toda la *Eternidad* y la *Infinitud*.

El *"Yo, conozco su necesidad; y es mi gran placer, darles el Reino"* (Lucas12:32).

Ésta es la *verdad* del Cristo del Ser de *ustedes*; del Espíritu *morador* que constituye el *Nombre* de ustedes. –Significa que *todo* cuanto *pidan en ese Nombre* – siempre y cuando ustedes acepten esa Identidad – *todo* cuanto ese *Nombre*, esa *Identidad* incluye, está, por consiguiente, presente en el *Ahora* – incluso aunque hayan tenido que *esperar* humanamente, su *aparición* en el *tiempo*. Y eso constituye la *diferencia* de vivir bajo la *ley*, o por *Gracia*.

Ahora ya saben que esto, *no* se trata de una enseñanza *religiosa*. Y porque *no* es una enseñanza *religiosa*, es que *no* se trata de la enseñanza que El Cristo pueda *permitir*. Así que una de las cosas que *pronto tiene que acontecer*, es que, así como a los *individuos* se les ha dicho: *"Arrepentíos o pereceréis"* (Lucas13:1-5), de la *misma* manera, ésta también es la *Palabra* para la Iglesia. No puede haber *sobrevivencia* como Iglesia, *sin* la Palabra *Viva* del Dios *Vivo*. La Iglesia tiene que *arrepentirse* o *cambiar*, y *convertirse* en una conciencia *distinta*. ¿Y saben cómo es que lo hará? –Por medio de la *congregación*. Aquí y allá habrá uno que dirá: *"¡Pero la Biblia me dice quién soy yo! –El Yo, Soy la Vida Divina"*. Ése, *no* se va a *sentar* en la banca *mirando* al ministro y *escuchando* algo de la ortodoxia que *niega* la Vida *Única*, que niega la *Presencia* del Cristo, que *clava* al Cristo en tanto *piensa* que está *glorificado* en el trono de Dios – de esa manera la *congregación* va a *forzar* a la religión, al *cambio*.

Dense cuenta que los *registros* **del** Padre, están siendo *equilibrados*. Y en el *equilibrio* de los *registros*, se da la *cosecha*.

Aquellos que han *dado fruto*, son *cosechados*. Ellos, son los *Siervos*, los *Discípulos* del Padre. Y quienes *no* lo son, simplemente son enviados de regreso al nivel *inferior*, para *aprender* aquello que *no* han aprendido. Pero, *inevitablemente*, la Palabra o el Verbo *del* Padre, se *manifestará* sobre la tierra en *cada uno* de nosotros. Lo *inevitable* de lo *Invisible* del Cristo, manifestándose *visiblemente* sobre la tierra, es lo que está *trayéndonos* aquí. El *fracaso* resulta del todo *imposible*, debido a: *la Gracia es contigo*. Detrás de *todo* cuanto ustedes *hacen*, está la Vida *Única* de Dios, que *jamás* deja de ser la Vida de *ustedes*, porque "*El Yo*, *no* puedo dejarte *ni* abandonarte *jamás*" (Hebreos 13:5). O Me *aceptan* como la Vida de *ustedes*, y con ello la *Gracia es sobre ustedes*, o *pierden* su tiempo pensando todavía que, *mentalmente*, pueden *llegar* a alguna clase de vida *comprometida*, en la cual encuentren algo con lo que vayan a estar *satisfechos*. Nos referimos a quienes *no* están recorriendo el "*Camino Recto y Angosto*" de la Vida, sino tomando el Camino *Ancho*, el cual *descubren* que lleva a la *destrucción* – e incluso tan solo una destrucción *temporal*, porque aquellos *comenzarán de nuevo la búsqueda*, la cual está tan *claramente* trazada, como el *reconocimiento del* Cristo *y de* Jesucristo – quien es el *Testigo Fiel*, y el *Primogénito* de la muerte, y el *Príncipe* de los reyes de la tierra.

Cierto; contamos con los 'reyes de la tierra', pero sobre ellos, está un *Príncipe*. Y es para aquellos de nosotros quienes pudiéramos *pensar* en nuestros corazones; *pensar* que los 'grandes poderes' de esta tierra, *no* nos *permitirán* vivir en la verdad de nuestra *Identidad*. Sí; ellos *no* permitirán que un ser *humano* lo haga; es *cierto*. Pero existe un *Príncipe sobre* los 'reyes de la tierra', para que *todas* las leyes *materiales* de esta tierra, estén *sujetas* al Príncipe. Y el *Príncipe* es, el *Espíritu* de Dios, morando *en* ustedes.

Siempre han sido ustedes *enseñados* que, el Espíritu es, *Omnipotente*; y que ustedes, *siendo uno* con el Espíritu, son *mayoría*. ¿*Quién* va a llevar a cabo esto por *ustedes*? –El *Espíritu* es, quien lo *llevará a cabo por ustedes*. El *Espíritu*, les va a *mostrar* que es el *Príncipe* sobre *todas* las cosas de la tierra, quien ha sido un *Rey* sobre el ser *humano* de ustedes. Pero ahora *ustedes* están *volviéndose* hacia el *Príncipe* que está por sobre los 'reyes de la tierra' **y** sobre *todos* los poderes *materiales* de esta tierra, quienes habían sido considerados como un 'rey' para ustedes – pero *todos* ellos están *subordinados* al Espíritu *morador* del Padre, en <u>ustedes</u>. De *nuevo* se trata de la *aceptación* de que el *Espíritu* **de** Dios, que mora *en mí*, es *mi* Nombre – se trata de aquello que constituye *dominio, libertad, liberación,* en ustedes.

"A Aquel que nos amó, y nos lavó de nuestros pecados en Su Propia sangre" (Revelación 1:5).

Dentro del *cuerpo* de ustedes, circula la sangre; *dentro* de la *mente* de ustedes, circulan los *pensamientos.* Cuando ustedes *hablan* de esta *sangre del Cristo*, están *hablando* de aquello que circula por toda la *Infinitud.* La *Sabiduría Perfecta* constituye la *sangre* del Cristo. La *Sabiduría Perfecta* del Cristo, en ustedes, constituye la *Omnisciencia.* El Cristo *en* ustedes, lo *sabe todo*. Ustedes han *aprendido* que El Cristo es, *Omnipotente*; que es el *Príncipe* que está *sobre* los reyes de la *tierra.* Y también están *aprendiendo* que El Cristo en ustedes es, Omnisciente; El Cristo es, la *Sabiduría Perfecta.* Por supuesto que todo esto constituye la razón por la que hay *Gracia* donde quiera que El Cristo sea *reconocido* como el Ser, puesto que El Cristo, *reconoce* tanto Su *Omnisciencia* como Su *Omnipotencia.* "Todo *cuanto el Padre tiene...*" (Juan 16:15), – la *Omnisciencia* del Padre, la *Omnipotencia* del Padre – se encuentra *dentro* del *Cristo* del propio Ser de *ustedes.*

Bien, algunos de ustedes pudieran haber *dicho*: ¡*Si* tan solo yo pudiera *tener* algunas normas *específicas* con las cuales *andar!* Bien que *recuerdo* cuando yo mismo, dije eso: "¿Por qué *no* me lo *dicen* con *claridad* en *inglés?* –Tan sencillo: uno, dos **y** tres. ¡Haz *esto*; **y** haz *aquello!*" Se *sorprenderían* de ver cómo las *mejores* intenciones, pueden ser *malinterpretadas*, puesto que *no* existe el "Uno, dos, tres" – tan *solo* existe: el *Uno.* Mejor harían *olvidando*:

el dos *y* el tres. Cuando están *buscando* al Uno, al dos *y* al tres, es debido a que **no** están *escuchando* aquello que están oyendo; **no** lo están *entendiendo*, y **no** serán capaces de *captarlo*. –Tan solo existe el **Uno**. Ustedes, *no* necesitan *del dos ni del tres*. Ustedes, tienen que *aceptarse* como siendo *El Espíritu de Dios*. ¡Y **no** hay más! *Únicamente* El Espíritu **de** Dios, que ustedes *son, conoce* el Camino; y **si** ustedes tratan de *permitir* que una mente *humana* les dé: el *Uno*, el dos **y** el tres, entonces van a *cometer* el *mismo* error que *toda* mente *humana* comete. La mente humana *piensa* que ella, puede *encontrar* el Camino – pero, el Camino **es:** Cristo. "*El Yo,* **Soy** *el Camino; El Yo,* **SOY** *el Camino*" (Juan 14:6). *Cuando* ustedes se *identifican* como Cristo; *cuando* se *aceptan* como Cristo; **y** *cuando rechazan* todo aquello que ustedes **no** son, entonces **ya** cuentan con *el Camino*. Y entonces El *Yo*, el *Camino*, los *conducirá* hacia el Trono **del** Padre; y será cuando la *Voluntad* **del** Padre – que es el Trono *actuando* a través del Cristo del ser de *ustedes*, – se *manifestará* en 'este mundo', cumpliendo *todo* propósito, *revelando* cada don, **y** *elevándolos* hacia aquella Vida que **no** conoce final **ni** límite alguno.

Dense cuenta ahora, que se trata de la mente *humana* en nosotros, la que *todavía* ronda por ahí, diciendo: "*Muéstrenme* el Camino, porque **no** me *gusta* ese camino; tiene que haber un camino *más* fácil; yo, **no** puedo *aceptarme* a mí mismo, como *siendo* El Cristo. ¡*Muéstrenme* un *segundo* o un *tercer* Camino; *muéstrenme* un camino *humano*! *Díganme* que yo, *puedo leer* una hora cada noche; *cerrar* mis ojos, y *ver* que los ángeles vengan a mí; y que a la mañana siguiente *todo* cuanto *yo quiero*, estará aquí". La mente *humana*, continúa con *sus propios* conceptos *condicionados* acerca de *cómo* debiera ser el *Camino*. Pero El Cristo, dice: "*El Yo*, *SOY el Camino*".

El Cristo los *llevará* a ustedes, a un *lugar* donde la palabra "*Revelación*", se volverá *significativa* para ustedes. La *Revelación* **no** es 'alguien' hablando dentro de ustedes. *Revelación* significa *revelar* o *descubrir*, aquello que es. *Únicamente* El Cristo puede *revelar* aquello que ES. Y entonces es cuando la *Revelación*, se convertirá en la *expresión de* Dios, a *través* del Ser-Cristo de ustedes. –Ésa es, *la Palabra Viva*. Y esa *Palabra Viva*, esa *Expresión* de Dios, constituye El Cristo de *ustedes* – eso constituye la *Revelación*. Y después El Cristo *revelará en* este universo *físico* manifiesto, los *frutos* de la Naturaleza-Cristo. La forma *exterior* y sus *condiciones* en 'este mundo', se convierten en el *fruto* del Propio Cristo *Interior*. Pero *si* ustedes *permiten* que "la cola mueva al perro"; *si ustedes* permiten que esta mente *exterior* trate de *canalizar* y *decidir* las cosas *para* El Cristo Interior, entonces ustedes *caerán* en la *misma* trampa de *toda* la humanidad que se encuentra buscando el Santo Grial, allá *afuera*.

Ahora se encuentra revelada la 'autoridad' de ustedes, como El Cristo, en el *interior* de ustedes. Y ustedes pueden tanto *aceptar* como *negar* dicha 'autoridad'. Nosotros, podemos *volver* a nuestros caminos *convencionales*; podemos *mantenernos* en un nivel de *confort* en el universo *físico* – todos contamos con esa *opción*. Pero ésa, **no** es la Senda de quienes, de palabra, han *elegido* vivir *en* El Cristo, pero *continúan* a su propia manera – incluso aunque muchos de ellos están *satisfechos*; muchos de ellos son *exitosos*; muchos de ellos están *cómodos* y a *salvo*. Sin embargo, el Mensaje *del* Cristo, dice que *nosotros*, **no** *aspiramos* a esa trampa **y** desilusión, porque eso, **no** constituye la *seguridad* **del** Cristo; eso, **no** constituye el *éxito* **del** Cristo; eso, **no** constituye la *comodidad* **del** Cristo. Y esa 'forma' que **no** es **del** Cristo, puede ser *arrebatada* por las olas de las circunstancias *humanas* – porque **no** cuenta con *Ley* que la sustente; **no** tiene la *Sustancia* del Padre; **no** constituye un Hecho *Espiritual* – simplemente constituye un hecho *mental*. Y *todo* cuanto constituye un hecho *mental*, está sujeto a los *cambios* de la *mente*. 'Este mundo' es, un hecho *mental*. La *Revelación* constituye *percepción*, a través del *Alma*, de: la *realidad* que *subyace* las imágenes *mentales* de 'este mundo'.

Así que *la Revelación de San Juan*, va a *evidenciar* aquello que *subyace* las imágenes de *"este mundo"*; aquello que *subyace* las condiciones actualmente llamadas: *contaminación, sobrepoblación, hambruna, pobreza, guerra, violencia, odio*. Éstas, son las *condiciones* de *"este mundo"*. Y justo donde estas *condiciones* aparecen – como parte de la Conciencia *colectiva* – justo donde incluso el *clima* aparece, *El Yo, en medio de ti*, estoy como una *Gracia permanente* del Reino **de** Dios, sobre la tierra – *invisible* para el sentido *humano*, – pero *siempre* a mano. Y ustedes, quienes aceptaron *elegir* la Esencia **de** Dios, El Cristo, como la Sustancia **de** *ustedes*; y quienes aceptaron *elegir* la Vida *Única* como la Vida **de** *ustedes*, – ustedes son privilegiados para *entrar* al Reino sobre la tierra, ahora – caminando *detrás* de lo visible; *detrás* de las apariencias de guerra **y** profanación; *detrás* de la violencia **y** el racismo; *detrás* del flujo de sangre – caminando sobre la tierra, **dentro** de un Reino donde hay Paz, **ahora**; donde hay seguridad, **ahora**; donde hay salud, **ahora**. Pero **no** intenten entrar como un ser *mortal* en un cuerpo de *carne* – porque **no** *encontrarán la puerta*. Ustedes, *sólo* podrán *entrar*, cuando hayan *aceptado* ser: el Espíritu *Viviente* – y entonces *El Yo*, El Espíritu de *ustedes*, los *llevaré dentro* del Reino **de** los Cielos, *sobre* la tierra.

Bien, justo así vamos *como Siervos* **de** Dios; como aquél que está *escuchando* a través del *Alma*, la *Revelación* del Cristo *Eterno* – tal y como se expresa en las palabras *de* Juan. Nuestro *destino es*: el Cielo *sobre* la tierra; nuestra Identidad *es*: el Hijo *del* Padre Vivo. Y *nuestra* voluntad va a ser *purificada*, hasta que *todos* los conceptos *personales* hayan sido *disueltos*; hasta que nos hayamos *dado cuenta* que la Voluntad *Eterna* de lo Infinito, *es* la **única** Voluntad a la que tenemos que *responder*. Estaremos *caminando* en ese *Ritmo de Lo Infinito*, tan solo como *El Cristo*. Si en ese instante hemos *aceptado* que El Cristo constituye *nuestra* autoridad, entonces estaremos *preparados* para ser un *testigo fiel* **de** ese Cristo; un Siervo *fiel del* Altísimo. –De esa manera es como *romperemos* los grilletes de una vida *mortal*, que tiene que *finalizar*.

Quizá hemos *degustado* de una buena *introducción* – de un buen *aperitivo*, para entonces degustar nuestro platillo *principal* – y debiéramos *detenernos* ahora. Aún nos encontramos en los *albores* del *Primer* Capítulo del *Libro de la Revelación*, pero considero que, por medio del *Espíritu*, estamos *aprendiendo* que éste, es *nuestro* Mensaje; o incluso estamos *aprendiendo* que éste, de plano, **no** es nuestro Mensaje; o quizá sabemos que este Mensaje, cuenta con *algo* para nosotros; o sabemos que **no** es así. Probablemente se trata de un molde *espiritual* más *profundo*, o de un molde *espiritual* de un nivel más *alto*, del que hasta aquí habíamos *conocido*. Y lo que ustedes debieran *practicar*, es algo que hallé muy *valioso* – más allá de toda duda:

> *Aquello que **no** constituye la Vida **de** Dios, **no** existe; aquello que **no** constituye El Espíritu, **no** existe. –Y todo lo anterior, careciendo de opuesto, carece de posibilidad para considerarse una 'segunda' vida. Todo aquello que **no** es Vida **Espiritual**, Sustancia **Espiritual**, conforma la **no**-vida.*

Ustedes cuentan con la *oportunidad* para *decidir* si son, o **no** son, la Vida; si su prójimo es, o **no** es, la Vida. Y van a *descubrir* que, cuando ustedes *saben* que **sólo** el Espíritu es Vida; y que todo aquello que **no** es Espíritu conforma la **no**-vida, entonces ustedes van a *encontrar* más adelante, que aquello que conforma la **no**-vida, conforma también el **no**-poder – No existe poder alguno en la **no**-vida. **No** existe poder, *más que en* El Espíritu. –**No** hay poder en los clavos; **no** hay poder en las bombas; **no** hay poder en el clima; **no** hay poder en los gérmenes; **no** hay poder en la **no**-vida… Dios, **no** está *en* las bombas; el Espíritu, **no** está *en* las bombas; el Espíritu, **no** está *en* los virus; el Espíritu, **no** está *en* aquello llamado materia; Dios, **no** está *en* el huracán; Dios, **no** está *en* el mundo físico… Así que *concluimos* que: el mundo *físico*, constituye la **no**-vida – tan solo se trata de un *concepto*. Y aquello que conforma la **no**-vida, constituye también el **no**-poder, excepto *en* los *falsos conceptos* de vida, de *ustedes*.

Ustedes cuentan con la *posibilidad* de *salir* de esa mente que *acepta* el **no**-poder, como siendo poder; que acepta la **no**-vida, como siendo vida. Y en ese *reconocimiento* ustedes van a *descubrir* que *únicamente* el Espíritu, constituye Vida; van a *descubrir* en ese *reconocimiento*, que un 'Algo' dentro de ustedes, es lo que los capacita para *detectar* aquello que anteriormente *parecía* poder, que *parecía* vida… y entonces ustedes, le van a *arrebatar* su poder *plagiario*. Ustedes *descubrirán* que, en *realidad*: **todo** aquello *carece* de poder sobre *ustedes* – pero *sólo* cuando <u>ustedes</u>, *se mantengan en el reconocimiento del Ser* **Espiritual**, *de ustedes*.

Bien; ahí es donde ustedes tendrían que *morar* para *encontrar* esta Senda más *ancha* de Paz, esta *Vida Única*, **sin** opuestos. Aunque *sí*; ahí, hay un *ladrón*; ahí, hay un *ratero*; ahí, hay un *asesino*. Ah…, pero en 'realidad', ¿*quién* está ahí? ¿Existe 'algo más' que la *Única Vida*? ¿Es acaso esa *Vida Única*, algo menos que *Divina*? ¿Existe un 'lugar 'donde la *Vida Única Divina* se convierta en 'algo más'? –**No; no** lo hay; tan solo hay: ¡Una *Única Vida Divina*, en TODOS lados! Y la *fidelidad* **de** ustedes, hacia lo anterior, es aquello que los *convierte* en *Testigos Fieles* – y *en* ese Testigo Fiel, "*La Gracia* ES *sobre ustedes*".

Ahora bien, ustedes *habrán de practicar* esto **muchas** veces, *antes* que se *adhieran* a ello – pero, finalmente alcanzarán esa *adhesión*. Entonces *descubrirán* que el Poder, **no** radica, de ninguna manera, en el 'pensamiento' de *ustedes*. –El Poder consiste en *el reconocimiento* de ustedes, que 'Aquello' que constituye la Verdad ES: *el Poder que está* **en** *el Espíritu*. Así que cuando <u>ustedes</u> sepan que el Espíritu ES **Todo**, entonces el Poder se *manifestará*. Muchos de ustedes han *descubierto* que esto es *cierto*. Pero la *Vida Única*, constituye el Principio *Fundamental* desde el cual se deriva *todo* otro Principio. –*Una* **Única** *Vida Divina* – justo aquí; sobre esta tierra, *ahora*.

Practiquen eso, y algún día *descubrirán* que lo que pensaron que eran tan *difícil*, ha *desaparecido* – eso es lo que *conforma* esta **Única** Vida, comenzando a *reconocerse* **y** a *revelarse* a Sí Misma, *dondequiera* que ustedes se encuentren – en *infinitas* 'formas' que jamás *soñaron*. Y ése, será el pensamiento que llevaremos con nosotros – la *práctica* de que hay **Una Única Vida Divina**; ¡y **ninguna** 'otra más'! Eso nos *capacitará*, conforme vayamos a través de la *Revelación*, para *percibir* niveles *superiores* de Ella – *distintos* a los que alcanzaríamos si tan *solo* camináramos a través de la *revelación* de una conciencia-*dividida*.

Así que ésa, constituye nuestra *primera* lección para hoy. Y esto *continuará* tan lento como sea necesario, para que podamos *captar* estos puntos *trascendentes* de la *Revelación*; y para que podamos hacerlos *nuestros*, para *siempre*. *Si* fuese *necesario* contemplar todo esto hasta Navidad, así lo haremos. Nosotros vamos a *recorrer* este Libro, y lo vamos a *conocer*: como Uno.

Bien, espero verlos pronto.

CLASE 2

EL YO CRISTO, EL TÚ CRISTO

REVELACIÓN 1:10 – 20

Herb: - Cuando vamos hacia la Biblia, apartándonos del *Libro de la Revelación*, entonces somos *enfrentados* con una especie de lenguaje *nuevo*. Es un lenguaje del todo distinto al que utilizamos en nuestras conversaciones *diarias* con la gente. Y el problema radica en que las *palabras* utilizadas son, *exactamente*, las *mismas*. Cuando ustedes dicen *pez*, entonces en la pescadería les van a dar un kilo o dos, de aquello que estén adquiriendo; pero cuando leemos *pez* en la Biblia, entonces **no** se está hablando acerca de esa clase de *peces*. Cuando decimos *agua*, estamos hablando del agua que bebemos o con la que lavamos la ropa o en la que nadamos; pero cuando la Biblia habla acerca de *agua*, entonces se está hablando de una clase *distinta* de *agua*.

Ahora bien, en el principio del Libro de Génesis, en el *Segundo Día*, vemos que *el Firmamento se dividió en el Firmamento de arriba, y en el Firmamento de abajo*. Y había *agua* sobre el Firmamento, y *agua bajo* el Firmamento. Posteriormente es revelado *cómo* es que podemos vivir en la tierra, sobre esas *Aguas de Abajo*. Luego un *velo* es colocado sobre eso, y resulta *necesario* para el *Espíritu de* Dios, venir por medio de *alguien* que *ya* haya descubierto las *Aguas* de *Arriba*, y que haya pasado a *otro* Nivel de Conciencia, *más allá* de la Conciencia *humana* – más allá de lo *visible*, más allá de lo *corpóreo* – para poder comunicarse con ese *alguien* sobre la tierra, quien, en cierta medida, haya *alcanzado* otro grado de Conciencia, y quien sea capaz de *recibir* la Comunicación *Espiritual, sin* palabras **y** *sin* pensamientos.

Y en tanto que *el hombre de la tierra* ha permanecido felizmente *ignorante* de que esto es posible, Aquél que *se convirtió* en El Cristo *Concientizado* – el Hijo *de* Dios, *sentado a la derecha del Padre,* Se *comunicó* con uno de Sus *discípulos* que aún *permanecía* donde nosotros nos encontramos – sobre la tierra. Y aquél con quien se *comunicó,* se encontraba morando: en el *reconocimiento* de que, éste ES, un Universo *Espiritual.* Y precisamente por eso, es que fue *digno* – pues contaba con *oído para oír* – y pudo *recibir* la *Revelación.* Por ello fue que El Reino *de* Dios, se convirtió en el lugar donde *él,* moraba día tras día – era su hogar – él, **no** era más otro miembro *pródigo* de la raza *humana* – y como resultado de lo anterior, Cristo-*Jesús* **y** Cristo-*Juan* pudieron sostener una *conversación* que ha sido llamada: *La Revelación de San Juan.*

En dicha *Revelación,* a ustedes y a mí – que aún *no* hemos recorrido la *misma* Senda que ellos recorrieron – se nos *dieron Principios,* los cuales nos *capacitarán* para *deponer* la vestidura de la *mortalidad,* **y** para *caminar* en un Universo *distinto* al universo del bien **y** del mal, al que hemos estado *acostumbrados* durante muchas generaciones. El Camino *señalado* para nosotros, está *clarificado* por medio de los *Evangelios*; y eso resulta *evidente* – pero sólo para algunos *cuantos.* Por lo anterior, resulta *necesario* mostrarnos el *grado* en que nos hemos *desviado* del Camino de la *Realidad.* De esta manera, *la Revelación de San Juan* se ha ganado su lugar *dentro* de la Biblia, **y** se ha convertido en un *Registro permanente* del *Verbo* o *Palabra* de Dios, sobre esta tierra.

Si por un instante *escudriñaran* ustedes el Libro del profeta *Ezequiel,* entonces obtendrían una *idea* de cuán *difícil* fue para el mundo, *comprender* el *Lenguaje del Alma,* por medio del cual, el *Mensaje* del Cristo, llegó **a** Juan. Este pasaje en Ezequiel, corresponde al Capítulo 46, y muestra con cuánto *cuidado* El

Espíritu, a través del Profeta, teje un Mensaje *únicamente* para aquellos que cuentan con el *oído interior*:

> *"Después me llevó de nuevo hacia la puerta de la Casa. Y mirad, las aguas salían bajo el umbral de la Casa, hacia el este. Porque la fachada de la Casa estaba orientada hacia el este, y las aguas bajaban desde el lado derecho" (Ezequiel 47:1-2).*

Observen que, de *ninguna* manera, se está *describiendo* un acontecimiento *histórico*, sino que se está haciendo un *recuento* acerca de las *"Aguas Vivas"*.

Pero contamos con otra *clave*, para aquello con lo que *tropezamos* con tanta frecuencia en la Biblia – vayamos al Versículo 9:

> *"Y acontecerá que todo cuanto vive, todo cuanto se mueve – dondequiera que entre a los Ríos, vivirá – y habrá una enorme multitud de peces, debido a que estas Aguas que estarán sanadas, estarán allí – de manera que todo aquello que entrare al Río, vivirá" (Ezequiel 47:9).*

Ahora *saben* que **no** se está hablando de *aguas* que fluyen a través de *tuberías* subterráneas. *"Todo aquello que entrare al Río, vivirá"*. Observen *la multitud de peces*. Cada vez que el Maestro *muestra* que sus discípulos **no** estaban *pescando suficientes peces en sus redes*, les *instruye* para que *pesquen del **otro** lado de la barca*, significando que se *dirigieran* hacia *dentro* de la Conciencia *Espiritual* en lugar de hacia la conciencia *material – y mirad, he aquí que pescaron muchos peces*. De esta manera, el *atrapar peces* se convierte en un símbolo con *doble* significado. Incluso detrás de una simple simbología, tenemos *dos* significados – indica que estamos *pescando*, en *Aguas Espirituales* – y los discípulos, también *se convierten* en pececillos. Siempre que pescamos en Aguas *Espirituales*, atrapamos *muchos peces*.

Así, dense cuenta que **no** estamos hablando de *peces*; **no** estamos hablando de *aguas*, sino de *obtener* un Mensaje que el hombre, con oído *material*, **no** puede *entender*. Y ahora, al dirigirnos hacia la simbología *superior* de la propia *Revelación*, sólo significará algo para *aquellos* que han *alcanzado* ese lugar dentro de *su* Conciencia, donde para ellos, tan *solo* la Verdad *absoluta*, actúa – estando preparados para *abandonar* los métodos *humanos*; estando preparados para *aceptar* un Universo *Nuevo*; una Identidad *Nueva*; un modo de Vida *Nuevo* – un Camino que se *aparta* de la senda de los *viejos* hábitos.

De esta manera, el *cambio* en la Conciencia de ellos – que resulta *evidente* – al principio *parecerá* que provoca toda clase de *perturbaciones*. Y ustedes *conocen* la razón de esto – porque cuando ustedes comienzan a *cambiar* su Conciencia, antes que nada, están *sentenciando a muerte*, a lo *viejo*, lo cual es bastante *rebelde – carece* de toda intención de *morir*. Así, en PRIMER lugar, ustedes *agitarán* aquello que estaba *dormido* – pero esto *tiene* que hacerse. Y, en SEGUNDO lugar, ustedes se volverán más *sensibles*. Por lo regular, hay *poco* que los *perturbe*, pero ahora que están en una Conciencia *distinta*, entonces *mucho* comienza a molestarlos. Aquello que pasarían *por alto* con la mayor *facilidad*, ahora que se encuentran en una *nueva* Conciencia Elevada, pronto se percibe como *error*; aquello que anteriormente pasaban *por alto* con *facilidad*, su *nueva* Conciencia Elevada lo considera, casi de inmediato, como *error*, como algo que **no** debiera estar ahí – pero ustedes **no** están *todavía* lo suficientemente *elevados* como para *percibir a través de ello*; aunque **sí** lo suficientemente *elevados*, como para ver que **no** debería estar donde *pareciera* estar.

Así al principio, su nueva *sensibilidad*, les provoca una *molestia doble*. Pero **no** pasa mucho tiempo antes que *descubran* que, ahora que ustedes están *pescando* en *Aguas Espirituales*, un Poder *Nuevo* viene en su ayuda. –Se trata de un Poder que al principio pudieran llamar: La *Presencia* – viene *sobre* ustedes; se dan cuenta de *Él*; en cierto grado se *comunica* con ustedes… pero *siempre* pareciera *aligerarles su* carga. Incluso *evita* que acontezcan cosas, *antes* que ustedes se hagan *conscientes* de ellas – por lo que *jamás* se hacen conscientes que *La Presencia va delante de ustedes*. Bueno, algunas cosas de *poca* monta, *sí* llegan a ocurrir – pero *poco* se dan cuenta de la *cantidad* de problemas que han sido *eliminados*; que *jamás* llegaron a su *atención*, debido a esta *Nueva Sensibilidad* despertada que tienen de la Presencia *Invisible*. Más tarde se hacen *conscientes* que dicha Presencia está *yendo delante de ustedes*, debido a que *sienten* una *nueva* clase de armonía; *sienten* un Poder que está siendo *ejercido por medio* de ustedes – **no** un poder que tengan que ejercer por *ustedes* mismos, sino un Poder que *suaviza gentilmente* el Camino.

    Y todo esto constituye el P RIMER G RADO que ustedes están bastante dispuestos a *permitir* que este Poder, ejerza a *favor* de ustedes. Incluso pareciera que *casi* están dispuestos a *descansar un poco*, **y** *contar* sus bendiciones. Ah, pero *descubren* que el Espíritu, **no** se los permite. "**No**;" – les dice – "*Ahora* que hemos *abierto* el Camino, *subamos* otro *escalón* – alcancemos el S EGUNDO G RADO". Aquí es cuando *comienzan* a saber, que **no** son para *nada*, la persona que *pensaron* que eran; ustedes, **no** son para *nada* un ser *mortal*; ustedes, **no** son *vulnerables* a los problemas de 'este mundo', tal como *otras* gentes – ustedes son, *independientes* de la ley del *karma*; ustedes son, *independientes* de la misma *muerte*; ustedes son, *independientes* de la *enfermedad* – y cada vez que estas cosas chocan *alrededor* de ustedes, su *nueva* Fortaleza *encontrada*, les *dice* que eso, **no** puede tocar al Espíritu **del** Dios *vivo* que ustedes, SON. Ya han *encontrado* cierto grado de su *Armadura de Luz*; ustedes, *conocen* su *Identidad*. Y, sin embargo, *todavía* **no** pueden *irrumpir* hacia la *Cúspide*, porque se hallan, a *sí mismos*, verdaderamente *incapaces* de *obedecer:* los *Dos Mandamientos*.

    Ustedes, *aman a su prójimo como a ustedes mismos*, pero sólo cuando *miran* su ser *humano*; ustedes, *reconocen* al Padre, y, sin embargo, mientras por *un* lado *reconocen* al Padre, por el *otro* lado *clavan* al Cristo. Ahora encuentran que se ha *intensificado su probación*, al descubrir *dónde* es que ustedes, están *fallando*. Ya han *ido demasiado lejos,* como para volverse *atrás* – aunque realmente **no** lo *suficientemente* lejos. Se *dan cuenta* que: **no** han *muerto para sí mismos*. – Ustedes han *aceptado* que: son *Espíritu*; pero **no** han *aceptado* que: **no** *son seres humanos* – por esto *intentan* ser *ambos* – el Espíritu **y** el ser humano. Y es cuando *saben* que el ser *humano* **y** los conceptos *humanos,* es aquello que constituye la *barrera*. Observan a otros que han *estudiado* el *Mensaje* del Cristianismo, y se *dan cuenta* que lo que están *haciendo,* es *completamente ajeno* a ellos – ellos **no** *saben* nada de esto – están *adorando* **a** Dios; están *adorando* **a** Jesús; y algunos están *adorando* **a** María – **no** *saben* nada acerca de: El Reino **de** Dios, *Interior* – la Presencia *Viva,* la Identidad *Espiritual,* la *Inmortalidad* de *hoy*. Ellos, **no** *saben* que Dios, constituye la Sustancia de la *forma viviente* **de** ellos; ellos, **no** *saben* que cuentan con un Cuerpo *Espiritual;* ellos, **no** se *esfuerzan* por *alcanzar el reconocimiento de la Mente-*Cristo; ellos, **no** *saben* nada acerca de lo *Infinito;* ellos, son como *bebés* en los bosques; ellos son, *de nuevo*: Adán **y** Eva, con vestimenta *actual*.

Y, en cierto sentido, ustedes *sienten* que están *fuera de sintonía con ellos,* **y** ellos *de ustedes;* incluso *también* se sienten así en su *propia* casa. De esta manera comienzan a *comprometerse* aquí y allá, hasta que **aprenden** que **no** tiene caso alguno – *ningún* compromiso es *necesario* en la Senda **de** Cristo – Cristo, **no** va a *permitir,* que ustedes resulten *lastimados;* Cristo, **no** va a *permitir,* que ustedes sean *perseguidos* – y cada vez que ustedes sean *lastimados* o que se sientan *perseguidos,* será debido a que su identidad *humana,* estará **entrometida** en El Camino.

Así que, *finalmente,* ustedes *pueden* **apartarse** de esta identidad *humana* – **y** *comprenden* que, si se sienten *perseguidos,* justo ahí están *clavando* al Cristo; justo ahí, se están *reconociendo* con algo que **no** es El Cristo – porque *jamás,* sobre esta tierra, El Cristo fue *perseguido* – tan solo lo fue la *falsa* identidad *humana*. Así que bien pueden *dejar* que esta *falsa* identidad *humana* sea *perseguida,* porque estarán *aprendiendo* a **no** *permanecer* dentro de dicha *identidad* – ustedes estarán *aprendiendo* a ser: El *Yo*, – El *Cristo*.

Ahora *aceptemos*, y *veamos* que nuestro Tercer Grado, es cuando podemos *despertar* por las mañanas con el *conocimiento* de que *Yo*, *El Cristo*, **Soy** el *Espíritu Viviente*, el *Hijo* **de** *Dios* – **sin** identidad *humana* alguna. El *Yo*, acepto la *Naturaleza*-Padre, **de** Dios; el Yo, Soy el Hijo **de** Dios – el Hijo **de** Dios, *carece* de identidad *humana* alguna. La identidad *humana*, cuenta con apariencia *humana*; cuenta con un sentido *humano* del pasado; cuenta con un sentido *humano* de *creer* que está *madurando*; cuenta con un sentido *humano* de *creer* que está *viviendo* dentro de un cuerpo *físico*. –Pero dejemos *todo* eso en el Primer Grado, e *intensifiquemos* nuestro *reconocimiento* del Segundo Grado.

Así *ahora* estamos *libres* aquí, en este instante, en el *reconocimiento* de que: Dios, *siendo* mi Padre, **y** el *único* Hijo **de** Dios, *siendo* El Cristo, *entonces* El Yo, <u>tengo</u> que ser ese *Cristo*. Sí; eso constituye solo la *mitad* del círculo. El *Yo*, Cristo, <u>tiene</u> que *concluir* con el *Tú*, Cristo. De esa manera es que están ustedes *ahora*, en el *Segundo* Mandamiento.

Cristo es *todo* cuanto *existe* sobre esta tierra. Y *cada* mañana, estas *cuatro* palabras constituyen el *reconocimiento* de ustedes *de* La Verdad: "*El Yo*, Cristo; *el Tú*, Cristo" – ésa es la *aceptación* de que Dios, siendo *Todo*, entonces *Cristo* es, el *nombre de ustedes*. *Cristo* es, el *nombre de su prójimo*. Y ahí *descansen*, permitiendo que el Mismo *Espíritu*, *confirme* lo que están ustedes *tratando* de *comprender*, <u>antes</u> que ustedes *comiencen* su día.

Juan estuvo *llevando a cabo* lo anterior, durante *setenta* u *ochenta* años, <u>antes</u> de *percibir* aquello que conocemos como *La Revelación de San Juan*. Nosotros, lo *hacemos* dos o tres veces al día – otros con *mayor* frecuencia – pero en la *medida* en que *aceptemos* la *Identidad*-Cristo **y** *renunciemos* a las *presiones* de la mente *humana* que *niegan* la *Identidad*-Cristo; en la medida en que *neguemos* las *presiones* de la mente *humana* que mirarían lo *externo* diciendo: "Ahí va un ladrón, un asesino, un alcohólico, un tonto";

en esa *misma* medida también estaremos *aceptando El Tú-Cristo*, tanto como *El Yo-Cristo*. Y *cuando* El Yo **y** El Tú *seamos* Cristo en *nuestra* Conciencia; cuando eso sea lo que nos estemos *esforzando* por *aceptar*, entonces *ya* estaremos *preparados* para servir *al* Padre ese día, *glorificando* – *no* la *falsificación* del ego *humano* – sino al Ser *Divino*.

Entonces es cuando estaremos *preparados* para *recibir* aquello que Juan desea *contarnos*. Y *presumimos* que hoy, nos encontramos *aquí* en un estado de Conciencia tal, en el cual, a *pesar* de que aún **no** nos hemos *elevado* lo *suficiente* como para ser El Cristo *reconocido* durante las *veinticuatro* horas del día, al menos *sí* que somos esos *guerreros de Dios*, habiendo *aceptado* la *meta* de la *Naturaleza*-Cristo; la *meta* de salir del *falso* sentido de mortalidad; la *meta* de la *Unicidad* **con** Dios; la *meta* de Ser: el Hijo *Viviente*, del Dios *Viviente*.

En la medida en que hayamos *aceptado* esto como *nuestra* meta, **y** en la medida en que estemos *comprometidos* con lo *mejor* de nuestra habilidad para ser *fieles* a esta *meta*, entonces, en esa *misma* medida estaremos *caminando bajo la Gracia* – porque *el Padre que ve en lo Secreto*, está siempre *protegiendo* a aquellos que andamos por el *estrecho* Camino **del** Espíritu.

Enseguida *acontece* algo tremendo. –Encontramos que la *Revelación* **de** Cristo-Jesús **a** Cristo-Juan, nos dice que la raza *humana,* en su totalidad, **no** está *glorificando* a Dios, sino que se encuentra *glorificando* a un dios *falso* – al dios de '*este mundo*'. La *Revelación* nos dice que la raza *humana*, en su *totalidad*, está bajo un *estado de hipnotismo*, viviendo en un *sentido* de mente, *incapaz* de "*conocer a Dios*"; y que la *totalidad* de las *actividades* en 'este mundo', en este *sentido* de *mente*, están *fuera* de la Voluntad **de** Dios – dentro de una voluntad *individual* e *independiente* de ego *humano*. Y justo *ahí*, reside la *base* de los problemas de 'este mundo' *y* de los problemas *individuales* que encaramos día tras día. Hemos dicho: "*Hágase* ***Tu*** *Voluntad*", en tanto hemos hecho **nuestra** propia voluntad. E incluso, aquellos que *quisieran* hacer la Voluntad *del* Padre, **no** conocen el *método*, a través del cual, pueden *recibir* la Voluntad *del* Padre – y por ello marchan *ciegamente* en su inocencia, bajo la *creencia* de que están *adorando* a Dios, en tanto que *todo* cuanto están haciendo es, *adorar* a su propio ego; adorar a su propio sentido de las cosas – aquello que San Pablo llamara: *el dios de* 'este mundo', que *ciega* a los hombres.

Jesús *enseñó* un Dios, que **no** es de 'este mundo', sino que es, un Dios *del* Cielo – un Cielo que se encuentra a la *mano* y *disponible*. pero el mundo, *sin* comprender, se *apartó*. Sin embargo, ese Dios que Jesús *enseñó*, *aún* está a la mano, y *aún* está disponible – y ahora, *descubrimos* que la Voluntad *de* ese Dios *en* ustedes, tiene que *cumplirse*. **No** existe *nadie* sobre esta tierra, que *no* quiera *hacer* la Voluntad **del** Padre. –Contamos con un Padre *Interior*, y hasta que hayamos *descubierto* al Padre *Interior*, **no** podremos *descubrir* la Voluntad de *ese* Padre. Por ello es que caminamos *a ciegas, sin* guía.

–Nosotros, somos como *ciegos*, con *pequeños* bastones blancos; **no** estamos *conscientes* del Padre *Interior*, y por ello caminamos por el mundo, *incapaces* de ver aquello que *Es*; en tanto pasamos *24* horas al día, viviendo un *sentido* de existencia al que el Maestro llamara "*los muertos vivientes*". El Maestro dice que, si *conocemos a Dios correctamente*, entonces nos *apartaremos* de la muerte – *fuera* de la *muerte*, hacia El Cristo, *dentro* de la *Vitalidad* del Cristo.

Y luego el Maestro deja en claro que, hasta que *salgamos* de la *falsificación* del ego *humano* hacia el *Único* Ego *Infinito* – el *Único* Ser *Infinito*, la *Única* Voluntad *Infinita*, la *Única* Actividad *Infinita* – hasta entonces **no** estaremos *caminando* en la Vida *Misma*. Él está diciendo que *todo* el mundo *humano* está *muerto* hacia El Cristo – y esta *totalidad* de mundo *humano*, está bajo la *creencia* de que… ¡está *adorando* **a** Dios!

Uno solo sobre la tierra pudo *recibir* este Mensaje; sólo *uno* estaba sintonizado, y ese *uno*, Juan, estaba *sintonizado* porque había *encontrado* al Padre *Interior* – había sido *humilde* al Padre; estaba *viviendo* por el *Verbo* o *Palabra*; no solo por el pan *humano*, sino por esa *Palabra que procedía de la boca de Dios* – estaba viviendo, *escondido en Cristo.* Y **no** importa lo que ustedes *lean* en el *Libro de la Revelación* mañana; o lo que estén *escuchando* hoy – *si* **no** hay un *cambio* por el cual se *aparten* de sus capacidades *mentales*, **y** *comiencen* a experimentar al Padre *Interior,* entonces también ustedes caminarán *separados* del Mensaje del Cristo; *separados* de la Biblia, y *separados* de aquellos que han *escuchado la Voz* – estarán *caminando* dentro de un mundo *inexistente,* bajo la *creencia* de que están viviendo; pero **no** caminarán *dentro* del *Reino* **de** *Dios, sobre la tierra* – hasta que 'Algo' en ustedes haya sido: *transformado, arrepentido, despertado, elevado* hasta esa gran *decisión* de que: *a menos que* yo viva **en** el Cristo, *escuchando* al Padre y *esperando* por el Padre, *sirviendo* al Espíritu, *glorificando* al Padre *Interior...* también yo estaré *muerto* para Cristo – y en esa *muerte* para Cristo, estoy *muerto* a mi *Identidad.*

Aquí es donde *encontramos* a Juan, al *principio* de la *Revelación.* Esto, dice él, es para *advertirles* que, una *comunicación* ha sido *establecida* **con** lo *Infinito*:

"*Yo, Juan, estaba dentro del Espíritu, en el día del Señor; y mirad que yo, escuché una voz*" (Revelación 1:1).

A mí me tomó tres años, *descubrir* lo que <u>el *Día del Señor*</u>, significaba. "El *Yo, Juan, estaba dentro del Espíritu, en* <u>el *Día del Señor*</u>". Ustedes *descubrirán* que el *Día del Señor,* **no** es el día en el cual Jesús resucitó, tal como en alguna ocasión lo pensé. *El Día del Señor* es: el día de la <u>*Primera Resurrección* **de** *Juan*</u>. Ahí es donde Juan nos dice que *vino a él una transformación* – y tal como ustedes han leído que *el día del Juicio del Señor vendrá,* así llegó para Juan. Y ése, fue *el Día del Señor,* para Juan – el cual será *el Día del Señor,* para *cada* individuo, en su momento. *Cada* uno de nosotros tendremos un *Día del Señor.* Ese *Día del Señor,* para Juan, fue cuando *salió* de la *mortalidad*; cuando *completó* su Viaje *Espiritual,* a través de *cada* cielo; cuando de repente hubo en *su Conciencia,* una liberación, **y** *escuchó una Voz como de Trompeta,* *hablando*. Ahora ustedes *saben* que se trata de la *"Voz apacible y delicada"*. Se preguntarán, por qué es *como de una Trompeta*. Pero si ustedes han *escuchado* dicha Voz, sabrán que **no** se 'escucha' *nada más*. *Apacible, delicada* y *gentil*, tanto como pueda ser, en ese instante *borra* por completo *todo* el universo *humano* para ustedes – *Eso* es todo cuanto *escuchan*. Y en ese estado de *éxtasis*, para Juan sonó: clara, fuerte y vigorosa *como de una Trompeta* – aunque seguía siendo *apacible y gentil*.

Lo que esa Voz *dijo* a Juan, lo que para Juan *significó*, probablemente jamás podrá ser *registrado* **ni** siquiera en la *Revelación* – porque estaba diciendo: *"El Yo, he venido*; El Yo, el Espíritu *de* Dios; El Yo, El *Cristo* Infinito, *Soy* ahora, tu *Identidad reconocida*. –Ya **no** hay más un Juan; Juan, está *muerto* para Juan. Ahora, sólo queda *El Yo*, el Espíritu; el Hijo *Viviente* **del** Padre *Viviente*. El Yo, *Soy* el *nuevo* Juan; y tú, te encuentras en el *séptimo* cielo; estás en la *Realidad* – *jamás* volverás a estar en un sentido *mortal* de vida".

Eso fue lo que constituyó la *Resurrección*, para Juan – y aconteció *sobre la tierra*. Juan había vivido, *muchos* años, en ese estado de *mansedumbre* para el Espíritu. Esta *mansedumbre* para el Espíritu, constituye un *estado de renuncia*. –Se *renuncia* a los conceptos *materiales*, a las tendencias *materiales*, a la *corporeidad*, a la ambición *material*, sabiendo que El Yo, *descansa* en el *Verbo* de Vida *del* Padre Viviente. Juan, *sumiso* al Espíritu, pudo *permitir* que la *Sustancia* **de** Dios *fluyera*, con confianza *absoluta* de que la Sustancia, *escribiría* el *Libro de la Vida* para él. Lo que la *Sustancia* escribe, se convierte en el *Libro de la Vida Viviente*. Y cuando Juan, al vivir **en** la *Sustancia*, escribió el *Libro de la Vida*, fue debido a que la *Sustancia* **del** Cristo, estaba viviendo *Su* propia Vida *como* él. Se trataba de la *Conciencia* Pura, aquello que estaba *viviendo* la Vida llamada: Juan. *Sólo* como Conciencia *Pura*, había vivido la Vida llamada: *Jesús*. Sólo como Conciencia *Pura*, vivirá la Vida llamada: tú. Juan había *encontrado el Río Puro de Vida*, donde hay *muchos peces*; donde hay *muchas mansiones*; donde *fluyen los Frutos* *del Espíritu.* Él, había vivido en *el Árbol de la Vida*, y **no** en *el Árbol del Conocimiento del Bien y del Mal.*

Y *practicando* esto durante *muchos* años, él fue *abierto* a la afluencia **y** al flujo de la Voluntad **del** Padre – **no** a la de la voluntad *de* Juan – él, estaba **en** la Voluntad *Única.* Y solamente cuando ustedes están **en** la Voluntad *Única,* es que están en *el Árbol de la Vida*; solamente cuando ustedes están **en** la Voluntad *Única,* es que *los Frutos del Árbol de la Vida,* aparecen en <u>*su*</u> experiencia. Y ahora, habiendo *vivido* **en** *el Árbol de la Vida*; habiendo *permitido* al Espíritu *vivirse* a Sí Mismo; habiendo *renunciado* a su concepto *humano* de las cosas, es que Juan *alcanzó una sumisión al Espíritu,* que se *exteriorizó* como: *La Isla de Patmos.*

Esto resulta de *vital* importancia para aquellos de ustedes que pudieran decir: 'Yo' *no* tengo 'tiempo' para meditar; o 'yo' *no* tengo un 'lugar' dónde meditar; hay mucho ruido en mi casa; *si* contara con un 'lugar' o con el 'tiempo', meditaría gustoso. Ahora bien, la *renuncia* implica lo siguiente: "Tan solo traten de *encontrar* el tiempo y el lugar, *dondequiera que estén* – Dios *está,* dondequiera que ustedes *estén".* Así que, justo dondequiera que se encuentren – sí; incluso en su casa – *encuentren* un 'lugar' en donde puedan *sentarse en Silencio.* En *toda* casa hay 'lugares' donde esto puede hacerse, *sin* importar cuánta gente esté corriendo alrededor; *sin* importar cuánta gente tenga el televisor a todo volumen. –Hay un 'lugar' para *ustedes* – *encuéntrenlo* – y entonces, para su sorpresa, *descubrirán* que *encontrarán* dicho 'lugar', y ahí *morarán,* lo mejor que puedan, **en** El Espíritu; *encontrarán* que están *haciendo* lo que Juan hizo hace muchos años, *antes* que *la Isla de Patmos,* apareciera… Entonces, el poder **del** Espíritu *hará* el resto; y *creará* en lo *externo,* para ustedes, el lugar *perfecto* donde podrán estar *tranquilos.*

Para Juan, lo anterior se *exteriorizó* como una *isla* donde *fue llevado* 'fuera' de toda responsabilidad o carga. Mas esa *isla* donde tenía que estar, **no** se *materializó* del todo por sí misma – se trató de su Conciencia *Interior,* hecha *visible.* De la *misma* manera, la

Conciencia *Interior* de ustedes, se convierte en un *lugar* para vivir; un *lugar* en el cual pueden morar *con* El Padre – sin embargo, <u>ustedes</u> son quienes <u>tienen</u> que dar, los *primeros* pasos. Ahora bien, en esta *Isla de Patmos*, en donde la Conciencia de Juan se *exteriorizó* como un 'lugar' donde él pudo estar completamente **en** El Espíritu, él estuvo siendo *elevado fuera* de todo sentido *físico*; él estuvo siendo *elevado fuera* de esa forma que *nace* y que *muere*; él estuvo siendo *elevado hacia* el Reino *Perfecto* de los Cielos sobre la tierra – y esto, constituyó la *Resurrección* para Juan, *tal* como lo fue para Jesús El Cristo.

Esta *Revelación* completa, no sólo *registra* la Resurrección *de* Juan, *fuera* de esa forma que muere; *fuera* de 'este mundo', hacia *Mi Reino*, sino que ahora él, nos dice: "*Se me dijo enviar una Carta a las Siete Iglesias*", y nos *aclara* lo que son esas *Siete Iglesias*. –Juan le está *revelando* al hombre, *Siete Niveles de actividad* en cada uno de nosotros; *Siete Iniciaciones* que nos llevan a *alcanzar* la *misma* Resurrección que él estaba experimentando. *Dentro* de ustedes están, *Siete Iglesias; Siete Dones de Dios; Siete Candelabros* – y en tanto ustedes *ignoren* esas *Siete Iglesias dentro* de <u>ustedes</u>, los Dones **de** Dios, **no** podrán madurar hacia una *Experiencia* de Vida.

Ustedes, <u>tienen</u> que *adorar* en cada una de las Siete Iglesias; ustedes, <u>tienen</u> que *aprender* lo que significan; ustedes, <u>tienen</u> que *comprender* que cada uno de los Siete Dones, *conduce* hacia un Cielo *individual*. Cada Don, se *convierte* en el Don *de* ustedes, en *Plenitud*, conforme *adoran* en dicha Iglesia, <u>antes</u> de *continuar* hacia el siguiente Don – y cada Don se *convierte* en la *consecución* de otro Cielo. De esa manera se *marcha* a través de los *Siete Cielos* – constituyendo el séptimo, la *Naturaleza-Cristo*.

Estas *Siete Iglesias* constituyen el *medio* a través del cual, el Maestro Cristo-Jesús *llegó* hacia Cristo-*Juan*. Evidentemente estaremos *escribiendo* a las Iglesias – pero éstas, son Iglesias *Divinas* **dentro** de *todo* hombre. Y hablaremos *directamente*, a aquellas Cualidades en *todo* hombre, para *despertarlo* a su Plenitud, a sus Posibilidades Infinitas, al hecho de que, **dentro** de él, existen Siete

Dones. Así que **no** importa quién sean; **no** importa en dónde estén; **no** importa bajo qué circunstancias parecieran estar en ese momento, ya que la *totalidad* de Cristo constituye, **en** ustedes, las *Siete Iglesias* de su Ser – *aparentemente* selladas por la *falta de reconocimiento*; selladas por las *enseñanzas* que han *opacado* la Verdad; selladas por el *condicionamiento*; selladas por las falsas *creencias* en la herencia; selladas por las falsas *creencias* en poderes *distintos* al Espíritu.

Y ahora, el Maestro dice: "*Quitemos estos sellos de los grandes Dones – uno a la vez*"; y la mente *humana* responde: "Pero aguarden un minuto, *antes* que 'yo' *acepte* esto – para estar seguro. ¿*Cómo* puedo tener la *certeza* que no se trata de otro *falso* profeta?" De esa manera Juan nos lleva *dentro de su Confianza Total*; él nos *revela* los Secretos más íntimos – incluso nos dice *cómo* apareció a él ese *Día – el Día* **del** *Señor – cuando el Espíritu descendió sobre él y lo elevó desde el Sexto hasta el Séptimo Cielo.*

Aquí es como *llega* ese Espíritu a Juan, *liberándolo* del *último* vestigio del hipnotismo *humano*. Y Juan *observa* dicho Espíritu, **y** debido a que también Juan tuvo que *asegurarse* que **no** estaba siguiendo a un *falso* profeta, es que *percibe, en medio de los Siete Candeleros, al Cristo transfigurado. Dentro* del propio Juan, yace la Visión *Iluminada* del *Único* Hombre que ha *caminado* sobre la tierra, y que ha *vencido,* estando *todavía* en la carne, la creencia de que existe *otro ser aparte* de Dios. Se trata del *Único* que pudo caminar sobre la tierra **y** regresar, dentro de la *misma* forma. Y eso, para Juan, constituye la *prueba* que requería de que **no** estaba *siguiendo* a un profeta *falso*, sino al *mismo* Espíritu Infinito *Viviente* **de** Dios.

Éste, es Juan diciendo al mundo: "Incluso si ustedes *no* han alcanzado ese Nivel de Conciencia-Juan que pudo *contemplar* a Jesucristo *vivo* caminando *sobre* esta tierra **en** la carne, El Yo, Juan, lo *contemplé*. Y Él, me ha *revelado* los *verdaderos Siete Cielos* que recorrió, tal y como el Yo, los estoy *recorriendo*; y tal como *ustedes* los recorrerán, *si* es que *escuchan* aquello que el Yo *vi*; si es que *escuchan* aquello que el Yo, *oí* – y que me fue *dado,* para <u>ustedes</u>. Porque el Yo, vi a Aquél que dijo: *El Yo, tengo las Llaves, tanto del Cielo como del infierno".* Se trata del mismo Cordero **de** Dios, del Cristo *reconocido, diciendo* a Juan: *"El Yo, tengo las Llaves tanto del Cielo como del infierno".*

Y *todo* este tiempo, en tanto *escuchamos* a Juan contándonos acerca *del* Cordero, acerca *de Aquél que tiene las Llaves del Cielo y del infierno,* permanecemos *todavía,* como extranjeros. Todavía estamos tan *solo* escuchando un *recuento* acerca de Juan, acerca de Cristo-Jesús... *hasta* que, en un abrir y cerrar de ojos, *aprendemos* que ésta, **no** es del todo la historia acerca *de* Juan **ni** tampoco *de* Cristo-Jesús – ésta, es la historia <u>de ustedes</u>. – Porque *Aquél que tiene las Llaves del Cielo y del infierno*; *Aquél que es El Cristo*; *Aquél que es el Hijo Infinito del Padre, es esa Identidad que ustedes van a conocer –* es *Aquél que ha vivido* <u>antes</u> *que el mundo fuera*; *El que era, El que es, y El que será.* Ustedes están siendo *conducidos* al *reconocimiento* de que *únicamente* Cristo, es Quien los *conduce hacia* Dios. En esta tierra **no** hay forma alguna de *llegar* **a** Dios, *excepto* por medio **del** Cristo. El Cristo, *tiene las Llaves del Cielo* **y** *del infierno.* –La Llave que *abre* el infierno y los deja a ustedes *salir,* así como la Llave que *abre* los Cielos y los deja a ustedes *entrar,* es, el Propio Cristo.

El Yo, en medio de vosotros, Soy El Cristo, Quien hablara a Juan; *El Yo,* en medio de vosotros, Soy El Cristo, a Quien Jesús *reconoció* como Su Nombre; *El Yo,* Quien condujo a Jesús al Séptimo Cielo; *El Yo,* Quien condujo a Juan al Séptimo Cielo; *El Yo,* Soy El Cristo, Quien los conducirá a ustedes, *a través de los Siete Cielos – El Yo,* tengo la Llave del Cielo **y** la del infierno. La experiencia para *ustedes,* **no** va a venir a través de Juan; *tampoco* va a venir a través de Jesús – la experiencia de ustedes, va a venir por medio de: *la aceptación de* <u>ustedes</u>, *de El Cristo en* <u>ustedes</u>.

Juan, en su gran amor, está poniendo en claro que, *únicamente* Cristo, *en* ustedes, es quien puede *liberarlos* de la mortalidad, **y** *elevarlos* hacia esa Vida que **no** tiene *opuesto* alguno – *sin* dolor, *sin* inseguridad, *sin* defectos materiales. La Senda hacia la Voluntad **de**

Dios, la cual constituye *el Trono de Dios*, es alcanzada *exclusivamente* por medio de la *aceptación* de que: *El Yo*, Soy el Mismo Cristo. –Eso es lo que <u>ustedes</u> están *encarando* justo aquí desde el comienzo de la *Revelación*: *El Yo*-Cristo, *tiene* que constituir la *aceptación* de la Identidad de *ustedes*, para que entonces puedan *encontrar* la Voluntad **de** Dios – porque la Voluntad **de** Dios, puede actuar *únicamente* a través: del Cristo.

No existe la Omnipotencia Divina, sino *en* la Vida *Divina*; **no** existe la Inteligencia Divina, excepto *en* la Vida *Divina*; **no** hay Inmunidad **ni** Protección Divinas, excepto *en* la Vida *Divina* – y *únicamente* Cristo, constituye la Vida *Divina*. *Únicamente* Cristo, puede *abrir* las puertas de los *falsos* conceptos *mortales* que en 'este mundo' son llamados infierno; y *únicamente* Cristo, puede permitirnos *caminar en* la Luz Pura **del** Padre, bajo la Ley Divina. Esa Ley Divina **no** puede actuar, sino hasta que <u>ustedes</u> hayan *aceptado* que, la Vida Divina, constituye la Vida **de** <u>ustedes</u>. Entonces ustedes encontrarán que la Ley Divina es: la Ley del Amor; la Ley de la Verdad; la Ley de la Luz; la Ley de la Sabiduría; la Ley de la Belleza. La *totalidad* del Espíritu **de** Dios, sólo puede actuar cuando <u>ustedes</u> han *aceptado* que, 'Aquél' que los conduce *"fuera de Egipto hacia el Paraíso" es,* El Cristo del propio Ser de <u>ustedes</u>.

Y hasta que ese paso en la Conciencia sea tomado *conscientemente*, continuaremos caminando dentro del *falso* sentido de luz, el cual constituye la oscuridad de 'este mundo'. Declaren *dentro* de ustedes mismos: *"El Yo, Cristo"* – y aunque les parezca *extraño*, ustedes tendrán que volverse *indiferentes* a aquello que es *extraño*; ustedes tendrán que volverse *indiferentes* a aquello que todavía *intenta* mantenerlos en *esclavitud* hacia aquello que **no** sea: *El Yo-Cristo*. Porque *únicamente* a través del *Yo-Cristo*, es que la Voluntad **del** Padre, será expresada. *Jamás* la Voluntad del Padre podrá llegar a ese aspecto *mortal* de ustedes, que **no** está dispuesto a *aceptar El Yo-Cristo*, como la *Identidad de* ustedes.

De esta manera Juan está *revelando* una vez más, que debido a que el hombre **no** está *consciente* de que *El Yo, El Cristo*, es <u>su</u>

Nombre, es que *cada* individuo camina – **no** en la Voluntad **de** Dios – sino *totalmente fuera* del contacto con la Voluntad **de** Dios. Y 'este mundo' que actualmente *vemos*, **no** está en contacto con la Voluntad **de** Dios – porque el mundo **no** está *aceptando* al Yo, al Cristo, como la Identidad *individual*.

El Yo-Cristo, es la *aceptación* silenciosa de ustedes mismos. *Tú, El Cristo*, es la *aceptación* silenciosa de ustedes, hacia el *prójimo* de ustedes. *Aprendan* a hacerlo; *aprendan* que toda renuencia *humana* para *aceptar* esto, constituye: el anti-Cristo. Y entonces encontrarán que *El Yo-Cristo*, que ustedes *aceptan* como *su* propia Identidad, **y** *El Tú-Cristo*, que ustedes *aceptan* como la Identidad de su *prójimo*, los conducirá hacia el *reconocimiento* de que *El Yo*, es UNO – ahí tan solo hay un *único* Yo. Aunque cada uno de nosotros sea *El Yo-Cristo*, comprendamos que *El Yo-Cristo*, es UNO y **no** muchos – y entonces ustedes estarán llegando a ese punto de UNICIDAD, en el cual la Voluntad **de** Dios, se *expresará*.

∞∞∞∞∞ Fin del Lado Uno ∞∞∞∞∞

Esta Voluntad **de** Dios, **no** se expresará, en tanto ustedes se mantengan *divididos*. Únicamente cuando EL Yo, el UNO, sea *aceptado* como El Cristo de *ustedes* **y** El Cristo de *todos*, el cual camina sobre la tierra, es que ustedes estarán *preparados* para vivir bajo la Voluntad **del** Padre – entonces habrá *una sola* Voluntad, la Voluntad **del** Yo. Y cada uno de nosotros tendrá que *morar* con esto, hasta que podamos *descansar* en *El Yo-Cristo*, en *mansedumbre* a la Voluntad **del** Padre; *prestando atención* a los dictados **del** Espíritu; *aprendiendo* que existe un método de *comunicación* con el cual, El Espíritu Viviente *habita* en los instrumentos *musicales* de nuestras *Siete Iglesias*, *entonando* una especie de melodía *nueva*; *colocando* a esas *Siete Iglesias* bajo increíbles **y** maravillosas combinaciones; *interrelacionándolas*; *extrayendo* lenta, diariamente, en formas infinitas, el Potencial *Completo* de nuestro Ser, en formas tales que nosotros, como *humanos*, **nunca** seremos capaces de *hacerlo*.

Y *lentamente*, esta Voluntad *Invisible*, actuando a través de los *Siete Dones* **de** Dios en ustedes, los va a *elevar* a la *Plenitud* de dichos Dones – hacia un nivel *nuevo* de su Ser. El *gobierno* de la Vida de ustedes, ya **no** estará más en sus capacidades *mentales personales*, sino en sus Capacidades *Espirituales*. Y esas Capacidades *Espirituales*, esas *Siete Iglesias* en ustedes, se encuentran bajo el gobierno **y** señorío de la Voluntad **de** Dios en ustedes, debido a que aceptaron al *Yo-Cristo*, **y** al *Tú-Cristo*, como el ÚNICO *Yo* detrás de este universo que aparece *como* físico **y** mental. Eso los va a *conducir* hacia el *Árbol de la Vida* – así es como el fruto del Espíritu *Invisible* llega a la Vida de ustedes.

Y vean ustedes cómo es que, de esta manera, nos encontramos en ese *lugar* donde resulta *necesario* encarar el *único* gran problema – y **no** se trata de cuán 'inteligentes' sean; **no** se trata de lo que hasta ahora 'poseen' para demostrar en su vida en esa tierra – se trata del *grado* en que ustedes, estén *aceptando* su Identidad *Espiritual*. Porque justo eso es lo que se van a *llevar* con ustedes. Eso es lo que El Cristo, *en* Jesús, estuvo *revelando* al Cristo, *en* Juan: que *únicamente* la Identidad *Espiritual* <u>aceptada</u>, es lo que nos *eleva*: *más* allá del paso del *tiempo*, *más* allá de los cuerpos *temporales*, *más* allá de los altibajos del *falso* sentido de vida *humana*.

Y por esa razón nos estamos *moviendo* ahora, lentamente – para *permitir* que la semilla de Verdad *impregne* todo Ser, hasta que haya una *Concientización Interior* en el sentido de que, <u>a menos</u> que El Yo, *sea* El Cristo, estaría *traspasando* al Cristo; <u>a menos</u> que esté *aceptando* al Cristo como *Identidad*, estaría *rechazando* al Cristo como *Identidad* – y entonces estaría hoy, *crucificando* al Cristo, tal como los *hombres* lo crucificaron en el *pasado*.

Cada *rechazo* de la *Identidad*-Cristo implica una *crucifixión* del Cristo. Nosotros estamos *apartándonos* de la corriente de *pensamiento* de 'este mundo' que *crucifica* al Cristo, al *rechazar* la *Identidad*-Cristo; y a la vez nos estamos *revistiendo* del Manto de *Inmortalidad*, al *aceptar* dicha *Identidad*.

Considero que lo que tenemos que hacer es, *anclar* nuestra *comprensión* en este punto, *apoyados* en las Escrituras, para *captar* el *verdadero* significado de las *Sagradas* Escrituras. La *base* de todo cuanto hagamos *después* de esto, dependerá de haber *alcanzado* cierta medida de *aceptación*.

"Juan, a las siete Iglesias que están en Asia: Gracia y Paz para vosotros, de parte de Aquél que ES*, que* FUE *y que* SERÁ*, así como de los siete Espíritus que se encuentran delante de Su Trono"* (Revelación 1:4).

Ahora bien, la última vez *consideramos* lo anterior, brevemente. Los *Siete Dones* **de** Dios en ustedes, *corresponden* a las *Siete Iglesias* – y ellas están: *bajo* la Gracia; *nada* puede dañarlas; *nada* puede alterarlas. Implican los *Siete Propósitos Inmutables* del Ser de ustedes. El sentido *humano* de las cosas pudiera *extraviarse*, pero esos *Siete Propósitos Inmutables* en ustedes, *permanecen* ahí – se encuentran *dentro* de la *semilla* **del** Cristo – *florecerán* en la medida en que <u>ustedes</u>, se hagan *conscientes* de ellos.

"Y de Cristo-Jesús, quien es un Testigo Fiel, y el Primogénito Engendrado de la muerte" (Revelación 1:5).

Juan establece aquí que, debido a que Cristo-Jesús fue el *Primer* Engendrado, él ha *demostrado* que *conoce* el Camino hacia El Reino **de** Dios. **No** existe ningún otro *Primer* Engendrado, que el ÚNICO UNO. Y así, nosotros contamos con el invaluable *privilegio* de *seguir* a ese Uno, Quien, siendo *resucitado* de la muerte, *probó* para nosotros que *existe una Vida*, la cual está *más allá* de nuestro *falso* sentido de *mortalidad*; y nos *probó* con ello, la *naturaleza* de la Vida. Ahora él, es llamado: el *Testigo Fiel*. Y Cristo-Jesús dijo delante de Pilatos: *"El Yo, he venido a dar testimonio de la Verdad"* (Juan 18:27). Y él, dio *Testimonio Fiel* – lo cual implica que él, había *llevado consigo* esos *Siete Propósitos* durante su ministerio – Él, había *encontrado* su propia *Identidad*-Cristo. Jesús *sometió* su conciencia *mortal*, a *cambio* de esa *Identidad*-Cristo, para que la Voluntad **del** Padre, *en* Cristo, pudiera ser *trasmitida* **y** pudiera *impregnar* por *completo* su Ser. Como resultado, esto lo *elevó*, a través del *cumplimiento* de los *Siete Propósitos*, hacia la *concientización* del Cristo, hacia la *Inmortalidad* alcanzada. Y como *consecuencia*, habiendo proseguido por el *Camino Angosto* de la *Identidad*-Cristo, en lugar de por el *amplio sendero* de la identidad *mortal*, rechazó toda tentación que *negara* que él, era ese Cristo. *Rechazó* toda tentación, **y** *negó* que el limosnero, el hipócrita, el tonto, el lisiado, fueran considerados algo *menos* que El Cristo. Y su ***fidelidad*** sobre todo aquello que *negara* al Cristo en otros o en sí mismo, fue lo que lo *convirtió* en un *"Testigo Fiel"*.

Así, esto se *convierte* en parte de nuestra *senda*. De la *misma* manera yo también tengo que *aprender a negar* – pero **no** al *Cristo* de mi Ser, sino a la *mortalidad* que aparece a mi *alrededor*; tengo que *aprender a encarar* todo *pensamiento* que intenta *tentarme* a creer que **no** existe la *Identidad*-Cristo, donde 'vea': un leproso, una víctima de cáncer, de tuberculosis, de artritis… Toda forma de *enfermedad*, no es más que: una *tentación* para hacerme *creer* que El *Cristo*, **no** está *ahí* – y con ello dejaría de ser: un *Testigo Fiel*.

Jesús encaró estas *tentaciones*, y en muchas ocasiones *tocó* visiblemente a aquellos que estaban enfermos, para *probar* que *ahí*, estaba la *Identidad*-Cristo, y **no** la enfermedad física. Siempre se mantuvo *testificando* que El *Cristo*, es la ÚNICA Vida sobre esta tierra; y que toda *apariencia* en contrario, **no** es más que una *mentira* acerca del Padre; *sabiendo* que, *si* aceptaba dicha *mentira*, entonces él *también* estaría *crucificando* al Cristo – pero **no** aceptó *nada*. Por lo tanto, él *entró* a la propia Vida, y *se convirtió* en aquello que es llamado: *"el Primogénito Engendrado de la muerte"*. Nosotros *tenemos* que seguir el Camino, para *convertirnos* en *el Engendrado de la muerte*; para *incursionar* dentro de la *Vida*, siendo un Testigo Fiel de la Naturaleza *Infinita* del Cristo – **sin** *opuesto* alguno, *siempre* presente, *siempre* disponible, *siempre* activo como el Hijo

Invisible del Padre, donde las multitudes *materiales* parecieran estar. Esto constituye el Testigo *Fiel* que el mismo Jesús fuera, y que posteriormente Juan fue; esto es lo que implica *ser* un Testigo *Fiel* – y *únicamente* El Testigo *Fiel*, camina *conscientemente*, dentro del Reino **de** Dios.

> "*Y Él, el Cristo, nos ha hecho reyes y sacerdotes, para Dios y para Su Padre. A Él, sea la gloria y el señorío, desde siempre y para siempre*" (Revelación 1:6).

También se dice arriba, que:

> "*A Él, Quien nos amó y lavó de nuestros pecados en Su propia Sangre*" (Revelación 1:5).

La *Sangre*, jamás ha sido *explicada* como yo quisiera que hoy ustedes la *comprendieran*. Cierto; la *Sangre* es, la *sabiduría del* Cristo, en ustedes. Esos *Siete Propósitos* en ustedes, *satisfechos*, se convierten en un *Río de Vida* que constituye la *Sangre* de El Cristo. Los *Siete Propósitos* de El Cristo, en ustedes, se convierten en una *Corriente Activa* de la Voluntad Integrada de El Padre, en ustedes. Entonces ustedes se encuentran en las *Aguas de Arriba*, en el Firmamento. La *Voluntad Viva* **de** *Dios*, está *fluyendo* como la plenitud de los *Siete Espíritus* de Dios, *en* ustedes. Y esa *Corriente Activa* constituye la sustancia de *las Aguas del Árbol de la Vida*, la cual les otorga dominio **y** gloria. Entonces *la Sangre del Cordero*, constituye ese *Río Puro de Vida*, fluyendo desde *el Trono* de la Voluntad de Dios en ustedes, el cual los *alimenta* con *Sustancia de Vida*. Y esa *Sustancia de Vida* es, como la savia de un árbol que fluye a través del árbol, y hacia las flores y los frutos. Esa *Sustancia Vital* en ustedes hace exactamente lo *mismo*. Ésa es, *la Sangre del Cordero*; ésa es, *la Sangre del Cristo*.

"*Bebed de Mi Sangre*", dijo en la Última Cena. Pero Aquél que dijo eso en *la Última Cena*, **no** fue Jesús – quien lo dijo; fue,

El Cristo *de* ustedes, afirmando: "Beban de los *Siete Frutos* del Espíritu que se vierte a través de la semilla de su propia *Naturaleza-Cristo*. Porque la Sustancia se encuentra *ahí*, y **no** *allá* afuera". En el mundo de los *sentidos*, eso **no** se encuentra *allá* afuera. Ése, es El Reino **de** Dios, *dentro* de ustedes. Y así es como Él, *nos ha hecho Reyes*. Ustedes, son un *Rey*, cuando se encuentran en su Reino **de** Dios, *Interior*. Y son un *Rey* ahí, porque **no** hay poder superior al del Reino **de** Dios, *Interior*. Esa *Sustancia Vital* de los Dones combinados *de* Dios, en ustedes, fluyendo como *una Corriente de Agua*, constituye *el Río* dentro del cual, *la voz del Padre habla, y entonces el mundo exterior se derrite*.

¿Se dan cuenta entonces, que el *Poder* de la Vida está *dentro* de ustedes, *ahora*? ¿Se dan cuenta entonces, que las *Cartas a las Siete Iglesias* es, a los *Siete Poderes* de Dios, *en* ustedes, los cuales, combinados, constituyen el *flujo* del *Río de Vida*? ¿Se dan cuenta entonces que el *flujo* del *Río de Vida* los lleva a *las Aguas de Arriba del Firmamento*? ¿Se dan cuenta entonces de dónde la Sustancia *Divina* alimenta **y** sustenta el Ser *de* ustedes, por medio de la *Gracia*? Ése, es el *lenguaje* del Alma, el cual Juan nos está trayendo *ahora*.

"*Y nos ha hecho reyes y sacerdotes, para Dios y para Su Padre*" (Revelación 1:6).

No sólo un Rey en el Reino *de* ustedes, sino un Sacerdote *para* Dios, es aquello que ustedes, son. ¿Cómo? Sacerdotes para los *hombres*, serían quienes *hablaran* las doctrinas de los *hombres*. Un Sacerdote *para* Dios es, quien *enseña* la doctrina **de** Dios. Y en el Ser *Interior* de ustedes, este *Río Activo de Vida*, constituye la *Verdadera* Sustancia del Padre – fluyendo *directamente* hacia el reconocimiento *de* ustedes; haciendo que *reciban* bendiciones, directamente *desde* Dios. Y eso es lo que precisamente los hace a ustedes, Sacerdotes *para* Dios. Cada uno de nosotros, en la *aceptación* de: El *Yo-Cristo*, se convierte en *un Sacerdote para Dios*. Entonces es cuando avanzamos para *conferir* las bendiciones de nuestra nueva Conciencia encontrada, en nuestra Iglesia Viviente *Interior* – y eso los convierte en *un Sacerdote en Dios*.

No solo ustedes se dan cuenta que son un Sacerdote *en* Dios, sino que, hasta el instante en que lo concientizaron, estuvieron *separados* del *Propósito* Directo *de* Dios expresado en ustedes. Sólo el Sacerdote *de* Dios, solo *en* la Doctrina *Divina* – pero **no** en la doctrina del *hombre*, es que ustedes se hallan en la *Revelación Viva*. Ahora pueden ver que, en la medida en que el mundo **no** está haciendo esto, es que el mundo *no* está en contacto *con* Dios, y *tampoco* puede traer *a* Dios hacia su experiencia *mortal*. Eso constituye nuestro *sentido* de separación *de* Dios, haciéndonos susceptibles a la *creencia* de que Dios, **no** constituye el Poder *Único*. Ahora bien, *todo* está siendo *corregido* en nuestra Conciencia.

> "*Mirad, Él viene con nubes; y todo ojo Lo verá a Él. Y también Lo verán aquellos que Lo crucificaron, y todos los linajes de la tierra se lamentarán debido a Él. Así sea. Amén*" (Revelación 1:7).

Bien, cuando se dice que *Él viene con Nubes*, eso significa: El Cristo, *dentro* de ustedes; y sólo El Cristo, *dentro* de ustedes, *llega con Nubes*. Y esas *Nubes* significan: Pureza, Perfección –*Él, viene con Pureza*. Únicamente *desde* El Cristo *dentro* de ustedes, es que *ustedes* reciben la Pureza **de** Dios. De los *hombres*, ustedes reciben: conceptos, ideas, interpretaciones – pero **no** llegan con Nubes. Las 'autoridades' *humanas,* **no** llegan con Perfección *Pura*.

"*Mirad, Él, viene con Nubes*". Y el Él, de Quien se está hablando, es del Cristo *Interior.* "*Y todo ojo Lo verá a Él*". Así que ahora, *si* ustedes han estado morando en la *creencia* de que **no** son suficientemente inteligentes o espiritualmente capaces, ¡olvídenlo! –Porque El Padre dice que: *todo* ojo Lo verá a Él. La Simiente del Cristo, en *ustedes*, será la que verá, ya que se trata de la Voluntad **del** Padre. Y *ver,* significa que ustedes, *entenderán*; ustedes, *aceptarán.* "*Todo ojo Lo verá a Él*". **No** existe un solo individuo sobre la faz de la tierra, que *finalmente **no*** acepte al Yo, El Cristo, como su *Identidad*. **No** se requiere de ninguna *otra* 'autoridad', para aquello que hemos *visto* en estas palabras. *Todo ojo Lo verá a Él*, incluidos aquellos *que lo hayan crucificado*. Esto incluye a <u>todos</u>, porque <u>todos</u> nosotros hemos *traspasado* al Cristo de *nuestro* propio Ser.

Quizá lo hicimos *hasta hace* un momento; y lo *haremos* de nuevo mañana; y lo *seguiremos* haciendo… pero cada vez, **menos** – porque estamos *esforzándonos* para **no** *traspasar* al Cristo, sino para *aceptar* al Cristo. *Todo ojo Lo verá a Él* – también quienes *Lo crucificaron*. Y yo sé, que Juan *me* está hablando directamente a *mí*, cuando dijo eso porque: hasta que **no** *aceptemos* al *Yo-Cristo*, habremos *crucificado* al Cristo.

Y entonces Juan continúa: "*Y todos los linajes de la tierra Lo verán a Él*". Y los *linajes* significa: todo aquello que es *material* – *toda* la conciencia-*material* sobre la tierra, será *elevada* hacia la *Conciencia*-Cristo.

Así que *vean* ustedes que esto, *nada* tiene que ver con <u>sus</u> capacidades *personales*. Los *Siete Dones* de Dios, *dentro* de ustedes, será aquello que *mire*. Ustedes simplemente pueden, retrasar su *reconocimiento* de lo anterior – pero su *negación* solo podrá *continuar* hasta *cierto* 'punto'. Y ese 'punto', cada uno de nosotros lo *aprenderá* a su debido tiempo – *si* es que aún *no* hemos alcanzado el lugar en donde El *Yo-Cristo*, sea *mi* Nombre, a pesar de lo que 'este mundo' pueda decir.

"*Todos los linajes de la tierra harán lamentaciones por Él*".

Ahora bien, las *lamentaciones* de los *linajes de la tierra*, significa que <u>toda</u> conciencia-*mortal*, sabiendo que está siendo empujada, lo *lamentará*. Esto se refiere al *remanente* de conciencia-*mortal* dentro de ustedes – se *lamentará*, tal como se lamenta *ahora*. "Oh; ***no*** puedo continuar" – ése, es el *lamento*. Y cada uno de nosotros nos *opondremos* a esta lucha *interior*: "**No; no, no, no**; – **no** me *hagan* El Cristo; por todos los cielos, esto es lo *último* que quiero ser.

Déjenme tan solo ser, un *mortal* feliz" – ése es el *lamento*. Pero <u>todo</u> *linaje de la tierra que se lamente*, se *lamentará* **sin** ningún resultado – porque hemos estado *lamentando* ahora, durante estos miles de años, el **no** ser El Cristo. Y finalmente, la llamada *inteligencia* que dice: "'yo', por mí mismo, *sí* que puedo hacer muchas cosas", está comenzando a *darse cuenta* cuán estúpida realmente, es. Y el último *lamento* de este ego *falso*, les dirá, finalmente, que ustedes han *alcanzado* una *nueva Cumbre*. Ustedes ya **no** se sienten a *disgusto* por *aceptar* la Vida *Divina* como la Vida de *ustedes*. Incluso están *dispuestos* a creer que *pueden* ser una Vida *Divina*; y están *dispuestos* a *recorrer* el Camino **y** *vivir* como Vida Divina, *abandonando* <u>todos</u> los conceptos de la mente-*sensoria*. Es entonces cuando ya **no** hay más *lamento* de parte de *los linajes de la tierra*.

> "*Yo, soy el Alfa y la Omega; el Principio y el Fin* – dice *el Señor, Quien es; y Quien fue; y Quien ha de ser* – *El Todopoderoso*" (Revelación 1:11).

Cuando *cese* el *lamento* dentro de *ustedes*, entonces *escucharán* la Voz *declarando* que *El Yo, Soy el Alfa y la Omega*; entonces *verán* con exactitud, lo que esto *significa*, cuando es declarado, en un instante, **a** Juan.

> "*El Yo, Juan, que también soy su compañero, hermano y compañero en la tribulación, así como en el Reino y en la paciencia de Cristo-Jesús, estaba en la isla llamada Patmos, por causa de la Palabra de Dios y del Testimonio de Cristo-Jesús*" (Revelación 1:9).

Bien pudieran preguntarse *por qué* Juan dice: "*El Yo, Juan, que también soy su compañero, su hermano* **y** *compañero en la tribulación, así como en el Reino* **y** *en la paciencia de Cristo-Jesús*". Sencillamente está diciendo esto: "*El Yo*, Juan, **y** Cristo-Jesús, fuimos ambos seres *humanos*, tal como *ustedes* pensaron que lo *éramos*. Pasamos por las *mismas* luchas por las que *ustedes* pasan; somos *compañeros* de ustedes en la tribulación; somos *hermanos* de ustedes; **no** somos ninguna *Entidad* Divina que *descendió de las Nubes*; caminamos sobre esta tierra dentro de un marco *mortal*; tuvimos problemas *mortales*; pasamos por *toda* tribulación que ustedes están *pasando*, **y** por algunas otras condiciones – pero finalmente, *admitimos* que **no** éramos seres *mortales*, y llegamos a la *aceptación* del *Yo-Cristo* – tal como *también* ustedes, lo *harán*.

Y es por eso que *ahora* El Yo, Juan, soy capaz de decirles que, *habiendo pasado a través de todas esas tribulaciones*, El Yo puedo *ahora* decir:

> "*Ese Yo, estaba dentro del Espíritu, en el Día del Señor. Y escuché una gran Voz, como de Trompeta, que decía: El Yo, soy el Alfa y la Omega; El Yo, soy lo Primero y lo Último. Aquello que veas, escríbelo en un Libro, y envíalo a las Siete Iglesias que se encuentran en Asia*" (Revelación 1:10, 11).

Se trata del Versículo 11 del Capítulo 1, y me gustaría que tomaran nota, para que *regresen* a este versículo *muchas* veces más. –La *razón* de lo anterior, es ésta: *El Yo, Soy el Alfa y la Omega*, se refiere al Cristo *dentro* de ustedes. Juan, lo *escuchó*; pero también *ustedes* pudieron haberlo *escuchado*, porque se trata del *mismo* Cristo. Nos está diciendo: *El **Yo**, Soy lo Primero y lo Último; El **Yo**, Soy el Principio – el Alfa; y El **Yo**, Soy el Final – la Omega*. Esto implica que ustedes *surgieron* **de** Mí, y que ustedes están *retornando* **al** Mí – **no** hay otro lugar a donde ir. El *Yo*, Soy *todo* cuanto existe; El *Yo*, Soy lo primero **y** también Soy lo último; El *Yo*, Soy aquello que FUE, y aquello que ES, y aquello que SERÁ. Todo cuanto existe es, El *Yo*, Cristo, el Hijo **de** Dios – **no** hay otro. Y ustedes están *aprendiendo* que *salieron* **de** Mí, y que están *retornando* **a** Mí.

Eso, es lo que la Voz está *diciéndole* ahora a Juan; él, está *escuchando* al Cristo *Interior*, decir: "Juan, tú ya **no** eres más

'Juan' – tú, *siempre* fuiste *El* **Yo**. Tú, saliste *del* **Yo**; **y** tú, estás regresando *al* **Yo**. Ahora, tú ERES el Juan *Inmortal*; el *Cristo-Juan*; bienvenido a Casa; bienvenido a tu *Verdadero* Ser.

"*Y aquello que veas, escríbelo en un Libro*". Ahora bien, *ésa*, es la parte que quiero que <u>ustedes consideren con frecuencia</u>. Aquello que *ustedes* escriben en <u>*su*</u> Libro, determina lo que <u>*su*</u> Vida es. La forma en que *ustedes* escriben en <u>*su*</u> Libro implica: *ser conscientes*. Cuando ustedes *están conscientes* del Yo, *entonces* aquello que ustedes *escriben* en <u>*su*</u> Libro, por medio de este RECONOCIMIENTO del *Yo*, constituye la *Sustancia* de Vida. Y puesto que esa *Sustancia* es aquello que *escribe* en el Libro *de* ustedes, es que <u>*su*</u> experiencia *exterior*, constituye la *Divinidad* expresándose. *Juan, tú, has 'tocado' la Sustancia de Vida del Yo. Ahora, permitan que El Yo, escriba en el Libro* **de** *ustedes,* **para** *ustedes*. Y eso de *escribir el Libro* **de** *ustedes* significa: <u>*vivir la Vida* **de** *ustedes*</u>.

La Vida que *ustedes viven*, constituye *el Libro* que *ustedes* escriben. *Ustedes*, escriben <u>*su*</u> propio Libro; *ustedes*, viven <u>*su*</u> propia Vida. Pero aquello que *ustedes escriben*, depende de *si* están empleando el *equipo* de la Escritura *Divina*, o el de la escritura *humana*; depende de si están *dentro* de la mente, o *dentro* del Alma; depende de si *ustedes* están *ignorantes* de Dios, o si *conocen* a Dios; depende de si *ustedes* se encuentran *dentro* de la Sustancia de Dios, o *dentro* de la falsificación, de lo falso.

Ahora Juan, ya te encuentras preparado para escribir el Libro verdadero, el Libro de la Vida – **no** *el libro de las imitaciones. Porque El* **Yo***, el Alfa y la Omega, El* **Yo***, Soy la Sustancia de Vida. El* **Yo***, escribiré* <u>*tu*</u> *Libro; El* **Yo***, viviré* <u>*tu*</u> *Vida*. Y esto es lo que Juan está *escuchando* desde El Cristo *Interior*. Cuando *ustedes escuchen* esto desde El Cristo *Interior*, entonces *ustedes* se *convertirán* en una *Sustancia de Vida de Dios*, RECONOCIDA. Y <u>todo</u> cuanto el Padre *tiene*, se encuentra *dentro* de esa Sustancia. El Libro de *ustedes*, tiene que ser escrito **por** El Cristo – de lo contrario la Vida de *ustedes* **no** expresará los Frutos **del** Cristo. Esto, es lo que Juan está *escuchando* en su interior: *Aquello que veas, escríbelo en un Libro; y envíalo a las Siete Iglesias*.

Bien, la *Sustancia*-Cristo en ustedes, hace funcionar esas *Siete Iglesias* – y *nada más* puede hacerlo. Éste, es el significado *oculto* de ese versículo. Las *Siete Iglesias* **de** Dios en ustedes, *sólo* pueden ser *activadas* por El Cristo. Y si tan solo el *uno por ciento* está activo en *ustedes*, se debe a que la mente de *ustedes*, *carece* de toda capacidad para tocar, nutrir **y** sustentar esos *Siete Dones* **de** Dios, en *ustedes* – *sólo* El **Cristo** puede llevarlo a cabo; y *sólo* la Identidad-**Cristo** puede liberar al Cristo en ustedes. El Versículo 11 del Capítulo 1, constituye la *clave*, en este instante, para encontrar la *Sustancia* que puede escribir *el Libro de la Vida*.

"*...A Éfeso, Esmirna, Pérgamo, Tiatira, Sardis, Filadelfia y Laodicea*" (Revelación 1:11).

Ahora bien, esas *Siete Iglesias*, establecidas *visibles* y *tangiblemente*, *llevaban* a cabo su Obra *Espiritual*. Pero tal como explicamos en la sesión anterior, ellas *constituían* la expresión o evidencia **de** la Conciencia – se encuentran *dentro* de la Conciencia-*Cristo*; y se encuentran *dentro* de *ustedes*, pero **no** con esos 'nombres'.

"*Y entonces El Yo, es decir Juan, me volví para ver la Voz que hablaba conmigo. Y habiéndome vuelto, El Yo, vi siete Candeleros de oro*" (Revelación 1:12).

Ahora bien, estos *Candeleros dorados* son las *capacidades* de ustedes. Ellos constituyen Sus *Siete Propósitos inmutables*; y esos *Siete Candeleros* constituyen las *Iglesias dentro* de ustedes. Observen que estos *Candeleros* sostienen *una vela que cuenta con una mecha*; y cuando se *enciende*, entonces ustedes *encuentran* las *Siete Estrellas*. Y estas *Siete Estrellas* son llamadas: *los Ángeles de las Iglesias. Ellas* constituyen la *plenitud* de los *Siete Propósitos*. Y todo esto acontece en tanto Juan es *elevado* más **y** más alto, para *revelarle* la naturaleza de esas *Siete Estrellas*.

"Y en medio de la niebla de los Siete Candeleros, vi a Uno semejante al Hijo del Hombre, vestido con una túnica que le llegaba hasta los pies, ceñido por el pecho con un Cinto de oro" (Revelación 1:13).

Bien, todo cuanto se va a decir aquí, les va a *revelar* que éste que apareció es, el *Elegido* – el **Cristo** concientizado. Y *todos* los *símbolos* van a *revelar* que El **Cristo**, ha alcanzado *la iluminación total*. Cabello blanco como la lana, túnica ceñida en oro larga hasta los tobillos. Observen que las *túnicas hasta los tobillos*, constituyen lo *santo* de lo *sagrado* – eso fue lo que el *Sumo* Sacerdote portaba en *el Arca de la Alianza*. Únicamente aquél que *poseía la túnica hasta los tobillos*, podía *entrar* en *el Arca de la Alianza* de los hebreos. Y entonces hallamos que, aquello que El Cristo *mira* en medio de *los Siete Candelabros, en medio de la niebla*, significa que ha *cumplido* lo que Le corresponde – este *Elegido es, el Ungido*, quien ha *cumplido* con los *Siete Propósitos inmutables*. Por eso es que porta *la Túnica larga hasta los tobillos, y esta túnica está ceñida* – Él, El **Cristo**, cuenta con el *poder* – está *unificado* **con** el Padre. *Él, y el Padre,* **Uno** *son* – eso implica *el Cincho dorado* – Ellos, **Uno** son.

Y bueno, ¿por qué nos está diciendo todo esto? –Pues **no** para *seducirnos* con *palabras*, sino para *establecer* la 'autoridad' de Aquél que fue *el primer Engendrado*; para que ustedes jamás cometan el error de *seguir* a *ninguna otra* 'autoridad'; para que ustedes **no** cometan el error de *pensar* que, con su mente *humana*, ustedes han *descubierto* una 'autoridad' mejor que la del *primer Engendrado*. Y *si* ustedes pasan esto por *alto*, entonces habrán pasado *todo* por alto. Según esta Revelación, *únicamente* la enseñanza de *Aquél que alcanzó la Primera Resurrección*, resulta *confiable*.

Por ello *todos* nuestros conceptos, *todo* aquello con que cuentan las muchas religiones que hay en 'este mundo' – *todas* ellas dicen contar con un *mejor camino para llegar a Dios*, que el de las *otras* religiones. Pero, la *Revelación* **de** *San Juan*, dice que *tomemos* todo eso, lo *juntemos*, y lo *pongamos* dentro de una bóveda, en alguna parte. Es decir, **no** *persigamos nada* de eso – porque estaríamos *siguiendo* un camino *equivocado* hacia Dios. Eso que El *Yo* vio *en la niebla de los Siete Candelabros*, constituye El Cristo *reconocido* – eso, constituye el Maestro *dentro* de ustedes. Y este Cristo *reconocido*, constituye El Reino **de** Dios, *dentro* de ustedes – eso constituye el Maestro de *ustedes*. Este Cristo *reconocido* constituye aquello que condujo **a** Jesús, a través de la *Resurrección*; este Cristo *reconocido* constituye aquello que condujo **a** Juan a través de la *Resurrección*. Este Cristo *reconocido* es Quien dijo a Pilatos, que estaba *perdiendo* su tiempo – porque **ni** Pilatos **ni** *todo* el Imperio Romano, pudieron *crucificar* al Cristo – Él, El Cristo, ES el Maestro de *ustedes*.

Se trata de Aquél que <u>demostró</u> que *El Yo, en medio de ti,* **Soy** el *único* Poder – **no** existe otra 'autoridad'; **no** existe *ningún* otro poder que *El Yo, en medio de ti*. Y ustedes, **no** requieren un fusil, un refugio anti bombas, **ni** un refugio contra los impuestos. Lo que ustedes requieren es: *El* **Yo**, *en medio de ustede*s – porque El **Yo**, estoy *en la niebla de los Siete Candelabros*. El Yo, *controlo* los *destinos* de *todo* hombre sobre la *tierra*.

Y ahora, *todos* los símbolos de este poder *total* del *Yo*, son *presentados* por Juan. *Su cabeza y sus cabellos estaban blancos como la lana* (Revelación 1:14). *Lana* implica *Sabiduría Divina*; la *blancura* de la lana implica Sabiduría **y** Conocimiento, *Divinos* – tan blancos como la nieve.

Y sus ojos, eran como flamas de fuego (Revelación 1:14). El *fuego* es un símbolo de la Verdad *Eterna*. Juan les está mostrando a ustedes que, *si anhelan* la Sabiduría *Divina* y la Verdad *Eterna*, entonces tendrán que *acudir* ante Aquél que está *parado en la niebla de los Siete Candelabros*, y **no** recurrir a *ninguna* 'autoridad' *humana*, a *ninguna* iglesia *humana* – ustedes, *tienen* que *acudir* a la Iglesia **de** Dios, DENTRO de ustedes, *si* es que anhelan **a** Dios. Y de esa manera Juan está *mostrando* que la Omnipotencia, la Omnisciencia **y** la Omnipresencia, estarán *todas*, abarcadas en el instante en que El **Yo**-Cristo, en ustedes, *es nacido*.

"Sus pies eran como bronce pulido" (Revelación 1:15),

lo cual implica que El Cristo ES: *entrañable, preciado, eterno, indestructible*. No importa hacia *cuántos* caminos o direcciones ustedes se *vuelvan*, porque ustedes *siempre* tendrán que *retornar* hacia Aquello que implica y constituye, la Vida *Eterna* **de** Dios, **en** ustedes – El Cristo.

"…como bronce pulido, como si hubiera ardido en un horno" (Revelación 1:15).

Lo anterior significa que ustedes, son *inseparables* **de** Dios, cuando se encuentran **en** El Cristo, **en** ustedes.

"Su Voz, es el sonido de muchas aguas" (Revelación 1:15).

Por lo general, *muchas Aguas*, significa *cielos*. Así que El Cristo, está hablando *desde* lo *Infinito*, y **no** *desde* lo *finito*, *desde* un punto de vista *localizado* – El Cristo, habla *desde los Siete Cielos*.

"Y Él, llevaba en su mano derecha, Siete Estrellas" (Revelación 1:16).

Eso implica que el *propósito* está: *cumplido*.

"Y de Su boca, salía una espada aguda de dos filos. Y su semblante era como el sol brillando en su fuerza" (Revelación 1:16).

Ahora bien, esa *Espada de dos filos que sale de la Boca* del Cristo, representa algo muy simple: *acepten* al Cristo, y entonces ustedes *caminarán fuera* de la *mortalidad*, hacia El *Cristo*, hacia la *Vida* – eso constituye *un filo de la Espada*. En otras palabras, la *aceptación* o el *rechazo* de ustedes, es lo que determina *cuál filo* de la *Espada* obtienen. *O caminan* en el Cielo, *o* no. –Ésa es, *la espada de* **dos** *filos*, y ustedes cuentan con la facultad de *decidir* – pero El Cristo es, *inmutable*. Ustedes caminan *dentro* del Cielo, *por medio* del Cristo. *Ningún hombre llega al Padre, excepto a través de Mí*, dice El *Cristo* de su Ser – ésa, es la *Espada* de DOS filos.

"*Y Su semblante, era como el sol brillando en todo su esplendor*" (Revelación 1:16).

El sol *brilla* – y todos lo aceptamos: la *calidez* y el *calor* – así El Cristo, *en* ustedes, *brilla*. El Cristo *envía* la Verdad **de** Dios – así es como *brilla*. El Cristo, *envía* la Verdad **de** Dios, al mundo. Ahora, *o* caminamos *dentro* de este Cristo y Lo aceptamos, *o* **no**.

La Verdad, está *brillando* en ustedes; y *si* ustedes *anhelan* la *Verdad*, entonces *tienen que acudir* al Cristo, porque El *Yo*-Cristo, en ustedes, El *Yo, Soy* la *Verdad*. *Si* ustedes anhelan la *Vida*, entonces *tienen que acudir* al Cristo, porque El *Yo*-Cristo, en ustedes, *Soy* la *Vida*. Y si ustedes *anhelan* el *Camino*, entonces ustedes *tienen que acudir* al *Cristo*, porque El *Yo*-Cristo, en ustedes, *Soy* el *Camino*. *Si* ustedes *anhelan* la *Resurrección* de la muerte en vida, entonces ustedes *tienen que acudir* al *Cristo dentro* de ustedes, porque El *Yo, Soy* la *Resurrección*.

"*Y Su sol, brilla*" (Revelación 1:16).

Esto, está *aconteciendo*. Tal como el sol está *brillando* ahora, de la *misma* manera El Cristo, está *brillando* la Verdad *en* ustedes, esperando *reconocimiento*. Estamos hablando acerca de: *una Vida, viviendo* – **no** estamos hablando acerca de 'un más allá celestial'. Estamos hablando acerca de: Dios, *ahora* – **no** estamos hablando acerca de 'un Dios', *mañana*. Estamos hablando de un Dios, *actual, contemporáneo* – **no** estamos hablando acerca de un Dios, *muerto* hace dos mil años. Estamos hablando acerca **de** Dios, Quien está *viviendo* **y** *expresándose* **como** el Cristo, *en* ustedes – estamos hablando del Padre *Interior*. Y ésta es, la '*autoridad*' de ustedes, la cual se encuentra *en la neblina de los Siete Candeleros, manteniendo las Siete Estrellas en Su diestra* – el *cumplimiento* del Ser de *ustedes*. –El *Cristo* ES: el *Camino*.

> "*Y cuando yo Lo vi*", dice Juan, "*caí como muerto a Sus pies*" (Revelación 1:17).

Ahora *comprenden* ustedes lo que esto *significa*. Ésta, es la *experiencia* por la que Juan estaba *atravesando* en ese momento de *éxtasis* –*cuando* Lo vio **y** cayó a Sus Pies, y *conoció* al Cristo *dentro* de él mismo, entonces *renunció* a todo sentido de un Juan *personal. Juan cayó como muerto, a los pies del Cristo dentro de él mismo. Se despidió* de Juan; se *aceptó*, a sí mismo *como:* El *Cristo*.

Juan está indicando que nosotros *hagamos lo mismo: Despídanse* de este 'yo'; *caigan como muertos a los pies* del Cristo, *dentro* de ustedes mismos; *ríndanse* al Cristo *Interior*. –Esto, es lo que *él, hizo*; ésta es la razón por la *él*, que *entró* a la *Primera Resurrección*; ésta, es una aceptación del *Yo* – Juan, ya **no** soy Juan – El *Yo*, Soy el Cristo. Porque todo esto que Juan *escribió* aquí, es lo que *vio dentro de sí mismo*, tal como ustedes lo han *experimentado* en sus vivencias *internas* – *percibiendo* una cosa u otra – él, estaba *viendo llegar* a su propio Cristo; él, estaba *declarándose* a Sí Mismo, invitándolo hacia la Realidad. –Y Juan, *aceptó* caer *muerto: rechazando* el sentido *mortal*, **y** *aceptando* la *Identidad-*Cristo.

Entonces aconteció algo extraño.

> "*Cuando yo Lo vi, caí como muerto a sus pies. Y Él, extendió su diestra sobre mí, diciéndome: No temas; Yo, Soy lo primero y lo último*" (Revelación 1:17).

El Cristo *dijo* a Juan: "*No temas*; jamás ha habido 'alguien más' – tan *solo* El *Yo*; el *Único* sobre esta tierra: El *Yo*, Soy. Tú, *no* tienes por qué *temerle* a nadie – *no* existes tú **y** El Cristo, a la vez. *Deshazte* de ese sentido de *dualidad*. *No temas* – El **Yo**, *Soy lo primero y lo último*. Juan, tan solo tienes que *salir* del *hipnotismo*; eso es lo que te ha 'pasado'. El Yo, *Soy tú*; y tú, tan solo estás *despertando* a esa Verdad. Cuando *aceptaste* al Cristo, simplemente estabas *aceptando* que **no** *había un* Juan. Y tú lo *descubrirás*, cuando *aceptes* que El Yo, *Soy* El Cristo; y entonces El Cristo *Interior* te hará *conocer* que donde tú te *encuentras*, tan solo: El Cristo *está*".

Sería mejor que *comenzaras sabiendo* eso ahora, ya que eso *es*, el *propósito* de esta *Revelación*: tú, **no** estás de *ninguna* manera ahí – El Cristo *está* – ése, es <u>tu</u> Nombre. Cuando tú *aceptes* al Cristo, entonces *descubrirás* que **únicamente** El Cristo está, donde *tú* estás. "*Lo primero y lo último*", significan lo *Único*. Ahora tú ERES, el Hijo *Viviente* **de** Dios. En tu *aceptación*, *saliste* del hipnotismo de considerarte *mortal*.

Y Juan, está *descubriendo* eso ahora, cuando ha *aceptado* que El *Yo-*Cristo, *Soy todo* cuanto hay – ya **no** hay más un 'Juan'. –'Juan', el discípulo, se *fue*; 'Juan', el discípulo, *está muerto*, tal como Jesús estaba *muerto después* que la paloma descendió. **No** temas; tan solo está El *Yo*, dice El Espíritu – El Yo ES, *todo* cuanto hay – <u>jamás</u> ha habido 'otro'. Tú, has *caminado dentro* de la *dualidad*, y has *sufrido* a causa de la *dualidad*. Tú, has *sufrido* debido a la *creencia* en un ser que **no** existe. Porque tú has sido SIEMPRE: el Hijo *Viviente* **del** Padre *Viviente*; constituido **de** Sustancia *Espiritual* – caminando en la *falsa* conciencia de un yo **mortal**. 'Juan', tú, acabas de *entrar* en *el séptimo Cielo*, en donde *sólo* El Cristo, ES – y ése, es tu *nuevo* Nombre. Escríbelo sobre tu frente: EL YO, SOY EL CRISTO.

Ahora bien, ¿vamos a *recorrer todas* esas etapas, para *descubrir* aquello que nos están *enseñando*? O acaso nuestra fe comienza a *elevarse* y a *desplegarse* como para decir: "*Sí*; están hablando **de** *mí*; esto lo <u>*acepto*</u> para *mí, ahora*". –Porque Juan, **no** podía *recorrer* todo esto, hasta que **ya** hubiera hecho esa <u>*aceptación*</u>. *La caída final como muerto a Sus pies*, constituye la *Primera Resurrección*. Ésta, es la *Anunciación* para el mundo: "Dice Juan: ¿*No* saben que El Yo, ya **no** estoy en la *carne*? –*Caí muerto* en el instante en que *nací* **en** El

Cristo. El Yo, estoy *caminando en* El Reino **de** Dios, *ahora. Todo cuanto El Padre tiene, es Mío, ahora.* El Yo, *jamás conoceré la muerte,* porque me acabo de *hacer consciente* que El *Yo, Soy Vida* – y El Yo, *jamás* podré ser algo *menos* que El Yo, *Soy".*

Cristo ES, Vida; y el *reconocimiento* del Cristo, constituye *el final de la muerte.*

"El Yo, SOY aquel que vive y estuve muerto. Y mirad: El Yo, ESTOY *vivo para siempre".*

Toda *creencia* de que exista algo así como *muerte,* es *borrada* de la Conciencia que *Se conoce a Sí Misma*; de la Conciencia que *Se conoce* como *siendo la Vida Viviente* **de** *Dios,* la cual es llamada: El *Cristo.* Ésa, es la gloriosa *experiencia* de Juan, la cual constituye la experiencia *inevitable* de toda *nuestra* familia sobre la tierra. *"Porque* todo *ojo Lo verá a Él"* – *tal como* Juan lo hizo. ¡Amén!

"Y El Yo, tengo las llaves del infierno y de los cielos" (Revelación 1:18).

Así que vean, *salimos* de los *infiernos* de la *creencia* de mortalidad, hacia el *reconocimiento* de que El Yo, *Soy* la Vida Misma. *Y la llave* es: Emanuel – Dios **en** ustedes, CONSCIENTEMENTE RECONOCIDO.

"Escribe aquello que has visto; aquello que Es; y aquello que ha de ser de aquí en adelante. El misterio de las Siete Estrellas que Tú viste en Mi Mano Derecha, y los Siete Candelabros dorados" (Revelación 1:19-20).

Incidentalmente, *las Estrellas* representan: compleción; *oro* implica: lo perdurable, pureza; y las *Candelabros* son: los propósitos o capacidades *inmutables,* para la *totalidad* de *posibilidades* de los Dones **de** Dios, *en cada* uno de nosotros – *siete, oro puro, Capacidades puras perdurables. Las Siete Estrellas son los ángeles de las Siete Iglesias. Ellas* son, el *cumplimiento* de dichas Siete

Capacidades. Y *los Siete Candelabros que ustedes vieron, representan las Siete Iglesias.*

Ahora pues, vamos a *aprender* a partir de ahora, lo que esas *Siete Capacidades* son; pero más aún, vamos a *aprender cómo* es que, *por medio* del *Cristo,* esas *Capacidades* son *liberadas* o *activadas,* para que podamos *caminar* en un *universo diferente* a éste de *conceptos* de vida que cambian, de bien **y** de mal, y que en su momento *admitimos.* Es decir, por medio de la *Revelación de San Juan,* es que vamos a ser *elevados fuera* del *falso* sentido de vida que en su momento admitimos; *fuera* de las *falsas* enseñanzas *religiosas* de 'este mundo', *hacia* el Mensaje *Viviente* **del** Cristo, que fue dado a esta tierra, *por* Cristo-Jesús. Y resulta *irónico* que esto está precisamente *en* la Biblia, la cual es *practicada* sólo: en *teoría,* de 'dientes para afuera', por quienes *dicen:* "Señor, Señor" – y *creen* que por sus *dos palabras* acerca de Dios, *ya* se encuentran *adorando* a Dios.

Todos nosotros, en su momento, así lo hicimos; *todos* nosotros provenimos de familias que únicamente sabían *decir:* "Señor, Señor" – pero que **no** habían *hallado* ese Espíritu *morador* que, por *Sí Mismo,* constituye la *vía* hacia la *Morada* **del** Padre. Así que **no** podemos *condenar* a hombre alguno. Por cierto, **ni** siquiera pueden *enojarse* con sus ancestros por **no** haberles *enseñado* esta verdad, porque, *ustedes mismos* son: sus *propios* ancestros; aquellos que en el *pasado* **no** les *enseñaron* esto a *ustedes. Ustedes* son: *ustedes, ustedes mismos.*

Todos nosotros *comenzamos* desde el Alfa, y *retornamos* a la Omega; todos nosotros *somos el Principio y el Fin;* todos nosotros somos *lo Primero y lo Postrero;* todos nosotros somos *Aquél que era, y que es, y que por siempre será;* todos nosotros somos *ese único Cristo.* **No** basta *conocer* esto. Incluso *aunque* ustedes lo *conozcan,* todavía son como *un niño pequeño* en El Cristo. Y tenemos que *madurar,* para que lo *velado* del Cristo *en* nosotros, **no** sea *manipulado* por nuestras vías *humanas,* por nuestras necesidades *humanas,* por nuestras creencias *humanas,* **ni** por nuestro esfuerzo *humano.*

Todos tenemos que *caer muertos ante El Cristo*; todos nosotros tenemos que *lamentar* que hemos *estado muertos* para El Cristo; todos nosotros tenemos que *llegar vivos* ante El Cristo – porque El Cristo ES, la Vida.

De esta manera nuestro buen amigo Juan, nos ha *conseguido* aquí un *buen* punto de *arranque*. Y pronto nos va a *conducir* hacia los *Siete Dones*, los cuales son el *Camino* hacia la mismísima *Vida*. Considero que, *si* ustedes *practican* al despertarse, el *reconocer* al Cristo: EL YO-CRISTO, entonces encontrarán un *avivamiento interesante* en su Vida. Cuando ustedes *alcancen* un *verdadero aprecio* por lo anterior, entonces *vuélvanse* hacia EL TÚ-CRISTO, para que **no** *cometan* el *error* de obedecer tan solo el *Primer* Mandamiento, 'pasando por alto' el *Segundo* Mandamiento – EL YO-CRISTO; EL TÚ-CRISTO. Y *poco* importa lo que 'este mundo' *manifieste*, porque lo anterior, *constituye* la Verdad *Eterna*, la cual es *siempre* Verdad, *independientemente* de cómo ustedes, la vean.

Muchas gracias.

CLASE 3

ACEPTANDO TU DIVINIDAD

Revelación 2:1 – 7

Herb: - Cuando uno *lee* los Evangelios, entonces se observa que *faltan* muchos fragmentos. Y a menudo se encuentra uno a merced de un *traductor*, a merced de *cambios* en el idioma, y de *cambios* en el significado del idioma, por lo que finalmente se llega a un punto donde ciertas cosas en los Evangelios, son susceptibles de *interpretaciones diferentes*, por lo que pueden surgir *disputas* – así es como se pueden *formar* distintas religiones, debido a que *interpretamos* esto de un modo, y otros lo *interpretan* de otro modo, y esos otros de algún otro modo.

Por ello, durante siglos, cada vez que la política se *inmiscuye* en la religión, y cada vez que el estado y la religión se *hacen* uno y lo mismo, entonces encontramos un *sentido prevalente de contar con la razón,* el cual intenta proteger su *propia* postura. Y *si* la Biblia se encuentra de por medio, entonces simplemente se *altera* la Biblia para que se *ajuste* – ya sea cambiando el *contexto* de las palabras, o simplemente cambiando el *significado* de las palabras. Durante mucho tiempo **no** existió algo así como la *lectura* de la Biblia – uno se dirigía al *ministro* que presidía, y entonces *él,* le *aclaraba* a uno el significado. De hecho, el *ministro* ni siquiera se molestaba en *darle* a uno una Biblia – él daba <u>su</u> *interpretación*, y por lo regular eso implicaba vivir *temiendo* a Dios.

Con *El Libro de la Revelación de San Juan* ocurre algo muy extraño – **no** está escrito en un lenguaje *común*. Así que **no** tiene sentido *alterar* las palabras del *Libro de la Revelación de San Juan*, porque, de cualquier manera, nadie las *entiende*. De esa manera encontramos que, de todo el *Nuevo* Testamento, lo *único* de lo que podemos *depender*, y lo único que se ha *mantenido sin* alteraciones a través de los años, en su forma *original*, tanto como *humanamente* es posible, es *El Libro de la Revelación*. Se encuentra *más allá* de toda *creencia*, incluso para los clérigos, quienes *no* vieron en él, nada que pudieran poner en 'tela de juicio'. Así que afortunadamente contamos con un documento que nos *trae* la Verdad *Prístina* **del** Padre – ***sin*** que se encuentre sujeto a la voluntad *humana*; ***sin*** que se encuentre sujeto a la discusión *humana*; ***sin*** que se encuentre sujeto a la política *humana*; ***sin*** que se encuentre sujeto a la ignorancia *humana*... Permanece hoy en día, tal como *fue* en su origen.

Y nos *revela Siete Pasos* – *Siete Pasos* que nos llevan *desde* el hombre sobre la tierra, hacia *El* Hijo **de** Dios – pero incluso *revela* algo más que los *Siete Pasos* que nos llevan hacia *El* Hijo **de** Dios. Esos mismos *Siete Pasos* constituyen *Siete Velos descorridos* para *revelar* que el *primero* que comenzó su viaje desde los *Siete Pasos* fue, *El* Hijo **de** Dios. *Ahora* dense cuenta que ustedes pudieran considerar esos *Cuatro* Evangelios **y** *negar* que Jesús estuviera enseñando: *la Divinidad* **del** *Hombre*. Ustedes pueden hacer lo mismo que las *religiones* han hecho: enseñar que aquí, hay un *mortal* que, *adorando* **a** Dios de acuerdo a las 'condiciones *de* Dios', finalmente será *recibido* en un lugar llamado *Cielos*; y que ahí le será *otorgada* su *Divinidad*, como 'recompensa' por haber vivido una vida *mortal:* buena, moral y *humana*. Ustedes *pueden* hacer eso con los Cuatro Evangelios, **y** 'salirse con la suya'. –Claro que lo anterior, **no** es cierto; pero ustedes *pueden* hacerlo, tal como la *religión* lo ha hecho. Pero, cuando llegan al *Libro de la Revelación de San Juan*, entonces *descubren* que ya **no** pueden 'salirse más con la suya'. *La Revelación* dice que aquí **no** hay hombre *mortal* alguno – que **_jamás_** lo hubo. Ustedes, **_jamás_** pueden ser un ser *mortal* – aunque pueden vivir bajo la *creencia* de que son *mortales*. Ahora bien, si estuviéramos *considerando* los Cuatro Evangelios o las Epístolas, quizá al principio **no** buscaríamos el Nivel *más alto* del Ser. Pero dense cuenta que *ahora*, estamos ante la Corte *Suprema* – y ante la Corte *Suprema* **no** hay lugar alguno a donde 'escapar', por lo que *ahora, tenemos* que *encarar* la dura *realidad*.

La Verdad es que Jesús, *descubrió* algo que *ninguna* religión en 'este mundo' está dispuesta a *enseñar*, y mucho menos a *creer*. –El hecho de que ustedes SON: *Divinos, ahora*. No debiera ser difícil *aceptarlo*, considerando el hecho de que: **no** *debemos llamar a ningún hombre 'padre', sino a Dios*. De ahí continuamos con la *comprensión* de que el Nombre de ustedes es: *Divinidad*. Pudieran *profundizar,* y entonces decir: El Yo, *Soy* el Cristo – pero por *ahora* dejamos eso de lado. *Divinidad,* es el Nombre de ustedes; y los *Siete Pasos* hacia la Iluminación son los *caminos* por los cuales ustedes *llegan* al punto desde el cual pueden *aceptar* 'Divinidad', como su Nombre, y *demostrarlo*. En cada uno de los *Siete Pasos*, ustedes son *liberados* de algún otro *Velo* de hipnotismo, los cuales *impiden* realmente la *aceptación* de su propia Identidad, por lo cual ustedes puedan *permanecer* revelados como: El Yo, *Soy*.

Quizá pudieran verlo así: Imaginen por un instante que su nombre es *Pilatos*, y que delante de ustedes está un hombre que se describe a sí mismo, como *Aquel que ha venido a dar Testimonio de la Verdad*. Para ustedes, él *representa* un problema – *no* tienen nada contra él en lo *personal*, pero él, está *complicando* la vida de ustedes; y además les *dice* algo extraño. "Pilatos", les dice a ustedes, clavando la mirada al *representante* de todo el Imperio Romano. "Pilatos; tú, *no* puedes tener *poder* sobre mí". Si gustan, llevemos esa interpretación al Siglo XXI. Dejemos que el Hombre le diga a Pilatos, lo que *realmente* le estaba diciendo, *sin* Velo alguno – y sonaría como algo así:

> "*Pilatos: tú piensas que estás viendo a una persona; pero* **no** *– tú, estás viendo al Ser Divino. Tú piensas que estás viendo a un hombre físico; pero* **no** *– tú, estás viendo a*

*la Luz de Dios. Yo, Soy la Luz de Dios; el Cristo, está delante de ti, Pilatos. El Yo, **no** Estoy dentro de una forma mortal; el Yo, **no** Estoy dentro de una forma física; el Yo, **no** Estoy dentro de una estructura física; el Yo, **no** estoy dentro de la materia – pero desde tu propia visión, pareciera que el Yo, sí lo estoy. Y todo cuanto puedes hacer, es crucificar tu propio concepto del Mí. Tú, pensarás que Me has puesto en una cruz; tú, pensarás que Me has hecho sufrir; tú, pensarás que entonces Me enterrarás en una tumba – pero **no** será así, porque el Yo, **no** Estoy aquí en la Naturaleza de tu propia visión acerca del Mí. Todo cuanto está delante de ti es, el Hijo Invisible de Dios, visto a través de un cristal opaco de tu visión humana. Tú, estás haciendo una imagen del Mí, a la cual llamas Jesús; tú, la estás construyendo con tu sentido de percepción – y te digo que esa imagen que estás construyendo del Mí, **no** está parada delante de ti – tan solo está dentro de tu mente. Tú, estás viendo tu pensamiento, y lo que ves lo llamas Jesús. Pero tu pensamiento, junto con la imagen física que estás concibiendo acerca del Mí, tan solo está dentro de tu mente, y **no** es algo externo a ti".*

Así es como se expresaría *hoy en día,* porque eso es lo que El Cristo estaba *implicando* al decir: "*Pilatos, tú, **no** puedes tener poder sobre Mí*". Ahora bien, lo que Jesús le estaba diciendo a Pilatos en lenguaje *actual,* es justamente lo que vamos a *aprender* a decirle a '*este mundo*': "Tú, estás *percibiendo* al Hijo *Divino* **del** Padre; **y** tú, también estás viendo una imagen *mortal* y *física* – pero 'ambos', **no** pueden *estar* ahí – porque *solo* Uno, es. Y ahí es donde el Yo, *cumplo* o *fracaso* en Mi *demostración* de la Realidad – **o** soy el *Invisible* y *Divino* Hijo delante de ti, **o** soy la imagen *mortal* que tú ves **y** crees que está aquí".

Con frecuencia ustedes escucharon decir a Joel: "*Nadie Me ha visto jamás a Mí –* bueno, han visto a Joel; han visto la *forma*". Y a menudo ustedes lo escucharon decir: *"Nadie los ha visto jamás a Ustedes – bueno, han visto la forma; pero **no** los han visto a Ustedes"*. Y luego ustedes lo oyeron decirles: *"**Si** ustedes pueden verlo, saborearlo, tocarlo, olerlo, sentirlo, escucharlo… entonces **no** es"*. Y todos hemos dicho: "Sí; es maravilloso; es un hermoso *pensamiento* místico. Lo *acepto* – incluso quisiera *comprenderlo"*.

Ahora vamos nosotros a *aceptar* lo anterior; y también vamos a *aceptar* las *consecuencias* de haberlo *admitido* – es decir, que aquello que estamos *viendo*, **no** se encuentra *ahí*; que aquello que estamos *tocando*, **no** se encuentra *ahí*; que aquello que estamos *sintiendo*, **no** se encuentra *ahí*; que aquello que estamos *oyendo*, **no** se encuentra *ahí*; que aquello que estamos *oliendo*, **no** se encuentra *ahí*; y que aquello que estamos *saboreando*, **no** se encuentra *ahí*. ¡**No** se encuentra en *ningún* lado! –Se trata del concepto *de ustedes*; y sucede que el concepto *de ustedes* **y** el concepto de *todos* los *demás* es, *exactamente el mismo*. Así que *ahora* los *Siete Pasos* hacia el Estado de Conciencia *Iluminada*, requieren *salir* de la *hipnosis* de 'nuestros' *conceptos* – los *conceptos* son aquello que nos está *vinculando* a: *nuestros* propios patrones de *pensamiento*.

Brevemente *recuerden* que como Dios es TODO, por eso mismo es que la Divinidad TIENE que estar justo donde *ustedes* se encuentran. *Nadie* mira esa Divinidad – **ni** siquiera ustedes; pero *si* la Divinidad *no* estuviera exactamente donde *ustedes* se encuentran, entonces ciertamente Dios, **no** sería el TODO. Pues bien, ésa, es la *mayor hipnosis* que ha confrontado a la raza *humana* al: *mantenernos inconscientes* de la *presencia* **de** la Divinidad, justo donde *nos* encontramos. Y de ahí surge un nuevo concepto de 'identidad', el cual *nada* tiene que ver con la *Divina* Imagen y Semejanza **de** Dios. Ese nuevo concepto es: una imagen *humana –* constituye la *imitación y la falsificación* de la *Divina* Imagen de *ustedes*. Y justo en esa imagen *humana*, en esa imagen *falsificada*, justo *ahí* ustedes viven **y** mueren; y justo *ahí* ustedes tienen cosas *buenas* **y** cosas *malas* – justo *ahí* ustedes viven en *el Árbol del Conocimiento del Bien* **y** *del Mal*.

Cuando Juan se encontró en esta *Iluminación Superior – liberado* del ego *personal*, **y** *capacitado* para *percibir*, por medio del *Alma*, entonces *recibió* un Mensaje que ciertamente **no** aconteció hace más de dos mil años. El *prólogo* a La *Carta a la Primera Iglesia* está ocurriendo *aquí y ahora* – se trata de una conversación *entre* Dios El Padre **y** Dios El Hijo, *dentro* de ustedes – y eso, constituye una *Ministración Permanente. Si* ustedes estuvieran dentro de la Conciencia *de* Juan, entonces en *este* instante se *mantendrían: atentos* a dicha Conciencia, **y** la *escucharían* – tal como Juan la *escuchó*. Se trata de un *Mensaje* del *Ahora; actual – Ahora*, El Padre está hablando **a** la *Primera Iglesia* en la Conciencia de *ustedes*; *ahora* El Padre, está hablando **al** Cristo, en *ustedes*. Y Juan, por medio de su *capacidad* para *vivir en la percepción del Alma*, fue capaz de *sintonizarse* con esta *conversación* entre el Padre *Infinito* **y** el Padre *Individual*. Por así decirlo, fue como si el FBI estuviera *interviniendo* la *conversación* – sólo que su *intervención* fue al *Infinito*. Debido a lo anterior es que Juan pudo *traernos* **y** *compartirnos,* estos *Siete Pasos*.

Cada *Paso* constituye una *guía*, la cual, El *Alma* de ustedes, recibe *del* Padre Infinito, en tanto El Cristo *en* ustedes, es *develado* como la Identidad *actual* **y** *verdadera*, de ustedes. Nos estamos *moviendo* hacia el *reconocimiento* de nuestra Identidad *Presente –* **no** a la *consecución* de dicha Identidad, sino al *reconocimiento* de que esa Identidad, **ya** ES.

Difundan *las Buenas Nuevas*, el Evangelio; **y** difundan aquello que constituye *las Buenas Nuevas*: *Vayan, y levanten al muerto* – a quienes estén *muertos* a su Divinidad; a quienes **no** están *conscientes* de que donde se encuentren, justo ahí, *sólo* El Espíritu de Dios, *está. Sanen al enfermo* – a quienes estén *enfermos* debido a que **no** están *conscientes* que, *en* la Divinidad, **no** hay enfermedad alguna. *Den de comer al hambriento* – a quienes estén *buscando* la Verdad Suprema, *sin* saber que ellos, son **ya**, la Verdad *Suprema*. Las Buenas Nuevas son que: Divinidad, constituye el Nombre **del** *Hombre* – pero **no** de la 'divinidad *humana'*. Y remover el Velo que nos separa de ese *reconocimiento*, constituye TODO el *Propósito* de cuanto nos será *revelado* en cada palabra, en cada pensamiento, en cada obra que llegue en *percepción*, por medio *de* Juan.

Ahora somos NOSOTROS, *los Hijos* **de** *Dios*; y tenemos que *elevarnos* en nuestras Capacidades de *Percepción*, para *alcanzar* dicho *Reconocimiento*. En tanto *cruzan* el puente de la Fe, al mismo tiempo están *desplegando* Capacidades para *elevarse* sobre sus *pensamientos*. Pronto se *darán cuenta* cuán *lejos* se encuentran del Pensamiento *Divino*. Pregúntense *si* acaso cuentan con *voluntad* – difícilmente encontramos a alguien que *carezca* de *voluntad personal* – **no** somos barro – ciertamente nosotros contamos con una *voluntad*; ciertamente contamos con un *ego*. En algunos, la *voluntad* es fuerte; en otros, la *voluntad* es débil; pero finalmente la *Voluntad*, está *ahí*. En algunos, el *ego* es fuerte; en otros, el *ego* es débil – pero finalmente, el ego *está ahí*. De hecho, TODA Conciencia de nosotros mismos, está edificada *alrededor* de este ego *falso*: este ego "*mío*". "Heme aquí; *yo*, estoy en 'este mundo'; y *ahora yo*, tengo que averiguar *cómo:* sobrevivir, tener éxito, y ser feliz" – eso es parte del *Velo*.

La Divinidad, **no** se *esfuerza*; la Divinidad, **no** *lucha*; la Divinidad, **no** *busca*; la Divinidad, **no** *desea* nada. Y *mientras* nos encontremos: *esforzándonos, luchando, buscando, deseando, necesitando...* eso será la *señal* para *poner atención* en lo que se nos está diciendo: "Tú, **no** estás *consciente* de **tu** Divinidad – estás *negando* **tu** Divinidad; y estas señales de: *carencia, limitación, enfermedad, frustración y temor* que les 'llegan', les están trayendo la *concientización* de que ustedes, se encuentran *separados* de Aquello de lo que **no** debieran *apartarse*. – Ese 'Algo' es, la propia *Divinidad de* ustedes. La *falta* de la *verdadera* Naturaleza de su Ser, en la Conciencia de *ustedes*, hace que ustedes *vaguen a la deriva* hacia una *segunda* conciencia – un sentido *falso* de Ser.

Y *ahora*, cada Velo tiene que ser *levantado*, de manera de *capacitarlos* para: sentarse quietos, relajados, y *aceptar*:

"*No* existe otra, que la Vida Divina. **No** hay necesidad de una voluntad separada de Dios. **No** hay necesidad de un ego separado de Dios. Tan solo hay un único Ego; y ese Ego es, el único Ego bajo el cual, el Yo, puedo vivir. Tan solo hay una Única Voluntad Divina; y esa Voluntad es, la Voluntad a la cual el Yo, debo enfocarme día tras día. El Yo, tengo que despertar a esa Voluntad del Padre dentro del Mí. El Yo, tengo que encontrar El Árbol de la Vida. El Yo, tengo que regresar a ese único Origen".

Dense cuenta: El Cristo *comienza* **en** Dios; y el Hombre <u>tiene</u> que *comenzar* **en** El Cristo. *A menos que* ustedes *comiencen* **en** El Cristo, ustedes **no** estarán *ligados* a Dios. Y la 'forma', **no** está ligada con la Vida. Estando la forma **y** la Vida, *separadas*, ustedes *vagan*; y finalmente tendrá que llegar el *Día del Juicio Final*, cuando las señales **y** la ley del Karma comiencen a *evidenciar* el resultado, para *alertarlos* al hecho de que ustedes, están *apartándose* más **y** más de la *Casa **del** Padre*, hasta que, si **no** *prestan* atención a las *señales*, éstas se *acumularán* en una gran **y** portentosa señal – y se convertirá en un *desastre*.

Ahora se nos pide *mirar* hacia el *Árbol*, y darnos cuenta que hay una *Única* Mente gobernando dicho Árbol – *no* hay *varias* mentes. Pudiera haber cinco mil o cincuenta mil *hojas*, pero **no** hay tal cosa como cinco mil *mentes*. TODAS las hojas se encuentran *gobernadas* por una *Única* Inteligencia *Central* del Árbol. *Si* ustedes no pueden vivir *con* El Padre, entonces serán *semejantes* a la hojita del árbol que **no** está viviendo *en* la Inteligencia *del* árbol, y pronto encontrará que **no** tiene mayor *sustento* – *si* esa hojita del árbol no *estuviera* **en** la Mente Única, entonces *perecería*. Nosotros, quienes *no* podemos *descansar* en el *conocimiento* de que esa Mente *Única* está *gobernando* la Vida *de Sí Misma* dondequiera, es porque simplemente **no** hemos *aceptado* que *nosotros*, SOMOS esa Vida *Divina* – y así, vamos *en contra* de la Vida *Divina*, **sin** *permitir* que la *Única* Inteligencia *nos viva* – *compitiendo* con la Voluntad *Única* **de** Dios.

Bien pudieran ustedes también estar *sosteniendo* un cable eléctrico entre *sus* dedos, intentando estar en *otra* voluntad que *compite* con la Voluntad *Única*. Pero el *Día del Juicio Final* llega *rápidamente* – la Espada de la Verdad los *desconecta*. La Voluntad *Única* tiene que *encontrarse* *en* el Padre *Interior*; la Mente *Única* tiene que *encontrarse* *en* el Padre *Interior*; y el Cuerpo Espiritual *Único* tiene que *encontrarse* *en* el Padre *Interior*. Y debido a que ustedes SON Divinos, es que **no** hay individuo alguno en esta habitación que *carezca* de un Cuerpo *Espiritual*. **No** existe *nadie* que pueda *decir*: "Yo **no** tengo un Cuerpo *Espiritual*", **y** que, al *mismo* tiempo, esté expresando la *Verdad*.

Dios El Padre, dice: *"Sean tan Perfectos, como su Padre"*. Y **no** existe Perfección en la forma *humana*; **no** hay Continuidad en la forma *humana*; **no** hay Ley *Divina* en la forma *humana*; y **no** hay Sustancia *Divina* en la forma *humana*.

Si hemos estado *experimentando* una secuencia de *contratiempos*, es *únicamente* porque hemos *aceptado* una forma *humana*, así como una identidad *humana* – una vida *mortal*. Pero **no** existe tal – *jamás* ha habido una vida *mortal*; *jamás* ha habido una identidad *humana* – se trata tan *solo* de un *falso* sentido de identidad *humana*. Y debido a que ustedes están *interesados* en la Ley *Divina* que los sustenta, es que ustedes tienen que *aprender* a *percibir* que la Ley *Divina* puede sustentar *únicamente* a la Vida *Divina*. Ustedes tienen que *aceptar* la Vida *Divina*, como **su** propia Vida, para entonces ser *sustentados* por la Ley *Divina*.

Ahora bien, la *dura* Verdad va a *doler*, debido a que es *tanto recta, como angosta* – más allá de todo lo imaginable. La *dura* Verdad implica que, ustedes, tienen que *vivir* por el Pensamiento *Divino* – pero, por otro lado, ustedes **no** son *capaces* de *pensar* el Pensamiento *Divino*. **No** existe mente *humana* alguna en 'este mundo', que pueda *pensar* el Pensamiento *Divino*. *Únicamente* la Mente **de** Dios, puede *pensar* el Pensamiento *Divino*; y *a menos que* el Pensamiento *Divino* esté *gobernando* la vida de *ustedes*, ustedes se encontrarán en una corriente de *pensamiento humano separado* – y eso implica una *vida separada,* que **no** conoce la *Perfección* **ni** las armonías de lo *Divino*. Así que ustedes tienen que: *someter* *su* pensamiento a lo Divino. Tiene que haber un 'lugar' donde el Pensamiento *Divino* **y** el pensamiento de *ustedes*, sean: *uno* **y** lo *mismo*; tiene que haber un 'lugar' donde 'yo' **no** piense – **ni** siquiera en *mi* vida – porque el Pensamiento *Divino* está en mi pensamiento; Dios, está *pensando* por medio *de* mí. Dense *cuenta* que eso es lo que implica, *el Árbol de la Vida*.

Así que *analicen* su 'pensamiento' *ahora*, para *comprender* por qué es *incapaz* de elevarlos hacia el Reino de la *Realidad*. Habrá cerca de un millón de personas muriendo de cáncer este año en 'este mundo'; y habrá muchas, muchas otras más enfermedades, *reclamando* muchas vidas. Ustedes **y** yo, *vemos* todo esto, y nos *cuestionamos*: "¿Por qué Dios **no**…? ¿*Ve* Dios sufrir a quienes amo? ¿*Ve* Dios a mi amigo, un amputado, regresar de Vietnam? ¿*Ve* Dios la sangre *humana* que está siendo derramada en 'esta tierra'? ¿*Ve* Dios el sufrimiento y la tortura en los hospitales? *Si* 'yo' la *veo*, entonces ¿por qué Dios **no** la *ve*? *Si* el mundo medico la *ve*, entonces ¿por qué Dios **no** la *ve*? *Si* el mundo psiquiátrico la *ve*, entonces ¿por qué **no** la *ve* Dios? ¿Por qué la raza *humana ve* aquello que Dios pareciera **no** *ver*? –Porque nosotros, *sólo* estamos viendo: ¡*nuestros* propios pensamientos! Dios, **no** los está *viendo*, porque **no** hay mal alguno en el *Pensamiento Divino*.

Pero Juan nos *enseñó* que Dios ES, el *Único Creador*; que aquello que Dios **no** *creó*; que aquello que Dios **no** *hizo*, *jamás* fue creado *ni* hecho. ¿*Creó* Dios el cáncer? ¿*Creó* Dios el sufrimiento? ¿*Creó* Dios alguna de las enfermedades que *tú* conoces? Entonces, ¿*quién* las creó? *Si* Dios **no** *hizo* todo esto por lo cual la gente sufre, entonces ¿*quién* lo hizo? –El *pensamiento* lo hizo. TODA enfermedad en esta tierra, no es más que: *pensamiento humano*; ¡y eso es *todo*! **No** *importa* si 'ustedes' lo *miran* a diario; **no** *importa* si 'ustedes' se *sumergen* en este sufrimiento incluso en su trabajo; **no** *importa* si 'ustedes o alguien de su familia' está *sufriendo* a causa de todo esto – 'ustedes' **no** están sufriendo por algo que *Dios creara*; y ¡**No** hay ningún *otro* Creador!

Ahora bien, *si* Dios **no** creó: el cáncer, la tuberculosis, el asma ni nada semejante; y *si* de hecho **no** fueron creados, *entonces ¿existe* todo eso? ¿O acaso solo *pareciera* existir? ¿*Puede* aquello que Dios ***no*** creó, tener existencia? – Tal pues, es la paradoja de la *hipnosis* que nos confronta. –*Sufrimos* a causa de aquello que ***no*** tiene *existencia* alguna *en* Dios; por aquello que ***no*** tiene *origen* alguno **en** Dios; por aquello que ***no*** tiene *ley de* Dios que lo sustente. Y, sin embargo, … *sufrimos* por todo eso.

Así pues, "*Lleva una Carta, Juan, a la Iglesia en Éfeso*", porque tenemos que *llegar* al fondo de esta hipnosis *humana*; tenemos que *levantar* el Velo, **y** *develar* al Cristo. Dondequiera que 'este mundo' esté *viendo* enfermedad, nosotros tenemos que *mostrar* que **no** hay enfermedad – tan solo hay pensamiento *humano*. Dondequiera que 'este mundo' esté sufriendo; *dondequiera* que haya dolor; *dondequiera* que haya avalanchas y huracanes; *dondequiera* que haya huracanes y marejadas; *dondequiera* que haya enfermedad y desesperación…, nosotros tenemos que *mostrar* que todo eso, **no** está 'ahí' – *ahí, El Cristo ESTÁ*.

Y todos los *conceptos* de enfermedad, dolor y sufrimiento, *falsos*, JAMÁS existieron *fuera* del pensamiento *humano*. Instruyamos a aquellos que *moran* en el *sentido de mortalidad*, que **no** necesitan *dominar:* cuerpos, cosas, **ni** gente. *Enseñemos* que la *libertad*, **no** reside en *dominar* nada **ni** a nadie. La libertad es, la *develación* de la hipnosis; la libertad es, la *reversión* de la hipnosis; la libertad es, el *reconocimiento* de que aquello que ocurre **en** *mi* mente, **en** mi mente *humana*, **no** está ocurriendo *más que:* en *mi* mente *humana*. Ustedes dirán que es una enseñanza *difícil*. Sí; es lo *más difícil* que existe para *enseñar* – *Enseñar* que todo aquello que esté *aconteciendo* **en** la *mente* de ustedes, **no** está *ocurriendo* en **ningún** *otro* lugar, excepto **en** la *mente* de ustedes. Y también *enseñar* que el *señorío* consiste en: *ejercer dominio sobre la mente de ustedes*. La *mente de* ustedes, tiene que *ver* la enfermedad; tiene que *conocer* la enfermedad; tiene que *aceptar* la enfermedad como *realidad*, porque **no** tiene *posibilidad* alguna de *percibir* a Dios. La *mente de* *ustedes,* **no** tiene forma alguna de *experimentar* al Mismo Dios. Lo mejor que la *mente de ustedes* puede hacer es: formar un *concepto acerca de* Dios – y los *conceptos* que *ustedes* conforman, **no** están bajo la Ley **del** Padre. Dios, **no** *gobierna* los conceptos *humanos* de *ustedes*; Dios, **no** *entra* en los conceptos *humanos* de *ustedes* – Dios, *únicamente* 'entra' **en** la Actividad *Divina*. Y el Velo es, nuestra *propia mente, creyendo* que: '<u>sus</u> pensamientos son, reales'.

Miremos de nuevo a este Cristo que está *delante* de ustedes. *Regresen* al *reconocimiento* que ustedes, son Pilato; *ahora* mírenlo, y digan para ustedes mismos: "¿*Qué* es lo que yo *veo* ahí, si no *mi* propio pensamiento? ¿Existe alguna *persona* en 'este mundo' que *verdaderamente* esté *delante* de *mí*? ¿Acaso **no** se trata de *mi propio pensamiento* acerca de lo que yo llamo una persona? Si *El Cristo* está ahí delante, entonces ¿*dónde* está la 'persona'? Si *El Espíritu* está delante de *ustedes*, ¿dónde está la forma material que *ustedes* ven? ¿Está allá afuera; o está en el pensamiento *de ustedes*? ¿Es posible que *ustedes* hayan estado *mirando* un universo espiritual, el cual *forma* ideas materiales que existen *únicamente* en el pensamiento *de ustedes*? El Padre dice: "**Sí***; porque los pensamientos de ustedes* **no** son **Mis** *pensamientos; y únicamente* **Mis** *pensamientos, constituyen la Realidad*". Sólo el pensamiento *Divino* es *real* – los Pensamientos *humanos* **no** son más que una *imitación* acerca del Pensamiento *Divino*. Dondequiera que el Pensamiento *Divino* esté, ese Pensamiento Divino dice: "*Tú*, **no** *puedes tener poder contra Mí*". Dondequiera que el pensamiento *mortal* esté, ustedes *pueden contar* con todo el 'poder' que quieran contra ese pensamiento *mortal*. Pero, dondequiera que el Pensamiento *Divino* sea *conscientemente reconocido*; dondequiera que la *Divinidad* sea *aceptada* en la Conciencia, algo extraño acontece.

Recuerden la historia que Joel contara acerca de su amigo en Alemania, quien perteneció al Alto Mando de la División de Finanzas del grupo cerrado de Hitler. Un día se le informó a Hitler que este hombre, sentía aprecio por los judíos. Entonces Hitler lo mandó llamar aparte, y le dijo: "Entiendo que usted se está asociando con judíos; eso no es bueno para nosotros". Y continuó: "*Yo* quiero que usted mate; *yo* quiero que me ayude en *mis* planes de matar y exterminar a aquellos que estorban nuestro camino". Y tan imposible como era negarle algo a Hitler, este hombre, según contara Joel, dijo: "Por supuesto que *usted,* puede hacer todo aquello que *usted* desee, pero **no** puede hacer que *yo,* mate por *usted*". Era como estarle diciendo a Pilato: "*Tú*, **no** tienes poder sobre *mí*". Y paradójicamente, este hombre **no** fue asesinado – de hecho, hasta se le otorgó una pensión. Se le ordenó marcharse a otro país hasta que terminara la guerra, y le fueron enviados veinte mil dólares cada año. ¿Por qué no lo mataron? Eso era contrario a la costumbre del Sr. Hitler. –La razón fue que 'ese hombre', SABÍA *Quién* era él, **y** también SABÍA *Quién* era Hitler. Y esto los impactará: Él SABÍA que *Hitler,* era tan solo un *concepto*; SABÍA que lo que el pensamiento *humano* fuera, ése existe *únicamente* donde el pensamiento *humano* se encuentra – pero jamás está *fuera* de *sí mismo*, del pensamiento *humano.* Este hombre SABÍA que estaba mirando **su** *propio pensamiento*, y que el nombre de **su** propio pensamiento o concepto era: *Hitler* – y ahí estaban otros tres millones de personas mirando TAMBIÉN *el propio pensamiento de* **ellos**, sólo que ellos… **no** lo SABÍAN.

Algún día *descubrirán* que ustedes van a ser puestos en una prueba más sencilla que la anterior, para que *descubran* que *aquello* que está allá *afuera*, **no** es más que: el pensamiento de *ustedes*. Y en realidad, este alemán lo *comprobó*, tal como Jesús lo hiciera delante de Pilato. Incluso hubo otro hombre que también lo *comprobó* durante la Inquisición en el siglo XV en España – en aquella época, todo cuanto uno tenía que hacer para caer muerto, era pensar en forma *distinta* a la 'autoridad'. Hubo un hebreo de nombre Maimónides. ¿Cómo podía recorrer las calles en libertad? Incluso, ¿cómo escribió libros acerca de la Verdad? –Él, CONOCÍA su Identidad *Divina*. Él, SABÍA que: en tanto *mantuviera* abierta la Senda para que el Pensamiento **Divino** controlara su Ser, en lugar del pensamiento *humano*, **no** habría *hombre* sobre la tierra que pudiera tener poder alguno sobre *su* Identidad. También él le estaba diciendo a la Inquisición Española: "Tú, *no* puedes tener 'poder' sobre *mí*". Así pues, vean que los Hitler, las inquisiciones españolas, los Pilato, etc., tan solo son otros 'nombres' para las enfermedades, para el temor, para la muerte, para el cáncer… Ante *cualquier* tipo de 'problema' que ustedes pudieran enfrentar, existe UNA ÚNICA respuesta, y *siempre* es, la *misma* respuesta: "Yo, Soy Ser Divino". Pero **no** lo declaren; **ni** por un instante tomen 'prestado' esto, como una *creencia* para luchar contra algo – *aprendan* cómo vivir *en* dicha Conciencia.

Si ustedes *aprenden* a vivir **en** dicha Conciencia *Divina*, entonces hallarán que **no** hay poder alguno sobre el Ser *Divino*. **No** hay poder *terrenal* alguno que pueda pararse delante del Ser *Divino* de ustedes, **ni** intimidar, luchar, oponerse, influir, deteriorar, **ni** arrebatar dicho Ser. El Ser, **no** *puede* experimentar *hambrunas, hambre, pobreza* **ni** *dolor*. En este *reconocimiento* de la Vida *Divina* de ustedes, *todo* aquello que *no* sea *Divino*, permanece *fuera* de su pensamiento – por eso **no** *entra* en su Conciencia para *engañarla*. Es como *quitarse* una vestidura – ustedes simplemente se *despegan* en Conciencia, de aquello que **no** constituye su Ser, *reconociendo* aquello que **sí** son; y entonces, todo aquello que **no** es lo que ustedes son, pues **no** lo son ustedes. **No** se mortifiquen si esta idea *pareciera* muy *difícil* de *aceptar* en un momento dado, porque vamos a tener *Siete Pasos* o *Etapas*; y cada *Paso* o *Etapa fortalecerá* la Conciencia-*Cristo* de ustedes, para que finalmente *acepten* que:

> *Ahora Soy el Yo, un Cuerpo Espiritual; ahora Soy el Yo, el Espíritu Viviente del Padre; ahora, Dios es, mi Padre; el Yo, Soy Existencia Divina, Vida Divina, Ser Divino, Sustancia Divina. Y la ÚNICA Ley bajo la que el Yo actúa es, la Ley del Padre, la Ley Divina. Si momentáneamente la ley mortal se entrometiera, entonces sería tan solo una señal para mí, que me he separado del Árbol de la Vida – me he separado de la*

Realidad, hacia una conciencia falsa. Y me recuperaré rápidamente, porque en el instante en que comience a actuar la ley del Karma, me hará un favor – me forzará a retornar a la Conciencia Superior de Mi Ser.

Y ahí *descansarán* ustedes hasta que, en el *reconocimiento* de la *Divinidad*, TODO aquello que les informe de lo que **no** son, será *reconocido* como el 'tentador', *intentando* persuadirles que Dios, **no** lo es TODO; que Dios, **no** está presente; que el poder de la Divinidad, **no** está fluyendo a través de la Sustancia de ustedes. Y ustedes *reconocerán* que TODAS estas tentaciones, *no* son más que el pensamiento *humano*, de ustedes. –El pensamiento *humano* de ustedes, se convierte en el 'tentador'. Si ustedes *aceptaran* ese pensamiento *humano*, entonces caminarían del brazo con el sentido *falso* de Ser.

Ahora bien, llegará un día cuando ustedes, estarán *frente* a estos Pilatos, y los *mirarán* diciendo: a la *enfermedad*, al *dolor*, a la *carencia*, a la *limitación*, a *cualquier* y a *todo* problema – ya sea que lleguen como un ejército o como un individuo: "*El Yo, Soy Vida Divina – y sólo en eso me baso*". Eso será para ustedes, como la Experiencia de *Getsemaní*. Incluso ustedes pudieran *detenerse* a 'sanar la oreja' de alguno de los intrusos que hubiera 'sido herida'. Tan seguros estarán de que todo cuanto está presente es la *Única Vida Divina*, que incluso los 'intrusos' representarán esa *Única Vida Divina*. Ustedes sabrán que **no** importa hacia donde el *ojo* pudiera dirigirse, y *tampoco* importa aquello que *ve* – la *Única Vida Divina* es TODO cuanto está ahí. Ustedes se *encontrarán* **en** el Árbol de la *Única* Vida *Divina*. Ustedes estarán *admitiendo* la Verdad *en* su Conciencia – y **no** habrá más pensamiento *humano*. Entonces el 'pensamiento' de la *Única* Vida *Divina*, constituirá el 'pensamiento' *de* ustedes – **no** habrá más *proyección* de imágenes: **no** más imágenes de gente enferma; **no** más imágenes de gente hambrienta; **no** más imágenes de gente en guerra. Tan solo habrá la

Única Vida *Divina* manifestada, porque ustedes estarán *cimentados* en el *reconocimiento* de su Forma *Espiritual*.

Preparémonos *ahora* para esta *primera* Revelación del *Primer* Paso en la Iluminación, *reconociendo* que, si ustedes **no** se encuentran *dentro* de un Cuerpo *Espiritual* AHORA, entonces Dios, **no** es el Padre de ustedes. Hagan su elección; *elijan* 'este día': *¿Es* Dios el Padre **de** ustedes, o **no** *es* Dios el Padre **de** ustedes? ¿Se encuentran ustedes *ahora* dentro de un Cuerpo *Espiritual*, o **no** se encuentran ustedes ahí? *Ustedes* son, quienes están escribiendo su propio Libro de la *Vida*, y si **no** están *dentro* de un Cuerpo *Espiritual*, entonces ciertamente ustedes, **no** debieran *esperar* que una Ley *Espiritual*, gobierne dicho Cuerpo. *¡Vuélvanse! Despierten* al hecho de que ustedes, *se encuentran dentro* de un Cuerpo *Espiritual*. ¡Acéptenlo; admítanlo *ahora*! Y esa mente que **no** quiere *aceptarlo*, **no** es la Mente *Divina* – se trata del *falso* 'ego' que se aferra; del 'yo' que *jamás* fue, pero que quiere *continuar fingiendo* que es – pero eso, **no** son ustedes. Porque TODOS nosotros estamos *dentro* de **un** Cuerpo *Espiritual;* y la Ley **de** la *Divinidad*, está *actuando* **en** este Cuerpo *Espiritual*. AHORA somos TODOS *Perfectos, tal como nuestro Padre* ES *Perfecto*. Esta Perfección **no** se va a *manifestar* en el instante en que *ustedes* lo decidan: Sí; yo, *estoy dentro* de un Cuerpo *Espiritual*. Pero ustedes tienen que *comenzar* en algún lugar, *en* Cristo, *dentro* de su Forma *Espiritual*. Hasta que haya este giro en la Conciencia, que *acepte* Mi Forma *Espiritual*, ustedes estarán *fuera* de la Ley *Espiritual* – estarán *rechazando* el Paraíso; estarán *colgándose* de la voluntad *humana* – de la mente humana *condicionada*.

Y así continuarán, *creyendo* que los 'pensamientos' de ustedes son, más importantes que los *Pensamientos* **del** Padre – y por ello van a *sufrir*. Habrá que someter *mi* pensamiento, *mi* creencia, *mi* concepto, *mi* sentido de las cosas, *mi* voluntad, *mi* ego, *mi* vida humana, *mi* cuerpo humano y *mi* yo humano, porque **no** puede estar todo lo anterior, *y, además, al mismo tiempo,* también Mi Ser *Divino*. El Yo, estoy AHORA en Mi Ser *Divino*; momentáneamente *fuera* de la hipnosis de que existe: un *segundo* ser, llamado ser *humano*;

una *segunda* mente, llamada mente *humana*; una *segunda* voluntad, llamada voluntad *humana*. El Yo, estoy **en** la Divinidad: "*Tú Me ves, entonces tú, ves al Padre*" – ustedes *ven*, el Yo *Divino*. Incluso el considerar esto, implica el *comienzo* de *despertar* **de** la hipnosis de 'este mundo' que ha *enterrado* al Cristo, en medio de nosotros.

Mi Cuerpo Espiritual, es el ÚNICO cuerpo que Yo, tengo. Este Cuerpo, JAMÁS puede estar enfermo; JAMÁS puede envejecer; JAMÁS puede morir; JAMÁS nació. Este Cuerpo es, una Expresión CONTINUA del Padre. El Yo, Soy siempre ese Cuerpo Espiritual. **No** existe poder 'físico' alguno en todo este universo, que impida que El Yo, sea ese Cuerpo Espiritual hasta la Eternidad. El Yo, SOY la Existencia Divina – dondequiera que la mente humana vea existencia humana, tan solo está mirando <u>su</u> propio concepto, al cual ha colocado más alto, que al Verbo o Palabra **del** Padre. El Yo, estoy aprendiendo a despertar de dicha hipnosis. El Verbo o Palabra **del** Padre, es lo que constituye Mi Autoridad – pero no mis conceptos.*

Ahora estamos *aceptando* la Autoridad **del** Padre; la Voluntad **del** Padre *en* nosotros, la cual dice: "*Sed pues vosotros, Perfectos (Mateo 5:48); todo cuanto El Yo, tengo, es vuestro*" (Lucas 15:31). *Mi Yo Divino* ES, *tuyo; Mi Vida Divina* ES, *tuya; Mi Cuerpo Divino* ES, *tuyo; Mis Pensamientos Divinos* SON, *tuyos. Todo cuanto El Yo, SOY, ERES tú.*

Y lo anterior implica que ustedes, **no** *son* aquello que *parecieran* ser – ustedes SON, aquello que *El Padre* dice que ustedes, SON. *Aprender a aceptar* aquello que *El Padre* dice que SOMOS, también implica *rechazar* aquello que *creíamos* ser. El Yo, estoy *cambiando* los conceptos, por la Realidad; el Yo, estoy *saliendo* del "Árbol del bien y del mal"; El Yo, estoy *saliendo* de la creencia de que el mal sea *real*; incluso el Yo, estoy *saliendo* de la creencia de que exista la bondad *humana* – **tan solo** existe: lo *Divino* – está en TODOS lados; está en el AHORA – se trata de: El Yo.

Esto es lo que Los Evangelios nos han *enseñado*, pero nosotros **no** hemos *escuchado*. Esto es lo que Joel nos ha *enseñado*, y representa aquello que hemos *escuchado*. Y *ahora*, el Verbo, la Palabra, está llegando *desde* Juan, para *revelar*: la *Divinidad* sobre la tierra – justo donde ustedes estén, como el Ser de ustedes. TODA palabra, acto, pensamiento o acción que *niegue* su *Divinidad*, representa una forma de *adulterio*; una *adulteración* del Verbo; una *infidelidad* al Cristo de su Ser; una *negación* de su Yo – y así es la forma de 'este mundo'. Pero la otra forma, la **aceptación** en la Conciencia de ustedes, los abre a la *Única* Conciencia *Infinita* **del** Padre; a la Ley *Infinita*; a la *Perfección* **de** Ser.

Así es como encuentran ustedes que *el Árbol de la Vida,* está unido. Ustedes SON *Uno* **en** Cristo, el Cual es *Uno* **en** el Padre – y el Amor, *fluye*. El Amor *fluye* a través de ese *Árbol de la Vida* que constituye AHORA su Ser. Y los frutos **del** Amor *aparecen* sobre la Vida – el dolor, *disminuye*; las carencias y las limitaciones, se *disuelven*; todas las profecías de cambio que implicaban que una persona que envejecía se debilitara, que se apartaba de la Vida misma, se *revierten*. La verdadera *savia* de la Divinidad, *fluye* por medio de *cada* fibra del Ser **de** ustedes.

Por ustedes mismos, **no** necesitan *hacer* nada. La lucha y el esfuerzo, *se han ido*; el esfuerzo y la búsqueda, *se han ido*. La hoja es alimentada, por la Vida **del** árbol. El Ser de ustedes es alimentado, por la Vida **del** Padre. TODO cuanto ustedes requieren, queda *satisfecho* en abundancia continua, porque "TODO cuanto El Yo *tengo*, ES tuyo" (Lucas 15:31). Nosotros SOMOS, Un **Único** Árbol – **no** somos dos, diez **ni** quinientos árboles. Nosotros SOMOS, Una *Única* Mente; nosotros SOMOS, Un *Único* Cuerpo; nosotros SOMOS, Un *Único* Ser. Nosotros *ya no* somos seres separados, vagando dentro de voluntades *separadas,* en un sentido de estar *separados* del Uno Infinito. Ustedes, jamás vieron un rayo **de** sol enfermo, un rayo **de** sol muriendo, **ni** un rayo **de** sol poco saludable, porque hay un *único* sol. Ustedes jamás verán enfermo al Hijo **de** lo *Divino*, porque hay Una *Única* Vida – y tan solo tienen que: **admitir** lo anterior.

Ahora bien, cuando ustedes *saben* que '*sus*' pensamientos' son los que *crean* la ilusión de: 'este mundo' *material externo*, entonces *descubren* que 'este mundo' externo y material cuenta con poder, ¡*únicamente si* ustedes *creen* en sus pensamientos! Entonces, *sabiendo* lo anterior es que ustedes pueden decir: "Dios **no** puso el cáncer *allá afuera*, por lo tanto, son '*mis* pensamientos' quienes lo están poniendo *ahí*; los pensamientos de mi 'prójimo' son los que lo están poniendo *afuera*, y los pensamientos del 'prójimo' de mi prójimo son aquello que lo está poniendo allá *afuera* – pero el cáncer, **no** están en *ningún* allá *afuera*, porque está *dentro* de nuestros pensamientos. Dios ES Quien está allá *afuera*, y *nada*, sino Dios, ES Quien está allá *afuera*; *sólo* la Vida *Divina* ESTÁ allá *afuera*; *sólo* la Forma *Divina* ESTÁ allá *afuera*". Nosotros estamos viviendo en 'este mundo' de *conciencia falsa*, en el cual *creemos* que 'nuestros pensamientos', son *reales*.

Quizá ustedes **no** puedan *defenderse* del cáncer que está allá *afuera*, pero *intenten defenderse* del cáncer que está **dentro** de sus 'pensamientos', y entonces verán que resulta *sencillo. Enfréntenlo* en el nivel de los pensamientos de ustedes – y **no** allá *afuera* – y *comprueben* la diferencia. Resuelvan TODO problema, **dentro** del nivel del pensamiento de ustedes mismos; y **no** *fuera* del Ser de *ustedes*; entonces *dense cuenta* que cuando ustedes *toman el dominio sobre* sus *pensamientos*, de hecho, habrán *dominado* el problema.

Lo anterior **no** significa que *miren* cualquier cosa, y *nieguen* que está ahí, *tratando* de pensar *positivamente*. **No**; lo anterior significa que: en el *señorío* sobre TODO pensamiento, ustedes *aceptan* y *admiten* que ÚNICAMENTE Dios está presente; que: *ÚNICAMENTE la Sustancia Divina está presente*; que: *ÚNICAMENTE el Ser Divino está presente* – *hacerlo* constituye la *primera* embestida en el combate del 'problema'.

Ahora bien, pongan *atención* a su propio 'pensamiento', porque se trata de *Pilato*, y díganle que: *carece de todo poder sobre ustedes*. Al *propio* pensamiento de *ustedes*, le pueden decir:

"*Tú*, **no** *tienes poder alguno sobre mí; tú*, **no** *eres un pensamiento Divino; tú, eres tan solo un pensamiento* **humano**. *Así que ya encontré al 'traidor', en medio de mí. Éste,* **no** *es* **mi** *pensamiento* – *este es* **un** *pensamiento* *que se me impuso contra **mi** voluntad, **sin mi** conocimiento. Se trata del pensamiento **de** 'este mundo', que personifica **mi** pensamiento, y que está repitiendo: cáncer, enfermedades, problemas. Así es como lo enfrento justo ahí, en ese nivel del 'pensamiento'. Y ahora, al contemplar **mi** propio pensamiento **sin** temor, **sin** amor, **sin** odio alguno, es que desarrollo la capacidad de mirar **mis** propios conceptos, **sin** reacción alguna, **y** reconozco que **todo** cuanto hay ahí, **no** es más que un 'concepto' llamado: dolor, o carencia o limitación... lo cual **no** puede ser, puesto que Dios ES, **Todo**.*

Ahora bien, Padre, hasta aquí puedo llegar. Todo cuanto yo puedo hacer, es DETENER *la 'creencia en el concepto'. Yo **no** puedo revelar la Realidad, Padre; sólo **Tú** puedes. Yo tan solo puedo mirar aquello que **no** es, **y** saber que **no** es; y aquello que* ES *Padre, yo puedo aceptarlo solo directamente **de** Ti. Así que ahora, yo ya he cumplido con mi parte – **no** he sido desleal **a** Ti; yo **no** estoy adulterando; yo me estoy manteniendo firme – mas ahora yo tengo que esperar en El Señor. Muéstrame Padre; sé **Tú** Quien revele; sé **Tú**, Quien juzgue. **Tus** Juicios* SON *rectos – los mío fueron simples conceptos".*

Y lo anterior implica una gran postura de cara al problema, con el *conocimiento* de que cuando el Pensamiento *Divino* entra **a** mi Ser, *en lugar* del problema exteriorizado que *parecía* estar ahí, el Pensamiento *Divino* Se *exterioriza*. Y esa *manifestación o exteriorización* del Pensamiento *Divino* **del** Padre **en** mí, constituye el *fin* del problema evidenciado en aquello que 'este mundo' llama: "allá *afuera*". Ahora bien, ¿*cómo* hacer para que ese Pensamiento *Divino* fluya **en** mí? –**No** *compitan* con el pensamiento *humano* – "¡*No piensen*!" (Mateo 6:25) –*Velen; miren; escuchen; sométanse* **al** Padre; *provoquen* ese VACÍO INTERIOR, *hasta* que el Pensamiento

Divino llegue a ese VACÍO *carente* de **todo** pensamiento – y entonces, la *trasmutación* mágica se *evidenciará* en manifestación *exterior*.

Bien, esto debieran tenerlo *muy claro*: **no** existe problema alguno en la vida de ustedes, a *excepción* de *uno solo* – el 'pensamiento *humano*'. En el 'pensamiento *humano*', todo concepto que uno tenga, se alimenta como *parásito*. La *sustancia* de todos nuestros 'conceptos', está constituida por el 'pensamiento *humano*'. Pero cuando el Pensamiento *Divino* llega, entonces ya **no** hay más 'conceptos', porque el Pensamiento *Divino* **carece** de 'conceptos'. El Pensamiento *Divino* habla en *lenguas*; el Pensamiento *Divino* Se manifiesta *a Sí Mismo*.

∞∞∞∞∞∞ Fin del Lado Uno ∞∞∞∞∞∞

Quizá nunca se les ha ocurrido, pero Jesús DOMINÓ: **El Arte de <u>CARECER</u> de Pensamientos Humanos.** Y cuando Jesús miraba algún 'problema', se daba cuenta que aquello que se había *exteriorizado*, tan solo era el *'pensamiento* de quienes' habían *admitido* el problema. Así que, al *percibir* con el Pensamiento *Divino*, entonces dicho Pensamiento *Divino* exteriorizaba la *disolución* del problema. SIEMPRE, aquello que *aparecía* era: el Pensamiento *Divino*, 'actuando' dondequiera que *Jesús* se encontraba, porque él, *se había liberado <u>a sí mismo</u>, de* TODO *pensamiento humano.* "<u>El Y</u>o, he *vencido* a 'este mundo'" **del** 'pensamiento *humano*'; y el Pensamiento *Divino* **es**: el Ser **Único**, *actuando* donde el Yo estoy; y por eso aquello que el Yo *percibo*, aunque para ustedes represente una *tempestad*, para el Pensamiento *Divino* **no** representará *tempestad* alguna. Siendo el Pensamiento *Divino*, **el** Poder, *exteriorizará* aquello que *perciba – exteriorizará la calma*. Cuando el Pensamiento *Divino* 'percibe' la enfermedad, **no** la 'mira', así que *exterioriza*: la *Perfección* de la Forma. De esa manera es como *ustedes* se convierten, *a ustedes mismos*, en un *instrumento* para el 'Pensamiento *Divino*', y entonces Éste *exterioriza: Su* Pensamiento *Divino* **en** *Manifestación Divina,* y **como** *Manifestación Divina.*

Alrededor de nosotros se encuentra El Reino **de** Dios – *ahí* es donde nos *encontramos*. Resultaría ridículo *pensar* que El Reino **de** Dios, tan solo es una *idea*, **sin** realidad alguna; resultaría ridículo 'pensar' que El Reino **de** Dios, se encuentra *escondido* detrás de una nube – El Reino **de** Dios *está*, donde <u>*ustedes*</u> se encuentran. Y *cuando* <u>*ustedes*</u> *piensan* en el Reino, entonces se *exterioriza*, y <u>*ustedes*</u> lo llaman: 'este mundo'; pero cuando **ya no** *piensan* en Él, y el Pensamiento *Divino* actúa *a través de ustedes*, entonces <u>*ustedes*</u> lo llaman: el "Reino de Dios", porque entonces "*lo perciben tal como Él, es*". Ésa es la *razón* por la que existen Siete *Etapas o Pasos* hacia la *Iluminación*, o *Siete Velos* para finalmente *apartarse* de: <u>la hipnosis que surge *del* 'pensamiento *humano'*</u> – eso constituye *la escalera de Jacob que subía y bajaba.*

> *"A la Iglesia en Éfeso, escríbele esto que dijo Aquél que sostiene las Siete Estrellas en su diestra; Aquél que caminó en medio de los Siete Candeleros de oro"*
> (Revelación 2:1).

Recuerden *ahora* que los *Siete Candeleros de oro* son los *Siete Propósitos inmutables* que <u>tenemos</u> que *cumplir*. Y cada vez que ustedes *cumplan* un *Propósito*, habrán *rasgado otro Velo* – habrán *roto otro Sello* – y la *Estrella* implica Liberación Espiritual. Así que finalmente habrá *Siete Estrellas* o *Siete Propósitos* cumplidos. Y Aquél que tiene las *Siete Estrellas*, es Quien tiene el *Señorío* sobre cielos **y** tierra. Aquél que tiene el *Señorío*, Quien ha *recorrido el Camino*, es el Cristo RECONOCIDO; y es este Cristo RECONOCIDO, Quien está hablando al Cristo *en ustedes.*

Y esa *Primera Iglesia*, esa Iglesia en Éfeso, constituye la *Existencia*. La *Infinita Existencia Divina* que le habla a la *Divina Existencia* en ustedes, y les dice: "***Obedezcan*** las órdenes de Aquél que tiene las Siete Estrellas en su Diestra". ***Obedezcan*** las órdenes

del Cristo *Infinito* – y de *nadie* más – arráiguense *en* el Cristo *Infinito*. Porque **sólo** Quien cuenta con las *Siete Estrellas, conoce* la Senda hacia la Realidad.

Se trata de una *conversación de lo Infinito Invisible* **en** El Espíritu: entre el Cristo *Infinito* **y** el Cristo en *ustedes*, lo cual constituye la *Existencia* – una de las Cualidades del Cristo, en ustedes. La *Iglesia de la Existencia* en el Ser de *ustedes*, está siendo aquí *amonestada*, porque *no* ha sido del todo *fiel* al Padre – se ha desviado en *su propio* Camino, haciendo *su propia* voluntad.

"El Yo, conozco tus obras, tu labor, tu paciencia, y cómo no puedes soportar a quienes son malos; y has puesto a prueba a quienes dicen que son apóstoles, pero no lo son – y los hallaste mentirosos" (Revelación 2:2).

El Cristo de ustedes es *siempre Él* Mismo; y la falsa conciencia *humana* de ustedes, *separada* de ese Cristo, cuenta con sus *falsos apóstoles*. Cuenta con *cinco* falsos *apóstoles* en los que cree. Esta falsa conciencia *humana* los llama: vista, tacto, oído, gusto y olfato – éstos son los *falsos apóstoles*. Y son *mentirosos*; pero debido a que la *falsa* conciencia de ustedes les *cree*, es que ustedes se *desvían* hacia un *sentido* de existencia *humana*, cuando que todo cuanto ustedes son, es Existencia *Divina*. Y el Cristo del Ser de ustedes *permanece* ahí *pacientemente*, observando cómo la *falsa* conciencia de ustedes, se *aparta* de sí misma; y el Cristo del Ser de ustedes, *espera* que ustedes *regresen* a la *Realidad* de su Propio Ser. Siempre, aunque ustedes se *desvíen* hacia el *falso* **y** *pródigo* ser *humano, inconscientes* de que la Existencia *Divina* constituye AHORA su *verdadero* Ser, incluso aunque se aparten, extraviando, lastimando **y** negando su propia Existencia al NO *reconocerla*, aun así, ustedes **permanecen** *siendo* el *Perfecto* Ser *Divino* – NADA puede *cambiar* ese hecho; **ni** siquiera la *ignorancia* de ustedes al respecto.

"Tú, has nacido, y has tenido paciencia; y por amor a Mi Nombre, has trabajado, y no te has cansado" (Revelación 2:3).

El Cristo, **en** ustedes, *jamás se cansa*. La Existencia *Divina* **en** ustedes, *permanecerá* – no importa lo que la conciencia *falsa* haga. *Detrás* de *todo* aquello que ustedes 'hagan', a pesar de su individualidad *humana*, el Ser *Divino* de ustedes, **permanece**. Y se trata del *Infinito* Dios, el Padre, quien, *por medio* del Cristo, *reconoce* que el Cristo **en** ustedes, *jamás* perecerá. Y les revela: "El Yo, **no** puedo abandonarlos *jamás*, **ni** puedo desampararlos". Incluso *aunque negaran* Mi Presencia, el Yo, **permanecería**. ¿Por qué? –Porque el Yo, soy el **Tú**. Así que El Yo, **no** puedo abandonarme a *Mí Mismo* – Mi Ser, es **tu** Ser; Mi Ser, es el Ser de **tu** prójimo. Y ustedes descubrirán que El Ser, *jamás* puede *abandonarlos*, ya que se trata de: El Ser *de ustedes*, **y** del Ser *de todo* aquel que camina sobre la tierra – El *Único* Cristo Invisible, *Infinito*, que *jamás* cambia, puesto que cuenta con los *Siete Candeleros* y con las *Siete Estrellas*. Cuenta con la *Voluntad* **y** con el *Propósito* totales, *del* Padre. Y la *descarriada* conciencia *humana*, que ha *escapado* hacia *su propia* voluntad, hacia *su propio* ego falso, tan solo está *apartándose* de todo aquello *dentro* de sí misma, que puede: reclamar, *aceptar* y disfrutar, buscando todo eso *afuera*, en una *nada* que carece de existencia.

El estado de *hipnosis* de ustedes es *revelado* aquí, como una conciencia **dividida**; como lo único que **no** *sabe* de *su* propia Identidad-Cristo – y la *Realidad* de ustedes es, el Cristo. Dense cuenta que ya *tratamos* todo esto en una charla anterior, pero *ahora* la estamos *integrando* de acuerdo a las palabras *de* Juan. Siempre, el Padre Interior de ustedes, es Quien está siendo *dirigido* por el Padre *Infinito* – Dios hablando: El *Padre*-Dios hablando al *Hijo*-Dios. Y nosotros somos privilegiados de *escuchar* esta conversación *Divina dentro* de nosotros.

"Sin embargo, el Yo tengo algo contra ti, porque has abandonado tu Primer Amor" (Revelación 2:4).

Siendo *Divinos*, entonces el *Primer* Amor implica *servir* AL Padre *Infinito*. Ese *Primer* Amor, ustedes lo han *abandonado*, y ésta es la Revelación de la *falsa* conciencia que se ha *desviado* de su *servicio* AL Padre. Esta es una franca *declaración* acerca del *hombre sobre la tierra*, que **no** está *haciendo* la Voluntad DE Dios. Claro que, en nuestros pequeños ejercicios bíblicos, *repetimos*: "Padre, hágase TU Voluntad" – pero esto… *únicamente* el Ser *Divino* de *ustedes*, es Quien hace la Voluntad DEL Padre. *Humanamente* resulta *imposible*, llevar a cabo la Voluntad DEL Padre; y cuando ustedes **no** están haciendo la Voluntad DEL Padre, entonces se encuentran en una voluntad *separada* – con ello cavando *su* propia tumba. Para *hacer* la Voluntad DEL Padre, ustedes <u>tienen</u> que ser: *Divinos* – así que ustedes, <u>tienen</u> que *aceptar* su Divinidad. Porque la Voluntad DEL Padre, *sólo* se lleva a cabo **en** la Divinidad. Ustedes **no** pueden *aferrarse* a un sentido *humano* de ser, y al *mismo* tiempo llevar a cabo la Voluntad **del** Padre – tan solo estarían llevando a cabo, el *concepto* que ustedes 'pensaran' que es la Voluntad *del* Padre. Entonces *correrían* hacia su prójimo, con objeto de llevar a cabo una 'buena obra', creyendo que eso constituye la Voluntad DEL Padre – pero *no* RECONOCERÍAN CONSCIENTEMENTE al *Cristo* de *su* prójimo – y eso, es lo que *constituye* la Voluntad DEL Padre.

Estarían mirando el mal de 'este mundo', *tratando* de hacerlo 'bueno'; y *creerían* que eso constituye la Voluntad DEL Padre – pero NO es así. En el instante en que *ustedes* hayan 'visto el mal', que tiene que 'volverse en bien', ustedes estarían 'viendo' desde una mente *humana*. **No** *existe* 'mal' alguno en El Reino DE Dios, porque *todo* cuanto existe ahí es: El Reino DE Dios, poblado por el Ser *Divino* que <u>ustedes</u> SON. Y justo donde *ustedes* hayan 'visto el mal', fue porque <u>ustedes</u> se encontraban dentro un *sentido* de *otro* Ser. En el Ser *Divino* de ustedes, NO podrían *aceptar* 'mal' alguno, porque NO existe el 'mal' en el Reino DE Mi Padre, donde *el Yo*, Me encuentro.

Bien, *si* ustedes *no* se encuentran *ahora* en el Reino DEL Padre, entonces ustedes *no* son *Divinos*, ¿cierto? Así que, *si* ustedes *no* pueden *aceptar* que se encuentran *ahora* en El Reino DE Dios, entonces es debido a que ustedes, *no* son *Divinos*. Así que, si ustedes *no* son *Divinos*, entonces ustedes se encuentran *fuera* de la Ley, *fuera* de la protección de la Ley. ¿Qué es lo que ustedes son? –Ustedes conocen la respuesta: serían 'otro Ser', lo cual resulta del todo *imposible*. Estamos pues *ahora*, *ajustando* nuestra Conciencia, para *reconocer* que el *Único* Cielo que existe, se encuentra justo donde el Yo, se *encuentra* – *no* existe tal cosa como un Cielo *futuro*. El Cielo existe AQUÍ Y AHORA, porque el Yo, SOY el Ser *Divino*; y el Cielo existe AQUÍ Y AHORA, en *todo* este universo, puesto que todo cuanto existe *en* el Cielo ES: el Ser *Divino*. Y *tenemos* que morar *dentro* de nosotros mismos, para *reconocer*, para *concientizar*, para *sentir*, para saber, para *aceptar* que, el Ser *Divino*, siendo el *Único* Ser, constituye el Cielo que el hombre *busca*. Se trata de un Cielo en el AHORA; se trata de un Cielo en el AQUÍ. Se trata de la *Única* Creación que existe, y el Yo, *estoy* en medio de Ella. Se trata del Yo, y El Yo, lo *Soy*.

Estamos enfrentando las *falsas* creencias de la mente *humana*, con total fidelidad *hacia* El Padre Interior, Quien dice: "El Reino DE Dios, está *dentro* de vosotros" – y *siempre* ha estado *dentro* de ustedes. Estuvo *dentro* de ustedes, *antes* que ustedes 'entraran en la forma física'; estará *dentro* de ustedes, *después* que ustedes hayan 'salido de la forma física' – se trata de la <u>Identidad</u> *Divina* de ustedes. El Reino DE Dios, *constituye* el *Nombre* de ustedes; el Reino DE Dios es, Cristo El Hijo, *sobre* la tierra, *tal como* está en los Cielos. Y por eso es que El Padre Se está *dirigiendo* hacia este Cristo de *ustedes*, en esta *primera Carta*. Y, sin embargo, aún hay una *tendencia* en ustedes, para **no** *escuchar* las palabras DEL Padre – por lo que ustedes se mantienen *preocupados* acerca del sentido *humano* del ser, con sus muchos: mañanas, posiciones, salud, **y** con el retorno hacia la Casa DEL Padre. Pero *dentro* de la Conciencia de ustedes, *descubrirán* que **no** hay *necesidad* de tal preocupación; que **no** hay nada de qué *preocuparse*. Ese ser que se *preocupa*, **no** tiene existencia alguna, excepto *dentro* del *pensamiento* de ustedes. El *Único* Ser que ustedes pueden SER, es ese Ser que ES el Hijo DEL Padre, el Espíritu *Vivo* DE Dios, viviendo *aquí y ahora*, en El Reino DE Dios, en forma ESPIRITUAL – ése ES, el Ser de ustedes. Y hasta que se haga la *aceptación* de dicho *Ser*, ustedes tendrán la conciencia de 'otro ser' – estarán en una *conciencia dividida*, y **no** habrán *roto el primer Sello* que *libera* el Poder *del* Espíritu. El Poder *del* Espíritu es *liberado únicamente*, cuando ustedes se *aceptan* a ustedes mismos como SIENDO: el Espíritu.

"Así que recuerda de dónde has caído, y arrepiéntete" (Revelación 2:5).

Ahora bien, *arrepentirse*, implica *retornar* hacia el *Principio* – hacia aquello que ustedes *eran originalmente, antes* que 'entraran en esta forma'.

De ahí es *desde "donde ustedes han caído"* (Revelación 2:5).

Ustedes han *caído*, se han *separado* de la Conciencia de que: El Yo, *Soy* el *Uno* – el *Único* que ustedes SON. La *creencia* de que el Yo, **no** Soy eso Único, es lo que constituye *"la caída"* – por lo que el *arrepentimiento* constituye: el *retorno* a la Conciencia de que *El* Yo, SOY ese *Uno*. El Yo, ***jamás*** podría haber sido *algo* menos, porque **no** existe *nada* **menos**. El Yo, SOY lo *Único*, **EL** *Divino* Ser Vivo. Y la frase que debiera estar *siempre* presente en su mente es que: el Yo, SOY Vida *Divina*, puesto que ser *algo* más que Vida, implicaría la **no**-existencia. Sólo la Vida *Divina*, ES; sólo el Padre, ES. Por lo tanto, esa *Vida* SOY Yo, *ahora*. Y en la medida en que *acepte* lo anterior, en esa misma medida me estaré *arrepintiendo* – el Yo, estaré *retornando* hacia Aquello de lo cual *caí*.

Y al *aceptarlo*, me estoy *arrepintiendo*; estoy *retornando* hacia Aquello de lo cual he *caído*. Y observen que *ni* siquiera he *abandonado* la habitación; *ni* siquiera he tenido que *morir*; *ni* siquiera he pasado por el *castigo*; *ni* siquiera me he *arrepentido* de mis pecados – simplemente he ACEPTADO Mi Nombre, Mi Identidad. Y eso es lo que constituye el 'arrepentimiento': *volverse* hacia la Conciencia *Única* de la Vida *Divina Única*.

> *"Arrepiéntete; o de lo contrario el Yo vendré a ti rápidamente, y quitaré tu Candelero de su lugar, salvo que te arrepientas"* (Revelación 2:5, reformulado).

USTEDES constituyen la Existencia *Divina*; ése es su *Candelero*. O lo *aceptan*, y por ello la Ley los gobierna; o *viven la vida mortal* hasta que esa vida *termine*. Eso constituye la *mejor* oferta que ustedes tendrán cada día: Que *acepten* la *Divinidad*, y que *renuncien* a la *creencia* en la 'mortalidad'. *Arrepiéntete; o de lo contrario el Yo vendré a ti rápidamente, y quitaré tu Candelero*. Dense cuenta que estamos sobre una *base* por la cual, o *aceptamos* nuestra Divinidad, o aquella *rama* que **no** la acepte, será purgada. Y entonces el Cristo en ustedes, tendrá que *reformarlos*, y otro 'cuerpo', *aparecerá*.

> *"Pero tú, tienes aquello que aborreces: las obras de los nicolaítas – las cuales el Yo, también aborrezco"* (Revelación 2:6).

Sinceramente **no** puedo darles la última palabra acerca de eso, por *ahora*. Yo había pensado que esto *podría* ser: el *único* lugar donde ocurrió la *manipulación*, puesto que contamos con un Nicolaíta; y, hasta donde alcanzo a *ver*, él era el *líder* de un *grupo* que contaba con el Verbo o la Palabra de Verdad, pero lo que **no** me queda claro es lo siguiente: los Nicolaíta**s**. Y aunque no cuento con una guía *interior* al respecto, he *leído* que hubo un grupo de Nicolaítas, quienes *detestaban* a aquellos que *creían* en el Cristo, *e* hicieron todo lo posible para *avergonzarlos* y para *exponerlos* como un fraude; **y** se *interpusieron* por completo en su camino. Pero **ni** así he tenido ninguna *Revelación Interior* todavía. Así pues, tendremos que *aceptarlo* 'tal cual' en este momento: que los Nicolaítas constituían la *secta* que se *oponía* al mensaje Cristiano. Y el Padre *Interior* está diciendo que aquellos que NO *aceptan* al Cristo *Interior*, este grupo de Nicolaítas, o, aquello en ustedes que *rechaza* al Cristo, bien podría llamarse: los *Nicolaítas*. –Ojalá contara con una 'revelación' más clara...

> *"Aquel que cuente con un oído, que escuche lo que El Espíritu le dice a las Iglesias"* (Revelación 2:7).

Ahora bien, el *oído*, por supuesto, implica: la Comprensión *Espiritual*. Todos podemos *escuchar* las *palabras* con nuestros oídos *físicos* – pero el oído *verdadero* cuenta con: Comprensión *Espiritual*; cuenta con Conciencia Espiritual. Que escuche aquello *que El Espíritu dice a las Iglesias*:

> *"A quien venciere, el Yo le daré de comer del Árbol de la Vida, el cual se encuentra en medio del Paraíso de Dios"* (Revelación 2:7).

Bien; *pareciera* que **no** estamos *comiendo del* Árbol de la Vida – de lo contrario, *el comer del Árbol de la Vida*, **no** constituiría la *recompensa* para *quien venciere*. Esa palabra, *venciere*, se convierte en la palabra *clave* para poder 'recibir' *el Árbol de la Vida*. Ahora acuérdense de los *dos* árboles: *el Árbol de la Vida*, **y** *el Árbol del conocimiento del bien y del mal*. Quiero que los vean como UN SOLO árbol. Tan **solo** existe EL Árbol de la Vida, tal como existe **sólo** EL Reino **de** Dios, y tal como **sólo** existe EL Cristo. En la *Cuarta* Dimensión de Conciencia, ustedes están *conscientes* del Árbol *de* la Vida; pero en la *Tercera* Dimensión de Conciencia, ustedes 'miran'

El Árbol de la Vida, pero lo ven como: *El Árbol del conocimiento del bien y del mal* (Génesis 2:17).

Aún se trata del *mismo* Árbol, pero con este *reconocimiento, ahora* constituye el nivel desde el cual ustedes son *capaces* de *trabajar*. El Árbol DE la Vida constituye la *Realidad*; el Árbol del *conocimiento* del bien y del mal, constituye un *concepto*. El 'concepto' DE <u>ustedes</u>, acerca de la Realidad, es aquello que lo *convierte* en el Árbol del *conocimiento* del bien y del mal. El Árbol DE la *Vida* constituye: la Realidad; El Árbol del bien y del mal es: *ilusión*. El Árbol DE la Vida es: el Pensamiento *Divino*; El Árbol del *conocimiento* del bien y del mal es: pensamiento *humano*, acerca de lo Divino. Bien; cuando <u>ustedes</u> vencen, y les es *conferido El* Árbol DE la Vida, eso significa que el Pensamiento *Divino, fluye* a través de *ustedes*. La *Palabra* DE Dios, se convierte en el pensamiento de <u>ustedes</u>. Entonces ustedes están *Unificados* con Lo *Infinito*. *El* Árbol DE la Vida se *convierte* entonces, en la *Única* Conciencia Infinita, *avivando todo* en ustedes, en lugar de la mente *humana* finita.

Ahora pues, ¿*qué* es aquello que tienen *ustedes* que *vencer*, para que la Mente *Divina* los *gobierne*? ¿Qué tienen *ustedes* que *vencer* para que el Pensamiento *Infinito* los gobierne? ¿Qué tienen *ustedes* que *vencer* para que el Pensamiento con *Poder* los gobierne, en lugar de ser gobernados por el pensamiento *humano* que *carece* de poder? –Ustedes TIENEN que vencer algo: *"A quien venciere..."* Nosotros *sabemos* que el Pensamiento *Divino,* NO puede *fluir* a través de un ser *humano*. Así que *nosotros*, <u>tenemos</u> que *vencer* la *creencia* de que: *yo, soy un ser humano*. *Nosotros* sabemos que NO hay *mal* alguno en el Pensamiento *Divino*; NO hay *enfermedad* alguna en el Pensamiento *Divino*; NO hay *huracanes, terremotos* NI *guerras* en el Pensamiento *Divino*. Así que *nosotros* <u>tenemos</u> que vencer la *creencia* acerca de la 'realidad' de lo anterior – sabemos que NO existe pensamiento *material* alguno DENTRO del Pensamiento *Divino*, por lo que <u>tenemos</u> que vencer la *creencia* acerca de 'este mundo' *material*.

A medida que ustedes hayan *terminado* con todo aquello que hay que *vencer*, encontrarán que tienen una *lista* de aquí hasta la

Eternidad. Pero la *única* forma en que serán *capaces* de *manejar* dicha *lista* es: *vencer una **sola*** cosa – porque tan ***solo*** una, vencerá *todo* lo demás.

En lugar de enfrentarse a 500 ejércitos, *venzan*: *la creencia en el mito de la mortalidad*. La Vida *Divina* es, lo **Único**; y, por lo tanto, se trata del Yo, en la *aceptación* y en el *vencimiento* de cualquier *otra* vida *distinta* a la Vida *Divina* que es Una, lo **Único**. Entonces todos aquellos *ejércitos* que tuvieron que *enfrentar* a *solas* e *individualmente*, por *ustedes* mismos, son *asumidos* por la **Única Vida Divina**. Ustedes, **no** tienen que *desenvainar* la espada; **no** tienen que *reaccionar* ante el mal; **no** tienen que *salir* y *pelear* contra el adversario. El Yo, Soy el Ser *Divino* – envaina tu espada. El Ser *Divino* cuenta con *todo* aquello que El Padre tiene; el Ser *Divino* constituye el ahora de *cada* mañana; el Ser *Divino* es Perfección. El Yo, entonces, *tengo* que *vencer* la *creencia* de que El Yo, **no** soy *Divino*, para poder *recibir* El Árbol **de** la Vida, el cual *mora en medio del Jardín del Paraíso*.

Supongamos que de repente ustedes *pudieran llevar a cabo* todo lo anterior en un *instante*, y que se encontraran *en* El Árbol **de** la Vida, *en medio del Paraíso*. ¿De dónde vendría El Paraíso? ¿Aparecería así, tan solo 'de repente'? –*Tiene* que estar *aquí*; *ahora*; de hecho, nosotros *ya* estamos en él; ustedes **no** tienen que *buscar* el Paraíso. En el instante en que ustedes se encuentren *dentro* de su *Divinidad*, en ese *mismo* instante estarán *dentro* del Paraíso. ¿*Dónde* más podríamos *estar*? Así concluimos que, *dentro* del *Jardín del Edén*, tan solo existe una **Única** Conciencia Infinita, la cual es llamada: El Árbol **de** la Vida. Y cuando ustedes se salen de esa *Única* Conciencia Infinita hacia 'mi conciencia', o hacia 'su conciencia', entonces se encontrarían en El Árbol del conocimiento del bien **y** del mal, porque habrían *rechazado* su *propia* Divinidad – escuchando de nuevo, el chismorreo de *la serpiente*. Con ello, *la maldición recaerá sobre sus hijos*. Es decir, estaríamos *dando a luz* en 'este mundo', a aquellos que **no** estarían *conscientes* de su *Divinidad* – ésa es la 'maldición'. Nuevamente los traeríamos a un sentido de *mortalidad*; e incluso nosotros *volveríamos a encarnar en un sentido de mortalidad*. Y si *ustedes* **no** pudieron llevar a cabo una *transición* en esta ocasión, pero al menos pudieron partir con *cierto* grado de *conocimiento de su propia Divinidad*, entonces hallarían que pueden *retornar* a la *siguiente* encarnación, con una Conciencia *Superior*, la cual puede hacerlos, hasta *cierto* grado, *inmunes* a las ridículas *mentiras* del *pensamiento* de 'este mundo' acerca de su padre, que todos *compartimos* **y** *sufrimos* dentro de este *sentido* de vida.

Así pues, la *Primera Carta* es, *un llamado a* ACEPTAR *la Divinidad*: *Aquel que cuente con las Siete Estrellas*; Aquel que ha ACEPTADO su Divinidad; Aquel que ha *caminado* a través de su humanidad hacia la ACEPTACIÓN de la Divinidad; Aquel que ha *recorrido* los *Siete Pasos*; Aquel que ha *cumplido* con los *Siete Propósitos*; Aquel que ha sido *iluminado* en el *reconocimiento* de Su *Naturaleza*-Cristo, dice: "El Yo, Quien S*oy* La Luz, les digo que ustedes *también* SON La Luz. *Síganme* al Mí (Juan 10:2-4, 7-8, 11-16, 26-27); pero **no** sigan a *nadie* más – *Síganme* al Mí". Y El Mí ES, El Cristo *dentro* de ustedes. Al Cristo es a Quien Yo, Me he estado *dirigiendo* – *Aquel que tiene las Siete Estrellas*, Se ha estado *dirigiendo*, le ha estado *hablando*, *al Cristo* EN ustedes.

Y la *Existencia* es, uno de los *Siete Candeleros* del Cristo, EN ustedes. Esa *Existencia* ES, *Divina* – **no** es mortal; constituye *un Ser Inmortal*. La imagen *humana* que ustedes han admitido acerca de *ustedes* mismos, constituye: una *imitación mental* acerca de la Imagen *Divina* que ustedes *realmente* SON. La *Divina Imagen Inmortal*, es el *Nombre*, la *Naturaleza*, de ustedes. La *Plenitud* **del** Padre, constituye el *Ser* de ustedes; la imagen *humana* es esa mentalidad que hemos *admitido* acerca de la Imagen *Divina*, y constituye, dicha imagen *humana*, la naturaleza de la *hipnosis* que *encadena* a los hombres *dentro de* sus *propios pensamientos. Romper* las cadenas de sus *propios pensamientos*, constituye la *liberación* hacia la *Divinidad* – *aceptada, reconocida* y *disfrutada, aquí* **y** *ahora*. Lo anterior constituye: la *Primera Carta a la Iglesia **de** Dios*, EN ustedes.

Bueno, conforme ustedes *practiquen* cada semana *aquello que El Espíritu les dice*, ustedes estarán *teniendo un oído*. **No** basta con *escuchar* al Espíritu. La Conciencia *Espiritual*, **jamás** se *limita* simplemente a 'escuchar' – La Conciencia *Espiritual*, *actúa*; *vive*. Por lo tanto, ustedes tienen que ***practicar*** aquello que sean *capaces* de *aceptar*, hasta que *se convierta* en una Fuerza *Vital* – **no** en una idea *intelectual*. Entonces es cuando *llegarán* a la *Segunda Carta*; y a la *Tercera*; y a la *Cuarta*. Y *cada* nivel de *Conciencia* al que *arriben*, los *capacitará* para *recibir*, incluso *mejor* que antes, el *siguiente* Nivel que se les esté *presentando* a ustedes. *Nuestra responsabilidad* es: *romper* o *derribar* las *Siete Barreras* – los *Siete Sellos*, para llegar al *reconocimiento* de que SOMOS La Vida que Él, nos *reveló* que SOMOS. Y por supuesto que eso, **no** puede *llevarse a cabo* simplemente 'reuniéndonos un domingo' – eso puede *motivarnos* para llevarlo a cabo: *24 horas al día*. Y **si** así nos *motiváramos*, entonces hallaríamos que estas charlas *van a llevar a cabo*, para nosotros, aquello que *iniciamos* el primer día del año: tener el *dominio*; tener el *señorío*, sobre *mente* **y** sobre *cuerpo*.

Así que cuando este fin de semana conduzcan rumbo a casa, en medio del tráfico, ustedes *siempre* deberán hacer *lo mismo* que van a llevar a cabo el día de *hoy* –definitivamente deberá haber un RECONOCIMIENTO que: <u>*únicamente* el Ser *Divino* Único, *existe* en este Universo; y la Ley de lo *Divino existe* justo donde el Ser *Divino* Se encuentra</u>. Y en tanto conducen, **no** hagan *juicio* alguno acerca de los conductores *humanos*; **no** hagan *juicio* alguno acerca de un universo *físico*. Ustedes *primero* tienen que *alcanzar* el RECONOCIMIENTO de que: <u>el Ser Invisible está *siempre* presente en *todos* aquellos que *caminan*; en *todos* aquellos que *conducen*; en *todos* aquellos que se *encuentran* aquí afuera</u>. Dicho RECONOCIMIENTO convierte el camino, en la *Autopista* **de** Dios, *dentro* de la Conciencia de <u>ustedes</u>. Esa *aceptación*, RECONOCIDA *conscientemente*, pone en *acción*, la *Invisible Ley* de la Armonía

Divina. De hecho, *sienten* dicha Ley *llegando* a ustedes, como una *aceleración.* Tal como un automóvil de repente se *satura* con una *aceleración,* de la *misma* manera esta *aceleración* o *avivamiento* entra a la Conciencia de *ustedes.* La *sienten* avivarlos; y entonces, de *repente*, ya **no** hay más: un camino enfrente con treinta, cuarenta o cincuenta 'conductores' – tan solo existe: *Un Único Ritmo.* Comienza en la Conciencia *de* ustedes; y esta Expresión *Divina* Se *exterioriza* como el Ritmo de *su* autopista. Y *si* ustedes lo han experimentado, entonces *saben* que eso es lo que *acontece*; y es cuando *encuentran* la Ley de la *Divinidad* en esa autopista, porque dicha Ley cuenta con 'su Testigo': USTEDES. Cuando *aprendan* a hacer lo anterior *con frecuencia*, entonces se sorprenderán de lo *buen* conductores que son; e incluso aquellos a su alrededor, se convertirán en *excelentes* conductores cuando estén bajo el *flujo* del RECONOCIMIENTO *Espiritual,* de ustedes.

Muy bien; ésa pues, constituye *la Primera Carta a la Iglesia en Éfeso*, y observen cómo es que contamos con una *Revelación* completamente *distinta* a aquella que predicaba 'cosas horribles' que iban a acontecer en 'este mundo' exterior. Se trata de la *Revelación* **del** *Cristo*-Morador; de *cómo surge lentamente* El Cristo **en** ustedes, a través del *falso pensamiento humano* de su ser; y de cómo entonces es, cuando El Alma, *trasciende* la mente *humana.*

Mucho cariño; y Gracias por estar aquí.

CLASE 4

IDENTIFICANDO EL VELO

Revelación 2:8 – 11

Herb: - Echemos un vistazo ahora al Capítulo 2 de El Libro de la Revelación – la *Segunda Carta a las Iglesias*:

> *"Al Ángel de la Iglesia en Esmirna, escribe: Esto dice el Primero y el Último; Quien estaba muerto, y está vivo:*
>
> *El Yo, conozco vuestras obras, tribulaciones y pobrezas – pero vosotros, sois ricos – y El Yo, conozco la blasfemia de aquellos que dicen ser judíos, pero no lo son – pertenecen a la sinagoga de Satanás.*
>
> *No temáis aquello que habéis de padecer. Mirad, el demonio mandará a algunos de vosotros a prisión, para que puedan ser juzgados. Y tendréis tribulación por diez días – pero manteneos fieles hasta la muerte, y entonces el Yo, os daré una Corona de Vida.*
>
> *Aquel que tenga* UN *oído, que escuche lo que El Espíritu dice a las Iglesias: Quien haya vencido, no será dañado por la segunda muerte"* (Revelación 2:8-11).

Anteriormente se nos había dicho en esta Revelación, en el Versículo 3 del Capítulo 1:

"Bienaventurados aquellos que leen; y bienaventurados aquellos que escuchan las palabras de esta profecía, y guardan aquello que está escrito en ella, porque el tiempo está cerca".

Ahora que ha sido *leído*, tenemos que *escucharlo* o *comprenderlo*, para luego *practicarlo* o *vivirlo* – esto implica: *guardarlo*.

El otro día quedé un tanto sorprendido. Una joven vino a verme en relación con algo, y *no* había *mantenido* sus estudios en esta Enseñanza. Tenía una especie de dolor, y me dijo que: aunque había 'leído dos capítulos', el dolor *no* se le había quitado. Para ella, lo anterior resultaba más que *razonable*.

Hemos *aprendido* que la simple *lectura* de diez capítulos o de la totalidad de la Biblia, 'quita el dolor'. Ella estuvo *leyendo* – pero *no* fue más allá – *creía* que había cierto *poder mágico* en las palabras… Y hoy, estamos *leyendo* las palabras, y debido a ello, *nadie* se siente mejor. E incluso cuando *comprendemos* las palabras, en realidad eso NO implica gran *avance*. Aunque ciertamente, *a menos que las comprendamos*, ¿*cómo* podríamos *practicarlas*? Y si tan solo nos detenemos en la *comprensión*, ¿de *qué* nos servirían? Nuestra *memoria*, NO *ayuda*.

Juan está *sembrando* semillas que 'pueden' *convertirse* en una Conciencia *Viviente*. *"Al Ángel de la Iglesia en Esmirna…"*, y eso suena tan *lejano*, tan *remoto* en el tiempo y en el espacio… pero, ¿quién es ese *Ángel de la Iglesia en Esmirna*? *–El Ángel de la Iglesia en Esmirna* es: El *Yo*, en *ustedes*; El *Cristo*, en *ustedes* – ése es, el *Ángel*. El Cristo *Infinito*, está *revelando*, tal como si estuviera en una *conversación* con el Cristo en *ustedes*, la Naturaleza *de* El Ser. El Cristo *Infinito* dice a El Cristo en *ustedes*, al *Ángel de la Iglesia* (y *Esmirna* representa esa *Naturaleza*-Cristo *Individual*, *la cual* se encuentra *dentro* de cada uno de nosotros): "Nosotros, hemos *aprendido* que nosotros, *somos* un Ser *divino*; que el Espíritu, constituye *nuestra* Sustancia; que el Espíritu ES, *infinito*. Y estamos *aprendiendo* a ser *fieles* a nuestro Ser". Ahora *llega* el Espíritu **de** El

Cristo, diciendo *dentro* de nosotros: "*Ustedes*, son la Individualidad *Infinita*; <u>ustedes</u>, *jamás* pueden estar *separados* del Ser Divino, del Ser *Infinito* – la Individualidad de ustedes es, *Infinita*. Ustedes son una In-dividualidad, **en** El Cristo. "In-" significa: *no*; y "dividualidad" significa: *dividido*. Por lo tanto, ustedes **no** *están divididos* **de** El Divino Ser *Infinito*. Ésa es, la Individualidad de <u>ustedes</u> – <u>ustedes</u> son: Indivisibles **de** El Padre *Infinito*.

"*Esmirna*", incluso actualmente *representa*, como entonces: la industria del *higo*; los *higos* de Esmirna… Y en la Biblia, los *higos* son utilizados siempre como un símbolo de lo *fructífero*. Por eso *no* es *coincidencia* que esto fuera dirigido a esa Iglesia en *particular*, en dicha ciudad. *Únicamente* en el *reconocimiento* de la *Individualidad* Divina de <u>ustedes</u>, en la *aceptación* y en la *práctica* de dicha Individualidad, es que <u>ustedes</u>, se vuelven *fructíferos*.

Bien, en la última lección nos dimos cuenta que puesto que El Espíritu es TODO, resulta del todo *factible* ser *mantenido* **y** *sustentado por* esa Voluntad **de** El Padre, **en** ustedes, la cual es llamada: *El Árbol **de** la Vida*. Y ese *Árbol **de** la Vida*, actuando **en** ustedes, se hace *fructífero* y produce los frutos **de** El Espíritu.

Así que, al Ángel **en** <u>ustedes</u>, El Cristo **en** <u>ustedes</u>, El Cristo *Infinito* les dice: "*Esto dice el Primero y el Último; Quien estaba muerto, y está vivo*". Hubo una época cuando El Cristo sobre la tierra, era *desconocido*; <u>nosotros</u> estábamos *muertos* a El Cristo; la conciencia *humana* NADA sabía *acerca* de El Cristo *Interior*. Y ése es el significado de: "*el Primero y el Último, Quien estaba muerto*".

Ustedes, en su *falsa* conciencia *humana*, **y** nuestros padres, *antes* que nosotros, estuvieron *muertos* a El Cristo *Interior* de ellos mismos. Pero ahora El Cristo, *dentro* de nosotros, está *vivo* – al grado que estamos *comenzando* a *reconocer* a El Cristo *Interior*; estamos *haciéndonos conscientes* de una *Fuerza* en *acción*; se trata de una *Fuerza* parecida, en cierta manera, a aquello que hace que el pollo 'pique' el cascarón, hasta que lo 'abre'. *No* existe poder *racional* detrás de eso – pero el pollo es *forzado* de alguna manera, a mantenerse *picoteando* hasta que el cascarón se *abre*. Hay una

Fuerza actuando **en** <u>nosotros</u>, la cual nos hace *picotear*, hasta que *atravesamos el Velo de los* 'cinco sentidos', *hacia otro Universo* – tal como un pollo *atraviesa* la oscuridad, así también nosotros. Esa *Fuerza* está SIEMPRE en *movimiento a través* de nosotros, *enviando* impulsos, *viviéndose* a Sí Misma, *expresándose.* Y nosotros, nos hemos *avivado* por dicha *Fuerza*, para que El Cristo **en** nosotros – Quien SIEMPRE estuvo *Vivo* – esté *convirtiéndose* ahora, en una *Fuerza Viva* dentro de *nuestra* Conciencia. Esta *Fuerza* ERA nosotros, *antes* de esta 'forma'; esta *Fuerza* Viva ES nosotros, AHORA; esta *Fuerza* Viva seguirá SIENDO nosotros, *después* de esta 'forma' – se trata de *El Primero*; se trata de *El Último*; se trata de *El Todo*-en todo; se trata del Receptáculo *Único* de la Realidad. Nosotros estamos *comenzando* a *reconocer* que nosotros, SOMOS esa Realidad – **no** estamos 'divididos' *de* Ella; nosotros JAMÁS podríamos estar 'divididos' de *nuestro* Ser. Y cuanto mayor *reconocimiento* de lo anterior, tanto más *abundantes* los *frutos* **de** El Espíritu.

Ahora bien, al irnos *haciendo conscientes* de la *verdadera* Naturaleza de nuestro Ser, de la *Infinitud* de El Cristo, de la *Infinitud* de nuestra *Naturaleza*-Cristo *Individualizada*; conforme *sembramos* para este Cristo *Interior*, para este Espíritu, es que vamos *consiguiendo* una Cosecha *i*. Esto es lo que hemos estado *buscando*: una Cosecha *Espiritual*. Pensábamos que queríamos 'cosas', **sin** darnos cuenta que las 'cosas' que **no** se *engendran* **de** El Espíritu, son tan solo, *ilusiones*. Y ahora vamos a *encontrar* 'cosas' *engendradas* **de** El Espíritu – cosas *Espirituales*, actividades **de** El Espíritu, que se *manifiestan*. Y se nos dice que quien *reciba* este Espíritu *Interior*, **jamás** *conocerá la segunda muerte.*

Consideren el *milagro* que nos espera a medida que *llegamos* al *reconocimiento* de una *Fuerza dentro* de nosotros, La cual *elimina* la muerte. Consideren qué más tendrá que *eliminar*, si es que *elimina* a la misma muerte – *todo* aquello que conduzca a la muerte, tendrá, por consecuencia, que ser *eliminado* también. ¿Cómo podrían existir enfermedades que provoquen la muerte, bajo la *comprensión* anterior, cuando la 'muerte misma' será *eliminada*? Y entonces *dense cuenta* que se nos está *prometiendo* aquí, el *conocimiento final* del problema *mortal* en toda su magnitud, puesto que la 'muerte misma' va a ser *eliminada*, conforme <u>nosotros</u> lleguemos al *entendimiento* de que El Cristo, *dentro* de *nosotros, constituye* la Vida *Eterna* – el 'premio' está claro. El *precio* del 'premio' va a ser 'pagado', *únicamente,* por quienes *reconozcan la validez del premio.* Así, El Espíritu está diciendo, preparando, edificando, el *fundamento* del Conocimiento *Interior,* para que podamos percibir *más allá* de las *limitaciones* de nuestros 'cinco sentidos' *físicos,* hacia las Muchas *Mansiones* que, *invisiblemente,* nos esperan *aquí y ahora. Cada* uno de nosotros está siendo *preparado* para *picotear* esa 'cáscara', tal como un pollo, para *perforar* el *Velo* de la *ilusión,* para *testificar* de El Reino *presente* y *a la mano.*

> *"El Yo, conozco tus obras, y tus tribulaciones y tus pobrezas; (pero Tú, eres rico), y El Yo, conozco la blasfemia de aquellos que dicen ser judíos, pero no lo son, porque pertenecen a la sinagoga de Satanás"* (Revelación 2:9).

Ahora El Cristo *Infinito conoce* el *Propósito* de El Cristo en ti. El Cristo, *conoce.* el destino o las obras, las capacidades **y** las posibilidades, **de** ustedes. El Cristo *Infinito, conoce* el Perfecto Estándar o Norma *Divina* que se ha *establecido* para El Cristo *Interior.* Pero ha habido *"cierta tribulación",* la cual significa que El Cristo *Interior* **no** ha sido *aceptado* por la *falsa* conciencia *humana.* Ha habido *pobreza,* lo cual implica que ese hombre, *separado* de El Cristo en su *Interior, espiritualmente* en bancarrota, **no** *pueda* expresar su herencia *natural* – de hecho, ES rico; pero **no** lo sabe. *Todo* cuanto El Padre *tiene,* le *pertenece* a *su* Propio Ser – pero ese hombre **no** *conoce su* Propio Ser. Él, es una *falsa conciencia humana,* viviendo un *sentido de limitación,* justo donde la *Abundancia* se encuentra; teniendo un *sentido limitado de la vida,* justo donde la

Eternidad se encuentra; creyendo que *nace y mue*re, justo donde ahora, El Cristo de su Ser, su *único* Ser, ES Inmortal.

Y este *Velo* de los sentidos, *constituye* la *tribulación* – y es lo que *provoca* la *pobreza*, a pesar de la *Omnipresencia* de El Cristo; a pesar de que somos *coherederos en Cristo*; a pesar del hecho de que justo *donde estamos*, El Cristo Se *encuentra*. Evidenciamos los defectos de nuestros *pequeños egos*, nuestro *falso* sentido de vida, nuestras *vanidades*. Ésas, son las *tribulaciones*... "Pero *Tú*, ERES *rico*" – y cuando los sentidos *dejan de ser* el dios de 'este mundo', entonces el tesoro **de** El Reino se hace: *visible, tangible* – **y** la vida *cambia*.

Ahora bien, existe un *cierto grupo* de personas que dicen ser "judíos" – y lo anterior, **no** se refiere a la *raza* judía. Esto se refiere a una definición *distinta* de "judío". Y si ustedes desean la *definición completa*, pueden leer los Capítulos 1 y 2 de la Epístola a los Romanos. Los dos Capítulos *completos*, les van a *aclarar* aquello a lo que Pablo se refirió cuando habló del "judío". Y aquí, Juan está en total *acuerdo* con Pablo al respecto – Juan nos está diciendo que **no** existe "judío" *verdadero*, excepto aquel que: se *esfuerza* por *descubrir* a Dios, en su *Interior*.

Un Dios *externo* **no** hace a nadie un "judío" – más bien, dentro del *judaísmo*, existe el "Israelita". Y todo aquel de *cualquier* religión sobre la faz de esta tierra, que se encuentre *luchando* en su *Interior* **por** Dios, es un "judío", en la definición tanto de Juan como de Pablo: "El que lucha **por** Dios; el "Israelita"; el "Elegido". Se trata de aquel que **no** *sigue* la estricta, rígida **y** fría letra de la Verdad, sino que sigue al *corazón*, para encontrar *comprensión* de Sabiduría *Espiritual*. En concreto para Juan, todo aquel que **no** puede *demostrar* a Dios, **no** es un "judío". Alguien que puede *hablar* 'acerca de Dios', camina bajo *falsas* vestiduras; y los "judíos" de la época de Juan, sólo podían *hablar* 'acerca de Dios', pero **no** podían *demostrar* a Dios – y para él, eso significaba que **no** eran "judíos". Pablo ha dicho en la Epístola a los Romanos que, la *circuncisión de la carne*, **no** hace a alguien "judío" – sino la *circuncisión* **de** *El Espíritu*. Y ahora, ellos están llevando al mundo hacia *otra* postura – una postura donde puede *descubrirse* que: "Mirad, El Reino **de** Dios, **no** está aquí **ni** está allá" – sino que se trata de El Cristo, *dentro* del Individuo. De esa manera, en la definición de Juan, quienquiera que *encuentra* a El Cristo *Interior,* se convierte en "Israelita" – alguien que *buscó* **y** *encontró* a Dios; alguien de "las tribus perdidas de Israel". Y todo esto es *simbología* para mostrar que El Cristo *Interior,* es un *hecho* universal, que **no** está *separado* por naciones, religiones **ni** gente.

Aquí estamos *viendo* algo muy *extraño*. La *religión* nos ha enfocado hacia 'dos mundos'. Primero tenemos 'este mundo'; **y** como la propia religión **no** puede explicar las *imperfecciones* de 'este mundo', entonces *también* nos ha dado un 'mundo futuro'. En la Verdad, *rechazamos* tanto 'este mundo' como el 'mundo futuro'. Por otro lado, el *ateísmo* nos da un *solo* mundo: 'éste'; y en la Verdad, *rechazamos* el *ateísmo* por esa *misma* razón. Ustedes deben saber que la ciencia, la religión **y** las otras categorías de la raza *humana, creen* en 'este mundo', o en 'este mundo' **y** en un 'mundo futuro'. Claramente puede verse cuán completamente *fuera de lugar* se encuentra el *mensaje* **de** El Cristo, el cual nos revela que 'este mundo', **no** se encuentra *aquí*; y que **tampoco** existe un 'mundo futuro' – sin embargo, *aquí y ahora* hay **un único** mundo: El Reino DE Dios. Y se trata de un mundo *Eterno* – **no** de un 'mundo futuro'. Se trata de un mundo en el *ahora*. Y luego el mensaje de El Cristo nos dice: "Pero ustedes, ***jamás*** lo *conocerán*, si se consideran uno de aquellos que prefieren *hablar* **de** Dios, en lugar de *demostrar* la Presencia **de** Dios ..."

"No temáis nada de aquello que vais a sufrir. Mirad, el diablo lanzará a algunos de ustedes a prisión, para que seáis probados. Y tendréis tribulación por diez días – pero sed fieles hasta la muerte, y entonces El Yo, os daré una Corona de Vida" (Revelación 2:10).

Ahora bien, en tanto estamos *saliendo* de la *creencia* en la *actividad* de los 'cinco sentidos'; en tanto esta *Fuerza Infinita* sigue *golpeando* dentro de nosotros, *elevándonos* hacia una especie de *percepción* nueva que puede hacerse *consciente* de El Reino **de** Dios, sobre la tierra, *parecerá* que 'sufrimos', debido a lo *novedoso* de esta nueva Conciencia en sus *primeras* etapas formativas. Estamos *renunciando* a aquello con lo que estábamos *familiarizados*, y pareciera que **no** *obtenemos* 'nada' a cambio – pero **no** hay *nada* que temer. En este *cambio* de Conciencia entre 'dos mundos', *pareciera* que **no** *recibimos* nada de la Realidad y que *renunciamos* a toda la **no**-realidad, por lo que *pareciera* que **no** estamos en *ningún* lado. Pero esto, sólo *continuará* durante "*diez días*".

Bien; esos "*diez días*" son, *hermosos*. Primero, significan tan solo lo *temporal*; pero en un sentido más *profundo* significan lo siguiente: Que ustedes cuentan con 'cinco sentidos' *externos*, y eso implica los *primeros* 'cinco días'; estos sentidos *externos* se *convertirán* en 'cinco sentidos' *Internos*, y eso implica los *otros* 'cinco días' más. En esos *diez días*, sus 'cinco sentidos' *externos* serán *liberados* de su *falso* testimonio. Ustedes habrán *desarrollado* los 'cinco sentidos' *Internos*: el oído *interno*, la vista *interna*, etc. Eso implica *los diez días*: la *transformación* de la Conciencia representada por los 'cinco sentidos' *externos* **y** los 'cinco sentidos' *Internos*. Más adelante regresaremos a este tema, cuando hablemos de las "*cinco vírgenes necias*", **y** de las "*cinco vírgenes sabias*".

Así que esta *transformación,* va a provocar una manera *diferente* de *percibir* el mundo. Ahora ustedes cuentan con aquello que llaman 'vista'. Sin embargo, El Espíritu aclara que **no** se trata de la *Visión* – se trata del 'sentido de la vista', de ustedes. Cuando ustedes cuenten con *Visión*, entonces *percibirán* El Reino – con *su* vista, ustedes ven 'este mundo'. Así pues, TODOS los sentidos, que miran hacia 'este mundo', *aprenderán* a *percibir* El Reino. Esos sentidos se *invertirán*, y de esa manera, nosotros seremos *transformados*. Este ser *cristianos*, esta *transformación* mediante "*la renovación de la mente*", nos está llevando hacia una *ascensión por* *sobre* los *sentidos*; *por sobre* el mundo *sensorio* que *nosotros* mismos delineamos; *por sobre* los problemas *sensorios* que *aceptamos* como parte de las condiciones de la vida. Tendremos que aceptarlos *temporalmente,* **sin** darles poder, **sin** temerlos, porque estamos *atravesando* por una *transición* en la Conciencia, **y** resulta *necesario* que seamos *puestos a prueba* en esta *transición,* con objeto de: *fortalecer* esa *nueva* Conciencia.

"*El diablo lanzará a algunos de ustedes a prisión...*" Bueno, pues ese diablo es: los 'cinco sentidos' de la *mente,* y **no** un 'tipo con un trinche'. "*...para que seáis probados...*" Y ustedes *saben* que cada vez que han tenido un *problema,* una vez *solucionado,* ustedes han sido *elevados* más allá de *su propio* nivel de Conciencia – y estos problemas se *convirtieron* en: *piedras de ascenso.* De hecho, este proceso resulta *necesario,* hasta alcanzar el *pleno fortalecimiento* de la *nueva* Conciencia.

"*Sed fieles hasta la muerte, y entonces El Yo, os daré una Corona de Vida*". Fieles, ¿a qué? –Fieles a ese *ángel de El Padre* en medio de *ustedes, el cual sostiene los Siete Dones.* Y el Don del que estamos hablando ahora, el *Segundo* Don es: la *Infinita Individualidad Divina.* La *Fidelidad* de ustedes hacia la *Individualidad Infinita hasta la muerte,* les traerá "*una Corona de Vida*".

Bien, "*muerte*" **no** implica la muerte del ser *físico* de ustedes – "*muerte*" significa: la muerte de TODAS las *falsas creencias;* la muerte de la *mentira* acerca *de* Dios; la muerte del *falso sentido de identidad.*

Así descubrirán ahora, que ustedes han estado analizando los DOS primeros Mandamientos. *Ser fieles hasta la muerte,* a la *Identidad Individual* de ustedes; **y** a la *Identidad* de cada Individuo sobre la tierra, lo cual implica *obediencia* a los DOS primeros Mandamientos. Así que, si ustedes van a *practicar* aquello que esta Enseñanza es, entonces tendrán que *reconocer* a El Cristo, *dentro* de ustedes, constituyendo su propia *Identidad*; **y** tendrán que *reconocer* que El Cristo, siendo *Infinito, jamás* dividido **ni** separado **de** El Padre, constituye la Verdad del Ser de *ustedes*: TODO aquello que Dios ES, ustedes lo SON, *ahora*; **y** la Verdad acerca del Ser de *su prójimo* es que: TODO cuanto Dios ES, su prójimo *también* lo ES, *ahora*. La *Fidelidad* de ustedes requiere ***ignorar*** TODA apariencia que *niegue* lo anterior – **no** basta *leer* **ni** *entender* esto – eso tan solo es un simple comienzo. Se trata *de vivir* Y *reconocer* **a** ***diario*** este hecho, tanto *en* ustedes como *en* su prójimo.

Y la *práctica* de este *reconocimiento* pudiera implicar algo así como: He ahí un perro; aquí una persona; allí un árbol; allá un enemigo... y esto es lo que los 'cinco sentidos' *físicos* nos dicen acerca de nuestro *entorno*. Pero para ustedes se vuelve *insignificante* **en** su Conciencia, *donde* parecieran estar el perro, el árbol y el enemigo – ustedes, están **aceptando** *la Presencia de la Infinita Individualidad Divina*, y están haciendo el *hábito* de: *practicarla consistentemente*. Ustedes pudieran **no** *saber* qué es lo que esta *práctica consistente* del *reconocimiento* de la Presencia de la *Infinita* Individualidad *Divina hará* para ustedes, pero lo *descubrirán* lo suficientemente *pronto*, porque en el instante en que ustedes *sepan* que: el perro **no** está ahí, que ahí **sólo** el *Infinito Espíritu Individual* ESTÁ, entonces habrá una *nueva Fuerza Interior* que *llevará a cabo* la labor. El Cristo *Interior* Se hace cargo, del *gobierno* de las relaciones de *ustedes* con dicho perro; El Cristo *Interior* Se hace cargo, del *gobierno* de las relaciones de *ustedes* con cualquier persona o condición, siempre y cuando <u>ustedes</u>: *los reconozcan como Espíritu Invisible – ahí*, expresándose – aunque *velados* por el *falso* sentido *humano* de percepción.

Ustedes se encuentran caminando *conscientemente* en El Reino **de** El Espíritu. Así es como *ustedes* hacen que el Poder **de** El Reino **de** El Espíritu, llegue a *su* propia *experiencia*. Ustedes, **no** están *practicando* la Presencia sólo de *palabra*; ustedes, **no** están *practicando* la Presencia, como si Ésta fuera un Ser *separado* de ustedes – ustedes, están *percibiendo* que **no** están *divididos*. Así finalmente, *ustedes* verán al perro, **y** *comprenderán* que **no** hay perro alguno ahí, que la Esencia **de** Dios es lo *único* que está *ahí* – su *Nombre* es: "El Yo, Soy" – **no** hay perro alguno *ahí*; El Yo Soy, está *ahí*; **tampoco** hay enemigo alguno *ahí*; El Yo Soy, está *ahí*; **ni** existe condición alguna *ahí*; El Yo Soy, está *ahí*. Ustedes hallarán que "El Yo Soy", ES *Universal* – El Yo, Soy, constituye el Nombre de *toda:* persona, lugar y condición, sobre esta tierra.

Y esto es lo que conforma la *Carta al Ángel de Esmirna*. Tiene que haber una *aceptación total y universal*, de la *Omnipresencia* de El Espíritu, **sin** *opuesto* alguno. **No** puede haber lugar, tiempo **ni** espacio, en los cuales esto **no** sea *cierto* dentro de la Conciencia de ustedes. Y *si* ustedes son *fieles* al ***Único*** Espíritu Invisible, *hasta la muerte* de la creencia en cualquier 'forma' de *separación*, entonces *"El Yo, os daré una Corona de Vida"*. Esa *Corona de Vida* implica la *concientización* de la *Inmortalidad*. Para vivir *dentro* de El Ser *Inmortal*, ustedes tendrán que *reconocer* dondequiera, al Ser *Inmortal*, como el Ser *Infinito*.

Ahora bien, esto pudiera *parecer* demasiado; y, sin embargo, tan solo es *la Segunda Carta a las Iglesias*. Y *el premio* a lo anterior implica que *todo* aquel que es *fiel* ÚNICAMENTE al *reconocimiento* de El Espíritu *Invisible* dondequiera, **no** será dañado por *"la segunda muerte"*. Bueno, antes de considerar *"la segunda muerte"*, deseo que comprendan *"la Corona de Vida"*. Y me encontré con uno o dos pasajes bíblicos que lo aclaran.

Tenemos algo de Pablo en la 2ª. Carta a Timoteo – la referencia sería 4:8 *"A partir de ahora, me espera"*, dice Pablo, *"una Corona de Justicia, la cual el Señor, el Juez justo, me dará en ese día – y no sólo a mí, sino también a todos aquellos quienes aman Su regreso"*. De esa manera, Pablo está *identificando* esta *"Corona de Vida"* con la *Justicia*, queriendo decir: La Voluntad **de** El Padre, **en** *mí*.

Por otro lado, Santiago tiene otro pensamiento en su Carta, Capítulo 1:12: *"Bienaventurado el hombre que resiste la tentación, porque cuando sea probado, recibirá la Corona de Vida, la cual el Señor ha prometido para quienes Lo aman"*.

Hay un *secreto* detrás de todo lo anterior. 'Este mundo', **no** es más que: la *actividad* de los 'cinco sentidos' *del hombre*, hecha *visible*. Dios, **no** hizo nada de 'este mundo'. Nuestros 'cinco sentidos' están dando testimonio de sus propios *pensamientos*. A nosotros se nos dice que *la Corona de Vida* es alcanzada, cuando ustedes *se elevan fuera de* sus *propios pensamientos* – el vivir *dentro* de sus *propios pensamientos,* los hace vivir en un mundo *dividido* de bien **y** de mal; el vivir dentro de sus propios 'cinco sentidos' *de percepción,* los *limita* a: un nacimiento, un período de vida, y a la muerte; el vivir en su *propia idea* de los 'cinco sentidos' *de las cosas,* los hará tratar de *corregir siempre* aquello que *parece* malo, *intentando* 'mejorarlo' – *ignorando* que TODO aquello que *parece* 'malo', es parte de la fábrica de 'este mundo' de los 'cinco sentidos', que *ustedes jamás* podrán *eliminar* – siempre estará ahí, para *burlarse* de ustedes. *Vencer la muerte* implica: el *desarrollo* de la *capacidad* de *vencer* sus propios 'cinco sentidos', hasta que éstos *estén muertos,* como un *factor* que *determina* la propia *existencia* de *ustedes.*

Entonces *la Corona de Vida* que ustedes reciben, estará conformada por: la imagen de *su nuevo sentido de Percepción.* Estamos siendo *elevados lentamente,* hacia un lugar donde podemos *comprender* que 'este mundo' **y** los 'cinco sentidos' *de percepción* son: uno **y** lo mismo. Ustedes **no** están *viendo:* una guerra en Camboya – ustedes, están *viendo*: el **pensamiento** de *nuestros* 'cinco sentidos'; ustedes **no** están *viendo:* cáncer en los hospitales – están *viendo:* el **pensamiento** de *nuestros* 'cinco sentidos'; ustedes **no** están *viendo*: el deterioro de los cuerpos humanos, **ni** la misma muerte – ustedes, están *viendo*: el **pensamiento** de *nuestros* 'cinco sentidos'. Ése es el *Velo* que *separa* al hombre, **de:** Dios, **de** la Realidad, **de** la *Vida Eterna.* Y *vencer* a los 'cinco sentidos', implica *conocer* a *Dios* **correctamente**; *vencer* a los 'cinco sentidos' ES*: Vida Eterna,* la *Corona de Vida.*

Ahora surge la siguiente pregunta: *¿Cómo* es que vamos a *vencer* a estos 'cinco sentidos'? Y para *asegurar* que ustedes hagan de la anterior, su *siguiente* pregunta, es que El Espíritu, por medio de Juan, dice: "*Quien tenga* **un** *oído, que escuche lo que El Espíritu dice a las Iglesias*" (Revelación 2:11). Si ustedes **no** están *escuchando* con el sentido de la *mente, sino* con la Comprensión *Espiritual,* entonces este mensaje es justo para *ustedes*: "*Quien venciere, NO sufrirá daño por parte de la segunda muerte*" (Revelación 2:11).

Y han de saber que esto ha sido *ignorado* por todas las eras; esta *segunda muerte... como* si nunca hubiera *existido*. Y *nosotros*, quienes hemos *trabajado juntos*, ahora *sabemos* que *la segunda muerte* se refiere a ese momento cuando un individuo **pierde** su *conciencia*, **y** finalmente **pierde** su mente **y** su *cuerpo*. Esto es a lo que comúnmente llamamos "muerte"; pero se trata de *la segunda* muerte, porque la *primera* muerte **ya** nos ha *acontecido* a *todos* nosotros – nos *aconteció* en el instante: del *nacimiento*.

Ahora bien, cuando ustedes han *aceptado* la *Identidad*-Cristo con el *conocimiento* de que El Cristo **no** comenzó con el *nacimiento* de ustedes, sino que ese Cristo **constituye** su Identidad *preexistente*, su Identidad *presente*, **y** su llamada Identidad *futura*, entonces, en el instante en que ustedes *abandonan* la Conciencia **de** El Cristo, **y** *llegan al nacimiento* de la 'forma', en ese instante *ustedes* **mueren** a El Cristo – eso constituye *la primera muerte*. De esa manera ustedes viven esa *primera muerte* en aquello llamado: un '*lapso de tiempo humano*', hasta que mueren **de nuevo** – esta vez *dentro* de un cuerpo *físico* – eso constituye *la segunda muerte*. Y todo esto acontece *dentro:* de los 'cinco sentidos' *físicos*. Todo aquel que *venza* la *ilusión* de los 'cinco sentidos', **no** será *dañado* por *la segunda muerte*. Aún **no** hemos llegado a nuestra *segunda muerte*; y, por lo tanto, se nos ha dado este tiempo para *aprender* **cómo** ascender hacia una *nueva* clase de *percepción*, en la cual, la *muerte* **no** es *experimentada*, ya que es: *desconocida*.

Todo aquello que nos rodea *ahora* mismo, es un *Reino* dentro del cual, **no** existe la *muerte*; dentro del cual, **no** hay un solo *problema*; dentro del cual, **no** existe *nada* tal como lo *conocemos* con nuestra mente *humana*. Se trata de un Universo *completamente diferente*, presente *aquí* **y** *ahora*, en el cual **no** existe *ninguna* de las *imágenes físicas o mentales* que actualmente *admitimos*. Los rascacielos, **no** se encuentran *ahí*; incluso el sol en el firmamento, **no** se encuentra *ahí*; la luz del día, **no** está *ahí*. El *crecer*, el *convertirse* en adulto, después en una persona mayor, y luego la *desintegración* que se da cuando se *pierden* las facultades… todo eso, **no** está ahí – *ninguno* de los *procesos* de *envejecimiento* que conocemos, se encuentra *ahí*. Todo cuanto hay **aquí**, es la *Realidad*. Y el *'ahí'* al que nos referimos, es El Reino que está **aquí**, y **no** en un 'mundo futuro'; **no** en un 'más allá' – sino justo **aquí** donde nosotros, a través de los 'cinco sentidos', somos *incapaces* de *percibir* la *Realidad* de El Ser. Ahora, estamos llamados a *aceptar* ese Reino *presente*; estamos llamados a *saber* que la armonía, está justo donde estamos *viendo* un estado de *discordia*; estamos llamados para *conocer* que esa *Perfección* de Ser, está *justo* donde estamos viendo un *defecto* en un cuerpo *humano*. Estamos llamados a *aceptar* que debido a que El Yo, ***jamás*** puedo estar *separado* **de** El Espíritu, ya que El Espíritu es perfecto, ya que El Espíritu *constituye* mi Sustancia, ya que El Espíritu *constituye* la Sustancia de todo Individuo sobre la tierra, es que **no** existe *poder* **ni** *condición* alguna en 'este mundo', que *afecte* mi Ser; que pueda, de alguna manera, *hacerme* algo *menos* que el *perfecto* Ser *Espiritual* que Yo, **ya** Soy.

Vencer la creencia de que Yo pudiera ser algo *menos* de lo que Yo Soy, es la vía por la que nos estamos *moviendo* con *creciente profundidad*. Y se nos dice que cuando este Reino *Invisible*, *presente* aquí **y** ahora, constituya un *hecho aceptado* en *nuestra* Conciencia, entonces *todo* problema que *conduzca* a la muerte, *tendrá* que ser eliminado, debido a que *la misma muerte* será *eliminada*. Se nos dice que *podemos* caminar sobre esta tierra *perfecta*; **y** *ahora* nos es *dada* la *oportunidad* de hacerlo, *si* es que deseamos ser *llamados*: El Hijo **de** Dios, y vivir *bajo* el *gobierno* **de** Dios. Más adelante se nos pedirá **no** *leer* **ni** entender todo esto, sino *convertirlo* en la *verdadera manera* de *vivir cada día*.

Ahora llegan ustedes al *lugar* donde la *única* manera en que *pueden* cumplir con lo anterior, es *encontrando* un nivel *distinto* de *percepción*, el cual los *eleve* por sobre lo que normalmente *ven*, por sobre lo que normalmente *sienten*, por sobre lo que normalmente *escuchan*. Y ustedes, **no** pueden *alcanzar* ese *nuevo nivel* de *percepción*, utilizando *su* nivel *actual* de percepción, ya que eso implicaría: *llamar de nuevo* al asesino, para localizar el cadáver. Así que la *libertad* de ustedes, *depende* de *otra* 'fuerza' – una *Fuerza* que de *ninguna* manera implica *su* propio *sentido físico* de las cosas. Y esa *Fuerza* implica la *sumisión* de *ustedes* a la *Fuerza* **de** Dios, *dentro* de ustedes. Así que cuando se nos *pide: ser fieles hasta la muerte*, en realidad se nos está diciendo que, *a menos que* hayamos *alcanzado* el *lugar* donde estemos *dispuestos* a decir: "Voy a *hundirme* o a *nadar*; pero **no** *voy a depender para nada, de ninguna facultad de mi propio ser humano, de mi humanidad* – sino que voy a *depender totalmente* de la *actividad* **de** El Cristo *Interior*, estaré *muriendo* a la personalidad *humana*; estaré *muriendo* a la dependencia *humana* en las capacidades *materiales* – y entonces, estaré *poniendo* mi *vida* en las manos **de** la *Vida* Misma…"

Así pues, *¿cómo* vamos a *practicar* nuestra *dependencia* en El Cristo, cuando **no** hemos *llegado* a *conocer* a El Cristo? *¿Qué* es lo que llena el *vacío*? *–Poner mi* vida en manos **de** la Vida *Misma*, sería el *método* a *practicar*, para llevar *a buen término*, la *nueva* cosecha que implica la Vida *Eterna* – *caminando* a través de *la segunda muerte*. Y yo considero que ese *método* nos ha sido *dado* por: los profetas, por Cristo-Jesús, por Juan, por Santiago, por Pedro, por Joel… de hecho, por *muchos*. Pero en realidad, ***jamás*** hemos sido *verdaderamente* capaces de *hacerlo nuestro*, con certeza *total*, de manera que: *ninguna* 'fuerza' de 'este mundo' pueda *convencernos* de que estamos *equivocados*.

Veamos si podemos *encontrar* este mensaje con *absoluto reconocimiento* de Su Presencia *dentro de nosotros*, de manera que este *mensaje* de la *Segunda Carta al Ángel dentro de nosotros*, **no** se *desperdicie* como un 'ejercicio de una tarde', sino más bien, se *convierta* en un *mensaje directo* **de** Dios El Padre, *hacia* Dios El Hijo, *en* ustedes – un mensaje *vivo* de que: u*stedes, pueden aceptar y vivir con total certeza de que se trata de la Voluntad* **de** *El Padre en ustedes*, para que así lo *hagan*. Encontremos este *Ángel* que mora al *Interior*, a este *Ser*-Cristo. Resultaría *útil* si *conocieran* que **no** existe un 'tú', aquí *en* un cuerpo *humano* – sencillamente **no** existe tal *persona*. El Cristo, **no** está *confinado* al cuerpo *humano* de ustedes; El Cristo, **no** está *enterrado* ahí – El *Cristo* SON: ustedes. El Cristo, **no** está en este *tiempo* que transcurre; El Cristo, **no** está en este *espacio* finito **y** limitado. Este *tiempo*, este *espacio*, este *cuerpo*, no son más que: los *conceptos* de la *mente de los* 'cinco sentidos'.

Así que para que ustedes se *conozcan correctamente*, tienen que *apartarse* de estos *conceptos*, de manera *consciente*. ¡***Jamás*** habrá un Cristo *dentro* de una 'forma' *física*! Y para *vencer la creencia* de que ustedes están *dentro* de una 'forma' *física*, tienen que *decidirse* o por la Identidad-*Cristo* o por la identidad *mortal*; por la Identidad-*Espiritual* o por la identidad *material*; por *Dios* o por *Mamón*; por *El* Hijo o por la descendencia *ilegítima* de una *falsa* Mente Cósmica. Aquello que <u>ustedes</u> *decidan,* es lo que va a *determinar* 'dónde' vivan – porque El Cristo *vive* **en** El Reino; y el hijo *ilegítimo* de la mente *falsa*, vive en 'este mundo'.

"*Quien venciere, no sufrirá daño por parte de la segunda muerte*" (Revelación 2:11).

Ahora queremos mirar a los 'cinco sentidos', para *destruir* su *evidencia* en pedazos. Para llevarlo a cabo, me gustaría que hicieran un pequeño *recorrido por la Biblia* conmigo, para *comprobar* que: los 'cinco sentidos', constituyen el *único enemigo* que esta Biblia está *denunciando*. Desde el principio ha habido *un solo Propósito*: *exponer la incapacidad de los* 'cinco sentidos', para *conocer* la Verdad.

Regresemos hacia *Génesis*, precisamente al Capítulo 3:22: "*Y el Señor Dios dijo: Mirad, el hombre se ha vuelto como uno de nosotros…*". Ésta es, la *falsa* Mente Cósmica: *El "Señor Dios"* – ésta es: la mente *carnal*: "*… el hombre se ha vuelto como uno de nosotros, conociendo el bien y el mal…*" Aquí Génesis está hablando ahora de *ustedes* **y** de *mí*, como las criaturas *falsas* – **no** como la Imagen *Divina* que SOMOS, sino como aquellos que *conocen* el bien **y** el mal. "*…y ahora, a ver si no extiende su mano **y** toma también del Árbol de la Vida; **y*** *coma; **y** viva por siempre*". Ah, pero si fuéramos a *conocer* el *Árbol de la Vida*, la *Realidad* de El Ser, entonces *viviríamos para siempre*.

De otro modo viviremos en un *estado*: de *carencia*, de *limitación*, y de un sentido *temporal* de vida. Así que justo aquí, *desde* el Capítulo 3 de Génesis, se dice que *podemos,* se dice que *existe*, una manera de *salir* del *falso* sentido de *percepción*, hacia la *verdadera Percepción* – implicado en el *Árbol **de** la Vida*, para *después* gozar de Vida *Eterna*. Y les tomó desde Adán, hacia Cristo-Jesús, *vencer* el *falso* sentido de *percepción* del hombre. Entonces uno puede *ascender* por sobre ese *falso* sentido de *percepción, hacia* la Vida *Eterna, revistiéndonos* de Inmortalidad, *ahora*. –Lo anterior fue dicho hará unos *cinco mil* años... pero *ahí* estaba, justo al *principio* de esta Biblia.

En la 2ª. *Carta a Timoteo*, Capítulo 1:10, se dice: "...*Pero la Gracia, está ahora manifestada con la aparición de nuestro Salvador, Cristo-Jesús, quien ha **abolido** la muerte; y ha traído vida e Inmortalidad a luz, a través del Evangelio*". ¿*Escucharon eso*? *Él, **abolió*** la muerte – la muerte ha *sido abolida*. Y nosotros, *sufriendo* a causa de aquello que **ya** ha *sido abolido*, porque *no* podemos *comprender,* por medio de *nuestros sentidos*, que *Cristo-*Jesús *ha traído la inmortalidad a la vida*, por medio de su demostración, a *través* del Evangelio. Veamos ahora por qué **no** hemos sido *capaces* de *entender* que *Cristo-*Jesús *abolió* la muerte, **y** expuso el hecho de que *ahora*, somos Ser Inmortal.

En el Capítulo 55 de Isaías, encontramos una *declaración* muy *poderosa*. La declaración que les voy a leer, dice así: "***Mis** Pensamientos, **no** son vuestros pensamientos; ni **Mis** Caminos, son vuestros caminos... Porque tal como los Cielos son **más** altos que la tierra, de la misma manera **Mis** Caminos son **más** altos que vuestros caminos; y **Mis** Pensamientos son **más** altos que vuestros pensamientos*". Bien, he ahí el *secreto* del por qué **no** hemos *comprendido* **ni** hemos sido capaces de *vivir* la Vida que es *Inmortal*; y, por el contrario, hemos vivido el sentido de vida que es *mortal* – porque "***Mis** Pensamientos*", dice El Padre, "***no** son vuestros pensamientos*".

En *nuestros* pensamientos de los 'cinco sentidos', viendo a través del *finito* ojo *físico*, del *finito* oído *físico*, del *finito* sentido *físico* del tacto, nosotros nos hemos hecho sólo *conscientes*, de *nuestro finito* nivel de *percepción*, en lugar de hacernos *conscientes* de la *Infinita Realidad* **de** El Padre. Pero *olviden* los 'cinco sentidos', **y** *permitan* que el *Sentido*-Cristo, el Ojo *Puro* o *Único*, se convierta en *sus* 'cinco sentidos', y entonces estarán *conscientes* de Lo *Infinito*. De esa manera ya **no** estarán *conscientes* de: la mortalidad, la muerte, el nacimiento o los defectos, **ni** de ninguna 'forma' de *imperfección*. *Todas* esas cosas *negativas* **no** se encuentran más que *en* los *ojos* del *espectador finito*. Y se nos dice que *podemos apartarnos* del *espectador finito* **e** *ir* hacia el Espectador *Infinito*, por medio de la *Mente*-Cristo, la cual constituye este Ojo *Único* – que **no** es *dual*.

La *portentosa* **y** *maravillosa* Revelación del *mayor error* del hombre, se encuentra en Juan 5:2 *"Ahora bien, hay un estanque en Jerusalén junto al mercado de las ovejas, el cual es llamado en hebreo, Bethesda, que cuenta con 'cinco entradas o puertas'. Y en ellas, yacía una gran multitud de impotentes, ciegos, impedidos, marchitos, esperando que las aguas, se movieran"*.

Quiero que consideren ustedes esas dos palabras: *cinco entradas*, y las cambien por: 'cinco sentidos', y lean de nuevo. *"Ahora bien, hay un estanque en Jerusalén junto al mercado de las ovejas, el cual es llamado en hebreo, Bethesda, que cuenta con* 'cinco sentidos'. *Y en ellas, yacía una gran multitud de: impotentes, ciegos, impedidos, marchitos, 'esperando que las aguas se movieran'"*. ¿En *dónde* yacía esa multitud de: *ciegos, impotentes, impedidos, marchitos?* –¡En los 'cinco sentidos'! Ellos estaban *esperando* que 'alguien más', *moviera las aguas* de ahí. ¿Acaso **no** es lo que el *hombre* hace? El hombre está *ciego* dentro de los 'cinco sentidos'; está *cojo* dentro de los 'cinco sentidos'; el hombre *se ve en problemas* dentro de los 'cinco sentidos', y está *esperando por* 'alguien más', allá *afuera*, que *venga* **y** lo *libere*; está 'esperando el movimiento de las aguas allá afuera'…

¿Llevó Jesús a este hombre *hacia* 'el agua'? –**No**; Jesús le dijo: "¡*Levántate* **tú**!" Lo anterior no implicaba que se *parara*; implicaba que: *se levantara por encima de: sus* 'cinco sentidos'. "¡*Levántate* **tú**!, y entonces **tú**, *te* hallarás Perfecto, tal como tu Padre, que está en los Cielos, ES Perfecto". En el instante en que es *quitado el Velo de los sentidos*, ustedes se darán cuenta que *pueden* cargar <u>*su propio*</u> lecho, **y** andar – de hecho, ¡*ustedes jamás* estuvieron enfermos!

Separados de la *Realidad de* El Cristo, debido al *Velo* de los 'sentidos', caminamos en un sentido de *mortalidad* – aunque *sepamos* que *ahora*, somos Ser *Inmortal*. La humanidad camina *dentro* de *las cinco entradas o puertas*. Ustedes, construyeron una *entrada* para 'protegerse' del sol, con la cual obtienen *sombra*. Las *cinco entradas* **y** los 'cinco sentidos' son lo *mismo*; son *idénticos*; eso significan; ése es el significado *oculto* de las *cinco entradas*. Los 'cinco sentidos' actúan como *entradas*; *cubren la Luz*, y nos dejan en la *sombra*, por lo que los ojos **no** ven la *Plenitud* de lo que está *allá*; el oído **no** escucha la *Plenitud* de lo que está *allá* – los 'cinco sentidos' **no** conocen la *Plenitud* de lo que está *allá*. Y en ese sentido *limitado* de las cosas, caminamos **y** nos llamamos a nosotros mismos: seres *mortales*. **No** tenemos que *esperar* por 'alguien' allá *afuera*, que *venga* **y** nos *libere* – lo que <u>*tenemos*</u> que hacer es: *aceptar* a El Cristo *Interior*, Quien constituye el *hecho* **ya** establecido de Ser, que *ha vencido* a los 'cinco sentidos'. Y El Cristo *Interior* nos *conduce fuera* del Egipto de estos 'cinco sentidos'.

Así pues, esto es lo que la *Carta a Esmirna* nos dice – que los 'cinco sentidos' nos han hecho *creer* que éramos seres *físicos, mortales*; pero *el Ángel de Dios, en medio de nosotros*, constituye nuestra *verdadera* Identidad, y es *Inmortal*, **ahora**; *el Ángel de Dios, en medio de nosotros*, es Espíritu, **ahora** – **no** está *dividido* **ni** *separado* **de** Dios; constituye la *individualización* **de** Dios, *ahora*. Pero nosotros, <u>*tenemos*</u> que: *escuchar, leer, oír* **y** *guardar* en nuestro corazón; nosotros, <u>*tenemos*</u> que *practicar* ese conocimiento de nuestra *Identidad*, de tal manera, que *nada* en 'este mundo' pueda *tentarnos* para hacernos *creer* que somos algo *menos*, que aquello que El Padre *dice* que **somos**. Así es como vamos a *vencer* las *cinco entradas*, los 'cinco sentidos'.

Y esto es aquello a lo que nos *consagraremos* por algún tiempo, una vez que tomemos un ligero intermedio. Si no tienen inconveniente, *primero* me gustaría: guardar un poco de Silencio...

∞∞∞∞∞∞ Fin del Lado Uno ∞∞∞∞∞∞

PREGUNTA: "Cuando uno está *inconsciente, fuera* de los 'cinco sentidos', entonces se está *muerto*. ¿No resulta esto *contradictorio*? Los 'cinco sentidos' son los que nos hacen *conscientes*; la *inconciencia* implica: la muerte. ¿No es *contradictorio*? Por favor, explique esto".

–Cuando ustedes se encuentran *fuera* de los 'cinco sentidos', entonces se encuentran *inconscientes* – aunque *tampoco* se encuentran *dentro* de sus 'cinco sentidos'-*Cristo*. Pero cuando ustedes se encuentran *dentro* de sus 'cinco sentidos'-*Cristo*, entonces claro está que **no** se encuentran *inconscientes* – están *conscientes* de El Cristo; y al mismo tiempo, *fuera* de esos 'cinco sentidos' *humanos*. De hecho, ahí es justo a donde vamos a llegar.

Bien... Antiguo Testamento... veamos Mateo 25:2 Las *vírgenes*: "... '*cinco*' de ellas eran *sabias*, y '*cinco*' eran *tontas*" – de las *diez* que había. ¿Se dan cuenta? "Y las *vírgenes* que eran *sabias*, mantenían sus lámparas *aceitadas*" – es decir, estaban *en contacto* **con** El Cristo *Interior*; las otras *no* lo estaban. Así pues, las *tontas* contaban con 'cinco sentidos' *humanos*, en tanto que las *sabias* contaban con 'cinco sentidos' *Divinos*. Y nosotros, quienes contamos con 'cinco sentidos' *humanos*, estamos bajo la *creencia* de *mortalidad*; pero cuando ustedes cuenten con 'cinco sentidos' *Divinos*, entonces se encontrarán en el *conocimiento* de su *Inmortalidad presente*.

En el libro de *Levítico*, aún en el Antiguo Testamento, hay una declaración muy curiosa. Ésta, sólo puede ser *explicada* cuando ustedes *entienden* los 'cinco sentidos' que son *mortales*, **y** los 'cinco' que son *Divinos*. Esta declaración en *Levítico* 26:8, dice: "... '*cinco*' de ustedes perseguirán a un ciento; y un ciento de ustedes harán volar a diez mil; y sus enemigos caerán delante de ustedes por la espada".

'Cinco' de ustedes perseguirán a 'un ciento'... Entonces se hizo la pregunta: *¿Cómo* puede ser posible? –Y les fue *revelado* que una vez que los 'cinco sentidos' *humanos* hayan sido *trascendidos*, entonces contarán con los 'cinco sentidos' *Divinos* – los Sentidos *Divinos*, *perseguirán* a 'un ciento' de lo que sea: 'un ciento' de gentes, 'un ciento' de problemas – lo que importa es que se *den cuenta* que se trata de: El *Renacimiento*.

Bien podrían ahora *preguntarse*: *¿Por qué* los 'Cristianos' tienen que *renacer*? O, si ustedes tienen que ser *renacidos*, ¿podrían ciertamente decir que *son* 'Cristianos'? Y encontrarán que el Cristianismo, **jamás** intentó ser una *religión* – eso implicaría: *alguien adorando a Dios*, e implicaría *dualidad*. El Cristianismo, en su Verdad Prístina significa: un *Camino*; un *Estado de Ser*. Ustedes *son* Cristianos, *cuando saben* que ustedes SON: El Cristo. Ustedes **no** son Cristianos debido a que *creen* en algo llamado *ritual* o *dogma* – TODO aquel que SEA El Cristo, ES Cristiano. Ustedes bien pudieran ser budistas, **y** ser Cristianos al *mismo* tiempo. Este es el significado del *Cristianismo* en el *mensaje* de Cristo-*Jesús*: el Cristianismo ES: un *Estado de Ser*. Por eso es que de *ninguna* manera pueden ser Cristianos, *dentro* de los 'cinco sentidos' *humanos*, porque los 'cinco sentidos' *físicos*, son *tontos*. Ustedes *tienen* que ser Cristianos, *dentro* de los 'Cinco Sentidos' *Divinos*, que son *sabios*.

Esto implica algo tan *sutil*, que cuando construyeron el *Arca*... Bueno, mejor *escuchen* la clase de divertidas *instrucciones* que Moisés dio en Éxodo 26:3. **No** las *comprenderán* hasta que hayan recorrido *todas* las 'cinco' vírgenes – las 'cinco', **y** las 'cinco'. "'*Cinco*' cortinas..." así es como hicieron las *cortinas* para el Tabernáculo...: "... '*Cinco*' cortinas deberán juntarse unas con otras; y otras '*cinco*' cortinas se juntarán unas con otras". Se está tratando de mostrar la *diferencia* entre los 'cinco sentidos' *falsos*, y los nuevos 'Cinco Sentidos' *Divinos*.

En el Evangelio de Lucas se cuenta de una *Cena*, un *Banquete* donde un Gobernante invitó a *todos* a una *Boda*, y *todos* respondieron que *no* podían *acudir*. Uno de ellos dijo: – Lucas 14:19 – "… Acabo de adquirir *'cinco'* yuntas de bueyes, y voy a probarlas. Te ruego me disculpes". Por medio de sus 'cinco sentidos' *físicos*, el hombre **no** puede venir al *Banquete* **del** Cristo, a la *Boda* Real *Interior*, al *Matrimonio*, a la *Unión* **con** Dios. *Todos* contamos con nuestras *'cinco'* yuntas de bueyes. ¿Se dan cuenta cuán *simbólico* es todo esto? –Y es que se encuentra *enterrado* en nuestro sentido *humano*? He aquí a otro, a David. Encontrarán que en 1ª. de Samuel 17 hay algo muy parecido a lo que justamente hemos estado hablando: David está a punto de salir a *luchar* contra Goliat. Y David *hace* algo muy *extraño*, lo cual **no** es *comprensible*, hasta que uno *capta* su *simbolismo*. Le pusieron su *armadura* – un casco de bronce, una capa de malla. "… *y David ciñó su espada a su armadura, y se preparó a ensayar, porque **no** la había probado. Entonces David dijo a Samuel: No puedo salir con 'esto'"*. Él se *negaba* a salir con su *'armadura'*, "*…porque **no** la he probado".* Así, David se *la 'quitó'*. David **no** *quería* la protección *física* que necesitaba para *pelear* contra el gigante. ¿*Qué*, pues, *quería* él? "*Y entonces tomó el báculo en su mano, y eligió 'cinco' piedras lisas del arroyo"*. Ahora bien, *'cinco' piedras lisas* – implica estar *venciendo* las creencias de los 'cinco sentidos' *físicos*, de que hay *poder* allá *afuera* en un 'gigante'. El Cristo está *dentro* de él; El Cristo está *allá afuera* **también** – David está siendo *fiel*. Él está *venciendo* – tal como nosotros tenemos que hacer **también** – la *creencia* de que hay un 'yo' *separado* allá **y** un 'yo' *separado* acá. Él, está *aceptando* que hay **Una Única** Esencia Divina, **y** que *todos* somos una expresión *Indivisible* **de** dicha Esencia. Por eso El Espíritu del Mí, **no** puede *temer* al Espíritu del Ti – eso constituyó *las 'cinco' piedras lisas* de David. Nosotros **no** requerimos de ninguna protección, más que la **de** David – a menos que, viviendo *en* nuestros sentidos *físicos, pensemos* que necesitamos *protección*. Pero nuestras *'cinco' piedras lisas* constituirán nuestra *Percepción*-Cristo, la cual toma el lugar de la *percepción sensoria*, **y** *revela* que **no** se trata de Goliat; **ni** siquiera de *mí* – *todo* cuanto permanece *revelado* aquí, ES el *Invisible* Espíritu **de** Dios.

Y vean todo cuanto estos 'cinco' *simbólicos* nos están diciendo: *Apártense* de su percepción de los 'cinco sentidos' *físicos*. *José experimentó una hambruna en Egipto por 'cinco' años* – esos fueron los años en que estuvo *apartándose* de su sentido de *percepción*. A todos sus hermanos que vinieron a él, les dio dinero. Pero a uno de ellos **no** le dio – a *Benjamín*, su hermano menor; a él, le dio *'cinco' cambios de Vestiduras*. Le <u>enseñó</u> cómo *percibir* más allá de la *limitación* de los 'cinco sentidos' *físicos*, de modo que su mentalidad se *revistió* de una clase de *nuevas* Vestiduras – la *vestidura* de la *mente* fue *cambiada* – tal como *ahora*, la estamos *cambiando* nosotros.

Ahora acuérdense de la mujer en el Pozo de Samaria (Revelación 2:9). "*Tú, has tenido 'cinco' esposos*", le dijo Jesús. Y ella se sorprendió bastante de que él supiera eso. Jesús, le estaba diciendo que ella había estado viviendo a partir de sus 'cinco sentidos' *humanos* – se había casado con sus *propios* 'cinco sentidos' *físicos*. Pero cuando ella *avanzó* un poco más, Jesús le dijo: "*Y el sexto Hombre con quien estás viviendo ahora, no es tu Marido*". Con esto le quiso decir que esta nueva manera a la que había llegado, un poco *superior* a los 'cinco sentidos', ella aún *no* había sido capaz de *aceptarla* del todo – *no* estaba 'casada' *todavía* con esto Superior. Ella seguía *buscando*, tal como nosotros lo estamos haciendo. Y entonces Jesús le dijo: "*Pero si bebieres de las Aguas que El Yo tengo, jamás volverás a tener sed*". Las *Aguas* de Jesús eran: la *Percepción*-Cristo. La *Mente* que estaba en Cristo-*Jesús*, percibe la *Perfecta* Realidad, y es capaz de vivir **en** Ella; **no** está consciente de los 'cinco sentidos' *físicos*, sino que se encuentra *consciente* en los Sentidos *Divinos*, justo aquí *sobre* la tierra, tal como lo está *en* los Cielos.

Ahora llega la parte *difícil* – ponerlo en *práctica*; *salir* de los *'cinco' pórticos* o *'cinco' puertas*, para *encontrar* sus *'cinco'* piedras <u>lisas</u>, porque lo que ha sido *revelado* es, la *hipnosis* de la raza *humana*. Dentro de la *percepción* de los 'cinco sentidos' *físicos*, se encuentra *todo* 'defecto' que uno pudiera 'pensar'. Y entonces aparece alguien que *prueba* que **no** existe *nada malo* allá *afuera*; que el mal, está *en* el *ojo del observador*. *Salgan* de ese *pórtico*; *salgan* de esa visión *defectuosa*; *salgan* de la *creencia* en los 'cinco sentidos'. Así ahora, ustedes están siendo *instruidos* sobre algo que les va a resultar muy *difícil* de cumplir. Tenemos que llegar a *darnos cuenta* que *todo* cuanto veamos, *todo* cuanto comprendamos o aceptemos con nuestros 'cinco sentidos'... **no** es *real*. Tenemos que *aprender* que *todo* cuanto esté ocurriendo *en* nuestra mentalidad *humana*... **no** está aconteciendo *realmente*. Y *entender* eso, **no** sirve de *nada* – ustedes tienen que **practicarlo**, porque la *liberación* de los 'cinco sentidos' llega *únicamente* cuando uno *conoce* que: TODO cuanto ocurre *en* nuestros 'cinco sentidos', **no** está *aconteciendo* EN Dios – está aconteciendo *únicamente* en la *mente* de 'este mundo' y en la *inclusión individualizada* de ustedes *en* esa mente de 'este mundo'.

Todo cuanto ustedes *vean*, **no** está aconteciendo; *todo* cuanto ustedes *saboreen*, cuanto ustedes *huelan*, *toquen* o *sientan*, **no** está ocurriendo. Eso es duro, pero cuando ustedes comiencen a *aceptarlo*, entonces implicará que están *saliendo* de la *hipnosis de los sentidos*. Cierto; todo lo bello *pareciera* 'romperles el corazón' al *saber* que **no** está *realmente* ahí; pero de igual manera **tampoco** todo lo malo está *realmente* ahí – porque *tanto* el bien *como* el mal, son parte de los 'cinco sentidos' de 'este mundo' en el que vivimos. El *bien*, así como el *mal*, constituyen el *ojo dual* – **no** el *Ojo Puro o Único*. **Nada** de lo que ustedes puedan *experimentar* a través de sus 'cinco sentidos' está ocurriendo en *realidad* – **ni** lo *malo* **ni** lo *bueno*, ya que *todo* cuanto <u>ustedes</u> experimentan por medio de sus 'cinco sentidos', no es más que: <u>*su propio pensamiento*</u>.

Tan solo considérenlo así: Ustedes *miran* a una persona. *¿Cómo* la miran? *Aparentemente* sus *ojos* miran a esa 'persona', pero si *aceptamos* lo que la ciencia aclara, esa persona que *miran*, se convierte en una *imagen* en los *ojos*; y cuando el cerebro *reconoce* la *imagen* y *dice*: 'persona', entonces en ese *instante* su cerebro, que reconoce a una 'persona', se llama: *pensamiento*. Así que, ¿qué es lo que están 'viendo' *allá afuera*? –Ustedes están viendo: <u>*su propio pensamiento*</u>. Ustedes saborean una 'naranja'. *¿Cómo* saben que no se trata de una 'toronja'? –De la misma manera: sus *ojos* la miran, y es su *cerebro* quien dice toronja; o es su lengua quien la degusta y entonces su *cerebro* dice: toronja o naranja, o lo que sea. De nuevo: la *identificación* del objeto *dentro* de su *cerebro*, constituye *siempre* un *pensamiento*. ¿No es eso lo que *hacemos* durante *todo* el día? *Identificamos* las cosas a nuestro alrededor, y esa *identificación* no es más que: un *pensamiento*. *Toda* actividad del *cerebro humano* es: *pensamiento*; y ustedes, **no** pueden *ver* a través de sus ojos, *sin* que el *cerebro* sea parte de dicha *actividad*. El *cerebro* mira; el *cerebro* es el *pensamiento* que *identifica* aquello que el ojo *permite* que entre.

De igual modo continuamos con nuestros 'cinco sentidos'; y *todo* cuanto *experimentamos* a cada instante del día, no es más que: el *pensamiento* en nuestro *cerebro*, acerca de esa *experiencia*. De hecho: la *experiencia*, constituye <u>*el pensamiento mismo*</u>. Y <u>*todo se experimenta* a través del *pensamiento*</u>, el cual es la *resultante* de la *actividad* de los 'cinco sentidos', misma que *no puede conocer a Dios correctamente*, porque *Dios* ES *Espíritu*, **y** *sólo puede ser discernido: espiritualmente*.

Los 'cinco sentidos', son los *sentidos* de la *criatura*, del *hombre natural*, *el cual* **no** *recibe las cosas de Dios*. Y estos *sentidos* constituyen: los *canales normales de conocimiento* de 'este mundo' alrededor de ustedes – y así es como toman *decisiones*, basadas en lo que ustedes *conocen*. Y, sin embargo, lo *único* que ustedes **no** pueden ver **ni** experimentar de **ningún** modo con sus 'cinco sentidos', es lo *Único* que está ahí: El *Espíritu* DE Dios. Cada *decisión* tomada sobre la base de los 'cinco sentidos', es tomada sobre la base del <u>*pensamiento falso*</u>. Ustedes pueden ver rápidamente, cuán *falso* es el *pensamiento*. Todo cuanto tienen que hacer es, *mirar* cualquier 'forma de mal', cualquier 'forma de enfermedad', cualquier 'forma de error'. Y ustedes, en tanto la *miran*, están *testificando* de aquello que Dios, **no** *creó*. Aquello que Dios **no** *creó*, **jamás** *fue creado* – sin embargo, *ustedes* están dando *testimonio* de ello, a pesar de que: **jamás** *fue creado*. Si **no** *fue creado*, ¿existe alguna *posibilidad* de que *ustedes* den *testimonio* de ello? ¿O sólo pueden *pensar* que lo están *presenciando*?

Bien, esa es: la *naturaleza de la hipnosis*. *Ustedes* dan *testimonio* de aquello que **no** *fue creado*; lo cual, debido a que **no** *fue creado*, resulta por demás *imposible* que se encuentre *ahí* – existe **en** el *pensamiento* de ustedes; existe **en** el *pensamiento* de su prójimo; existe **en** el *pensamiento* de todos, puesto que tan solo existe *una sola mente humana*, individualizada, para que aparezca como 'muchas'. Tan solo hay *una sola* mente *cósmica* y *universal* que se convierte en la mente de *ustedes* y en *mi* mente. Es como si fuera *una* gran flauta, y todos tocáramos el *mismo* instrumento. La razón por la que vemos las cosas un poco *diferentes*, es porque 'tocamos' esa *única* gran flauta, un poco *distinto*. Ustedes miran a través de esa mente *única*, coloreada por *su* educación, medio ambiente y herencia. Alguien más ve también a través de esa mente *única*, coloreada por *su* propia educación, herencia y medio ambiente. Cada *uno* de nosotros *alteramos* aquello que vemos a través de la mente *única*, por medio de *nuestros* propios *antecedentes* que se remontan al *principio de los tiempos*. Y así, *todos* vemos la *misma imagen* de 'este mundo', coloreándola para *ajustarla* con *nuestras* personalidades *pasadas* y con la *presente*; *todos* mirando desde la *única* mente – la *única* mente *falsa*, la cual constituye los 'cinco sentidos' de *cada* persona. El dios de 'este mundo' es: esa mente *falsificada* – y por supuesto que *desconoce* las cosas **de** Dios.

Por eso es que Jesús dijo a Pedro: "**No** es lo que **entra** en sus bocas aquello que cuenta, sino aquello que **sale**" (Mateo 15:11). Y bien pudo haber dicho: "**No** cuenta aquello que *entra* a sus sentidos, sino aquello que *sale*". ¿Recuerdan la declaración acerca de *los panes y los peces*, la cual jamás hemos *discutido*? La pregunta fue: "¿'*Cuántos*' panes y '*cuántos*' peces tienen *ustedes*?" (Mateo 14:14-22). Y Pedro o Andrés, respondieron: "*Tenemos 'cinco' panes y 'dos' peces*". Esos *'cinco' panes* representan las *creencias de limitación* de los 'cinco sentidos' humanos. Esos *'cinco' panes*, cuando la creencia de *limitación humana* o el concepto de los 'cinco sentidos' del *hombre* fue *traspasado* por la Conciencia-*Cristo*, *alimentó a 'cinco' mil*. Pero eso, constituye una Ley *Divina* **y** Universal, *ahora*. Todos nosotros, *mirando* con ojos *humanos*, creemos en función de los *'cinco'* panes, cuando la realidad es que hay *suficiente*, en *este* instante, para *alimentar a los 'cinco' mil*. Esos *'cinco' panes* son idénticos a los *'cinco' pórticos* o *'cinco' entradas*. Los 'sentidos' *humanos* miran 'cinco' *panes* – los 'cinco sentidos' miran la *limitación*. Y los *otros* 'Cinco Sentidos', los Sentidos *Divinos*, perciben suficiente para *alimentar a 'cinco' mil*. "*Transformaos por la re-novación de vuestra mente, de vuestro entendimiento*".

Ahora bien, si la *Fe* de ustedes, en <u>*sus*</u> propios 'cinco sentidos' ha sido *debilitada*, entonces ustedes están *progresando*, porque justo *ahí*, es donde yace la *dificultad*: En mirar **y** ver: ese niño *hermoso*, esa *bella* flor; en escuchar ese *extraordinario* concierto; en ver ese *exquisito* bosque, ese *hermoso* arroyo cantarín, y decir: "¿*Qué*? ¿Acaso *'eso' no* es real?" –Eso, es *demasiado* para el *mundo*. Pero ese *hermoso* arroyo cantarín estará contaminado el día de mañana, y entonces estarán *dispuestos* a decir que: eso **no** *es real*. Y cuando se informa que ese *hermoso* niño será víctima de leucemia el día de mañana, entonces estarán *dispuestos* a decir que: *eso **no** es real*. Cuando ese *exquisito bosque* sea quemado por la chispa de un cerillo, o sea arrasado por algún constructor de casas, entonces estarán *dispuestos* a decir que: *eso **no** es real*. El *Árbol del Bien **y** del Mal*, nos muestra <u>*nuestro*</u> sentido de belleza **y** <u>*nuestro*</u> sentido de fealdad. Pero en *realidad, todo* cuanto estamos *mirando* es: <u>*nuestro*</u> *propio pensamiento*; estamos mirando <u>*nuestro*</u> *pensamiento individualizado* de 'este mundo', a través de *cada uno de nosotros*, en tanto el *pensador de* 'este mundo' sopla a través de la flauta de la mente *de cada uno*. Ese *pensador* de 'este mundo' es el *mismo* tipo, el *Señor* Dios que dijo: "Ahora ya tenemos a este 'compañero', a Adán. *Si* tan solo lo *mantenemos alejado* del *Árbol de la Vida*, entonces *no* hallará la Vida *Eterna*". Pero a cambio, nos *perdió* a nosotros, porque *nosotros* encontramos ese *Árbol **de** la Vida* – y el *fruto* de dicho *Árbol* es, la *Vida Eterna*; su *fruto* es, la *Inmortalidad ahora*, la *liberación* de la hipnosis de los 'cinco sentidos'.

"Quien haya vencido, **no** *será dañado por la segunda muerte"* (Revelación 2:11).

Ése, es el mensaje *del* Dios *Infinito*; *de* Dios El Hijo, *en medio* de cada uno de *nosotros*. *Quienquiera que tenga al Hijo*, dice Juan, *cuenta* **con** *la Vida Eterna* – quienquiera que *reconozca* que: él, ES El Hijo, *descubre* que la Vida **de** Dios, constituye *su única* Vida; que *Él* ES, *ahora*, la *Misma* Vida *Divina*. Y entonces *caminará* sobre esta tierra, *rehusándose a ser tentado* por sus *sentidos*; *rehusándose a creer* que Él es, algo *menos* que esa Vida *Divina*. Su *Fidelidad* es, hacia la *Vida* que Él ES, y **no** a la 'forma' que aparece. Pone su *Fe* donde la *Fidelidad* se encuentra: **en** la *Vida*; **no** en la 'forma', *sabiendo* que *su aceptación* de la Vida, constituye la *protección* contra aquello que aparece como 'forma'.

Ahora tienen ustedes que *aprender a practicar* el mirar hacia *afuera*, **y** *decir*: "**No** hay un perro *allá* – eso es tan solo lo que mis *sentidos* me dicen – pero Dios, **no** *hizo* un perro, pues de lo contrario, ese pequeño *no* podría correr bajo un automóvil y ser atropellado. De hecho, puedo *disfrutar* de la compañía de un perro, y mucho más, *sabiendo* que: El Espíritu **de** la Deidad, *mora ahí* – puedo *sentir* el *milagro* de ese perro". Yo puedo ver 'este mundo', como La Imagen *Divina Invisible* hecha *visible* por medio de los 'cinco sentidos'. Y en lugar de *condenar* aquello que los 'cinco sentidos' *miran* en los errores, en los males **y** en la fealdad a mi alrededor, a cambio puedo *aceptar* la *Divina Imagen* que subyace la *Verdadera Sustancia* de este Universo, porque **únicamente** esa *Imagen Divina* está presente *aquí y ahora*. *Sólo* los Ojos *del* Padre están *aquí*; *sólo* la Vida **del** Padre está *aquí*. **No** hay vida 'futura' a ser *alcanzada*; **no** hay 'inmortalidad' alguna a ser alcanzada; **no** hay cuerpo *humano* que pueda hacerse 'inmortal', más tarde – tan sólo está *aquí*, la Vida *Inmortal* – justo *aquí y ahora* donde nos encontramos *nosotros*.

Sin embargo, esto tiene que ser *practicado*, pero **no** en los *sentidos*. Ustedes, tienen que *apartarse* de *su pensamiento*, **e** ir hacia el *pensamiento* **del** Padre. Y hay *una* manera hermosa de hacerlo. Ése, es el significado de: "Permitan que *El* Señor, edifique su casa". Permitan que el *pensamiento* DE Dios sea el *pensamiento* de *ustedes*, pero **no** 'pensando', sino con el **no**-*pensar*. Permitan que Dios, *lleve a cabo* el Pensamiento **de** Dios, **en** ustedes. Ustedes, *conviértanse* en una *transparencia* para el Pensamiento **de** Dios, y entonces estarán **fuera** de sus 'sentidos'; estarán *fuera* de sus *conceptos limitados*. Porque los Pensamientos **de** Dios, bien *pueden ser* los pensamientos de *ustedes*, ya que los Pensamientos **de** Dios son los pensamientos **del** Cristo, *dentro de ustedes*.

Y los Pensamientos **de** Dios son, *Poder*; los Pensamientos **de** Dios son, Sustancia; los Pensamientos **de** Dios son, el Verbo, la Palabra, la Ley, la Perfección, la Expresión de las Ideas *Perfectas* que se expresan *como* Armonía, Verdad, Belleza – Ideas que *jamás perecen*. De esa manera, la 'forma' *exterior* queda *vinculada* **con** la Palabra *Viva*. *Permitan* que Dios, piense **en** ustedes, al *renunciar* a sus pensamientos. Entonces es cuando ustedes se *convierten* en: un Estado de Conciencia de *Concientización* – **no** en un 'pensador', sino en la *mansedumbre* hacia el Pensamiento *Divino*: receptivos, permitiendo que *Lo Infinito*, que está *presente* **en** *ustedes* como su propio Ser *Individual*, Se exprese por medio del propio *reconocimiento consciente* **de** *ustedes*.

Ustedes, se encuentran *dentro* del Ojo *Puro*, del Ojo *Único*. Dios, *está* pensando, **y** el Pensamiento **de** Dios es, el Poder que *sustituye* toda pretensión de *supuesto* 'poder sobre esta tierra'. Cuando Dios, se encuentra *pensando* por medio del: *reconocimiento consciente* de *ustedes*, entonces es cuando **El** Señor, *está edificando su casa*. El Poder **del** Padre, *Se está moviendo* por medio de *ustedes*, en *Su* Voluntad, a *Su* Manera, convirtiéndose en la *Carne* **de** ustedes, así como en la *Carne* **de** su experiencia *total*, en este *lapso de tiempo* sobre la tierra. Y *sólo* entonces es cuando el Ritmo *Infinito* de Dios, constituye el *ritmo* **del** Ser de ustedes.

Permitan que los Pensamientos **de** Dios, sean los *pensamientos de ustedes* – **no** 'pensándolos', sino *recibiéndolos*; manteniéndose *conscientemente conscientes*, **sin** *concepción* alguna de parte de *ustedes* – tan solo: *conscientes de que están conscientes*; **sin** utilizar <u>sus</u> 'cinco sentidos', sino permitiendo que 'ellos' *esperen,* como *siervos* del *Impulso* Divino, por medio de <u>su</u> *concientización*. Y ese *Impulso* Divino va a *dirigir* los *sentidos* de *ustedes, hacia* los canales *adecuados,* **y** *dentro* de los canales *adecuados*. Dios está *ahora*: actuando, funcionando y operando el Universo *Perfecto* en *dondequiera*. Los 'cinco sentidos' de ustedes **no** darán Fe de eso, y por eso es que ustedes <u>tienen</u> que *ascender* por *sobre* esos 'sentidos', a través de un *reconocimiento expectante, alerta*. Y *permitan* que El Padre *identifique* **al** Padre en ese *reconocimiento*; *permitan* que El Padre *revele* **al** Padre; permitan que El Padre *defina* **Su** Propio Universo, *dondequiera* que *ustedes* se encuentren.

Debido a lo anterior es que fue revelado, por medio de Isaías, que: "*Mis* Pensamientos **no** son *vuestros* pensamientos", hasta que ustedes hayan *vencido el mal* de los *'cinco* sentidos', de los *'cinco' mentirosos* cósmicos. Entonces *Mi* Reino, estará *expresado* desde la Propia *Interioridad* de ustedes; **y** los *tesoros* **del** Reino, se *verterán* para *probarles* que *dondequiera* que hayan *sembrado* **para** El Espíritu, al *silenciar* a los 'sentidos', ustedes *cosecharán* **del** Espíritu – ustedes *concientizarán* su herencia **en** Cristo, con *cada persona* sobre esta tierra. Pero ahora, esto <u>tiene</u> que ser *practicado*, para que 'mis' sentidos **no** me *engañen*, conduciéndome hacia *un universo, que* **no** es **de** *Dios*.

Existe una *buena* Norma o Principio a seguir: Dios, **no** hizo nada que pueda *morir*; *todo* aquello que pueda *morir*, **jamás** fue creado **por** Dios; y *todo* cuanto ustedes vean que puede *morir*, **no** constituye la Creación **de** Dios. ¡Hasta ese grado nos han 'engañado' *nuestros* sentidos! La Vida ES, Dios; **y** la Vida *produce:* Vida. La Vida Eterna ES, Dios, y **no** puede *producir nada* que *perezca* – **no** puede producir 'este mundo' – pero la Vida *Eterna*, se *encuentra* donde 'este mundo' *aparece*, a través del *Velo* de los 'sentidos'. Y ahí está esa *Fuerza, empujándonos* como a un pollo, *fuera* del *Velo* de los 'sentidos'; y nos *eleva siempre* hacia el Universo *Perfecto* justo *aquí*, donde Dios está *actuando* como la Sustancia y la Ley de *nuestro* Ser.

Ustedes **no** necesitan *aceptar* ningún *otro* poder en 'esta tierra', porque **no** hay otro más, que la *Fuerza Omnipresente* **de** Dios, reconocida *únicamente* cuando ustedes han *evitado* la *falsedad* de los sentidos *humanos* que **no** conocen *correctamente a Dios*. En ese Estado de Concientización *Justa*, ustedes encontrarán que están *percibiendo* con casi doce horas de anticipación. *Percibirán* por la mañana, **y** por la noche algo *sucederá* – y entonces ustedes dirán: "Oh; eso es lo que *percibí* esta mañana". Se darán cuenta que **ya** han sido *elevados* hacia un Estado de Conciencia *distinto*. Ustedes, estarán *percibiendo* cosas que sería *imposible* que la mente *humana* captara. Pero, por el contrario, El Espíritu *fluye* **y** Se *define, enseñándoles* cosas que de *otra* manera **no** podrían *saber*. Y entonces, de *alguna* manera, Se *manifestará* en su vida, en un Estado de Conciencia más *Exaltado* **y** *Noble*, porque ha sido *ordenado* por El Espíritu que *edifica* la Conciencia de *ustedes*, su *Casa*. La Armonía, la Belleza, la Generosidad desinteresada, la Confianza, el Amor, la Integridad, y todo eso, está *fluyendo* a través de su *nuevo* Estado de Conciencia, como Pensamientos *Divinos, evidenciándose* en su experiencia *cotidiana* como: abundancia, paz, salud, amor, compañía, relaciones nuevas en todo, porque se trata ***del*** Pensamiento *Divino*, que cuenta con *El* Poder, en lugar del pensamiento *humano*. que se encuentra *separado* del *Árbol de la Vida*.

Todos **somos**: la Divinidad *Individualizada*. Y **ninguno** de nosotros está: *separado* de los demás, porque El Espíritu ES, *Una Única* Sustancia, Vida y Ley, *Infinitas* **y** *Continuas. Jamás* cometan el error de *permitir* que sus 'sentidos' los *engañen*, al *pensar* que existe alguna *separación* en este Uni-verso *Infinito* **y** *Espiritual*. Y el *reconocimiento consciente* de ustedes acerca de esto, *profundizará* su Conciencia-*Cristo*, **y** *traerá* el Poder **de** Lo *Infinito*, por medio de ese *Nuevo Nacimiento* encontrado *en* ustedes, **del** Cristo.

La próxima semana trataremos la 3ª. *Carta a Pérgamo*.

Resumiendo: entonces hasta aquí, contamos con *dos* fases: Tenemos *Un Universo Espiritual*, **no** un universo *material*; y tenemos una Identidad *Espiritual Infinita*, **no** una identidad *material*. Y con Integridad, <u>tenemos</u> que *mantener* esto en nuestra Conciencia, *independientemente* de lo que los 'sentidos' parecieran *reportar*. Esto quedó *aclarado* cuando Jesús les dijera a los discípulos: "...*Todo cuanto ustedes hayan hecho a uno de estos mis hermanos más pequeños, a Mí, Me lo habéis hecho*". <u>Ustedes tienen</u> que *reconocer* que sus 'sentidos', **no** les van a decir que el tipo en la Prisión de San Quintín es, El Cristo; o que el ladrón en la cruz es, El Cristo; **ni** que el verdugo es, El Cristo. Pero, en *realidad*, **no** hay *ladrón* alguno en la cruz; **no** hay *tipo* alguno en la Prisión de San Quintín; **ni** hay *verdugo* alguno – tan *solo* está el **Único Infinito Espíritu Indivisible**. El *reconocimiento consciente* de ustedes al respecto, hará que: *caigan diez mil a su diestra, y mil a su izquierda*; pero **no** *se acercará a su casa*, a su morada, a su Conciencia – ¡porque El Poder *está*, **dentro** de <u>su</u> Conciencia! ¡La Verdad *está, dentro* de <u>su</u> Conciencia!

Nos estamos moviendo hacia *El Cuerpo Espiritual* que *desconoce* la *'segunda muerte'*. Y tal como alguien me dijo: "Hoy, es el día del *padre*" – pero nosotros *percibimos* esto, como el Día **de** *nuestro Padre Celestial* – de hecho, en *todos* **y** *cada* uno de los *días*.

Muchas gracias.

CLASE 5

¿FUE JESÚS CRUCIFICADO?

REVELACIÓN 2:13 – 17

Herb: - En los últimos siete años **no** ha habido *ninguna* Clase más *importante* que la de Hoy. Esta Clase bien puede considerarse *superior* a cualquier otra – es: *la* Clase – ya que cambiará: nuestra *manera* de ser, nuestra *conciencia*, nuestras *actitudes*, nuestros *propósitos*, nuestro *enfoque* y nuestra *actividad*. Ésta, es ese tipo de clase a la que se refiere la *Tercera Carta* que constituye la Palabra que Cristo-*Jesús* dirigiera a Cristo-*Juan* – *la Carta al Ángel de Pérgamo*.

Pérgamo, es una palabra griega para: *Ciudadela*; también significa: *unido, unificado*. *Pérgamo* era, *la Sede del Aprendizaje* en esa época, la *Sede* del *Sacerdocio*, y aquí también se le llama, la *Sede de Satanás*. *Pérgamo*, en nuestra terminología *espiritual*, significa: *Conciencia Divina Individualizada*. La *Conciencia Divina Individualizada* es, Pérgamo; y éste es, el concepto de Lo *Infinito*, para El Cristo *en ustedes*; para la *Conciencia* DE *Dios, en ustedes* – lo cual **no** toma en consideración el que se encuentren presentes dentro de una *falsa conciencia humana*. La *Palabra* o El *Verbo*, habla *directamente*, más allá de su *falsa* conciencia, **a** la Conciencia *Divina* en *ustedes*, con la esperanza de que *cuenten* con *un oído*. Y esta *Carta* está destinada a *cambiar* la dirección de 'este mundo' en el cual vivimos. Y lo llevará a cabo *completamente*, puesto que ése es, su propósito. No sólo *cambiará* 'nuestra' conciencia, sino que *cambiará* la conciencia de 'este mundo' – y ustedes sabrán el *por qué*.

"Al Ángel de la Iglesia en Pérgamo, escribe: Esto dice Aquel que cuenta con la espada de dos filos" (Revelación 2:12).

La *Espada Afilada* ha sido previamente *identificada* como una *Espada de dos Filos* – de *Verdad* **y** de *Espíritu* o *Sabiduría Divina*. Y cuenta con *dos Filos*, porque, por un lado, *corta* aquello que **no** debe estar allí, *abriendo* la *Puerta* para que ustedes entren a un Reino *Superior*; y por el otro lado, *disuelve* la *ilusión* de que la *Realidad* pueda ser 'visible', *destruyendo* nuestros *conceptos* acerca de la *materia*, para que podamos *comprender* el Universo *Espiritual*. Observen que: cuenta con *dos Filos*. Con uno de los Filos *corta* la *barrera* que impide la Comprensión *Espiritual* de ustedes; con el otro Filo, *abre* el camino hacia el Despliegue *Espiritual*. Y *Aquel* que tiene esta *Espada*, es El Cristo, el Hijo DE Dios, en *ustedes*. *Aquel que tiene la Espada de dos Filos* – se trata de un Padre *Infinito* hablando a El Cristo en *ustedes*, para *despertarlos* a *la Espada de dos Filos* de su Ser, la cual puede *liberarlos* de aquello que **no** *es*, hacia la experiencia de Aquello que ES.

"El Yo, conozco tus obras, así como el lugar donde moras; incluso el lugar donde se sienta Satanás" (Revelación 2:13).

Ahora bien, *las obras* de la Conciencia, constituyen el *Pleno Potencial Infinito* de El Ser de *ustedes*. La *Capacidad* de ustedes, como Hijos DE Dios, constituye la *Plenitud* de El Padre – pero también ahí hay una *barrera*, y aquí se le conoce como: el *"asiento de Satanás"*. Y recuerden que la semana pasada, en la *Segunda Carta*, para *reconocer* nuestra propia Divinidad *Individual*, se nos dijo que *teníamos* que: *superar* la *barrera* de los 'cinco' sentidos de 'este mundo'.

Bueno, esa capacidad de los 'cinco' sentidos en ustedes, la cual se introduce en el mundo *externo* **no** creado por el Padre, es llamada: el *asiento de Satanás*; y esta *incapacidad* de los 'cinco' sentidos de la mente *sensoria* para *conocer* **correctamente** a El Padre, constituye la *barrera* para *las obras* del *Pleno* Potencial de ustedes, siendo: experimentada, concientizada **y** manifestada, **en** la 'carne'.

El Yo, conozco tus Obras, tu Capacidad, tu Potencial, quién Eres – porque El Yo, Soy El Padre *Infinito*; y El Yo, estoy hablando a El Padre *dentro de Ti*, llamado: el *Descendiente* DE Dios, el *Hijo* DE Dios, el *Cristo* DE Dios. El Yo, conozco tu *Propósito*, porque Tú, eres *Mi* Hijo. Pero El Yo, sé también que tienes que ser *liberado* de esa *barrera* que constituye la mente de 'cinco' sentidos del *hombre*, llamada: el *asiento de Satanás*.

Y el propósito de esta conversación interna es, *despertar* la *falsa* conciencia *humana* que se encuentra *muerta* a El Cristo *Interior*, bloqueada por *su* propia *creencia* en la realidad de los *sentidos*, **y** en la realidad de aquello que los *sentidos* informan.

"Y tú, guardas Mi Nombre, y no has negado Mi Fe"
(Revelación 2:13).

A pesar del hecho de que la *conciencia* de 'cinco' sentidos de ustedes **no** es *consciente de* El Padre *Interior*, y a pesar de que se concentra en el mundo *exterior*, El Padre *Interior*, El Cristo *Viviente* del Ser de ustedes, es *siempre* Fiel; *siempre* se encuentra ahí; *nunca* se aparta del Ser de ustedes. Y aquí se nos dice que la Conciencia *Divina* Se ha individualizado *a Sí Misma* como la *Divina* Conciencia *Individual* de ustedes; y allí está, esperando el *reconocimiento* de ustedes acerca de que los 'cinco' sentidos los han *separado*: de la *Realidad* del Ser, de la *Inmortalidad* del Ser, de la *Eternidad* del Ser, de la *Abundancia* del Ser, de la *Armonía*, la *Belleza* y la *Perfección* del Ser, de ustedes.

TODO esto está siendo dicho por el: *y tú, te has mantenido Fiel* – siempre tu Conciencia *Divina Individualizada* se encuentra ahí. *"Mantenerse Fiel"* significa mantener la *Perfección* del *Verdadero* Ser de ustedes, a pesar de las *apariencias* de los sentidos *falsos*. *El Yo, nunca te dejaré, ni te abandonaré: todo cuanto El Yo, tengo, Es tuyo* – y **no** importa cuán *crítica* la *apariencia* pareciera ser;

no importa cuán *carente* o *limitado* parecieras estar; **no** importa cuán *dolorosa* una situación o condición pareciera ser, El Yo, tu *Verdadero* Ser, Estoy *aquí* – y *nunca te dejaré ni te abandonaré* – El Yo, Me *mantengo* Fiel. El Yo, *Soy* lo *Eterno* en ti, lo cual es del todo *independiente* de cualquier impresión *sensorial* que te haya engañado en la creencia de que te encuentras: solo, sin ayuda, indefenso... *Nada* de eso es cierto, porque El Yo, *Estoy* aquí *ahora*. Ésta, es la *Revelación* correspondiente.

"Incluso en aquellos días cuando Antipas, Mi testigo fiel, fue asesinado entre vosotros donde mora Satanás, Tú, guardaste Mi Nombre" (Revelación 2:13).

Resulta *necesario*, para que esta *Tercera Carta* cumpla su *propósito* entre nosotros, *salir al mundo* para eliminar las *barreras* de la percepción *sensoria*; resulta *necesario* que nos tomemos unos diez minutos para *identificar* correctamente a *Antipas*, de tal manera que podamos captar, el *propósito* de *la Tercera Carta*, más *claramente* que cualquier 'iglesia' sobre la faz de la tierra.

Acuérdense ahora que *Antipas*, quien aquí es llamado: *"Mi testigo Fiel"*, en realidad **no** es un esclavo que se haya *convertido* en mártir en los días del martirio; *tampoco* es el pastor de la Iglesia en Pérgamo, tal como ha sugerido un comentarista. De hecho, resulta muy *curioso* cómo, cada uno de los *teólogos* principales, han pasado completamente *por alto*, quién *Antipas* podría ser, cuando que, al *mismo* tiempo, las 'autoridades principales' conocen a un 'Antipas', pero jamás han considerado a los *dos*, como siendo: *uno* **y** el *mismo*. Y cuando ustedes consideran a los *dos* como siendo *el mismo*, entonces se encuentran ante todo un desafío.

En Mateo 2, se nos dice lo siguiente:

"Cuando Jesús nació en Belén de Judea, en los días del rey Herodes, he aquí que llegaron sabios del oriente de Jerusalén" (Mateo 2:1).

Ahora bien, el *nacimiento* de Jesús se identifica como aconteciendo en los días del rey Herodes; y comúnmente se *acepta* que Herodes, tal como la Biblia nos dice, recibió *información* acerca de este *nacimiento*, de parte de los 'tres sabios' que le habían dicho que, este Niño, sería el Rey **de** los judíos. Y Herodes, quien era el *recaudador* de impuestos, el *tetrarca* de la zona, el hombre que se enriquecía con los *diezmos* de los judíos a Roma, de inmediato se dio cuenta, por el *interés* en el *dinero*, que esto representaba todo un *desafío* para sus ingresos. Así que preguntó a los 'sabios', de la manera más amistosa: "¿Y *dónde* es que nacerá este Niño? Quisiera saberlo, porque me gustaría adorarlo". Pero *nada* estaba más lejos de su mente, que el deseo de *adorar* a este Niño. Y aproximadamente seis versículos más tarde, Herodes gira la *orden* de, *matar a todos los niños de dos años o menos, en Belén*, cuando *descubre* que ahí, es donde nació **Jesús**.

Ahora veamos la *simbología* de todo esto, porque la *Revelación* de la Verdad, *comienza* en 'este punto'. En el *nacimiento* de <u>ustedes</u>, en <u>su</u> propio *nacimiento* – esto es lo que se está contemplando aquí – los 'cinco' sentidos del hombre **no** los *identificaron* a <u>ustedes</u>, como El Cristo. Herodes, **no** *identificó* a Jesús, como El Cristo. Herodes representa: el *pináculo* del 'sentido de *autocomplacencia*' que conoce el hombre. La *hipnosis* de los 'cinco' sentidos de 'este mundo', se *aleja* de El Cristo *dentro* de uno mismo, y busca *asesinar* <u>toda</u> idea posible que pueda contribuir al *reconocimiento* de la Divinidad *Interior* – por eso *todo niño de dos años o menos*, resulta 'asesinado'. Lo *mismo* acontece con *ustedes* **y** *conmigo*, a medida que <u>nos</u> manifestamos como 'forma': *todo* aquello que somos, resulta *desconocido* para la 'mente *sensoria*'. Y a cambio, somos conocidos como: la 'criatura' de la *forma* con 'cinco' sentidos – el cuerpo *físico* – quedamos *muertos* a la Luz **de** Dios, *dentro* de nosotros; quedamos *muertos* para El Cristo.

Herodes ha llevado a cabo *su* propósito en *nosotros*. Afortunadamente, El Espíritu *visita* a José *antes* del asesinato de *todos los niños menores de dos años en Belén*; y así, *José y María huyen con el niño a Egipto*. De esa manera El *Cristo* resulta *expulsado*, tal como El *Cristo* resulta *expulsado* en el *nacimiento* de *cada* niño sobre esta tierra, cuando **no** hay allí un *Padre* que dé *testimonio de la Verdad de El Ser*: que se trata de la Vida *Divina* apareciendo al sentido *mortal*, como *forma*. Y poco después... *Herodes* muere.

Bien, pues Jesús, su madre **y** su padre, *regresan*. Pero **no** se *detienen* en cierta ciudad donde les habría gustado, porque el 'hijo de Herodes' se encuentra en dicha ciudad. Veamos si podemos hallar esto:

> *"Ahora regresaron. José se levantó, y tomó al niño y a su madre, y entró en la tierra de Israel. Cuando Herodes murió, mirad: un ángel de El Señor apareció en un sueño a José en Egipto, diciendo: Levántate; toma al niño y a su madre, y ve hacia la tierra de Israel, porque aquellos que buscaban la vida del niño, están muertos"* (Mateo 3:19, 20).

Cada vez que vean este nombre: *la tierra de Israel*, sepan que **no** se trata de una tierra *física*. "*Israel*" significa: *Sabiduría Divina, Iluminación, Conciencia*-Cristo. Diríjanse hacia la tierra de la *Conciencia*-Cristo, "*porque aquellos que buscaban la vida del niño, están muertos*". Ahora que la mente *sensoria* ha sido *derrotada*, El Cristo ha *resucitado* **en** José, **en** María **y en** el Niño.

> *"Y José se levantó, y tomó al niño y a su madre, y entró en la tierra de Israel. Pero cuando escuchó que Arquelao reinaba en Judea en lugar de su padre, Herodes, tuvo miedo de ir allí – y a pesar de haber sido advertido por Dios en un sueño, se desvió hacia la provincia de Galilea"* (Mateo 3:21, 22).

Y así, se *dirigieron* a Galilea; y así, fue como *llegaron* a Galilea – porque el *hijo* de Herodes estaba *gobernando* en Judea. Pero ustedes *descubrirán* que había *otro* hijo de Herodes gobernando en Galilea, y su nombre era *Antipas, Herodes Antipas*. Ahora pues se presenta: Juan el *Bautista*. Y Juan el Bautista, representa: esa conciencia en el *hombre* que, habiendo *escapado* de Herodes el *Grande* – de los 'cinco' sentidos – ahora se *arrepiente*, tratando de llegar a *hacerse consciente* de El *Cristo*. Se trata de la conciencia *arrepentida* del hombre, a 'mitad de camino', llamada Juan el *Bautista, tratando de comprender* su verdad, su realidad; *saliendo* del desierto, pero aún *no* del todo.

¿Y *qué* le pasa a Juan el *Bautista*? –Él es, *decapitado*. ¿Y quién lo decapita? –Nuestro amigo, *Herodes Antipas*. Herodes Antipas asesina *primero* a su propio *hermano*, Felipe, el cual era su *tercer* hermano. Cuando Herodes el Grande muere, él *divide* su reino en tres partes, con Arquelao, Felipe **y** Herodes Antipas. Y Antipas se *deshace rápidamente* de su propio *hermano*, para poder casarse con la *esposa* de su hermano. Se trata de la *misma* 'autocomplacencia de los *sentidos*' – al *igual* que su padre, Herodes el *Grande*, ahora el hijo, Herodes *Antipas*, muestra la misma *indiferencia* hacia El Cristo.

Así, se casa con la *esposa* de su hermano después de haberlo *asesinado*; y ella *le pide la cabeza de Juan el Bautista*, porque el *Bautista* se *levantó* **y** lo *acusó* del asesinato de su hermano – y *decapitan* a Juan el *Bautista*. Una vez más, la 'mente sensoria' *combate* al yo *arrepentido* que está *tratando de encontrar* su Ser-Cristo. De igual manera se encuentra *dentro* de nosotros, en cierto nivel de nuestro Ser, la 'mente sensoria' que está *tratando de reprimir* cada *cualidad y tendencia* en nosotros para alcanzar: el Nivel *Superior* de Conciencia-*Cristo*.

Y sólo para *asegurarnos* que Herodes *Antipas* es el hombre que *decapita* a Juan el *Bautista*, contamos con ciertos *documentos*. Uno de ellos, por 'casualidad', nos fue entregado hace una o dos semanas: *El Crisol de la Civilización*, por Arnold Joseph Toynbee. En la página 214 de ese libro se nos dice que Herodes *Antipas* fue: el *asesino* de Juan el *Bautista*. Juan el *Bautista* fue *decapitado* a manos de Herodes *Antipas*. Así es como vemos que *Herodes* y Antipas, están ahora, definitivamente *vinculados*.

Esta es una *confirmación* más del libro de Henri Daniel-Rops, *La Vida Diaria en Tiempos de Jesús*. Por cierto, ese hombre ha escrito unos setenta libros. También es Editor en Jefe de la *Enciclopedia del Siglo XX* – se trata de *La Enciclopedia del Catolicismo*. Él, *no* tiene la *menor* intención, de revelar que Antipas es *"Mi mártir fiel"*. Él *revela* el hecho de que: *Herodes Antipas* es quien *decapitó* a Juan el *Bautista*; no ve *ninguna* conexión entre Herodes y Antipas, y, por lo tanto, carece de *motivos* ulteriores para revelarlo así. Herodes Antipas fue a quien el Evangelio llamó simplemente: *"Herodes"*". Fue él a quien Jesús llamara *"zorra"* (Lucas 13:32), cuando los fariseos, *esperando* que se fuera *de* Galilea, le dijeron que el Tetrarca deseaba *matarlo*. Y *no* es extraño que este Antipas, quien quería *matar* a Jesús y quien *ya* había decapitado A Juan el *Bautista*, fuera quien ahora era llamado por Jesús, *"zorra"* – una palabra bastante *fuerte*, considerando 'aquello' que él había *asesinado*, y a 'quién' había *asesinado* él. Pero de cualquier modo vean que *Jesús*, **no** le *temía*.

Entonces así es como *concluimos* que se trata del *mismo Herodes Antipas* a quien Poncio Pilato *envió* al acusado Cristo, durante su *juicio, aduciendo* que: era *Galileo*. De hecho contamos con más para *demostrar* que se trata de la *misma* persona, pero ustedes pudieran *aceptar* que en las páginas 80, 81 y 82 del libro en cuestión, *La Vida Diaria en Tiempos de Jesús*, hay pruebas *concluyentes* e *irrefutables* de que *Herodes Antipas*, el hijo de *Herodes el Grande*, quien había *intentado* matar en un *principio* a Jesús, era quien *ahora* había decapitado a Juan el *Bautista*, y quien *ahora* estaba *recibiendo* de parte de Pilato, A Jesucristo, puesto que Pilato **no** estaba *dispuesto* en ese momento, a girar la *orden* de crucificarlo. Para lavarse las manos o eludir el asunto, Pilato *utilizó* esa situación, la cual le vino como 'anillo al dedo' – *Herodes Antipas descubrió* que Jesús: era un *Galileo*.

CLASE 5: ¿FUE JESÚS CRUCIFICADO?

Verán, José había llevado a María **y** a Jesús, a Galilea. ¿Y quién era el Tetrarca allí? –*Herodes Antipas*. Así que ahora Jesús, es *entregado* a *Herodes Antipas*, para que él tome la *decisión*. Y Herodes mandó *colocarle* a Jesús una *túnica* púrpura de rey; y lo *molestaron*, se *burlaron* de él, se *mofaron* de él. Una vez más, la 'mente sensoria' está *ciega* ante El Cristo *Invisible dentro* de sí misma. Así es como aquí se nos muestra a la conciencia de 'este mundo' – **no** la de un *Hombre* – burlándose de El Cristo *Interior*.

Herodes, *siempre* mañoso, todavía *no* dispuesto a *crucificar personalmente* a El Cristo, *devuelve* a Jesús a Pilato. Y surge aquí, en alguna parte, una declaración muy *extraña*:

"*Después de eso, Herodes y Pilato se hicieron buenos amigos*" (Lucas 23:12).

Dicha *declaración* se encuentra en Lucas – *Herodes y Pilato se hicieron 'buenos amigos'*. ¿Y por qué? –Porque ahora estuvieron *buscando* el espectáculo del 'poder de Roma'; el poder *físico* representado por *Pilato*, que significa: fuerza *física*, el *cuerpo*. Y Herodes – representando la *mente sensoria* – la *mente* **y** el *cuerpo sensorios* juntos, *inconscientes* de El Cristo, están *crucificando* a El Cristo. Así *entiendan* la *razón* por la que la *mente* **y** el *cuerpo sensorios*, se hacen 'buenos amigos'. Uno, *nace* del otro; y *juntos*, se convierten en: los *dos* ladrones en la cruz; a *ambos* lados de Jesús cuando es 'enterrado'; más bien cuando es *crucificado*. Éste es el símbolo: la *mente* **y** el *cuerpo sensorios*, desconocen la *Identidad* del Ser *Verdadero*.

Se trata del *mismo* Herodes Antipas, quien ahora, *personalmente* – con <u>su</u> propia espada – *después* de la Crucifixión – mata al *hermano* de Juan, a *Santiago*. Santiago, el *hermano* de Juan, es *asesinado* por la *espada* **de** Herodes Antipas. Él *también* es quien *encarcela* a Pedro. Y enseguida viene una declaración muy *inusual*. Se dice que *este* Herodes, quien está *hablando* ahora es: "*la voz de Dios*" (Hechos 12:21 – 23). Pero *Herodes Antipas* es realmente, un *hombre*; **no** es Dios; ellos lo *saben* y por eso es *asesinado* – eso constituye el *fin* de *Herodes Antipas*. Se dieron cuenta que estaba *jugando* a: ser Dios. *Herodes Antipas, jugando* a: ser Dios, constituye el *símbolo* de la 'mente sensoria' del *hombre*, que *juega:* a ser Dios. De esa manera *Herodes Antipas* es asesinado [por *Calígula*] – *después* de la Crucifixión.

Supongamos que les dijeran que Hitler fue un *"mártir fiel de Dios"* – eso sería una declaración *asombrosa*. Pero, ¿no resulta más *sorprendente* aún, saber que Antipas – *culpable* de <u>todos</u> estos delitos – es el *"mártir* fiel *de Dios"*? ¿Acaso no se nos dijo que estuvo *mal aconsejado*? De hecho, se utiliza la *palabra "Fiel"* ... Que yo sepa, *aparte* de él, al *único* que se le llamó en la Biblia un *"mártir Fiel de Dios"* es a Esteban, quien *enseñaba* acerca del cristianismo – Esteban, fue *asesinado* en presencia de Saúl, con el *propio consentimiento* de Saúl (Hechos:7). Ahí ustedes sí pueden *entender* lo que implica ser el *"Mártir Fiel"*. Y, sin embargo, las *mismas* palabras se usan *aquí* para quien se volvió *contra* El Cristo, *regresándolo* a Pilato para *asegurar* su *Crucifixión*; quien *asesinó* al *hermano* de Juan, cuya *Revelación* era la **de** El Cristo; quien *encarcelara* a Pedro; quien *decapitara* a Juan el *Bautista*; quien *asesinara* a <u>su</u> propio *hermano* para poder *casarse* con la *esposa* de <u>su</u> hermano – *todo* eso... ¿y resulta que *él* es el *"Mártir Fiel de Dios"*? ¿Se dan cuenta qué, cuando *consideran* todo esto **y** lo *aceptan* <u>literalmente</u>, pueden finalmente *entender* la causa por las que las *iglesias* han tenido que *tolerar* a 'Antipas' todos estos años?

¿*Cómo* pudieron las iglesias *admitir* que este 'Antipas' era el *mismo* 'Herodes Antipas', y *deducir* que el concepto *"Mártir Fiel"*, significara que un *asesino* – el *único* responsable junto con Pilato, de la Crucifixión **de** Jesucristo – sea llamado el *"Mártir Fiel de Dios"*? –***Todas*** las religiones se *desmoronarían*. ***Jamás*** se le ocurriría a la *mentalidad religiosa*, que este *"Mártir Fiel de Dios"*, fuera *Antipas* – sin embargo, SÍ LO ES. Así pues, ¿*qué significa* esto?

Lo anterior *significa* que: 'Herodes Antipas', en *realidad*, **no** asesinó a <u>nadie</u>; lo anterior significa que <u>nadie</u> fue 'crucificado'; lo anterior significa que la Crucifixión de Jesucristo, en *realidad,* **no** es aquello que *parece* ser para 'este mundo'; lo anterior significa que 'Herodes Antipas' es el *símbolo* de: la *hipnosis de 'este mundo'.* En *nuestra* **ignorancia** hemos *aceptado* la posibilidad que: el Hijo **de** Dios fuera *crucificado;* hemos *aceptado* que: efectivamente existe 'algún lugar' donde *Dios* **no** *está presente –* 'un lugar' donde pueda ocurrir un *asesinato.* En *nuestra vanidad humana,* hemos creído que Dios *podría,* en realidad, 'ser cómplice' del *asesinato* de **Su** Propio Hijo – hemos sido: ¡*terriblemente ignorantes!*

Jesús, ¡*jamás* fue crucificado! Por eso es que la *Tercera Carta* incide como *punto decisivo* en la *conciencia* de 'este mundo'. ¿*Qué* fue lo que *aconteció?* –Bueno, fue Shakespeare quien nos *aclara* lo acontecido. Él dijo: "El mundo *entero* es: un *escenario*" – y así es – nuestro "*Mártir Fiel*" fue simplemente: un *actor.* ¿Y quién fue 'Jesús'? –'Jesús' fue: una *imagen* en la mente del *actor.* **Si** hemos *aprendido* que Dios ES la *Omnipresencia,* ¿se dan cuenta que el *asesinato* de Jesús constituiría la *negación* de la *Omnipresencia*? Claramente podemos ver que, *si* Jesús fue 'asesinado' ese día, entonces Dios, **no estuvo presente ahí.** ¡Pero resulta *imposible: eliminar* la *Presencia* **de** Dios en algún instante! Dios, *estaba presente*; Dios, *está* **siempre** *presente.* La *hipnosis* de la *mente humana,* es aquello que constituye: la *creencia* de que la 'imagen', a la que llamamos 'cuerpo', sea: una *realidad física.* Y la *Revelación* de ese día fue: que *todo* cuanto estuvo *presente* 'en la Cruz en el Gólgota', y *apareciendo* como 'multitudes', **no** eran más que: *imágenes mentales – imágenes* **en** *el pensamiento.*

TODO aquello fue tan solo: la *exteriorización* de la *conciencia* de 'este mundo' en ese *momento.* En ese *momento,* el mundo *pensó*: que 'Dios había estado ausente'; **y** la *aceptación* de la 'Crucifixión', constituyó la *creencia* en: **la ausencia de Dios.** El mundo *todavía* considera que: **Dios está ausente**; y *todavía* exterioriza: el asesinato, el odio, la violencia, porque esas cualidades, que 'ese día' se encontraban *en* la conciencia de 'este mundo', *aún permanecen* en la conciencia de 'este mundo'. Y las **mismas** cualidades reveladas en 'ese entonces', tal como la Crucifixión de Jesús, *siguen reveladas* 'hoy en día' como: los *asesinatos* que vemos en la guerra; *incluso* como: la *contaminación* de nuestra agua.

Dense cuenta que *toda* 'impureza' *en* la *conciencia humana*, tiene que *exteriorizarse* como 'impureza' en las *condiciones humanas*. El Espíritu está *revelando*: que el *Hombre*, ha caminado al lado de El Espíritu – pero el hombre ha *admitido* otros 'dos' *errores* más. Además de **aceptar**: 'un lugar' donde el Poder *de* Dios **no** existe, y aceptar un '*segundo* poder' capaz de *crucificar*, el hombre se *volteó*, en su *ignorancia*, para *negar* el hecho de que: ¡*no existe posibilidad alguna de muerte ante la presencia* **de** *Dios, Quien está presente en* TODAS *partes*! Así que, en su *hipnosis*, el hombre *volviéndose* ahora, dice: "*No* solo Dios se convirtió en '*cómplice* de la Crucifixión de Jesús', de 'Su propio Hijo', sino que 'Él lo hizo: por nuestro bien'. 'Por nuestro bien', Dios *sacrificó* a Su hijo para *liberarnos* de *nuestros* pecados". Ése es justamente el **segundo** error; y después el **tercer** error procede de ese segundo: así pues, 'a este Dios, Quien asesinó a *Su* propio Hijo, es a Quien *nosotros oramos*'.

Es una pena que un hombre dispuesto a *dedicar* su vida a *encontrar* a Dios, camine en la más opuesta *dirección*, todo porque la 'mente *sensoria*', la mente-*Herodes*, al nacer, *aniquila* la Conciencia de La *Verdad*, en nosotros, enviándola a lo 'bajo', hacia *Egipto*. Y luego, el 'hijo de esa mente *sensoria*', *continúa* el 'ataque', dispuesto **siempre** a *sacrificar* a El Cristo *Interior*, con objeto de *gratificar* a los 'sentidos *externos*'.

Ésa es la 'historia' de Herodes **y** de su hijo Herodes Antipas, "*Mi Fiel Mártir*". **Nunca** *hubo* un 'Herodes Antipas' allí, y **nunca** *hubo* un 'Jesús' allá. La OMNIPRESENCIA DE Dios, es **todo** cuanto estuvo *allí*; **y** la OMNIPRESENCIA DE *Dios*, es **todo** cuanto está *aquí*. Y ustedes, **jamás** percibirán un grado **mayor** de hipnosis que: la *creencia* en esta tierra. Esa hipnosis, *eliminada*, llevará a cabo un milagro; esa hipnosis, *eliminada*, revelará que: El Cristo, que caminó sobre la tierra *apareciendo* al 'sentido *humano*' en la 'forma' de Jesús, *carecía* de complejos tales como la *creencia* de que las 'formas *humanas*' fueran Creación *Divina,* las cuales *supuestamente* se encuentran bajo la Ley *Divina*; El Cristo, pudo *percibirlas* tal como son: – **no** como 'cuerpos', sino como *imágenes* de cuerpos.

Lo anterior es justamente *aquello* que nos permite *saber* que esta '*imagen* de un cuerpo' que aparece *como* lisiado, **no** es un lisiado, sino una *imagen* lisiada; que esta *multitud hambrienta*, **no** se compone de *cinco mil cuerpos hambrientos*, sino de cinco mil *imágenes*, cuya conciencia está proyectando su propia separación de la *ÚNICA* Conciencia *Divina* – se trata de la conciencia *total* de 'este mundo', *separada de* la Conciencia *Divina*, la cual vive, *aparentemente,* dentro de un '*segundo* Ser'. Un 'estado *falso* de conciencia' es lo que está *crucificando* a El Ser-*Cristo*; y eso, se *exterioriza* como: *la Crucifixión de una imagen llamada, Jesús.*

Eso es justamente lo que *hacemos a diario dentro de nosotros*. La conciencia de 'este mundo' está *expuesta* allí, por la 'Crucifixión', como una conciencia *separada* **y** *alejada* de la Conciencia *Divina ÚNICA*. Así que: "*Toma esta Carta, dice Quien tiene la Espada de dos Filos*". **Corrijan** esa *conciencia separada* – ustedes **SON:** la *Conciencia Divina;* ustedes **SON:** la *Conciencia Divina Individualizada*; ustedes **SON:** el *ÚNICO Ser* – y sólo el 'sentido de separación' de *ustedes,* es aquello que 'crucifica a El Cristo *Interior*'.

Estamos llegando a 'un punto' en donde *recibimos* una *Orden* – y esa Orden implica: aceptar la '*Crucifixión* de Jesús' como: la actividad de la *falsa conciencia de 'este mundo', exteriorizada*; como el pensamiento *exteriorizado, el cual revela* la conciencia del mundo, como *separada* **y** *apartada* de la Conciencia **de** *Dios.* Se nos dice que: *salgamos y nos separemos* de esa conciencia de 'este mundo'.

Nosotros *pudiéramos* 'alejarnos' de los *Hechos,* y pensar que allí, había un *cuerpo* llamado: Jesús; y que dicho *cuerpo* fue: *crucificado*. Pero en el instante en que hagamos eso, estaremos, al *mismo* tiempo, *negando* la Presencia **de** Dios que es: **Omnipresente**. ¡*Imposible* el que Dios esté *presente,* **y** que al *mismo tiempo* se esté llevando a cabo un 'asesinato'! Veamos pues, algo *extraordinario*: Los 'cinco' sentidos del *hombre,* fueron los *únicos* que 'vieron' la *Crucifixión.* ¿Y *quiénes* vieron la Resurrección? –Tan solo *'quinientos'* – pero, por otro lado, 'quinientos o más', que *entraron* en los *'Cinco'* Sentidos **de** El *Espíritu,* vieron que **nunca** se llevó a cabo, una 'Crucifixión'. Así que, si **no** hubo 'Crucifixión', entonces **tampoco** hubo 'necesidad de Resurrección'. Ellos *percibieron* aquello que *jamás* podría ser *matado*; ellos *percibieron* el Cuerpo *Espiritual* que *siempre* estuvo *allí.* Así que la *Revelación* de la 'Crucifixión', de aquella *imagen* llamada: *Jesús,* implica que la 'Forma *Espiritual',* SIEMPRE *presente,* **no** podía ser 'crucificada'. Y la 'Forma *Espiritual'* fue lo **ÚNICO** que estuvo *allí.*

Sólo la 'Forma *Espiritual'* de *Antipas,* estuvo *allí*; *sólo* la 'Forma *Espiritual'* de *Pilato,* estuvo *allí*; *sólo* la 'Forma *Espiritual'* de las *multitudes,* estuvo *allí.* **No** existe un 'cuerpo *físico'* **y** al *mismo tiempo,* un 'Cuerpo *Espiritual'* – existen: *imágenes.* De esta manera estamos siendo *conducidos* a un *nuevo concepto* acerca de: Cuerpo.

Dios, **no** está *dentro* del cuerpo *de* Jesús. *Si* Dios estuviera *dentro* del cuerpo *de* Jesús, ¿podría haber sido 'crucificado ese cuerpo'? –**No**; por lo tanto, el *cuerpo* que fue 'crucificado *con* Dios', pero que '**no** estaba *en* Dios', **no** fue una 'Creación *Divina'.* Aquello que **no** es una 'Creación *Divina',* **no** fue *creado.* Así que se trató de: *una imagen en el pensamiento.* El *"Mártir Fiel"* era una *imagen*; y la llamada *'víctima', también* era: una *imagen.* Así que ahora, el mundo de los 'cuerpos *humanos', tiene* que ser visto como algo más.

Ustedes pueden *aprender* que su 'cuerpo *físico',* **no** es más que: una imagen de su conciencia; y que tan solo se trata: del concepto consciente acerca del Cuerpo Espiritual, que ustedes tienen. Su 'Cuerpo *Espiritual',* es *todo* cuanto ustedes *tienen.* Ustedes, cuentan con un *Cuerpo,* pero **no** implica un 'cuerpo *humano'* – ustedes, cuentan con un 'Cuerpo *Espiritual',* y el 'cuerpo *físico'* es: sólo *la imagen mental que ustedes* admiten acerca de ese *Cuerpo Espiritual.* Por eso es que *tienen* que *aprender: a elevarse por sobre 'este mundo'* de los *'cinco' sentidos.* En *el mundo de los 'cinco' sentidos,* *siempre* identificarán la 'forma', como 'forma *física*'. Tienen que hacerlo, porque *ustedes* se encuentran: unidos **y** atados a sus sentidos – y los 'cinco' sentidos son: los *creadores* de la 'forma *física*'. Pero la "Crucifixión nos *enseña* que el **ÚNICO** Cuerpo *presente* fue: el Cuerpo *Espiritual* **de** El Cristo, el cual resultaba *imposible* de ser 'crucificado'. Y el 'asesino de esa *imagen*' es llamado: "*Mi Mártir Fiel*" – lo cual ciertamente implica que estaban viendo una 'enseñanza *cósmica*', que conduce al *siguiente* nivel de Conciencia sobre 'esta tierra': la conciencia de 'Mi Cuerpo *Espiritual*', así como a la *disminución* del *falso concepto de cuerpo*, que hemos *aceptado* considerándolo como algo *físico*.

De hecho, hace *más* de doscientos años, fue *revelado* en la tierra, que el 'cuerpo *físico*', **no** es *físico* en absoluto. La ciencia anunció, *correctamente*, que el 'cuerpo *físico*', **no** está hecho de 'carne', tal como *creíamos*, sino de: *átomos* – y tenía razón. El 'cuerpo *físico*' está hecho de: átomos. ¿Y *qué* son los átomos? ¿*Cómo* puede uno ser átomos, **y** *también* ser algo *más*? Si el 'cuerpo *físico*' es átomos, entonces *eso* es lo que el 'cuerpo *físico*', es. Los átomos **y** la 'carne', **no** son lo mismo. La 'carne' es: la *apariencia que la mente hace cuando mira los átomos*; por eso es que tenemos estos 'cuerpos *cargados* de *electricidad*' – eso es *todo* lo que **son**, y eso es *todo* cuanto una *imagen* es. Después podemos llegar a otra *conclusión*, en donde *comprenderemos* que estos 'cuerpos', conformados de *imágenes*, constituyen: un *regalo maravilloso*. Nunca se nos *conocería* sin ellos.

Sólo consideren cuán *afortunados* somos, **y** cuán *amados* somos, pues *cada vez* que hay algo 'mal' en la experiencia de ese *cuerpo*, podemos ver ese 'mal' con *nuestros* ojos – y todo debido a que allí, hay una *imagen* llamada: 'cuerpo' – nada puede permanecer oculto. Así que de *inmediato* podemos *determinar* la *causa*, o al menos *determinar* el *lugar* donde se encuentra el *mal*, y *reconocer* algo en la Conciencia, para liberar el *mal*. Si tan solo fuéramos 'forma *física*', y *careciéramos* de cuerpos de *imágenes* en el *exterior*, **jamás** podríamos conocer la *naturaleza* de *nuestra propia* Conciencia.

Así pues, ahora cuentan con una ¡*imagen distinta*' de ustedes. Ustedes cuentan con la Conciencia *Infinita* **de** El Padre – *perfecta* desde todo punto de vista. Y ustedes cuentan con su propia conciencia *humana*, la cual forma un *concepto* acerca del *Invisible* Cuerpo *Espiritual* de ustedes, lo cual constituye: la *Conciencia* **de** Dios, **y** conforma la 'Forma *Espiritual* evidenciada'. Esta 'conciencia *humana*', conformando el *concepto* de ustedes acerca de la 'Invisible Forma *Espiritual* manifestada', *exterioriza* una *imagen* llamada: el 'cuerpo *físico* de ustedes'.

En última instancia, *a través* de nuestros *problemas*, vemos que el cuerpo *físico*, obliga a hacer *cambios* en nuestros *conceptos*: pues cada vez que nuestro Cuerpo *Invisible*, es decir, el Cuerpo *Espiritual* – el cual llega a través de la 'conciencia *humana*' – se *reproduce inadecuadamente* en la 'forma de *imagen*', entonces tiene que hacerse el *ajuste* correspondiente. Finalmente, la conciencia *humana* de ustedes queda *Unificada*, *alcanzando* la Conciencia *Infinita*; y, como están *Unificadas* la Conciencia *Infinita* **y** su Conciencia *Individual,* entonces esto los convierte en la **ÚNICA** Conciencia Divina *Individualizada*, que posteriormente *evidencia* esta 'forma', esta '*imagen* de cuerpo', en un grado *mayor de armonía*.

Actualmente esta *imagen* de 'cuerpo' se encuentra bajo el *gobierno* de 'este mundo' – bajo el *gobierno* de condiciones *externas* a ustedes. Ustedes **no** pueden *controlar cómo* reaccionará este 'cuerpo' en la guerra, o ante la enfermedad, o ante las fuerzas de la naturaleza – esta *imagen* de 'cuerpo' está: a *merced* de 'este mundo'. Ustedes **carecen** *de señorío* sobre la '*imagen* del cuerpo', ya que dicha *imagen* es: el resultado de una *falsa conciencia*. Pero, a medida que esa ***falsa*** conciencia es *Unificada* **con** Lo Infinito, **y** se convierte en una **verdadera** Conciencia, entonces la *falsa* conciencia, es *disuelta*. La *Infinita Individualización* de lo *Divino* en ustedes, toma *señorío* sobre ese 'cuerpo', *hasta que* alcanza el punto donde ustedes se *encuentran* en esa Conciencia que hace que esta 'forma *física*', se *independice* de 'este mundo', haciéndose *inmune* a las condiciones de 'este mundo'. Será entonces cuando la

Infinita Individualización de lo *Divino* **en** ustedes, habrá *cumplido su propósito.*

De esa manera, la *imagen* habrá *elevado* su conciencia, al grado en que <u>ustedes tomen el señorío</u> sobre la 'forma *física',* sobre la '*imagen* física' llamada: cuerpo. Y en ese punto, a medida que este *nuevo* gobierno se convierta en una honda *profundidad* de Conciencia **en** ustedes, finalmente hallarán que la '*imagen',* ya **no** será *necesaria.* Habrá *cumplido su propósito*; y éste, fue su propósito: <u>*impulsarlos* hacia una Conciencia *más y más alta,* dentro de la Unicidad **con** El Padre, para que ese *señorío* sobre la *forma,* los *capacite* ahora para *moverse,* a través de la *experiencia* llamada 'muerte', hacia su Cuerpo *Espiritual, desprendiéndose* de la '*imagen* de cuerpo',</u> la cual los condujo hacia la Conciencia que podía *salir* de la *mortalidad,* hacia la *Inmortalidad.*

Todo esto es parte de la *demostración* de la *Crucifixión* de la 'forma' – de la *imagen* llamada: Jesús. Los *únicos* que *sabían* eso en ese momento fueron: el mismo Jesús, **y** Juan. De hecho, Jesús *acababa de morir a esa forma.* Se dice, en la primera parte del Evangelio de Mateo... permítanme ver si puedo encontrarlo, porque considero que es muy importante.

Vayamos a Lucas 2:42 del Evangelio de Lucas:

> "*Luego que regresaron de Egipto, se dice aquí que cuando Jesús tenía doce años,* **subieron a Jerusalén**". Ahí hay algo significativo. Cuando *Jesús* <u>*sube a Jerusalén*</u>, eso implica que Jesús está: *arribando* a la Conciencia-*Cristo, a la edad de 'doce' años.* Y la razón por la que Jesús *pudo* hacerlo *a la edad de 'doce' años,* cuando nosotros **no** hemos podido, es debido a que *Herodes,* **ya** *había 'muerto'.* La 'mente *sensoria* había sido *vencida',* y así pudo Jesús '*subir a Jerusalén a la edad de doce años.*' En *Jerusalén,* habiendo *vencido* a la 'mente *sensoria'* a dicha edad, *luego de tres días lo*

encontraron sus padres en el templo, sentado en medio de los doctores de La Ley – escuchando a los 'doctores de La Ley', **y** a la vez, *haciéndoles preguntas*. Los 'doctores de La Ley', *todavía* estaban en la 'mente *sensoria*'; *todavía* se encontraban bajo el 'gobierno de Herodes' *dentro* de *ellos mismos* – pero Jesús, no *lo estaba*.

¿Y qué fue lo que Jesús respondió a sus 'padres'? *–¿Acaso no sabíais que El Yo, tengo que estar atendiendo los negocios de Mi Padre?"* (Lucas 2:49)

A los *'doce años'*, y **no** estando Jesús en la 'mente *sensoria', atendía los negocios de Su Padre*. Éste, era el *Mismo* Jesús, quien *sabía* que **no** se encontraba *dentro* de una 'forma *física'*, porque se encontraba *fuera* de la 'mente *sensoria'*.

"Mujer, ¿qué tengo que ver El Yo, 'contigo'?" (Juan 2:4), le dijo más tarde a su 'madre'. Él sabía que **no** se había 'formado arduamente dentro de un útero'. Su *Nombre* era: El Espíritu; Su *Cuerpo* era: El Espíritu; Su *Padre* era: El Espíritu.

Debido a lo anterior, Jesús enseñó: *"**No** llaméis 'Padre' vuestro, a **ningún** hombre sobre la tierra; porque solo **Uno** es vuestro Padre, Quien está en los cielos"* [Mat. 23:9]. El *Nombre* del 'Padre' de ustedes es: El *Espíritu*. Entonces, ¿qué es la *'forma* física'? –**No** hay *nada* que pueda ser sino: *una imagen en el pensamiento* – el 'pensamiento *cósmico*' exteriorizado como las *imágenes* llamadas, 'formas'. Y a medida que *salimos* del *concepto-Herodes* – a medida que *salimos* de la mente de los 'cinco' sentidos; incluso *a los doce años* – podemos *saber* que esta Forma *Espiritual* constituye *nuestra Realidad*; y que la *'forma* físicamente imaginada', **no** es más que: *mente mortal exteriorizada*, en la apariencia de 'forma'. La ciencia se encuentra 'a mitad de camino', *llamando* ahora a la 'forma', *átomos*.

Ahora vean lo siguiente: la Forma *Espiritual* es TODO cuanto existe. El concepto de 'este mundo', acerca de esa Forma *Espiritual*, está conformado de átomos *invisibles*. Los átomos *invisibles* constituyen el concepto *invisible* de 'este mundo', acerca de El Espíritu. Por ello, los átomos, **no** son únicamente lo que la 'ciencia' *descubriera*, sino los 'átomos' constituyen *también*: *el tejido del pensamiento cósmico*. Así que, en nuestra 'mente *sensoria*', al observar ese *pensamiento cósmico* llamado: 'átomos', llevamos a cabo la *reinterpretación final* de los 'átomos' en la *imagen* llamada: materia – justo a dos pasos de distancia de la 'Forma *Espiritual*'.

Todo esto debe ser confrontado, porque El Yo, *jamás* podré ser, una 'forma atómica', una 'forma' constituida de *átomos*; *nunca* podrá El Yo, ser una 'forma *material*'. La 'forma *material*' es, parte de la 'mente *sensoria*', es *hipnotismo*. El Yo, *Soy Espíritu, Soy* Forma *Espiritual*, y **todo** cuanto *El Padre tiene, es Mío* (Juan 16:15) *aquí* y *ahora*, a pesar de toda *apariencia en contrario*.

En mi 'Forma *Espiritual*', El Yo, *Soy* tan *eterno* y *permanente*, tan *indestructible, como* El Cristo fue revelado *ser*, cuando la 'forma *falsa*' – la *imagen* – fue 'crucificada'. *Si* todos fuéramos 'asesinados' hoy, tan solo sería: una *mentira*. Ustedes, **no** *pueden crucificar, matar, herir* en modo alguno, al *perfecto* Ser *Espiritual* que ustedes, SON. Eso constituye una Ley *Divina Inviolable*. Por *siempre*, el Ser de ustedes constituye: un Don *permanente*, una Dispensación *permanente*, **de** El Padre. **Nunca** podría resultar este *Ser* de ustedes, *lastimado, adolorido, amenazado*. De *ninguna* manera puede ser puesto en *peligro, alterado* **ni** *limitado*. El Ser *Inmaculado* es, por *siempre, Inmaculado*. Ese Ser *Inmaculado*, fue el ÚNICO Ser *creado* o *manifestado* por El Padre, y el ÚNICO Ser *presente*, cuando 'este mundo', veía una 'Crucifixión'; y dicho Ser *Inmaculado sigue siendo* igualmente, el ÚNICO Ser *presente hoy en día*, sobre esta tierra – **no** existe *ningún otro*. Y hoy, en lugar de ver 'crucifixiones', estamos viendo *otras exteriorizaciones* de la *falsa* conciencia de 'este mundo'.

Ustedes pueden *aprender* a *sentir* que estas *apariencias* a su alrededor son: *pensamientos exteriorizados* que **carecen** de sustancia o ley; **y** ustedes bien que pueden *aprender* a *caminar* 'a través de ellos', en el *reconocimiento* **y** en la *comprensión*, de que tan solo son: *imágenes* en la mente de 'este mundo', *imágenes* en la 'mente *humana* 'de ustedes. Pero ustedes, en cierto grado, *elevándose fuera* de la *creencia* que surge por el *'testimonio* de los sentidos', *pueden* caminar 'a través' de estas *imágenes*. Y entonces *descubrirán* que existe: una *manera de hacerlo* – una *forma* que muy pronto consideraremos.

Ahora *volvamos* a *encontrar* nuestro *Centro*. Esperemos que algunos de ustedes **nunca** lo hayan *perdido*, **y** *permitamos* que El *Propio* Espíritu, *redefina **en*** nosotros, algunas de las cosas que hemos *escuchado* **y** algunas de las cosas que hemos *pensado*, para que podamos *percibir* que, la 'Crucifixión *de* Jesús', *aceptada* en la conciencia del *hombre* como *realidad*, conforma ciertamente, el *ateísmo* en su *más alto nivel* – la *'aceptación* de la Crucifixión de Jesús', constituye una *total incredulidad* en la **Omnipotencia de** Dios. Y verán por qué, la *Revelación de San Juan*, tuvo que ser *explorada*, de manera que 'este mundo' pudiera *volverse en conciencia*, hacia **otro** *Nivel* de Ser; hacia otro *Nivel* de Conciencia – libre de la *hipnosis*, que **no** solo es *individual*, sino *mundial*, tal y como se demuestra *individualmente*, a medida que avanzamos.

Encontrarán que, en estas palabras puestas *dentro* de la propia *mente* de *ustedes*, se habrán colocado 'dientes' – herramientas *poderosas* para *discernir*.

Ahora bien, *si* ustedes *vuelven* sus pensamientos hacia El Cristo *Interior*, *renunciando* a *todos* sus *propios* pensamientos, entonces *descubrirán* el gran poder **de** la **Omnisciencia** que mora *dentro* de ustedes, *revelándoles* aquello Que: *ningún hombre puede saber, excepto quien lo recibe desde el Interior*.

∞∞∞∞∞∞ Fin del Lado Uno ∞∞∞∞∞∞

Antes que me olvide, me gustaría *recomendarles* que *lean* dos capítulos en los libros de *El Camino Infinito*. El tema acerca de "Comprendiendo el Cuerpo", es tratado en las *Cartas de El Camino Infinito para el Año 1957*. Es un tema que realmente *no* podemos *abarcar* el día de hoy. Tendremos que *continuar* la próxima vez, porque el tema es *demasiado* grande; y, de hecho, *no* puede ser abarcado en *ninguna* serie. Eso, en relación con *Las Cartas para el Año 1957* – "Comprendiendo el Cuerpo".

Luego encontrarán en el libro *Un Paréntesis en la Eternidad*, el Capítulo 6 "*Dios, la Conciencia **del** Individuo*", que *encaja* con el mencionado capítulo "*Comprendiendo el Cuerpo*". De esa manera *comenzarán* a ver, con mayor *claridad*, lo que esta *Carta al Ángel de la Iglesia en Pérgamo*, trata.

Una noche *desperté*, y esto fue lo que se me *impartió*:

"*A partir de* Su Propia *Sustancia*, Dios, ha creado un Universo *Perfecto*, gobernado por Su Ley, en Perfección *Eterna*. Toda Idea *Divina* es manifestada, *dentro* de la *Única* Sustancia *Espiritual Infinita*, y **no** está *separada* de *todas* las demás Ideas *Divinas*, las cuales *dependen*, para su Perfección *Eterna*, de su *Unicidad* **con** *todas* las demás Ideas, así como de su *Unicidad*, a **través de** *todas* las *demás* Ideas – *cada* Idea mantiene a *todas* las *demás* Ideas. Esta Unicidad *Integrada*, conforma la *suma* de sus Partes *Indivisibles*. **Si** hubiera una idea **en** El Espíritu que *no* estuviera *ahí*, entonces 'el resto' *colapsaría*".

Dense cuenta pues, que *todo* está *interrelacionado*; y que *cada* Idea ES, por medio de *todas* las *demás* Ideas. Es como si la Idea *uno*, estuviera también *en* la Idea *dos*, y *en* la *tres*; y como si la Idea *dos*, también estuviera *en* la Idea *uno* y *en* la *tres*; y como si la Idea *tres*, también estuviera en la Idea *uno* y *en* la *dos*. Pero *si* se consideraran cinco *mil millones*, o cinco *billones* de Ideas, la *misma relación* existiría – esto es lo que todo esto implica. Leí que alguien dijo: "Eso es lo que Einstein dijo: Cuando se *elimina* una brizna de hierba, entonces el mundo *entero cambia*; la *totalidad* de la *relación cambia*". Eso se comentó acerca de lo *físico*; y resulta cierto acerca de lo *físico*, debido a que es cierto acerca **de** El *Espíritu*.

La *impartición* continuó:

"Debido a la *interrelación* de la Idea Espiritual dentro de *Sí Misma*, esto *tiene* que *exteriorizarse como* Hombre, *dependiente* del Hombre; *como* Animal, *dependiente* del Animal; *como* Hombre, *dependiente* de la Naturaleza; *como* Animal, *dependiente* de la Naturaleza. *Todos* estamos *interrelacionados* aquí 'afuera', debido a que estamos *interrelacionados* **en** El *Espíritu*. Así que cuando *quebrantamos* esa *interrelación*, entonces estamos violando la *Realidad de* El Espíritu – y **no** puede *hacerse*, **sin** pagar el *precio*. Nosotros, **no** podemos *dejar de amar* a nuestro prójimo, *sin* pagar el *precio*; nosotros, **no** podemos *ver diferencias*, donde *sólo* existe El **Uno**..."

Y luego este *mensaje* siguió desplegándose:

"Los *limitados* sentidos *humanos*, son el *efecto remoto* de esta Actividad *Infinita*; y ellos, son *totalmente* incapaces de *percibir* **y** de *informar* acerca de la *Totalidad*; tal como una hormiga estaría *limitada* al informar acerca de un evento *humano*. Confiar en los 'cinco' *sentidos* para *informar* con *precisión* acerca de Lo *Infinito* implica, *suicidio* – y, sin embargo, el hombre lo *hace*. La ciencia *humana*, **inconsciente** de la Vida *Infinita*, así lo *hace* actualmente. La *religión*, **inconsciente** de la Vida *Infinita*, *cree* que nuestras deficiencias *humanas* son, un *castigo divino*, *sin* darse cuenta que estas deficiencias *humanas* son, simplemente, la *incapacidad* de la *percepción sensoria* para *informar* acerca de la *Plenitud* de la *Realidad*. Y finalmente, cuando *dejamos* de *considerar* el 'testimonio de los *sentidos* finitos', entonces *aprendemos* a *depender* **de** la Conciencia *Divina*, la cual *gobierna* Su Universo *Perfecto*, para *Identificarse a Sí Misma*, por medio de nuestro: silenciar a los sentidos".

Ahora bien, justo en esta *Tercera Carta*, la siguiente oración resulta por demás interesante: "...*Antipas fue Mi mártir fiel, quien fue asesinado entre ustedes, donde Satanás mora*" (Revelación 2:13).

Observen ahora ese *asesinato de Antipas* – he aquí a Antipas, *representando* la *mente* de los 'cinco' *sentidos* que *asesinaría* a El Cristo – *él, Antipas, fue asesinado entre nosotros donde mora Satanás*. La *mente* de los 'cinco' *sentidos* fue *asesinada* cuando El Cristo, apareciendo al sentido *humano* en la 'forma de Jesús', **no** fue *vencido* por la *mente* de los 'cinco' *sentidos*. Esa mente, fue la crucificada ese día – **no** Jesús; y esa *Crucifixión* de la *mente* de los 'cinco' *sentidos*, se hizo *visible*, poco después, con *la muerte de Antipas*. Aquello que aconteció **en** El *Espíritu* fue, que *El Cristo*, **no** podía *rendirse* ante la *mente* de los 'cinco' sentidos – por eso fue que el 'cuerpo de Jesús' *reapareció*, y el 'cuerpo de Antipas' *fue asesinado* – una Imagen mostrando la *Eternidad*; y la imagen *falsa* mostrando *muerte*. Así fue como *el "asiento de Satanás"*, donde descansaba la mente *sensoria*, fue el lugar donde *el Fiel Mártir*, Antipas, *fue asesinado entre ustedes*. Observen cómo *todo* lo que el sentido *humano* ve resulta: invertido.

Tenemos aquí algunos otros *comentarios* más, que *no* nos van a tomar mucho tiempo.

"*Pero El Yo, tengo algunas cuantas cosas contra ti*" (Revelación 2:14) – hablando de nuevo a la Conciencia *Divina*, en ustedes:

"... *porque tienes ahí a quienes profesan la doctrina de Balaam, quien le enseñara a Balac a poner una piedra de tropiezo delante de los hijos de Israel, para que comieran cosas sacrificadas a los ídolos, y a cometer fornicación*" (Revelación 2:14).

En concreto: Balaam fue un *adivino* de una tribu llamada Madianitas, y fue *contratado* por el rey de Moab, llamado Balac. Y la razón por la que Balac *necesitaba* al adivino Balaam, fue porque al *salir los israelitas de Egipto*, estaban llegando ahora al *territorio* de Moab – por eso llamó a Balaam y dijo: "*Yo quiero que Tú, maldigas a estos tipos, y me ayudes a destruirlos*". El simbolismo resulta muy claro.

Ahora que Herodes Antipas se 'ha ido', tenemos de nuevo lo *mismo* en Balac – la mente de los 'cinco' *sentidos* – sólo que ahora es *engañosa*, **y** *teme* luchar *abiertamente* contra La Verdad, por lo que requiere la *ayuda* de Balaam; necesita de un poder *psíquico* – ahí tienen ahora una *división*; ahí tienen de *nuevo*, la conciencia *dividida*, expuesta como: Balac llamando a Balaam, para *repeler* a 'Israel', el cual *ejemplifica* La Verdad *Divina*. Y a Balaam le encantaría *hacerlo*; le gustaría *ayudar* a Balac – pero *La Voz* interviene, y le *impide maldecir* a 'Israel'. De hecho, le hace *bendecir* a 'Israel'. Pero, aunque *no* puede *maldecirlo*, aun así, *ayuda* a Balac, y le indica *cómo corromper* la *pureza* de los 'Israelitas', enseñándoles a *adorar ídolos*. Y eso constituye *la piedra de tropiezo* que se menciona. *Dentro* de nosotros, se encuentran *tanto* Balac *como* Balaam – el ser de los 'cinco' *sentidos*, que está *alejándose* de El Cristo, de 'Israel'; y buscan la *ayuda*, por así decirlo, de nuestra mente *racional*; siendo que Balaam lo hace con un *interés personal* de *recompensa*.

Por *interés personal*, Balaam *instruye* a Balac para que *enseñe* a los israelitas tanto a *comer* cosas *sacrificadas* a los *ídolos*, como a *fornicar*. Ahora bien, el *comer*, **no** es con la *boca* – esto se refiere al *alimento* de la *mente*, así que los *ídolos*, son justo aquello que acabamos de aprender: la *creencia en la realidad de la materia* – la *creencia en la realidad de la materia* constituye: un *ídolo*. *Creer* que *la materia es real*, constituye un *ídolo falso*; y eso es lo que están 'comiendo': la *creencia* de los 'Israelitas' acerca de la *realidad de la materia* – de esa manera, ellos están *confiando* en la *materia*.

Ellos están *fornicando* – están *mezclando* la Pureza **de** El Espíritu, con la *creencia* de que la *materia*, también es 'real'. Así pues, estamos hablando aquí de *fornicar* con *pensamientos mixtos*, permitiendo que la *impureza* de la creencia *material*, la creencia *sensoria*, los *conceptos* de los 'cinco' *sentidos*, intenten *penetrar* en la Pureza **de** la Forma *Espiritual*, que por *siempre* ES: *Inmaculada*. Y esto se expresa en el significado de: "se *juntaron* con las *mujeres* de Moab". Así es como la Biblia evidencia que ellos, *veían* 'materia', donde ***solo*** El Espíritu *estaba*.

Ahora bien, este *incidente* de Balaam – que se encuentra en el *Antiguo* Testamento y también en esta *Revelación de Juan*, me queda claro que se *mencionó* para *explicar quiénes* fueron los *nicolaitas* que siguieron. Como ustedes saben, yo *no* lo entendí desde un principio. En un principio, hará unos tres años, consideré que los *nicolaitas* mencionados aquí, eran una especie de *alteración* en la Biblia. Y es que conocí a un *nicolaíta*, que era *gnóstico*, que *creía* en los Principios del *Cristianismo*, de manera que *no* podía *empalmar* a los dos, por lo que *imaginé* que algún *escriba*, en alguna parte de la Biblia, había hecho una *alteración* 'en secreto', o que se trataba de una traducción *errónea*. Pero más adelante, *no* pude captar la *lógica* de la palabra "*aborrezco*" que decía: "*Dios* **aborrece** *a los Nicolaitas*", con la cual concluye la cita en particular. Pero hoy, *descubrí* algo más que *abrumador*. Balaam, el *adivino*, es mencionado como "**desagradable** *para El Espíritu*", y luego:

"*Así que tú también tienes a los que aceptan la doctrina de los nicolaitas, la cual El Yo, aborrezco*" (Revelación 2:15).

Bien, los *nicolaitas* aparecen en el mundo de aquel entonces – el incidente de *Balaam aparece* en el *Antiguo* Testamento, pero también hubo aquellos *nicolaitas presentes* en el momento de la *Revelación*. Y para mi asombro, *descubrí* que se trata: *del sacerdocio*, el cual representa: el *fanatismo del propio sacerdocio de aquel entonces*. Primero Balaam, quien, por *interés personal*, pretende *enseñar* a Balac cómo *apartarse* de la Sabiduría *Pura* de la Divinidad, **y** cómo *permanecer* en la *mente* de los 'cinco' *sentidos*; y ahora el *sacerdocio, amparado* en la religión, elabora una 'fórmula', a partir de la *religión*, la cual resulta igualmente *inaceptable* para El *Espíritu*.

Observen, los *nicolaitas*, **no** han sido *identificados correctamente* por *nadie* en *ninguna* otra parte, por esta razón: ellos *representan, el símbolo de* **toda** *creencia religiosa*. **Toda** creencia que viene desde lo *externo*, desde la *mente sensoria* – y **no** desde la *Inspiración Interior*. Cuando la *creencia* se encuentra dentro de la *mente humana*, es llamada: la *creencia* de la *doctrina* de *Balaam*. Pero, cuando la *creencia* está en la *mente* de la 'iglesia', entonces es llamada: la *doctrina* de los *nicolaitas*. Cómo se le llama hoy en día, <u>ustedes</u> tendrán que *descubrirlo* – pero ahí están los *balaamitas*, así como los *nicolaitas, alrededor* de ustedes, en *todas* aquellas formas que implican *esfuerzo* **mental**.

Se nos ha dicho que: *ni* la mente *laica ni* la mente de la *iglesia*, es capaz de *conocer:* la Voluntad **de** Dios; la Verdad **de** Dios.

"*Arrepentíos, o de lo contrario, El Yo vendré a vosotros rápidamente, y pelearé contra vosotros con la espada de Mi boca*" (Revelación 2:16).

Nosotros conocemos *la Espada de dos Filos – ya* hablamos de ella. Y *arrepentirse* implica: *salir, apartarse* de la *falsa* conciencia *humana*; alejarse de los 'cinco' *sentidos* que: saben 'mucho' acerca de *nada*.

"*Quien tenga un oído, que escuche aquello que El Espíritu dice a las Iglesias*" (Revelación 2:17).

Tener un oído implica llevar a cabo una *acción*; un *cambio* de Conciencia; *deponer* la *falsa* conciencia, a cambio de La Verdad. "*A quien venciere"* – a quien lleve a cabo ese *cambio* de conciencia de los 'cinco' *sentidos, "El Yo, le daré de comer del maná escondido"*, en lugar de que 'coma' aquello que es *sacrificado a los ídolos* – nosotros, 'comemos' del *Maná Escondido*.

Entonces pues, el *Maná Escondido*, es identificado como *verdadera Sustancia* – la *Sustancia* **de** la *Misma* Vida. Mientras que, hasta ahora, en los 'cinco' *sentidos*, el hombre 'come' sólo pan, y **no** come el Pan **de** *Vida*. Ahora bien, estos *secretos*, ocultos a la *mente* de los 'cinco' *sentidos*, *el Maná Escondido*, la Sustancia *Verdadera* de la *Vida*, es dada a *aquellos que vencen*: la *creencia* en los 'cinco' *sentidos* **y** en *todo* aquello que la *creencia* en los 'cinco' *sentidos, delinea*.

Y **no** solo *el Maná Escondido es dado a aquellos que vencieren*, sino que:

> *"…El Yo, le daré, a quien venciere, una Piedra blanca; y en la Piedra, escrito un nuevo Nombre, El cual nadie conoce, con excepción de quien Lo recibe"* (Revelación 2:17).

La Piedra *Blanca* ha sido identificada como la Verdad *Pura*, la cual conduce al *reconocimiento* del Cuerpo-*Alma Puro* de ustedes. El Cuerpo **de** El *Espíritu*, es la Piedra *Blanca; y en ella, un nuevo Nombre es escrito*. Ustedes conocen el *Nombre*; *pero ningún hombre Lo conoce, excepto quien Lo recibe*.

Ya han escuchado hablar muchas veces de *"El Aliento* **de** *Dios"*; y ese *Aliento* **de** *Dios*, constituye la *Revelación Interna* que llega; la Inspiración *Interna*, la Guía *Interior*. Y ustedes, **no** *pueden* recibir *el Maná Escondido*, la *concientización* de El Cuerpo *Espiritual*, la Piedra *Blanca*, la Verdad *Pura*, el Nuevo *Nombre* de Cristo, **sin** *Inspiración Interior*. Y es por eso que *"ningún hombre lo sabe, excepto quien Lo recibe"*. Es simplemente una *conversación* hasta que, *desde dentro*, es impartido *"El Verbo hecho carne"*. Entonces es cuando estamos *más allá* de toda *teoría*; cuando estamos *fuera* de la *mente* de los 'cinco' *sentidos*; y cuando hemos *superado* la *tendencia* de esa *mente* de los 'cinco' *sentidos*, a *identificar* el 'mal' *dentro* del Universo *Espiritual* que es: *Perfecto*. Es entonces cuando somos *llevados* a un *Nivel* de Conciencia, en el cual **no** *hablamos* de El Cristo; **no** *teorizamos*; **no** *discutimos* – nos *encontramos* en la *Experiencia* de El *Verdadero* Yo, El cual "*nadie conoce, excepto quien Lo recibe*".

Esa *Experiencia* de la *Verdadera* Individualidad se *concientiza* a través de la Conciencia *Divina* – cuando la Conciencia *Individual de* ustedes **y** la Conciencia Infinita *de* El Padre, SON Una; y cuando ustedes pueden decir con *sinceridad*: "El Yo, sé que El Yo, [y] El Padre, Uno SOMOS; porque la *Única* Conciencia, El Cristo, *acciona* mi Vida".

Ahora, en *este* instante, ustedes dirán que están *conscientes*. Así que démosle **a** Dios, ahora, el *mismo* privilegio, y *aceptemos* el hecho de que *si* El Yo, estoy *consciente*, entonces, ciertamente, Dios Está *Consciente*. Así que El Yo, Estoy *consciente aquí*; **y** Dios, Está *Consciente aquí*. Pero siendo Dios *Infinito*, entonces Dios Está *Consciente* en *todos* lados. Hasta ahí podemos llegar: Dios, Está *Consciente en todos* lados. Y, finalmente, Dios ES, Conciencia en *todos* lados. Y debido a que Dios ES, Conciencia en *todos* lados, es que la *Perfección de* Dios, *tiene* que estar *dentro* de esa Conciencia, en *todos* lados. Esa Conciencia Se encuentra *abrazando* Su Propio Universo. Las Ideas *Espirituales* **de** Dios, *dentro* de Su Conciencia, se encuentran *protegidas* por esa Conciencia – ¡y **no** hay más! Por lo tanto, esas Ideas *Espirituales dentro* de la Conciencia **de** Dios, están *manifestándose* **en** la Conciencia **de** Dios, como *Impecable* Manifestación *Espiritual* – el *Invisible* Reino *de* Dios – *Intacto*. *Protegidos* hasta la *Perpetuidad*, por la *Única* Conciencia *Infinita* que *todo* lo abarca – constituye la *seguridad* de ustedes: que debido a que la Conciencia **Omnipresente** está *siempre* actuando, es que la Perfección *tiene* que *encontrarse* justo donde esa Conciencia Se *encuentre*.

La Conciencia **Omnipresente** está *aquí*; **y**, por lo tanto, la *Perfección* está *aquí*. La Conciencia **de** Dios está *ahí*; **y**, por lo tanto, la *Perfección* está *ahí*. *Dondequiera* que la Conciencia **de** Dios esté, la *Perfección está*, dado que la Conciencia **de** Dios está, en <u>todas</u> partes. Así pueden darse cuenta ustedes, que la *Perfección tiene* que estar en <u>todas</u> partes; porque *si* la *Perfección* **no** estuviera en <u>todas</u> partes, entonces Dios, **no** estaría en <u>todas</u> partes. *Si* la *Perfección* **no** estuviera en <u>todas</u> partes, entonces la Conciencia **de** Dios, *no* estaría en <u>todas</u> partes. La *Perfección*, *tiene* que estar justo donde <u>ustedes</u> estén en *todo* momento, porque la Consciencia **de** Dios, está *ahí*. La *Perfección*, *tuvo* que estar *junto* a la Cruz, porque la Consciencia **de** Dios, estaba *allí*. La *Perfección tiene* que estar *también*, en las zonas de guerra, porque la Conciencia **de** Dios, está *allí*. Y ustedes *aprenderán* que, justo cuando *aceptan* la 'imperfección', ustedes están *admitiendo* que la Consciencia **de** Dios, **no** está *allí*. Pero la *creencia* de <u>ustedes</u>, **no** cambia el *Hecho* de que la Conciencia **de** Dios, esté *ahí*. Lo que <u>ustedes</u> crean, carece de <u>toda</u> importancia – La Conciencia **de** Dios, está *ahí*; ¡y punto!

Pudiera ser que el sol **no** *brillara* en *este* instante, pero *está ahí*; y *ustedes* pueden *decir* todo cuanto gusten acerca de que el sol **no** está en el firmamento, pero están *equivocados* – lo que <u>ustedes</u> declaren, **no** cambia el *Hecho*. El *Hecho* es que el sol, *está* en el firmamento. El *Hecho* es que la Conciencia **de** Dios está, *siempre presente*; y el hecho es que *donde* la Conciencia **de** Dios *está*, la *Perfección está*; por lo tanto, el *Hecho* es, que la *Perfección* está *ahora*, en <u>todas</u> partes, por <u>todo</u> el universo.

Ustedes, **no** pueden *quitar* la *Perfección* – pueden *negarla*; pueden *no verla* – pero eso, *no* importa – la *Perfección*, está *ahí*. ¿Se dan cuenta que la *aceptación* de la *Perfección* por parte de <u>ustedes</u>, constituye el *rechazo* a Balac **y** a Balaam; el *rechazo* a los Nicolaitas; el *rechazo* a Herodes; el *rechazo* a Herodes Antipas; y el *rechazo* a la evidencia de la *mente* de los 'cinco' *sentidos*? La *admisión* de <u>ustedes</u> de que la *Perfección tiene* que estar *aquí*, *tiene* que estar *allá*, porque Dios está *aquí* **y** Dios está *allá*, es *todo* cuanto necesitan *saber* – *siempre*. *Consideren* lo anterior; *sépanlo*, *descansen* en ello, *olviden toda* imagen que se les presente en su *camino* al *conocimiento* de que:

¡*la imagen*, **no** *cambia el Hecho*! Dios, *está presente*; la *Perfección*, *está presente*; y yo, **no** tengo que *hacerlo* así. Yo, simplemente tengo que *morar* en el *reconocimiento* de que se trata de El Reino **de** Dios *terminado*, sobre la tierra, AHORA – *siempre* lo ha sido. Incluso en el momento de la *supuesta* 'Crucifixión'; incluso en el momento de cada *llamada* 'Guerra Mundial', la *Perfección* ha sido el *Hecho* sobre esta tierra.

Ustedes <u>*tienen*</u> que *dar testimonio* de esa *Perfección*, dentro de <u>*su*</u> *propia* Conciencia. Y tal como la *imperfección* se manifiesta en *nuestras* vidas, porque *nuestra* conciencia se encuentra *todavía* en ese estado *infantil* que **no** puede *Unificarse* con lo *Infinito*, de la *misma* manera, cuando ustedes **aceptan** esto en la Conciencia, convirtiéndose Uno **con** lo *Infinito*, entonces La *Verdad* Se *exterioriza* tan *fácilmente*, como la *mentira* – el *pensamiento* se *exterioriza* como *Pensamiento Divino, evidenciado*.

El gran *mensaje* de la *actividad* de Jesús sobre la tierra, es *revelado* como alguien que: *Se descubrió a Sí Mismo, como Espíritu Puro* – incluso a la edad de *doce años*; **y** a partir de ese *momento*, ya **no** *vivió* más, *dentro* de los 'cinco' *sentidos*; y se **mantuvo** "*atendiendo* los asuntos **de** Su Padre", *dentro* de su Cuerpo *Espiritual*, al cual llamó, *Luz*. Y al **no** *mirar* al mundo a través de los 'cinco' *sentidos*, *percibió* esa *Perfección*, que ES **Omnipresente**, y que *apareció* como 'curación' en aquellos que 'venían a Él'. Su Conciencia – que **no** estaba *dentro* de los 'cinco' *sentidos* – se *exteriorizó* como 'curación' – la *manifestación visible* de la *Palabra* o el *Verbo*, de la *Perfección*, que ES **Omnipresente**, *ahora*.

Y la *aceptación* de <u>*ustedes*</u> de la *Realidad* de <u>*su*</u> Ser; la *habilidad* de **no** *exigir* Perfección **ni** *buscar* Perfección, sino *aceptar* la Perfección como la *Ministración Natural* de la Identidad *Espiritual*, como la **Única** *Realidad* en esta tierra – y **no** para *salir* a buscarla, **ni** para *hacerla* así; **tampoco** para *encontrarla*, **ni** para "*pedir y llamar* a la Puerta" *buscándola*, sino para *aceptar* <u>*Mi*</u> *Nombre*. El *Cristo Interior*, El *Padre Interior* es: <u>*Mi*</u> *Nombre* – ése es, el *Nombre* de <u>*ustedes*</u>. Y cuando *aceptan* <u>*Mi*</u> *Nombre* como el *Nombre* de <u>*ustedes*</u>, entonces están *aceptando* que Dios es, su *Padre*; que el Espíritu es, su *Sustancia*; que el Espíritu es, su *Origen*; que el Espíritu es, su *Ley*. Ustedes estarán *aceptando* que todo cuanto El Espíritu *tiene*, lo tienen ustedes. La Conciencia **de** El Espíritu constituye, la Conciencia **de** ustedes; y la conciencia de los 'cinco' *sentidos*, la *segunda* conciencia, el *falso* sentido de la conciencia, resulta así, *asesinada*, tal como Antipas fue *asesinado*: por el *reconocimiento* de ustedes, acerca de La Verdad de su Ser.

Cada vez que ustedes *aceptan* una 'imperfección', entonces, *justo* donde dicha 'imperfección' se encuentra, ustedes estarían *declarando*: "Dios, **no** está *allí*". Pero ustedes, bien que *saben* que están *equivocados* – Dios, *está* ahí; y Dios, **no** puede estar donde la *imperfección* esté. ¿Por qué haríamos declaraciones tan *ridículas*? –Porque vivimos en una *mente* de 'cinco' *sentidos*, la cual *hace tales declaraciones por 'nosotros'*, **sin** *considerar 'nuestra voluntad'*, controlándonos de esa manera. Pero a medida que nosotros *controlamos* la *mente* de los 'cinco' *sentidos*, entonces nosotros, en esa *misma* medida, podemos *observar* cualquier 'forma de *imperfección*', *sabiendo* que se trata de: una *ilusión total de los sentidos*. Su *presencia* allí – *si* fuera *real* – constituiría el *destierro* **de** Dios. Dios, **no** puede estar *ahí*, **y** a la vez también dicho *error*, estar *ahí*.

Ahora *invirtámoslo*: *apartémonos* de lo que consideremos *negativo*. *Veamos* La *Verdad* del Ser: que la *Perfección* es, la Condición *Natural* de la *Presencia* **de** Dios. Y una vez que ustedes hayan *aceptado* la Presencia **de** Dios como estando en todas partes, entonces ustedes **no** podrán *darse la vuelta*, **ni** hallar *imperfección* en donde esa Presencia se encuentra – resultaría *inconsistente*. Una vez que la *Omnipresencia* **de** Dios constituya La Ley del Ser de ustedes; **y** una vez que hayan *admitido* la *Omnipresencia* **de** Dios como La Ley del Ser de ustedes, entonces la *Omnipresencia* **de** la *Perfección*, estará en automático *incluida*... y ustedes, la *aceptarán*.

¿Y qué es lo que *harán* cuando lo 'opuesto' aparezca? –Lo *reconocerán* como: *una imagen de los 'cinco' sentidos* – una *mentira* acerca de la *Presencia* **de** Dios. Será como si alguien les *dijera*: "El sol, ya *no está* en el firmamento". ¿*Qué* es lo que ustedes *harían* al respecto? –*Nada*; porque *conocerían* la verdad: el sol *está,* en el firmamento. Lo *mismo* ocurre con la 'imperfección' que ahora 'llega a ustedes', y les dice que el sol, *no* está en el firmamento; que Dios, *no* está *aquí* – pero Dios, ES; y *sólo* Dios, ES.

La *Capacidad* de *permanecer* y *descansar* ahí – en el *conocimiento* de que: Dios, ES; la *Perfección*, ES, hasta que el *gozo* comience a *brotar* desde lo más *profundo* de ustedes, porque cuando ustedes *saben*, que Dios, ES; y que la Perfección, ES; y que la Conciencia, ES ... oh, entonces El Yo, **Soy** esa *Perfección*. <u>Todo</u> defecto que *creímos* que teníamos, es tan solo: *una percepción errónea de los sentidos* – Dios, *está* justo *aquí*; la *Perfección, está* justo *aquí*. Sólo que estuve 'mirando' *a través de una mente de 'cinco' sentidos*. Pero, el *Hecho*, **no** *cambia*. Cuando podemos *aquietarnos* ante *la imagen de esa mente de 'cinco' sentidos* – entonces es cuando estamos siendo *Fieles* **a** El Padre. Y es entonces cuando *comprenderemos* por qué se nos ha dicho:

"*Permaneced* **en** *Mí; Reconocedme. El Yo,* **no** *estoy en esas imágenes de los 'cinco' sentidos. El Yo,* **Soy** *la Perfección de* <u>todo</u> *Ser. El Yo, estoy aquí;* **y** *El Yo, estoy ahora. El Yo, estoy allí;* **y** *El Yo, estoy ahora. El Yo, estoy siempre aquí* **y** *allá;* **y** *El Yo, estoy por siempre, ahora*".

Establezcan esa Conciencia de *Perfección*, con el *reconocimiento* de que esto, constituye la *Realidad de El Ser*; y *permitan* que la 'irrealidad' llegue a una Conciencia que <u>ya **no** cede</u> a los 'cinco' *sentidos* **ni** a su *testimonio falso*. Entonces habremos captado el *significado* de *la Tercera Carta al Ángel de la Iglesia en Pérgamo*. El *despertar* de El Cristo en <u>ustedes</u> – *conscientes* de la Conciencia *Divina*, la cual constituye su *Única* Conciencia, entonces todo aquello que *acepte* la 'imperfección' en *ustedes*, **no** será más que un estado *falso* de conciencia, *carente* de <u>toda</u> Existencia *Real*.

Ese estado *falso* de conciencia, capaz de *aceptar* cualquier 'imperfección', constituye: la *sustancia de* la *imperfección*. **No** es que la *imperfección* se encuentre *ahí* – se trata del ***estado falso* de *conciencia***, hecho *visible*; experimentándose en forma *tangible*. ***Superen*** ese estado *falso* de *conciencia*, al *conocer* la *Verdad* de que: la *Perfección* está por *siempre presente* – **sin** importar las *apariencias* – es el *comienzo* de su *Estado de Conciencia de Cuarta Dimensión*. Por eso que esta *Tercera Carta* conduce a la *'Cuarta'* – conduce a la *Cuarta Dimensión de Conciencia*, donde la *Realidad* es: *experimentada* y *comprendida*.

Ahora bien, **no** se les ocurra 'crucificarse', más de lo que *creemos* que 'el mundo crucificó a Jesús'. *"Morir a diario"*, a los 'cinco' *sentidos*, es todo lo que implica *"morir a diario"*. Ustedes cuentan con **dos** formas de *morir*; en realidad ustedes cuentan con una opción de *dos*: Pueden morir de 'muerte natural' – tal como mueren las *personas*; o ustedes pueden *morir a través* de, una *transformación de la Conciencia*.

Eso es lo que significa:

> "*Aquellos que cuentan con un oído, escuchen estas palabras*" (Revelación 2:17).

La *transformación* de la *Conciencia*, constituye la forma de *morir*. Y en esa *transformación*, ustedes "mueren" a todo aquello que es, *irreal*: Mueren *a la creencia* de que *una imagen constituya la realidad*; mueren *a la creencia* de que un Universo *Espiritual*, contenga cuerpos *físicos*; mueren *a la creencia* de que un Universo *Espiritual*, conlleve condiciones *materiales*... Y existe un **único** *error* que **no** hay que *cometer* – el error de *decir* y *creer*: "aceptaré esto *cuando me sea demostrado*", porque entonces les tomará mucho *tiempo, aceptar* lo anterior.

Nadie les va a *demostrar* que la *Perfección*, ES todo cuanto existe. **Si** ustedes *no* lo han *aprendido* a través del *Nuevo* Testamento, y si *no* intentaron *descubrirlo* por *ustedes* mismos, *nadie aparecerá* y se los *demostrará*. *Nadie* puede hacer una obra *mejor* de la que **ya** ha sido *hecha*. La prueba **ya** está *establecida* – la *Perfección* ES, <u>*todo*</u> cuanto existe. Y *si* ustedes quieren *experimentar* dicha *Perfección*, entonces <u>*ustedes*</u> tendrán que dar el paso de *aceptar* que: ciertamente la *Perfección*, *está aquí*. ¡Y **no** será hasta que *ustedes* hayan *aceptado* que la Perfección *está aquí*, cuando la *experimentarán*! Ése, es el significado de: *"A quienes tienen, les será dado"*.

A quien haya *aceptado* la *Perfección* como *eternamente presente*, se le *concederá* dicha *Perfección*. A quien **no** haya *aceptado* la *Perfección* como *eternamente presente*, *"le será quitado la poca que tenga"*. Así nos ha sido dicho: *"Haced tesoros en el cielo, porque la 'carne' para nada aprovecha"* (Juan 6:63); que *"sembremos para el Espíritu, y no para la 'carne'"*; que *"toda 'carne' es, como la hierba"* (Isaías 40:6; 1ª. Pedro1:24). Se nos ha venido *diciendo* que la 'forma' *humana*, es tan solo: <u>*una imagen en la mente*</u>; que la *materia* es tan solo: *una imagen en la mente*; y que *si* vamos con el único propósito de *pensar* que Dios ha creado 'este mundo' para el *placer* de nosotros, para que podamos *acumular* posesiones *materiales* de 'este mundo', entonces encontraremos que vamos *en* **contra** de la sabiduría *de* El Cristo, Quien dice que: **no** hay *nada* que *necesite* ser *acumulado* **ni** *buscado*; que *todo* cuanto El Padre *tiene*, constituye **ya** *nuestro propio* Ser *Infinito* **y** *Completo*.

Acepten eso; *permitan* que fluya, y *permitan* que *las muchas moradas de El Espíritu*, Se les *revelen* – pero **no** a través del canal de los 'cinco' *sentidos* de la *ignorancia*, sino a través de *silenciar* ese *canal* de los 'cinco' *sentidos*, con lo cual se *abren* las *compuertas* de El Alma. Entonces ustedes *descubrirán* que la *mortalidad* **y** la *materialidad*, son los *mitos* de la *mente* de los 'cinco' *sentidos*. Entonces ustedes *notarán* la *armonía* que *disuelve* <u>*todas*</u> las *imperfecciones* que, en nuestra *ignorancia* acerca de la *Presencia* **de** Dios, estuvimos dispuestos a *aceptar*.

Ahora bien, eso es algo bastante *simple* de *seguir* – la *Perfección* ES, debido a que *Dios*, ES; la *Perfección* está *aquí*, debido a que la

Consciencia de Dios, está *aquí*. Acepten la *Perfección* en su *mente*, y entonces hallarán que se *despertarán* por las mañanas, y las '*aguas de los tiempos*' pasarán por la '*orilla* de su mente', y serán *eliminadas* tal como son *eliminadas* las 'huellas en la arena'. Pero *moren* con la *Perfección, tranquilamente* en la Conciencia, de modo que quede tan *profundamente arraigada*, que **ninguna** idea de la mente, pueda *borrarla* – y *brotará incesantemente*. La Perfección está: *aquí, ahora*. Lo que sea que ustedes 'miren', **no** puede *cambiar* ese Hecho *eterno*.

Ustedes *aprenderán a aceptar* a las personas, de manera *diferente*: El *Yo*, Cristo; El *Tú*, Cristo; la *Perfección, aquí, ahora*; El *Tú*, **no** puedes *robarme*; El *Yo*, **no** puedo *robarte* – porque resulta del todo *imposible*. La *Perfección está, aquí ahora* – ese Hecho **no** va a *cambiar*. La *estafa* más grande de 'este mundo', **no** *cambiará* el Hecho de que la *Perfección*, está *aquí*. La *estafa* está constituida por la *ilusión* de los 'cinco' *sentidos*. **No** hay *ladrón en la cruz*, debido a que **no** existe *sustancia material*; no hay *Jesús crucificado*, porque **sólo** *El Cristo*, se encuentra *allí*; **no** hay *verdugo*, porque **sólo** *El Espíritu*, está *ahí*. La Perfección ES, **Omnipresente**, ya que Dios ES, **Omnipresente**.

Ésa es: nuestra Ley *Divina*, y nos *sacará* del 'desierto'. *Practíquenla*, y lo *comprobarán. Sentiremos* **y** *conoceremos* esa Perfección, a medida que nos *movamos* la próxima semana, hacia la *Cuarta Carta*. Ahí nos encontraremos justo *fuera* de la *mente* de los 'cinco' *sentidos*; *fuera* de aquello que trae la *imperfección* hacia nuestra *atención*; ahí nos *encontraremos* en la *Práctica* de la *Presencia* de *Su* Conciencia, en <u>todas</u> partes; **y** en la consiguiente *Experiencia* de la *Perfección*, estando también presente en <u>todas</u> partes. De esa manera ya **no** nos encontraremos *viviendo* dentro de la *evidencia* de los 'cinco' *sentidos* – nos encontraremos *viviendo* dentro de la *aceptación* de Su Presencia *Perfecta,* en TODAS PARTES, como Ley *Permanente*. Nos encontraremos en una *nueva* clase de *Fe* – una Fe *activa*, una Fe *viva*. Lo anterior constituye: la *formación* de una *nueva Conciencia – Renacimiento* que acontece, debido a la *aceptación* de Lo *Invisible*.

Pablo tenía un nombre para esto –

"*Este Tabernáculo interior,* **no** *hecho con manos*" (Hebreos 9:11).

Estamos *aceptando el Reino* **no** *hecho con manos*. El *milagro* de la Presencia *Divina* en todas partes, lo constituye el hecho de que: ***jamás** neguemos* aquello que estamos *descubriendo* que *verdaderamente* somos: Hijos DE Dios.

Les agradezco mucho a todos, y espero verlos pronto de nuevo.

CLASE 6

AMOR DIVINO, Y AMOR PERSONAL

Revelación 2:18 – 29

Herb: - La semana pasada consideramos la *Tercera Carta a las Iglesias*, que implica: las *Cualidades* **de** Dios, *en* Cristo. Y la Carta estaba dirigida al *Ángel de esa Iglesia en la ciudad de Pérgamo*. Y eso estuvo dirigido al *Ángel* que es, Cristo, *dentro* de ti. Aprendimos durante esta Carta, que Jesús **nunca** fue 'crucificado'; que *todo* Ser que es Espíritu, el Ser *Individual* que es Espíritu, todo cuanto pudo ser 'crucificado' fue, la *imagen en la mente*, llamada: 'forma *física*', la cual, cuando el Espíritu es *concientizado*, se convierte en: una Imagen *Divina* **y** *Espiritual* – y **no** hay 'cuerpo' alguno ahí para ser 'crucificado', para estar *enfermo*, para ser *enterrado*. Y esta fue, básicamente, la esencia de la *Carta a la Iglesia en Pérgamo*.

Ahora bien, fue *necesario* que nosotros llegáramos a csc punto donde podemos *comprender* que el Espíritu **de** Dios, **no** puede ser 'crucificado'; **y** que el Espíritu **de** Dios, es *todo* cuanto hay. Esa comprensión fue *necesaria*, para *arribar* a un *nuevo* Nivel de Conciencia *de* 'nosotros mismos', que nos *condujera* a la *Cuarta Dimensión de la Conciencia* – un Nivel que *sólo* es alcanzable cuando se ha *superado*: la *conciencia material* de 'este mundo'.

Y ahora, en la *Cuarta Carta a las Iglesias*, hay una *Carta al Ángel de la Iglesia en Tiatira*. Se trata de un mensaje acerca de: El Amor – pero ustedes, **jamás** lo reconocerían, porque *también* trata de una 'mujer' llamada *Jezabel*, quien representa el '*amor propio*'. Y aunque resulta muy fácil dar una charla inspiradora acerca de: El *amor*, y de cuán hermoso es el *amor*, y de cómo el Amor *Divino* sustenta al Universo..., la mayoría de nosotros hemos escuchado charlas inspiradoras acerca del *amor*, pero tan solo representan *una* de las 'caras de la moneda'. Hallamos que 'algo *nuevo* tiene que ser *agregado* a nuestra *comprensión* acerca del Amor *Divino*; 'algo' tiene que ser *eliminado*; 'algo' debe *morir* en nosotros, de manera que la *verdadera* y *superior comprensión* del Amor *Divino*, llegue a nuestra *experiencia*. Y ése, es el *Propósito* de esta *Carta a las Iglesias*.

Comienza:

"*Y al Ángel de la Iglesia en Tiatira, escribe: Esto dice El Hijo de Dios, Quien tiene Sus ojos como llamas de fuego, y Sus pies como de bronce fundido*" (Revelación 2:18).

Ahora bien, "*los ojos como llamas de fuego*", implican una manera de hablar acerca de la *Omnisciencia*, la cual cuenta con *toda* la *Sabiduría*. Y los "*pies como de bronce fundido*" se refieren, nuevamente, a la *Sabiduría*, en el sentido de que uno camina **y** se sostiene sobre aquello que uno *conoce*. Así pues, esta *Sabiduría* está constituida por las cualidades *duraderas* del bronce. En otras palabras, Aquel que nos habla es: Quien ES Omnisciente en esa Sabiduría que *perdura*. Ustedes SON Uno **con** el Origen, cuando *escuchan* las palabras *del* Espíritu, *a través* de Juan. Y Juan se *dirige* al Cristo que está *dentro* de ustedes, al Padre *Interior*, Quien es El Hijo del Padre *Infinito*. Juan se está *dirigiendo* a esa cualidad de Amor, **del** Padre, la cual ES Omnipresente al Ser de ustedes. Juan le está *hablando directamente* a la cualidad del Amor *Divino* en ustedes, para *despertar* *su* propia Conciencia *Externa*, de manera que ustedes se hagan *conscientes* de este Amor Divino *Interior*, el cual se encuentra ahí, *esperando* por el reconocimiento de ustedes.

"El Yo, conozco tus obras, y tu caridad, y tu servicio, y tu fe, y tu paciencia y tus obras – y tus obras postreras son mayores que las primeras" (Revelación 2:19).

El Yo, nos está diciendo que la Calidad del Amor en *nosotros* ES, *Infinita*. Y, por lo tanto, nos encontramos ahora en un Estado *Progresivo*, elevándonos desde un cierto nivel donde se *libera* el Amor, hacia un nivel *superior*, en el cual la Calidad de las *Obras* de Amor *postreras*, será mayor que la de las *primeras*. Ahora somos *imperfectos* en nuestra comprensión del Amor *Infinito dentro* de nosotros; pero en la medida en que *avancemos*, en la medida en que nos *abramos* a *nuevos* conceptos, en la medida en que nos *expandamos* para *liberar* dichos conceptos, en esa *misma* medida, ese Amor, dentro de nosotros, se *expandirá* en nuestro *interior*, fluyendo hacia *adelante* – y entonces podremos *experimentar* más Amor *Divino* del que tuvimos en el pasado, al llevar a cabo ciertas Obras.

Pablo nos ha dicho que: *"El Amor, implica el* **cumplimiento** *de La Ley"*. Y existen ciertos *aspectos* al respecto, que debiéramos *considerar*. ¿Por qué El Amor implica "el *cumplimiento* de La Ley"? –Porque cuando ustedes han *liberado todo* aquello que constituye una *barrera* para El Amor, entonces ese Amor *fluye infinitamente*, cumpliendo La Ley **del** Padre, **en** ustedes. En otras palabras, El Amor fluyendo en forma *infinita a través de ustedes*, es una *señal* de que han alcanzado el *reconocimiento* de **Una Única** Conciencia *Infinita*. Y cuando han alcanzado ese *reconocimiento*, entonces La **Única** Conciencia *Infinita* Se cumple a Sí Misma; cumple *toda* Ley *Divina*.

Así pues, vean que *no* se trata que 'ustedes' se *vuelvan* más amorosos para *cumplir La Ley*, sino que, por el contrario, debido a que *ustedes están cumpliendo con La Ley*, es que, como consecuencia, 'ustedes' se *vuelven* más amorosos. El Amor, es la *señal* de que ustedes, están *cumpliendo con La Ley*. Porque cuando ustedes *cumplen con La Ley Divina*, entonces El Amor *fluye* para decirles que *ahora* se encuentran *dentro* de la Conciencia *Única*. Cuando eso *acontece*, cuando ustedes se encuentran *dentro* de la Conciencia *Única*, y el Amor *está cumpliendo La Ley*, entonces *todo* cuanto El Padre *tiene*, es manifestado *como:* la *experiencia* de ustedes – progresiva, *continua* e *ininterrumpida*. Es a este Poder *Infinito* **y** a este *Divino* Amor **en** ustedes, al Cristo *Infinito*, a Quien le habla El Cristo *dentro* de ustedes, diciendo: *"Despierta tú que duermes, y entonces El Cristo te dará Luz"* – la Luz **del** Amor, fluirá. Y en ese Amor que *fluye*, **no** hay poder alguno entre el Cielo y la tierra, que pueda *interponerse* en la Senda de ese *Perfecto* Amor.

Claro que esto no nos sería *conferido*, si no fuera una *posibilidad*. Y así, cada uno de nosotros, es *despertado* al Hecho de que: el Amor *Divino* e *Infinito* **ya** está *establecido* como la *base* de nuestro Ser – **no** es algo *externo* a nosotros; **no** está esperando en un *futuro* – **no**; se encuentra *aquí* presente; está *aquí*, *ahora*; se encuentra *dentro* de la Conciencia de *ustedes*. Y *cuando* ustedes hayan *aprendido* a RECONOCER CONSCIENTEMENTE Su Presencia, entonces ese Amor *Divino* e *Infinito*, Se *manifestará* en la *experiencia visible* de ustedes.

El *Propósito* ahora es, *liberar* ese *Infinito* Amor *Invisible* hacia manifestación *visible*, *liberándolos* a ustedes de la *esclavitud* de todo aquello *contrario* a ese *Perfecto* Amor. Hasta ahora, ustedes han experimentado El Amor, pero solo en *cierta* medida. *"Las obras postreras de ustedes serán mayores que las primeras"*. Porque ustedes se encuentran, *elevándose* en la Escala **del** Amor, *aprendiendo* a *eliminar* esas 'cualidades' en ustedes que han constituido la *barrera* para la *Plena* Concientización del Ser.

"Sin embargo, tengo algunas cosas contra ti" (Revelación 2:20).

Y ese *"sin embargo"*, se refiere a que, *a pesar* del hecho de que hasta ahora ustedes han mostrado *cierta* Caridad, *cierta* Paciencia, *cierto* Servicio, *cierta* Fe…

"El Yo, todavía tengo algo contra ti: porque has admitido y tolerado a esa mujer, Jezabel, quien se llama a sí misma una profetiza, para que enseñe y seduzca a Mis siervos, de manera que cometan fornicación, y coman aquello sacrificado a los ídolos" (Revelación 2:20).

Ahora bien, *Jezabel* (1ª. Reyes 18:19) *representa* una 'cualidad' común a *toda* persona sobre la tierra. *Históricamente*, ella se *casó* con un rey. En aquel entonces, era un rey de 'Israel', llamado *Acab*. Y la *simbología* implícita evidencia que *ese* rey de 'Israel', había *dividido su reino*. Él, se había casado *fuera* de 'Israel' – se encontraba en una conciencia *dividida* – *Israel* simbolizando la *Sabiduría Divina*. Y ahora el rey se había *casado* con una *extranjera*, la hija de Etbaal de Tiro. Y Jezabel era una *fanática* religiosa, tanto así, que *asesinar*, fue una de sus *adicciones*. Ella asesinaba a *todo* aquel que se le *oponía*, fuera o no, sacerdote *de* Dios. Y ahora 'Israel' o la Sabiduría *Divina*, la *búsqueda* del RECONOCIMIENTO del hombre de la *Unicidad*, fue *desafiada* por esta *fanática* religiosa, que se llamaba a sí misma: *profetisa*. Y ella fue desafiada por *un* solo 'hombre' – ese hombre sabía que Jezabel, *carecía* de *todo conocimiento* acerca del Dios *Único*.

De hecho, fue *Elías* (1ª. Reyes 18:19) quien se *opuso* a ella *sin* ninguna *ayuda*... y la *derrotó* – su propio nombre, *Elías*, significa: "mi Dios ES, El YO SOY". Ése, es el *significado* del nombre *Elías* – "Mi Dios ES, El Yo Soy". Y así, en la *simbología*, ustedes encuentran que El YO SOY, el *Único* Ser *Infinito* representado por *Elías*, quien adora *desde* el *Interior*, en el Templo del Espíritu **Interior**, se *opone* a Jezabel, quien está enseñando a los hijos de 'Israel' a adorar en lo *'exterior'*, a adorar *ídolos*, a adorar *becerros* de oro. Así fue cómo, entonces, la adoración *externa* y la Adoración *Interna* fueron *enfrentadas*; la conciencia *material* y la Conciencia *Espiritual* fueron *enfrentadas*. Y ahora, El Espíritu está *diciendo* al Cristo *dentro* de ustedes: "*¡Has tolerado a esa mujer, Jezabel, en medio de ti!*" – ese 'amor *propio*' que se *opone* al Amor *Divino*. Y el *objetivo* se establece como Amor *Divino*, el cual **no** puede ser *liberado* hacia la *Plenitud* del Ser donde ustedes se encuentran, *hasta que*: hayan *superado* a Jezabel, el 'amor *propio*'.

Por eso es que hoy, **no** estamos hablando con *inspiración* acerca del Amor, ya que la *verdadera Inspiración* llegará cuando *aprendamos* cómo *superar* el 'amor *propio*'. Entonces *experimentaremos* ese Amor *Infinito* residente de nuestro Ser; y ya **no** seremos más, guiados como Jezabel lo fue: por 'amor *propio*'.

Resumiendo: ella comenzó a *asesinar* 'sacerdotes'. Luego ella hizo que su *esposo*, el rey de 'Israel', fraguara un pequeño *plan* muy interesante. El *conocimiento* de **Un Único** Dios se había *debilitado* entre los hombres. Y para cuando el rey *asumió* el trono, ya se habían *construido* algunos *otros* altares en todo el país. La *Esencia* misma de la *Unicidad*, fue *simbolizada* por el *Arca* hebrea; y el *Arca* fue colocada *en* Jerusalén – *allí* era donde se adoraba, y en *ninguna* otra parte; *allí* era donde uno adoraba esa *Arca*. Y *toda* la gente peregrinaba *hacia* Jerusalén, al menos una vez al año, para estar ante la *presencia* del Arca – y con ello, *simbolizaban* la adoración en *Unicidad*.

Eran muy pocos los que *realmente sabían* lo que estaban *haciendo* – aunque ese fue el *Propósito* que se le *dio* a Moisés para *unificar toda* la religión hebrea *dentro* del conocimiento de **Un Solo** Dios. *Posteriormente* eso se *debilitó*, porque los hombres **no** *sabían* lo que "**Un Solo** Dios" *significaba*. Para ellos, *significaba* tan solo lo *contrario* de: *muchos* dioses. El pueblo hebreo **no** sabía que "**Un Solo** Dios", significaba "**Un Único** Ser" que abarca todo, y que constituye el **Único** Ser sobre la tierra. Cierto; Moisés lo *sabía*; Jesús lo *sabía*; Juan lo *sabía*. Pero ahora, el rey Acab **no** *sabía* nada de eso en absoluto. Así que, ¿*cuál* era la *diferencia* si se adoraba esa Arca *en* Jerusalén o si tenían unos *cuantos* ídolos por aquí y por allá, siempre y cuando la gente 'adorara' *algo*?

En ese entonces la Idea del Cristo *Interior* resultaba completamente *desconocida*. Y a la gente se le *adoctrinó* para que *adorara* a Baal. Baal era el *dios* que trajo Jezabel. Y siempre que

no adoramos en el *Interior*; cada vez que **no** adoramos al *Espíritu*, sino que adoramos 'algo' *fuera* de *nosotros*, estamos adorando a *Baal*. Baal es: el *símbolo* de la *adoración* **externa**. Y, por supuesto, las oraciones **a** *Baal*, las oraciones a estos *ídolos*, carecen de sentido; los *sacrificios* **a** estos *ídolos carecen* de sentido. Las oraciones a *Baal* **no** pueden ser *contestadas* por el ídolo. Toda oración *externa* fue revelada como siendo: *nada*; *carente* de Sustancia *Divina*. Y eso es lo que *estaba aconteciendo* con ese *gran* mensaje de lo ***Único*** – así que Elías, **no** *pudo* permanecer 'quieto'.

Dense cuenta ahora que *Elías*, **en** *ustedes*, <u>tiene</u> que ir *hacia* donde el 'amor *propio*' se encuentre. Elías, quien podía *levantarse* y *venir* al rey, pudo *decirle* brevemente: "Veo que vamos a tener *lluvia*"; y el rey respondió: "¿*Lluvia*? ¿Por qué? ¡Hace *tres* años que este país padece sequía! ¡He estado *esperando* por 'ti', para que vengas a *traer lluvia*! ¿*Dónde* está?". Y Elías envió a su sirviente al *Monte* Carmelo, y le pidió que *observara*; y el sirviente miró *afuera* y dijo: "*No* llueve"; y regresando, *no* informó nada. *Siete* veces fue *enviado* el sirviente; *siete* veces – tal como las *siete* letras, los *siete* Grados, los *siete* Pasos de la Iniciación que conducen a la Conciencia-*Cristo*. Y en la *séptima* ocasión, el sirviente *percibió* una *pequeña* nube. Eso fue todo – sólo una *pequeña* nube; a lo *lejos*. Y le informó a Elías, y Elías dijo *volviéndose* al rey: "*Será mejor que subas a tu carro y te marches, antes que la lluvia te impida conducir*".

En la Conciencia-*Cristo*, Elías **no** tenía por qué *depender* de la evidencia *externa*. Aquello que 'vio' con *sus* ojos, **no** determinó la *Verdad* **del** Ser. Lo que él <u>sabía</u> **dentro** de su Conciencia, constituía la *Verdad*. **No** pasó mucho tiempo *antes* que llegara la *lluvia*, **y** *antes* que *terminara* la hambruna. *Sólo* la Conciencia-*Cristo*, pudo *lograr* aquello que *nada* más podría. La Conciencia-*Cristo* pudo manifestarse como la *Armonía* del *Ser*: una *necesidad satisfecha* – **no** la *adoración* a los *ídolos* de Baal; **no** la *adoración* **exterior**.

Después viene otra escena donde todos estos 'sacerdotes de *Baal*', en este caso *cuatrocientos cincuenta* de ellos, fueron *desafiados* por Elías. El *desafío*, en aquellos días, consistía en 'llevar fuego' *desde* el cielo *hacia* el altar. Elías, *personalmente,* iba a *constatar* que la forma de *adoración* de Jezabel quedara *desterrada* de 'Israel'. Así que los 'sacerdotes de Baal' *intentaron* su *frenética* y *desesperada* manera de 'llevar fuego' desde el cielo hacia el altar: se *azotaron*; se *revolcaron* por las naves del altar; *oraron*; *cantaron*; hicieron *todo* cuanto sabían… pero **no** hubo 'fuego'. Y Elías dijo simplemente: "¿Estás *durmiendo,* Dios? ¿*Dónde* está este compañero, Baal? ¿*Qué* está haciendo? ¿No lo escuchas rezarte?" Y después Elías simplemente *entró a su propio* Ser **Interno**, *orando* por **nada** en particular, RECONOCIENDO que *toda* necesidad **en** el Padre, *ya* se encuentra *satisfecha* – *ahora, terminada,* esperando aparecer *visiblemente* a través del *testimonio* de una Conciencia que *conozca* la Verdad. "*Y mirad, he aquí, había 'fuego' sobre el altar*". Y este fue el *símbolo* del Cristo *Interior, superando* las imposibles probabilidades de los *cuatrocientos cincuenta* que se *oponían* a Elías.

Y así, ahora, Jezabel tuvo que *recurrir* a métodos más *estrictos*. Asesinó a unas cuantas personas más, porque sus *cuatrocientos cincuenta* sacerdotes *perdieron* la vida, después de haber *perdido* esta 'apuesta' con Elías. Así pues, *decidió* que: Elías estaba 'en su lista' – tenía que *deshacerse* de él. Una vez más, ahí está la *simbología* de ustedes: el 'amor *propio*' en nosotros, cuando *percibe* la '*Letra*' del Cristo, comienza a *oponerse* más *agresivamente* a este Cristo.

Así Jezabel llevó a cabo *todo* tipo de métodos para *introducir* la *idolatría* **y** la *adoración* a dioses *falsos*, pero *ninguno* fue *suficiente* para ella. En el fondo, ella era una *manipuladora* de corazón. Cuando *descubrió* que había un *terrateniente* que *no* vendería las *tierras* que su marido el rey quería, el marido *no* hizo *nada* al respecto, pero ella *sí*. Con algunos cargos *falsos*, ella se *deshizo* de él, *asesinándolo*. Y ahora encontramos que su adoración *falsa* se *impuso* a otras formas de vida que también eran *falsas*. Ella *utilizó* el gobierno para su beneficio *personal* – introdujo *nuevas* formas de *corrupción*.

Siempre, dentro de nosotros, el 'amor *propio*' busca el beneficio *personal*. El 'amor *propio*' **no** *ama* a nuestro *prójimo*; el 'amor *propio*' *planea*; el 'amor *propio*' *desea*; el 'amor *propio*' *busca*. Y entonces nosotros tenemos que *aprender* que Jezabel, el 'amor *propio*' que representa nuestro ser *inferior* – constituye ese *fanático, dentro* de cada conciencia *material*, que está *siempre* en *guerra* contra: Elías, El Cristo, la *Voluntad* **del** Padre.

Finalmente, Jezabel murió de forma muy extraña. Se dice que *los perros se comieron su cadáver*. Todo cuanto quedó fue: cráneo, brazos y, creo que sus pies – es decir, *nada*; ya ven. Y esta es la *simbología*: *tenemos* que llegar a ese *lugar* donde *todo* lo que simbolice Jezabel en 'este mundo', en *nosotros*, sea *expulsado* de nuestra Conciencia.

Bien pudieran ustedes decir: "*No* soy un *fanático* religioso; *no* soy *corrupto*; *no* estoy a *favor* del gobierno; *no* estoy *amenazando* a la gente, *ni reduciendo* o *restringiendo* los derechos humanos". Pero *ciertamente dentro* de cada uno de nosotros, existe una *antigua esclavitud* al 'pasado'; algo que **no** nos *permite dejar* los viejos *hábitos*. Aunque veamos los *beneficios* de lo *nuevo*, nos *aferramos* al 'ayer'. Y lo que todo esto está *pretendiendo*, es que *reconozcamos* la *necesidad* de una *reorganización* **total**; de un *cambio* **radical**; del establecimiento de un **nuevo** conjunto de motivos; una **nueva** y total forma de vida; una *ruptura* **completa** con el ayer, para que *toda* la *esclavitud* a los *antiguos* hábitos de la conciencia de 'este mundo', que se *aferran* a nosotros tratando de *expulsar* los Impulsos Superiores, sean *cuidadosamente:* encontrados, descubiertos, **y** probados *dentro* de nosotros, hasta que, al *limpiarlos*, al *purificarlos*, al *alcanzar* el punto en el cual **no** estemos más en un estado de 'amor *propio*', sino en un Estado *de Glorificación* al Amor **del** Padre, y entonces El Yo, pueda *constituir* ese lugar a través del cual, la Luz **del** Cristo, *brille*. Mientras haya 'amor *propio*', habrá un *segundo* 'yo' – "'yo', muero a diario", dice Pablo, al amor *a uno mismo*. "El Yo, Soy *renacido* **del** Espíritu", dice Jesús – *renacido* desde el 'amor *propio*', *hacia* aquello que es el Amor-*Cristo*.

Ahora bien, ¿*cómo* pueden ustedes *evitar* el 'amor *propio*' si *aún* cuentan con un 'yo'? –El *verdadero* instinto *natural* de cada uno de nosotros, implica *preservar* este 'yo', *aferrándose* a él, *mejorándolo*. Y tenemos que *aprender* que el Amor *Divino*, **no** puede *fluir* en un ser *humano*. **No** hay *lugar* alguno dentro de la personalidad *humana*, que facilite que *fluya* el Amor *Divino*. Jesús *reconoció* que sólo el *Espíritu* DE Dios, constituye *un* Canal para el Amor *Divino*. Y a lo largo de toda la Biblia, escucharán: "Caminad en *Amor*". "*Amaos* unos a otros, tal como El Yo, os he *amado* a vosotros". "Quien *ama* 'este mundo', **no** es *amado* por el Padre". ¿*Qué* es lo que todo esto nos *dice*? —Nos está *dando* una de las *revelaciones* más *grandes* que jamás escucharemos; y una que **nunca** hemos tenido que *enfrentar*: el que <u>*tenemos*</u> que *hacer* lo MISMO que Jesús *hizo* – *no solo* ser *renacidos* del Espíritu, *sino* DARNOS CUENTA que **jamás** nacimos *dentro* de una 'forma'. En lo profundo de tu *pasado* se encuentra el *nacimiento* de una 'forma'. Y en tanto ese *nacimiento* de una 'forma' *permanezca* en la *conciencia* de ustedes, ustedes *amarán* 'aquello' que *nació*; lo *protegerán*; se *esforzarán*: por *conservarlo*, por *mejorarlo*, por *edificarlo*, por *glorificarlo*. Y tenemos que *movernos* de *inmediato fuera* de esa *hipnosis*, cuando nos *demos cuenta* que: *seguir* al Cristo, ¡**no** implica *glorificar* la personalidad *humana*!

Todos hemos buscado y anhelado el Amor *Divino*. Y **no** lo hemos *encontrado*, porque ese 'ser *humano*', que *creemos* que 'un día nació', <u>*constituye el impedimento*</u>. Ustedes *llevan* un pequeño 'bebé': se trata de *ustedes mismos* cuando aparecieron por *primera* vez. ¿*Qué* es ese niño? Algo tuvo que haber *acontecido* para *hacerlo consciente*. Y *lentamente*, su forma de *conciencia* se convierte: en aquello que *toca*, en aquello que *oye*, en aquello que *huele*, en aquello que *ve*. Tan solo 'pequeños puntos' de conciencia *en expansión*. ¿De *dónde* surge esto? —Hemos descubierto que **no** *viene* DE Dios – el *padre* de ese niño, **no** es Dios; el *padre* de un mongoloide, **no** es Dios; el *padre* de un bebé azul, **no** es Dios; el *padre* de un niño muerto, **no** es Dios; el *padre* de la carne humana, **no** es Dios.

"*Mujer*", dijo Jesús; "¿qué tengo *El Yo,* que ver *contigo?*" (Juan 2:4).

Mi *Nombre*, **no** es: carne *humana*. Mi *Nombre* ES: *Luz*; *La* Luz *del* Cristo. Jesús le está *diciendo* a su madre **y** a nosotros, que ella **no** fue quien 'dio a luz' a *Jesús*. María, **no** 'dio a luz' a *Jesús*. "**No** llames Padre a **nadie** sobre esta tierra, porque **Uno**, es tu Padre". El Espíritu, **no** 'es nacido' a través de un vientre *humano*; ustedes, **no** 'fueron nacidos' a través de un vientre *humano*. El Espíritu ES Espíritu, y *jamás* cambia. "yo, *muero* a diario" (1ª. Corintios 15:31), dice Pablo – *muero* a la *creencia* de que llegué a través del *proceso* del 'nacimiento *humano*'. Algo *más* aconteció – y **no** fue aquello que el mundo *creía*. Justamente esa *creencia falsa* de que llegué a través del 'nacimiento *humano*', es aquello que crea la *entidad* que debe 'amarse a sí misma', y se *separa* así, del Amor *Divino* – se establece en el 'amor *propio*', e invita a Jezabel, a que 'se haga cargo'.

Ahora, como este *pequeño infante* que fueron, día tras día se han estado haciendo *más conscientes*, a través de los sentidos, y han *desarrollado* una *imagen* de 'ustedes mismos', a la cual han llamado: "su cuerpo". Han contado con una *mente*; y *cuerpo* y *mente* se han *desarrollado*, convirtiéndose en un "tú". Y ustedes han sido *enseñados* a *aprender* cosas; a *ser* mejores; a *estudiar* duro; a *hacer* algo de ustedes mismos; a *convertirse* en 'alguien'. Han estado *preparados* para: salir **y** casarse – para *criar* familias – todos completamente inconscientes de su Ser Espiritual, el cual '*jamás* nació' y '*jamás* morirá'. Y este Ser *Espiritual* que '*nunca* nació' y que '*nunca* morirá'; este *Cristo*, este Ser *Eterno*, ha sido *siempre* el Ser **de** *ustedes*; y constituye el Ser **de** *ustedes*, **ahora**; y, además, se encuentra **dentro** del Amor DE Dios. Porque El Cristo, y *únicamente* El Cristo, es Quien ha *recibido* el Amor DEL Padre. Cristo ES, el Hijo DEL Amor.

Cuando María fue *elevada* para RECONOCER que El Espíritu DE Dios *habitaba* **en** ella, y que *ahora* 'El Espíritu' *aparecería* como 'forma', ella estaba *estableciendo* el *patrón*, el *modelo*, para los Hijos *del* mañana; para los 'padres *del* mañana'; para la '*Nueva* Conciencia sobre la tierra', que puede conocer que **Un Único** Ser está *expresándose* – y que **no** existe *ningún* otro más. **No** hay 'mujer' alguna en el *mundo,* que alguna vez 'vaya a dar a luz' una nueva vida, ni una 'segunda' vida. Porque la Vida ***Única*** es la ***Única*** Vida; y así ha sido *establecida,* mucho *antes* que apareciéramos como 'forma'. Esa Vida ERA la Vida que el mundo llamaba: *Jesús*; esa Vida ES la Vida que el mundo llama: *tú.* Pero esa Vida, *nunca* 'es nacida' – y el RECONOCIMIENTO que *ustedes* hagan de su Ser *como* dicha Vida, **y** *como* las Cualidades de esa Vida, los *sacará* en última instancia, fuera de ese *falso* sentido de 'amor *personal';* los *sacará* fuera de esa *necesidad* de *protección* – porque *ustedes,* **no** se encuentran *ahí.*

Ahora vamos a desplegar un concepto *totalmente nuevo* de Cuerpo; **no** de un cuerpo *físico,* sino de ese Cuerpo *Espiritual* del que Pablo nos dice que: "**No** fue hecho con manos" (2ª. Corintios 5:1). *No* importa *cuánto* se *esfuercen* ustedes, *ahí* está este ser *humano* suyo, que *exige* cierta *atención* – se está *expresando* a sí mismo; se *mueve* hacia el mundo: *hace, dice, ve, exige...* Y ese 'ser', *jamás* puede *convertirse* en Espíritu; ese 'ser' es: la *imitación* del Ser de *ustedes*; ese 'ser' *constituye* la *barrera* para el *Divino* Amor. Ustedes, **no** *pueden llevar* el Amor *Divino* hacia ese 'ser'; ustedes *tienen* que SEPARARSE de ese 'ser', hacia El Ser, de manera que puedan *descubrir* que el Amor *Divino,* **ya** está *presente,* esperando la *muerte* diaria de ustedes, a ese *falso* 'ser'.

Ustedes **no** pudieron *crucificar* a Jesús, porque él, *nunca* nació. Él, *permaneció* en la Conciencia de la Vida *Eterna.* Nosotros, SOMOS ese *mismo* Ser – que *jamás* ha 'nacido'. Y solamente *muriendo a diario* a ese 'ser', **y** a *todo* lo que representa, *descubrirán* ustedes el gran *secreto*: "Que la Vida *comienza* cuando un *grano de trigo* es sembrado **dentro** de la tierra". Cuando ese *grano de trigo* es sembrado **dentro** de la tierra, se *abre,* y 'algo es nacido' que **no** podría nacer de *ninguna* otra manera. La *muerte* del *grano de trigo* constituye el *nacimiento* de 'aquello' que surge *desde* esa *muerte.* Cuando se nos dice que "*los muertos se levantarán de sus tumbas*", se nos está diciendo que contamos con la *oportunidad* de *abrirnos* al Amor, cuando *eliminemos* la *barrera* de un "yo" que *carece* de existencia *verdadera*. Ustedes, **no** pueden *vivir espiritualmente*, dentro de la *carne*. "*La carne, para nada aprovecha*" (Juan 6:63) – la *carne* es, como la *hierba*. Aquel que *vive por la carne, morirá por la carne; quien vive por la carne, hallará corrupción.*

Quizá esto **no** es lo que quisiéramos *escuchar*; pero El Espíritu, **no** se *preocupa* por lo que 'nosotros' queremos *escuchar*. El Espíritu, se *ocupa* de la *Libertad* **en** El Espíritu. Y muy *dentro* de nosotros, *sabemos* que esto es lo que *debemos* escuchar. Porque la *carne*, cuenta *siempre* con reglas *propias* a las que se *aferra*. La *carne*, está interesada en 'la gloria de Dios', **después** de su propia gloria – 'yo' primero; y luego, *tal vez* Dios. Pero El Espíritu, dice que *nosotros*, **no** tendremos una Conciencia *dividida*. Ustedes **no** pueden, *glorificar al* Padre, **y** al *mismo* tiempo también glorificar a un 'ser' *humano*. Así que *dense cuenta* que **no** estamos en ese *nivel* de conciencia que nos permita velar u ocultar La *Verdad* – tanto de *nosotros* mismos, como de los *demás*; **tampoco** *fingir* para *nosotros* mismos. *Nosotros*, *tenemos* que enfrentar el Hecho de que: *morir a diario*, significa *llegar* a ese *último* rincón en la Conciencia, en donde El Yo, he *encontrado* mi Ser *preexistente* que constituye mi Ser *presente*; **y** en donde se ha *eliminado* la *ilusión* de que el 'nacimiento de una imagen corpórea' constituyó el *comienzo* de mi Ser.

Ahora bien, *si* ustedes **no** llevaran a cabo lo anterior, entonces esto es lo que acontecería. Solo por un instante, *imaginen* que en 'este lado' está su nacimiento *humano*; y del 'otro lado', está su muerte *humana*; y que, en medio, se encuentra su '*forma presente*', su "cuerpo". Desde el nacimiento *humano*, ustedes han *llegado* a este *lugar* llamado "cuerpo". Y este "cuerpo" en el que ustedes *caminan* ahora, representa: el *concepto* de *ustedes* de su conciencia *completa* desde el nacimiento *humano* hasta este momento, el cual está representado por su "cuerpo". Porque su "cuerpo", constituye: la *representación* u *objetivación* de *su* propia conciencia. Y desde ese enfoque, ustedes se *moverán* hacia la muerte *humana*. Y ese viaje desde *aquí*, desde este "cuerpo" hacia la muerte *humana*, constituirá la *balanza* de su 'viaje' *desde* el nacimiento *humano* *hasta* la muerte *humana*. Ahora, este "cuerpo", en *medio*, constituye *todo* cuanto ustedes tienen que *mostrar*, porque justamente esto es lo que nosotros hemos *considerado que somos* – "cuerpo".

Ahora, *aparece* un hombre como Joel, y dice: "Tomen ese *nacimiento humano* y considérenlo como: el *inicio de un paréntesis* – y ahora, DISUÉLVANLO en su *mente*. Luego tomen esa *muerte humana*, y DISUÉLVANLA ahora en su mente. ¿Qué obtuvieron? –El que **no** existe *nacimiento humano* alguno; el que **no** existe *muerte humana* alguna; tan solo existe una *continuidad* de Vida *Divina*". Ahora bien, *¿qué* es lo que le va a *acontecer*, aquí *afuera*, a esta 'forma'? –La 'forma' va a *perder la conciencia* de haber sido *forzada* a estar *presente* entre la *cuna* y la *tumba*. De hecho, **no** se *mueve* durante ese lapso; en *absoluto* – ésa, era la *ilusión*. Una vez que el 'nacimiento' queda *fuera* de toda *consideración*, entonces la 'muerte' también queda *fuera* de toda *consideración*. *Nada, que **no** haya nacido, puede morir.* Así, en lugar de ser *alimentados* desde *un lapso de vida* dentro de un 'cuerpo', nosotros somos *alimentados* desde un *Período* **sin** **Fin**. Lo *Infinito*, está *alimentando* esta *Forma*, en lugar de estar *alimentando* a este 'pequeño lapso de vida'.

Por ello *aprendamos* a: *separarnos* de la *creencia* en el 'nacimiento'; *separarnos* de la *creencia* en la 'muerte'. Yo, **no** cuento con este *pequeño lapso* al que debo *glorificar*; más bien el Ser *Eterno* puede *ahora, fluir* libremente, una vez que <u>ustedes</u> han *eliminado* estas *barreras* de *conceptos* acerca de un *principio* **y** de un *final*, ya que El Espíritu, dice: "El Yo, *Soy* el Principio; y El Yo, *Soy* el Fin" (Revelación 1:8). ¡Lo anterior **no** se refiere a 'ustedes'! 'Ustedes', **no** *comienzan*; y **tampoco** *terminan*. "El Yo, *Soy* el Alfa **y** *Soy* la Omega. El Yo, *Soy* el Todo" (Revelación 1:8). Así pues, *relájense*. *Relájense*; porque El Reino **de** Dios, *dentro* de ustedes, **no** *comenzó* con la 'cuna' **ni** *terminará* en la 'tumba'. *Desháganse* de ese *viejo* concepto – ¡*desháganse* de Jezabel!

Eso es lo que implica el 'amor *propio*', que llena este 'pequeño lapso' – aunque el 'lapso', sea *ilusión*. Ustedes, **no** cuentan con *ningún* 'lapso' – ustedes SON, la *Propia* Vida; ustedes SON, la *Vida* que está siendo *Ella Misma*. Y ahora, la conciencia que había 'glorificado' este *lapso de vida*, y que buscó: protegerlo **y** mejorarlo, ¡*descubre* que *carece* de Vida alguna que 'proteger'! Ustedes estaban *dividiendo* el Manto del Padre, con la *creencia* de que la Vida **de** Dios, contaba con una pequeña *vida* llamada 'tú' – pero **no** es así; de hecho, ¡**no** existe *ningún* lapso de vida!

Y ahora, basados en la *fidelidad* de ustedes hacia la Verdad – **no** en la glorificación del yo *personal*, todo aquello que intentaba apoyar la idea de un *lapso* de vida entre la *cuna* y la *tumba*, <u>tiene</u> que *desaparecer*. "Mujer, ¿qué tengo El Yo, que ver *contigo*?" (Juan 2:4). –Mi Vida, **no** se encuentra entre la *cuna* y la *tumba*. El Yo, *Soy* la Vida; El Yo, *Soy* el Hijo DE Dios. "¡No llames 'padre', a *ningún* hombre sobre la tierra!".

Ustedes fueron concebidos *inmaculadamente*, DEL Espíritu. Y este *conocimiento* es lo que tiene que ser *considerado en* su Conciencia. *Mientras* que el mundo se ha preguntado si Jesús tuvo un padre *humano* o no, ¿acaso resulta *posible* el que un hombre tenga una madre *humana*, **y** un Padre *Divino*? La verdad es que Jesús, TAMPOCO tuvo una madre *humana* – de hecho, **no** hubo un 'Jesús' – ahí se encontraba *sólo* el Espíritu *Viviente* DE Dios, a Quien los hombres llaman: *Jesús*; pero este Espíritu *Viviente* DE Dios, Se conocía *a Sí Mismo*, tal como ustedes y yo tenemos que *aprender* lo que SOMOS: ese mismo Espíritu *Viviente* DE Dios, el cual es concebido *sólo* por el Padre, y que después aparece, como una *imagen*, a través de la *madre*.

Cierto; la *imagen* está ahí, pero tan solo se trata de una *imagen apareciendo* por medio de *otra imagen*. Y esas *imágenes* son importantes, puesto que constituyen la *evidencia* visible de la *Invisible* Identidad *Espiritual* de ustedes. Dondequiera que haya una imagen *visible* llamada 'forma', justo ahí ustedes están mirando la Evidencia *Visible* de una *Invisible* Identidad *Espiritual*. Y esa *Invisible* Identidad *Espiritual* es: 'tu prójimo' – el RECONOCIMIENTO de lo anterior constituye el Amor *de* ustedes. Y *si* quisieran que el Amor *Divino* trajera Su *milagro* a la experiencia de *ustedes*, entonces ustedes **no** debieran establecer barreras **ni** dividir a un vecino de otro. Porque hasta que el *Único* Espíritu *Infinito* sea TODO cuanto ustedes *aceptan* como la Realidad de la Vida, hasta entonces el Amor *Divino* **no** podrá *fluir* a través de ese Espíritu *Infinito*, hacia la Experiencia *Individual* de ustedes.

Estamos llegando a un 'punto' donde <u>tenemos</u> que: *aprender* a establecer *hábitos* – *hábitos* que establecerán la Conciencia DE la Vida *Divina*, como la vida de *ustedes*; y la Vida *Divina*, como la vida de TODOS aquellos que ustedes conocen. Estos *hábitos* <u>tienen</u> que ser establecidos, porque de lo contrario el *pensamiento* de 'este mundo' *borraría* incluso sus más grandes intenciones.

Por ejemplo, consideremos a: una madre que está preocupada por su hija – y lo curioso implica la idea *de* la madre acerca *de ella misma*: que, por ser la madre, <u>*debe*</u> cuidar a <u>*su*</u> hija – ella debe cerciorarse que <u>*su*</u> hija **no** haga esto o aquello. Y por lo general, pareciera más como un *general*, instruyendo a un soldado *raso* – *informando* de aquello que el soldado *raso* <u>tiene</u> que llevar a cabo. Pareciera como si la hija tuviera que vivir su vida, de acuerdo con aquello que la madre considera que la hija *debiera hacer*. Debido a lo anterior se establecen todo tipo de *candados psicológicos*: "*No* debes *hacer* esto; *no* debes hacer aquello; *no* debes hacer esto otro. Viernes y sábados *puede* hacerse, pero martes y miércoles, *no* está permitido. Y en cuanto a *mi* vida... bueno, puede que *no* haya sido lo mejor, pero *no* te guíes por aquello que yo hice. Yo he *aprendido* a través de la experiencia, por eso te estoy *diciendo qué* hacer". Ahora bien, en esta *seudo* fotografía, tenemos la forma *tradicional* con la que un padre cuida a un niño; tenemos la *idea* de la madre de que está aquí para, *dirigir* a esta niña, para *enseñarle*. "Y si yo *no* le *enseño*, entonces ¿*cómo*?; ¿*cómo* lo sabrá ella?

Bueno, lo anterior fue y probablemente es, lo que el mundo considera que es la *función* de una madre – pero **no** lo es. El *propósito* de la madre es: *abrir a ese niño al* RECONOCIMIENTO *de la Vida Divina*. Y lo que la madre ha estado haciendo, debido a toda su *orientación materialista* materna, es decirle al niño que obedezca algo **externo** a él mismo. Ella está apartando al niño *del* Espíritu *Interior* – "Obedece a mamá; **no** obedezcas el Impulso *Interior*; **no** te hagas consciente que eres un Ser *Espiritual*, sino vive de acuerdo con las *reglas* que 'mami' *establece*".

Lo anterior suena maravilloso y sería maravilloso, *si* diera resultados – pero curiosamente, **no** *funciona*. Porque *hasta q*ue un niño halle que su nombre es: el Espíritu *Viviente* **de** Dios, *todo* tipo de obediencia *física* **no** añadirá *nada* ante los ojos del Amor *Divino*. El Amor *Divino* todavía **no** *funcionará* en esa persona, porque **no** ha *concientizado*: su Identidad *Espiritual*.

De esa manera ustedes *descubren* que *Jezabel* cuenta con *muchas* formas *extrañas* de *aparecerse* en nuestras *personalidades*. Siempre, al *aferrarnos* a los *viejos hábitos,* pensando que estamos *haciendo el bien*, en *realidad* ahí hay un 'amor *propio*' en nosotros que dice: "Es 'por el bien' de este niño". Y de verdad estamos *dedicados* a la tarea – pero *siempre*, con *oídos sordos* a *Elías*; con *oídos sordos*, a la *Voluntad* **del** Padre en *nosotros*. **No** estamos *glorificando* al Padre, sino a nuestro concepto acerca del Padre. Y todo debido a una *falta* **de** *conocimiento* de que la Vida **Divina**, constituye la **Única** Vida que puede existir.

Ahora bien, *si* ustedes *supieran* que su hija fuera Vida *Divina*; *si* esto fuera una *certeza*: mi hija ES, Vida *Divina*… entonces ¿podrían ustedes estar *preocupados* ahora por la Vida *Divina*? ¿Comprenden entonces que *preocuparse* por ella, constituye la *Jezabel* que dice: "Eso, ¡**no** es Vida *Divina*!" *Jezabel* constituye la conciencia *dividida* que *piensa* que ama a Dios, pero que **no** ama a Dios lo suficiente como para: *aceptar* la TOTALIDAD **de** Dios. ¿Se *preocuparían* por si ese niño se casará bien o mal? ¿O se *preocuparían* por ese niño acerca de si debiera estar de regreso en casa a las once, las doce, la una o las dos? ¿Acaso *no* RECONOCERÍAN que la Vida *Divina* puede SEÑOREAR Su propia Vida, *armoniosa* y *perfectamente*? ¿Acaso ese RECONOCIMIENTO de esa Vida como *Divina*, no constituye la Ley de *Inmunidad* – *aceptada*, *concientizada* y **experimentada**? ¿*Quién* nos ha *amado* de *esa* manera? ¿*Quién* nos ha *amado* como

Vida *Divina*? ¿A *quién* hemos amado nosotros como Vida *Divina*? ¿Y *existe* alguna 'otra vida' que *no* sea **la** Vida *Divina*?

Vean pues, *generaciones, generaciones* y *generaciones incrustadas en* nosotros; plantadas tan *profundamente en* nosotros, que nos llevaría siglos *descubrir* 'dónde' comenzó todo. Todo cuanto nosotros hemos 'visto' son, seres *separados* allí – jamás hemos 'visto' la Vida *Única*. Y mientras estemos 'viendo' seres *separados*, todavía nos encontraremos dentro de un *sentido* de ser *personal*. Puede que *no* haya más de **cinco** de ustedes en el aula, que se encuentren listos para 'ver' al Ser *Único* en todas partes, al Ser *Divino*. Pero puedo asegurarles que esos **cinco**, encontrarán al Amor *Divino*, viviendo <u>sus</u> vidas. Dondequiera que ustedes *no* hayan "*dividido Sus Vestimentas*"; dondequiera que ustedes hayan *conquistado* la *creencia* de que ustedes son un ser *separado y apartado* de las 'otras' personas; dondequiera que puedan *mirar* y *deshacerse* de esos: "yo", "tú", "él" y "ella", y *sepan* que TODO cuanto está *allí*, justo donde las 'imágenes' *parecieran* estar, se encuentra el **Único** Ser *Divino*, entonces algo les acontecerá – algo que constituye el *destino final* de TODOS sobre esta tierra:

Ustedes han buscado su *Centro*. Se dicen a sí mismos: "Déjenme encontrar mi *Centro*". ¿*Dónde* está ese *Centro*? ¿Qué es ese *Centro*? Cuando ustedes *encuentren* su *Centro* verdadero, entonces será muy semejante a esto – mirarán a <u>su</u> hija, y dirán: "Ahí va la Vida *Divina;* el *Único* Ser *Invisible*, está ahí; ahí va mi hijo, y él ES, la Vida *Divina*, el *Único* Ser *Invisible*. Y de igual manera El Yo, *Estoy* aquí; y El Yo, *Soy* la Vida *Divina*, el *Único* Ser *Invisible* – El Yo, *Soy*". Bueno, existen 'tres formas', *pero* tan solo hay Un *Único* Ser *Divino*. Y detrás de estas 'tres formas' se encuentra el *Único* Ser *Divino* que El Yo, *Soy*; que ella, *Es*; y que él, *Es*. Ahora, *deshagámonos* de esos: "yo, él y ella", y simplemente vivamos en el RECONOCIMIENTO de que existe Un *Único* Ser *Divino*. Mientras El Yo, descanso en eso, entonces la Ley de ese *Único* Ser *Divino actúa* en mi Ser – se trata de la Ley **del** Amor, se trata del *cumplimiento* **de** La Ley. Mantiene *perfecto* su Ser o *Individualidad* Divina, *independientemente* de lo que ustedes puedan 'ver' como imágenes *físicas*.

Cuando 'algo' dentro de ustedes *sienta* que eso es *cierto*, entonces *descansarán* en el RECONOCIMIENTO de que hay: *Un Único* Ser *Divino* sobre TODA la tierra – y El Yo, Soy ese *Único* Ser *Divino*. Y cuando *encuentren* ese *Divino* Ser *Único* en *ustedes*, el cual constituye ese *Centro*, pero **no** de su *cuerpo*, sino del Ser *Infinito*, del Ser *Divino* en *ustedes*, entonces ese Ser *Divino* en *ustedes* constituirá el *Centro* de Lo *Infinito*. TODO el Universo *Infinito* funciona **y** actúa a través del *Centro* de *mi* Ser – El Yo, *Soy* el *Centro* de *mi* Universo. Y **no** se puede *ser* el *Centro* del Universo, cuando uno se considera un '*yo personal*', *separado* del *Único* Ser *Divino*, a nuestro alrededor. Justo así es como uno mismo se *limita* en este período, desde el principio hasta el fin: debido a que yo soy un "*yo personal*" – y la Gloria **y** la Gracia **de** lo *Infinito,* jamás nos podrán 'tocar', en tanto nos encontremos tan *limitados* en nuestra Conciencia.

Ahora bien, existe *Un Único* Ser *Infinito*, y **no** hay *nadie* a quien *excluir* de ese Hecho. *Cada imagen* constituye tanto un *reto* como una *prueba*. ¿Aceptan la *imagen*, **o** aceptan el *Ser Infinito Único* que se encuentra *ahí*? ¿Qué es lo que la Conciencia de ustedes *acepta*? ¿*Acepta* a Dios o a mamón? ¿*Acepta* al Espíritu *Invisible* o *acepta* la 'apariencia *física*'? Dense cuenta: uno mismo *tiene* que vivir con esto, hasta que haya *captado* que TODO cuanto puede estar *allí* ES, Dios. Tu hija fue Dios, TODO el tiempo; tu hijo fue Dios, TODO el tiempo. Y ustedes *preocupados* porque '*Dios*', volviera a casa temprano o tarde; preocupados porque '*Dios*', se casara correctamente o no – ¡ustedes estaban *aceptando* que hubo un *nacimiento*! El pueblo hebreo *tampoco entendió Un Único* Dios – ellos *pensaron* que había un Dios 'allá arriba', **y** 'acá abajo' todos nosotros los 'hebreos' – pero **no** es así. *Cada* 'hebreo' era una *imagen* física, de esa *Invisible* Vida *Divina*, la cual **nunca** podría *separarse* de Sí Misma. Había *Una Sola* Vida *Divina*, y esa Vida *Divina*, constituía el *Único* Dios. *Cada* 'forma física' era, simplemente, la *evidencia* de *conceptos mentales* que habían sido *admitidos*, en relación a lo *Invisible* – *conceptos* que se habían *admitido* a sí mismos, dentro de una 'forma'; dentro de una 'apariencia externa'; dentro de un 'concepto' que *carecía* de *toda* relación con la Realidad. La 'forma' que *nace*, se *convierte* en la 'forma' que *finalmente muere*. Y entonces ustedes encuentran que: **nunca** fue una '*Forma* **del** Padre' – fue una *imagen cambiante*.

∞∞∞∞∞∞ Fin del Lado Uno ∞∞∞∞∞∞

Hasta aquí la historia del 'amor *propio*' que *anhela* Amor *Divino*. Y para que se *aseguren* que el 'amor *propio*' *jamás* podrá *recibir* Amor *Divino*, escuchen lo siguiente:

"*He aquí, El Yo, arrojaré a Jezabel a la cama; y a los que cometan adulterio con ella, El Yo, los meteré en gran tribulación – a menos que se arrepientan de sus obras*" (Revelación 2:22).

Hablando de 'amor *propio*', entonces, quienquiera que esté involucrado con el 'amor *propio*', encontrará gran tribulación.

"*Y El Yo, mataré a sus hijos con la muerte*" (Revelación 2:23).

Dense cuenta que Jezabel es tan solo el *símbolo* del 'amor *propio*'. "*El Yo, mataré a sus hijos con la muerte*". ¿*Qué* son los 'hijos' del 'amor *propio*'? Todo lo que hacemos *humanamente*, es 'hijo' del 'amor *propio*'.

"*El Yo, mataré a sus hijos con la muerte; y todas las iglesias sabrán que El Yo, soy quien escudriña los propósitos y los corazones – y El Yo, daré a cada uno de vosotros, según vuestras Obras*" (Revelación 2:22, 23).

"*El Yo, soy quien escudriña los Propósitos y los Corazones*". El Cristo *Interior* **no** puede ser *engañado*. O están ustedes en el *Interior* del Cristo, o están en el 'amor *propio*'; están ustedes en El *Cristo*, o están en el "yo *personal*". ¿Quién decide su experiencia? –Ustedes lo hacen. *Su propia* Conciencia toma las 'decisiones'; *su propia* Conciencia los *mantiene* en un sentido de "yo *personal*" o los *libera* hacia El Cristo. Ése, es el significado de: "*El Yo, daré a cada uno de vosotros, según vuestras Obras*". La propia Conciencia de ustedes, *decidirá* aquello que vaya a *recibirse*. En el 'ser *personal*', TODOS los hijos, TODOS los hijos del 'amor *propio*', TODOS los hijos de la personalidad *personal* están: *condenados* a muerte. ¿Puede algo ser más *explícito*?

Volteen a su alrededor. ¿Acaso *no* es *cierto* que TODO aquel que se encuentre en un 'yo *personal*' está condenado a *muerte*? ¿Conocen algún 'yo *personal*' que no vaya a *morir*? ¿Ven algunas obras *personales* que vayan a 'llevarse' con ellos? De esta manera estamos siendo *elevados* al RECONOCIMIENTO de que tanto la *humanidad* como *Jezabel* son: *uno* **y** lo *mismo*. La *humanidad* constituye el 'yo *personal*'. Y mientras ustedes cuenten con un 'yo *personal*', estarán destinados a *morir* – las obras del 'yo *personal*' están condenadas a la *muerte*.

Nosotros nos encontramos en la *Palabra* o *Verbo del* Padre, diciéndonos que: **nada** permanecerá en este Universo, excepto *Mi* Espíritu, porque **no** hay *nada* más en este Universo. Una *imagen*, **no** puede ser *sustentada* por lo Divino. *Sólo* la Imagen *Divina*, la Luz del *Ser* de ustedes es: *sustentada* por El Padre.

Ahora bien, tiene que haberse *alcanzado* una *convicción* tal en nosotros, para que esa *Cualidad* en El *Mí*, ese 'núcleo de *humanidad*', que hasta cierto punto había sido el *foco* de *atención* de gran parte de mi vida, y el cual se 'niega a morir', tenga que *renacer* dentro de una *Nueva* Conciencia – tiene que haber: *Regeneración*. Y conforme ese núcleo de *humanidad* es *disuelto*, ustedes *descubrirán* que se avecina una *Nueva* Vida – la Vida *Regenerada*; la Vida *Real* que *emana* de aquello llamado: Ser *Infinito*, "*La Palabra o Verbo hecho carne*", siendo el *verdadero* y *mismo* Ser de *ustedes*. Y ese Ser, los 'hijos' de ese Ser, **no** están condenados, a la *muerte*. Las 'Obras' del Ser son, *prosperadas*; las Obras del Ser son, *ordenadas*. *El Espíritu va delante de* los *Hijos*, *delante* de las *Obras*, *delante* de los *Actos* de ese Ser, *y prepara el camino*. <u>*Sólo*</u> para ese *Ser*-Espíritu, es que *actúa* el poder **del** Espíritu. Y *si* fuéramos tan solo unos cuantos *discípulos*, estaría 'bien'; *si* tan solo fuéramos *uno*, estaría 'bien'. Pero sólo seremos ese *uno*, *si* es que *vivimos* en el RECONOCIMIENTO de que TODO aquello que en nosotros **no** sea Divino, <u>*tiene*</u> que ser *eliminado*. El Yo, debo 'ver' *a través* de eso, *hacia* la Luz **del** Ser. TODO aquello *aceptado* en el 'pasado', que **no** fue Divino, <u>*tiene*</u> que ser considerado como: aquello que *nunca fue*. **No** puede existir 'pasado' para la *humanidad*, cuando *sólo* el Espíritu existe; **no** puede haber 'futuro' para la *humanidad*, cuando *sólo* el Espíritu existe; y **no** puede haber 'presente' alguno. El Espíritu, *carece* de *pasado*, de *presente* y de *futuro*, en 'este mundo' – pero El Espíritu ES: *Omnipresente*.

Bien; ahora tendremos que *encontrar* la 'manera de vivir', *no* en el *falso* sentido del 'yo', para que podamos *glorificar el* Amor **del** Padre, en *nosotros*. Y se nos dice:

> "*Pero El Yo, a vosotros y al resto en Tiatira, os digo: A todos los que no tienen esta doctrina, y que no han conocido las profundidades de Satanás cuando hablan,* **no** *pondré sobre vosotros, ninguna otra carga*" (Revelación 2:24).

Habrá un 'lugar', cuando, *después* de haber *hecho* el *esfuerzo* por *derribar* aquello que **no** es El Tú, para *salir* de aquello que **no** es El Tú, un lugar donde *termina* la *demolición*, **y** *comienza* la *edificación*... un cierto lugar, donde **no** pondré sobre ustedes, *ninguna otra carga* – porque ustedes están *ahora* llevando a cabo, el *delicado* Esfuerzo *Espiritual* para ser *conscientes* del Ser *Espiritual*. Los karmas sólo continuarán, mientras *insistamos* en el 'yo *personal*' – ahí es entonces, donde las *cargas adicionales, continuarán*. Pero cuando ustedes se *esfuerzan* por *salir* del sentido de un 'yo *personal*', hacia la *aceptación* de un Ser *Infinito* como lo *Único*, como *Mi* Ser, como el Ser de *él*, como el Ser de *ella*, entonces las *cargas* comienzan a *detenerse*, **y** ustedes RECONOCEN que: 'la marea está cambiando'.

*"Pero aquello que **ya** tenéis, **retenedlo** hasta que El Yo, venga"* (Revelación 2:25).

Ahora bien, la *cita* anterior pudiera parecer más que *insignificante*, en este momento: *"Pero aquello que **ya** tenéis, **retenedlo** hasta que El Yo, venga"*. Sin embargo, pudiera *convertirse* en algo de lo más *significativo*, cuando *de repente*, aunque los campos *parecieran* estar 'estériles' para ustedes, aunque 'miraran' a su alrededor y dijeran: "Bueno, he ahí alguien *menos* merecedor que yo, pero *tiene más*", lo anterior **no** sería *cierto*. Siempre, el Espíritu *Interior* ES: *completo, perfecto, presente. Si* ustedes se permitieran caer en el error de *creer* la *apariencia externa* de personas que son *menos* merecedoras que ustedes, pero que tienen *más*; o si se permitieran *creer* que los campos están *estériles*, estarían *equivocados*. Así que: *retengan fuertemente* la *Verdad*; *aférrense* a su Conciencia de *Verdad*, a *"aquello que **ya** tienen, hasta que El Yo, venga"*. Y cuando *"El Yo venga"*, entonces dirán: "gracias a Dios que lo **retuve**". Porque El Yo, vengo *rápido*, **y** vengo con *frecuencia*. Este *"Yo"* que llega, *elevándolos* repentinamente hacia los *campos* de Gloria, lo hace de manera *tal*, que **no** existe *palabra* alguna que pueda *expresarlo* ni *repetirlo*. Y este Espíritu *Interior* los *elevará* hacia *Mansiones* que ustedes *jamás* soñaron que *existían*, **si** es que ustedes, **retienen** aquello que **ya** tienen.

Si ustedes miraran lo *estéril*, *sepan* que lo que están mirando, **no** puede ser – porque Dios ES, TODO; y Dios ES, abundante. Una *apariencia* estéril, **no** significa *nada para mí*; una *apariencia* enferma, **no** significa *nada para mí*; una *apariencia* de muerte, **no** significa *nada para mí.* ¿Por qué? –Porque la *Única* Vida *Divina,* **no** está *enferma,* **no** es *estéril,* **no** está *muriendo.* Esto *tiene* que *retenerse* con *firmeza, hasta que El Yo, venga;* y ese "Yo" es, su Conciencia *Espiritual – concientizada;* evidenciando repentinamente la *Plenitud* de aquello que habían *aceptado* que se encontraba en lo *Invisible.* Entonces, el *"mantenerse firmes",* les está *exigiendo* que estén: *dispuestos a caminar sobre las aguas del Espíritu Invisible.* Estén *dispuestos* a ver esos 'tramos de la nada', con el *conocimiento* de que están: *plenos, invisiblemente* llenos con la plenitud *del* Padre, *"hasta que El Yo, venga".* Y después ustedes 'verán' *al Padre que ve en secreto, Quien vierte en abundancia –* e incluso eso tan solo será el *comienzo.*

Ahora llegamos a la parte *trascendente* aquí:

*"Y a quien venciere, **y** guardare Mis Obras hasta el fin, a él, El Yo, le daré poder sobre las naciones"* (Revelación 2:26).

"Guardar Mis Obras hasta el fin" significa: **no** vivir en el '*amor propio',* en un '*sentido personal'* de logro; **no** *buscar* o *luchar* por algo para "mí", sino *honrar al* Cristo *Interior. "Guardar Mis Obras"* es: *honrar a* Cristo, dentro de *ustedes* mismos. Eso es lo que Jesús enseñó: *"**Si** vosotros Me amáis, ¡entonces seguidme! Quien ame al Padre, entonces amará al Hijo".* ¿Quién es el Hijo del Padre? –El Cristo **en** ti. *"Guardar Mis Obras hasta el final",* significa amar **al** Cristo *dentro* de ustedes, *más* de lo que aman su '*sentido personal* del yo'.

Únicamente *ustedes* son los que *saben **si*** lo están *haciendo* – pero, aunque el mundo *no* supiera ***si*** ustedes lo están *haciendo* o no, El Cristo *de ustedes,* **sí** lo *sabe.* Y por eso se dice que: *El Cristo,* '*examina'* el *corazón.* Si ustedes **no** se encuentran *viviendo* en el *Sentido-*Cristo del Ser, entonces es debido a que se encuentran *viviendo* en el 'sentido *personal* del yo'; y **no** están *"guardando Mis*

Obras hasta el fin". La *Fidelidad* al Cristo *Interior*, es parte del *"vencer"*.

Establezcamos aquí y ahora, un *método* para *saber* si estamos siendo *fieles* a las Obras **del** Padre, lo cual implica la *actividad* del Cristo *Interior*. Esto es algo que *cada* uno de nosotros <u>tenemos</u> que *practicar* – ya sea cuando lo *escuchen*, cuando lo *entiendan*, o cuando esté de alguna manera *relacionado* con esto: **Si** ustedes **no** *pasaran* un *solo* día *negando* la Omnipresencia **de** Dios, entonces *descubrirían* que la Gloria **de** Dios, los *sigue*, los *persigue*, **y** vive su vida, cuando *pueden encontrar* una manera de **no** *negar* la Omnipresencia **de** Dios.

Puede que los esté subestimando a ustedes, pero puede que no – los estoy llevando a un punto donde puedan *darse cuenta* que: *vivir* EN Dios, **no** resulta tan *complicado* como lo *indican* los muchos volúmenes en las bibliotecas. Esa *Capacidad* para **no** *negar* Su Presencia en TODAS partes, implica *continuar* en *"Mis Obras, hasta el fin"*.

Aquí tengo una 'listita' que pueden *utilizar* para ver si están *siendo engañados* para *negar* la Presencia **de** Dios, de forma tal que **no** estaban *conscientes* que estaban *siendo engañados*. Comencemos con lo simple, algo que **no** tenga que ver con el 'cuerpo físico' de *ustedes*, sino con el de *alguien* más. Tomemos a un 'amigo' que esté *enfermo*; he ahí un 'amigo' *enfermo*. ¿Aceptan 'eso'? Ahora bien, ¿por qué aceptarían que un 'amigo' esté *enfermo*, excepto porque creen que hay una 'persona' ahí? Ahí hay una 'persona' llamada: *amigo*. Bueno, ¿se dan cuenta que de **ninguna** manera hay ahí una 'persona' llamada: *amigo*? Una vez más, han *dividido* 'muchos seres' – **no** se encuentran *viviendo* en la Conciencia de **Un Único** Ser *Divino*. Así que cuando tienen ahí un 'amigo' enfermo, entonces deben ser *alertados* al hecho de que se han 'salido' de la Conciencia de **Un Único** Ser *Divino*. En el instante en que *aceptan* a un 'amigo' enfermo, en ese instante tendrán un 'yo separado', que **no** constituye el Ser *Divino* – el Ser *Divino*, **no** se *enferma*. ¿Quién es ese 'amigo' al que han llamado: enfermo? –Alguien que ***no*** es

El Ser *Divino*. Ustedes *saben* que lo anterior, los coloca justo *fuera* del Edén. Y así, *ahí mismo*, <u>ustedes</u> han *negado* la **Omnipresencia**. En el instante en que hay 'alguien' sobre la faz de la tierra al que ustedes llamen: *enfermo*, en ese instante habrán encontrado 'un lugar' donde Dios, **no** *esté*. –Y van a *pagar* el precio: el Amor Divino **no** *fluirá* hacia <u>ustedes</u>, porque <u>su</u> Conciencia, **no** "*guarda Mis Obras, hasta el fin*".

Así que entonces ahora *tienen* que *retornar* al *reconocimiento* de que: <u>*el* **Único** *Ser que existe* ES, *el Padre, lo Invisible, El Padre Divino, la Única Vida Invisible que está aquí y que está allá*</u>. Y esa **Única** Vida Invisible, **no** está *enferma*. Bueno, *ustedes captaron* una *imagen* enferma – pero eso **no** implica que 'cuenten con un *Ser* enfermo'. Ustedes **no** *tienen* una Vida *enferma* – tienen una 'apariencia' *enferma*. RECONOZCAMOS entonces, que la Vida **Única** **del** Padre, se encuentra *justo* allí donde la 'apariencia enferma' está. ¿*Cuál* es la *Realidad* – la **Invisible** Vida Divina **o** la '*apariencia* enferma'? –Ustedes *saben* que la *Realidad* ES, la **Invisible** Vida Divina.

Ahora resulta que ustedes quieren 'hacer' de esa '*apariencia enferma*', una '*apariencia feliz*'. Pero *si* la *Única* Vida Divina Invisible está *ahí*, y constituye la *Única* Realidad, entonces aquello que ustedes realmente están intentando 'hacer' es, 'cambiar' la *irrealidad* de lo malo por la *irrealidad* de lo bueno. Y ustedes se encuentran *atrapados*, ¿cierto? **No** están *aceptando* que sólo la **Única** Vida Divina está *ahí* – tienen 'dos' vidas allí. Ustedes tienen, 'por un lado', la **Única** Vida *Divina*, **y** por 'el otro lado' tienen la 'apariencia enferma'. ¿*Cuál* de las **dos** van a *sacar* de *su* Conciencia? ¿Están *dispuestos* a RECONOCERME – la Vida *Divina* – en *todos* sus Caminos? ¿Están *dispuestos* a RECONOCERME – la Vida *Divina* – con *todo* su Corazón, Alma y Mente? Entonces, ¿*cómo* podrían ustedes *reconocer* la 'apariencia' de algo llamado 'enfermedad'? Ustedes estás siendo *desobedientes* al hecho de que: *sólo* la **Única** Vida Divina está *ahí*.

Ahora, *aprendan* algo más. Esa Vida *Divina* **Única** que está *ahí*, también constituye un *Cuerpo* Espiritual *Invisible* ahí; y esa **Única** Vida *Divina* se encuentra *divinamente* manifestada, *Invisible, ahí* mismo. La Palabra, el Verbo, se hace Carne *Invisible, ahí* mismo. Ustedes están *viendo* a su 'amigo', *incorrectamente* – **no** están 'viendo' el Cuerpo *Espiritual Invisible* de su 'amigo', *aquí* mismo; están *equivocados*; están siendo un testigo *falso;* están *mirando* a través del 'ojo' de un ser *humano* – y la razón por la que están 'viendo' a través del *ojo* de un ser *humano*, es porque **no** han *aceptado* la *misma Verdad* sobre la que 'ustedes' se *encuentran*. *Ustedes*, **no** han *aceptado* que el *lugar* sobre el que se encuentran, *Tierra Santa* ES (Éxodo 3:5) – porque justo *donde* <u>ustedes</u> están, se encuentra la Vida *Divina*. Y esa Vida *Divina* es manifestada *Espiritual* **e** *Invisiblemente* como, *Cuerpo Espiritual Perfecto*.

La Vida *Divina* que *ustedes* son, Se ha concebido *Inmaculadamente* a Sí Misma, justo donde *ustedes* se encuentran, como *Cuerpo Espiritual* Perfecto. Y ustedes, NO están viviendo *dentro* de ese *Cuerpo*, **conscientemente**, por lo que 'miran' a través de <u>su</u> imagen, hacia 'otra' imagen. Pero ahora, *inviertan* eso. *Regresen* a la *aceptación* de aquello que trata esta *Carta a las Iglesias*. Esta *Carta* está *dirigida* al Cristo **en** <u>ustedes</u>, para que la *falsa* conciencia **externa** pueda *despertar* al Ser *Espiritual* de <u>ustedes</u>; al Cuerpo *Espiritual* donde <u>ustedes</u> se encuentran. Y ustedes <u>tienen</u> que 'mirar' al mundo *desde* esa Conciencia, *aceptando* que *dondequiera* que la **Única** Vida **Invisible** se manifieste *invisiblemente*, justo *ahí* mantiene esa evidencia **o** manifestación. La Palabra o *El Verbo* hecho carne, **invisiblemente**, se encuentra *infinita* **y** *perfectamente*, dondequiera **y** ahora. En TODAS partes de este Universo, el *Infinito* Cuerpo *Espiritual* existe bajo la Ley *Espiritual* – ahora. Y la *apariencia* de algún 'amigo' enfermo, no es más que: un *concepto falso admitido* acerca de esa: *Invisible* Manifestación *Perfecta*.

Ustedes, <u>tienen</u> que *continuar* en las Obras **del** Espíritu; y, por consiguiente, *descansar* en el CONOCIMIENTO de que *dondequiera* que El Yo Soy está, *ahí* se encuentra el *Perfecto* **Cuerpo** *Espiritual*.

Justo donde se encuentra la *apariencia* de un 'amigo', justo *ahí* se encuentra el *Perfecto* **Cuerpo** *Espiritual* – el cual es *mantenido* por la *Perfecta* Ley *Espiritual*.

El Yo, Estoy *venciendo* –

"Al que venciere, El Yo, le daré Poder sobre las naciones"
(Revelación 2:26) –

sobre las *creencias materiales* de 'este mundo' – trátese de *enfermedad*. El Yo, Estoy *superando* la *creencia* de que la *enfermedad* puede existir donde la ***Única*** Vida *Divina* está. Ahora bien, ¿qué *más* tendrían que *hacer* al respecto? *Si* alguien les dijera que: el sol *no* está en los cielos, ¿tendrían que ir a *buscarlo* y *ponerlo* de nuevo ahí? –Se encuentra en los cielos. *Si* alguien les dijera que 'están enfermos', ¿tendrían que ir en *busca* de su Vida *Divina* y *colocarla* allí? –***Ya está ahí***. El hecho de que el sol esté fuera de los cielos es, una *mentira*, porque está en los cielos; el hecho de que haya enfermedad es, una *mentira*, porque la Vida Divina está ahí; a solas; y *no* está enferma. Ustedes están *aceptando* la **Omnipresencia**; su **aceptación individual** es todo cuanto se *necesita*. Ustedes están *aceptando* el 'Hecho', sabiendo que: TODO HECHO ACEPTADO EN LA CONCIENCIA SE CONVERTIRÁ EN UN HECHO VISIBLE. –Ustedes se encuentran *establecidos* en la Conciencia ***Única***; ustedes NO están siendo *tentados* a *reaccionar* debido a una *mentira*; ustedes están *manteniendo* la *Integridad* de la ***Única*** Vida *Divina*; ustedes están *continuando en "Mis Obras"* – están *superando* la creencia de que existe algo más que Mi ***Única*** Vida *Divina*. De hecho, ustedes están siendo *un Israelita*: No están cometiendo el *error* de *aceptar* un Dios 'en los cielos', sino *admitiendo* un ***Único*** Ser *Divino*, a Quien *conformamos* **TODOS** nosotros.

Jezabel *se ha ido*. Ya NO hay otro 'ser' para amar, que no sea el ***Único*** Ser *Divino*. **No** hay 'amigo' *personal* allí; NO hay un 'yo *personal*', aquí, para ver a un 'amigo' *personal*, allí. Tan *solo* existe el ***Único*** Ser *Divino*, siendo ***Él Mismo***, *aquí* **y** *ahora*. Y el hipnotismo de 'algo más' que ese Ser ***Único***, ha sido *descubierto*, lo cual los *capacita* a ustedes para *aquietarse*. Y he aquí, la *Salvación* de esa ***Única*** Vida *Divina,* se *expresará* ahora *visiblemente* a través de su Conciencia *Iluminada aquí* – aparecerá *allá*. Ustedes están *aceptando* la **Omnipresencia**, la Presencia ***Única***; NO están *negando* la *Omnipresente* Vida *Divina* ***Única***. Y ustedes bien *saben* que lo 'opuesto' se trata de: una *mentira*, la *irrealidad*.

Cualquier forma de *enfermedad*, implica una *negación* de la ***Única*** Vida *Divina Omnipresente*. Y *si* ustedes *aman* cualquier 'otra vida' *más* que a la ***Única*** Vida *Divina Omnipresente*, entonces es que **no** se encuentran *recibiendo* el mensaje del Amor *Divino*: "*¡Amadme!*" Amad a *vuestro* Padre; Amad *al* Cristo "*Si algún hombre ama* 'este mundo', *entonces el amor* **del** *Padre,* NO *está en él*". Ustedes *renuncian* a todo concepto *humano*, y simplemente *aceptan* que la Vida *Divina* está *aquí* – NO existe 'poder' alguno sobre la tierra para *apartarla*; no hay 'poder' alguno sobre la tierra, para hacer que la Vida *Divina* NO sea *Divina*; **no** existe 'poder' alguno sobre la tierra para llevar a cabo 'algo', excepto el *propio* Ser Perfecto de ustedes – *presente* en TODAS partes.

Por tanto, ¿de qué se trata todo esto? Si *nada* puede 'apartar' al Perfecto Ser *Divino*, ¿qué es todo esto? –*Hipnosis*; ustedes se encuentran: *hipnotizados*; ustedes se encuentran: 'mirando' aquello que NO está *allí*. Y lo están 'mirando', debido *a eso de ustedes*, que NO se encuentra *aquí*, y que es 'quien' está 'mirando'. *Encuentren* su *Centro* Divino – sean *Fieles* a ese *Centro*. Y así, ustedes encontrarán que su *Centro* Divino es, el Centro de TODO aquello que es *Divino* en este Universo. *Cada* uno de nosotros, *dentro* del *Milagro de lo Infinito*, constituimos el *Centro* Divino de lo Infinito. ¡NUNCA fuimos *nada menos*!

Ahora, cada vez que 'encuentren' una *enfermedad*, entonces, habrán 'encontrado' aquello que *carece* de *existencia*, y NO estarán siendo Fieles a la Vida *Divina* – y bajo esas *condiciones*, el Amor *Divino,* NO va a *fluir* en su *experiencia*. Sólo cuando ustedes *venzan* la *creencia* de que existe: *otro* lugar, *otra* vida, *otro* Ser que la **Única** Vida *Divina*, es que les será *otorgado* "el Poder *sobre las naciones*"; es decir, el *Poder* sobre la *materialidad*.

> "*Y Él, los regirá con vara de hierro; tal como las vasijas de un alfarero se rompen en añicos – así como El Yo, lo sufrí de Mi Padre*" (Revelación 2:27).

Cuando hayan *aceptado* la **Única** Vida *Divina*, entonces el *Poder* de esa Vida *Divina* – por Sí Misma – hará *añicos todos* los 'demás poderes', tal como cuando las vasijas de un alfarero son arrojadas al *suelo*. TODOS los 'poderes' en 'este mundo', están *hechos añicos* por la *Verdad*, la cual constituye: la Vara, la *Verdad* del Espíritu, la *Verdad* de la Vida *Divina* **Única**, misma que gobernada y señoreada por *ustedes*, hace añicos TODA apariencia de *falso* poder. No hay nada que pueda *oponerse* al *conocimiento* de *ustedes*, acerca de la **Única** Vida *Divina* – aquí, allá, en TODAS partes – ¡NADA puede *oponerse* a ello!

Porque tal como El Yo, he recibido *de* Mi Padre el que: "El Yo, *Soy* esa Vida *Divina*, ese Cristo *dentro* de ustedes"; de la *misma* manera, "tal como El Yo, he recibido *de* Mi Padre, así ustedes lo reciben *de Mí*". *Cuando* ustedes hayan *aceptado* que la **Única** Vida *Divina* constituye su Vida, entonces habrán *aceptado* al Cristo, como el *Nombre* de *ustedes* – y aquello que El Cristo ha recibido *desde* El Padre, se convertirá en la *Ministración Permanente* para ustedes.

Ahora bien, *todo* lo anterior constituye la *Verdad* de *nuestro* Ser, *ahora* – todos lo *sabemos*. Nuestro problema *no* es *saberlo*; nuestro problema es: PRACTICARLO, ¿cierto? Todos *sabemos* que *somos*: Vida *Divina*; todos *sabemos* que nuestro Nombre es: Cristo; todos *sabemos* que El Espíritu *de* Dios es: nuestro **Único** Nombre... La PRÁCTICA de esa *Verdad* es aquello que *marcará* la *diferencia* acerca de superar la *creencia* en: un 'segundo yo'.

Y ahora *ustedes* dicen: "No *tengo*; *estoy* 'corto' este mes". ¿Se dan cuenta de lo *ridículo* que resulta *en* La *Verdad*? Porque el 'yo' que está 'corto', en *realidad* está diciendo: "El Yo, NO soy Vida *Divina*". Y en el instante en que ustedes *aceptan* la limitación y la carencia, en ese instante están *aceptando* que El Yo, NO Soy la Vida *Divina* – y justamente esa es la *razón* por la que están 'cortos'. La *creencia* de que *ustedes* podrían 'ser algo más' que Vida *Divina*, constituye aquello que se *exterioriza* como *carencia*. Así que, cuando ustedes *vean carencia* en su vida, ¡NO se dejen *engañar*! Ya hemos tenido *demasiados* años con esa *creencia*, siendo *engañados* por ella. Pero **ahora**, podemos *enfrentar* la 'carencia', y decir: "Ésa, NO es más que *otra apariencia*, tal como un 'amigo' enfermo – aunque tan solo hay una **Única** Vida *Divina*. El Yo, TENGO **todo** el *maná escondido* que existe. La *única* razón por la que no se ha *evidenciado* es porque 'yo', en mi insensatez, *pensé* que era un ser *humano*, NO un Ser *Divino*. Y el ser *humano* es, un ser: *finito*, *dividido*, *separado* del **Único** Infinito. Y 'yo' me la paso *diciendo* a lo Infinito: Vete; *no* quiero nada de ti; 'yo' soy un ser *humano*". –¡Pero **no** lo Soy! El Yo, Soy el **Único** Ser *Divino*; y la plenitud **del** Padre *fluye* a través de *Su* Propio Ser Infinito. Así que observo la *apariencia de carencia*, pero El *Yo*, NO *negaré*, la **Omnipresencia** de la **Única** Vida *Divina*.

Dense cuenta que han *pasado* sus días, *negando* la Omnipresencia de la **Única** Vida *Divina,* y preguntándose por qué el Amor *Divino* NO se expresa en *sus* vidas. Es como poner un letrero en la puerta, diciendo: "¡**No** *entrar*!"; y al *mismo* tiempo, preguntarse la *razón* por la que 'nadie' *entra*. Pero, como ustedes SON Vida *Divina*, y *así* lo *aceptan*, entonces *tienen* que *aprender* a *rechazar* todo aquello que *niegue* que *ustedes* SON: Vida *Divina*. Luego, *rechazando* todo aquello que *niegue* que *ustedes* SON: Vida *Divina*, "continuarán en Mis Obras". Ustedes lo están *logrando*; ustedes están *Siendo*: un Hijo *Fiel*. Y El Padre *Interior*, Quien *examina* los estados de conciencia y los corazones; Quien *ve* en lo secreto, los *recompensa* **abiertamente** – porque la Conciencia **Única**, *aceptada* como

La Conciencia de **ustedes** al *aceptar* la **Única** Vida *Divina*, les *garantiza* a ustedes, *permanecer* bajo el *gobierno* DE Dios.

He aquí una pequeña 'lista': carencia, limitación, dolor, desastres, cambio, búsquedas, cuestionamientos, esfuerzo, oraciones, ver a los 'individuos' en lugar de percibir al Uno, miedo, crítica, planes, deseos, ver el mal, escuchar el mal, hablar el mal, resistir o reaccionar al mal. ¿Se dan cuenta lo *ilimitada* que es la 'lista'? ¡Y lo hacemos *a diario*! –*Vemos* el mal; *oímos* el mal; *hablamos* el mal; *reaccionamos* al mal. Todo eso constituye: una *negación* de la Vida *Divina*.

Así pues, *encuentren* su Centro *Divino*. El Yo, Soy la **Única** Vida *Divina*. El Yo, Estoy *superando la creencia* de que NO soy la **Única** Vida *Divina* – ése es mi *triunfo*. Ahora bien, *si* El Yo, Soy la **Única** Vida *Divina*, entonces NO puedo *beneficiarme* **de** 'mi prójimo', porque Él, ES la **Única** Vida *Divina*. El Yo, *Estoy permitiendo* que la **Única** Vida *Divina Se viva* a Sí Misma. ¡Que el Cristo *Se viva* a Sí Mismo! Dense cuenta cómo ahora, *tienen* que llegar a *confiar* en esa **Única** Vida *Divina*. Aceptar lo anterior implica: *caminar* sobre el Espíritu; *caminar* sobre las Aguas Vivas de la Confianza; El Yo, *Soy* la **Única** Vida *Divina* y, por lo tanto, mi Ser *Eterno* **ya** está Plenamente *Satisfecho*.

> "Y El Yo, le daré a Él, la Estrella de la Mañana"
> (Revelación 2:28).

Como ustedes están *dispuestos* a *aceptar* la Vida *Divina* **Única**, **y** como son *Fieles* a Ella, entonces "*El Yo, les daré la Estrella de la Mañana*". Hay una Luz *brillando* en la oscuridad, y *si* ustedes están *dispuestos* a *aceptar* la Divinidad como el Ser **Único**, entonces esa Luz *brillará* a través de la oscuridad – **y** Se hará *visible*. Esa Luz será la Luz *Iluminadora* del Ser *llegando* a través de la Conciencia de ustedes – la *Estrella de la Mañana*, la Estrella del *Día*, la Estrella que los acompaña a lo *largo* del día, para *otorgarles* esa *Visión*-Cristo *Interior* acerca de la Realidad *Invisible*.

Esa *Estrella de la Mañana* constituye: la *Iluminación* que todos hemos estado *buscando*. *Sólo* puede *llegar* a quien es *Fiel* a la *Única* Vida *Divina* – en TODAS partes; a quien NO ve 'otra' vida; a quien NO *acepta* 'ninguna otra' apariencia, *sabiendo* que el Ser *Invisible* está justo *aquí* **y** justo *allá*; sabiendo que *Somos* Uno; y que ¡El Yo, Estoy en la *Quietud*! Y en este *reconocimiento, la Estrella de la Mañana* en ustedes, comienza a *elevarse*. Se *eleva* hacia *su* Conciencia para *iluminarla*; para *brillar* en *su* Conciencia; para *brillar a través de* y *fuera de su* Conciencia, *bendiciendo* al mundo. El Cristo, *nacido en ustedes* constituye: La *Estrella de la Mañana*.

"Quien tiene oído, que escuche aquello que El Espíritu dice a las Iglesias" (Revelación 2:29).

Este *"escuchar lo que El Espíritu dice"*, implica siempre *mantenerse escuchando* al *Interior*. Porque hay mucho más para *continuar*; ustedes, *nunca* terminan. "MAYORES *cosas haréis"* (Juan 14:12). Esta *Estrella de la Mañana* apenas *comienza a elevarse* en Conciencia, a medida que *avanzamos* en la *comprensión* de que: *El Yo, (y) el Padre, somos* la *misma* **Única** Vida *Divina*. Vosotros *Me* 'veis', entonces vosotros 'veis' la Vida *Divina del* Padre – *invisible* para los *ojos*, pero, sin embargo, *nada más* se encuentra *aquí*. 'yo' te *veo*, pero tan solo 'veo' la *apariencia*. TODO cuanto está *ahí*, es la *Única Perfecta* Vida *Divina* DEL Padre. ¿Cuenta con algún *testigo* en la Conciencia **de** *ustedes*? *Si* así fuere, entonces ustedes habrán *encontrado La Estrella de la Mañana* – **e** *iluminará su* Camino; se convertirá en *"Lámpara para sus pies"* (Salmos 119:105).

Ahora contamos con *nuestro* Centro *Divino* – la *comprensión* de que El Yo, *Soy* esa Vida *Divina*, la cual constituye la Vida **del** Padre. Y El Yo, NO comencé al *nacer*, porque la Vida del Padre NO comenzó con *mi* nacimiento *humano*. El Yo, NO tuve principio; El Yo, *Soy* esa INFINITA Vida *Divina*. Y enfaticen esa palabra: "*Infinita*", en *su* Conciencia, para que *nunca acepten* la *apariencia* de *finitud*, como un Hecho. ¡No *puede* haber nada *finito* en lo *Infinito*!

Ahora bien, este es el *cambio* que está ocurriendo en *nuestra* Conciencia. Como seres *humanos, observamos* un mundo *fuera* de nosotros mismos, sobre el cual *pareciera* que tenemos una especie de *cuasi* control, hasta *cierto* punto – en *realidad*, 'este mundo' *fuera* de nosotros, *nos* controla; tiene *dominio* sobre *nuestras* 'formas'. Nos dice *cuándo* vamos a *morir*; nos dice *cuándo* nos vamos a *enfermar*. –Ése, es nuestro ser *mortal*, del que estamos *aprendiendo* que, *jamás* fuimos *mortales*.

También existe la *Realidad* acerca *de* nosotros – y NO implica una vida *humana* mirando hacia 'este mundo'. Se trata de la Vida *Infinita* mirándose *a Sí Misma*. El *Interior* de ustedes constituye *su* Ser *Infinito*, mirando *dentro* de *Sí Mismo*. No existe *nada fuera* de la Vida *Infinita* de ustedes – TODO, en la Vida *Infinita*, se encuentra *dentro* de *Sí Misma*. Y es por eso que se les dice: "*El Reino* DE *Dios, está* DENTRO *de vosotros*" (Lucas 17:21). Ustedes *aprenderán* que *pueden* vivir *dentro* del Ser *Infinito*, *mirando* hacia *adentro*; y entonces *toda* su vida se *desplegará dentro* de *su* RECONOCIMIENTO *Infinito*. –Ustedes NO *mirarán* desde *adentro* hacia *afuera*; ustedes NO estarán *viendo* un mundo *externo fuera* de ustedes. TODO cuanto acontece *en* lo Infinito, sucede DENTRO *de* lo *Infinito*. Y TODOS *somos:* ese *Único* Divino Ser *Infinito*. Ahora 'veremos' que el mundo *acontece dentro* de ese Ser *Infinito* y bajo la Ley *Infinita*, en la medida en que somos *capaces* de *permitirnos hacer* este *cambio* de Conciencia: *desde* el ser: finito, mortal y moribundo, *hacia* lo Divino *Infinito*: el *Eterno* Ser *Inmortal*, la Vida *Única* que alguna vez *fue* y que siempre *será*, y que *nunca comenzó* y *jamás terminará*.

Así es como ustedes llegarán, *finalmente*, a ese Séptimo *Paso*, que constituye la *Conciencia*-Cristo completamente *reconocida* hasta la *Eternidad*.

Bueno, he aquí entonces la *Cuarta Carta a las Iglesias*. He estado recibiendo *informes* de aquellos que han recibido las *grabaciones*, diciendo: "*Algo* está *sucediendo dentro* de mí; NO puedo *describirlo*".

Y ese es el *sentimiento* en el cual espero que nos *encontremos todos*, porque, cuando eso *sucede*, pueden tener la *seguridad* que aquello que NO *pueden* 'describir', constituye la Actividad *Espiritual*. Está *enraizando*; está *encontrando* Hogar en la Conciencia de ustedes. Y *gobernará* la Vida de ustedes con la *Verdad Espiritual*, con el *Poder Único* – un *Poder* que NO *conoce 'otro'* poder, que el *Perfecto* Amor *Divino*. Llevará todo esto a *cabo* por Sí Mismo, por medio de la *Gracia, siempre y cuando ustedes* continúen en "*Mis Obras, hasta el fin*" (Revelación 2:26).

Aquietémonos un poco ahora; y en su 'Centro', *sepan* que cuando ustedes hayan *encontrado* su Ser *Espiritual*, entonces eso *constituirá* el 'Centro' de un Universo *Infinito*. Y TODO lo *Infinito* está *vertiendo* siempre *hacia* ese 'Centro', **y** *a través* de ese 'Centro'. NUNCA estarán *limitados* a sus 'propias' habilidades *humanas*. NADA resulta *imposible*; NO existe *limitación* alguna – NO hay *altura*, NO hay *tope*. El Ser *Infinito* SIEMPRE expresará *Su* Propio Ser *Infinito*, a través del 'Centro' *Divino* en ustedes. *Mientras* se encuentren *viviendo* en el *reconocimiento* de la **Única** Vida *Divina*, El Yo, *Soy*; mi prójimo, ES; mi amigo, ES – todos SOMOS. El Yo, Soy ese 'Centro' *Divino* de lo *Infinito*.

Y ahora, *déjenlo* ir, **y** acepten aquello que lo *Infinito vierta dentro* de sus vidas.

Gracias.

CLASE 7

EL SECRETO DEL NO-PODER, DE LA NO-ACCIÓN

Revelación 3:1-6

Herb: - Sean nuevamente bienvenidos. Este siguiente Capítulo, que constituye la **Quinta** *Carta a las Iglesias*, se refiere: *a cada uno de nosotros*; y, sin embargo, ciertamente se refiere *a cada uno de nosotros*, pero en un nivel *distinto* al de nuestra Conciencia *actual*. Constituye el lugar *desde* donde podemos *medirnos* en relación con La Verdad. Hagamos un *inventario*; veamos en *dónde* nos encontramos; en *dónde* estamos teniendo éxito; en *dónde* NO estamos dando el ancho, y *por qué*; y *qué* es lo que vamos a hacer al respecto.

Ésta, es la *Carta a Sardis – al Ángel de Su Presencia*, en la Iglesia en Sardis. Es posible que ustedes, en este punto de su *peregrinación* hacia La Verdad, se pregunten hasta *dónde* realmente pueden llegar. ¿Cuentan con la *capacidad*? Aunque se nos dice que Dios ES Infinito, y que Dios Se *individualiza* infinitamente como *cada* Ser, como el Ser *Único* hecho visible... ¿*Contamos* realmente con la *capacidad* para hacer aquello que <u>nos</u> gustaría, y aquello que la Biblia dice que *podemos* hacer? ¿*Podemos* ser *Perfectos tal como nuestro Padre lo* ES? ¿Habremos *avanzado* lo suficiente? Sería éste, el momento para decir: "Bueno; NO nos engañemos; *todavía* seguimos siendo *humanos*; *todavía* podemos hacer mucho; NO podemos acelerar la evolución". O quizá éste también es el momento para decir: "Bueno, yo he *alcanzado* lo suficiente; quizá he *alcanzado* un nivel en el cual estoy *bastante* satisfecho..." – Bien; pudiera haber muchas cosas en la *mente* de ustedes, tanto en lo *consciente,* como también en niveles *menos* conscientes. Así que éste, es un momento para *mirar* al espejo, y *enfrentar* los hechos de El Ser.

Ahora bien, *Sardis* representa: *Dominio*, *Señorío*. La *sensación* que yo he tenido es que nos encontramos *a más de la mitad del Camino*. La pregunta es, ¿están ustedes *de acuerdo* con esa *apreciación* de su Conciencia, o están siendo *engañados* por cierto grado de *aridez* a su alrededor? De eso trata *Sardis* – trata del *Señorío* sobre 'este mundo', para con ello *percibir* que, 'este mundo', NO constituye más que la *Mente Cósmica* o 'mente *sensoria*', es decir, el *pensamiento de* 'este mundo'. Así pues, *Sardis* representa: *el Señorío sobre el pensamiento de* 'este mundo'. Y nosotros queremos *elevar* nuestra Conciencia a dicho *nivel de Señorío*, con objeto de *identificar* aquello sobre lo que debiéramos tener *Señorío* – de lo contrario, el *pensamiento de* 'este mundo' ejercería *Señorío* sobre nosotros.

Precisamente estamos llegando a *identificar* a nuestro *adversario*. "*¡Ponte de acuerdo con tu adversario!*" (Mateo 5:25). Aprendan **quién** ha sido su *adversario* – y, hasta ahora, ustedes han tenido un solo *adversario* con *múltiples* disfraces. Cuando ustedes *eliminen* TODO disfraz, entonces *descubrirán* que: el ***único*** *adversario* que han tenido y que tendrán es: el *pensamiento* de 'este mundo', el cual se presenta *disfrazado* del *pensamiento de* *ustedes*, para enseguida anunciarles *dónde* es que les duele, *dónde* es que les falta, *dónde* es que están limitados, *dónde* es que está todo, *menos* El Hijo DE Dios. Y entonces, dado que *pareciera* tratarse del *pensamiento de* **ustedes**, es que *ustedes* aceptan dichas sugestiones como *si* se tratara de un *evangelio, obligándolos* a 'mirar' a su alrededor, *tratando* desesperadamente de encontrar ayuda **exterior**, para que les *quite:* esas espinas, esas carencias, esas limitaciones – ese *interminable* desfile de *supuestos problemas.*

Bien, *tenemos que: ejercer el Señorío*. Estamos por *entrar* a *Sardis*. *Sardis* era: una *piedra preciosa*; y considerando nuevamente el *Libro de Éxodo, descubrimos* que a Moisés se le ordenó elaborar los *petos* del Sumo Sacerdote, de tal manera, que la *Piedra de Sardis* habría de ser colocada en **primer** lugar **y** en la **primera** hilera (Éxodo 39:10). Entonces, históricamente hablando, la Biblia nos dice que la *Piedra de Sardis*, también llamada, *Piedra de Sardios*, se colocaba en la *primera hilera*, representando: la *más alta Designación Espiritual*. Quien ejercía *Dominio* o *Señorío*, utilizaba la *Piedra de Sardio* en su peto sacerdotal, en *la primera hilera*, como *la primera piedra*. Y esta *Omnipotencia*, este *Señorío* sobre 'este mundo', constituía la *dispensa* o *bendición de* El Padre *hacia* El Hijo – la *bendición* DE Dios El Padre, *hacia* Cristo El Hijo. Y todo aquel que fuera *ungido* con la *Piedra de Sardio*, o *Piedra de Sardis*, contaba con *Señorío* sobre 'este mundo', **y** *además* quedaba constituido como: un *Sumo* Sacerdote DE Dios.

Ahora bien, el *ser* Sacerdote DE Dios **no** implica *asistir* a un seminario y *obtener* un título en teología. *Ser* un Sacerdote DE Dios implica: *ejercer Dominio* o *Señorío* sobre 'este mundo'; *ejercer Señorío* sobre la *mente* de 'este mundo'; *ejercer Dominio* sobre el *pensamiento* de 'este mundo'; implica ser capaz de *mirar* 'este mundo', ser *presionado* por el *pensamiento* de 'este mundo' en TODOS los niveles, pero *permanecer inmune* a ello, por estar: *escondido en Cristo* (Colosenses 3: 3), *alimentado* por Cristo, *sostenido* por lo Infinito.

He aquí el *Quinto* Don *de* El Padre *hacia* El Hijo: *Señorío* – **no** debido a las altas capacidades **ni** a la inteligencia suprema de 'ustedes', sino en virtud del *Hecho* de que "*El Yo, en medio de ti,* **Soy** *Poderoso*" (Sofonías 3:17). Se trata de la *liberación* de ustedes del 'segundo yo', del 'yo *personal*', del 'ego' – el cual *cree* poder *hacer* cosas, el que *cree saber* más que Dios, el que *cree saber* más que Cristo, el que aún *persiste* en *creer* que, a través del *razonamiento humano,* puede encontrar *el Camino* hacia la Verdad.

Al ser *liberados*, entonces portamos la *Piedra de Sardis* – pero desafortunadamente, NINGUNO de nosotros puede realmente *decir*: "Ahora estoy *portando* esa Piedra; *ésa* es mi Conciencia; el Yo, Soy el Ungido; el Yo, camino *en* el Reino de los Cielos sobre la tierra". NINGUNO de nosotros puede *decir* eso. Claro que lo *intentamos* – lo *intentamos* desesperadamente, **y** todos nosotros *fallamos* delante de El Cristo. Pero tan solo estamos en la *Quinta Carta*; y en esta *Carta* comprendemos que quien sea un *Sumo* Sacerdote DE Dios, tendrá que haber *cumplido* con las *Primeras Cuatro Etapas*. Así, mirando hacia *atrás*, vemos que tenemos *Cuatro Cartas* antes de ésta. Y *si* nosotros hubiéramos estado caminando *conscientes* de la *información* que nos fue *dada*; **y** *si* luego hubiéramos *aceptado* las *consecuencias* de ese *nuevo* conocimiento, *enfrentando* sus consecuencias, y *viviendo* acordes a este *nuevo* enfoque, entonces *ya* habríamos *transferido* nuestra ''autoridad' *desde* la mente sensoria-*humana hacia* la Mente *Infinita* – y entonces estaríamos *caminando* en ese Nivel de Conciencia de*: "ser instruidos **por** Dios"* (Juan 6:45).

Bien; *primero aprendimos* que existe un *Infinito* Universo *Espiritual* Divino **sin** opuesto alguno; *aprendimos* que este Divino Universo *Espiritual, jamás* puede *separarse* de Sí Mismo, *garantizando* así la *Individualidad* Divina; *aprendimos* que el Infinito Universo *Espiritual* Divino, EN el cual NO existe sustancia *material*, está *señoreado* por la Conciencia *Divina*; y *aprendimos* que *esta* Conciencia, *también* Se *individualiza* como Conciencia *Individual, manifestándose* a Sí Misma como 'Formas' *Espirituales* Individuales, las cuales JAMÁS pueden ser divididas *de* El Único Espíritu *Infinito*.

Aprendimos también que el Amor, *constituye* La *Ley* de este Universo *Espiritual*; *aprendimos* que NO existe *poder* alguno para: eliminar, manipular, NI para disminuir el Amor, en *ningún* grado, en TODO el Universo DE Dios; *aprendimos* que Dios, está *viviendo* como: la Conciencia *Viva* que abarca *todo*, que señorea *todo*, que mantiene la perfección de *todo*... **y** que justo AHÍ, es donde *nosotros* nos encontramos.

Incluso *aprendimos* que a medida que *podamos elevarnos* por encima del 'amor *propio*', en esa *misma* medida, La *Plenitud* **de** El Amor DE El Padre, Se *manifestará* en los *diversos* niveles de nuestro lapso de vida *humana*. Y ahora llega la *Carta a Sardis*, diciendo: *A partir* de estas *Cuatro Etapas*, ustedes serán *conducidos* hacia la *Omnipotencia* – y esa Omnipotencia, *consistirá* de la capacidad de <u>ustedes</u>, para *caminar* **a través** del *pensamiento* de 'este mundo' – *inmunes* a él, siendo *sostenido* totalmente por El Padre *dentro* de ustedes. Se trata del *Nivel* de La *Omnipotencia*, el cual constituye la *Plenitud* de *Sardis*. "*Y así, toma una Carta*", dice El Espíritu a Juan – pero lo que se le *dictó* a Juan, *proviene* **de** *Cristo*-Jesús, Quien ha caminado **a través** de las *Siete Etapas*; Quien ahora *señorea* los *Siete Cielos*; Quien *detenta* las *Siete Estrellas*.

Se nos dice que nosotros, somos una Criatura *Séptuple*; **y** que las *Siete Estrellas* constituyen: las *facultades* que todavía NO han alcanzado la *Plenitud* de nuestro Ser, permaneciendo siempre *latentes dentro* de nosotros, *dentro* del Trono **de** El Cristo. Y ahora nos corresponde a <u>nosotros</u>, **aceptar** que: Quien *posea* las *Siete Estrellas*, Quien *señoree* los *Siete Espíritus*, Quien haya *alcanzado* el *Reconocimiento* pleno **y** total **de** la *Filiación* CON El Padre, es justamente Quien se encuentra *hablando* con Juan, **y** Quien *dice*:

Lleva una *Carta al Ángel* **de** El Cristo dentro de *cada* hombre, a ese *Ángel de El Cristo dentro* de *cada* hombre, el cual *constituye* la Omnipotencia *innata* del *Hombre*-Cristo. "*Y El Yo, Quien he recorrido esta distancia, El Yo Mismo, puedo hablar* – dijo – *con autoridad*".

Y *ahí* es donde *comienza* nuestra *Carta*.

> "*Escribe esto al Ángel de la Iglesia en Sardis, dice Quien tiene los Siete Espíritus y las Siete Estrellas* DE *Dios: El Yo, conozco tus obras* ..." (Revelación 3:3).

El Yo, conozco para qué es la *Omnipotencia; El Yo, conozco* el *propósito* de la Omnipotencia – *actúa dentro* del Mí. Y esa Omnipotencia, cuyo *propósito El Yo, conozco*, sólo puede *actuar* EN ti, *cuando* tú Me has ENCONTRADO DENTRO de ti. *El Yo, El Cristo* EN *ti, Soy* el 'origen' de tu Omnipotencia. *El Yo, El Cristo* EN *ti*, Soy el *Camino* para *señorear* el *pensamiento* de 'este mundo', el cual *"entra desapercibido – como un ladrón en la noche"* (1ª. Tesalonicenses 5:2 y Revelación 3:3), y te *susurra* aquello que constituye la *mentira* acerca de la *Realidad. Únicamente* a través de El Cristo DENTRO de *ti*, es que *superas* el *pensamiento* de 'este mundo'; y el *objetivo* en este momento, es *destruir tu* creencia de que puedes lograrlo a través de *tu* poder *personal* de *razonamiento*.

No *basta sentarse* y *enfrentar* situaciones con "lógica"; NI siquiera con una mentalidad *humana* bien *desarrollada,* **y** *creer* que ustedes, podrán *superar* el *pensamiento* **de** 'este mundo', puesto que *desconocen* el nivel en el que el *pensamiento* **de** 'este mundo', *penetra* su conciencia; y *desconocen* también la *intensidad* o la *implacable* e *ininterrumpida continuidad* del *pensamiento* **de** 'este mundo' *en* el Ser de ustedes. En realidad, el *pensamiento* **de** 'este mundo' se *manifiesta* a sí mismo, *como* el cuerpo *humano, como* las experiencias *humanas, como* todas las relaciones *humanas* de ustedes, y ustedes NO *pueden controlar* esto por medio de: una mente *lógica* **y** *pensante*. Ya ha sido *probado* con anterioridad, **y** al *intentarlo*, entonces es que *edificamos* lo que la Biblia llama: *la Torre de Babel*, que finalmente *colapsa*, debido a que NO tiene manera alguna de *alcanzar*, la Conciencia *Divina*.

Nosotros NO *intentamos*, con la limitada mente *humana, comprender* lo Infinito. Eso nos llevaría tan solo *cerca* de *Sardis,* por lo que resulta *necesario*, para El *Espíritu* **de** El Cristo, *escribir* una *Carta*, con el propósito de *despertarnos* al *Hecho* de que, mientras *persistamos* en la *creencia* de que *mi* mente *humana* puede *alcanzar* la Gracia DE Dios, eso nos hará movernos *dentro* de un sentido de *dualidad – buscando, preguntando* y *llamando*, e incluso diciendo: *"Bueno, ¿Acaso no dice la Biblia que se busque, se pregunte y se toque?"*

(Mateo 7:7). Y entonces ustedes, *permanecerán* por SIEMPRE: *buscando, preguntando* y *tocando* con una mente *humana*, con una lógica *humana*. Así que ahora somos *retornados*, para *despertar* al Hecho de que *tenemos* que: *buscar, preguntar* y *tocar hacia* **adentro**, *por medio* de esa Mente que *trasciende* la mente *humana*.

"*El Yo, conozco tus obras – que tú, cuentas con un nombre; que tú, vives; y [pero]que tú, estás muerto*" (Revelación 3:1).

Sustituyan la palabra "*y*" con la palabra "*pero*", entonces *entenderán* mejor la cita bíblica.

Ahora bien, *Sardis*, ES, se va a *definir* a Sí Misma para ustedes, a medida que *avancen* con esto. Se trata de: un *estado de transición*, en el cual están *alcanzando* esa Conciencia *Trascendental*. Y, en *algún* momento, se sienten muy 'orgullosos' de ustedes mismos, porque han tenido *vislumbres* de grandes cosas – sus vidas han *irradiado* milagros *inusuales*; han sido *testigos* de aquello que el mundo definitivamente llamaría: una "experiencia *sobrenatural*". Pero, *desafortunadamente*, *ustedes* tratarán de *apegarse* a esas experiencias, *como si* eso constituyera el 'final' de ellas; *ustedes* tratarán de *mantener* dichas experiencias, para que gobiernen *sus* días, *olvidando* que simplemente se trata de: "*el maná de ayer*".

Nos *sentimos* inspirados, pero solo por *un momento*; y luego, *complacientemente*, intentamos hacer de dicha inspiración *momentánea*, el nivel 'más alto' de nuestro Ser, tratando de *hablar* sobre eso, de *revivirlo* – SIN *saber* que La Infinitud, *tiene* que SEGUIR expresándose, pues de lo *contrario*, quedaríamos *estancados*. Y así es como hemos tenido estos *momentos* – han vivido *en* nosotros; y, sin embargo, todavía "*estamos muertos*", se dice aquí. "*Estamos muertos*" AL EJERCICIO DE ESE SEÑORÍO SOBRE EL PENSAMIENTO DE 'ESTE MUNDO'; y *descansamos* en el Camino – *aún* temerosos, *aún* indecisos, *aún* preocupados por el mañana, *aún* SIN estar *convencidos* que *tan solo* existe: **Un Único** Poder *Perfecto, señoreando* o *gobernando*, este *Perfecto* Universo *Espiritual*.

Así, para quienes NO hemos *alcanzado* la Plenitud de nuestro *Señorío*, se nos dice que contamos con: *la reputación* de *supuestamente estar viviendo*; tenemos la *reputación* de contar con la Conciencia *Trascendental* – pero se nos dice que NO *creamos* en los *rumores* – aún NO contamos con la *Plenitud* de nuestro *Señorío*; aún estamos en la *Etapa de Transición* – y, *reconozcan* que ustedes, *aún* se encuentran en dicha *Transición;* reconozcan que 'algo' se tiene que *hacer* para *avanzar*; y ese 'algo' implica: *"volver la atención* hacia El Origen" – ¡*tenemos que velar*!

Ustedes, NO pueden *descansar* en sus laureles, en su sentido *personal* de logro. Todo eso *fue ayer*; eso NO los va a *llevar*, el día de HOY, a *ningún* lado. "*Tú, todavía estás muerto a la Plenitud* DE *El Cristo*", constituye el primer versículo de la *Carta a Sardis* – *para El Ángel, para El Cristo Interior*. Esta *Carta* le dice a la conciencia *humana externa*: *todavía* tienes un *largo* Camino por *recorrer*, mi amigo; pero el *largo* Camino por *recorrer* se encuentra *ahí*, *si* es que cuentas con "*un oído*".

> "*Vela, y afirma aquello que queda; aquello que está listo para morir* – *porque El Yo,* NO *he hallado tu palabra, perfecta delante de Dios*" (Revelación 3:2).

Ahora bien, a *su* conciencia *humana*, la cual pudiera haber estado *demasiado orgullosa*, en *perjuicio* de *sí* misma, le es dicho que: *permanezca velando*. El Maestro les dijo eso a Sus discípulos, cuando *esperaban* en el *Jardín de Getsemaní*. El Maestro les *dijo* a Sus discípulos: "*¿No pudisteis* **velar** *por Mí, una hora?*" (Mateo 26:40). Ellos habían estado *durmiendo*; ellos estaban *durmiendo frente* a 'este mundo' que se estaba *apartando* **de** El Cristo. Si recuerdan, ellos habían estado *despiertos, viendo* la tormenta – pero El Cristo había estado *dormido, frente* a la tormenta.

Los discípulos SIEMPRE estaban, *despiertos* en el momento *equivocado*, o *dormidos* en el momento *equivocado*. Ellos estaban *despiertos* al bien **y** al mal, *pero dormidos para* El Cristo. Así entonces, *velar*, implica el *mandato* o la *sabiduría*, para *darse cuenta* que: el *pensamiento* de 'este mundo' o la Mente *Cósmica* o 'mente *sensoria*', está *actuando* SIEMPRE *alrededor* de ustedes – JAMÁS se detiene; SIEMPRE está *tejiendo* su red de *hipnotismo, poniendo* frente a ustedes, el universo de los *sueños.* Y *velar* implica: *darse cuenta* del Hecho de que, *a menos* que *ustedes* estén: *alertas, velando*, se encontrarán *dormidos* **y** *soñando* – y el sueño de *ustedes* es *siempre*: 'este mundo'.

Y ése, es el sueño **único** que *todos* compartimos: Miramos hacia 'un mundo' NO creado *por* Dios. *Velar,* implica el "*despierta tú que duermes, y entonces El Cristo te iluminará*" (Efesios 5:14). *Despertar* al Hecho de que, cuando *ustedes* NO están *conscientemente* sintonizados con Lo Infinito, entonces *ustedes* se encuentran *inconscientemente* sintonizados con la *mente* de 'este mundo' – *fuera* del Jardín del Edén; *ustedes*, se encuentran *caminando* tanto en la *creencia* como en la *experiencia* del bien **y** del mal, debido a que NO se encuentran *sintonizados* con *esa Mente*, la cual constituye la Mente-Cristo. Y esa *sintonía*, ese *poner atención*, ese *reposo fiel* **en** la Mente-Cristo, de manera *consciente*, es lo que implica "*velar*". *¡Velad!* – Reconózcanme **a** Mí; *moren* y *permanezcan* **en** Mí; El Yo, El Cristo **en** ti, te *conferiré* La *Iluminación*, *si* tú *despiertas* **a** El Mí.

Eso implica el *velar*, y es lo que finalmente *rompe la niebla* del pensamiento *mortal*, de la *mentira* acerca **de** Dios, **y** nos *abre* a la Plenitud **de** El Cristo, en la cual el *Señorío*, es una *experiencia* que evidencia "*El Reino* DE *los cielos, sobre la tierra*". Ahora *estamos velando*; *estamos permitiendo* ser *elevados* por *encima* de la mente-*sensoria* que está 'durmiendo' – *siempre* 'durmiendo' *en* la materia, *arrullada por* las *apariencias* **y** *ensoñaciones* de que: *existe* el mal, *dentro* de El Universo PERFECTO **DE** Dios.

A esta mente-*sensoria* le estamos *dando* ahora una despedida, y estamos "*bogando mar adentro*" (Lucas 5:4). A mí me gustaría que ustedes *consideraran* esta frase de Jesús a sus discípulos: "*bogar mar adentro*". Si ustedes recuerdan, Jesús vino, pero **no** *instruía* a los discípulos estando *parado a la orilla de la mar,* sino que les *instruía desde:* una barca. Jesús *enseñaba* a las multitudes, en tanto ellos estaban *parados a* la orilla – pero Él, *permanecía en* una barca. Jesús estaba *lejos* de 'este mundo' – en otras palabras, Jesús NO estaba *anclado* en 'esta *tierra',* NI *apegado* a 'esta tierra', a esta *mente-sensoria universal.* Y Él, les dijo a sus discípulos: "*Bogad mar* **adentro**", y cuando ellos lo *hicieron,* entonces "*pescaron muchos peces*".

El que nosotros "*boguemos mar* **adentro**", implica parte del *incursionar* en ese *Nivel* de Conciencia llamado: *Sardis.* Y *ahora,* nosotros lo *haremos* de la siguiente manera:

Tómense un *descanso* de solo cinco minutos, *apartándose* de *su* mente *humana.* TODO aquello que *su* mente *humana* se ha *opuesto* a llevar a cabo, es *justo* lo que *haremos. Démonos cuenta* que la mente *humana,* nos ha *anclado* a la *creencia* de que caminamos *en* una 'tierra *física'* – pero eso, NO es *cierto.* Así que vamos a *descartar* ese *concepto,* en *este* instante:

"El Yo, NO camino *en* una 'tierra *física'.* El Yo, NO vivo *en* una 'forma *física'.* El Yo, NO estoy confinado al *concepto* de 'este mundo', acerca de *tiempo y* de *espacio.* El Yo, *Soy* libre. El Yo, *Soy* ese Ser *Ilimitado,* el Cual vive *sólo* en el Universo *Infinito, como* La Expresión *Infinita.* El Yo, NO Soy *mortal.* El Yo, NO Soy *físico.* El Yo, *Soy* el *Espíritu* Mismo; y en este momento El Yo, estoy *Siendo* aquello que Soy. *El Yo, Estoy bogando mar* **adentro***,* hacia lo *Infinito.* El Yo, *Estoy aceptando* la Identidad, *como* Ser *Infinito* – NO sólo Espíritu, sino que El Yo, *Estoy aceptando* aquello que El *Espíritu* ES: El Yo, *Soy.* Por lo tanto, El Yo, *Soy* Espíritu *Infinito.* Y *ahora,* El Yo, *Estoy descansando* dentro de Mi *Infinito* Ser *Espiritual, como* Consciencia *Pura.* El Yo, NO tengo *nada* que ver con un universo *físico".*

Lo anterior constituye la *meditación,* para *ustedes;* constituye el *descanso* para *ustedes,* de la mente *humana;* constituye un *descanso momentáneo* de la *hipnosis*, para poder *despertar* del *sueño*. Tan solo SEAN *Ustedes Mismos* durante un momento o dos, para que *descubran* el extraño y glorioso *avivamiento* DE El Espíritu, al estar *magnificando* al Padre, *dentro* de ustedes.

Mientras ustedes *permanezcan pensando* en: habitaciones, personas, lugares, etc., NO estarán *bogando mar* **adentro**. Pero *si* ustedes son *capaces* de *vislumbrar* la Infinitud de Ser, SIN límites *físicos*, SIN ninguna limitación de espacio o de tiempo, entonces se encontrarán *libres*, en ese instante, *de* la Mente-*Universal* – se habrán *abierto paso*; estarán *caminando* **dentro** de: El Reino *de* los Cielos, sobre la tierra – y su *"recompensa será grande"*, e *inmediata*.

Esto también implica *velar* – El Yo, estoy *sintonizado únicamente*, con el Ser *Infinito*; Se trata de El Yo; Se está *expresando como* El Yo; Se *encuentra* en TODAS partes; Se trata del ÚNICO Ser; Se trata del ÚNICO Poder; Se trata de la ÚNICA Ley; Se trata de la ÚNICA Actividad; Se trata del ÚNICO Uno, y es: El Yo. La Filiación ES, una Filiación *Infinita*. ¡NINGUNA mente *humana* puede gobernar o señorear La Filiación *Infinita*!

La preciada PIEDRA DE LA UNICIDAD se *alcanza*, cuando <u>nosotros</u> *permitimos* que la mente *humana*, sea *ignorada* – tal como se *ignoran* las nubes; y cuando <u>nosotros</u> *descansamos* en la *Impecable* Infinitud del Ser, SIN *buscar* nada, SIN *pedir* nada, SIN *clamar* por nada – puesto que TODO cuanto realmente hemos *buscado* ha sido: La Verdad; TODO cuanto hemos *pedido* ha sido: La Verdad; TODO cuanto hemos *clamado* ha sido: por La Verdad – y La Verdad ES: que El Yo, *Soy Ése* – ese Ser Infinito, *ahora*. **Aceptar** que El Yo, *Soy* ese ese Ser Infinito *ahora*, *constituye* el TODO del *"preguntar, buscar y clamar"*, que alguna vez haya sido necesario.

El Ser *Infinito,* JAMÁS puede ser *dividido* DE Sí Mismo; JAMÁS puede ser *separado* DE Sí Mismo; JAMÁS puede *volverse* algo menos que el **Único** Ser *Infinito*. Así pues, <u>ustedes</u> cuentan con un *Principio* verdaderamente *dinámico*: el que JAMÁS pueda haber algo más que El **Uno Único,** en *ningún* lugar – independientemente de lo que el ojo *humano* pueda *mirar*. TODO cuanto puede haber es: El ***Uno***

Único, y ese *Único Uno*: "*El Cristo, en medio de ti, ES*". "*El Yo, [y] Mi Padre, Uno Somos*" (Juan 10:30).

No existe el *dos* en el Universo *Espiritual*; NO existen *dos* árboles; NO existen *dos* personas; NO existen *dos* Vidas; NO existen *dos* poderes; NO existen *dos* leyes; NO existen *dos* actividades – tan solo existe UNA ÚNICA Actividad *Infinita*, UNA ÚNICA Ley *Infinita*, UNA ÚNICA Vida *Infinita*... y TODOS *Somos*: "coherederos" en ese *Uno Único*, El Ser *Infinito*.

Nosotros *podemos depender* de ese ÚNICO Ser *Infinito* que CARECE de *variación* alguna, para *llegar a ser, Él Mismo*. Irrevocablemente, el Ser ÚNICO *Infinito*, SIEMPRE estará aquí *actuando, manteniendo* Su Perfección, a través de Su Propio Ser *Infinito*. El pensamiento de 'este mundo' nos va a *sabotear* por medio de esa mente que NO está *sintonizada* con esta Verdad; y va a *establecer* los *muchos*, donde *solo* existe *El Uno*; establecerá la *oscuridad*, donde *solo* existe La Luz; establecerá todas las formas de *carencia* y *limitación*, donde *solo* la *Plenitud* DEL Padre está siendo Ella *Misma*. Y si confiamos en *nuestra* mente *humana personal*, entonces inevitablemente será *tentada*, y *responderá* a la *creencia* de que el mal, *es*; que los problemas, *son*; que la carencia y la limitación, así como *todas* las formas de confusión, por fuerza, tienen que ser *atendidas, respondidas, actuadas* y *reaccionadas*. –Sin embargo, existe un *lugar, dentro* de nosotros, donde *despertamos* a otro Nivel de *nosotros mismos,* en el cual, esa mente NO puede *alcanzarnos* – esta Tierra *Alta*, en donde la mente *mortal* de 'este mundo', descubre que: NO tiene *lugar* alguno para dicha mente *mortal* de 'este mundo'.

DESPIERTO al *Cristo* que El Yo, *Soy*; al Espíritu que El Yo, *Soy*, a Lo *Infinito* que El Yo, *Soy*. El Yo, NO *conozco* lugar alguno en donde NO se *encuentre* Mi Padre – y aquí, *permanezco* en La Verdad, *velando*; *consciente* de la Perfección *Infinita* DE Dios, "*en Quien NO hay oscuridad alguna*". El Yo, NO Soy *tentado*; El Yo, NO Soy *engañado*; El Yo, NO Soy *arrullado* de nuevo por el sueño de la *mortalidad*.

–Y a eso se le conoce como *"afirmar"*, de acuerdo al siguiente Versículo:

"... *afirma* aquello que tienes; *afirma* aquello que queda..." (Revelación 3:2).

Y se nos dice que: *"aún hay más de nosotros, que ha de morir"* – y lo anterior constituye una *buena* noticia, porque aquello que *"ha de morir"*, constituye la *irrealidad* de nuestro Ser – *morir* al *falso sentido* de mortalidad; morir a las *falsas imágenes* de la mente-*sensoria*; morir a los *falsos conceptos*; morir a la *creencia* de que El Yo, *puedo* morir; morir a la *materialidad*; morir al *mundo* que NO fue creado *por* Mi Padre – y *despertar* al *"Reino* DE *Dios, sobre la tierra"*.

Lo anterior se asemeja a, una bolsa con frijoles. Ustedes la *llenan* con frijoles; y le *atan* una especie de nudo en medio. Así que ahora tienen *dos* lados: *uno* contiene los frijoles y el *otro* está vacío. Si ustedes quisieran que: los frijoles estuvieran del *otro* lado, entonces tendrían que *vaciar* los de *este* lado. Ustedes NO pueden *llenar un* lado, a menos que *vacíen* el *otro* lado. Lo *mismo*: *si* ustedes quisieran tener los Frutos DEL Espíritu; *si* ustedes quisieran llenar su bolsa de frijoles con el Lado *Espiritual*, entonces tendrían que vaciar el lado *material* – y NO hay nada *distinto* que puedan *hacer* al respecto: *si* ustedes NO vacían el lado *material*, entonces NO podrán llenarlo con el Lado *Espiritual*.

Ustedes, NO pueden *servir* a *ambos* lados. Y *si* <u>ustedes</u> NO se *encuentran*: preparados, dispuestos, o ansiosos, por *bogar mar* **adentro,** *hacia* a El *Espíritu*; *dentro* del Ser *Infinito* que ustedes SON – *fuera* y *separados* del *finito* sentido *mortal* material de ser que la mente *racional* mantiene allí, entonces <u>su</u> bolsita con frijoles *permanecerá* siendo un simple *lapso* de vida *humana* con un comienzo *finito* y con un final *finito*. Pero, NO hay necesidad alguna de *permanecer* allí, cuando que el *Ángel de esta Presencia* EN ustedes, El *Cristo viviente*, Se convierte en su *fortaleza*, en su Ser *admitido*; y cuando <u>ustedes</u> comienzan a *aceptar* que Dios, está *viviendo* en medio de <u>ustedes</u>, *siempre*, SIN ninguna *interrupción*; cuando <u>ustedes</u> *reconocen* que Dios, NUNCA podría *separarse*, entonces "*El Yo, JAMÁS podría dejarte*" (Hebreos 13:5).

Ahora bien, en el instante en que esto *llegue* a <u>ustedes</u> como una *Revelación Interna*: "*El Yo, en medio de ti, El Cristo, El Padre viviente Interior, NUNCA podría dejarte*" – pero NO con palabras *leídas* en un libro – entonces <u>ustedes</u> tendrán el privilegio de *considerar* el vocablo "***El Yo** que JAMÁS puedo dejarte*", y considerarlo larga y gloriosamente, diciendo: Si *El Yo*, Soy El Cristo en mí, que NUNCA podría *dejarme*, entonces las *Cualidades* DE El Yo, TAMPOCO pueden abandonarme. No existe NINGUNA *Cualidad* DE Dios, que pueda *abandonarme* – es *imposible*; cuento con La *Palabra*, con El *Verbo* DE El Padre, al respecto:

"El Yo, JAMÁS puedo *dejarte*; El Yo, *Soy* El Reino DE Dios, *dentro* de ti; El Yo, JAMÁS podría *dejarte*; donde El Yo, *Estoy*, justo *ahí*, Mis Cualidades *tienen* que estar. "Aquiétate, y *sabe* que El Yo, *Soy* Dios" (Salmo 46:10). El Yo, en medio de ti, *Soy* Dios, y NUNCA podría *dejarte*; El Yo, Dios, en medio de ti, NUNCA podría *Ser,* algo *menos* de lo que El Yo, *Soy*. El Yo, *Soy* Paz; El Yo, *Soy* Verdad; El Yo, *Soy* Abundancia; El Yo, *Soy* Vida *Eterna*. El Yo, *Soy* TODO aquello que *siempre* has estado *buscando*; y TODO cuanto El Yo, *Soy*, JAMÁS podría *abandonarte*".

¡Cómo hemos sido *engañados* por la mente *mortal*! No existe Cualidad alguna DE Dios, que pueda *apartarse* de nosotros – JAMÁS – y escuchemos de nuevo: Resulta *imposible* escuchar que algo les *duele*; que algo los está *lastimando*; que alguien está *enfermo*; o que alguien está *preocupado* – SIN recordar lo siguiente: *¿Cómo* podrían ustedes ser *todo eso*? ¡Es **imposible**! El Yo, NUNCA podría *abandonarlos*. El Yo, cuento con cinco mil millones de Cualidades DENTRO de ustedes, las cuales JAMÁS podrían *separarse* de ustedes – y *si* estas Cualidades NO pueden *separarse* de ustedes, entonces *¿cómo* podría lo *opuesto* de estas Cualidades estar *presente*, justo donde *ustedes* se *encuentran*?

TODA *mentira* que *pareciera* ocurrir en donde *ustedes* se *encuentran*, resulta *imposible*, debido a que El Yo, La Verdad, JAMÁS podría *abandonarlos*. Ustedes pueden *mirar* cada *mentira*, SIN el *menor intento* por *defenderse*, porque La Verdad, ES TODO cuanto está *ahí* – la mentira, *es* la *falsa creencia* de la mente *mortal*. Ustedes pudieran *mirar* TODAS las *formas* de fealdad, y decir: "Eso NO *puede* estar *aquí*, porque Dios NO ES, feo; Dios ES, Belleza. Una de las Cualidades DE Dios ES, la Belleza; y la Belleza, JAMÁS podría *abandonarme*. Así que, ¿cómo podría la fealdad estar *aquí*?" El CONOCIMIENTO de que: "El Yo, JAMÁS podría *abandonarlos*", y de que El Yo, *Soy* la Plenitud de TODAS las Cualidades DE Dios en ustedes, constituye, la forma para *despertar* de la *hipnosis*, *permitiendo* que El Cristo, les *otorgue* Vida.

En realidad, NO existe *problema* alguno sobre la faz de la tierra que pueda existir donde *ustedes* se *encuentren*, porque El Yo, El *Perfecto* Ser **no**-*condicionado*, JAMÁS podría abandonarlos. Una vez que esto se *interiorice*, se *acepte* **y** se *practique* a diario – y finalmente en forma *incesante* – entonces ustedes *descubrirán* que se encuentran *dentro* del Reino DEL Poder ***Único***. Ese Poder ***Único*** constituye "El Yo, en *medio de ustedes*", la *Plenitud* DE Dios, TODA Cualidad *Divina* – que JAMÁS podría *abandonarlos*; que JAMÁS los ha *abandonado*; que JAMÁS los *abandonará*. Por otro lado, TODO aquello que *niegue* lo anterior, constituye el *tentador*, intentando hacerles *creer* que la *Palabra* DE Dios, **en** ustedes, NO se *encuentra* allí.

"SED pues vosotros, *Perfectos* – tal como vuestro Padre ES, *Perfecto*" (Mateo 5:48), constituye la afirmación de que ustedes, *pueden* SER tan Perfectos como su Padre, en TODO momento – siempre y cuando <u>ustedes</u> acepten **una sola** *autoridad*: La *Palabra* DE Dios – y NO la *palabra de* la mente de los 'cinco *sentidos',* la cual conforma el *loro* del pensamiento de 'este mundo'. El poner atención a esta mente de 'cinco *sentidos'* que habla como un *loro,* **y** que además se hace *eco* de todo el pensamiento de 'este mundo' en <u>su</u> cerebro, *compromete* el *despertar de* ustedes; así que dígale a ese loro: "A Dios, le resulta *imposible* dejarme, puesto que Dios, así lo ha *expresado*; por lo tanto, es del TODO *imposible*, que las Cualidades DE Dios, me *abandonen*. TODO cuanto El Padre *tiene*, ES – en tiempo *presente*, *mío* – es decir, se trata de un ES, para SIEMPRE; de un ES, *Eterno*".

Conforme *vivo* en esa *aceptación* de que "TODO cuanto El Padre *tiene*, ES mío" (Juan 16:15), **y** TODO aquello que lo *niegue* constituye el *tentador*, es que comienzo a *vivir señoreando* el pensamiento de 'este mundo'; comienzo a ser *despertado*; comienzo a ser *iluminado*, y ahora es cuando *ya* estoy *preparado* para dejarme *enseñar* **POR** Dios. Estoy *cambiando* **de** autoridad *desde* la 'mente de *cinco* sentidos', la cual *no es más que* un *loro* para la mente de 'este mundo'; me encuentro *"negándome a mí mismo"*; me encuentro *"crucificando"* la *falsa* autoridad, al tirano, al mentiroso; y estoy *invistiendo* de TODA autoridad, a El Ser *Infinito* que dice: "El Yo, NUNCA podría abandonarte. TODA Cualidad que El Yo *tengo*, les pertenece por SIEMPRE. Y dondequiera que el *tentador* aparezca frente a ustedes *como*: palabra, pensamiento, hecho, imagen, condición, situación, amenaza, carencia, limitación… *ahí* mismo ustedes *pueden mirar* de frente a ese *adversario*, y *reconocer* que **carece** de TODA realidad – se trata simplemente de la mente de 'este mundo', a la que la mente de ustedes le hace *eco*, en aquello que *no* es más que: una *apariencia* **impotente**".

Se trata de la mente de 'este mundo' hecha *visible* para la mente *humana* de ustedes. Pero NO está *ahí*, porque El Yo, *Soy* – *Mis* Cualidades, se encuentran *ahí*: El Yo, *Soy* Salud, NO dolor; El Yo, *Soy* Verdad, NO mentiras; El Yo, *Soy* Amor, NO odio – *carezco* de opuestos. Ustedes NO *pueden quitar* al sol del cielo, NO importa lo que 'hagan'. De la *misma* manera, ustedes NO *pueden* sacar a Dios del Ser de ustedes – NO importa lo que 'hagan'. Incluso podrían *pecar* todo el día **y** toda la noche, pero NI aun así *podrían* ustedes *sacar* a Dios, de su Ser – TODO pecado se encontraría dentro del *falso sentido de ser*.

"El Yo, JAMÁS podría *dejarte* NI *abandonarte*" porque El Yo, *Soy* El Padre *Individualizado, como* el *Invisible* Ser *Manifestado* y *Presente* DE ustedes. TODO cuanto ustedes *Son*, El Yo, Lo *Soy*; y TODO cuanto El Yo, *Soy*, ustedes lo *Son* – **SOMOS** *Uno*, Lo ***Único***. Y en esto tiene que *convertirse* su Conciencia – de día **y** de noche. *Descansar* en esto implica el "Reconóceme en TODOS tus caminos" (Proverbios 3:6). *Descansar* en esto implica *tanto* el "Ama a tu *prójimo*", *como* el "Reconóceme en TODOS tus caminos".

Contamos con una hermosa *cita* del Apóstol Pablo, en algunas de sus cartas, donde "*Saludo a todos con un Beso Santo*" (1ª. Tesalonicenses 5:26; Romanos 16:16) – para reconocer, *instantáneamente*, la Naturaleza *Espiritual* de aquellas personas a las que ustedes se dirigen *como* El Cristo *Invisible*. Ese "Beso Santo", es la *aceptación* de que "El Yo, en medio de ti, *Estoy* en medio de él **y** de ella"; es la *aceptación* de que El Yo *Infinito, Soy* en medio de TODOS – y **no** hay otro; **y** es la *aceptación* de que El Yo *Infinito*, allí mismo donde *Estoy* – *aquí* **y** *allá* – se encuentran TODAS *Mis* Cualidades – y NO hay cualidades *opuestas*.

No puede existir odio *real*, NI guerra *real*, NI pobreza *real*, NI sobrepoblación *real* – porque El Yo, ***Soy*** TODO cuanto *existe*; y El Yo, **no** *Estoy cambiando*. El Yo, NO Soy más gente hoy, NI *menos* gente mañana – TODO eso no es más que: una *creencia* de 'este mundo'.

Bien; entonces ésa es la *razón* por la que encontramos esta *Quinta Carta*. Resulta *necesario* que nos quede *bien claro,* que NO importa cuán *lejos* hayamos llegado en Conciencia; NO importa cuán *alto* hayamos llegado en Conciencia – NO podemos *presumir*, NI estar *demasiado satisfechos*, NI *pensar* que '*nosotros*', poseemos Cualidades *Espirituales* '*propias*' – NO debemos sentir JAMÁS, que '*nosotros*', somos dignos de ser *respetados*, sino más bien que somos *honrados* al reconocer *siempre* que 'yo', NO soy la Fuente; que 'yo', NO soy el Poseedor – que tan solo 'yo', soy el *instrumento viviente* a través del cual, El Espíritu ***Se*** está expresando, *ahora*.

De esa manera estamos siendo *enseñados* que, la *humildad, la mansedumbre,* NO es una palabra, NI una actitud – la *humildad,* la *mansedumbre* ES, un *Atributo* DE lo Divino. La *humildad* constituye un *Camino* en la Conciencia, que nos permite *derribar* TODA *barrera,* TODA *interferencia,* TODO *sentido finito* de aquello que *limitaría* a Dios, conforme a *'nuestros'* niveles *personales.* –De esa manera, con la *humildad,* con la *mansedumbre,* estaremos *heredando* la Realidad.

Demos ahora *otro* paso al frente. Considero que podemos *aclarar* nuestra *autosuficiencia* EN El Cristo. Se les presenta la *creencia* de 'este mundo' y dice que: se están *quedando ciegos*. Para ustedes, esa *creencia* proviene de la *mente* de <u>ustedes</u>. Rápidamente la *identifican* a través de <u>su</u> *propio* pensamiento: "*Me* estoy quedando *ciego*". Ustedes NO identifican ese pensamiento *como* "una *creencia* DE 'este mundo'", porque NO están *conscientes* que se trata de "una *creencia* DE 'este mundo'", por lo que <u>ustedes</u>, aceptan la creencia de que: "se están quedando ciegos".

"El *Yo,* JAMÁS podría *dejarte o abandonarte*" (Hebreos 13:5). ¿*Quién* es El *Yo Soy*? –El Yo, *Soy* El Cristo. *Mi* Visión ES, *Infinita.* La Visión *Infinita,* JAMÁS podría *dejarte…* pero <u>ustedes</u>, creen que 'se están quedando ciegos'. Ahora bien, ¿*Quién* o *qué* constituye su *autoridad*? –El hecho de que cada vez vean *menos*; aquello que *un médico* les *dijo* en un momento dado; o… El Cristo, Quien dice: "El Yo, JAMÁS podría abandonarte". *Eso* es lo que va a *determinar cómo* afrontan la situación. *Si* se han *elevado* hacia ese *nivel* en el que *pueden confiar* EN El Cristo; en el que *pueden confiar* EN La Palabra DE El Cristo; en el que *pueden confiar* EN El Dios *Vivo* que está DENTRO de *ustedes,* entonces dirán: "El Yo, El Cristo, El Hijo DE Dios, en *medio* de El Reino DE Dios de Mi Ser, SOY La Visión *sin fin* – NI siquiera tengo una *visión* del 20%. El Yo, tengo una *Perfecta* Visión *Infinita,* porque El Yo, *Es* El Cristo".

Así pues, "la *creencia* de 'este mundo'" dice: "Me estoy quedando ciego". ¿*Quién* lo está diciendo? – El *tentador*; justo aquello que le *dijo* a Jesús, a Cristo-Jesús: "*Si saltaras desde el techo del templo, mandarán a los ángeles a que se hagan cargo de ti*; *y eso demostrará* quién eres". Se trata del *mismo* tipo que le dijo a Cristo-Jesús: *"Estás hambriento; será mejor que conviertas esas piedras en pan"* ... Pero Jesús respondió: "¡Oh **no**! *El Yo,* **Soy** *El Pan* (Juan 6:35); El Yo, NO tengo que *hacer* nada, y El Yo, NO tengo más *hambre* – tan solo por un *instante caí* en "la *creencia* de 'este mundo'".

Ahora bien, *¿Podría* quedarme ciego, *si* El Yo, **Soy** El Cristo *Viviente? ¿Podría* quedarme ciego *si* El Yo, **Soy** El Espíritu? –Oh sí; ¡por supuesto! Podría quedarme ciego, *si creo* ser un ser *físico y mortal*. Y *en tanto admita* lo anterior, esta *Quinta Carta a las Iglesias* NO estaría *llegando* a mi *Oído Interno*. El Señorío sobre el *pensamiento* de 'este mundo', sobre la *creencia* de que me estoy *quedando ciego*, NO *constituye* **mi** *propio* 'pensamiento' en absoluto. –Se trata de un pensamiento *prestado*. *¿Quién* lo puso allí? –Lo puso ahí "el pensamiento de 'este mundo'"; lo colocó *a hurtadillas* dentro de la conciencia *de ustedes*; y luego esta *creencia* se exteriorizó como la experiencia *real* de quedarse ciego – *casi* los convenció. Pero ahora, viniendo en su *ayuda*, está el *Hecho* de que, así como *ustedes* NO pueden *quitar* el sol del *firmamento*, de la *misma* manera *ustedes* tampoco pueden, *quitar* La Visión *Infinita* DE El Cristo. Así que ahora debo *enfrentarlo*: *¿***Soy** *El Yo, El Cristo? ¿O* NO **Soy** *El Yo, El Cristo? –Si me* estoy quedando ciego, entonces NO **Soy** El Cristo; pero *si* El Yo, **Soy** El Cristo, entonces *NO* me estoy 'quedando ciego'. ¿En *dónde* estoy *fundamentado? ¿Quién* **Soy** Yo? ¿El Hijo DE Dios, El Cristo? ¿O *Soy,* El Yo, un *simple mortal*?

Conforme *decidan, descubrirán* que, al tomar esa *decisión*, habrán *descubierto* la razón por la que *parecía* que *ustedes* se estaban 'quedando ciegos'. –La *"creencia* de 'este mundo'" estaba lista para *tomar* esa decisión ¡POR USTEDES! Pero finalmente USTEDES, YA habían *alcanzado* ese ciclo en su Conciencia, donde *se vieron obligados* a decidir *su propia* Identidad. Si su Identidad NO fuera El Cristo, entonces *ustedes* tendrían problemas; pero *si* su Identidad ES El Cristo, entonces *ustedes* estarían *aceptando* La Palabra DE El

Padre: "*El Yo, en medio de ti, JAMÁS podría dejarte*; y Mi Nombre ES: El Cristo".

Así que, *si* ustedes SON El Cristo, entonces ahora pueden *pararse* y *aceptar* que la Visión *Infinita*, JAMÁS podrá *abandonarlos*, porque se encuentra *presente* donde *ustedes* están *ahora* – La Visión *Infinita*. Sólo la *hipnosis* del "pensamiento de 'este mundo'" los ha *reducido* a una visión del 20% o menos. Pero incluso así, *ustedes* se encuentran "*escondidos* DENTRO *de El Cristo*" (Colosenses 3:3), entonces aquello que El Yo, SOY, JAMÁS podrá abandonarlos; y todo aquello que pudiera implicar *lo contrario*, NO es más, que la "hipnosis de 'este mundo'". ¡Reconózcanme a *Mí*! –No *reconozcan* la *hipnosis* de 'este mundo'. *Reconozcan* su Visión *Infinita*, porque "TODO *cuanto El Yo, tengo,* ES *de ustedes*" (Lucas 15:31), y *permanezcan firmes* en esa Verdad. "*Esperen* EN *El Señor*" (Isaías 40:31). Acepten La Verdad DE El Ser, en TODA Su Plenitud, en TOTAL Confianza; y *descansen* en La Matriz DE El Silencio; *permitan* que El Padre, manifieste la Verdad de Su declaración en *ustedes*: "*El Yo*, JAMÁS *podría abandonarte*; *El Yo,* SOY *El Camino* (Juan 14:6); *El Yo, en medio de ti,* SOY *La Visión Infinita*; y *El Yo,* SOY *el Poder* **Único**".

De esa manera *ustedes* descubrirán que *la niebla* de la *falsa creencia* en la ceguera, *tiene* que *desaparecer*, porque el Sol DE La Verdad se *levantará, a través* de la *niebla*, sobre el horizonte del *pensamiento falso* que trasciende la *creencia*-sensorial, *estableciendo* esa Conciencia que ES: *Sardis* – DOMINIO, SEÑORÍO, sobre el "*pensamiento* de 'este mundo'". *Identidad*; *confíen* en La *Identidad*; *confíen en* la *Palabra* DE Dios, porque eso constituye precisamente, *nuestra salida de Egipto*; eso, constituye precisamente, *nuestro Camino* hacia la *Tierra Prometida*, AQUÍ Y AHORA.

Ahora bien, *cada uno* de nosotros, en cierta medida, **ya** ha *demostrado* todo esto – de muchas maneras. Lo que AHORA *necesitamos* es una *mayor intensidad* en nuestros *propósitos*; un *mayor* grado de *sincronía* entre el *ser externo* y el *Ser Interno* Infinito. El *conocimiento* de que esto YA se ha *logrado*, y de que *puede lograrse nuevamente*, nos lo proporciona la siguiente cita: "¡*Sean ustedes*,

Perfectos!" – **no** sean *ciegos*; ¡*sean Perfectos*! – lo que significa que *ustedes*, PUEDEN ser *Perfectos*, porque "*El Yo, JAMÁS podría dejarlos NI abandonarlos*" (Hebreos 13:5).

∞∞∞∞∞∞ Fin del Lado Uno ∞∞∞∞∞∞

Ahora YA pueden *ustedes, considerar* cualquier forma de error o *maldad* que entre en *su* conciencia, **y** *reconocer* que es parte del *sueño* de esa mente que está *durmiendo* ante El Cristo; de esa mente que aún NO ha despertado a la *aceptación* de la *Omnipotencia* de El Yo *Interior* – una Omnipotencia que *impide* cualquier posibilidad de que un *segundo* poder, se *arraigue*. Aquello que *pareciera* ser un *segundo* poder es: la *hipnosis*. Pero NO puede estar *ahí*, porque El **Yo**, **Estoy** *ahí*; NO puede estar *dentro* de ustedes, porque El **Yo**, **Estoy** *dentro* de ustedes. Ese *segundo* poder NO es un hecho *real*, sino un sueño; y el *reconocimiento* de ese *sueño* implica: libertad. El Yo, *dentro* de ti, *Soy* Quien *mantengo* la *Integridad* de Mi Ser *Infinito*, durante las veinticuatro horas del día; y a medida que *disminuye* ese otro segundo *falso* sentido de El Yo, y a medida en que *ustedes* se *adentran* en el **Único** Uno que ustedes SON, entonces ese *falso* sentido de El Yo, *desaparecerá* junto con el *sueño*. Las *creencias* restantes que deban *morir*, se encuentran *muertas* YA; y es entonces cuando *ustedes*, nacen *dentro* de La Realidad.

Así pues, a esto lo llamamos *La Matriz Espiritual*, este *Silencio*, por la siguiente razón: Cuando ustedes respiran, inhalando **y** exhalando aire, están alimentando al cuerpo-*humano*. La mente de 'este mundo' le enseña a la mente de ustedes, *cómo* inhalar y exhalar; y esta *respiración alimenta* al cuerpo-*humano*. TODO esto *no* es más que una *imitación* de otra cosa. Se trata del Alma, en *realidad*, Aquello que está: *inhalando* DE El Espíritu, tal como las *fosas* nasales de ustedes *inhalan* aire; y cuando ustedes permiten que su Alma *inhale* Espíritu, entonces El Alma *alimenta* a su Cuerpo-*Espiritual*, tal como el aire *alimenta* su cuerpo-*físico*.

Cada vez que ustedes *entran* a *La Matriz del Silencio*, ustedes se encuentran en la *segunda* Matriz – la Matriz *de* la que están siendo *renacidos* DENTRO del Cuerpo-*Espiritual*, porque en esa *Matriz del Silencio*, el Alma se encuentra *inhalando* DE El Espíritu, y *suministrando* El Pan Diario a El Cuerpo-*Espiritual* – el Cuerpo-*Espiritual* de ustedes está *cobrando Vida*. Por eso en ocasiones *sienten*, esta *nueva* Actividad, esta *nueva* Energía, esta *nueva* Vitalidad. Cuando ustedes se encuentran *ausentes* de la forma-*física* – de la *mente-física* – descansando en *La Matriz del Silencio*, entonces hay un *avivamiento* a medida que son *alimentados* POR el Espíritu *Interior*, A TRAVÉS del Alma; y *verdaderamente* sienten la *energía* en TODO el Cuerpo-*Espiritual* de ustedes, la cual posteriormente Se transmite a *Sí Misma*, *creyendo* que está ocurriendo **dentro** del cuerpo-*físico* de ustedes.

Este *avivamiento* constituye la *actividad* de El Ser *Espiritual Interior*; y cuanto más *embeban* este *Silencio*, tanto más *viven* dentro de la *Matriz del Silencio*, **y** tanto más están siendo *alimentados* por Lo Infinito, *desplegando* el RECONOCIMIENTO del *Eterno* Cuerpo-*Espiritual* de ustedes – la "Piedra *Blanca*" – el *Manto* del Alma. Y eso, es justo lo que estamos *haciendo* ahora.

El Tercer Versículo dice:

"Recuerda, por tanto, cómo es que has recibido y escuchado; y mantente firme..." (Revelación 3:3).

En otras palabras, nosotros, ya NO somos *neófitos*. *Todos* hemos tenido la *experiencia* de La Presencia. *"Recuerden"*; es decir, NO *olviden*, que esa *experiencia* provino DEL Espíritu – y si quisieran *más* de dicha experiencia, entonces AHÍ es a dónde tendrían que acudir – **hacia** El Espíritu. Recuerden que: su *Origen* ES, Espíritu; que La *Ley* ES, Espíritu; que El *Poder* ES, Espíritu; que La *Sustancia* ES, Espíritu: que La *Realidad* ES, Espíritu. *Aférrense* a ese *conocimiento*, y *arrepiéntanse* [corríjanse]. *Vuélvanse* hacia La Verdad de que ustedes SON: Ser *Espiritual* **dentro** de un Universo *Espiritual*.

Recuerden cuando Jesús dijo a sus discípulos: *"Arrepiéntanse* [corríjanse]; *o de lo contrario, perecerán"* (Lucas 13:3). Ustedes también serán *asesinados*, tal como los otros, *a menos que sepan* que ustedes *SON*: Espíritu.

Hoy día fuimos enterados, a través de esos titulares en los periódicos, acerca de *Naciones Unidas*. En uno de los lados de la página, encontramos una gran oración para que el *mundo cambie*. Por ejemplo: *"Paz, o Perezcan"*, dijo hace tiempo, alguien que fue una pieza fundamental en la formulación de *la Carta* en los años 40: *Rómulo*, en un hermoso discurso, dijo: *"Paz, o Perezcan"*. Jesús para *nada* dijo eso. Él dijo: ***"Arrepiéntanse****; o de lo contrario, perecerán"*. *Si* ustedes quieren *Paz*, entonces *tienen* que **arrepentirse**; *tienen* que *regresar* al *Origen*; *tienen* que *recordar* que éste, es un Universo *Espiritual* que se encuentra bajo La *Ley Espiritual*. Y después Rómulo continúa citando La Biblia, y dice: *"Bienaventurados* los *pacificadores"* (Mateo 5:9) – evidenciando el clásico *desconocimiento* del *significado* de la frase – pensando que la *paz física* se logra *firmando Tratados* o *haciendo* que los hombres *'de repente'* se vuelvan *morales*, de 'la noche a la mañana'.

Y en la página contigua, se informa que Israel está en combate. El *presidente* de Vietnam, o cualquiera que sea su cargo, dice: *"No* podemos 'ayudar' a Camboya nosotros *solos*; necesitamos que el *mundo* nos ayude". Y he aquí, en esta reunión de *Naciones Unidas*, lo *superficial* de los seres *humanos* – de los *mortales* – que *intentan* resolver el problema *mortal*, que está *siempre* presente, *confrontándonos*. Y *cada* representante de Naciones Unidas que estuvo presente, necesita una pequeña *lección* acerca **del** Cristo *dentro* de *ellos* mismos; **del** Cristo *dentro* de *sus* compatriotas; **del** Cristo *dentro* de *todos* sobre la faz de la tierra… y después, el *"Despierta tú que duermes"* (Efesios 5:14) del *sueño*, de la *hipnosis* de un *mundo físico*, en el cual se *anhela* una *paz física*.

Ustedes *descubrirán* que La Paz, **ya** está *aquí*. "El Yo, JAMÁS podría *abandonarte*. El Yo, *Soy* El *Príncipe* de *La* Paz – pero ustedes, NO Me han encontrado". Ustedes se encuentran *actuando* a través de una mente *humana*; actuando a través de *acuerdos;* actuando a través de *tinta sobre el papel* – *creyendo* que eso es, lo que *importa*. El Cristo ESTÁ siempre presente *como* La Paz – pero *a menos* que El Cristo sea CONSCIENTEMENTE RECONOCIDO, encontraremos su *opuesto*, y entonces todo el mundo querrá *reunirse*, y todos estarán de *acuerdo* en que 'quieren paz', *en tanto* las bombas se encuentran *estallando* en el aire.

Ustedes NO *escucharon* mucho acerca de La Paz por parte de la *Unión Americana*; – en ese aspecto hubo que *callar* un poco. La razón del *fracaso* de las *Naciones Unidas*, hasta la fecha, resulta muy *simple*. Pudiera expresarse de *dos* maneras: la PRIMERA es, la *ausencia* de *Conciencia Espiritual* – aunque quien la dirigió de 1953 a 1961 como *Segundo* Secretario General, contaba con algo de dicha *Conciencia* (el sueco y economista Dag Hammarskjöld, antes del birmano U Thant, *Tercer* Secretario General) –; y la SEGUNDA es, que la *mayoría* de las naciones se *afilian* a las Naciones Unidas, con la intención de *obtener algo a cambio* – NO se unen para *dar* NI para *compartir* – se unen para *obtener* algo de seguridad, para *ellos mismos*. Las 'pequeñas' naciones *consideran* que van a ser *protegidas* por las 'grandes' naciones; y ciertamente, las 'grandes' naciones se *unen*, porque realmente NO tienen *otra opción*. De lo contrario, quedaría *evidenciado* que van a *utilizar* a estas 'pequeñas' naciones para *alimentar las armas* – NADIE se encuentra allí, para *dar* NADA; se encuentran ahí para *obtener*; y como NO pueden *dar* NADA, TAMPOCO pueden *obtener* NADA. Puesto que La Ley de *El Camino Infinito* implica que: "*A menos* que se dé, NO se puede obtener, entonces... ¿*Qué* es aquello que se está "*lanzando sobre las aguas?*" (Eclesiastés 11:1,2).

Y así, el mensaje *completo* de El Cristo, **Arrepiéntanse**; *o de lo contrario, perecerán; Vuelvan* su *atención hacia* El Espíritu: *o de lo contrario perecerán*, constituye el mensaje que *falta* cuando los hombres hablan de cosas *humanas*, 'utilizando' la Biblia, pero NO a la manera en que *El Cristo emitió* la Biblia para el mundo. De esa manera es como encontramos que la Biblia es *utilizada todos los días*, en *todas* partes – pero también se *abusa* de Ella. Y *todas* las Biblias *juntas* en el mundo, NO han podido *traer* esta *Paz* que los hombres *insisten* en estar *buscando*. Sin embargo, *ustedes* están *trayendo* una Paz **dentro** *de ustedes* – y justo *ahí* es donde debe, La Paz, *comenzar*.

La Paz, *en ustedes*, finalmente *tiene* que ser La Paz de 'este mundo' – La Paz *en ustedes*, que Se *comunica* a Sí Misma con *su* prójimo; que *aniquila* parte de la mente *mortal* acerca de la guerra; **y** que *establece* la balanza, *más* a favor de La Paz, que a *favor* de la guerra. Esto es lo que *ustedes*, están llevando a cabo *cada día*, *cuando entran* al *Silencio* en busca de *Identidad*. "Recuerda, por tanto, cómo es que has recibido y escuchado; y mantente firme..." (Revelación 3:3). No importa si en *este* momento, La Voz NO se encuentra *resonando dentro* de ustedes; NO importa si en *este* momento *El Árbol de La Vida* NO se encuentra *sobrecargado...* *ustedes*, "**manténganse firmes**"; **arrepiéntanse**; **corríjanse**; **vuelvan su atención** hacia el *Reconocimiento Espiritual*; **vuelvan su atención** hacia la *Identidad*; **vuelvan su atención** hacia UN Universo *Espiritual*, y entonces, *dentro* de la Conciencia DE *ustedes*, ¡NO admitan *sustitutos*!

El mundo está *buscando* Paz – pero, **dentro** de la Identidad *Espiritual*, ustedes se encuentran RECONOCIENDO YA, la *presencia* de La Paz, *dondequiera* que se encuentren. Ustedes, NO están *buscando* La Paz; ustedes La están **aceptando**: "Hay un Universo *Perfecto*, *Espiritual* **y** *Pacífico*, *justo* donde El Yo, *Estoy*"; y para ustedes... ¡Así SERÁ! Ustedes, NO están *buscando* Paz – ustedes, están RECONOCIENDO La *Paz*-Cristo como *Omnipresente*, frente a TODA *apariencia* en *contrario*.

En *Sardis*, nosotros estamos siendo *liberados* de la mente de 'este mundo', reunidos en el RECONOCIMIENTO CONSCIENTE de la

Divina Mente **Única** y *Perfecta*, que mantiene Su propio Divino Universo *Perfecto,* dondequiera que nos encontremos.

¿Se imaginan qué pasaría si *cada* delegado de esa Convención de las *Naciones Unidas* hubiera *traído consigo mismo* al Cristo? –No estaríamos *enviando* nuestros aviones hacia Israel; el presidente israelí NO se estaría *lamentando* que solo **no** puede ayudar a Camboya; NO estaríamos *atestiguando* todos estos *disturbios* alrededor de 'este mundo'. –Se trata de la *mente sensoria*, la cual vive sobre la *superficie* de la Vida, y JAMÁS *profundiza* en Ella. –Para nosotros, implica nuestra propia *graduación,* acerca de la *mente sensoria*.

Ahora bien, existe un pequeño *engaño* en esa *mente sensoria* – y vamos a *enfatizarlo* en tanto estamos *abordando* el tema. La *mente sensoria* proclama que *algo terrible* les está aconteciendo – pero NO les dice que *obtuvo* esa idea, **de** la *mente* de 'este mundo' o *Mente Cósmica*. Sin embargo, *ahora* que ustedes *saben* eso, *dense cuenta* que **todavía** existe otro problema: cuando una gran *catástrofe* es *anunciada* en la mente de ustedes, aquello que *reacciona* ante la noticia es, *la* **misma** *mente sensoria*, ya que SIEMPRE, *responde* o *reacciona* ante la *mente* de 'este mundo'; y después *magnifica* y *repite* el pensamiento, para luego *responder* ante ese *pensamiento* de *sí misma*.

Observen que la *mente sensoria* constituye su propia *audiencia cautiva*. Así que, cuando ustedes *reaccionan* ante la *creencia* de un *problema* de la *mente sensoria*, *¿quién* está reaccionando? –Ustedes NO; nuevamente se trata de la **misma** *mente sensoria*; la **misma** *mente sensoria reacciona* ante su propio *anuncio*. Y ese es el pequeño *truco* o *engaño* que ustedes tienen que *entender*, y con ello, *desapegarse* por *completo* de esa *mente sensoria* – siempre en la medida en que ustedes: se *apeguen* a la *Infinita Identidad Espiritual* que ustedes verdaderamente SON.

Entonces es cuando ustedes, podrán "*mantenerse firmes*". Una mente **inexistente**, que NO ha sido *legalmente autorizada*, NO puede *engañarlos* de **ninguna** manera. Así se convertirán, ustedes, en un

Sacerdote Viviente DE Dios – y para eso estamos aquí: para *recibir* nuestra *inspiración* DIRECTA. *Sólo* por medio de la *inspiración* DIRECTA DE la *Mente*-Cristo, es que <u>ustedes</u> son *liberados* **de** la *Mente Cósmica* o '*mente sensoria*'. Por eso es que *aquí*, somos *recordados* – para NO *olvidar* de *dónde* venimos; para NO *olvidar* aquello que *recibimos*. Hacerse *conscientemente* **Uno** con la *Fuente*, con el *Origen*, es lo que implica ese *recuerdo*: que *debido* a que El Espíritu *ES* la **Única** Mente, entonces El Espíritu *conforma* la **Única** *Mente* ante la que el Yo, puedo *responder*; y el Yo, *sólo* puedo *responder*, CON una Mente **Espiritual**.

Ustedes viven DENTRO de esa *ininterrumpida Conciencia Consciente*; viven DENTRO de esa *Perfección* del Ser, siendo TODO cuanto está *aquí* – cada vez que <u>ustedes</u> *olvidan* el RECONOCIMIENTO CONSCIENTE de la *Perfección*, se encontrarán *dentro* de: una *mente* **inexistente**. Resulta del TODO *imposible* que puedan *hacerse conscientes* de la *imperfección*, *a menos que*: se encuentren *dentro* de la mente *equivocada* – la mente que NO constituye la Mente de <u>ustedes</u>. Eso implica un *afianzarse*, una *afinar*, para que puedan *descansar* en El Ser **Único**, minuto a minuto; *regenerados* **y** *renovados*; *alimentados* a *cada* instante POR La Verdad *Interior* – *El Pan de cada día*, La Vida *Misma* expresándose *a través* de <u>ustedes</u>, **y** como <u>ustedes</u>, en tanto <u>ustedes</u> se *mantienen conscientes* de los *engaños* de la mente *mortal*, en los niveles *cósmico* e *individual*, hasta que <u>ustedes</u> puedan decir: "El Yo SÉ**,** que NO hay *maldad* alguna **en** el Universo de *Mi* Padre; y El Yo, NO reconozco NINGÚN *otro* Universo".

¿Se *dan cuenta* entonces, que TODA *admisión* de un *problema*, constituye la *negación* de La Verdad, la *negación* de La Realidad? –Por *un* lado, se trata de la *separación* de *Aquello* que ES; por *otro* lado, se trata de vivir en *aquello* 'otro', que NO ES. Los *problemas* resultan del TODO **imposibles en** El Espíritu; y dado que El Espíritu DE Dios ES TODO, es que los *problemas* resultan del TODO *imposibles*. Pero *durarán* tanto como les tome a *ustedes*, *despertar* al RECONOCIMIENTO de su *imposibilidad*; *despertar* a su *falta* de *sustancia*. Cuando Joel *enseñaba* lo anterior, lo llamaba: *el Principio del* "**No**-*Poder*", lo cual implica que **no** existe *poder* alguno sobre esta tierra, **aparte** del *Perfecto, Equilibrado* y *Divino* Poder. **No** hay *poder* alguno capaz de *eliminar* dicho Poder; NO existe *ningún* 'segundo' poder, capaz de *causar* la *imperfección*, porque: La Ley DE Dios constituye: LA *Perfección*.

¿Qué *poder* sería capaz de cambiar El Poder DE Dios? –No existe *ninguno*; por lo tanto, la *imperfección* resulta *imposible*; y dondequiera que *ustedes* vieran imperfección, estarían *mirando* a través de la *niebla*; estarían *viviendo* en un *sueño*-despiertos; estarían *caminando sonámbulos*, y permitiendo que el *sueño* de ese *sonambulismo*, les *parezca* 'real' – y con todo lo *anterior*, estarían *negando* lo que *ustedes* SON. Ahora bien, *ustedes*, NO tienen que *vencer* el problema – lo que tendrían que SABER es: que el *pensamiento* **de** 'este mundo', estuvo *tocando* a las puertas de *su* conciencia, y que *ustedes* le *franquearon* la entrada.

Eso es *todo* cuanto acontece *cada vez* que tienen un *problema* – *independientemente* de su *nombre* o *naturaleza*. Por eso digo que: **ya** estamos *más allá* de la *mitad* de El Camino, ya que ésta es, una Verdad que *ustedes* tendrán que demostrar **muchas** *veces*; y cada vez, *luego* que hayan *demostrado* esa Verdad, *pensarán* que han 'conquistado el mundo'. Y en ese intervalo, en tanto ustedes *se felicitan por* '*su* elevada espiritualidad', la mente de 'este mundo' *continuará actuando* – **y** *penetrará a hurtadillas*, a través de esa mente que '*se alaba a sí misma*'… como ¡otro problema más!

Nosotros, NO nos *detengamos* 'a alabarnos' – NI a él, NI a ella. RECONOZCAMOS *siempre* el ÚNICO Infinito Origen *Perfecto*, el cual está *sustentando Su Perfecto* Universo *presente* – *ustedes*, JAMÁS serán quienes reciban *mérito* alguno. En el instante en que *ustedes* se vanaglorien, estarán *dentro* de una *mente falsa*. Si Jesús pudo decir: "*Nada puedo hacer por mí mismo*" (Juan 5:30), entonces resulta un *privilegio* decir: "¡Amén!; yo, **tampoco** puedo hacer *nada* por *mí mismo*". "*Es el Padre; Él, hace las obras*" (Juan 14:10), y Él, NUNCA deja de *llevar a cabo las Obras*; y NO existe *poder* alguno que *impida* al Padre, llevar a cabo SIEMPRE, Sus *Portentosas* Obras.

Permitan que eso sea el *parámetro* de su Conciencia, el cual, la mente *mortal*, tendrá que *enfrentar*; y ya verán *quién* es el que *retrocede*.

> "... *Si, por lo tanto, tú* NO *vigilas, entonces El Yo, vendré sobre ti como un ladrón; y tú, no sabrás a qué hora vendré El Yo, sobre ti*" (Revelación 3:3).

Generalmente, un *ladrón* llega cuando sabe que *ustedes*, NO están 'en casa', y entonces *roba* aquello que *ustedes* tienen. Pero, si *ustedes* se encuentran '**en** Casa', y si las 'luces' se encuentran *encendidas*, ¿no resultaría tonto que el ladrón *viniera* a robar, cuando la idea de robar *no* va a pasar *desapercibida*? –Lo *mismo* aplica con la mente *mortal* – "*Viene como un ladrón en la noche*" (1ª. Tesalonicenses 5:2); viene, cuando ustedes NO están 'en casa'; cuando las 'luces' NO están *encendidas*; cuando ustedes NO se encuentran *velando*. Esa es la razón por la que *una y otra* vez; *una y otra, y otra* vez, ustedes escuchan: "¡*Velad*! ¡*Velad*! ¡*Velad*!; mantengan las 'luces' *encendidas*; manténganse 'en Casa'; vivan *dentro* de la *Conciencia* de El Ser *Espiritual* Infinito, y entonces así, el *ladrón*, la mente de 'este mundo', **no** podrá *entrar* para *robarles* su *Identidad*, haciéndoles *creer* que ustedes, son un ser *mortal finito* – eso es lo que *implica:* "*velar*".

> "*Incluso tienes algunos nombres en Sardis, que* NO *han contaminado sus vestiduras – y ellos andarán Conmigo vestidos de blanco, porque son dignos*" (Revelación 3:4).

Quizá ahora nos encontramos nosotros, entre los pocos "*nombres*" que viven *en* Sardis, **en** *Señorío, dentro* de la Conciencia *Trascendental*, y NO hemos "*contaminado nuestras vestiduras*", ya que NO nos permitimos ser *tentados* para *salir* **de** la Conciencia

Trascendental, y *retornar* hacia la conciencia *sensoria*. En el instante en que ustedes sean *tentados* para *salir* **de** la Conciencia *Trascendental,* **y** *retornar* hacia la conciencia *sensoria,* en ese instante habrán "*contaminado sus vestiduras*" – aunque se dice: "*hay algunos que NO se han contaminado*". En la época de Pedro, había cerca de ciento veinticinco "*nombres*", que NO se habían "*contaminado*".

Dentro de *nosotros,* ha de *surgir* ese Propósito *Superior,* en el cual *descubrimos* que estamos entre quienes "NO *contaminaron sus vestiduras*"; quienes son *dignos*; quienes están *dispuestos* a hacer TODO tipo de *esfuerzo* **y** *sacrificio,* con el *propósito* de *descansar* en la *Verdadera* Conciencia de que El Yo, *Soy* ese Ser, Quien ES por siempre: *Inmaculado*; Quien *nunca nació,* y Quien *nunca morirá*. En tanto nos *identifiquemos adecuadamente,* **y** luego que *encaremos* las consecuencias de dicha *Identificación, viviendo* desde ese Nivel de *Conciencia,* incluso *si tropezáramos,* NO *importaría*. Justo <u>donde se encuentre nuestro corazón, ahí estarán nuestras experiencias</u>.

Ese Espíritu que dice: "*Sed pues vosotros, Perfectos*" (Mateo 5:48), es Quien los *elevará casi* instantáneamente, porque conoce a *los Suyos* – "*Los MÍOS, oyen Mi Voz*" (Juan 10:27). "*El Padre Invisible, los recompensará en público*", manifiestamente.

Lo anterior implica que, en tanto <u>ustedes</u> se *mantengan sembrando* a *favor* de su Identidad *Espiritual,* ustedes *cosecharán Vida Eterna* (Gálatas 6:8). Lo anterior NO implica un "*y*", un "*si*" NI un "*pero*" – NO existen *cláusulas ocultas condicionantes*. Se trata del *Hecho* de la Vida: cuando ustedes *siembran* a *favor* de su Identidad *Espiritual,* la *resultante* es que llegará un momento, en el cual El Padre los *declarará: Perfectos*. Hasta entonces, "*manténganse Firmes*"; y entonces, "*Caminarán CONMIGO, vestidos de blanco*".

La *inhalación* de El Alma, de la *Sustancia Espiritual,* establece el "*manto terminado*" de El *Cuerpo*-Alma, como El Ser *Permanente* de ustedes: El Cuerpo que camina *a través* de la experiencia *humana,* en forma: *Inmaculada, Intacta,* expresando *siempre* La *Actividad* DEL *Santo Espíritu* – eso constituye la "*vestidura blanca*"; y…

"El que venciere, el mismo estará cubierto con vestiduras blancas" (Revelación 3:5).

Bien; aquí el concepto *vencer*, implica el *vencer* la *creencia* de que El Yo, NO *Soy* El Ser *Divino*; que El Yo, NO *estoy* bajo la Ley *Divina*; que La Palabra DE Dios, NO *está* en Mí; que El Yo, al Cual El Padre se refiere como: "NUNCA Te dejaré, NI Te abandonaré", no solo NO *está aquí*, sino que TAMPOCO *está haciendo Su Obra*. Implica el *vencer* un *segundo sentido* de El Yo; *vencer* al "yo", el cual NO está *aquí*; *vencer* la creencia de que El Yo, NO *Soy* un Ser *Espiritual: Puro, Total* y *Pleno. Cuando* El Yo, *venzo* TODAS esas *creencias* en contrario, *y acepto* la Identidad *Espiritual* como la *Plenitud* **de** La Divinidad, presente donde El Yo, *Estoy – Inmaculado, Irresistible*, en *Eterna Acción*, a pesar de lo que pudiera *parecer* a la mente *humana* – entonces El Yo, *He vencido;* **y** El Yo, *Estoy "cubierto con vestiduras blancas"*.

"... y El Yo, NO borraré su nombre del libro de la Vida, sino que El Yo, confesaré su nombre ante Mi Padre y ante Sus Ángeles" (Revelación 3:5).

Cuando <u>ustedes</u> se encuentran *atados* a Lo *Infinito*, entonces se encuentran *escribiendo* El Libro de la Vida; <u>ustedes</u> se encuentran *siendo alimentados* por la Vida *Misma*. Pero cuando <u>ustedes</u> NO están *atados* a Lo *Infinito*, sino a lo *finito*, a lo *limitado*, entonces <u>ustedes</u> se encuentran *escribiendo sus propios nombres, fuera* de El Libro de la Vida. Cuando <u>ustedes</u> *confiesan* que El Cristo ES, el Nombre de <u>ustedes</u>, entonces El Cristo los confiesa a <u>ustedes</u>, delante de El Padre **y** delante de los ángeles de El Padre. Cuando <u>ustedes</u> *aceptan* al Cristo, al Espíritu, al Ser, entonces el nombre de <u>ustedes</u> es *confesado* **a** El Padre, porque El Yo-Cristo [y] El Padre, Uno SOMOS; y cuando <u>ustedes</u> han aceptado al Cristo, al Espíritu, al Ser, entonces <u>ustedes</u> pueden *decir*: "El Yo [y] El Padre, Uno somos". El Cristo, ante Quien ustedes *confiesan* que <u>*ustedes*</u> son: El Cristo, revela que <u>*ustedes*</u> *son:* Uno *con* El Padre.

Ahora ya *saben* ustedes que la *comprensión intelectual* de todo esto, no es algo *demasiado difícil* – la **práctica** de lo anterior, es lo que constituye la *dificultad*. Y si ustedes *confiaran* en <u>*su*</u> *propia* ingenuidad o inteligencia, entonces se *complicarían* más, debido a que estarían *dependiendo* de la mente *sensoria* que, con *toda* seguridad, intentará *engañarlos*. Así pues, existe un 'lugar', en el cual ustedes, *cortan toda atadura*; en el cual ustedes, *caminan sobre las aguas de El Espíritu*; y en el cual ustedes, *prueban que ustedes* son, un sacerdote de Dios – ustedes *portan esa Piedra de Sardis al frente, sobre su Peto Sacerdotal*, y dicen:

"*Padre, hágase Tu Voluntad* (Mateo 26:42, Lucas 11:2). El Yo, estoy *muerto* a la voluntad *personal*; El Yo, estoy *muerto* al deseo *personal*; El Yo, estoy *muerto* para *buscar, esforzarme* y *luchar*; El Yo, estoy *muerto* a la *pasión*; El Yo, estoy *muerto* a los deseos de los *sentidos*; El Yo, estoy *muerto* para todo aquello que *no* sea: El Cristo".

Entonces, y *sólo* entonces, en el *morir* a aquello que no sea El Cristo, es que estamos *vivos* **en** El Cristo. *Sólo* entonces es que *somos* los "*puros de corazón*" (Mateo 5:8); y entonces La Ley *Espiritual* del Cristo, actúa en *Sí Misma*, en aquello que *somos* – *sin* un 'segundo ser'; *sin* barreras; *sin* interferencia *mental*; *sin* el mundo *falso* de los *sentidos*, que nos *reclama* como si fuéramos sus *súbditos* – esto, constituye: el "*vencer*".

En este "*vencer*", <u>*ustedes*</u> están *dispuestos* a *olvidar*, por completo, su *pasado* – jamás tuvieron un *pasado*. Joel lo expone como en broma, al decirnos: "En este instante, *supongamos* que usted es, la *Única* persona en el mundo – no hay nadie más que usted". Lo que Joel quiere decir es que, justamente *eso, constituye La Verdad* – ¡no existe nadie más! Y ustedes pueden *admitir* lo anterior por un instante, **y** *descubrir* así, que pueden hacerlo: dos, diez o veinte veces más – porque, en última instancia, <u>*ustedes*</u> se darán cuenta que tan *solo* existe: **Un Único** Ser *Infinito*, lo cual significa que NO hay *otro* Ser que <u>ustedes</u>, en este Universo. Y dondequiera que <u>ustedes</u> vayan, estarán mirando a <u>su</u> *propio Ser Invisible*, dirigiéndose hacia <u>ustedes</u>.

<u>Ustedes</u> están SIN *división* alguna, de ese *Yo Invisible*. De hecho, NO existen 'dos', de nada; NO existe 'otro' Ser, que El Ser que <u>ustedes</u>, SON. <u>Ustedes</u> reciben, porque <u>ustedes</u> le otorgaron a *su propio Ser*; <u>ustedes</u> reciben Amor, porque <u>ustedes</u> le otorgaron Amor, *a su propio Ser*; <u>ustedes</u> reciben perdón, porque <u>ustedes</u> perdonaron *a <u>su</u> Propio Ser*. Dondequiera que <u>ustedes</u> estén *dando*, <u>ustedes</u> estarán *recibiendo*, porque <u>ustedes</u>, *constituyen el ÚNICO Ser*; y además o aparte de <u>ustedes</u>, NO existe NINGÚN *otro* Ser.

Sí; ciertamente se trata de un 'Estado de Conciencia' *difícil* de *alcanzar*. Pero Jesús *alcanzó* ese Estado: *"Ustedes me perciben – entonces ustedes, perciben a El Padre"* (Juan 12:45) – al Ser *Único* – porque NO hay 'otro'. El *nacimiento* del Cristo IMPLICA la *muerte* del *falso sentido* de los SERES *divididos*. Y ahora, estamos *sintonizados* con lo Infinito – estamos *renaciendo*; estamos permitiendo que lo Infinito, *renazca* **en** Sí MISMO; estamos *confiando* en que lo Infinito Se *exprese aquí*; estamos *superando* el sentido de un ser *separado finito*; estamos *permitiendo* que lo Infinito nos *revista* con el *vestido blanco* del Cuerpo del Alma – el Ser *Eterno*.

"Quien tiene un oído [para percibir], que oiga lo que El Espíritu dice a las Iglesias" (Revelación 3:6).

Ese *"tener un oído"*, implica el *recordatorio* de que: *aún* NO *está terminado*. **No** importa cuán *elevados* ustedes *se* consideren, <u>manténganse</u> *"teniendo un oído"* – *velen al Interior*. Y ahora deberíamos estar en el lugar *donde*, si *verdaderamente queremos* estar en esa *Plenitud* llamada *Sardis* que constituye la Conciencia *Trascendental*, que *señorea* por <u>completo</u> sobre el mundo del pensamiento *cósmico*, sobre las apariencias *cósmicas*, sobre las imágenes *cósmicas* llamadas 'este mundo', entonces justo **ahí**, <u>tenemos</u> que *confiar* en El Yo, *en medio de nos*otros, para ser alimentados *constantemente* por El Padre *Infinito*; y así, cada *Palabra*, cada *Obra*, cada *Pensamiento* y cada *Acción*, tendrán que *surgir* DESDE *"El Yo, en medio de..."*

Nuestro *cambio* de *atención*, desde el *finito* ser *humano* hacia la *Nueva Autoridad* de Lo *Infinito*, actuando a través de *nuestro* propio *Ser*-Cristo, constituye el *Nuevo* Yugo, la *Nueva* Forma de *Practicar la Presencia*, para que ustedes puedan *descansar* en el RECONOCIMIENTO de que: El Ser *Infinito*, SIEMPRE se encuentra *sosteniendo Su* Propia Individualidad **en** *Mí*, llamada: *Cristo*. **No** requiere del *apoyo* de una *mente* NI de un *cuerpo, humanos*. De hecho, *ahora*, el ser *externo* se encuentra *cooperando* CON Dios. Dios ES, Quien lleva a cabo *toda* Acción, y el ser *externo* manifiesta lo *mismo*. En realidad, *nosotros* SOMOS El *triple* Ser *Interno*: El *Espíritu*, El *Alma* **y** El *Cuerpo Espiritual* – y NO el hombre *externo* que *implica* carne, mente **y** experiencia, *humanas*. Todo eso NO fue más que la *imitación* de nuestra Realidad *Infinita* – la Realidad, NUNCA se *apartó*; la Realidad, NUNCA nos *abandonó*.

"Quien tenga un oído" vivirá **en** *Sardis*, *"hasta que venga Aquél a Quién le corresponde el derecho"* (Ezequiel 21:27), para *sentarse sobre El Trono*; *hasta* que el Padre declare: "Tú, *Eres* Perfecto; *en* Ti, El Yo, *Estoy* complacido; El Yo *hoy*, Te he *engendrado*" (Hechos 13:33), de *retorno* a la Casa DE El Padre – y ya NO más en las *algarrobas* de la humanidad.

Ahora, a partir de *este* instante, *dentro* de la *comprensión* del "NO-Poder", ustedes deberían *aprender* que el "NO-Poder" implica: que NO *existe* poder alguno para *cambiar* el *Perfecto* Poder, *siempre* presente, **de** El Padre. El *Perfecto* Poder **del** Padre, constituye El **_Único_** Poder; y debido a que se trata del **_Único_** Poder, se concluye que NO existe *algún otro* poder para oponérsele – por ello es que El **_Único_** Poder **del** Padre, NO tiene nada que *vencer*; NO tiene nada que *cambiar* – El **_Único_** Poder **del** Padre, simplemente constituye la *Perfección Constante*. Todo *aquello* que pareciera *negarlo* es: apariencia, hipnosis – aquello que *carece* de *realidad*, aunque *pareciera tener realidad*; aquello que se presenta **ante** la mente ***de*** *ustedes*. De hecho, NO se *origina* en la *mente* de *ustedes*, sino que *se presenta* **ante** la *mente* de *ustedes*. E incluso, *si ustedes* miraran *con* dicha *mente* a la *Mente Cósmica* o 'mente *sensoria*', la cual *presenta* tales *imágenes*, ustedes podrían mantenerse *firmes*, y *decir*:

"Oh NO; tú, eres el *diablo*, el *tentador*; tú, eres *satanás*; tú, eres el *dragón*; tú, eres esa *mente* de 'este mundo' que constituye "el dios de 'este mundo'" – el dios *falso*, que ha *mantenido* a la humanidad, *lejos* de la Paz, *lejos* de la Verdad, *lejos* de la Vida Eterna *del* Ser; que ha *mantenido* a la humanidad, en un estado de *sonambulismo*. Pero El Yo, *Estoy despierto* ante *ti*, puesto que El Yo, *Estoy despierto* al Cristo. El Yo, te he *vencido* muchas veces; y El Yo, *continuaré* venciéndote hasta que El Yo *sepa* que tú, NI siquiera estás *allí*; hasta que El Yo, te *vea* como una *nada*, como una NO-*mente*, que *pretende* hacerse pasar por una *mente*. Y entonces la NO-mente que tú eres, que se convierte en mi NO-mente *humana* – también El Yo, la *eliminaré*, hasta que El Yo, *permanezca como* El Yo SOY, *adorando* a Dios, tal y como Dios, ES – en *adoración verdadera*, en *adoración* de aquello que constituye La *Realidad* – la *aceptación* que El Yo, Estoy *ahora, caminando* en El Reino DE Los Cielos, *sobre* la tierra. Justo *ahí* es donde El Yo, *Estoy ahora* – NO mañana; ¡ahora! Porque en Mi *Verdadera* Identidad, *es* justo donde El Yo, *debo estar*".

El Sacerdote DE Dios camina *ahora*, DENTRO de El Reino DE Los Cielos *sobre* la tierra: *vigilante, atento, sensible* **sólo** a El Ser *Interno*, SIN la menor *necesidad* de vencer al *mundo exterior*, porque El Sacerdote DE Dios, *sabe* que NO hay nada *allí* – tan *solo* El Padre Se encuentra *ahí*. El *Único* Universo *Espiritual* Infinito se encuentra a *nuestro alrededor*. Nosotros, estamos caminando *como* Sacerdotes DE Dios, *dentro* de El Mar DE El Espíritu, en *Sardis*. Y eso es TODO cuanto la *Práctica de La Presencia*, implica.

Ahora bien, aunque pudimos haber tenido *quinientos* problemas, éstos *debieron disminuir*, y *continuarán* disminuyendo, hasta que el *Poder* del *Propio* Ser de *ustedes*, *evidencie* para *ustedes*, el que JAMÁS pudo estar *ausente* El Poder DE Dios, de donde *ustedes* se encuentran. "*El Yo*, JAMÁS *puedo dejarte*". Por ello es que *ustedes*,

NO tienen que *salir a hacer* algo acerca de ese *problema*; o acerca de esa *hija*; o acerca de esa *nieta*; o acerca de ese *esposo*; o acerca de ese *amigo*; o acerca de ese *competidor*…

"*El* **Yo**, *en medio de ti…*" [Sofonías 3:17] NUNCA *te he dejado*. Tú, NO tienes *competidor* – El **Yo**, *Estoy* en medio del *competidor*. Tú, NO tienes *virus* alguno – El **Yo**, *Soy* la *Perfección* **del** Ser, *dondequiera*. Un *virus* constituye la *creencia* de que El **Yo**, NO *Estoy* presente – sin embargo, El **Yo**, lo *Estoy*. Un *competidor* constituye la *creencia* de que El **Yo**, NO *Estoy* presente – sin embargo, El **Yo**, lo *Estoy*. La *enfermedad* constituye la *creencia* de que El **Yo**, NO *Estoy* presente – sin embargo, El **Yo**, lo *Estoy*. *Pobreza, carencia, limitación*, constituyen la *creencia* de que El **Yo**, NO *Estoy* presente – sin embargo… ¡El **Yo**, lo *Estoy*!

Despierta de la *creencia* de que El **Yo**, NO *Estoy presente*, porque El **Yo**, lo *Estoy*; y además *El* **Yo**, *te daré Luz*. El **Yo**, Me *manifestaré, como* Salud, *como* Abundancia, *como* Perfección, *como* Armonía, *como* Relaciones mejoradas… *si* es que TÚ, Me *aceptas como* TU Ser, **y** *como* El Ser de TODO aquello que *veas*. A cada uno de ellos, dales "*un Beso Santo*" – y entonces tú, Me *verás en* medio de *ellos*, tal y como El **Yo**, *Estoy en* medio de ti.

La próxima semana comenzaremos con la *Sexta Carta*, y después de la *Sexta* y de la *Séptima Cartas*, El Espíritu nos *llevará* **y** nos *mostrará* cómo *romper* con las *barreras* que están *impidiendo* la *manifestación* de estas *Siete* Finas *Cualidades*, Gloriosas **y** Perfectas, *en* nosotros.

Así que nos vemos la próxima semana, aunque sea 4 de julio; y supongo que, con un poco de suerte, incluso encontraremos que *no* hay tantos 'petardos' como los que *anticipamos*.

Muchas gracias.

CLASE 8

EL DON DE DIOS – LA SABIDURÍA DIVINA

REVELACIÓN 3:7 – 12

Herb: - Bienvenidos sean todos ustedes.

Han sucedido algunas cosas muy interesantes **y** alentadoras en estas últimas seis o siete semanas desde que iniciamos el estudio de *La Revelación de San Juan*. Hemos recibido *informes* de varias personas acerca de sus experiencias – la *manera* en la que El *Espíritu*, Se les ha *manifestado*. Y sabemos que hay una Conciencia que Se está *moviendo* a través de nosotros, como una *ola gigante*, tocándonos a TODOS por igual. Esta *ola gigante* está *arrojando* su Luz sobre nosotros; nos está *elevando*; nos está *liberando* de las limitadas capacidades *humanas* que todos habíamos estado utilizando. Y dondequiera que exista una Conciencia *Receptiva*, dispuesta a *liberar* a Dios de ese limitado *concepto* de la mente *humana* acerca del propio Dios, ahí el Poder *del Espíritu* estará *hablando* en Voz Alta **y** Resuelta, *liberando* a dicho individuo.

Hemos encontrado, por ejemplo, al trabajar con personas *paralizadas*, que la parálisis NO es una condición del *cuerpo*, NI es – como seguramente pudieron haber sospechado – una *condición* de esa mente en lo *individual*. De alguna manera, cuando la mente *de 'este mundo'* es evidenciada tan solo como un *supuesto poder* sobre esa mente *individual*; y cuando la mente *individual* **renuncia** a su *creencia* en un poder *distinto* al Poder DE Dios, entonces aquello que había *parecido* una condición física *aparente*, queda *disuelto*.

Digámoslo de esta manera: *Ustedes,* NO pueden mover su brazo – simplemente *ustedes,* NO pueden moverlo. Y ése, es el *pensamiento* en la mente de *ustedes*: "'*yo'*, NO puedo *mover* 'mi' brazo". Nada en 'este *mundo'* los *convencerá* que eso constituye un estado de *hipnosis, hasta que* el pensamiento de que: NO pueden mover ese brazo, sea *borrado* del pensamiento de <u>*ustedes*</u>. Entonces *ustedes* encontrarán que: "*Yo, puedo* mover ese brazo" – y *nada aconteció*, excepto que ese estado de *hipnosis*, fue *borrado*. La *hipnosis* NO se originó *dentro* de la mente de <u>*ustedes*</u>; el *pensamiento* de que *ustedes* NO podían mover su brazo, NO se originó *dentro* de la mente de <u>*ustedes*</u> – *no* era más que: un *pensamiento de 'este* **mundo***', impuesto sutilmente, dentro* de la mente de <u>*ustedes*</u>.

Y esto es lo que *tienen que aprender*: <u>*mientras ustedes* luchen *con* '*su'* propia mente para *separarse* de la mente *de 'este mundo'*, NO tendrán éxito</u>. Ustedes consideran: "Bueno, pero usted acaba de decir que el pensamiento, NO era *mío*; que estaba *dentro* de la mente *de 'este mundo'*; así que, si yo separo <u>*mi*</u> mente *de* la mente *de 'este mundo'*, entonces ya *no* tendré dicho pensamiento". Ciertamente eso suena 'lógico' para la mente de <u>*ustedes*</u>, pero lo que ustedes **tienen** que *saber* es lo siguiente: <u>la mente de **ustedes** ES: la mente *de* 'este mundo', y por eso es que *ustedes*, NO pueden *separar* una de la otra</u>. Por otro lado, La *Mente-Cristo* ES, la *ÚNICA* Mente; La *Mente-Cristo* ES, la Mente **Divina** INDIVIDUALIZADA. Y es que la mente *de ustedes*, **antes** de ser *imbuida* POR El Cristo, no es más que: *la mente de 'este mundo', **individualizada***. Ustedes pueden *intentar* separar la ola *del* océano, de la *misma* manera que pueden *intentar* separar *su* mente **humana** de la mente *de 'este mundo'* – ésa es la *trampa* de la mente *de 'este* **mundo***'*. Esa mente *de 'este* **mundo***', cree* en la parálisis; así, el pensamiento de la mente *de 'este mundo'*, se *convierte* en *su propia* mente, *dentro* **de** ustedes. Así pues, la mente *en ustedes* que dice: "*Yo* NO puedo mover *mi* brazo", no es más que: la mente *de 'este* **mundo***', **individualizada** – disfrazada* como:

la mente **de *ustedes***. Esto pues, constituye la mente *humana*: *la **individualización** de la mente del **mundo***; esa mente que, para NADA, constituye La Mente DE *Dios*.

Cada vez que un *individuo* sale *de esa **mente*** – NO de los *pensamientos* en *esa mente*, sino *de esa **mente*** – entonces los *pensamientos* **de** la *mente de 'este **mundo'***, actuando a través de la *propia* mente **en** *ustedes*, descubren que ya NO existe *mente* alguna en ustedes, que los pueda *hospedar*. Así la idea de: "yo, NO puedo mover mi brazo", simplemente deja de estar ahí, y entonces ustedes *mueven* ese brazo. Y todo esto, *en ocasiones* acontece *sin* que la persona, quien tiene la parálisis, *participe conscientemente*. Esa *persona* NO hace nada, excepto decir: "¡Ayúdenme!". Y *si* ustedes **no** se encuentran 'tocando' a esa *persona* en modo alguno, y *ella* mueve su brazo, entonces todo cuanto ha acontecido es: que una *creencia* fue *cambiada* – es decir, una *creencia* de 'este *mundo',* la cual *se* había introducido *en* dicho individuo, ya **no** es capaz de *penetrar* **en** la *nueva* Mente – La Mente-***Cristo***, *dentro* de la cual, NO hay oscuridad alguna.

Ahora bien, lo anterior se convierte en un Principio – aplicable *no* solo a la parálisis, sino que se convierte *también* en un Principio aplicable a ***cualquier*** forma de mal, **y** a ***toda*** forma de mal, en su vida: **No** hay mal **en** la Mente DE *Dios*; y NO existe *otra* 'Mente'. *La Mente **de** Dios, se individualiza como la Mente-**Cristo** – y NO hay mal en la Mente-**Cristo**; ya que NO existe otra* 'Mente'. Esa mente que percibe el mal, no es más que la mente de 'este mundo', la cual actúa como la mente *de* ustedes. *Cualquier* forma de mal que *pareciera habitar* DENTRO de *su* mente, dense cuenta que NO está *dentro* de la mente ***personal*** de *ustedes*.

La Mente de *ustedes* ES: la Mente-***Cristo***. Y el *problema* de ustedes **es**: que están *engañados* para *aceptar 'otra* mente', que NO es, la Mente *de ustedes*. Así, cuando ustedes *reconocen* el mal que les dice que ustedes se encuentran *dentro* de la mente *equivocada*, entonces NO *pierdan* el tiempo *tratando* de irse a un rincón para *pensar* **y** *razonar cómo* salir de un problema, que *ustedes saben* *bien* que NO *puede* estar allí, cuando que: **Dios** ES, Quien está ahí. Ustedes simplemente *consideren* el mal, el problema, el error, la discordia, *como* una 'señal' para ustedes, de que *se han desviado*, *admitiendo* la *creencia* de que la mente que se encuentra *actuando* a través de *ustedes es, su mente* – ¡porque NO lo *es*! La Mente DEL **Padre** EN ustedes, NO percibe *ningún* mal.

Tan solo durante esta semana, contamos con una *evidencia* de La Mente *del* Padre, que NO percibe *ningún* mal, *actuando* en nosotros. El otro día un camioncito de una compañía de gas, circulaba por aquí. Los frenos fallaron, y aparentemente el conductor perdió el control del camión. De cualquier manera, el chofer decidió, o se vio forzado, a saltar – y así lo hizo. Lo anterior dejó al camión *sin* conductor, colina abajo. Calles adelante, había cuatro o cinco hombres que cavaban un agujero para instalar un semáforo – y ahí venia ese camioncito *sin* conductor, directo a ellos. Bueno, rápidamente se quitaron del camino. Mientras tanto, alguien gritó: "¡Consigan una ambulancia!"; y todos rodearon al conductor que yacía de espaldas, *inconsciente*. Para ese entonces yo me encontraba en la ventana y *miré* hacia afuera. El hombre estaba *inmóvil, inconsciente*. Y en tanto yo lo *miraba*, él pareció sacudirse, y levantó los brazos como diciendo: "¿Qué me está pasando?" La gente a su alrededor dio un paso atrás, y de repente... él se *levantó*.

En ese momento yo estaba con alguien, y regresé a la habitación para *contarle* lo que había acontecido, pero NO pude hablar con esa persona – se encontraba *meditando*. Y entonces *supe exactamente por qué* ese conductor se *levantó*. *Alguien* estaba *ocupado*: SABIENDO La Verdad acerca DE **Dios**; alguien estaba *ocupado*, pero NO en la mente de 'este *mundo*', sino FUERA de ella. El conductor había estado *dentro* de la mente de 'este *mundo*' – era 'normal' que quedara *inconsciente*, después de saltar desde un camión en movimiento. Y ese conductor NO supo dónde estaba, *hasta* que este *individuo* que: NO *aceptó* lo *ocurrido*, simplemente *se mantuvo: tranquilo, esperando* que "esa *Mente* que estuvo *en Cristo-Jesús, Revelara, para Sí Misma, Su* Universo *Perfecto*". De hecho, yo tardé en regresar para contarle a ese individuo, lo 'acontecido'. Lo que estaba 'aconteciendo', *acontecía* debido a esta: *Silenciosa y Firme Consciencia*. Y afuera en la calle, un caballero chino comentó: "¡Deberían haber visto *cómo* aconteció todo esto! El hombre estaba *inconsciente*; y *de repente*, ¡se *despertó*! – fue de lo más divertido" … – *ciertamente* lo fue.

Ahora bien, ésta, es una *clase* muy especial – *no* me refiero a la de hoy – me refiero al *grupo*. Por lo regular *no* compartimos mucho desde esta plataforma, acerca de la *obra de curación*, porque pareciera ser un *"no* se lo digas a nadie". Pero hemos llegado al punto donde, en ocasiones, *debemos* hablar acerca de esto; *debemos saber* que aquello que nos está aconteciendo *individualmente*, implica *experiencias espirituales*; *debemos* saber que El *Espíritu*, "ha ido delante de nosotros"; *tenemos* que darnos cuenta que *no* se trata de una casualidad *ni* de una coincidencia; *tenemos* que *saber* que una Ley está *actuando* en *nuestro* Ser. Por eso les *comparto* lo anterior, y algunas otras cosas más, para que *sepan* que El Espíritu, nos está *dando* TODAS las *señales necesarias* para decirnos que: nos estamos *moviendo* en la *dirección* **correcta**.

Hubo una mujer que llamó desde Washington o Seattle – no recuerdo. Seattle, en el estado de Washington – eso es. El problema era que su hijo, estaba a punto de ser *reclutado*, en tanto había recibido una beca para estudiar cine en Londres – ésa había sido su gran ambición. Y ahí estaba la orden de *reclutamiento*, a punto de cambiar todo eso – ya no podría *aceptar* la beca. Ésa era la razón por la que deseaba *asistencia espiritual*. Ahora bien, el joven se había ido a Londres, y comenzaba a estudiar cine. La familia había gastado cada dólar que tenía en enviarlo allá, y en apoyarlo en tanto estudiaba. Luego, algo 'salió mal' en la orden de *reclutamiento* – el examen médico expidió un informe sobre su pie, afirmando que 'no estaba en buenas condiciones', lo cual debería haberlo *eximido* – pero dicho informe *nunca* llegó ante el Departamento de Reclutamiento. Las cosas se complicaban, y por ello requería más *ayuda*. Un 'pensamiento' cruzó por mi mente – *si* trabajamos en esto, y *si* su pie mejora, *entonces,* de todas maneras, lo van a reclutar. Parecía una especie de *encrucijada*. Después ella volvió a llamar, diciendo que había recibido una carta del joven. Estaba deprimido, pesimista, hablando de cosas de las que no debería hablar – todo estaba mal. Sin embargo, el otro día me llegó una carta, y observen la forma peculiar en la cual *El Espíritu, actuó* aquí en esta situación.

Primero, un hombre de la Cadena NBC de Nueva York llegó a Londres. Estaban organizando un concurso en los Estudios Cinematográficos de Londres, especialmente entre los estudiantes, para apoyarlos con becas. Así pues, este joven le escribió a su madre diciendo que había participado, y descubrió que había ganado uno de los tres primeros premios, posiblemente el primero – aún no estaba seguro. Y ganó dicho premio, el cual le dio derecho a una nueva beca de más de 500 libras. Posteriormente se iba a ir a Alemania para continuar sus estudios. Eso liberó las apretadas finanzas de la familia en Washington; y, por otro lado, el joven fue *exentado* del reclutamiento, por otros seis meses más. Ahora bien, lo interesante fue, que no solo *exentó* de ser reclutado, sino que también *ganó* otra beca; y todo a través de un hombre de Nueva York que llegó a Londres, justo donde el joven se encontraba en ese momento. Y dicha persona me comentó la posibilidad de que abran instalaciones para la NBC donde el joven se encuentra ahora. Esta es una especie de historia de *Cenicienta*, desde *todo* punto de vista.

Finalmente les comparto el caso de uno de nuestros estudiantes, una mujer que había estado *sorda* durante muchos años. Ella escribió una carta muy alegre acerca de *todo* tipo de cosas felices que le suceden: además de los ruidos, comienza a *escuchar* sonidos con bastante frecuencia, luego de toda una etapa de edad adulta con sordera. Como pueden ver lo anterior, ¡**no** implica un esfuerzo *individual* **ni** un esfuerzo *personal* de 'nadie'! Por cierto, algunos de nosotros 'trabajamos' en esto, pero en realidad se trata de: la *señal* de la *actividad* DEL Espíritu, diciendo: "Tú te estás *moviendo* en la *dirección* que constituye la Voluntad DEL Padre". Y estoy completamente seguro que, cualquier historia que ustedes pudieran escuchar desde aquí, desde esta plataforma, *coincide* con las historias de la propia *experiencia* de ustedes en lo *particular*.

Así que les digo hoy que *pareciera* haber suficiente *evidencia* de que nuestro *propósito original* para este Taller sobre *El Libro de la Revelación* ... Bueno, miren; aquí lo tengo; veamos lo que se dijo al principio:

"Aquí, el *propósito* de esta *Revelación* será el siguiente: **No** existe *demostración* más *gloriosa* sobre la tierra, que la **transformación** del hombre *de* la *tierra, en* el Hombre DEL *Espíritu* Puro. El *primer* Discípulo del Maestro que *alcanzó* la meta de la Vida *Eterna*, fue el *amado* Juan, quien pasó *más allá* de la 'muerte misma', a través de la Conciencia *Intacta* del Cristo, SIN dejar forma *física* alguna, *detrás* de él. Esta *traslación* dentro del *Reino* de los Cielos sobre la tierra, donde TODO *se hace nuevo*, constituye el *objetivo* **supremo** de la raza *humana* en su búsqueda de: *Sed pues Perfectos, tal como vuestro Padre que está en Los Cielos es: Perfecto* (Mateo 5:48). Y ahora, en el lenguaje *perdido* del Alma, Juan va a *describir* su *traslación*, conforme es *elevado* desde el hombre de la *tierra* hacia El *Hijo* DE *Dios*, en la *Primera Resurrección*, la cual *elimina* TODA posibilidad de *muerte* alguna".

Bien, así fue como se *anunció* esta clase – acuérdense. Y aunque el *objetivo* supremo – la *Primera Resurrección* – para algunos pudo haber *sonado* como algo *fuera de alcance*, nosotros estamos *doblemente seguros* de que *no* solo NO está *fuera de alcance*, sino que *definitivamente* constituye: el *destino* de TODO aquel que *sigue* La Palabra DEL Padre. Y algo de lo anteriormente *mencionado*, parecieran ser, las *señales* que apuntan en esa *dirección*.

Hoy en día contamos con una *oportunidad*, en la *Sexta Carta* al Espíritu del Cristo **en** *ustedes*, para *ascender* más en la *escalera* de la *Verdad*, en la *escalera* de la *Autorrealización*. Se trata de una *Carta* dirigida a la *Iglesia en Filadelfia*. Vamos a verla.

"... *Escribe al Ángel de la Iglesia en Filadelfia: Esto dice el que* ES *Santo, el que* ES *Verdadero, el que tiene la Llave DE David, Quien abre, y NADIE cierra; y Quien cierra, y NADIE abre; ..."* (Revelación 3:7).

Ahora veamos aquí que *Filadelfia,* va a significar para nosotros: *"Sabiduría"* – Sabiduría *Divina Individualizada,* como el Don para TODA persona sobre la tierra, *incorporado* dentro de la semilla DEL Cristo, El Padre *Interior.* Otra palabra para "Sabiduría *Divina"* sería "Omnisciencia"; y también "Pensamiento *Divino".* El Pensamiento *Divino* implica Sabiduría *Divina* y Omnisciencia en *Acción.* Esta cualidad DEL Padre es *también:* la cualidad DEL Hijo *Individualizado en* ustedes, esperando la *aceptación* por parte *de* ustedes. Ahora bien, *si* ustedes fueran a *multiplicar* su inteligencia al infinito, entonces obtendrían esa *Omnisciencia* que **ya** existe *como parte* de *su* propio Ser. *Si* viviéramos en un terreno de 40 por 60 acres, pero poseyéramos 5 millones de acres *sin* utilizar, resultaría bastante tonto. Y, sin embargo, viviendo dentro de *nuestra* inteligencia *individual personal,* es justo lo que *estamos* haciendo – vivir en nuestros 40 por 60, cuando contamos con Inteligencia *Infinita* que *espera* tan solo **nuestra** aceptación.

Bien, ése es el propósito de la *Carta al Ángel de Su Presencia* en ustedes, en la *Iglesia de la Sabiduría Divina,* la cual constituye uno de los *Siete Dones* de Dios, para *cada uno* de nosotros. La *Sabiduría Divina* mora DENTRO de ustedes, y el *propósito* de esta *Carta* es: *despertarlos* a *Su* Presencia; despertarlos a *Sus* Capacidades, así como *despertarlos* a la forma en que pueden *liberar* dichas *Capacidades,* en <u>su</u> propia experiencia.

"Estas cosas dice Aquel que ES Santo, (y) que ES Verdadero; Quien tiene la Llave DE David ..." (Revelación 3:7).

Cristo-Jesús, quien *recorrió* los *Siete Dones,* llegando a *Ser Uno en Conciencia* **con** *El Padre,* demostró que, El Cristo *en* la Conciencia CONSTITUYE: el *ÚNICO* Poder. La *verdad* de eso constituyó para él, *su* Resurrección; la *verdad* de eso constituyó para él, el Poder que *demostró* a través de la Conciencia-*Cristo* – *Ser Uno* **con** *El Origen*. Y entonces, aquello que ES *Santo*, es aquello que *desciende* **sólo** DESDE El Padre; el Poder que *desciende* **sólo** DESDE El Padre ES: Santo – viene DE Dios; ES Divino; ES Todopoderoso; *carece* de opuestos; ES Cierto y Verdadero, es decir, ES Confiable. Ustedes pueden *confiar* en ese Poder, independientemente de cualquier circunstancia – Se ha *demostrado*, Se ha *refinado*, EN el fuego.

Cristo-*Jesús* representa entonces: el **pináculo** de la Conciencia-*Cristo*, La cual constituye la *Santidad* y la *Verdad*, de las cuales *ustedes* pueden *depender*. La Conciencia-*Cristo en* ustedes, se convierte en *su* Senda hacia la Sabiduría Infinita DEL Padre. *Sólo* a través del Cristo *en* ustedes, se despliega la Sabiduría DEL Padre. Para el cerebro, para la mente *humana* natural, para la mente de '*este mundo*' – que *se hace pasar* por la mente *humana* – la Sabiduría DEL Padre **no** tiene cabida. Y aquellos de nosotros que *vivamos dentro* de la mente *humana* – la cual constituye la mente *de* 'este mundo', pero disfrazada, – NO *recibiremos* la Sabiduría, lo Santo, lo Verdadero – *recibiremos* la *imitación*. Así entonces, *viviendo* dentro de la mente *humana,* somos *despertados* a la mente de la *imitación*, la cual NO constituye la *Perfecta* Mente *Única*; la cual JAMÁS podrá *expresar* la Manifestación *Perfecta* de *Su* Presencia. Pero *ahora*, estamos siendo *elevados* hacia esa altura en la Conciencia, en la cual *nuestra* voluntad será fortalecida para *buscar* **únicamente:** "*esa Mente que estaba en Cristo-Jesús*", misma que NUNCA podrá ser *influenciada* por los *falsos* poderes de 'este mundo' *material. Ahora* estamos siendo *liberados* del sentido *personal-mental*; estamos siendo *liberados* de las *limitadas* capacidades *humanas* – estamos siendo *abiertos* para *reconocer* la Infinitud de *nuestras propias Capacidades*-Mentales, a través *del* Cristo. **No** existe *otro* Santo y Verdadero, que El Cristo *dentro* de ustedes. Esa Mente, por *sí misma*, constituye El Instrumento DEL Padre; sólo ***dentro*** de "*esa Mente que estaba **en** Cristo-Jesús*", es que ustedes *caminan, siguiendo* los pasos DEL Padre.

"Quien tiene la Llave DE David" (Revelación 3:7).

La llave DE David resulta algo muy interesante. El padre *de* David fue *Jessie. Jessie* significa: "El Yo, Soy". El Yo, Soy, tiene un hijo llamado: David – David *simboliza:* El Amor. El Amor *nace del* Yo Soy. El Yo Soy, *Infinito,* se *convierte* en *Amor,* dentro de la Conciencia-humana – David. Y *la Llave DE David,* estaba constituida por *su* Conciencia *Espiritual,* por *su Unicidad* con la *Fuente* o el *Origen,* particularmente en su juventud. Y en esa *Unicidad* CON la Fuente, David *recibió* la Sabiduría *Divina.* Existe algo más muy interesante, acerca de *la Llave DE David. La Llave DE David,* como pueden ver significa: la *Conciencia-Cristo;* RECONOCIMIENTO del *Cristo Interior.* Y me sorprendió bastante encontrar esto en el Evangelio de Lucas. Al buscar en el Evangelio de Lucas, surgió lo siguiente, acerca de la *Llave DE David, cuando* Gabriel llega ante María, en el nacimiento:

> *"… He aquí, concebirás en tu vientre, y darás a luz un Hijo; y llamarás Su nombre, JESÚS. Él, será grande; y será llamado: El Hijo DEL Altísimo – y el Señor-Dios Le dará el Trono DE Su Padre, David"* (Lucas 1:31).

Observen que *el Trono DE David* es lo *mismo* que *la Llave DE David* – y ese *Trono* constituye la *Conciencia-Cristo.* Y aquí, justo al *nacer,* a María le dijo Gabriel, que su Hijo tendría la *Conciencia-Cristo, la Llave, el Trono DE David.*

> *"... Quien abre, y NINGÚN hombre cierra; y Quien cierra, y NINGÚN hombre abre"* (Revelación 3:7).

Dense cuenta que la Conciencia-Cristo *abre,* para ustedes, la Sabiduría DE Dios, el Poder DE Dios, la Presencia DE Dios, la Plenitud DE Dios – y una vez que esto ha sido *abierto,* entonces **NO** hay *poder* alguno sobre la tierra que se *interponga* en el camino de ustedes. Del *mismo* modo, aquello que ustedes NO reconocen en su Conciencia, NO puede manifestarse. Así pues, lo que estamos aprendiendo aquí es que: la experiencia, 'este mundo' de *ustedes*, está constituido por TODO aquello de lo que *ustedes* son *conscientes*. Ustedes viven *dentro* de *su* Conciencia, y ustedes *experimentan su* propia Conciencia. Pudiera *parecer* que las cosas acontecen 'fuera' de ustedes, **y** que luego las *experimentan* – pero eso, NO es lo que en *realidad* sucede. Aquello que ustedes experimentan, *no* es más que: *su* PROPIA Conciencia *exteriorizada*. Aquí lo que se nos dice es que: *si* ustedes *continúan* en la mente DE 'este mundo', en la mente *humana*, la cual *pareciera* constituir la mente de *ustedes*, entonces lo que sea que *experimenten*, constituirá la *experiencia* DE 'este *mundo'*. Pero cuando *ustedes* son *capaces* de *renunciar* a *su* mente, de *renunciar* a *su* sentido *humano* de mente, **y** a *experimentar* cierta *medida* de la Mente *Espiritual*, entonces esa Conciencia *Espiritual*, la cual RECONOCE la *Sabiduría Invisible* DEL Padre, *libera* dicha *Sabiduría dentro* de la experiencia de *ustedes*. Aquello que *su* Conciencia Espiritual libera, NINGÚN hombre puede bloquear. NINGÚN poder sobre esta tierra podrá **evitar** que ustedes *experimenten* la Realidad DE Dios – siempre y cuando: la Mente *Espiritual* de *ustedes*, sea capaz de RECONOCER, *conscientemente*, dicha Realidad – NADA podrá *evitar* que se manifieste esa Realidad *Espiritual*. Y de la *misma* manera, aquello que ustedes NO sean capaces de RECONOCER *conscientemente* en el Universo *Espiritual*, NO podrá *manifestarse* en *su* experiencia *individual*.

Lo anterior está *expresado* de manera *similar* en este pasaje en Mateo. Se trata del *mismo* pasaje que acabamos de leer en *el Libro de la Revelación*. Y ustedes lo han *escuchado varias* veces – pero éste, es un buen momento para que lo *revisemos*. Se trata del versículo 16 del capítulo 17 de Mateo, el cual constituye una repetición de lo que acabamos de escuchar (Nota: En realidad se encuentra en Mateo 16:19):

"... *El Yo, te daré las Llaves del Reino* DE *los Cielos"*
(Mateo 16:19).

Vean ustedes que las *Llaves del Reino* DE *los Cielos*, así como *la Llave* DE *David*, o *la Conciencia-Cristo*, son todas: *una*, **y** lo *mismo*.

"... y todo aquello que tú atares en la tierra, quedará atado en el Cielo: ... todo aquello que tú desatares en la tierra quedará desatado en el Cielo" (Mateo 16:19).

Cuando *ustedes*, a través de <u>*su*</u> Conciencia *Trascendente*, se hacen *conscientes* del Espíritu, *presente justo* donde <u>ustedes</u> se encuentran, entonces <u>ustedes</u> lo estarán *liberando* desde el Cielo; y de esa *manera* El Alma *derrama* Su Luz – y NINGÚN 'hombre' puede *atar* aquello que es *desatado* por El Alma de <u>ustedes</u> – El Poder *Único* Se manifestará **y** los guiará a <u>ustedes</u>. Y todo aquello que <u>ustedes</u> NO puedan *liberar* sobre la tierra a través de la *Conciencia*, NO podrá ser *liberado* desde los Cielos. Se nos está diciendo aquí que, *si* ustedes están *esperando* que 'sea Dios' Quien lleve a cabo algo, entonces <u>ustedes</u> estarán cometiendo un *error*. La obra DE Dios está: *terminada*, *completa*. Si <u>ustedes</u> anhelan el Poder DE Dios en <u>*su*</u> vida; *si* <u>ustedes</u> quieren el Cuerpo *Espiritual* DE Dios en <u>*su*</u> vida; *si* <u>ustedes</u> desean vivir *dentro* del Reino DE los Cielos sobre la tierra, entonces *sepan* que TODO eso *depende* de: <u>**ustedes**</u>; TODAS las herramientas <u>*les*</u> han sido *proporcionadas*. Pero <u>son **ustedes**, quienes tienen que hacer el *cambio* en la Conciencia</u>. Y *ustedes*, NO pueden *hacerlo* a las 'diez de la mañana', **y** *olvidarlo* el 'resto' del día; o *hacerlo* en alguna 'tarde libre' que tengan – se trata de: <u>*un trabajo de por vida*</u>.

Este *Cambio* de *Conciencia* se convierte en la Vía, por medio de la cual, <u>*nosotros*</u> nos *liberamos* de las capacidades *limitadas* de la mente *humana*, **y** *comenzamos* a *expresar* las Capacidades *Ilimitadas*, DE la Mente *Divina*, justo donde nos encontremos. El *trabajo* es: <u>***nuestro***</u>; JAMÁS será el *trabajo* DEL Padre. Y dicho *trabajo* es llevado a cabo, *por* la Conciencia *Iluminada* que se convierte en el *Puente*, en el *Instrumento*, a través del cual *fluye* la Sabiduría *Divina*. El *trabajo* o *actividad* de <u>ustedes</u> consiste en: *facilitar* esa Conciencia

Iluminada, que es *capaz* de: *someterse a la Voluntad DEL Padre, en ustedes*. Entonces es cuando *NINGÚN* hombre puede **cerrar** aquello que **ustedes** están liberando en **su** *Conciencia*. Entonces es cuando NINGÚN poder sobre la tierra puede *oponérseles* con éxito – porque aquello que *fluye* a través de **su** Conciencia *Iluminada*, consiste en la Sabiduría **y** en el Poder *Divinos*, que *van delante de ustedes, preparando* **su** *Camino*. **Su** Conciencia *Iluminada* constituye *el Lugar Secreto DEL Altísimo*; y NO se tratará *jamás* de una Conciencia *Iluminada*, cuando *ustedes* vivan dentro de la *mente humana*.

Ahora bien, *si* acaso esta *Carta* no los *separa* de esa mente *humana*, entonces *todavía* tendrán mucho *trabajo* por delante. Porque eso es justamente lo que estamos tratando de *hacer* aquí en esta *Carta*.

"... *El Yo, conozco tus obras*" (Revelación 3:8),

es decir, la Mente *Divina*, **en** el hombre. *Cristo*-Jesús *conoce* las *obras* de la Mente *Divina* en el hombre; conoce el *propósito* de la Sabiduría Divina.

"... *he aquí, El Yo, he puesto una Puerta abierta delante de ti – y ningún hombre puede cerrarla*" (Revelación 3:8).

La Puerta *abierta* nos espera a TODOS. Y esa Puerta nos *saca* de un lugar, para *llevarnos* a otro. Ya *fuera* de la conciencia-*material*, *nosotros* atravesamos esta Puerta **abierta**, rumbo a la Conciencia *Espiritual*. Ya *fuera* de 'esta tierra', con su bien **y** con su mal, *nosotros* caminamos a través de esta Puerta *abierta*, hacia el *Cielo sobre* la tierra. Esa Puerta *abierta* constituye El Yo Soy, del Ser de *ustedes*. El Yo, *Soy* la Puerta; El Yo, *Soy* el Camino. Por medio de la *aceptación* del Yo Soy en *ustedes*, es que *ustedes* entran por la *Puerta* que ha *aprisionado* al hombre, dentro de las formas *carnales*; por la *puerta* que ha *aprisionado* al hombre, dentro de un lapso de vida *limitado*; por la *puerta* que ha *aprisionado* al hombre, dentro de capacidades *humanas, mentales, físicas* y *emocionales,* que son SIEMPRE *limitadas*. A través de esta Puerta *abierta* que El Yo, he puesto, *ustedes* pueden *caminar*. Y hemos descubierto una manera de *facilitar* nuestro paso por esa Puerta – se trata de una manera *hermosa*; resulta tan simple, que *todos* la hemos 'pasado por alto'. E incluso *después* de descubrirla, aún *continuamos* 'pasándola por alto', debido a <u>nuestra</u> inercia mental.

Cuando Jesús *supo* que iba a ser *crucificado* – parece que fue en el momento que dijo: "(Padre), ¿por qué me has desamparado?" (Mateo 27:46), deseando incluso que le *quitaran* esa copa. Pero también recuerden que dijo: "... *Sin embargo*, Padre, **no** mi voluntad, sino la **Tuya** ..."

Sí; *incluso* ante la llamada *apariencia* de muerte: "**Si** ésa es **Tu** Voluntad… 'está bien'; a ella *me* someto".

Y así, la forma en que vamos a cruzar esa Puerta, es: "Padre, sin embargo, NO *mi* voluntad, sino la *Tuya*" (Mateo 22:42). La Voluntad DEL Padre los *llevará* a ustedes, a *través* de la Puerta, hacia la *aceptación* del Yo, Soy.

Bien sé que *todos* nosotros aquí, estamos *deseosos* por llevar a cabo la Voluntad DEL Padre. También sé que *todos* nosotros aquí, *creemos* que estamos haciendo todo lo posible, por llevar a cabo la Voluntad DEL Padre. Y ahora *descubriremos* que podemos encontrar una forma aún *mejor* de hacer esa Voluntad.

En PRIMER lugar, *reconozcan* que ustedes han *asumido* que están llevando a cabo la Voluntad DEL Padre. Ustedes *saben:* que su *corazón* está en el lugar *correcto*; que sus *intenciones* son *buenas* – y en muchas ocasiones pensamos que eso *basta*. Incluso van más allá – *estudian* mucho, *meditan, contemplan, buscan* la Comunión… ¿*Qué* 'más' podría hacer una *persona*? –Lo '*más*' que <u>ustedes</u> pueden llevar a cabo es: *hacer* la Voluntad DEL Padre – SIN cesar, SIN excepciones, SIN momentos en los que piensen: "Seguramente lo que estoy haciendo es *correcto*; y espero que: *El Padre lo apruebe*". Porque ustedes *descubrirán* que, *si* NO están haciendo la Voluntad

DEL Padre, entonces tan solo se están *moviendo* a través del tiempo y del espacio, ¡SIN haber hecho NADA en absoluto!

La Voluntad DEL Padre es, la ***única*** Voluntad que existe – ¡NO hay *ninguna* otra! Lo que sea que ustedes estuvieran *haciendo* por *su* propia voluntad, NO estaría siendo hecho en *absoluto* – tan solo *parecería* que se hizo. NADA puede hacerse, *excepto* aquello que es: la Voluntad DEL Padre. Si lo que ustedes están haciendo, NO es la Voluntad DEL Padre, entonces *lo mismo* sería que estuvieran *pintando* imágenes en el aire, ¡porque NADA estaría aconteciendo!

Éste, es el Universo DEL Padre. Y aquello que El Padre ***no*** quiere que suceda, pues simplemente NO sucede. No hay *actividad* en esta tierra que sea *verdadera*, si *no* se trata de la actividad de la Voluntad DEL Padre. Por eso es que muchas de las actividades que *nosotros* hemos realizado, NO han *permanecido*. –No han sido la Voluntad DEL Padre. Por un tiempo *parecieron* ser actividades *verdaderas*, pero después se desmoronaron. *Únicamente* la Voluntad DEL Padre *en* ustedes constituye: la *Realidad*; y aquello que NO ha sido *ordenado* por El Padre, NI siquiera puede *hacerse* de manera *incorrecta* – sencillamente NO se puede hacer. Tan solo estarán *jugando* a las adivinanzas, *si* aquello que <u>ustedes</u> llevan a cabo, NO constituye la Voluntad DEL Padre.

Así es como hemos *desperdiciado gran* parte de nuestras vidas – llevando a cabo aquello que <u>nosotros</u> 'pensamos' que era *correcto*. *Supusimos* que El Padre lo 'consideraría' *correcto*. Y ustedes obtuvieron la *decepción* de su vida, cuando se detuvieron y trajeron aquello que <u>ustedes</u> *planeaban* hacer, a la *atención* DEL Padre *Interior* – ustedes fueron *interrumpidos* en <u>sus</u> intentos. Las cosas más simples que <u>ustedes</u> deseen llevar a cabo, **no** recibirán NINGUNA señal de *aprobación* desde el *Interior*. *MI* Voluntad *en* ti, NO puede hacerse *desde* la mente *finita* de <u>ustedes</u>. No hay nada que <u>ustedes</u> puedan *hacer*, con esa mente *humana finita*, para llevar a cabo ***MI*** Voluntad.

Por ejemplo, *supongamos* que esto fuera un durazno, de tres o cuatro centímetros de ancho; y *supongamos* que el durazno tuviera una 'mente'. Ahora digamos que la *mente del* durazno es del tamaño del melocotón; y que cada *punto* de ese durazno, cuenta también con una 'mente'. De esa manera aquí está este *pequeño punto* en medio del melocotón, el cual cuenta con una 'mente', tal como el *durazno* mismo cuenta con una 'mente' también. Ahora bien, ¿cómo podría ese *pequeño punto* en el melocotón *saber: dónde* se encuentra, *qué* es, o *cómo* se sustenta? Ese *pequeño punto* del durazno tan solo *sabe* que "*yo*, estoy aquí". –Se trata de una mente *finita*. Por eso es que JAMÁS se *identificará* como estando **dentro** de un melocotón, o siendo alimentado **por** un durazno. *Desconocería* TODO acerca de los *procesos* que proveyeron <u>su</u> comida – estaría *limitado* a donde se encuentre.

Ahora pues, esa pequeña mente *finita* de un *pequeño punto* en un melocotón, es justo donde *nosotros* nos encontramos como seres *humanos*. Pero el *durazno*, la TOTALIDAD del melocotón, contando con <u>su</u> propia mente, claro que *puede* llevar a cabo un *mejor* trabajo para *sostener* y *sustentar* CADA *punto* en él, que el propio *punto en* sí mismo **y** *por* sí mismo.

Estamos siendo *enseñados* a *liberar* esa *limitada* mente *humana*, la cual equivale a un *pequeño punto* en un durazno; y a *permitir* que la *Plenitud* DEL *Infinito* Ser Divino, gobierne <u>Su</u> Universo, justo donde <u>nosotros</u> nos *encontremos*. *Nosotros*, vamos a ser *elevados dentro* de esa Confianza **y** Fe, lo cual nos permitirá decir: "El *Yo*, NO voy a *actuar,* NO voy a *gobernar,* el Universo DE Dios". Incluso justo donde *mi* forma se encuentra ahora, el Yo voy a *permitir* que Dios, maneje <u>Su</u> Universo, *aquí* mismo. ¿Por qué? –Porque esa Mente *Infinita* se encuentra: *dentro de mí*; **y** *sabe cómo* Vivirse a *Sí Misma, donde* El Yo, Estoy. El Yo, Estoy *sintonizado* con lo *Infinito*, y SIEMPRE lo he estado.

Cuando *entramos* en una mente *humana* finita, es cuando ¡*quebrantamos* esa Sintonía *Infinita*. El Yo, NO tengo que *establecer* esa Sintonía *Infinita*; El Yo, tengo que *dejar de obstruirla* – **ya** ES Sintonía *Infinita*. La Inteligencia *Divina* **en** *ustedes*, **ya** ES *infinita*. TODO aquello *Divino* **en** *ustedes,* **ya** ES *Divino* – pero el '*pequeño* *punto'* del durazno lo *ignora*; la *limitada* mente *humana* NO *sabe* que es, *Infinita*. Por eso es que pasa TODO su tiempo: *buscando, tocando y preguntando*, por 'aquello' que podría haber *aprendido* a *aceptar* – *si* se hubiera *quitado* del Camino, *permitiendo* con ello que la Sabiduría *Infinita Se Revelara* a *Sí Misma*, justo en *el lugar en el que* ustedes *se encuentran*.

Esa es, *la Llave* DE David – la *comprensión* de que El Yo, *Soy*; y de que 'yo', cruzo la Puerta del Yo Soy, *sólo* cuando *decido*, dentro de *mí mismo*, que la Voluntad DEL Padre *en mí*, constituya la *única* Voluntad a la que *me* someteré. Lo decido: *'que Tu Voluntad sea hecha en mí'*. Así es como *descubrirán* que la voluntad **de** *ustedes*, NO es una frase NI una actitud *al azar*, sino: un *Estado Consciente*, minuto a minuto, a la Voluntad DEL Padre, *en ustedes*. Y después *verán* que la voluntad de ustedes será: como una *aguja* con su pequeño 'ojo para el hilo', en ella. De esa manera es como la Voluntad DEL Padre, llega *a través* de la aguja; *a través* del ojo de la aguja, *como* una Sustancia, *como* un hilo – y entonces *enhebra* la aguja de la voluntad *de ustedes*, para que, en adelante, ustedes prosigan *como:* la Voluntad DEL Padre, **con** Sustancia – mientras que, anteriormente, la voluntad *humana* **carecía** de Sustancia; porque la aguja, NO estaba: *enhebrada*; y lo que sea que ustedes *hicieron, careció* del *hilo* para coser en *Su* Nombre.

Ahora bien, *hablemos claro*; la voluntad de ustedes ES: *Su* Voluntad – son UNA SOLA Voluntad. Y NO den por *sentado* que *ustedes* se encuentran *dentro* de *Su* Voluntad; NI tampoco den por sentado que NO se encuentran *dentro* de *Su* Voluntad. *Verifíquelo* con **frecuencia**, y entonces *descubrirán* que así es como se *entra dentro* del Ritmo DE la *Divina* Voluntad.

La forma más sencilla de *conocer Su* Voluntad es, *volverse* hacia el *Interior*, en el *Silencio,* **y** decir: "Padre, *¿cuál* es *Tu* Voluntad?" –Es una experiencia *hermosa*. "Padre, *¿Cuál* es *Tu* Voluntad? Yo solo iba a tomarme unas vacaciones, pero… *¿Cuál* es *Tu* Voluntad? Padre, yo iba a tomar un nuevo trabajo, pero… *¿Cuál* es *Tu* Voluntad?

Padre, iba a *hacer:* esto, aquello, o eso otro, pero... ¿*Cuál* es **Tu** Voluntad?"

De esa manera, en las *pequeñas* cosas, ustedes *encontrarán* que el horario del día, estaba *configurado* de acuerdo a la voluntad **de** <u>ustedes</u>. Es decir, para <u>su</u> *conveniencia*; aquello era, para <u>su</u> *conveniencia*; esto otro era, para <u>su</u> *conveniencia* – se trataba de la conveniencia de <u>ustedes</u>. <u>Ustedes</u> han *supuesto* que todo estaba 'bien con el Padre' – pero, en realidad, NO lo *saben*. Han *aceptado* un 'bien *temporal'*. Y resulta del *todo* posible que <u>ustedes</u> hayan *sacrificado* un 'Bien *permanente',* a cambio de *aceptar* un 'bien *temporal'*.

Y he aquí, <u>ustedes</u> envían <u>su</u> horario al Padre, y se *sorprenden* bastante cuando TODO resulta *modificado*. "Pero esto *no* tiene sentido – esto sería mejor en este momento; y aquello otro en ese otro momento", comenta el *pequeño punto* finito del durazno. Pero el *melocotón* dice: "Tal vez así lo *creas*, pero el *Yo*, Tengo una *mejor* idea – algo que *tú*, NO *sabes".* De esa manera, la Sabiduría *Infinita* comienza a *evidenciarse* como *infinitamente más inteligente* que la mente *humana finita*. Y después, cuando <u>ustedes</u> estén llevando a cabo aquello que se *les* indicara, *Su* Sabiduría se *evidenciará* para ustedes – se *sorprenderán* de aquello que <u>ustedes</u> habían estado *excluyendo* de su vida, ya que *todo* cuanto hacían *dependía* de lo que la mente *finita* de <u>ustedes</u>, 'pensara'. Ahora les queda muy claro – habían estado actuando *mecánicamente,* cuando La Gracia estaba esperando... para *señalarles* <u>Su</u> Camino.

Ahora bien, *Mi* Voluntad, en *ti, tiene* que hacerse – NO tienen otra alternativa. La *única* alternativa que tienen es, *salir* y NO llevar a cabo <u>Su</u> Voluntad; pero descubrirían rápidamente, que NO habrían *dañado* al Padre – <u>ustedes</u> habrían *dañado* la forma *finita* y la vida *finita*. Pero "... *El Yo, he puesto delante de ti ... (una) Puerta*" (Revelación 3:8), y *si* caminas en **Mi** Voluntad, entonces podrás *cruzar* La Puerta.

Esa Puerta constituye *el Cielo sobre la tierra*, al otro lado de ella. Y *únicamente* a través de **Mi** Voluntad, es que *ustedes* caminan **en** *el Cielo sobre la tierra*. Ahora bien, cuando <u>ustedes</u> se *someten* a esa Voluntad, y cuando Ella cambia sus horarios, sus planes, su dirección; y cuando ustedes se *someten* de *buena* gana, con amor **y** con gratitud, entonces ustedes *descubrirán* muy *pronto* la Sabiduría, de muchas, muchas maneras. Y eso constituirá un *hábito* tan poderoso, tan gratificante, que *ustedes permanecerán fieles* a esa Voluntad, ANTES de hacer *cualquier* cosa, en *cualquier* momento, hasta que TODO cuanto *ustedes* estén llevando a cabo sobre esta tierra, NO sea más que la Voluntad DEL Padre. Otras voluntades – la voluntad de *otras* personas, incluso la propia voluntad de *ustedes*, vendrán a *exigirles* que hagan esto, aquello y lo otro. Pero TODO lo anterior *golpeará* la Conciencia: "**No**; yo *sólo* respondo a una *Única* Voluntad – la Voluntad **de** *Mi* Padre en *mí*. No tengo que *explicarle* a nadie lo que estoy haciendo; NO tengo que *disculparme* con nadie. *Mi* responsabilidad es, *responder* a ***Tu*** Voluntad, Padre, en mí. *Hágase **Tu** Voluntad*". Y quienquiera que busque *forzarlos* para cumplir con una voluntad que *no* sea la Voluntad DEL Padre, golpeará la Conciencia EN ustedes, la cual *dice*: "Yo, respondo ***sólo*** a la Voluntad DEL Padre, en mí" – Así de simple…

Y ahora *piensen* por un momento, en tanto *caminan* respondiendo *únicamente* a la Voluntad DEL Padre EN ustedes: *¿Quién* puede oponerse a la Voluntad DE Dios? *Dondequiera* que la Voluntad DEL Padre está, ahí *también* el Poder DEL Padre, Se está cumpliendo *a Sí Mismo*. "Es El Padre, Quien lleva a cabo, aquello que se *me* ha encomendado hacer". La Voluntad está *respaldada* por la Infinitud DE Dios. *¿Quién* puede oponérsele? "***Él***, perfecciona aquello que *me* concierne". ***Si*** se trata del proyecto DE Dios *en* ustedes, entonces **ya** está completo EN El Espíritu; y es sólo una cuestión de tiempo *humano*, antes que dicho proyecto *se evidencie* en la carne. "El **Yo**, voy *delante* de *vosotros*, para *enderezar* los lugares *torcidos*. El **Yo**, preparo mesa para *vosotros*, en el *desierto*". El **Yo**, porque *ustedes*, están EN ***Mi*** Voluntad; permaneciendo EN ***Mi*** Voluntad, EN ***Mi*** Camino, EN ***Mi*** Propósito; El **Yo**, los *conduzco* al Paraíso. De esa manera, cada una de sus acciones está *ordenada* o decretada, y esa es la razón por la que sus acciones, producen *fruto*;

esa es la razón por la que *sus* actividades, *prosperan*. *Sus* acciones se encuentran llenas *de* Gracia, debido al Poder que está *tras* la Voluntad DEL Padre, EN *ustedes*.

La *inercia mental* les va a *impedir continuar* con este plan – y la *inercia mental* proviene de la mente de 'este *mundo*'. Así pues, tiene que haber entonces, esa *resolución*, esa *decisión* de *fortalecer* la voluntad, porque cuando *ustedes* deseen *cambiar* la voluntad, entonces *descubrirán* que precisamente ésa es, la forma de *cambiar* la Conciencia. Esa voluntad que está *dispuesta* a *ceder* a la Voluntad *Divina Interior*, se convierte en El Cristo DE la Conciencia; en La Llave DE David, *conscientemente reconocida* – y ciertamente esa voluntad que está *dispuesta* a *ceder* a la Voluntad *Divina Interior*, camina **y** se dirige hacia la Luz DE Dios. Así es como nos *convertimos* en Hijos DE la *Luz*, en lugar de hijos *de* la *oscuridad* – nos *apartamos* de **nuestra** propia voluntad *humana* individual, para enfocarnos en LA Voluntad DEL Padre.

El Yo, Soy El Camino. Cuando ustedes *moran* en La Voluntad DEL Padre, entonces *desarrollan* así la Mente-*Cristo*; y *a través* de esa Mente-*Cristo*, *llega* la Sabiduría *Infinita*, la Omnisciencia – *descubriendo* con ello que *ustedes* SON, **y** siempre HAN SIDO, El Representante, La Evidencia DE Dios, en esta tierra. *Cada* uno de nosotros, por medio DEL *Padre* Interior, por medio de La *Voluntad* DEL *Padre* Interior, por medio de La *Sabiduría* DEL *Padre* Interior, nos convertimos en El *Representante* de La Infinita Conciencia DE Dios en la tierra, la cual *carece* de TODA oposición. <u>Ningún hombre puede cerrar aquello que está abierto por La Voluntad DEL Padre Interior.</u>

Ahora, aunque se *sugiere* que ustedes simplemente *descansen* EN el Silencio, y digan: "Padre, ¿*cuál* es TU Voluntad?", de hecho, con frecuencia, pueden *encontrar* otras formas. Ustedes, NO están *limitados* sólo a *mis* sugerencias – lo que importa es *saber* que existe: una Voluntad *Divina* EN ustedes – que ES *La Voluntad* DEL *Padre, que ustedes sean perfectos*; que ES La Voluntad DEL Padre, que ustedes *dejen sus redes*, su sentido *humano* de los valores; que

ES La Voluntad DEL Padre, que *caminen a La Luz* DEL Ser; que ES La Voluntad DEL Padre, que *sean renacidos* al Cristo en el *interior* de ustedes – y La Voluntad *DEL* Padre, NUNCA regresa vacía. *Sólo* en La Voluntad *DEL* Padre, ustedes se encuentran *dentro* del *Ritmo* de la **Perfecta** *Expresión Infinita DE Dios en* ustedes. Ahora bien, eso debería *estabilizarlos, equilibrarlos*. En el instante en que <u>ustedes</u> se encuentren *conscientemente* dentro de esa Voluntad, NO habrá poder alguno sobre 'esta tierra', para *detenerlos* NI para *impedirles* que cumplan con *esa* Voluntad. –Porque el Poder, la Acción DEL Espíritu, *va delante* de ustedes, como la Presencia *viva* de TODOS aquellos con quienes se *encuentren*. TODOS se asociarán con ustedes, SIN darse cuenta del *cómo* NI del *por qué*; TODOS armonizarán con ustedes. TODOS se convertirán en parte del Plan *Espiritual* Infinito, dondequiera que La Voluntad *DEL* Padre, *EN* ustedes, *dirija* y *señoree* El Camino – y esto, constituye La Sabiduría *Divina*.

> *"El Yo, he puesto delante de ti, una Puerta abierta; ...*
> NADIE *puede cerrarla, porque cuentas con un poco de fuerza; y has guardado Mi Palabra; y* NO *has negado Mi Nombre"* (Revelación 3:8).

La Sabiduría *en* ti, ES *permanente*; SIEMPRE estará ahí – ES *Divina*. No importa lo que tu mente *humana* haya hecho en forma de *transgresiones* o *pecados* – la Sabiduría DE Dios, EN ti, *todavía* se encuentra *permanentemente* allí, esperando ser: RECONOCIDA – NADA puede quitarla. No importa lo que hayas hecho, NI cuándo. NADA puede cambiar la perfecta Sabiduría DE Dios que hay EN ti esperando: <u>tu</u> *RECONOCIMIENTO CONSCIENTE*.

> *"He aquí, El Yo, entregaré a la sinagoga de Satanás, a quienes se dicen ser judíos ..."* (Revelación 3:9).

– Recordamos esto *anteriormente*, en una de las primeras *Cartas* acerca de Jezabel – <u>su</u> voluntad *propia*; <u>su</u> *auto*complacencia. La

Sinagoga de Satanás constituye entonces, nuestra propia voluntad. Y cuando "*decimos que somos judíos, pero que* NO *lo somos*", significa que estamos en nuestra voluntad *propia*, en nuestra justificación *propia*, pero NO en La Voluntad DEL Padre *Interior*. Aquellos que están dentro de La Voluntad DEL Padre *Interior*, son llamados: *Mis Elegidos; Israelitas; Doce Tribus de Israel*. Y TODO aquel que *camina* en La Voluntad DEL Padre es, miembro de las *Doce Tribus de Israel*. Lo anterior NADA tiene que ver con nacionalidad, religión, edad o color. Quienquiera que *camine* en La Voluntad DEL Padre, en términos *bíblicos* es, un *Israelita*; alguien *Elegido* para la Conciencia-*Cristo*.

Refiriéndose a aquellos que *pertenecen a la sinagoga de Satanás, quienes dicen ser judíos, pero no lo son*, sino que mienten, he aquí,

"*El Yo, haré que vengan, y que adoren a tus pies, y que sepan que El Yo, te he amado*" (Revelación 3:9).

Lo anterior se está refiriendo a la Sabiduría *Divina* **en** ustedes, de modo que, *sin* importar cómo su mente se haya *desviado* hacia la voluntad *propia*, aquí se *declara* que resulta *inevitable* que TODAS sus actitudes *mentales* estén siendo *regresadas para adorar a los pies de la Sabiduría Divina*. No existe NADIE sobre la faz de la tierra, que pueda *negar*, permanentemente, la *presencia* de la Sabiduría *Divina* en su interior. TODOS tienen que *arrodillarse* ante la Voluntad DEL Padre – y cuanto antes, tanto mejor. *La Palabra* DEL *Padre jamás puede retornar vacía*. Bien pudiera afirmarse que estamos *protegidos* contra *nosotros* mismos – Así ES el Amor DEL Padre: NINGÚN hombre puede, permanentemente, ser *desviado* DEL Padre.

∞∞∞∞∞∞ Fin del Lado Uno ∞∞∞∞∞∞

"*Debido a que has guardado La Palabra de Mi Paciencia, El Yo también te guardaré de la hora de la tentación – que vendrá sobre el mundo entero, para probar a quienes moran sobre la tierra"* (Revelación 3:10).

La hora de la tentación que vendrá sobre el mundo entero, constituye la etapa de la naturaleza *humana* en la cual vivimos. Todos TENDREMOS que ser *probados* por medio de la naturaleza *humana*. Y TODO cuanto *acontezca* en la naturaleza *humana,* constituye la *prueba* o *tentación.*

"Debido a que has guardado La Palabra de Mi paciencia", significa que la Sabiduría dentro de ti, es *firme*; NO se deja engañar por las indiscreciones *humanas* de ustedes. Aquí dice precisamente: *"... El Yo, también te guardaré de la hora de la tentación, que vendrá sobre el mundo entero, para probar a quienes moran sobre la tierra".*

"Lo que vendrá sobre el mundo entero" (Revelación 3:10)

Esto es lo que descubrí aquí en esta Biblia, la cual me *fascina*; quizá a ustedes también – se encuentra atrás, en el Segundo Capítulo de Lucas:

"... aconteció en aquellos días, que se promulgó un decreto de César Augusto: que todo 'este mundo' debería estar sujeto al pago de impuestos, [y ser empadronado]" (Lucas 2:1).

No me cabe la *menor duda* acerca de la *similitud* actual. El *simbolismo*, en el período *impositivo*, significaba que: todo 'este mundo' tenía que *pagar* impuestos; y eso implicaba que todo 'este mundo' permaneciera *dentro* de una conciencia-*material* – porque he aquí lo que aconteció después:

> "*Y esta imposición se hizo por primera vez, cuando Sirenio era gobernador de Siria. Y todos fueron empadronados – cada uno dirigiéndose a su propia ciudad*" (Lucas 2:2-3).

Verán, *todos*, en su *propia* conciencia-*material*, estaban siendo *gravados*. ¿Por quién? –Por su propia conciencia, por su ignorancia del Espíritu.

Y entonces:

> "*José también partió de Galilea, desde la ciudad de Nazaret, hacia Judea, hacia la ciudad de David ...*" (Lucas 2:4).

José va a obtener esta *Llave* DE *David*, la cual es llamada: "*Belén*",

> "*para ser empadronado junto con María, su esposa desposada, la cual estaba en cinta*" (Lucas 2:5).

Y como pueden ver, *suben a Belén para ser empadronados*. Pero allí, en *Belén*, donde el mundo *entero* está siendo *gravado* en la conciencia-*material*, el ángel Gabriel le habla a ella acerca de *Aquél*, Quien está *dentro* de ella, Quien recibirá la *Llave* DE *David*, La Conciencia-*Cristo*.

Así pues, el simbolismo implica que, *dentro* de la Conciencia-*Cristo*, la cual nace en la *niebla* de *todos* quienes estamos *empadronados*; ahí, *en* esa Conciencia, encontramos el *escape* de la conciencia-*material* – y esto es aquello a lo que se refieren *todos* aquellos quienes *encuentran* esta Sabiduría *dentro* de ellos *mismos* – que son *salvados* de las *tribulaciones* de '*este mundo*'.

> "*El Yo, te guardaré de la hora de la tentación*" (Revelación 3:10).

La única parte de ustedes que es, *guardada de empadronarse*, es la Sabiduría *Divina* EN ustedes, La cual NO puede ser *violada* por el *empadronamiento*, por los *impuestos, por la "tentación que vendrá sobre el mundo entero, para probar a quienes moran sobre la tierra"*.

Observen, aquí se les dice *dónde* es que se encuentra el *Lugar Secreto del Altísimo* de ustedes; ese Descanso *Interior*, para que fluya la Sabiduría *Divina*.

Ahora bien, nosotros *creemos* que 'vivimos sobre la tierra' – pero NO es así – nosotros vivimos: _dentro_ de nuestros *pensamientos*; vivimos _dentro_ de nuestra Conciencia. Y _nuestra_ Conciencia se evidencia como: _nuestra_ experiencia. Nosotros vivimos _dentro_ del pensamiento **humano** y, por ello es que tenemos una experiencia **humana**. *Cuando* ustedes vivan _dentro_ de la Sabiduría DEL *Padre*, entonces se encontrarán viviendo _dentro_ del Pensamiento *Divino*, y, por lo tanto, tendrán una Experiencia *Divina*.

"El Yo, te he mostrado una Puerta abierta". Vivir _dentro_ de la Sabiduría *Divina*, *liberados* desde _dentro_ implica: *transformar* la experiencia *humana* EN Experiencia *Divina*. Tal como un niño pequeño nacido en la *niebla* de aquellos que 'pagan impuestos', así nosotros caminamos por 'esta tierra', _dentro_ de la conciencia *humana, gravada* por *nuestros propios sentidos*. *Nuestros propios cinco sentidos* son, los *recaudadores* de impuestos; *nuestros propios cinco sentidos* son, los *cambistas*. Pero, _dentro_ del *Lugar Secreto* DEL *Altísimo*, El Cristo ES *nacido*; la Sabiduría DEL Padre *fluye*; y el Cristo *resucita* EN la Conciencia. Y en lugar de mirar hacia el mundo del *hombre*, nosotros miramos hacia *El Reino* DE *Dios sobre la tierra*. Esta Conciencia *resucitada* DEL Cristo _dentro_ de ustedes, se convierte en la Sabiduría DE Dios, *exteriorizada* como El Reino DE Dios. Encuentren *Su* Sabiduría _dentro de ustedes_, la cual está *"más cerca que manos y pies"*; y entonces, el mundo de ustedes es *transformado* en El Reino DE Dios *sobre* la tierra – la Voluntad DE Dios _dentro_ de ustedes, *constituye* El Camino.

"Mirad: he aquí que El Yo, vengo pronto ... (con TODO aquello) que tienes, para que NINGÚN hombre pueda tomar tu Corona" (Revelación 3:11).

El Estado de Conciencia *Magistral* dentro de ustedes, será su *Corona*. Y *"El Yo, vengo pronto"*, porque NO tengo *distancia* alguna que recorrer; El Yo, *Estoy AQUÍ*, disponible AHORA – *El Yo, Estoy en medio de ti*. Y quienquiera que Me *encuentre*, tan solo requiere *entrar* en la Aceptación de su propia *Identidad* – y ahí *Estoy* Yo, El Ser. Por eso es que *El Yo, vengo pronto*. Cuando ustedes se *separan* de **su** voluntad, y están dispuestos a estar *dentro* de **Mi** Voluntad, entonces *"El Yo, vengo pronto"* con una *Espada* de Verdad, con un *Poder* de Verdad, con Omnipotencia, con Omnisciencia – con el consiguiente Fruto *Espiritual*.

"Al que venciere, El Yo lo haré una Columna dentro del Templo DE Mi Dios" (Revelación 3:12).

Hasta ahora se nos ha dicho *seis* veces: *"Al que venciere"*, *El Yo lo haré...*, y lo haré para él. Ahora ustedes serán *una Columna en el Templo DE Su Dios*. ¿Qué implica ser una *Columna en el Templo DE Dios*? –Se refiere a aquél que está *consciente* del Cristo, dentro *del Templo DE Dios*. Cuando Pedro le dijo al Maestro, en un momento de inspiración: *"Tú, Eres el Cristo"*, él estaba *consciente* DEL Cristo. Y el Maestro respondió: *"Sobre esta Roca, El Yo, edificaré Mi Iglesia"* (Mateo 16:18); es decir: sobre la Conciencia-Cristo, El Yo, edificaré Mi Iglesia. **SÓLO** a través de la Conciencia-*Cristo* pueden ustedes *adorar al Padre*; **SÓLO** a través de la Conciencia-*Cristo* se convierten ustedes en *una Columna en la Iglesia DE Dios* – NO se convierten en el dios de los *hombres*, sino en una *Columna* dentro *de la Iglesia de Mi Dios* – El Dios, DE Cristo Jesús, NO es el dios *de* los *hombres*.

"... y Él, NO saldrá más" (Revelación 3:12).

Quienquiera que se convierta *A SÍ MISMO* en *una Columna*, a través de la Conciencia-*Cristo*, ya NO *saldrá más* – ésa será: la *última* reencarnación. Ya NO habrá más *necesidad* de salir *del* Universo *Espiritual,* una vez más, dentro de una forma *física*, cuando El Cristo haya *resucitado en* ustedes. Por supuesto que el *secreto* allí es que, *cuando* El Cristo haya *resucitado en* ustedes; **y** *cuando* ustedes *sean* una Columna, será porque El Alma, El Alma, habrá *recibido* **y** habrá *derramado* La Luz DEL Padre – y ahora se encontrarán ustedes *caminando dentro* de <u>su</u> propio Cuerpo *Luminoso* de Alma; habrán 'perfeccionado' *el Vestido DE Bodas*; ya *no* estarán más en la *necesidad de salir* hacia la *forma*, porque ahora, estarán *equipados* para vivir *dentro* de Lo *Eterno*.

Observen pues, la cadena de *eventos*, la cual implica que, SIN la *disposición* para llevar a cabo *La* Voluntad DEL Padre, ustedes NO pueden *alcanzar* la Conciencia-*Cristo*, a través de la cual se expresa la Sabiduría que *conduce* a la Perfección del *RECONOCIMIENTO* del *Cuerpo del Alma*, el cual constituye La *PRIMERA* Resurrección. *Sólo* la Sabiduría DEL Padre *EN* ustedes, a través del Cristo RECONOCIDO *dentro* de ustedes, es lo que los convierte en una *Columna en la Iglesia de Mi Dios* – y de ahí, NO *saldrán* más. La evolución *física* de ustedes ha sido *completada* por el *Reconocimiento Espiritual* – ustedes son *Bautizados*, Renacidos DEL Espíritu. *¿Quién* dice esto? –*Quien* lo hizo; *Quien Es Santo*; *Quien Es Verdad*; *Quien* sostiene la *Espada de Doble* Filo; *Quien* nos ha prometido la *Estrella de la Mañana*; *Quien caminó sobre la tierra* tal como lo estamos haciendo nosotros ahora, y *Quien* pronunció estas palabras a través de la Conciencia *Iluminada* de Juan – Él Es, *Quien* nos *dice* estas cosas.

Y también, *a quien venciere, "en él, El Yo, escribiré el nombre de Mi Dios"* (Revelación 2:12). Ahora bien, cuando el *Nombre* DE Dios está escrito EN ustedes, eso significa que han sido *Bautizados*: Hijos DE Dios. Ésa es una forma de *expresar* el Renacimiento – sobre él, *"El Yo, escribiré el nombre de Mi Dios, y el nombre de la ciudad de Mi Dios, la cual es: la Nueva Jerusalén"* (Revelación 2:12).

La *Nueva Jerusalén*, entonces, la *Ciudad*, constituye la *nueva* Conciencia *Espiritual* DE *ustedes* – esa Conciencia, la cual ES, una *Ciudad*, o el *Reconocimiento* de la *Sabiduría* Infinita DEL Padre. Dentro de su *nueva* Conciencia-*Bautizada*, llamada "La *Nueva* Jerusalén", la Sabiduría *Completa* y *Total* DEL Padre, fluye *a través* de ustedes. En Ella NO hay voluntad *humana*; NO hay creencia *humana*; NO hay concepto *humano*; NO hay Conciencia *dividida* – ustedes se encuentran *dentro* de la *Única* Conciencia DEL Padre *Infinito*.

Y TODO aquello que *fluye a través* de ustedes, es hablado con *autoridad*; TODO aquello que *fluye a través* de ustedes, es hablado con el *Poder* para *manifestar* aquello que se *habla*. Ustedes recuerdan aquello que *dijeron* acerca de Jesús: "*Él les hablaba como alguien que tenía autoridad*". Jesús se encontraba *dentro* de la Conciencia-*Cristo Interior*, dentro de "La *Nueva* Jerusalén". Y él, NO expresaba *su propia* Doctrina.

"*La Palabra que El Yo hablo*, NO *es mías, sino que la Palabra que El Yo, les hablo, es* DEL *Padre*" (Juan 14:10) – Jesús estaba *expresando* Sabiduría *Divina*. Y ahora, Él está *iluminando* el Camino para *cada uno de nosotros* que *anhelamos* vivir *dentro* de esa Conciencia.

Y ahora, he aquí otro *pensamiento,* hablado *desde* La *Nueva* Jerusalén "*que desciende del Cielo de Mi Dios*". Por eso es que Joel pudo *Revelarnos* que sólo hay *Una Única* Conciencia – la Conciencia *Divina*; *Revelarnos* que la *verdadera* Conciencia *de ustedes* es: lo *Divino*; *Revelarnos* que la *verdadera* Conciencia *de ustedes*, "*desciende del Cielo* DE *Dios*"; *Revelarnos* que la *Única* Conciencia Infinita, se *individualiza* como la Conciencia *de ustedes*; y que NO hay *separación*. ¿Es todo eso, un 'hecho' a *futuro?* –**No**; YA está *hecho* – constituye el *hecho* de: *la existencia de ustedes*, AHORA. La *Revelación*, JAMÁS es una *Revelación* para mañana. Dios ES *siempre*, AHORA. Esta es la *Revelación:* que ustedes *cuentan* con esa Conciencia-*Cristo*, la cual constituye su Conciencia *actual*. Pero, vagando <u>dentro</u> de una mente *humana*, ustedes NO lo saben; y NO es algo para ser *alcanzado*. –Ustedes <u>tienen</u> que *reconocerlo* como algo:

presente, activo, perfecto, al *igual* que su *Padre*, AHORA. *"Desciende del Cielo"*; y en *su* Conciencia *Celestial*, en *su reconocimiento* de esa *Nueva* Dimensión de Conciencia llamada *Cielo*, ustedes *descubrirán* que la Conciencia DE Dios ES, su *Única* Conciencia – y SIEMPRE lo ha *sido*. *Sólo* la conciencia *dividida* es la que 'piensa' que cuenta con una mente *humana*.

Ésta, es la *Revelación* del ES – *hoy, ahora*; NO *mañana*. Ustedes pueden recurrir *instantáneamente* a esa Conciencia *Divina* que constituye *su* Ser *actual*. ¿Cómo? –*"Mirad: El Yo, vengo pronto"*. ¿Por qué *no* lo *prueban*? ¿Por qué *no* lo *prueban* en este instante? –Simplemente *consideren* algunos de *los* planes *momentáneos* que podrían haber tenido; y *revisen*, uno o dos, en *este* instante. Póngalos delante de su Conciencia *Divina*, y digan: "Padre; ¿*Cuál* es Tu Voluntad?" Entonces observen lo que acontece.

TODO el Infinito los está *mirando* a *ustedes*; y en el instante en que *ustedes* 'se hacen a un lado'; en el instante en que *ustedes* se convierten en un recipiente *vacío*; en el instante en que *ustedes renuncian* a ese sentido de ser *persona* que surge de la mente que NO *es*, entonces, en ese instante, *ustedes* 'liberan A Dios', como la *experiencia* de *su* Ser. Jamás podrá haber *dos* de *ustedes*; y pueden tener la *seguridad* que Dios, se encuentra *allí*.

Entonces, *"quien venciere"*, es quien *sabe, acepta* y *vive*, por medio del RECONOCIMIENTO de que Dios, está *aquí*; y de que Dios, está *allá*; y de que Dios, *llena* TODO el espacio. Y debido a que Dios, *llena* TODO el espacio, es que en NINGÚN espacio puede 'existir el mal'. En NINGÚN espacio puede existir 'algo' que NO sea *Divino*. En TODO tiempo y espacio, Dios ES – *ahora*. Y aquello que NO ES Dios, o aquello que NO es DE Dios, NO *puede* estar allí. *Llegar* a la conclusión, *vivir* por esa *conclusión*, de que **sólo** Dios está *aquí*, implica vencer la *creencia* de que Dios, está *ausente*; o de que *aparte* de Dios, existen 'otras cosas'; o de que cualquier cosa NO *ordenada* por El Padre, podría ser *real*. Ustedes se encuentran *redimiendo* la tierra, para que El Padre *Interior*, pueda *Revelar* la plenitud *de* la tierra, como Espíritu *Puro, Perfecto* y *Vivo*, carente de TODA forma *material*; carente de TODA *condición*; carente de TODA *división*; carente de TODA *maldad*; carente de TODA *muerte*.

"*A quien venciere, El Yo, le haré una Columna en El Templo* DE *Mi Dios*" (Revelación 3:12).

Ustedes pueden estar *preparados* para *enfrentar* 'este mundo', con el *conocimiento* de que aquí, *únicamente* Dios *está*. En última instancia, eso debiera constituir, la Conciencia de ustedes: "SÓLO DIOS ESTÁ AQUÍ". –Con ello habrán *superado* el *falso* sentido de un ser *mortal*. Y este es el RECONOCIMIENTO: que El Yo, *SOY* AHORA; y *SIEMPRE* HE SIDO, La Imagen *Divina* DEL Padre. Ustedes, SON y siempre HAN SIDO, la Imagen *Divina* DEL Padre - NO existe nadie, en NINGUNA parte, que no sea y que no haya sido *siempre*, la Imagen *Divina* DEL Padre. Y, ¿*qué* es aquello que hace que *veamos* de *otra* manera? –Se debe a que NO *mantenemos* nuestra *atención* en: la Sabiduría *Divina*, sino que *permanecemos* en: el pensamiento *humano* y *finito*.

Por eso es que esta *Carta* tuvo que ser escrita – para *elevarnos fuera* del pensamiento *finito* y *humano*, hacia el Nivel *Superior* de la Sabiduría *Divina*, la cual *contempla* a Dios: *cara a cara*; la cual *contempla* al Universo, tal como ES.

Pablo habla algo de eso en Corintios – y ahora resulta muy claro. Recuerden la frase clásica: "*Porque ahora, vemos a través de un cristal, oscuramente*" – porque estamos *mirando* a través de una mente *humana*. Pero *luego, cuando* nos hayamos *abierto* a esta Sabiduría *Divina*, y hayamos *permitido* que la Omnisciencia haga *Su* trabajo – SIN la menor *interferencia* de la mente *humana*; *cuando* nos *contentemos* con *descansar* en La Voluntad; para saber que La Voluntad ES *Omnipresente* y está llevando a cabo Su *actividad*, entonces, "*miraremos cara a cara*".

"*Ahora conozco en parte; pero entonces, conoceré incluso como también El Yo, Soy conocido*".

Es decir, tal como Dios *me conoce* – Dios *me* conoce *como:* Ser *Divino*, –entonces El Yo, *sabré* que lo *Soy*.

Bien, pues esa es la *Carta a la Iglesia de Filadelfia*, al *Ángel del Cristo en ustedes*. La Sabiduría *Divina*, es parte de la Naturaleza-Cristo *dentro* de *ustedes*. La mente *humana finita* lo *ignora*, y está empecinada en *ignorarlo*. Pero ustedes *cuentan* con la Capacidad *y* con el Destino, para vivir *dentro* de la Sabiduría *Divina,* AHORA.

"*Quien tiene oído, que oiga lo que El Espíritu dice ... a las Iglesias*" (Revelación 3:13).

Bien, ustedes pueden fácilmente *comprobar* que La *Omnisciencia* está justo donde *ustedes* se *encuentran*. Pudiera hallarse SIN *explorar* – pero se *encuentra ahí*. Ustedes han *aprendido* en las *Cartas* anteriores, que éste ES, un Universo *Espiritual;* y que TODO cuanto existe ES, *Espíritu*; y que ese *Espíritu* ES, *Omnipresente* – la Presencia *Única*. Así pues, TODO cuanto ES *Omnipresente*, ES *Espíritu*, entonces la Mente DEL Espíritu, *tiene* que estar donde El *Espíritu* esté; y como El Espíritu ES, *Omnipresente* – es decir, se encuentra *dondequiera* que *ustedes* se encuentren, entonces la Mente DEL *Espíritu también* se encuentra *dondequiera* que *ustedes* se encuentren.

"*... El Yo, vengo pronto*" (Revelación 3:11).

Esa Mente que estaba EN *Cristo Jesús*, constituye el *objetivo* de su experiencia *humana*, para poder estar *dentro* de esa Mente *capaz* de mirar, **y** de contemplar al Padre, *cara a cara* – al Padre *Infinito*.

Creo que esto es lo último que se dice aquí:

"*... y El Yo, escribiré sobre Él, Mi Nombre nuevo*" (Revelación 3:12).

Sobre *"quienquiera que venza, El Yo, escribiré sobre Él, Mi Nombre nuevo"* (Revelación 3:12). Bueno, todo El Camino *Infinito* nos dio el *significado* de ese *Nombre*. El *Nombre* **Nuevo** de Dios, para quien ha *recibido* la Sabiduría *Divina* es: INFINITUD.

La *Naturaleza* DE Dios es, *Infinitud*; y ése, es el **Nuevo** *Nombre*. Entonces estarán ustedes *viviendo* EN El Camino *Infinito*. Pero *únicamente* a través de la Sabiduría DE Dios, la cual Se vive *dentro* de ustedes – Se vive *infinitamente*; NO se trata de un *pequeño punto* en un durazno. Se trata de la *Totalidad,* la cual Se vive a *Sí Misma*, en TODAS partes; y ésa es la **única** forma en que nosotros *encontraremos* nuestra *Paz*; ésa es la *única* forma en que nosotros *encontraremos* nuestra *Vida Eterna*; ésa es la *única* forma en que nosotros *encontraremos* nuestra *Realidad*; ésa es la *única* forma en que nosotros *encontraremos* nuestra *Plenitud*: cuando *nosotros* hayamos llevado a cabo esa *Gran Sumisión* TOTAL a la Sabiduría *Infinita* DEL Padre que mora *dentro* de nuestra *Naturaleza-Cristo*, *conscientemente* RECONOCIDA.

No traten de *conseguir* a Dios – *liberen* a Dios; *descansen* en La Palabra, con *Fe*. La *Omnipresencia* es SIEMPRE, un *Hecho*; La *Omnisciencia* está SIEMPRE, *presente*; La *Omnipotencia* está SIEMPRE, *presente*. Ahora tomen esos tres *hechos*, y edifiquen *su* Vida, bautizada alrededor de ellos: *Omnipresencia*, NO hay lugar donde Dios, NO esté; *Omnisciencia*, NO hay lugar donde la Mente DE Dios, NO esté; *Omnipotencia*, NO hay lugar donde la *Portentosa* Acción DE Dios, NO esté. Y lo anterior *significa* que, el *lugar en donde ustedes están parados*, justo **ahí** se encuentran estas Cualidades *Infinitas actuando*, AHORA.

Salgan del *cristal oscuro, de la mente finita, y aquiétense*. Ahora *observen* cómo el *Poder*, la *Mente* y la *Presencia* DE Dios, *Se viven a Sí Mismos* como El Cristo DE *ustedes*. Ustedes van a *edificar* esta Vida *Bautizada* – se trata de La Voluntad DEL Padre. Y aquellos de nosotros que lo estemos *haciendo* AHORA, *cosecharemos* el fruto de esto, AHORA. Nosotros NO vamos a *obtener* una cosecha *mañana* – aquello que ustedes *siembren* AHORA, se *cosecha* AHORA.

Con esto tenemos una *Carta* más para recorrer; y así El Espíritu nos ha dado *Su* Visión de los *Siete Pasos de la Creación*, EN nosotros. De esta manera encontrarán que los *Siete Días de Génesis* y los *Siete Pasos de las Cartas*, constituyen la *Actividad* DE Dios, dentro de ustedes.

Así ustedes también pueden *descansar* y *contemplar* El *Santo Espíritu*, *viviéndose* a *Sí Mismo*, justo donde 'este mundo' dice: *"Ahí está* Jack; *ahí* está Jim, *ahí* está Bill, *ahí* está María" – se trata del *Espíritu Santo*, viviéndose a *Sí Mismo como:* ustedes.

No recuerdo *quién* llamó esta mañana muy temprano, pero pronto me di cuenta que: Dios está, en TODOS lados; *únicamente Dios*. Dios está, **aquí**; y "*aquí*, EN Dios", significa en TODAS partes. El Dios *Infinito* está, "**aquí**" en TODAS partes – y ustedes pueden *descansar* en que ese "Dios, está **aquí**"; y saber que La Infinitud, está **aquí**; y que NADA, está *fuera* de Él – y *permanecer* gloriosamente *quietos*. Y TODAS esas Cualidades: la *Omnipresencia*, la *Omnipotencia* y la *Omnisciencia*, tienen que estar actuando EN Dios, **aquí**.

Por eso, estando *desempleado*, NO tienes que *hacer* NADA – Dios, lo hace TODO. Dios, *dentro* de ti, implica Dios, *dentro* de **todos** los demás. Un *Único* Dios – y NO hay *nadie* más, excepto ese *Único* Dios. Un *Único* Infinito Dios Vivo. TODOS nosotros somos *coherederos* EN ese Dios, a través de *Su* Individualización EN nosotros, *como* el Cristo *Viviente*.

El RECONOCIMIENTO anterior *fortalecerá* nuestra habilidad para *permanecer* ATENTOS A ese Dios, frente a TODA forma de 'mal' – porque la *aceptación* del 'mal' constituye la *negación* de la *Realidad* del Ser. **No** puede haber 'mal', *donde* Dios ES, *Omnipresente*; **No** puede haber 'mal', *donde* Dios ES, *Omnisciente*; y **No** puede haber 'mal', *donde* Dios ES, *Omnipotente*. El 'mal' es *Revelado* como: *una* **nada** – existiendo tan solo *dentro* de la mente *finita* que *carece* de existencia *propia*. El *hipnotizador* y el *hipnotismo*, se encuentran así, *desenmascarados*. Nosotros podemos *enfrentarlos* SIN temor, porque *carecen de existencia **real** –* siempre y cuando ustedes, se encuentren *dentro* de La Voluntad *viviente* DEL Padre *Viviente*.

TODOS nosotros nos estamos *fortaleciendo* a cada instante. Tal vez ésa, sea una buena manera de celebrar de *nuevo:* el Día de la *Independencia*.

Una vez más, gracias; muchas gracias.

CLASE 9

SÉPTIMA CARTA A LAS IGLESIAS

REVELACIÓN 3:14 – 21

Herb: - Hemos estado considerando *las Siete Cartas a las Siete Iglesias*, que Juan recibiera en una *elevada comunión* con el Espíritu DE Cristo-*Jesús*. La **Séptima Carta** constituye la *culminación* de *Seis Claves* para alcanzar la *Unión Consciente* CON Dios. Y en *la* **Séptima Carta** se *alcanza* la Unión *Consciente* CON Dios – y es entonces cuando caminamos en el RECONOCIMIENTO del Ser. Ahora bien, al considerar *la* **Séptima Carta**, también revisaremos las *primeras Seis*, para que podamos *continuar* bajo una *comprensión* del *significado* **total** de *las Siete Cartas a las Siete Iglesias*; esperando así, *continuar* con una forma *práctica* de *permitir* que *las Cartas*, nos *abran* a la *comprensión* de la Naturaleza DEL Ser.

Si ustedes regresaran por un instante al *primer* Evangelio, me refiero al Primer *Libro* de Juan, el cual constituye el *cuarto* Evangelio, entonces verían que existe una *continuidad* desde el *Libro o Evangelio de Juan* hasta la *Revelación de Juan* – una Relación *verdaderamente* **Trascendente**. Vemos, al *principio* del *Evangelio de Juan*, cómo es que *comienza* a surgir una *nueva* Conciencia acerca de la *tierra*. Esto se encuentra ejemplificado por *Juan el Bautista*, cuando *envía* a *dos* de sus más *apreciados* estudiantes, hacia el *Nuevo Hombre*, llamado Jesús. Y estos *dos estudiantes* representan: la Conciencia de *Transición desde* la tierra *hacia* el Cielo; *desde* Juan el Bautista *hacia* el RECONOCIMIENTO de Cristo-*Jesús*. Y estos dos estudiantes son: Andrés **y** Juan, los cuales fueron los *primeros* dos *discípulos del* Maestro. Ellos habían *despertado* a 'aquello' que ahora *nosotros* hemos *despertado*. –Despertaron a un *Impulso dentro* de *sí mismos*, que les dijo: "Ustedes SON, mucho *más* de lo que *parecen* ser; la vida ES, mucho *más* de lo que *parece* ser. Ustedes, cuentan con un *destino* más *alto* que el sólo *recorrer* la tierra; y, en última instancia, *desaparecer* SIN haber *contribuido* con nada, excepto con unos pocos momentos *libres* de tiempo **y** de energía, **y** con el *acaparamiento* de posesiones. Existe *algo* mucho más *grande* para ustedes".

Y el Maestro *contempla* a estos 'dos', y *percibe* esta gran *Inspiración* que fluye *a través* de ellos; y les *dice* lo que cada uno de nosotros *nos* hemos *dicho*. Éstas son las *primeras tres palabras* que pronuncia el Maestro en el *Evangelio de San Juan*. A Juan **y** a Andrés, les dice: "Vosotros, ¿*qué buscáis*?" (Juan 1:38). Y *desde* entonces, el Maestro lo ha estado *diciendo* a 'este mundo'. Esas *tres palabras* resuenan *a través* del mundo *Interior* – *jamás* cambian; *jamás* se detienen; *siempre* están presentes *dentro* de ustedes, diciendo: "Vosotros, ¿*qué buscáis*?" –Y es con <u>*sus*</u> *acciones,* que ustedes *responden*. Y al *mirar* alrededor de 'este mundo', ustedes *ven* que, con las *acciones* de 'este mundo', el mundo ha dado su *respuesta*; busca *aquello* que ha '*alcanzado*'. Todos nosotros hemos *alcanzado* justo el *nivel* que buscamos. Y *si* nuestra aspiración **no** es lo suficientemente *alta*, entonces nosotros **no** *alcanzaremos* lo *más Alto*.

Hoy en día, la mayor parte del mundo **no** es *consciente* que *puede* buscar *más allá* de este *lapso* de vida. Y así, su *limitación* implica que *antes* que se 'cierre la puerta', debieran *acumular* ciertas *cosas*. Y *si* nosotros tuviéramos que responder *honestamente* a esa pregunta de: "*Vosotros, ¿qué buscáis?*", entonces diríamos: "Bueno, *yo* busco *felicidad*, busco *paz*, busco *comodidad*, busco *seguridad*". Y *si* fuéramos padres, entonces diríamos: "Pues *yo* busco las *cosas buenas* de la vida para *mis* hijos". Y *si* estuviéramos preocupados por nuestros padres, entonces diríamos: "Pues *yo* busco un *lugar* donde mis padres puedan vivir *sin* temor, *libres* de necesidad". Y todo esto parecería ser para nosotros, una forma muy *normal* y *sensata* de responder la pregunta: "*Vosotros, ¿qué buscáis?*" Pero Andrés, **no** lo *ve* de esa manera; y Andrés, **no** *responde* así. Por el contrario, Andrés responde *igual* que aquellos, que *buscan* la Conciencia *Superior* aprenden a *responder*. Su *respuesta* es: "*Yo, busco en* **dónde** *moras Tú*". Y debido a que su *respuesta* es la *evidencia* de alguien que está *buscando* al *Cristo Interior*, es que El Cristo le dice: "*Ven, y mira* (Juan 1:39); **tu** propósito es *legítimo*; **tú** has *encontrado* el secreto que *todos* los hombres *buscan*: el *Cristo Interior*. Y, por lo tanto, El Yo, El Cristo, Quien ha *encontrado* lo que **tú** estás *buscando*, es que El Yo, te *digo*: *Ven, y mira*; El Yo, te **mostraré** El Camino".

Bien, así es como *comienza* el *Evangelio de San Juan*. Constituye la *Clave* para quienes *buscan* La *Verdad*. Andrés *trae* a su hermano Pedro; luego *llega* Felipe; y después *viene* Natanael. Y entonces El Maestro dice: "*Ah; he aquí un israelita* **honesto**" (Juan 1:47). *Natanael* queda bastante *desconcertado*, porque 'él', ¡JAMÁS había *visto antes* a ese Hombre! ¿*Cómo sabía* El Maestro que Natanael era un israelita *honesto*? Y en la más pura creencia de haber encontrado al Maestro-*Mesías* del mundo, Natanael dice: "*Seguramente Tú,* ERES *el Dios* **de** *Israel*. NADIE *más podría haber sabido lo que dijiste acerca de mí, tan solo con verme debajo de un árbol*" (Juan 1:48, 49). Y entonces Jesús *revela* lo que constituye *El Propósito* de TODA vida; Él dice: "Natanael, lo que te acabo de *decir* **no** es gran cosa – tan solo una *pequeña* telepatía *mental*. **No** te involucres en una ciencia *mental*. *En verdad lo que te digo es esto: El Cielo se abrirá; y tú verás a los ángeles* **de** *Dios ascender, y descender hacia El Hijo* DEL *Hombre*" (Juan 1:51).

Estas palabras constituyen la *Promesa* DEL Cristo **en** ti, *hoy* en día. El Cristo **en** ti, *siempre* dice: "*En verdad, el Cielo se* **abrirá**; *y entonces* **verás** *a los ángeles* **de** *Dios ascender* **y** *descender hacia el Hijo* **del** *Hombre*". Cuando <u>ustedes</u> hayan *aceptado* la *Idea*-Cristo;

cuando el *conocimiento* de que *"El Cristo* **en** *ustedes constituye su esperanza de Gloria", su* Identidad, la Plenitud *de* Dios expresada **en** *ustedes*; cuando esto se *convierta* en *su* objetivo **total**, entonces ya **no** serán más el 'hijo de *su* madre y de *su* padre', serán: *"El Hijo* DEL *Hombre"*. Porque *"El Hijo* DEL *Hombre"* es un término que expresa a: aquéllos que se *mueven dentro* del *Ideal*-Cristo sobre esta tierra. Y **únicamente** a ellos es que el Cielo se les *abre*; **únicamente** a ellos los ángeles DE Dios se les *aparecen*; estos *ángeles que ascienden y descienden del Cielo*, son **únicamente** *para* ellos. Y así se nos dice que la *apertura* DEL Cielo **en** nosotros, constituye la Conciencia *Espiritual*; se nos dice que esta Conciencia resulta **inevitable**. Les aseguro que El Cristo *Interior* les dice: la Conciencia *Espiritual* resulta **inevitable**; y un *Sistema de Comunicación* será *establecido*. Ése ES: El Yo, la *Revelación;* es la *Inspiración* DEL Padre hacia El Hijo... ¡*acontecerá*!

Ahora, cuando se les dice que *los ángeles del Padre descenderán y ascenderán*, eso significa que, **en** la Conciencia *Espiritual,* ustedes *se* encontrarán *dentro* de un Estado de *Comunión* CON lo Infinito. Y los *ángeles* representan, los Pensamientos DE Dios entrando en *su* Conciencia – *guiándolos, conduciéndolos, sosteniéndolos, alimentándolos, iluminándolos, llevándolos* finalmente, al RECONOCIMIENTO del Reino DE los Cielos, sobre la tierra.

Bien, así es como *termina* el *Primer Capítulo del Evangelio de Juan*, y nos conduce hacia la *Promesa* del Espíritu DE Dios DENTRO de nosotros: que quienes fuimos *fieles* a lo largo del Camino; quienes **no** nos hemos *separado*; quienes **no** hemos vacilado en nuestra gran *Búsqueda*, somos quienes estamos *receptivos* al Espíritu, a La Voz, al Poder, al Uno, al Todo en todo – y se *alcanzará* una Unicidad, con la cual El Hijo *del* Hombre, recibiendo la inspiración *desde* El Padre, *se convierte* en: El Hijo DE Dios.

Lo anterior constituye el *primer versículo del Primer Capítulo, del primer Evangelio de Juan*. Y a partir de ahí vemos, que el *mismo* Cristo que dice que: *el Cielo se abrirá*, y que se *establecerá* la *comunión* entre El Padre **y** El Hijo, ese mismo Cristo *entrega ahora* al Cristo en *ustedes*, por *medio* de Juan, la **Séptima Carta**. Y con este antecedente del Cristo llega otra *concientización* para ustedes. Uno de los grandes *Secretos* de la Biblia es que: *aprendan* que el *Nombre* de Jesucristo es: **El Yo Soy**; y que El Cristo, que *recorre* la tierra *como* Jesús, *diciendo* estas cosas por toda la Biblia, ese Cristo, llamado El Yo Soy constituye: el Ser *verdadero* de *ustedes*. Porque El Yo Soy constituye: El Yo Soy **de** *ustedes*, tal como constituyó El Yo Soy **de** *Jesús*. Y toda Palabra hablada por Cristo-*Jesús,* ha sido *expresada dentro* de ustedes durante *todo* este tiempo – desconocida para la conciencia *humana* de ustedes. Y debido a que su conciencia *humana* **no** se había *elevado* lo suficiente como para *escuchar* la Voz del Yo Soy *Interior*, es que El Yo Soy *apareció* 'sobre' la tierra, *afuera*, para mostrarles el Poder del Yo Soy, la Naturaleza del Yo Soy, la Sabiduría del Yo Soy. Y luego para decirles a ustedes, ahora cuando ya *saben* quién Soy **y** cuando *saben* que moro *dentro* de ustedes: El Yo que Estoy aquí frente a ustedes, puedo 'irme', para que ustedes puedan *recibir* al Yo Soy, al *Consolador* **Interior**. Ese fue el *milagro* que 'apareció' sobre la tierra como El Yo Soy, como Cristo-*Jesús*, iluminando a *todos* para que *sepan que El Yo, en medio de ustedes, soy ese Yo Soy*.

Y así es como las *Siete Cartas* nos han traído a este 'lugar'. La **Primera Carta** nos dijo, en forma de una *Carta* dirigida a la *Iglesia* de cierta área, que éste es: un Universo *Espiritual*. *Espíritu* constituye el *Nombre* de la *Sustancia* de la *Vida*. La Vida es, Espíritu; la Vida es, *Infinita*; la Vida es, *Indestructible* – y no hay *otra* vida, que esta Vida *Perfecta* e *Indestructible*.

Después, en la **Segunda Carta**, aprendimos que esta Vida, *Infinita* e *Indestructible,* Se *individualiza* como la Vida de *cada* Individuo sobre la tierra. Que la Vida de *ustedes* es, la Infinita Individualidad *del* Espíritu, expresándose a Sí Misma. Que *ustedes*, jamás están *absorbidos dentro* de lo Infinito. Que ustedes siempre **son**: la *Expresión Individual* del Espíritu, hasta la Eternidad; por lo que toda *Cualidad* de lo Infinito constituye la *Cualidad* del Ser *Espiritual* de *ustedes*. En esta **Segunda** Carta aprendimos que

TODA Forma ES, Espíritu; que TODA Vida ES, Espíritu. Por ello, la forma *física* no es más que un *concepto* de la Vida *Única* que *ustedes* SON. Aprendimos algo que resulta bastante *difícil* de *practicar*; algo de lo que vamos a *aprender* más, en la **Séptima Carta**: que debido a que El Espíritu *constituye* lo Infinito, **y** debido a que El Espíritu *constituye* al Individuo, es que la *forma física* tiene que ser *descartada* como constituyendo la Identidad de *ustedes*.

En la **Tercera Carta** aprendimos que: la Conciencia DE Dios, constituye la Conciencia del *Individuo* – que tan *solo* existe una ÚNICA Conciencia que TODO lo abarca. Esta Única Conciencia está SIEMPRE manteniendo Su Universo *Espiritual*, Infinita **e** Individualmente. **No** existe *interrupción, división, separación* alguna, entre la Conciencia *Infinita* **y** la Conciencia *Divina* de *ustedes*. Y debido a que esto es así, RECONOCERLO les permitirá *descansar* en la *confianza* de que *dondequiera* que ustedes se encuentren – *independientemente* de aquello que pudieran experimentar *visible* o *tangiblemente* – la Conciencia *Divina* constituye *el* Poder que los *mantiene* dondequiera que *ustedes* se encuentren. Esa *Perfección* JAMÁS puede *abandonarlos*, independientemente de estas *aparentes* experiencias de los *sentidos*.

Por otro lado, en la **Cuarta Carta** aprendimos que: el Amor *Divino* Se *Individualiza*, expresándose COMO Amor *Individual*; también, que NO existe momento alguno, dentro de la Realidad *Espiritual* de ustedes, en el cual *no* se encuentren *inmersos* EN el Amor DEL Padre.

Las **Dos** primeras *Cartas,* las cuales nos *instruyen* acerca de la Identidad *Espiritual* **en** El Espíritu, podrían llamarse: "la *Plenitud* de la *Omnipresencia*"; la **Tercera Carta**, "la *Plenitud* de la *Conciencia* Divina"; la **Cuarta Carta**, "la *Plenitud* del Amor *Infinito*".

En la **Quinta Carta** vemos que: el *señorío* sobre la tierra, sobre el aire, sobre el agua, sobre el cielo; el *señorío* sobre el universo *material,* se encuentra EN El Padre. Y este *señorío*, constituyendo la *Naturaleza* del Poder *Divino*, se *transfiere* hacia El Cristo de *ustedes*, para que TODO el señorío esté EN el Padre y *EN* el Hijo. Y mientras *descansan* en El Cristo de ustedes, descansan en "El *Yo, que he vencido al mundo*". Ustedes *aprenden* que la Omnipotencia, constituye la *esencia* de esa **Quinta** *Carta*; y que esta Omnipotencia descansa en la *verdadera* Identidad de ustedes – NO requiere ser *invocada*; NO requiere ser *alcanzada* – esta Omnipotencia ES, lo que ustedes SON en su Ser.

Por lo que toca a la **Sexta Carta**, ésta nos lleva a: la *Omnisciencia*. Aprendimos que *Omnisciencia* es una palabra muy grande, que abarca la TOTALIDAD de la *Verdad*, de la *Luz*, de la *Sabiduría*, de la *Inteligencia* de la Mente *Única*. Y aprendimos que la Mente *Única* es: la *Única* Mente – y la Mente *Única*, es aquello que constituye la *Única* Mente **verdadera** de *ustedes*, la cual JAMÁS podría *desaparecer*. Siendo *perfecta* esta Mente *Única*, todo aquello que *pareciera* imperfecto es simplemente: la evidencia de que *ustedes*, aún NO están *convencidos* que *sólo* la *Única* Mente *Perfecta* DEL Padre, constituye la Mente de *ustedes* – por lo que *aún* se están *desviando* hacia la *creencia* en una *segunda* mente.

Así pues, lo que estamos *aprendiendo* entonces en estas **Seis Cartas** es que: DIOS ES, TODO EN TODOS – '*lo semejante produciendo lo semejante*'; – que TODO cuanto El Padre ES: Omnipotencia, Omnisciencia, Omnipresencia, Amor, Conciencia Perfecta... todo ES: *ustedes*. Y aún más, estamos *aprendiendo* que esto, NO se alcanzará *mañana*, al día *siguiente*, o en el más *allá*; que TODO lo que Dios ES, Dios YA ES; que TODO cuanto el Hijo *DE* Dios ES, el Hijo DE Dios YA ES; que TODO cuanto ustedes SON en su Ser Espiritual, ustedes YA LO SON. Y *si* ustedes han estado siguiendo estas *Cartas* **y** las han estado *practicando*, entonces aquello que han estado *practicando* es que: "EL YO, **SOY** el Hijo DE Dios; EL YO, **SOY** la Omnipotencia *viva* DE Dios; EL YO, **SOY** la Sabiduría, la Verdad, la Luz, la Vida, el Pan *de* Vida. TODO aquello que el Padre ES, EL YO, LO **SOY**". Y les ha resultado difícil aceptar todo esto, debido a aquello que está a nuestro alrededor, nos *tienta* a *creer* que "*NO* lo SOMOS".

Entonces contamos con ese *cambio* en la Conciencia, el cual deberíamos *estar experimentando* a medida que *edificamos* DENTRO de nosotros mismos, la Conciencia de que EL YO, YA SOY El Espíritu *viviente* DE Dios. Y ese Espíritu CARECE de un *inicio* en el tiempo, y CARECE de un *final* en el tiempo; CARECE de un *inicio* dentro de la forma, y CARECE de un *final* dentro de la forma. EL YO, SOY un Espíritu *eterno*, SIN espacio; Mi vida ES Espíritu, y NO está limitada a una forma *física*.

Ahora bien, *ahí* es donde debiéramos estar *practicando* en este instante: "EL YO, NO estoy DENTRO de esta forma; EL YO, **SOY** la Vida *Ilimitada*; EL YO, **SOY** *libre*; EL YO, NO necesito poder alguno para ser la Vida *Ilimitada*, porque EL YO, la Vida, SOY el **único** Poder que existe". Al morar en esta Conciencia, ustedes *descubrirán* que están *aceptando* la Vida, SIN *obstrucción* alguna; *aceptando* la Vida, que *carece* de toda *necesidad*; la Vida, que NADA *busca*, porque lo ES TODO. Así habrán *respondido* la pregunta, tal y como Andrés lo hizo: EL YO, NO *busco* cosas; NO *busco* ninguna: persona, lugar, cosa o condición. EL YO, *sólo busco* **donde** "moras Tú". EL YO, *busco* al Cristo-*Interior*, porque en el RECONOCIMIENTO del Cristo-*Interior*, TODO cuanto El Padre ES, EL YO, lo *SOY*; TODO cuanto El Padre *tiene*, EL YO, lo *tengo*. EL YO, *SOY* un Ser *Espiritual* SIN limitación en el *espacio* NI en el *tiempo*; independiente en cuanto a las *leyes* de los *humanos materiales*; *aniquilando* la hipnosis de la ley del karma; *rompiendo* la hipnosis que dice: somos *materiales*, somos *mortales*, estamos *confinados*, estamos *limitados*, estamos sujetos a TODOS los *males* sobre esta tierra.

De esa manera la **Séptima Carta** nos *conduce* a lo que aquí se llama: *Laodicea*. "*Lleva una Carta* – dice el Espíritu – *al Ángel de la Iglesia de los habitantes de Laodicea*". Bueno, aquí en la ciudad de los *convenios*, en *Laodicea*, TODAS nuestras fuerzas están *reunidas* en EL YO SOY. TODO cuanto El Padre ES, en la **Séptima Carta**, ustedes lo están *aprendiendo*: EL YO, **SOY**.

En *El Sermón del Monte* se dice que la *Justicia* de ustedes, *tiene* que exceder "la *justicia de los escribas y fariseos*". Ahora se dan cuenta que *su* Justicia *tiene* que ser esa *Justicia* que llega *únicamente* cuando *ustedes* se encuentran *viviendo* DENTRO de la *Verdadera* Identidad, viviendo DENTRO de la Conciencia DEL YO, SOY. Ese YO SOY, constituye la *Expresión Infinita* DEL Padre *Infinito* dondequiera que nos *encontremos* – entonces estamos *en comunión*, en *unión consciente* con El Padre *Interior*. Y la Gracia DEL Padre, se encuentra *fluyendo* en *Eterna Perfección*, la cual expresa la *Voluntad*, el *Propósito* y la *Actividad* DEL Padre, *en* ustedes, para que estén *sincronizados* con Lo *Infinito* – ahora SON un Hijo *Justo*, un Hijo *Recto*, DEL Padre. Ustedes se encuentran DENTRO de la *Justicia*, la cual constituye la **Séptima Carta**. Se trata de una *Justicia* nacida de vivir DENTRO de *su* Identidad *Verdadera* – pero NO la *justicia* de la mente *humana*; NO la *justicia* propia de la *persona* que cree saber más que Dios. Se trata de esa *Justicia* en la que el '*yo personal*' queda *minimizado* en la existencia, en tanto *ustedes* se *comprometen* con su Ser *Verdadero*, para que ÉL *viva*, justo donde 'ustedes se encuentren'.

Ahora, *veamos su* Carta, **y** *percibamos dónde* nos encontramos en *Justicia*:

> "*Y escribe al Ángel de la Iglesia de Laodicea: Esto dice El AMÉN, El Testigo fiel y verdadero, El Principio de la Creación DE Dios*" (Revelación 3:14).

Observen que no se llamaba 'EL AMÉN' en las otras *Cartas*. "*Amén*" siempre implica: la *fructificación* TOTAL. Por lo tanto, aquí, en la **Séptima Carta**, que le sigue a las Seis *Cartas* anteriores, encontramos 'EL AMÉN': Aquél que ha *recorrido* esas **Siete** *Etapas*, Quien les está *escribiendo* esta *Carta* a *ustedes* – y Él, ES *El Fiel* **y** *El Verdadero*. En otras palabras, *si* 'nosotros' mantenemos *opiniones* acerca de lo *Verdadero*, entonces esas *opiniones* NO provienen de alguien que haya *recorrido* las **Siete** *Etapas* – las opiniones debieran *proceder* de Aquél que cuenta con la *Experiencia*. Porque *sólo* 'EL AMÉN', *sólo* El Cristo-*Jesús*, Quien ha *recorrido* las **Siete** *Etapas*, puede darles una Dirección *Verdadera* y *Fiel,* sobre *cómo* ustedes *también* pueden llevar a cabo lo *mismo*. Así entonces, ustedes están siendo ahora *dirigidos* hacia ese *Ángel* DEL Padre DENTRO de ustedes, Quien *constituye* al Cristo, Quien *conoce* el Camino, y les *dice*: "EL YO, SOY la *Vida*; EL YO, SOY el *Camino*; EL YO, SOY la *Resurrección*. *Sólo* EL YO, en ustedes, SOY 'EL AMÉN' – el Fiel y Verdadero *Testigo*. NO existe NINGUNA otra forma de *entrar* a la Plenitud de su Ser: EL YO, el Testigo Fiel y Verdadero, el *Principio* de la Creación DE Dios".

Pablo nos dijo que El Cristo ES, el *Primogénito* de TODA criatura; nos dijo que El Cristo, por lo tanto es, la *Imagen* y la *Semejanza divina* DEL Padre, que *ustedes* SON. Y el *Principio* de la Creación DE Dios, ES El Cristo en *ustedes*; el *Primogénito* de TODA criatura ES El Cristo en *ustedes*. 'EL AMÉN', el Testigo *Fiel,* y El Cristo en *ustedes*, es Quien está *escribiendo* esta *Carta* aquí, porque ustedes aún NO pueden *escuchar* al Cristo EN ustedes, DENTRO de ustedes mismos, la *Plenitud* DEL Ser.

> *"El Yo, conozco tus obras – que tú no eres frío ni caliente – El Yo, preferiría que fueras frío o caliente"* (Revelación 3:15).

Ser *tibio* – NI *frío* NI *caliente*, es ese Estado *Intermedio* de Conciencia, en el cual permanecemos *indecisos* – implica NO estar *completamente consagrados* a la *totalidad* del *Ser*-Cristo, *deteniéndonos* en algún lugar del Camino, dispuestos a hacer de *nuestro* ritmo, *nuestro* negocio propio; en lugar de hacer del Ritmo DEL Padre, los Negocios o Asuntos DEL Padre – implica mantenernos *indecisos*, a mitad del camino, todavía con un 'yo *personal*' allí, queriendo 'dirigir la orquesta'. En *tanto*, El Cristo está diciendo: "No es *suficiente*"; ustedes NO pueden *llevar a cabo* algo el martes, y *detenerse* el miércoles; NO pueden estar *interesados* en lo *espiritual* un día, y al día siguiente estar *interesados* en lo *material*; NO pueden *comenzar* algo, y luego *suspenderlo*. La Identidad ES, *Identidad*.

No existe lugar alguno en donde El Espíritu y la materia, puedan *mezclarse,* porque Uno es lo *Real,* y otro es lo *falso.* Sería *mejor* para ustedes ser *fríos,* que ser *calientes* y *fríos* al *mismo* tiempo. Entonces es cuando El Espíritu dice: *"Me gustaría que fueras frío,* o *bien que fueras caliente".* *Decídanse*: todo, o nada – NO existe un *punto intermedio* dentro del Espíritu; ustedes, NO pueden *interponerse* entre el Espíritu y la materia, *sirviendo a ambos amos.*

"Entonces, puesto que eres tibio – y NO *frío* NI *caliente, Yo te expulsaré de Mi boca"* (Revelación 3:16).

La rama que NO puede *aceptar* la Identidad o *vivir* EN Ella, *abandonando* a las demás, es *"expulsada de la boca del Espíritu".* Y de esa manera es que *reencarnamos* de nuevo dentro de esta forma *material,* para *finalmente* llegar al 'punto' donde ya NO somos *fríos* en ocasiones, NI somos *calientes* en otras – sino que, finalmente, vivimos *siempre* DENTRO del *Reconocimiento Consciente* de que El Espíritu, Soy Yo.

Detrás de ese *Impulso* por *permanecer consagrados* por COMPLETO a la *Identidad,* en lugar de permanecer *parcialmente* consagrados, tiene que haber una *razón más* profunda que sólo la 'obediencia' a un simple *mandato.* Descubrimos que El Espíritu, *en medio* de ustedes, les está *enseñando* que: *a menos* que ustedes *encuentren* ese 'Lugar' *dentro* de la Conciencia, en donde puedan *aceptar* la *Identidad,* no podrán ser *guiados* hacia el Llamado *Superior* de 'alguien' que *alcanzó* la *Concientización* de un Cuerpo *Espiritual.* Y sólo quien *alcanza* la Conciencia del Cuerpo *Espiritual, permanece* bajo el Gobierno DE Dios. En la **Séptima Carta** vamos a encontrar que, o alcanzamos nuestro RECONOCIMIENTO de la Forma *Espiritual,* o somos *"expulsados de la boca del Espíritu",* de retorno hacia la conciencia *material,* para vivir bajo la ley: del bien y del mal. El Espíritu, *sólo* actúa en la Forma *Espiritual*; El Espíritu, *sólo* actúa en la Mente del *Cristo.* Y TODAS las promesas *atemporales* de la Biblia acerca de la Vida *Eterna*, acontecen sólo DENTRO de la Forma *Espiritual* de ustedes.

Entonces, en **esta** *Carta*, la *Carta* más *elevada* de todas, se nos *exponen* los Hechos de la Vida, de manera *directa* – SIN ambigüedades. Se nos dice que *seamos* Espíritu, o de lo contrario *sufriremos* las consecuencias. *Busquen primero el Reino* DE *Dios dentro de* ustedes, *y descubran que las añadiduras*, que creyeron que 'querían', *ya* se encuentran TODAS *incluidas* – de lo contrario, caminen en 'este mundo' como *persona*, pero NO esperen que La Ley DE Dios, se *aplique a favor* de ustedes – esto *no* podría ser más *claro*.

"Porque tú dijiste: 'yo *soy rico, y acaudalado; y* yo*, no tengo necesidad de nada' – pero no sabes que* tú*, eres desdichado, miserable, pobre, ciego y desnudo – El Yo, te recomiendo que adquieras de Mí, oro probado en el fuego"* (Revelación 3:17, 18).

'yo *soy rico, acaudalado;* yo*, no tengo necesidad de nada'*. Llegará un momento, *si* no es que *ahora*; *si* no es que *ya* ha llegado; cuando *a través* de *mayores* Capacidades *Espirituales*; cuando *a través* de una *mayor* provisión, de *mayor* compañía, de *mayor* amor, de *mayor* armonía, la *humanidad* dirá: "Nosotros, hemos *encontrado* El Gran Secreto. Y ahora nosotros, podemos enseñarle al mundo que, *si* hace esto, eso y aquello, *entonces* podrá tener una *mejor* vida, así como TODO cuanto ha deseado". Y por supuesto que *existen* tales enseñanzas – muchas; y cada una de estas enseñanzas, justo aquí y justo ahora, se encuentran *sujetas* a la Ley DE la Verdad, siendo *expuestas* como: aquello que se *aprovecha* de la *credulidad* del *deseo humano* por paz, por seguridad, por riqueza y por comodidad.

Sí; cierto; ustedes, pudieran *tener* todo eso; e incluso esas enseñanzas pudieran *proporcionarles* eso, **y** *adormecerlos* con la *creencia* de que ustedes han *alcanzado* la 'Plenitud del Ser'. Pero NO existe *ciencia mental* alguna sobre esta tierra, así como *tampoco* existe *religión ortodoxa* alguna sobre esta tierra, que esté *dispuesta* *a llegar al nivel* que *exige* El Espíritu – a saber: el que ustedes NO *digan*: "yo he *alcanzado* esto; así que ahora yo soy rico; ahora yo puedo detenerme; bueno, ahora yo puedo seguir *practicando* aquello que estoy practicando". El Espíritu dice: "¡**No**! **No**; El *Yo*, te he sido *presentado,* para mostrarte TODA la Gloria DE la Imagen *Divina* – NO sólo un ser *humano* contento y feliz DENTRO de una forma *material* que *muere*. Por favor, NO se *detengan* allí – dice el Espíritu – o *"los expulsaré, de Mi boca"*. No cometan el error de *glorificar* esa existencia *material* – ésa, es la *trampa* en la que TODOS aquellos que se *identifican* con la *forma*, han *caído* o *fracasado*, *cientos* de veces – una **y** otra, **y** otra vez.

Consideren tan solo un brote en una flor, en un árbol, que se detiene y dice: "yo, soy un *capullo* hermoso; yo, seré un brote para *siempre*; un brote feliz **y** contento, que absorba la luz del sol **y** el agua" – así, JAMÁS sabría lo que significa *ser* una flor. *Si* un pollo se hubiera quedado *dentro* del cascarón, contento con ser un embrión ... Pero El Espíritu está diciendo: "Tú ERES, un Ser *Infinito* – JAMÁS se limiten, JAMÁS se aferren, JAMÁS almacenen. *Mi* Maná *infinito* fluye: día tras día; incesantemente, SIN interrupción **y** SIN tiempo, algunos.

El Espíritu dice: ustedes, deben *continuar* a través de muchas, muchas, muchas *Mansiones* – hasta la *Eternidad*. De lo contrario, *"Te expulsaré de Mi boca"*. El Espíritu dice: El Yo, Soy *nuevo* cada día; El Yo, Soy la misma *novedad*; **y** ustedes, deben *permitir* que Mi novedad Se manifieste como su Ser. **No** se queden estancados o detenidos en NINGÚN Nivel. *Acepten* la gran Verdad de que 'Espíritu', ES su Nombre; y El Espíritu, para *ser* Él Mismo, debe ser *Infinito* en TODO momento – JAMÁS tiene un *límite*; JAMÁS tiene un *final*; JAMÁS tiene un *tope*. SIEMPRE *estalla* en *nueva* Expresión. La Naturaleza del Espíritu es, *evidenciarse.* Y *si* ustedes **no** se están *evidenciando*, entonces NO están DENTRO del Espíritu – estarían DENTRO de la mente *material*, **y** *pidiendo* otra encarnación DENTRO de la forma *material*. Y lo mismo aplica a aquellos que se volverán: ricos, satisfechos, presuntuosos, justificando aquello que le dirían al Espíritu: "Gracias por conducirme hasta aquí; a partir de este momento, puedo *hacerlo* yo mismo". Ellos estarían cometiendo el *error*, el *error clásico* de quienes *pretenden* hacer del Espíritu, su *sirviente*, en lugar de aprender que La Maestría llega *exclusivamente* a quienes hacen DEL Espíritu, su *Maestro*.

Ahora bien, entonces *cada uno* de nosotros está siendo *invitado* a *abrir* para *siempre* la Conciencia, al Flujo *Infinito* DEL Padre; e *invitados* para *saber* que este Flujo *continúa eternamente*. Es la Naturaleza DEL Padre, el que El Espíritu que mora DENTRO de ustedes, exprese por *siempre*, *nuevas* Moradas DE la Divinidad. Y cuando ustedes *alcancen* la *sensación* de ese Flujo, entonces *sabrán* el por qué se nos dice que *sigamos* siendo *"pobres en Espíritu"*, *"vasijas vacías"* que son *llenadas eternamente* con el Flujo *Infinito* que proviene *de* Lo Alto. Muchos se han detenido *antes* de *alcanzar* la Madurez *Espiritual*... y han tenido que *regresar*. Aquellos de nosotros quienes escuchamos la **Séptima Carta** *a las Iglesias*, sabemos que NO existe *lugar* alguno para *detenerse*. Y a pesar de que *pudiera* haber una *sensación* de *inercia* en ustedes, una satisfacción *momentánea*, eso constituye parte de la *tentadora* mente *mortal* que dice: "*¿Cómo saben* ustedes que hay 'algo más'? *¿No* tienen *miedo* de *renunciar* a aquello que *poseen*, a cambio de algo que NO *ven*?" – El Todo, y todo DEL Espíritu, constituye el *Nombre*, la *Identidad* y el *Hogar*, de ustedes. **No** hay *nada* que se les *retenga*; pero ustedes, JAMÁS debieran estar *satisfechos* con algo *menos* que su Ser *Infinito*.

Es la naturaleza *misma* DEL Espíritu, *elevarlos continuamente* en un *Despliegue Progresivo*, día a día, hora tras hora. Y cuando ese Despliegue Progresivo *deja* de fluir, entonces debieran *mirar* y *descubrir* el 'por qué' – porque cuando ustedes **no** están EN El Espíritu, entonces *deja* de fluir. Cuando ustedes se encuentran EN El Espíritu, entonces saben que el milagro del Cristo implica un *Despliegue Progresivo*. Nosotros estamos *aprendiendo* que *Infinitud* ES, el nombre del Espíritu; estamos *aprendiendo* que *Infinitud* ES, el nombre DE Dios. Y cada vez que ustedes *aceptan* lo finito en lugar de la *Infinitud*, están *negando* la Presencia DE Dios – y *pierden*

Su Presencia, cuando lo *niegan*. Así que aquellos que **no** saben que *Infinitud* es *su* nombre, son aquellos llamados: desdichados, miserables, pobres, ciegos y desnudos. –Ellos, NO llevan el *Manto de Vestiduras Blancas* llamado Cuerpo *Espiritual* – por eso están *desnudos*.

> "El Yo, *te recomiendo que adquieras de Mí, oro probado en el fuego"* (Revelación 3:18).

A estas alturas, deberíamos estar *viviendo por Inspiración*. El mundo vive por los *juicios* de su mente *racional*, la cual es una mente *finita*; una **no**-mente, NO creada por El *Padre*; una mente *no*-iluminada; una mente *restringida* por los cinco *sentidos*; que cuenta con *límites*; una mente que vive de *impresiones*. Pero "*El Yo te recomiendo*", dice "*El Yo, en medio de ti*", "*que adquieras de Mí, oro probado en el fuego*". Y eso significa: estar *atentos* a la Inspiración *Divina*; ser guiados desde *el Interior;* hacer de la vida de *ustedes*, la *Expresión*, la *Evidencia,* **de** La Palabra *Interior*. El "*oro probado en el fuego"* constituye El Espíritu DEL Cristo *dentro* de ustedes, *viviéndose* a *Sí Mismo*. Habiendo *localizado* **donde** *mora* El Cristo, entonces ustedes *debieran* morar allí, y hacer de *eso*, su Hogar, su Conciencia. Y al vivir *en* El Cristo *Interior*, ustedes estarán *en* 'El Amén'; *en* El Fiel **y** *en* El Verdadero; *en* El Primogénito; *en* la Imagen y *en* la Semejanza *Divinas,* Experimentada; *en* el "*oro probado en el fuego"*. *Sólo* DENTRO del Cristo, es que ustedes *encuentran* la Palabra *viva* DEL Padre. Esto constituye el "*oro probado en el fuego"*, para *aprender* a vivir por *Revelación Interna*; por La *Palabra* DE Dios *en* ustedes; por la Voluntad DEL Padre.

Éste ES *el oro,* **y** éste ES *el Camino:* "*Vivo El Yo, pero no 'yo'* – *El Cristo vive mi Vida"* (Gálatas 2:20). *Así* es como vivió Pablo; *así* fue como vivió Juan; *así* es como estamos *aprendiendo* a vivir. Porque "cuando El Cristo en ti vive *tu* vida", entonces TODO aquello que hemos *buscado* en nuestra conciencia *material,* resulta ser las *añadiduras* que se *evidencian* en automático, una vez que hemos *encontrado* al Cristo, el Reino DE Dios *Interior.* EN Cristo ustedes se encuentran DENTRO del Reino DE Dios – porque *"El Yo, voy al Padre"* (Juan 14:12). Así pues, *¿qué* podría faltarnos?

En lugar de *buscar* tanto en lo *externo*, encontramos que El Cristo *incorpora* el TODO *del* Padre. Y una vez que ustedes hayan *concientizado* este Depósito *Infinito* del Padre, *incorporado* DENTRO de la semilla del Ser *de* ustedes, entonces *tendrá* que volverse *real* para ustedes – tan *real*, que TODO lo *externo* para ustedes, ahora se *convierte*, SIN *ningún* esfuerzo, en una *simple añadidura*. Ustedes NO tendrán que *salir* para obtener *suministros*; NO tendrán que *salir* para obtener *salud*; NO tendrán que *salir* para *mejorar* sus relaciones. *"El Yo, Voy delante de ti"* (Deuteronomio 31:8)*; El Yo, en medio de ti"* (Sofonías 3:17); El Yo, Me *convierto* en: *tu* casa, *tu* compañía, el cemento de *tus* relaciones humanas – El Yo, Me *convierto* en TODAS las *añadiduras*. Pero El Yo, *Soy* el Gobierno; EL Yo, *Soy* el Poder; El Yo, *Soy* la Sabiduría; El Yo, *Soy* Infalible; El Yo, *Soy* el Poder DE Dios, *en* ti – El Yo, *Soy* la Vida Misma.

De esa *manera* es como somos *apartados* – somo *apartados* de esa conciencia de 'este mundo' que nos tuvo hasta ahora, *buscando* una vida *limitada*, dentro de un *lapso* de tiempo, con todas las añadiduras *humanas* que conforman una vida *material* 'cómoda'. Así pues, *renunciamos* a esa búsqueda – ya que NO tenemos que *salir* a poseer NADA, cuando tenemos TODO cuanto El Cristo ES, encarnado en *nuestro* propio Ser. Y somos *libres* EN Cristo; *carecemos* de miedo; *carecemos* de TODA necesidad que haya que satisfacer. –Hemos *abandonado* la lucha *y* el esfuerzo; *carecemos* de *conciencia* del *mal*, porque *sabemos* que aquello que NO constituye la Voluntad DE Dios, *carece* de *lugar* donde existir; NO cometemos el error de creer que el *mal*, constituye la Voluntad DE Dios.

Uno de los líderes religiosos más conocidos del mundo, anunció recientemente: "El mal, *es* la Voluntad *de* Dios. Probablemente todas estas cosas terribles que nos acontecen, nos suceden debido a que *Dios*, quiere que *sepamos* que *tenemos* que ir hacia *Su* Casa – por ello el *mal* nos está *obligando* a ir a la Casa del Padre". No;

¡esto NO es así! El mal, NO es la *forma* en que Dios nos *castiga* o nos *obliga* a ir a *Su* Casa. Dios existe *SÓLO* como Ser *Infinito*; y NO hay maldad *en* Dios; y TAMPOCO hay maldad en la Voluntad DE Dios. Y aquello que NO está DENTRO de la Voluntad DE Dios, NO puede *existir* – y El Cristo de ustedes, lo *sabe*. El Cristo de ustedes, *sabe* que NO hay maldad; El Cristo de ustedes, NO *reacciona*; El Cristo de ustedes, *revela* la Plenitud de la Gloria DE Dios, *en* el Ser de ustedes – *infinitamente*. Y eso significa que TODO aquello que ustedes *han de ser*, **ya** lo SON *en* Cristo. En el *instante* en que ustedes *tocan* ese Cristo DENTRO de ustedes, y *dentro* de quinientos mil años a partir de ahora, resultarán *tocados* en ese instante ... y de esa manera, ustedes *no* sólo estarán *asegurando* los próximos veinte o treinta años, sino la Eternidad de su Ser. Esta es, '*la Perla por la que vendemos TODO*', para que podamos *vivir* DENTRO de la *Realidad*, en lugar de vivir bajo la *hipnosis de las creencias mortales*.

En este momento nos encontramos en una *situación* muy *difícil*, porque una vez que hemos llegado a la *certeza* de que: "*El Cristo en mí, ES mi Esperanza de Gloria*" (Colosenses 1:27), entonces *tendremos* que *ver* que El Cristo *en* mí, NUNCA estuvo viviendo DENTRO de esta forma *material* – El Cristo ES, Vida. **No** hay vida en esta forma *material*; NO hay vida en NINGUNA forma *material* – la Vida ES, un *Infinito* Ser *Indivisible*. Esa Vida que ustedes SON, *pareciera* estar limitada a esta *forma*, y eso constituye la *hipnosis* bajo la cual vivimos, *hasta* el instante en que tocamos al Cristo *Interior*. Ustedes NO pueden, con su mente *humana, aceptar completamente* la verdad de que su Vida, NO se encuentra *confinada* a una forma; **y** que, de hecho, NI siquiera se *encuentra* DENTRO de la forma. La forma, se encuentra DENTRO de la Vida. Su Vida, NO *está* en su corazón; y NO *depende* de su corazón; la Vida de ustedes NO *depende* de su cuerpo. – Su corazón **y** su cuerpo, *dependen* de: la Vida *de* ustedes. Aprendamos que: SOMOS Vida; y cuanto más puedan *identificarse como* Vida, *como* la ÚNICA Vida que hay, Vida *Divina*, Vida que NUNCA se *separa* de su Ser *Infinito*; cuanto más se puedan *identificar*, tanto más aprenderán cómo *relajarse* y cómo *depender* **de** la Vida, para *mantener* su Ser *Perfecto*, SIN importar qué *apariencias* pudieran venir.

Sí; la **Séptima Carta** conforma la Justicia *Divina*. Juan nos dice: "*No juzguen según las apariencias, sino juzguen con Juicio Justo*" (Juan 7:24). Y ustedes, NO pueden *juzgar* con Juicio *Justo*, con una mente *humana*. La Mente DEL Cristo EN ustedes, es quien juzga con Juicio *Justo*. Y esa Mente les va a decir que El Yo, **Soy** la Vida; y que NO hay *ninguna* otra. La Vida *Única* que existe ES, la *Vida*-Cristo, la Vida *Divina*. Y en la **Séptima Carta**, en la **Séptima Clave** del Yo Soy, ustedes se encuentran caminando en el *conocimiento* de que El Yo, *Soy* la Vida que ES *Divina*; y El Yo, NO Soy la forma. *Regresen* al *Evangelio de Juan*, donde *Jesús se encuentra en las Bodas* – pero ustedes bien *saben* que NO se trata de *Jesús* – es El Yo Soy – el Yo, Soy El Cristo *reconocido*. Se trata del *Yo-Soy*-Cristo, Quien se muestra *como* Jesús; se trata del *Yo-Soy*-Cristo, Quien se encuentra en esta sala. Y ese *Yo-Soy*-Cristo mira a *su* madre, y el mundo se ha sorprendido. Imagínenlo *diciéndole* esto a *su* madre: "*Mujer, ¿qué tengo El Yo, que ver contigo?*" (Juan 2:4). Pero el mundo, NO *sabía Quién* dijo eso. – **No** era Jesús en absoluto. –Fue El Yo, El Cristo, *diciéndole* a una persona *material*: "*¿Qué tengo El Yo, El Espíritu, que ver con la carne?*" El Espíritu nos estaba *enseñando*, que El Espíritu NO se *convierte* en carne, NI tampoco permite que la carne sea, la *autoridad*. El Espíritu estaba diciendo que TODA *autoridad,* radica EN El Espíritu.

Y la palabra 'mujer', significa: materia. Así pues, "*Mujer material, ¿qué tengo Yo, El Espíritu, que ver contigo?*" ¿Por qué tuvo Cristo-*Jesús* que *decir* eso? –Debido a que Él, era El *Cristo*, Quien mostraba la Vida *Eterna*; y *si* hubiera *aceptado* el nacimiento *dentro* de un *vientre*, como ser *material*, entonces por *consecuencia*, tendría que haber *experimentado* la muerte *física*, y NO habría 'Cristo', *enseñando* sobre esta tierra. Y es que la *enseñanza* DEL Cristo implica que ustedes, NO *llegaron* a la Vida cuando aparecieron siendo *niños* – ustedes llegaron a la *forma*. La Vida ES y ha SIDO, el *Nombre* de <u>ustedes</u>. ¿Qué tiene que ver la Vida con la *forma*?

Posteriormente el *agua* se transformó en *vino*. Una vez más, se *muestra* que la materia, puede ser *cambiada*; la materia, siendo una *creencia* de la *mente* hecha *visible*, así como el 'poder' para *cambiar* la materia, implican que la materia, NO es DE Dios. Aquello que ES DE Dios, NO puede ser *cambiado*. Posteriormente *la transformación del agua en vino*, simbolizó la 'transformación' *dentro* de la Conciencia, por la que estamos *pasando*. Y ustedes *pasarán exitosamente* por esa *transformación* y más rápidamente, cuando *sepan* que El Yo, El Espíritu, *Soy:* la *Vida Misma* – y JAMÁS nací. El Yo, NO *Soy* la forma – El Yo, *Soy* La Vida. *Rápidamente* ustedes *descubrirán* que su Alma ha *manifestado* una forma, para hacer *Su* Voluntad, para llevar a cabo *Sus* Órdenes, para ser *Su* Instrumento.

∞∞∞∞∞∞ Fin del Lado Uno ∞∞∞∞∞∞

Pablo nos dice en la 2ª Carta a los Tesalonicenses: "*Que nadie os engañe en modo alguno – porque ese día no vendrá*", es decir, el *día* DEL Cristo, "*excepto que antes venga la apostasía, y se manifieste el hombre de pecado, el hijo de perdición…*" (2 Tesalonicenses 2:3). Bueno, "*la apostasía, y se manifieste el hombre de pecado*", implica simplemente *aprender* que, *dentro* de mi naturaleza *humana*, NO puede haber **ningún** Cristo. El Yo, NO puedo *aferrarme* a este "yo" *humano,* **y** *continuar* viviendo *dentro* del Cristo *Interior*. Lo anterior *exige* una *renuncia* TOTAL de todos los conceptos *humanos* acerca de *uno mismo*. Y se *ejemplifica* mejor en el 2º. Capítulo de Juan, cuando El Yo Soy, *aparece* en *Jerusalén*. Observen que El Yo Soy, estoy *diciendo*: El Yo, SOY, en lugar de decir: *Cristo-Jesús.* Quiero que recuerden que El Yo Soy, es el *nombre* de Cristo-Jesús. El Yo, Soy el Espíritu DE Dios; y El Yo Soy, *aparece* allí, en el templo en *Jerusalén* – donde tan solo, para poder *entrar*, ustedes tenían que *pagar* una *cuota* de admisión *escandalosa*; donde el *pobre* adorador se veía *obligado* a comprar, en un mercado *negro*; se veía *obligado*, a un tipo de *cambio* muy bajo, a *pagar* su cuota de entrada, donde el espíritu de *irreverencia* y de *burla* del dios, que *supuestamente* adoraban, era tan *grande*, que incluso los sacerdotes estaban *involucrados* en el *robo* del mercado *negro*. De hecho, el 'sumo sacerdote' apoyaba la *comercialización* de la religión, puesto que 'sus ingresos' *provenían* de dicha *comercialización*. Todos los corderos, palomas y ovejas sacrificados, *tenían* que ser de *primera* calidad, *sin* mancha alguna ... Y cuando los animales tenían *alguna* mancha, entonces el sacerdote decía: "¡*Retiren* eso! ¡Cielos, **no**! ¡Eso, NO es *satisfactorio* para Dios!" Y entonces ustedes *tenían* que *regresar* a algún lugar *dentro* de templo, para comprar un animal que se encontrara *impecable*, a un precio *exagerado*.

Esa fue la *escena* en la que El Yo Soy, "*subí a Jerusalén, tomé un látigo, e hice un azote de cuerdas*" (Juan 2:15). Eso *no parecía* como un Dios *de* Amor, ¿verdad? –Pero se trataba del Dios DE Amor; se trataba del Espíritu *revelando*: esto, NO es DE Dios; NINGUNA de estas *falsas idolatrías* de cosas, de dinero, de sobornos a Dios, para que *lleve a cabo* esto y aquello – eso NO es Justicia. Así pues, observen que ese *azote*, ese *látigo*, es lo que *deben aplicar* a *su* conciencia *humana*, para *limpiar su templo*, porque ése es justamente, *su propósito*; incluso hasta *derribó una mesa*. A lo que El Yo Soy se está refiriendo, es a una *revolución* que *derribe* la conciencia *material* de ustedes. TODA barrera en el sentido *humano* de las cosas que ustedes tengan, *tiene* que ser *derribada*; TODAS las ovejas, TODOS los bueyes, TODAS las palomas, TODOS los cambistas de dinero, *tienen* que ser *arrojados* FUERA de su conciencia *humana*. Y bien que *saben* qué son esos *cambistas* – CADA *concepto* que ustedes *admitan* que implique que ustedes NO son Espíritu, representa un cambista – y, de hecho, ustedes están *pagando un precio muy alto* por dicho dinero.

CADA concepto que diga que ustedes son *forma*, que ustedes son *materia*, que ustedes son *humanos*, que ustedes están *bajo* la ley del clima, bajo las condiciones del tiempo, de la enfermedad, de los malestares, de los gérmenes... *cada uno* de esos *conceptos* constituye *los cambistas en el templo*. Y ustedes *tienen* que *expulsarlos vigorosamente* de *su* propia Casa. Y así, El Yo Soy, *dice*: "... **No** *hagáis* *de la Casa **de** Mi Padre, un mercado*" (Juan 2:16). *¿Qué* implica eso, sino el *deshacerse* de *su* propia conciencia *material*?

¿Y llamaríamos a eso *ira*? —Se trata del *Amor* DE Dios, *expresándolo* a ustedes, *llamándolos* a la *Identidad Espiritual*. Ese es el Amor DE Dios, *liberando* a aquellos que se encontraban allí, *pobres* y *oprimidos* por el pandemonio de la *irreverencia* que llamaban "Adoración a Dios". El Yo Soy, los estaba *iniciando* hacia la *Identidad Espiritual*. Y le dijeron: "*¿Con qué autoridad cuentas, para hacer todo esto?*" (Juan 2:18). Y Él, les *confirió* la *mayor* autoridad del mundo; Él, dijo: "*Destruyan este Templo, y entonces, en tres días, **El Yo**, lo levantaré de nuevo*" (Juan 2:19). Él, les estaba diciendo que El Espíritu DE Dios, que **El Yo Soy** ES, *indestructible*; que La Vida, NO puede ser *destruida* por el hombre; que La Vida, NO puede ser *destruida* por poder *humano*. *Destruyan este Cuerpo, este Templo, y en tres días **El Yo Soy**, la **Vida Misma**, levantaré este Cuerpo*. Y así, *cuando* ustedes hayan *azotado* con el *látigo* su conciencia *material*; *cuando* ustedes hayan *destruido* la forma, la materia, la edad, la enfermedad, el cambio, la limitación, la carencia, el fracaso, la angustia, la infelicidad… *cuando* ustedes hayan *aniquilado* TODO aquello que NO es Espíritu, entonces *su* Casa, NO será *un mercado*; entonces ustedes dirán: "***El Yo***, puedo *levantar* este *Templo*, cada vez que sea *destruido*. ***El Yo***, Soy la **Misma Vida** *Indestructible*; *El Yo*, SOY *Espíritu*".

Vean pues, *todo* eso es parte de la **Séptima Carta**.

"*El Yo, te recomiendo que Me compres, oro probado en el fuego*"; que vivan en *su* Identidad *Espiritual*, "*para que sean ricos*" (Revelación 3:18).

—Porque esa es la *única* riqueza *verdadera* que existe.

"… *Y vestiduras blancas, para que vosotros podáis vestiros; y para que la vergüenza de vuestra desnudez, no aparezca*" (Revelación 3:19).

De esa manera, sus *Vestiduras Blancas* constituirán el Cuerpo *Espiritual* de ustedes. *Hasta* que ustedes estén *revestidos* con *Vestiduras Blancas*, estarán *desnudos*; hasta que ustedes *caminen* DENTRO de la Conciencia de la Forma *Espiritual*, hasta entonces ustedes NO serán su Ser; y su 'casa', *seguirá* siendo *un mercado*.

Eso constituye el *mensaje del* Cristo para nosotros; y es el *mensaje* que, aunque lo *leímos* en el *Libro de la Revelación*, cuenta con *otro lugar* en donde *vive* – ahora *vive* DENTRO del Alma de ustedes. SIEMPRE ha morado DENTRO del Alma de ustedes, esperando RECONOCIMIENTO. Cada Palabra que El *Yo-Soy*-Cristo *pronunció* sobre la tierra, es la *misma* Palabra que El *Yo-Soy*-Cristo está repicando *continuamente* en el Ser *Superior* de ustedes. A medida que *ustedes* se *acerquen*, La *escucharán*. Entonces será *impartida* a ustedes como una *Voz*, como una *Expresión*, como una *Intuición*, como una *Impartición*, como una *Concientización*. De una forma u otra, ustedes *sabrán* que CADA Palabra expresada por El Yo Soy ES, *atemporal*, y JAMÁS *desaparece* – se trata de una *Dispensación Permanente*, en la cual TODOS somos *Coherederos*.

"... *Y unge tus ojos con ungüento, para que puedas ver*" (Revelación 3:18).

Ustedes tienen que *expulsar* las creencias *materiales*; *ustedes tienen* que *permitir* que su Casa, su Conciencia, *sea* la Conciencia DEL Espíritu, y NO la de la *materia*. Ustedes *tienen* que usar "*Ropa Blanca*", caminar DENTRO de su Alma, DENTRO de su *Cuerpo*-Espíritu.

Y ahora, "*unge tus ojos con ungüento, para que puedas ver*", lo cual significa: *ábrete* a la *percepción* del Alma. La *percepción* del Alma requiere que "*unjan sus ojos con ungüento*" – que NO miren a través de la *mente* de los cinco *sentidos*, NI a través de la *mente* de conceptos *humanos*, sino que busquen una *Fuente Superior*, El Alma, La cual les otorgará "*oro probado en el fuego*". Ahora bien, *si* ustedes NO pueden *alcanzar* esa Alma, al *menos* pueden *rechazar* lo que la mente de los cinco *sentidos* les está 'presentando'. Y a eso es a lo que se refería Pablo cuando dijo: "**No** *permitan que nadie los engañe* – El Cristo NO vendrá, *hasta que ustedes* hayan *expulsado* al hombre *material*; *hasta* que *ustedes* hayan *rechazado* aquello que NO *es*, para que lo que ES, *entre*".

"y porque amo, es que El Yo, reprendo y castigo" (Revelación 3:19).

Si acaso por un momento ustedes estuvieran *experimentando*: necesidad, escasez, carencia, limitación, lo que sea, *recuerden* que: *"porque amo, es que El Yo, los reprendo; y El Yo, los castigo"*. ¿Por qué? –Porque a medida que *ustedes* se *alejan* de la Omnipresencia, *negándola*; a medida que NO *reconocen* La Omnipresencia DENTRO de su Conciencia, es que esa *falta* de RECONOCIMIENTO de La Omnipresencia EN ustedes, *tiene* que *evidenciarse* en la *experiencia* de ustedes, como algo de lo que están *careciendo*. Cuando a ustedes les *falta* el RECONOCIMIENTO del Yo Soy, del Espíritu *Omnipresente*, entonces, en *su* experiencia de vida, algo estará *faltando* – pudiera ser: una cosa, una persona o una condición. Y tiene que aparecer como algo que está *faltando*, porque ciertamente está *faltando* dicho RECONOCIMIENTO, DENTRO de *su* Conciencia *Espiritual*. Cuando ustedes se *apartan* del Yo Soy, entonces las *cualidades* DEL Yo Soy, NO pueden *manifestarse* – *tienen* que *apartarse* de ustedes. Aquello que les esté *faltando*, lo *perdieron* primero en su RECONOCIMIENTO de La Verdad. Cuando ustedes NO se *apartan* del Yo Soy *Espíritu*, y, por lo tanto, todo aquello que es DEL Padre se encuentra *incluido* dentro de *su* Ser, entonces ustedes *descubren* que han *invocado* la Ley DEL Espíritu, y que **nada** les es *retenido* en su experiencia *externa*.

Pero cuando ustedes NO están *haciendo* lo anterior, entonces El Padre *Interior* NO puede *actuar* y, por lo tanto, *pareciera* que hay una *carencia* o una *limitación*. Y precisamente eso es aquello que los *lleva* de *retorno* al RECONOCIMIENTO de que se han *separado* de la Casa DEL Padre. *Pareciera* que fueran *castigados* o *reprendidos*, pero se trata del Amor DEL Padre, *diciendo*: *"Cuando* ustedes se *alejan* de Mi Amor, *entonces* la *carencia* de Mi Amor, será aquello que los *traerá de regreso* a Mi Amor". Cada vez que ustedes se *apartan* de la Conciencia *Espiritual*, se *meten* en aquello que implica: una *reprimenda* o *castigo* – pero eso implica claramente: El Amor *expresándose* y *llevándolos* de regreso a Casa. **No** se trata de *mal* alguno – se trata de la *evidencia*, en la vida de ustedes, de que se han *separado* de La Verdad, de La Verdad *Espiritual*, de la Identidad *Espiritual*. –Y El Amor los lleva *nuevamente* de *retorno* a Casa. JAMÁS consideren una *penalización* o una *reprimenda*, como *castigo*, porque la *única* razón por la que *aparece* ahí, es debido a que *ustedes*, se han *separado* del Amor – de todo y de la totalidad DE Dios, como el Ser DE ustedes. Y ese *mismo* Amor, en ese instante en el cual están siendo *castigados* y *reprendidos*, está *esperando* para *llevarlos de regreso* a Casa.

Ustedes hallarán todo esto a través de los Salmos, los Proverbios y los Evangelios. Cada *reprimenda*, cada *castigo*, representa un *acto* del Amor, el cual los *amonesta* – ya que, en algún lugar, ustedes se *apartaron* del RECONOCIMIENTO de su Identidad *Divina*; y con esa *hermosa* indicación, ustedes pueden *volverse*, y *retornar a Casa*.

"... sé celoso y arrepiéntete" (Revelación 3:19).

Vuélvanse, y retornen a Casa; NO vacilen creyendo que han sido *castigados*, porque, de hecho, **no** han sido *castigados*. Simplemente se *apartaron* del sol hacia las sombras, y por eso es que les está *faltando* el sol.

"Mirad: he aquí que El Yo, estoy a la puerta, y llamo" (Revelación 3:20).

El *Mismo Yo* que les *habla* en esta Biblia, está constantemente *a la Puerta* de la Conciencia de ustedes. De hecho, ahora deberíamos estar en el lugar donde El Yo, NO *esté* a *la* Puerta de nuestra Conciencia – El Yo, debería CONSTITUIR *nuestra* Conciencia. Deberíamos haber dicho: "Adelante; pasa", muchas, muchas veces; y debería CONSTITUIR la *expresión* de nuestra viviente *Individualidad*. Pero *si* ustedes se *apartaran* del Yo, aun todavía El Yo, *continuaría a la Puerta* de su Conciencia. **No** hay instante alguno en el cual El Yo, NO esté allí, *esperando* por la *aceptación* de ustedes, del Yo, *como su* Nombre; del Yo, *como su Identidad*. La *Identidad* de ustedes, está SIEMPRE *esperando a la Puerta* de *su* Conciencia, para que *ustedes*, digan: "Yo, *Soy* El Yo; El Yo, *Soy* Espíritu; El Yo, *Soy* Sustancia Divina; El Yo, *Soy* Vida Divina. SIEMPRE se encuentra ahí, en espera de *su aceptación* – NADA puede *eliminarlo*. Y cuando *aparentemente* ustedes se apartan de allí, entonces El Yo Soy, *todavía* sigue ahí *diciendo*: "*El Yo, estoy a la Puerta de tu Conciencia, y llamo*".

"... *Y si algún hombre oyere Mi Voz, y abriere la Puerta, entonces El Yo, entraré a él*" (Revelación 3:20).

Ustedes, JAMÁS podrán *aceptar* la Plenitud DEL Ser, SIN que El Yo, *entre* en *su* Conciencia. El Yo, NO pido favores, NI persuado, NI suplico – nada de eso; tan solo *espero* que ustedes *acepten rechazar* TODO aquello que El Yo, NO Soy. El *vaciar* la Casa, de TODO concepto *humano,* constituye la *invitación* para que El Yo, *entre*.

"*Y El Yo, entraré en él; y El Yo, cenaré con él; y él, cenará Conmigo*" (Revelación 3:20).

Lo anterior constituye *su* Comunión *Infinita* CON El Padre. *El Yo, cenando con ustedes,* constituye El Cristo *reconocido. El Yo, cenando con ustedes,* implica los ángeles DEL Padre que *ascienden* **y** *descienden, como* la Conciencia *viviente* de ustedes, *prosperando* cada acto, al *autorizar* o *aprobar* dichas acciones.

"Al que venciere, Le haré que se siente Conmigo en Mi Trono – tal como El Yo, He vencido y Me He sentado con Mi Padre en Su Trono" (Revelación 3:21).

Bien; entonces *el Trono* DE *Dios*, constituye la Identidad *Espiritual,* en la cual la Justicia DE Dios actúa *como* la Gracia del Ser de ustedes. *Cuando* ustedes se encuentran *en* el Trono DE Dios, *entonces* la Gracia vive la vida *de* ustedes, **y** constituye su *suficiencia* en TODO. Todo aquel que *reciba* la Identidad *Espiritual* en la Conciencia, y con eso se vuelva así *Espiritualmente Consciente,* estará viviendo DENTRO del Cristo *Interior.* Y El Cristo *Interior* está *en* el Trono *del* Padre, *en* la Voluntad *del* Padre, expresando la Gracia *del* Padre, en TODO.

Entonces la *victoria* que les permite *experimentar* la Gracia *Eterna* del Padre, conlleva *vaciar* el *falso* templo de la conciencia *material,* de aquellas *creencias* acerca de que existe vida DENTRO de la forma *física*. Lo anterior implica que **aquí** hay Vida, una Vida *Divina,* que constituye la Vida de *ustedes*; que NO *comienza* en el Sur, NI en el Oeste, NI en el Este, NI en el Norte – NO existe lugar alguno en donde NO *esté* la Vida de ustedes; NO existe cualidad alguna DE Dios, que NO se encuentre *incorporada* DENTRO de su Vida *Divina*. Y esa Vida *Divina* está *ahora* expresada, **y** apareciendo ante el sentido *humano,* como la *forma* de ustedes. A medida que se *despliega* el RECONOCIMIENTO de ustedes acerca de esa Vida *Divina,* es que la *forma* manifiesta cada vez más, esa *Divinidad:* sufre *cambios*; se *aviva*; se *refina*. Y TODAS esas *funciones* de la *forma* se encuentran bajo la Ley *Divina,* hasta que la *forma* experimenta una *transición* hacia la *Forma Espiritual* – aquí sobre *esta tierra,* – de modo que se *convierte* en una *Forma Espiritual Eterna,* NO sujeta a las leyes de 'este mundo'. Es por eso que *tenemos* que superar la *creencia* en una forma *física temporal*. Al *vencer* esa *creencia*, ustedes se encontrarán DENTRO de la Mente DEL Cristo, la cual constituye la *Actividad* DE Dios *en* ustedes, en TODA su Plenitud.

Al *morar* con todo esto, ustedes podrán *descubrir* que se están *dando cuenta*, que están RECONOCIENDO, que la **mayor** contribución que ustedes pueden *ofrendar* al mundo es: *ser su* propio Ser Espiritual. En tanto que *antes* se habían contentado con 'hacer el bien a los demás', AHORA *saben* que el *mayor* bien que pueden hacer es: *ser* el *Hijo Espiritual* DEL *Dios Vivo*. Ahora bien, cuando *lleven a cabo* lo anterior, entonces ya NO podrán llamarse "yo" a sí mismos, porque el "tú", constituye el concepto *humano* de la vida; y El **Yo**, implica el RECONOCIMIENTO *Espiritual* de la Vida. "yo", se *convierte* en El YO. El Yo, ha sido *siempre,* el *Nombre* de ustedes; "yo", fue el *nombre* de ustedes en tanto caminaban *dormidos*, SIN haberse *elevado* todavía hacia al Cristo; "forma" fue el *nombre* de ustedes, *antes* que *despertaran* a La Vida. Pero a medida que llevan a cabo su *transición* desde el "yo" hacia El Yo; desde la "forma" hacia La Vida, RECONOCIENDO que: El Yo **y** la Vida, *constituyen* el Nombre o Naturaleza de ustedes, *descubrirán* que se encuentran caminando DENTRO del Reino DE Dios.

Y entonces ustedes *sabrán* que JAMÁS se ha *enseñado,* aquello que constituyó la *mayor Contribución* de Jesús a 'este mundo'. Él *descubrió* 'otro mundo', justo donde 'este mundo' aparece; Jesús *descubrió* el mundo DENTRO del cual vive El Yo; y él confirió a TODOS, la oportunidad de *salir* del mundo del *"yo"* para *dirigirse* al mundo del Yo, el cual la religión nos ha dicho que se encuentra a la vuelta de la esquina, en el *futuro*, en *el más allá*. –Pero Jesús *descubrió* el mundo del Yo, **aquí** y **ahora**. Colón *descubrió* un continente; Jesús *descubrió* un Universo – él, *descubrió* 'otro' mundo, **y** lo llamó: El Reino DE Dios; y nos dijo que *podíamos* caminar DENTRO de él – este 'otro' mundo se encuentra *aquí*, y NO hay *muerte* en él; NO hay *enfermedad* en él; NO hay *hambre* en él; NO hay contaminación en él; NO hay desempleo en él; NO hay dolor NI sufrimiento en él; NO hay ceguera NI sordera en él; y... se encuentra *aquí* – se trata del Reino DE Dios, pero "yo", NO puedo caminar *en* él – tan *solo* El Yo es que puede; la forma, NO puede caminar en ella – tan *solo* la Vida es la que *puede*. –Y se encuentra: a la mano.

Así, en la **Séptima Carta**, Cristo Jesús, quien había *caminado* sobre la tierra dentro de la *forma*; y quien *enseñó* esta Verdad, ahora, *por medio* de Juan, le *dijo* al mundo que NO estaban *siguiendo* Su *enseñanza*. 'Este mundo' se *comprometía*, e iba a *comprometerse* cada vez *más* en el futuro, hasta *finalmente aceptar:* una *forma de adoración*, que NADA tenía que ver con: El Cristo *Viviente* sobre la tierra. Así pues, este mensaje nos llega con fuerza *renovada*. Aparentemente, *éste* es el tiempo para que 'este mundo' *aprenda* que El *Yo*-Cristo, Quien caminé sobre la tierra en una *forma* llamada *Jesús*; El *Yo*-Cristo, Quien caminé sobre la tierra en una *forma* llamada Buda; El *Yo*-Cristo, que caminé sobre la tierra en una *forma* llamada Lao Tze; El *Yo*-Cristo, Me encuentro caminando *ahora* sobre la tierra, donde la *forma* de ustedes aparece. ¿Serán ustedes "yo", o serán ustedes El *Yo*? ¿Serán ustedes "forma", o serán ustedes Vida *Divina*? ¿Caminarán ustedes en "el mundo del bien y del mal", o caminarán *como* El Yo, DENTRO del Reino DE Dios, donde *ahora* pareciera estar ese mundo *falso*?

Estas son las **Siete** Cartas. TODOS caminaremos DENTRO del Reino, *como* El *Yo*. Y a medida que avanzamos ahora hacia el *Cuarto Capítulo*, la próxima semana comenzaremos a *abrir* los **Siete Sellos**. Existen **Siete Sellos**, y en cada uno de los **Siete Sellos** descubriremos *cómo* es que podemos *derribar* las barreras que han *impedido* que *caminemos* como El *Yo*, en lugar de como "yo"; barreras que han *impedido* que vivamos como *Vida*, en lugar de como "forma".

La **Séptima Carta** constituye la Justicia *Divina* – NO la justicia *humana*, NI la sabiduría *humana*, NI el juicio *humano* – sino la Justicia *Divina*, que fluye *únicamente* a través de El *Yo*, la Vida que ES Cristo, *en* ustedes. Y ahora ustedes cuentan con las **Siete Llaves**, las **Siete Estrellas** que NO han sido *satisfechas* del Ser de ustedes. Y *ustedes* bien pueden *permitir* que El Cristo en *ustedes*, encienda e *ilumine* esas *Estrellas,* para *conducirlos al Trono* DE *Dios.* Y esta *Revelación de San Juan,* pretende precisamente, llevar eso a cabo.

Ha habido muchas ocasiones en que nos hemos *sentido frustrados* por nuestra *falta* de progreso, por nuestra *falta* de comprensión, por dificultades *aparentemente* insuperables – y, sin embargo, TODO ha sido *importante.* Ustedes NUNCA *sabrán* cuánto se requirió de TODO lo anterior, hasta que, debido a esas *frustraciones,* ustedes *cavaron* más *profundo* y *escalaron* más *alto.* Después ustedes *descubrieron* que su *inercia humana normal,* les habría *impedido* llegar tan *alto* como están llegando, *si* hubieran *carecido* de ese desfile de *problemas* y *frustraciones.* Pero en el instante de la *ira propia,* cuando se *elevaron* por encima de sus propias capacidades *humanas limitadas,* es cuando ustedes *descubrieron* una *Nueva Profundidad* de su Ser. Y de repente *percibieron*: Esto que ayer *no* pude llevar a cabo, el día de *hoy* lo puedo hacer – pero es que *"antes, estuve ciego"* (Juan 9:25).

Ahora bien, una de esas *Revelaciones* que escucharon el día de hoy, es una de las más *difíciles* de *aceptar,* escuchen: NO hay vida en la "forma"; NO hay *vida* DENTRO de la "forma". Ustedes van a pasar un tiempo *arduo* con esto, pero cuando *mediten* en ello, y *permitan* que el Padre *Interior* se los *explique,* finalmente el concepto *humano superficial* de repente se *abrirá,* y entonces *comprenderán* aquello que NO puede *expresarse* con palabras.

No existe vida en la "forma". Por favor *consideren* eso durante la semana, y NO se *preocupen* si al principio NO se *les da* una respuesta, pues se trata de algo que ustedes *simplemente* NO pueden *memorizar.* Es algo que tiene que *abrirse por dentro* – y cuando *acontezca,* ustedes *sentirán* una especie de *extraña libertad. Descubrirán* que ustedes, NUNCA han estado *confinados* a un *lugar* NI a un *tiempo.* Y entonces *aprenderán* cómo NO *limitar* a otros – NI a un *lugar* NI a un *tiempo,* haciéndoles malapráctica en la "forma", cuando que SON: Vida *Divina,* NO *confinados* JAMÁS, al tiempo, al lugar, a la ciudad o al siglo – La Vida SIN principio NI fin; La Vida por *siempre inmaculada.* No existe posibilidad alguna de que La Vida sea algo *menos* que, *perfecta* – porque se trata de la ÚNICA

Vida que existe; y ES, La Vida DE Dios. Pero NO *sabrán* esto NI lo *experimentarán*, en tanto lo pongan DENTRO de la "forma", y la *empaquen,* la *tapen,* y afirmen: *esto soy "yo"*. Ustedes <u>*tienen*</u> que *salir fuera* de la "forma"; <u>*tienen*</u> que *apartarse* del cuerpo; y *retornar* al Padre. *Acéptense* como <u>*su*</u> *Divina* Vida *Inmaculada*, como <u>*su*</u> *Identidad.* Cierto, resulta *difícil* – pero para eso contamos con *la Revelación de San Juan.*

La próxima semana *abriremos* algunos **Sellos.**

Muchas gracias.

CLASE 10

DETRÁS DEL VELO

Revelación 2:7 a Revelación 4:11

Herb: - "Estas palabras *habló* Jesús; y *alzando* sus ojos al Cielo, *dijo*: 'Padre, ha llegado la hora; *glorifica* a Tu Hijo para que Tu Hijo también Te *glorifique* a Ti – dándole *Poder* sobre TODA carne, para que *confiera* Vida Eterna a todos aquellos que Tú, le has *dado*. Y ésta es la Vida Eterna: Que Te *conozcan* a Ti, el *Único* Dios Verdadero; y que *conozcan* a Jesucristo, a quien Tú, has *enviado*'" (Juan 17:1–3).

La Vida Eterna, el Único Dios Verdadero; y que conozcan a Jesucristo, a quien Tú, has enviado. La *Gloria* que ustedes percibirán es: **para** El Hijo – "*Glorifica a Tu Hijo*".

Bien, en nuestros *tres* Evangelios – Marcos, Mateo y Lucas – tenemos una *historia* acerca de un *hombre* llamado Jesús – un recuento *histórico* – en ocasiones acerca de un *Dios-hombre* – acerca de lo que *dijo*; acerca de lo que *hizo*.

Por otro lado, Juan nos *comparte* una historia *diferente* – NO acerca de Jesús, el hombre-Dios, sino *del* **Cristo**, *del* **Espíritu** – viviendo *a través* de, y *como*, aquello que llamamos: *Cristo*-Jesús. Y de esa manera Juan nos lleva hacia el aspecto *metafísico* de la Vida; y finalmente, en su *Revelación*, nos conduce hacia el *Misticismo Superior* que el mundo había *ignorado*.

Hoy día vemos un mundo en el cual el hombre NO ha *encontrado* un Dios *Vivo*. Las religiones de este mundo', NO han sido capaces de *producir* tal Dios. Vemos que, en Oriente, el hombre está *viviendo su karma*, bajo la esclavitud de la *creencia* de que: *así tiene que ser*. Por otro lado, vemos que, en Occidente, el hombre está *colgado* de los faldones de Jesús, *esperando* incluso que un día, Jesús *regresará*. De esta manera, encontramos que Juan, *después* de haber **conocido** al Espíritu; después de haber **convivido** con Aquél que vino *a través* de la irrealidad *hacia* la Realidad; y probablemente siendo el discípulo *más importante* del Maestro, ahora nos *trae* los **Siete Mensajes** *a las Iglesias*, con Promesas que van mucho *más allá* de TODO cuanto nos había sido *presentado* a través de *cualquier* forma de ortodoxia conocida por el hombre.

A mí me gustaría que volvieran a *escuchar* esas *Promesas* en las *Cartas a las Siete Iglesias* – cada una de Ellas constituye una *Revelación* – pero NO del más allá; NO de un mañana; NO de algo que se alcanzará después de la muerte…; cada una de Ellas constituye una *Promesa*; una verdadera declaración de un *Hecho* establecido. Escuchen ahora; éstas fueron las **Siete Promesas** en las **Siete Cartas**:

"A quien venciere, le daré a comer del Árbol de la Vida" (Revelación 2:7).

Pregúntense si ese *Árbol de la Vida* se encuentra en algún *lugar* del Cielo, a la vuelta de la esquina, en el firmamento o en el futuro. ¿Se trata de un *Árbol* vivo? ¿Está *presente*? ¿Les están diciendo que existe una *Conciencia* que vive *dentro* de la Sustancia de Dios, *de* la Sustancia de Dios, y la cual se encuentra *en medio* del Paraíso de Dios?

"Y quien venciere, NO será herido por la segunda muerte" (Revelación 2:11).

Recuerden las palabras: *"Glorifica a Tu Hijo" (Juan 17:1)*.

Vida Eterna, AHORA – *"NO siendo herido por la segunda muerte"* (Revelación 2:11).

¿Nos ha dicho la ortodoxia que **no** seremos *"heridos por la segunda muerte"*? O, ¿nos ha dicho que nos *arrastremos* sobre el estómago, y que oremos por una pequeña *migaja de pan*, para que podamos ser *admitidos* en algún lugar, en algún momento, dentro de un *Portal* Celestial? ¿Qué es esta *segunda muerte*?

"A quien venciere, El Yo le daré a comer del maná escondido" (Revelación 2:17).

Escondido, pero *presente* como: El Reino DE Dios, DENTRO de *nosotros*.

"El Yo, le daré una Piedra blanca (nueva); y en la Piedra, escrito un Nombre nuevo, el cual nadie conoce, salvo quien lo recibe" (Revelación 2:17).

El Cuerpo del *Alma*: la *Piedra Blanca*. ¿Es para *mañana*, o se trata de un Hecho viviente AHORA? El Nombre Cristo, ¿es para *mañana*, o se trata de un Hecho AHORA? Quien lo recibe, lo sabe – AHORA.

"Y a quien venciere, y a quien guarde Mis obras, hasta el fin…" (Revelación 2:26).

Guardarlas, ¿de qué? –Hasta el *fin* de la *falsa* personalidad; hasta el *fin* de la *creencia* en la naturaleza *humana*; hasta el *fin* de la *creencia* en la mortalidad; hasta la *muerte* de todo cuanto es *irreal* y *desemejante* al Padre; hasta la *muerte* de la conciencia-*material*; hasta la *muerte* de la *mentira* acerca de Dios.

"A quien venciere, y a quien guarde Mis obras, hasta el fin, a él le daré poder sobre [las] naciones" – sobre la materia (Revelación 2:26).

"Y gobernará a las naciones, con una vara de hierro – y como vasijas de alfarero serán desquebrajados en añicos, tal como Yo lo experimenté de Mi Padre" (Revelación 2:27).

¿*Quién* es este *Yo*? ¿Es *Jesús* o es El *Cristo*? Como El *Cristo*, recibe del *Padre*; porque El Yo, El *Cristo*, voy hacia El Padre. ¿Quién es este *Yo*, este *Cristo* – sino El Yo, del Ser de *ustedes*? Como El Yo de <u>su</u> Ser, *reciben* del Padre – ¿*Dónde* más podrían ustedes recibir *del* Padre, excepto en El Yo de <u>su</u> Ser? Y El Yo, El Cristo de <u>su</u> Ser, es El Yo que: *"les daré la estrella de la mañana"* (Revelación 2:28).

¿De *dónde* vendrá la Luz de la *Iluminación*, si NO de la Luz del propio Ser de *ustedes*? El Yo, la Luz del Ser de *ustedes* Soy: *"la estrella de la mañana"* (Revelación 2:28).

"Quien venciere, será revestido de vestimentas blancas" (Revelación 3:5) – el Cuerpo del Alma.

"Y El Yo, NO borraré su Nombre del Libro de la Vida, sino que confesaré su Nombre delante de Mi Padre, y delante de Sus ángeles" (Revelación 3:5).

Y así, en El Yo, *reconocido* en unión *consciente* con el Espíritu *de* Dios *en* ustedes mismos; *conscientes* de su Identidad, es que ustedes se *apartan* de aquello que es, *imitación*; de aquello que es, *concepto*; de aquello que es, *falso*; de aquello que es, *transitorio*; de aquello que es, *temporal*; de aquello que, NO es. Y **sin** necesidad de ir a ningún *lado*, es que ustedes se encuentran: *revelados* como El Hijo *de* Dios – *parados*, *vivos*, siendo en aquello que es Real, Perfecto, Eterno… justo donde se encuentran.

"A quien venciere, El Yo le haré una columna en el Templo de Mi Dios; y él, no se apartará más" (Revelación 3:12).

Sus días de *reencarnación* terminan, cuando la Identidad es *reconocida* – porque ése es el *propósito* de quienes han *arribado* a ese punto. Entonces, *¿qué* es aquello que estamos *superando?* –Nosotros, estamos *superando* a ese "yo", para que "El Yo", pueda brillar; estamos *superando* el período *limitado* de la vida; estamos *superando* la mente *finita*; estamos *superando* el sentido *limitado* de cuerpo. Nosotros, estamos *muriendo* a aquello que *nunca* fue, para que podamos *vivir* dentro *del* Espíritu, *sin* el menor *residuo* de conciencia *material* que nos saque del Edén; *sin* el menor prejuicio *humano*; *sin* el menor pensamiento *humano*; *sin* la menor ilusión *humana*; *sin* la menor esclavitud a la *carne*; *sin* el menor *temor*; *sin* la menor *duda* – con la *plena seguridad* de que donde El Yo *Estoy*, ES El Reino DE Dios, AQUÍ y AHORA. ¿Existe *algo* más? ¿Existen *dos* mundos? O, ¿estamos *venciendo* la *ilusión* de que existe 'este mundo', y además El Reino DE Mi Padre?

Y así es como encontramos que éstas, son Promesas. Pero son más que Promesas – son *Hechos Invisibles*; existen. Existe una Conciencia que vive dentro del Reino DE Dios, AQUÍ y AHORA.

"A quien venciere, El Yo le daré que se siente Conmigo en Mi Trono – tal como El Yo, también vencí, y Me senté con Mi Padre en Su Trono" (Revelación 3:21).

Ésas, son las Promesas.

Estas **Siete Promesas** representan tan solo el Prólogo a la *Revelación de San Juan*. Ciertamente ellas son como una veleta, señalando que la raza *humana* se ha estado moviendo en la dirección *equivocada*. La Divinidad, constituye el artículo *menos* conocido por la *humanidad* – Perfección, Ausencia de miedo, Gozo ante la Presencia del Dios Vivo dentro de nosotros, Reconocimiento de dicha Divinidad en nuestro prójimo; la eliminación de *todas* las barreras: diferencias, prejuicios, creencias – TODO eso, NO es para el día de *mañana*. En realidad, TODO esto *ya* ha sido eliminado; NO existe dentro de la Identidad *Verdadera* de ustedes. Y Juan, en su *Primera Visión*, en su *Primera Resurrección*, fue *elevado* hacia la Maestría, *fuera* de la personalidad *humana*, para poder *revelarles*, a ustedes y a mí, así como al mundo, la *Naturaleza* de lo Invisible, la cual NO podemos discernir con nuestras mentes *humanas*.

Juan comienza con una palabra clave en su **Primera Visión**, en el *Cuarto* Capítulo:

"Después de eso El Yo miré, y he aquí, una Puerta fue abierta en el Cielo" (Revelación 4:1).

Y lo declara precisamente, un instante *antes* que él dijera y escuchara la Voz que decía: *"He aquí, El Yo, estoy a la puerta, y llamo"* (Revelación 3:20).

He aquí, *una Puerta fue abierta*, por lo que tenemos que *cuestionarnos* a nosotros mismos: "*¿Por qué* se *abrió* una Puerta para *él*? *Si* yo me paro a la Puerta y llamo; *si* la Realidad; *si* El Cristo es Quien está *llamando* a mi Conciencia AHORA, ¿por qué *no* se abre **mi** Conciencia tal como se abrió la de *Juan*?

Y la clave se encuentra en la palabra: *después*. "*Después de eso, El Yo, miré*". ¿*Después* de qué? –*Después* de haber *inmolado su personalidad; después* de haber sido completamente *purificado* de la voluntad *propia*; *después* que Juan ya NO *buscó* a través del 'poder' de *su* mente, del 'poder' de *su* puño, NI del 'poder' de cualquier *forma* material o artículo, *algo* para poder *vivir* – por el contrario, *después* de todo eso, buscó más bien, vivir *completa* **y** *únicamente*, A TRAVÉS de: la Actividad DEL Espíritu. "**No** por *fuerza* **ni** por *poder*" (Zacarías 4:6) – NO más una *declaración*, sino una *forma de vida*. Una *forma de vida* en la cual él, *dejó por completo*, de ser *Juan*; y en la cual pudo *unirse* a quienes *antes* que él, dijeron: "Vivo *El Yo* – pero no 'yo'; Cristo"; y también dijeron: "*sólo* Cristo *vive mi vida*" (Gálatas 2:20).

"Después de eso El Yo miré, y he aquí, la Puerta se abrió" (Revelación 4:1) –

"se abrió", *después* que Juan se hubo *sometido* a la *disciplina* de *convertirse* en una vasija *pura* y *vacía*; viviendo, *completamente* por: *Revelación Divina*. Entonces *miró*, y se encontró DENTRO de Lo *Invisible* – había *sido sacado* de esta Dimensión de Conciencia, y *contempló* lo que los ojos *humanos* JAMÁS habían visto, ya que AHORA se encontraba *percibiendo* a través de *su* Alma. ¿Debemos hacer lo *mismo*? ¿Podremos? ¿Acaso no es ése el *significado* de: *"Toma tu cruz; niega tu ser; y Sígueme"*? ¿Seguimos viviendo DENTRO de un universo *mental*, DENTRO de un universo *físico*? Ahora podemos nosotros, estar *detrás* de Juan, y *observar* aquello que acontece en el Universo DEL Alma, cuando *salimos fuera* de las dimensiones de *tiempo* y *espacio*; de *forma* y *movimiento*; así como de la actividad *humana* – cuando la carne, la materia ya NO *existe*; cuando ya NO estamos DENTRO de la conciencia de una forma *física*. He aquí, la Puerta está abierta – nos encontramos DENTRO de *Nuevas* Dimensiones de Conciencia – nos encontramos *percibiendo* A TRAVÉS de los ojos DEL Alma.

> *"La primera Voz que escuché fue como una trompeta que hablaba conmigo, la cual decía: 'Sube acá, y El Yo, te mostraré aquello que debe acontecer en el más allá'"*
> (Revelación 4:1).

"El más allá", para quienes viven DENTRO del *tiempo*; pero *"el* AHORA" para quienes viven DENTRO del Espíritu. Juan lo estaba *percibiendo* en *"el* AHORA", NO en *"el más allá"*; y aquello que percibió en *"el* AHORA", se encuentra en *"el* AHORA", ¡AHORA! Aquello que Juan *percibiera* en *"el* AHORA", DENTRO de esta *Nueva* Dimensión de Conciencia, se encuentra *presente* en **este** *instante* – NO está en *"el más allá"*, excepto para quienes viven DENTRO de la *Tercera* Dimensión de Conciencia. Así pues, somos privilegiados por estar **detrás** *del Velo* en *"el* AHORA", percibiendo aquello que los hombres percibirán en *"el más allá"* del tiempo.

"Y de inmediato El Yo, estuve dentro del Espíritu; y he aquí, un Trono fue puesto en el Cielo; y Uno se sentó sobre el Trono" (Revelación 4:2).

En la *Oración del Señor* hemos dicho: "*Padre, ¡hágase Tu Voluntad!*" (Mateo 6: 9). Y *si* eso fuera TODO lo que *hiciéramos*, entonces ustedes se *percatarían* de cuán *superficial* resulta la frase, hasta el instante en el cual surge **desde** lo más *profundo* de su Ser. Porque aquí vamos a ver que la Voluntad DEL Padre, se *está llevando a cabo* – de hecho, NO requiere de instrumento *humano* alguno. No hay *poder* sobre esta tierra, que pueda *impedir* que la Voluntad DEL Padre, *entre en acción* o que pueda *detenerse*. La mente *humana*, esperando *influir* en Dios, se ha esforzado bastante: "Padre, *permite* que **Tu** Voluntad *me* llegue – y que ésta sea '*buena*'; que *me* haga *mejor*; que *me sane*; que *me sienta* cómodo, seguro". Pero esa Voluntad, *ya* ha llevado a cabo TODO eso.

TODO aquello que la mente *humana* de ustedes pudiera pensar *buscar*, *ya* ha sido *hecho* por la Voluntad DEL Padre. Y Juan nos está *mostrando* que ustedes *no* tienen que *pedir* la Voluntad DE Dios. Lo que ustedes tienen que RECONOCER es, que La Voluntad DE Dios, está *actuando*. Ustedes tienen que *aceptar* que La Voluntad DE Dios, está *actuando*; ustedes tienen que *saber* que, debido a que está *funcionando*, *independientemente* de lo que ustedes *vean*, La Voluntad *Perfecta* DEL Padre Perfecto, está *actuando* justo donde ustedes se encuentran parados, SIN importar las *apariencias* que se les presenten.

NADA de lo que ustedes puedan *hacer* en esta tierra puede *impedir* la *Perfecta* Actividad de la Voluntad DE Dios, la cual constituye: una *Ministración* **Permanente**. Cada *error* que ustedes *crean* que han *cometido*, NO ha afectado en forma alguna, la Voluntad *Perfecta* DEL Padre, la cual estaba presente, *manteniendo* un Gobierno *Perfecto*, justo ahí donde *creyeron* que cometían algún *error* – NO lo *hicieron*; resulta del TODO *imposible*. La Voluntad DEL

Padre, NO *permite* error alguno DENTRO de Su Reino – y NO existe ningún otro lugar.

Sí; ustedes tienen un error *dentro* de la *ilusión*; pero NO están obligados a vivir allí. Y de esa manera Juan está *levantando: el velo de la ilusión*, para *mostrarnos* la Naturaleza de la Voluntad DE Dios; y ante él se presenta un *Trono*. La Conciencia que ES Dios, contiene DENTRO de Sí Misma, un *Trono* que implica la Voluntad DE Dios. Así es como Juan lo *percibe*, a *través* del Alma. ¿Y qué está sentado sobre ese *Trono*? –DENTRO de la Conciencia DE Dios, se encuentra el *Trono*, la *Voluntad*. Y *sentado* sobre ese Trono, ¿quién está? ¿Cristo-Jesús? –**Sí**. Pero, ¿eso es *todo*? –Sentado sobre el *Trono* de la Voluntad DE Dios se encuentra el Hogar *Espiritual* y *Completo*, de aquellos que *caminan* en El Cristo. *Todos* estamos *destinados* a sentarnos sobre ese *Trono*.

El *Poder* DE Dios, el *Poder* de esa Voluntad, ejemplificada por El Cristo, El Cristo *Colectivo*, está *sentado* sobre ese *Trono*. ¿Y *por qué* está El Cristo *sentado* sobre el *Trono* de la Voluntad DE Dios? –Porque Cristo *constituye:* El Reino. El Cristo, en ustedes, se encuentra AHORA *sentado* sobre el Trono de la Voluntad DE Dios. Y *si* ustedes desean *alcanzar* la Voluntad DEL Padre; *si* ustedes desean *vivir* bajo el *Poder* de esa Voluntad, NO pueden hacerlo por *ustedes mismos*. –*Tienen* que *dirigirse hacia* El Reino DE Dios, DENTRO de ustedes; *hacia* El Cristo que está *sentado* sobre el *Trono* DEL Padre.

Para muchos de nosotros, ésas son simples *palabras*. Para Juan, constituyó una *Experiencia – fuera* de la carne – en la cual, para él, El Cristo Se hizo *tangible –* NO como un Cristo *personal* y *limitado*, sino como un Cristo *Infinito*; un Cristo que *es Rey* del Reino DE Dios; un Cristo que nos *hace* a TODOS, "*coherederos*" en este Reino, a medida que encontramos un *Camino* hacia El Ser, hacia la *Identidad* del Ser – *fuera* de la agitación del pensamiento *humano*. Y así, AHORA, para Juan, esto *ya* constituye una *realidad*. – Existe la Conciencia *Infinita* DEL Padre; la Voluntad *Infinita* DENTRO de la Conciencia; El Cristo *Infinito* DENTRO de la Voluntad – todo Uno. Y TODO Poder está DENTRO del Cristo, para que *actúe* la Voluntad

DE Dios; para que *active* al Cristo – y El Cristo ES, la Imagen y la Semejanza *Divinas,* DEL Padre.

Lentamente La Palabra, El Verbo, nos *eleva fuera* del pensamiento *humano, fuera* de la planificación *humana, fuera* de las diferencias *humanas* – y encontramos un Poder *Invisible,* el cual nos *conduce* hacia la *Unicidad* CON El Cristo de *nuestro* propio Ser. Nos volvemos *definidos* – ya NO más mentes *difusas* y *confusas* buscando en *muchas* direcciones, *muchas* cosas. Aprendemos a *permanecer* en el RECONOCIMIENTO *seguro* y *positivo* de que, El Cristo *en* mí, ES Uno CON la Voluntad DEL Padre. Esa Voluntad, que está *siempre* actuando, *siempre* manteniendo un *Perfecto* Gobierno Divino, se encuentra activa *como* El Cristo de *mi* Ser. Se está convirtiendo en un Cristo *Real,* en un Cristo *Vivo,* en la Acción *Viva* de un Dios *Vivo* – está *presente; siempre* en el AHORA; por *siempre,* completamente *independiente* de las imágenes que recorren la tierra.

Me *doy cuenta:* de ese Cristo *Omnipresente,* de esa Voluntad *Omnipresente,* de ese Espíritu *Omnipresente,* de esa Luz *Omnipresente,* de ese Poder *Omnipresente...* Y *aprendo* a *permanecer* DENTRO, con *confianza* – aprendo que la Gracia ES, *Omnipresente;* aprendo que la Paz ES, *Omnipresente;* aprendo que la Alegría ES, *Omnipresente;* aprendo que el Amor ES, *Omnipresente.* La *Plenitud* de la Identidad DEL Padre, *siempre* ha estado donde *El Yo,* Estoy. *A través* de los ojos DEL Cristo, eso se convierte en una *Experiencia* – y luego se convierte en una *Experiencia* CONTINUA, hasta que se vuelve una *Dispensación* o *Ministración,* PERMANENTE.

¿En dónde *quedan* tus 'problemas' cuando El Cristo constituye *tu* Conciencia? ¿En dónde *quedan* esos 'dos velos' de miedo y de duda? ¿Qué posible 'mal' puede estar presente ante la *Omnipresencia*? ¿Acaso tus ojos *miraron* 'algo' que estaba *mal*? ¿Miraron 'algo' que *desearías* que *no* hubiera sido? ¿*Qué* importa? ¿Estamos viviendo de *apariencias*? ¿O estamos *pegados* al Cristo *Interior*? ¿Acaso *no* estamos *libres* del pensamiento *mortal* cuando hemos *liberado* nuestro Ser *al* Cristo? ¿Acaso *no* podemos *descansar* en el *conocimiento* de que **Su** Gobierno NO se apartó debido a algún acto *físico*, en nuestro llamado 'mundo'? ¿Acaso *no* podemos *retirarnos* y *permanecer* en el Centro de nuestro Ser, hasta que *no* haya más *ningún* Centro? –Es TODO cuanto SOMOS. Juan lo está *llevando a cabo* por nosotros, en tanto nos *movemos* DENTRO de la Conciencia *Superior*.

> *"Y Aquel que estaba sentado, se asemejaba a las piedras de jaspe y de cornalina; y había un Arcoíris alrededor del Trono, semejante a una esmeralda"* (Revelación 4:3).

Esas *piedras preciosas*, el *brillo* de las piedras de cornalina y de jaspe; el *tono* esmeralda que rodeaba el *Trono* – todo eso y el *Arcoíris*, constituían los *símbolos* visibles del Espíritu *Omnipresente* en Su *Omnipotencia* completa **y** en Su *Omnisciencia* completa. Estas Cualidades Sublimes se le *aparecieron* AHORA a Juan; y había ahí un *Arcoíris* – el *retorno* a la Unión *Consciente* con Dios – Unicidad, Filiación, el símbolo del *Pacto* entre Dios **y** el Hombre.

Cuando ustedes *contemplan* este *Arcoíris* EN los Cielos; cuando *contemplan* este *Arcoíris* EN su Conciencia, entonces SON *puros de corazón* – porque EN El Padre NO hay oscuridad alguna. Y cuando hay *oscuridad*, entonces NO hay *Arcoíris*; cuando NO hay *negro* en la *luz blanca*, entonces *contemplan* el *Arcoíris*... Cuando NO hay oscuridad en su Conciencia, entonces el *Espectro Completo* de la Omnipresencia, de la Omnipotencia **y** de la Omnisciencia, está *actuando* en *su* Ser, y aparece *como* un *Arcoíris visible* DENTRO de ustedes – el símbolo de la *Iluminación* – la Luz SIN oscuridad, porque *"*EN ÉL, NO *hay oscuridad alguna"* (1 Juan 1:5).

Así que AHORA, Juan está en *Unión Consciente* CON Dios – TODO es Luz; TODO es Pureza; TODO es el *Reconocimiento* de que NO existe *maldad* alguna, NO existe *oscuridad* – resulta IMPOSIBLE, puesto que: **Dios, ES Todo**; El Espíritu LLENA **TODO** el espacio; El Espíritu LLENA **TODO** el tiempo. ¿*Dónde*, pues, está el mal? –Ya NO más *dentro* de la Conciencia *de* Juan, porque él *se ha elevado* por encima de esa dimensión de pensamiento que *conoce, cree* y *reacciona*, ante la *apariencia* del mal.

Así pues, el *Arcoíris* representa: la Conciencia que **ya** NO está *dividida* entre el bien **y** el mal; la Conciencia que **ya** NO está *dividida* entre la luz **y** la oscuridad; la Conciencia que **ya** NO está *dividida* entre Dios **y** algo más – sino la Conciencia de que: **Dios, ES TODO**; la Conciencia de que: *El Espíritu,* ES TODO cuanto puede ser. ¿Por qué *sólo* para Juan? ¿Qué hay con *nosotros*? ¿*Creemos* que hay algo *más* que El Espíritu, algo *más* que Dios? ¿Todavía *creemos* que exista algo así *como* el mal, el error, los problemas? –Lo *sabemos* bien – simplemente NO nos hemos *mantenido alertas*; NO hemos *permitido* que las creencias se *disuelvan* al tocar la Luz **de** nuestra Conciencia; incluso *permitimos* que nos tentaran para *reaccionar*, y les conferimos una *vida* que NO tienen.

Este *Arcoíris Interior*, esta *Luz*, esta *Gloria*, este *Reconocimiento*, es lo que nos *aparta* de la conciencia del 'cuerpo'. Todavía *aparecen* ustedes en 'este mundo'; todavía son *visibles* para los demás; pero su Conciencia *vive* DENTRO de la Realidad –NO hay más *opuestos* DENTRO de la Conciencia de ustedes. Aquello que ustedes disciernen, es aquello que existe en el Reino DE Dios, bajo la Ley *Divina*, y por *siempre: Perfecto. Ustedes* han *destrozado* así, la *creencia* en una vida *humana* que: 'comienza con el nacimiento **y** termina con la muerte' – ustedes SON: El Ser *Preexistente*, reunidos CON El Padre, viviendo COMO: la *Única* Vida *Eterna*.

Lo anterior constituye la verdad *Permanente* del Ser de ustedes – ustedes NO están *divididos* contra sí mismos. TODO esto está *simbolizado* por el *Arcoíris* – la *Visión Interna* DEL Cielo.

> *"Y del Trono salían relámpagos, truenos y voces; y había Siete Lámparas de Fuego, ardiendo delante del Trono – las cuales corresponden a los Siete Espíritus de Dios"*
> (Revelación 4:5).

Fue el profeta Zacarías quien dijera: *"No por ejércitos **ni** por poder, sino por **Mi** Espíritu, dice el Señor"* (Zacarías 4:6). **Mi** Espíritu, **Mis** Mandamientos – y éstos son los *relámpagos*, los *truenos* y las *voces* que salían DESDE el *Trono* DE *Dios*, para aquellos que están *sintonizados* CON el Pastor *Interior*, CON el propósito de recibir Orientación *directa*, Inspiración *directa* – el Pan Mismo DE la Vida, el *Maná oculto* que viene DESDE la Fuente, en lugar de venir *de* los ministros *humanos*; en lugar de proceder *de* aquellos que profesan *dispensar* la Palabra *de* Dios. Se les ha dicho que La Palabra, *tiene* que venir DESDE la Fuente; que la Fuente del Ser DE ustedes *provee* las Aguas vivas de la Verdad, y que en NINGÚN *otro* lugar se puede *alcanzar* la Verdad.

Los *relámpagos*, los *truenos*, las *voces*, *tienen* que *proceder* del Propio Espíritu *Interior* de ustedes – la Voluntad *de* Dios EN ustedes: ¡Hágase TU Voluntad! (Lucas 11:2) – **TUS** *relámpagos*, **TUS** *truenos*, **TU** *Voz*, NO la voz *del hombre*. Eso es a lo que *respondemos*; y Juan experimenta AHORA la Unicidad de la **imposible** separación *de* la Fuente *Infinita*. Juan está *bebiendo* profundamente, de la *Misma* Fuente DE la Vida; está viviendo POR La Palabra que *procede* del Trono DE Dios – NO por *sus* instintos *humanos*, NI por su sentido *personal* de vida, NI por sus *propias* ambiciones o deseos – éstos, han sido *abandonados*. Él, ha renacido EN El Ser *Impersonal* – ese mismo Ser que **carece** de motivos *personales*, **y** que vive sirviendo totalmente AL Espíritu. Y ésa es, la manera en la cual estamos *aprendiendo* a *caminar*.

¿Sienten quizá que los *impulsos* caprichosos, los *miedos* y las *dudas*, las *esperanzas*, las *ambiciones* **y** los *planes* en nosotros, YA NO son *necesarios*, sino que constituyen meras *distracciones* de ese Propósito **Único** de servir la Voluntad DE Dios **en** nosotros? ¿Se dan cuenta que, al *servir* a esa Voluntad, TODAS las *esperanzas* posibles que pudiéramos haber tenido **ya** habrían sido satisfechas de *antemano* por *"El Padre, Quien conoce todas sus necesidades"*? (Mateo 6:8) ¿Perciben *cómo* es que somos *conducidos* a una Vida SIN esfuerzo alguno – Vida que NO está esforzándose por *obtener* algo, sino que *descansa* EN Su Propia *Identidad* como el logro **ya** establecido, *desde antes de la fundación del mundo*?

Estamos *presenciando* la Acción *Interna* del Gobierno *Divino* – la *Conciencia*, la *Voluntad*, el *Poder*, investidos *EN* El Cristo – El Cristo, el Reino DE Dios, *EN* ustedes. La Cadena de *Mando* ha sido *establecida* para que la *acepten conscientemente*, al *vivir en* la Conciencia-Cristo *en* ustedes. Porque El Cristo *en* ustedes, **ya** constituye *toda* la Sabiduría, *todo* el Poder, *toda* la Presencia.

¿Qué queda *excluido* allí? ¿Qué ha sido *retenido del* Ser de ustedes, cuando que El Cristo *en* ustedes es TODO cuanto hay? –*Toda* Sabiduría, *toda* Vida, *todo* Poder, Ser *Eterno*. ¿Ha sido *retenido algo* del Ser de ustedes? –Estamos siendo *apartados* del *falso* sentido del 'yo', el cual camina *separado* del Cristo, buscando 'sobrevivir': luchando, planeando, pensando, esperando, manipulando *todo,* dentro de la mente *falsificada*. El Cristo debiera estar *volviéndose* muy *Real* para nosotros como El Hijo *viviente* DE Dios, parado justo *donde* nos habíamos considerado como 'carne *humana'.* Ese *Arcoíris* debería *estallar* en cualquier momento AHORA, permitiéndonos exclamar: *"¡Oh! En tanto que antes 'yo' estuve ciego,* AHORA *El Yo, veo"* (Juan 9:25).

En Mi Propia *Identidad Verdadera*, El Yo, *Soy* Omnipresente; El Yo, *Soy* Omnisciente; El Yo, *Soy* Omnipotente. El *supuesto* 'poder' que yo estaba intentando *asegurar*, es NADA, comparado con lo que El Yo, YA *Soy*. La *provisión* que yo *pensé* que me *faltaba*, NO me *falta* en absoluto; 'yo', NO podía ver el Maná *Invisible*, la increíble *abundancia* que se encuentra más allá de toda imaginación *humana*, esperando ser *derramada* a través del Cristo **reconocido**; 'yo' estaba *intentando subir* a la Puerta *del* Cielo, por la senda *equivocada*. Pensé que era 'yo' quien tenía que hacerlo – pero TODO el tiempo, *El Yo, El Cristo, He estado tocando a la Puerta* de la Conciencia de ustedes. "¿No hay un *pesebre* allí dentro, donde ustedes puedan *admitirme?* –Aunque sea en un *pequeño establo*... *Permítanme* entrar; El Yo, los *alimentaré*; el Niño los *guiará* – el

Bebé *crecerá*, y entonces *abrirá* un Camino para ustedes, hacia el Reino DE Dios".

De esa manera *aprendemos* a *admitir* al Cristo DENTRO de la Conciencia. Nosotros también, *abrimos la Puerta*; nosotros también, *contemplamos el Trono*; nosotros también, *sentimos el Poder de la Voluntad del Padre*; nosotros también, *vemos el Arcoíris*; y nosotros también, *aprendemos* que la Luz que *vemos*, ES la Luz que SOMOS. Nosotros SOMOS, esa Luz, porque El Cristo ES esa Luz. El Yo del Ser *de* ustedes ES: la Luz *del* Padre – ustedes, NO tienen NADA que *buscar*; ustedes, NO tienen NADA que *alcanzar* – ustedes, simplemente *tienen* que SER: ese Ser *Infinito* que YA SON y *descansar*; y *contemplar* Su Gloria, dondequiera que ustedes se *encuentren*.

Para quienes haremos el *esfuerzo* de: *estar* a las puertas del pensamiento; de: *contemplar* cómo se presenta el pensamiento del mundo *humano*; de: *aprender* el Arte de *Aquietar* ese pensamiento, SIN *responder* a dicho pensamiento, SIN *reaccionar* para nada ante ese pensamiento... *nosotros* seremos quienes asumiremos el *señorío* sobre ese pensamiento. Y como el pensamiento de 'este mundo' NO *penetra*, pues NO los *tienta* a ustedes a *reaccionar*, a *manipular*, a *mejorar*, a *corregir* – sino a *percibir a través del Velo* del pensamiento *humano*, manteniéndose quietos, y RECONOCIENDO: *Su* Voluntad está AQUÍ; *Su* Voluntad está *actuando*; *Su* Voluntad ES Perfección; Se está *cumpliendo* la Perfección; NO hay poder alguno sobre la tierra que *impida* la Perfección AQUÍ y AHORA.

Entonces es cuando ustedes *captarán* la Gloriosa Verdad de que han estado *inmersos* en una *Iniciación* – con muchas *pruebas*, muchas *tentaciones*, muchas *influencias* discrepantes y distractoras, de las cuales habrán pensado: "Oh; ¿qué *hice* 'yo' para *atraer* esto sobre 'mí'? –**No**; no *hicieron* nada; en realidad NO está *sucediendo* – tan solo *pareciera* acontecer. *Cada* problema que ustedes *enfrenten* AHORA, es parte de *su Iniciación*.

La Perfección ES – ése es el *Hecho*. El problema es: la *negación* de que la Perfección, ES. Pero eso, NO cambia el *Hecho*. ¿Qué es aquello que *eligen* ustedes? –Eso es lo que va a *determinar su* 'experiencia'. *Si* ustedes *creen* que la Vida puede ser algo *menos* que Vida; *si* ustedes *creen* que Dios puede ser algo *menos* que Dios, entonces <u>sus</u> problemas, para *ustedes,* serán algo contra lo cual *tendrán* que pelear y luchar. Pero *si* están *viviendo* dentro de la *aceptación* de la Conciencia-Cristo *en* ustedes, entonces, ¿*pueden* El Cristo y el problema, existir en un *mismo* lugar y al *mismo* tiempo?

¿*Qué* es aquello que Juan está *haciendo* por nosotros? –Él, está *levantando el Velo del hipnotismo;* él, está *revelando* el *mesmerismo* a través del cual, los *cinco sentidos* nos *presentan:* un *problema* físico, un *problema* emocional, un *problema* humano, un *problema* mental, un *problema* social, un *problema* financiero... justo donde NO hay NINGÚN 'problema' – justo donde SOLO hay: Cristo.

Así pues, la *Iniciación* implica: ¿*Pueden* ustedes *superar* la *creencia* de que El Cristo esté *ausente?* ¿*Pueden* a cambio, llegar a *saber* que el *'problema'* está *ausente,* debido a que El Cristo está *presente, viviendo* como El Ser **de** *ustedes*?

La más *simple aceptación* de *cualquier* 'problema' constituye: la *negación* de la propia *Identidad* de <u>ustedes</u>. ¿Se dan cuenta? Cuando <u>ustedes</u> aceptan un 'problema', entonces están *negando* el que <u>su</u> Ser sea, el Hijo DE Dios. Pero ustedes dirán: "'yo' no lo *negaría*; porque 'yo', NO *puedo ser* el Hijo DE Dios. Miren, ¿le *acontecería* este 'problema' al Hijo DE Dios?" La respuesta es: "**No**; NO le *acontecería*" – por lo tanto, NO le *acontecería,* debido al Hecho Inmutable de que <u>ustedes</u>, SON el Hijo DE Dios – la *Identidad* NO cambia. Y <u>ustedes</u> tienen toda la razón: este 'problema', NO le *acontecería* al Hijo DE Dios – y <u>ustedes</u> SON: el Hijo DE Dios.

Entonces, ¿*dónde* está el 'problema'? –El problema se encuentra DENTRO de la *mente* de 'este *mundo'.* ¿Cierto? Es la *mente* de 'este *mundo',* aquello que presenta el 'problema'; y luego, ¿qué *hace* la mente *humana individual* al respecto? –*Acepta* el 'problema', está *de acuerdo*: "Sí; mente de 'este *mundo';* he ahí un 'problema', pues 'yo', NO soy El Cristo; 'yo', NO soy el Hijo DE Dios – tan solo soy un pobre viejo *mortal;* cávame un ataúd; déjame morir". Pero eso,

NO es lo que *acepta* Juan; eso, NO es lo que *aceptan* aquellos que han llegado hasta *aquí*; eso, NO es lo que *aceptan* aquellos que *están dispuestos* a *levantarse* y a ser: los Hijos DE la *Resurrección*.

Nosotros *estamos firmes*, y "*contemplamos la Salvación del Señor*" (Éxodo 14:13). ¿*Quién* es este *Señor* cuya *Salvación contemplamos*? —El Cristo *Interior, presente*; haciendo un Gran Trabajo; dirigiendo un Gobierno *Perfecto* justo AQUÍ, a pesar de lo que ustedes *experimenten* en las 'imágenes' de la mente *humana*.

Al *reafirmar* su Conciencia de Ser, ustedes *descuben* que el *Poder* de la NO-*reacción* ante el hipnotismo de las *imágenes* de 'este mundo', es lo que *lleva a cabo* el trabajo por ustedes. Así que pueden *volver a envainar la espada*; pueden *tomar* esa mente que quiere 'razonar *lógicamente*' el por qué esto *NO* es así, y pueden volver a *colocarla* en el anaquel. *Ustedes*, NO pueden *depender* de nada, excepto de la *Identidad* – SIN *defensa* alguna. No solo *pueden* hacerlo, sino que es la manera en que *aprenderán* – porque La Voluntad DEL Padre es, que *ustedes* aprendan de esa manera – *tienen* que *aprender* que: *El Cristo*, NO necesita 'defensa' – NI mental NI física – porque *El Cristo* camina DENTRO del Reino DE Dios, a pesar de todas las *apariencias* que Lo niegan.

Las grandes tentaciones de Jesús fueron *tentaciones* que nos enfrentan a TODOS en mayor o menor grado, y en una *variedad* infinita de *tentaciones*. Y *cada una* de ellas *debe* ser *enfrentada* de la **misma** manera: Esto, NO puede suceder, puesto que Dios ES, TODO. De esa manera el *mesmerismo* de la *mente humana tropieza* ante una *Conciencia* que NO se *inmuta* ante la *evidencia* visible y tangible, de la *mente* de los cinco *sentidos*.

Juan había *rechazado, desenraizado*, TODA *creencia* en la *posibilidad* de mal y de error. Por eso Juan se encuentra – DENTRO de esta Conciencia DE *Realidad*. Ustedes *tienen* que *desenraizar* esos 'conceptos' de su mente. Y el *desenraizar* constituye: *una actividad diaria* e *incesante*. Nosotros *tenemos* que *impedir* que esas pequeñas pruebas nos *perturben*. Y cuando lo *logremos*, entonces *descubriremos* que las pruebas mayores NO *penetran* la Armadura DE Luz con la que estamos *revestidos*.

No cometan el error de *pensar* que nos estamos *apartando* de los 'problemas', debido a que somos *débiles*; debido a que *fingimos* que los 'problemas', NO están allí. **No**; más bien es porque *sabemos* que, *ante* la *Presencia* DE Dios – que se encuentra en TODOS lados, el 'problema' constituye tan solo la *falsa* actividad de una mente *carnal*. Tan solo NO *aconteció*, porque NO *podía acontecer*. Dios, JAMÁS *abandonó* esa escena – NUNCA. Y a pesar que la mente *humana* dice: "No lo *entiendo*", *ustedes* alcanzarán la Conciencia que *trasciende* la mente *humana* que 'NO *comprende*'. Y luego *ustedes* serán *capaces de ver* el mundo *material* como: *una secuencia de imágenes* DENTRO *del pensamiento*: bombas y aviones, automóviles y calles, personas – TODO, 'cosas' *físicas, materiales*.

Ustedes se *elevarán* por encima de la *creencia* en un mundo *físico*. *Ustedes* podrán *moverse*, SIN *violar* la Ley *Divina* – y todo debido a que la Voluntad DEL Padre, la cual actúa *a través* del Cristo de *ustedes* – recibida, admitida, **y** vivida *fielmente* – lleva a *cabo el trabajo, por* ustedes. La Gracia, *hace* el trabajo *por* ustedes; la Gracia, los *mueve*; la Gracia, los *piensa*; la Gracia, los *activa*. La Gracia *abre la Puerta para* ustedes, pero **solo** cuando *ustedes*, *voluntaria* **y** *consagradamente* han *aprendido* a: *despojarse* de lo personal, a *despojarse* de la voluntad de ser *humanos* – así *ustedes* se habrán: *negado a sí mismos*; *habrán tomado su cruz*; **y** *estarán siguiendo al Cristo Interior. Si* todavía quieren 'problemas', *pueden tenerlos*; pero, *si* NO los quieren, entonces El Cristo *Interior* ES, El Camino.

Veamos un poco *cómo* actúa este Cristo *Interior*.

> *"Alrededor del Trono [había] veinticuatro Tronos; y vi sentados en los Tronos, a veinticuatro Ancianos, vestidos con Ropas Blancas; y tenían en sus Cabezas, Coronas de Oro"* (Revelación 4:4).

Hay *veinticuatro Tronos, veinticuatro Ancianos,* y *Coronas de Oro sobre sus Cabezas.* TODOS ellos están *alrededor* **del** *Trono* – la Voluntad DE Dios.

Bien; estos *veinticuatro Ancianos* en los *veinticuatro Tronos* representan: el *Cuarto* Cielo, el *Quinto* Cielo **y** el *Sexto* Cielo – todos ellos *alrededor* del *Séptimo* Cielo. Estos *Cielos* constituyen los *diversos Niveles de Conciencia* delante de nosotros, una vez que *salimos* del *Tercer Grado* – la *Tercera Dimensión de Conciencia* – hacia las Dimensiones *Cuarta, Quinta* y *Sexta*. Y todos representan *Grados* en la Voluntad DE Dios, para ser mostrados a Juan, *tangiblemente*. De hecho, Juan está viendo *Círculos de ocho*: ocho Ancianos en el *Cuarto* Cielo, *ocho* Ancianos en el *Quinto* Cielo, Acho *ancianos* en el *Sexto* Cielo – los *veinticuatro Tronos,* **y** los *veinticuatro Ancianos.*

Los *Círculos de ocho* en los tres Cielos revelados: los Cielos *Cuarto, Quinto* y *Sexto* que se encuentran por encima del *Tercer Cielo* – se encuentran *redimidos,* en el sentido de que las Almas ya **no** se ven *obstaculizadas* por las formas *físicas,* por los conceptos *humanos,* por la voluntad *humana.* Y estos *Ancianos* representan, a aquellos que nos han *precedido,* habiendo *alcanzado* ese *desinterés* por el que ustedes y yo, estamos atravesando AHORA.

Bien, un *Anciano* **no** es propiamente un *individuo,* sino un *Grupo*. Una *Hueste Completa de Ángeles* constituye: un *Anciano*. Así, cada *Anciano* constituye realmente: un *Linaje Espiritual Completo,* con miles y miles y miles de *Ángeles* dentro de un solo *Anciano,* organizados en los Cielos *Cuarto, Quinto* **y** *Sexto,* con el propósito de que cada uno, se acerque al *Trono* – y esto constituye la *Progresión* por la que ustedes y yo, estamos pasando. En el instante en que *entremos* en la **Cuarta** *Dimensión,* estaremos mucho más cerca de la Voluntad *Total* **del** Padre. Y dentro de cada *Cielo,* existe un cierto Grado de *Sabiduría,* un cierto *Límite,* un cierto *Nivel,* a los cuales se les llama: *Ancianos*. Nos convertimos en *Ancianos,* a medida que entramos en la **Cuarta** *Dimensión*.

CLASE 10: DETRÁS DEL VELO

∞∞∞∞∞∞ Fin del Lado Uno ∞∞∞∞∞∞

"Delante del Trono había una mar de vidrio semejante al cristal; y en medio y alrededor del Trono, habían cuatro bestias llenas de ojos por delante y por detrás" (Revelación 4:6).

La Mar de Cristal constituye la Conciencia Divina *Única* – se asemeja a *las Aguas Tranquilas* del Salmo 23. Cuando nos encontramos **en** *la Mar de Cristal,* **en** la Conciencia *Infinita Única,* entonces NO existe ahí una *segunda individualidad* – tan solo existe la *Única.* Y Su Voluntad se encuentra dentro de *la Mar de Cristal,* en el *Trono.* El *Trono* está *dentro* de la *Conciencia,* la cual es *Una* – la Conciencia *Infinita del* Padre, que TODO lo abarca. Y los *Ancianos, dentro* de los Cielos *Cuarto, Quinto* **y** *Sexto,* han *aprendido* a *convertirse* en *Uno,* dentro de esa *Única* Conciencia que TODO lo abarca. Ellos *viven* **en** eso; ellos *permanecen* **en** eso; ellos *mantienen* su Ser **en** Dios –TODA voluntad *personal,* TODO sentido de individualidad *personal,* ha sido *eliminado;* TODA *Individualidad* es, AHORA, *Espiritual* – Infinita, Ilimitada, Irrestricta – NO se encuentra *limitada* por los *conceptos* de la mente *humana.* Los *Ancianos* han sido *liberados* hacia la *Plenitud* de la Conciencia *Divina Única* – la *Mar de Cristal.*

¿Se *dan cuenta* que TODO aquello que Juan ha *hablado* hasta ahora es acerca del *Yo* del Ser de <u>ustedes</u>? ¿Acaso piensan que estos son *Ancianos* caminando por algún lado, o una Hueste de Ángeles por *ahí*? –Juan les está mostrando el *Orden Divino* dentro del Yo de <u>su</u> Ser; él les está mostrando que existe una *secuencia* dentro de las *"muchas Mansiones".* Ustedes, NO pueden *apresurar* la *secuencia,* por voluntad *humana;* ustedes NO pueden *cambiarla* con esfuerzo *humano.* –La *Secuencia* Divina de Lo Infinito, YA está establecida. TODO esto es una *revelación* para Aquel de las *"muchas Mansiones"* DENTRO de cada uno de nosotros. TODO aquello que Juan está *describiendo,* está *aconteciendo* DENTRO del Yo *Infinito* que ustedes <u>SON</u>, del Cual, la conciencia *humana,* NO es *consciente.* TODO esto constituye una gran *educación* para la conciencia *humana* – *aprender* a: *aquietarse;* **y** *permitir* que *El Padre, edifique la Casa.*

Tal *Inmensidad* de Realidad se encuentra *detrás* de la fachada de *'este mundo'*, porque en el instante en que se le *habla* a la conciencia *humana* acerca de todo esto; y en el instante en que se la *disciplina* para *aquietarse,* **y** para *convertirse* en *espectador,* entonces en ese instante, *los veinticuatro Ancianos* son alimentados por la *Mar de Cristal.* Cada *Cielo* se presenta *secuencialmente* dentro del propio Ser de *ustedes* – y la actividad *externa* aquí, en la *forma,* se convierte en un *Evento Infinito* hecho visible – la Gracia *"hecha carne".*

Ustedes casi pueden *respirar* DENTRO de Dios – *descansando* en el RECONOCIMIENTO de que TODO cuanto los rodea ES, Vida – *Invisible,* pero JAMÁS separada de ustedes; SIEMPRE en acción; SIEMPRE manteniendo *Perfecto* su Ser. Y ustedes pueden *identificarse* como esa Vida; y *saber* que, *dentro* del Ser, cada *Cielo* está *actuando* en una *Secuencia Perfecta* con aquello que está *'arriba';* que cada *Nivel* de Conciencia está *alimentando* aquello que está *'debajo'.* Y cuando ustedes *reciben* una *Impartición Interior,* entonces los Cielos *Séptimo, Sexto, Quinto* y *Cuarto,* se *mueven* a través de la Conciencia de *ustedes,* DENTRO de la Voluntad *del* Propósito Divino – y así *El Señor, está edificando la Casa* de ustedes – NO se va a *caer; cuenta* con Sustancia.

El Ser de *ustedes* está siendo *alimentado* por *la Mar de Cristal* – la *Irrestricta* Conciencia *Virginal* DE Dios. *Si* nosotros lo *aceptamos,* entonces eso constituye nuestra *Dispensación* o *Impartición* de *veinticuatro* horas al día. Para Juan, la Conciencia *Viviente* DE Dios, constituye AHORA una *Realidad* – Juan se encuentra *percibiendo* los *Cielos Redimidos,* los cuales están siendo *alimentados* por dicha Conciencia. Juan está *mostrando* la *anatomía* de un Impulso que *llega* a ustedes *desde* los *Niveles Superiores;* les está *mostrando* que las 'computadoras del *hombre'* no son más que *juguetes;* que la *'Automatización' Infinita* está *activa alrededor* de ustedes, y que NO hay 'poder' alguno para *detenerla* – todo lo cual pudiera ser *considerado* como el *Reino Terminado,* AQUÍ y AHORA.

Lo anterior se *convierte* en su Conciencia del AHORA, y los *aparta* a ustedes, de la *creencia* del tiempo que *transcurre*. AHORA somos *enseñados,* POR Dios; AHORA estamos, DENTRO de la Conciencia DE Dios; AHORA SOMOS, la Conciencia DE Dios *expresada* – y en el AHORA, NADA cambia, *a pesar* de las *apariencias*.

Estas *Cuatro Bestias,* estas Cuatro Criaturas, constituyen el *Poderoso Río de Vida* que irrumpe en *Cuatro Manantiales* que *alimentan* el Universo. Uno se parece a la *cara de un hombre*; otro a la *cara de un gato*; otro más a la *cara de un león*; y un último a un *águila*. Están mencionados como: *león, gato, cara de hombre y águila*. Nuevamente estamos *percibiendo* la Omnipotencia – la *receptividad* a esa Omnipotencia, a esa Omnisciencia y a esa Omnipresencia. Cuando ustedes están *receptivos* a las Cualidades DE Dios **en** *ustedes* mismos, entonces ustedes son el *gato*; y cuando también están *receptivos,* entonces también son el *león,* Omnipotentes; también son, la *cara de un hombre*, Omniscientes; y también son, el *águila* volando por *encima* de todo – *siempre* Presentes, en *todas* partes.

Eso constituye los *Cuatro Cielos Redimidos,* en los cuales cada Alma actúa RECONOCIENDO que la *Voluntad* del Padre ES: Omnipotente, Omnipresente, Omnisciente; y que el Alma ES: *receptiva* como un *gato,* a esa *expresión* de la *Voluntad* Divina.

¿Saben?, ustedes **no** tendrían que ir *más allá* de eso, para vivir *conscientemente* en el Reino DE Dios – pero tendrían que *saber* que el *único* 'enemigo' que tienen es tan *invisible,* como este Reino Completo y Perfecto que nos *rodea*. Y ese 'enemigo' es, un *falso* estado de ser, una *falsa* conciencia, una *falsa* identidad, una *falsa* vida, que *no* cesa de *utilizar* la mente *humana* de ustedes, como una forma para *tentarlos*.

Y a menos que ustedes se mantengan **insistiendo** *conscientemente* DENTRO de *ustedes* mismos, que Dios ES por SIEMPRE Omnipotente, SIEMPRE sabiendo todo, SIEMPRE presente – a menos que ustedes se mantengan *constantemente receptivos* a estas

Cualidades, esa *falsa* mente de 'este mundo' será por *siempre* su 'tentador', *alejándolos continuamente de su* Ser *Verdadero*.

Eso representan *las Cuatro Bestias, las Cuatro Criaturas* a las que Juan considera como *encargadas* de la *tarea* de: hacer *brillar* Su Luz por TODO el Universo. Ustedes cuentan con una *oportunidad* aquí, para *aceptar* la Visión *Iluminada* de alguien que está *pasando* por aquello que ustedes *pasarán* en su *Primera* Resurrección.

"*Las cuatro bestias (tenían) ojos por delante y por detrás*" (Revelación 4:6).

Sólo DENTRO de la Voluntad DEL Padre *encontramos* la Sustancia *de* la Vida – los "*ojos por delante y por detrás*", la Sustancia *Omnisciente* que *actúa* DENTRO de la Voluntad DEL Padre.

"*Las cuatro bestias tenían, cada una, seis alas sobre ellas; y estaban llenas con ojos por dentro – y no tenían descanso alguno ni de día ni de noche, diciendo: Santo, Santo, Santo, Señor Dios Todopoderoso, Quien era, y Quien es, y Quien habrá de venir*" (Revelación 4:8).

Las *Seis Alas* constituyen nuevamente los *Seis Grados* en los que se divide *cada* Cielo – para que en *cada* Cielo tengamos estos *Seis Grados* de Actividad cada vez *más cerca* y *más cerca del Trono*. Las *Seis Alas* son: las Seis *Etapas* de Actividad que, combinadas, se convierten en la *Séptima*, la Etapa *Completa* de ese *Cielo*. Y de esa manera, la *Secuencia Divina* está *nuevamente establecida*. Ustedes, NO pueden *mover* algo *fuera* de su *lugar apropiado*. El Yo, de ustedes, está siendo *Perfectamente Elevado*, de acuerdo **con** el Plan *Divino*.

Desde la *Sexta Ala* surge la *Séptima*, la de la *Compleción*, la cual los *eleva* a ustedes, hacia el siguiente *Cielo,* **y** hacia el *comienzo* de otras *Seis Alas* – *Seis* Etapas de *Acercamiento* a la *Plenitud* **de** la Voluntad. Y *sólo* cuando ustedes están *llevando a cabo* esto, es que contarán con *Ojos por dentro,* con Sustancia **de** Vida. ¿Acaso *no* se trata de un *Camino Recto y Angosto,* en el cual, cuando NO estamos *en* esta *Voluntad,* cuando NO estamos *moviéndonos* en esta *Progresión Divina,* cuando NO estamos *desplegándonos* de esta manera, *entonces* NO estamos DENTRO de la Voluntad DEL Padre, *entonces* NO *contamos* con la Sustancia *de* Vida, y *entonces* lo que *hacemos* NO está *relacionado* con la Vida *Misma*? ¡Qué descripción tan *perfecta* de *nuestras* vidas, *hasta* el instante cuando la Verdad Se *cruzó* en el horizonte de *nuestro* conocimiento! –Una descripción *perfecta* de la Civilización DENTRO de la cual *vivimos,* SIN darnos cuenta *de* la Voluntad *Viviente* DE Dios en *medio* de nosotros...

"*Y ellos no descansan ni de día ni de noche, diciendo: Santo, Santo, Santo, Señor Dios Todopoderoso, Quien fue, Quien es, y Quien vendrá*" – *Inalterado.*

"*El Mismo: ayer, hoy, y mañana*" (Hebreos 13: 8), constituye el Espíritu de *su* Ser. Dentro de cinco mil años, a partir de AHORA, ustedes NO serán más *grandes* de lo que YA SON en *este* instante – porque ustedes SON, AHORA, la *Plenitud* DEL Yo – Santos, Santos, Santos.

Ésa es una condición, que podrían ustedes *asemejar* con Lo *Absoluto,* en la cual, la *visión total* de ustedes, se encuentra *inmersa espiritualmente* – en la cual, ustedes están *desprovistos* por completo, de voluntad *humana.* Y Juan *percibe* a aquellos que viven DENTRO de Lo Absoluto – *libres* de TODO vestigio de su *antigua desobediencia en la carne.* Ellos se encuentran SIN *pecado*; han *perdido* la capacidad de vivir DENTRO de los *conceptos*; y, por lo tanto, TODO cuanto hacen **y** dicen, se RECONOCE: "*Santo, Santo, Santo*". Ellos viven *únicamente* DENTRO de la Voluntad *Divina,* porque han *descubierto* que el Señor Dios Todopoderoso ERA, ES, **y** ESTÁ, *por venir.* **Solo** hay Dios; Dios ES, la Totalidad; Dios ES, la Divinidad; Dios ES, TODO cuanto hay. *NUNCA* hubo un ser *humano* '*creado*' por el Padre; NO existe un solo ser *humano* sobre esta tierra – tan sólo *existe* la Divinidad, *escondida* de la *falsa* conciencia llamada: mente-*humana.*

Conforme todo esto *se vuelve* más *real* para nosotros, *perdemos* el sentimiento de que: *"A mí*, me gustaría *renunciar* a 'mi humanidad' – pero NO cuento con *algo* más, a lo cual *aferrarme".* Nos damos cuenta que NO hay NADA a lo que debamos *aferrarnos*, como *Ser Espiritual*; NO *necesitamos* un *lugar* que sea una *muleta* para nosotros; aquello a lo que estamos *renunciando* es, a la *irrealidad*, la cual JAMÁS podríamos tener en *primer* lugar; estamos *aprendiendo* que: la *clave* de la Vida ES, *morir a lo que **no** existe*; la *clave* de la Vida ES, el NO-adquirir; la *clave* de la Vida ES, *abandonar* la irrealidad, lo cual implica, *morir.*

Cuando Jesús abandonó TODOS los conceptos *humanos*, entonces *ahí permaneció* El Cristo *Revelado* – *"Dios, Quien* ERA; *Dios, Quien* ES; *y Dios, Quien* VENDRÁ". Igual que en Eclesiastés: *"*TODO *cuanto siempre* FUE, TODO *cuanto siempre* SERÁ, ES AHORA". NADA está *cambiando*, excepto los conceptos *humanos*. La *Perfección* Infinita ES, AHORA; y *vivir* en ese Reconocimiento implica *decir*: *"Santo, Santo, Santo"*, *viviendo* en el Reconocimiento de la Infinita *Perfección* Omnipresente, bajo el *Señorío* Impecable *del* Espíritu.

Ustedes también se encuentran diciendo: *"Santo, Santo, Santo; Dios Quien* FUE, *Dios Quien* ES, *y Dios Quien* VENDRÁ".

> *"…y cuando estas bestias dan gloria, y honor, y gracias a Quien está sentado en el trono, Quien vive por los siglos de los siglos, entonces los veinticuatro ancianos se postran delante de Quien está sentado en el trono; y adoran a Quien vive por los siglos de los siglos, y arrojan sus coronas delante del trono" (Revelación 4:9-10).*

Dense cuenta que *cuando los veinticuatro Ancianos arrojan sus Coronas delante del Trono, cuando se postran delante del Trono,* entonces eso implica la **aceptación** EN ustedes – los Ancianos EN ustedes, los Niveles de Conciencia *más altos* de ustedes; eso implica la **aceptación** de la Voluntad DE Dios, como la *Única* Voluntad DEL Ser de ustedes.

Cuando *ustedes* arrojan sus Coronas delante de esa Voluntad, entonces *ustedes son* El Maestro, dispuestos a *servir* la Voluntad DEL Padre en *ustedes*, diciendo:

> *"Señor, Tú, eres digno de recibir gloria, y honor, y poder – porque Tú, has creado* TODO *– y para tu placer son, y fueron, creados"* (Revelación 4:11).

Ustedes están *percibiendo* la *Vida* Divina *Única*; ustedes están siendo *integrados* fuera de los *diversos* seres individuales que caminan sobre la tierra en formas *separadas – integrados* en el reconocimiento de *Un Único* Ser *Infinito*. Ya NO son más, un *ser separado*; AHORA ustedes son *Un Solo* Ser; ya NO son más, una sola *persona* – ustedes SON, EL Ser *Único*; y ustedes están *permitiendo* que La Voluntad de ese Ser, Se viva A Sí Misma, SIN conflicto alguno.

Y por un instante ustedes podrían *percibir* esto: que, si NO hubiera conflicto de voluntades en la vida de ustedes, entonces ustedes JAMÁS podrían *experimentar* problema alguno. Es La Voluntad DE Lo Infinito *en ustedes*, Aquello que constituye la *Perfección* – cuenta con el *Poder* para *mantener* esa Perfección; y, *si* ustedes fueran *capaces de eliminar* aquella voluntad que está en *conflicto* con La Voluntad DE Lo Infinito, entonces *descubrirían* que TODO cuanto ustedes *hacen*, se encuentra DENTRO de la Voluntad *Infinita* – NO habría entonces, más conflicto de voluntades; NO habría entonces, más *violación* a la Ley *Divina* – NI consciente NI subconscientemente – ustedes se *moverían* al Ritmo de: *Una Sola* Voluntad.

Me gustaría mucho *considerar* el *Quinto* Capítulo del *Libro de la Revelación*, pero temo que seamos atrapados en él, y resulta vital NO *separarnos* de esa manera. Entonces lo que haremos es, *revisar* lo que Juan nos ha *dado*.

Juan nos está *preparando* para *El Libro de la Vida* – de La *Realidad*, de La *Verdad*. Él, nos *conducirá* hacia ese *Trono*, y nos *mostrará* que, *dentro* de la Mano Derecha de Aquél que se *sienta en el Trono,* se encuentra *El Libro de la Vida.* ¿Y *quién* es digno de *quitárselo* de la Mano? –Y, de hecho, Juan está dirigiéndose a *cada uno* de **nosotros***.*

¿Podemos **nosotros** caminar hacia *la Mano Derecha del Padre,* y tomar *El Libro de la Vida* de Su Mano? ¿Qué *implica* eso? –Encontramos que NINGÚN ser *humano* sobre la tierra, es *capaz* de hacerlo – NI uno solo. **No** hay NINGUNO de nosotros, que *pueda* hacerlo – pudiéramos *decir* que *podemos* – pero NINGUNO de nosotros *puede moverse* hacia *la Mar de Cristal Perfecta,* y encontrar la *Realidad*: la *Vida* Eterna, la *Inmortalidad* reconocida y vivida, AHORA. *Sólo Uno puede*: El *Cordero.* Ese es un título extraño: El *Cordero. En medio de aquellos en el Trono, únicamente* ahí se encuentra el *Cordero,* de entre TODOS aquellos en la tierra que pudieran *alcanzar* la *Mano Derecha de Dios,* para *abrir* las páginas del *Libro de la Vida.*

Bien, ¿*qué* es aquello que nos están *diciendo* en *El Libro de la Vida*? ¿Se acuerdan en el *Templo,* cuando Jesús *expulsó* a los *cambistas,* y *sacó* a todos aquellos con sus rebaños de los llamados animales *sin* mancha, animales *sacrificados,* que eran *ofrendados*? –Hasta cierto punto, la *humanidad* ha estado *haciendo* sus sacrificios a Dios – *toda* clase de sacrificios – y la *humanidad* consideró que tal vez, *una décima parte,* constituía un sacrificio tan bueno, como para *hacerlo.* Sin embargo, *descubrimos* que: Dios, NO quiere corderos, NI diezmos, NI sacrificios – Dios, ESTÁ *Completo.* No hay NADA que *ustedes,* puedan *darle* A Dios – *absolutamente* NADA.

Pero El *Cordero* que *toma El Libro de la Vida* de la Mano DE Dios ES: El *Cristo* quien es *asesinado* en la tierra; El *Cristo* quien es *asesinado* en la tierra, al ser *rechazado* por la conciencia *humana.* Este *mismo Cristo* que es *asesinado* y *rechazado* por la conciencia *humana* es, El *Cordero* que *puede revelar* la Realidad. Y ese *Cordero Inmolado,* es contemplado *nuevamente* por Juan, *parado en medio del Trono.* Y ese Cordero *Inmolado* es, El Cristo DEL Ser de <u>*ustedes*</u>, *rechazado* por ustedes a través de sus muchas reencarnaciones. Ese Cordero *inmolado* tiene que ser *aceptado por ustedes, como ustedes, y convertirse* en El Cordero *Resucitado*.

El Cristo *Resucitado*, El Cristo *Reconocido* en ustedes, constituye El *Cordero* que *toma* el *Libro de la Vida*, **sólo**, DE la Mano *de* Dios. En otras palabras, ustedes JAMÁS *entrarán* en la Realidad, excepto *por medio* del *Cordero* – y el 'sacrificio', en lugar de ser una *paloma*, un *diezmo*, algunas *buenas obras* o alguna *filantropía*, requiere del *sacrificio* de: su *ser humano* **total**. El *sacrificio* de su *ser humano* implica, la *aceptación* de su Naturaleza o Ser *Divino*. Eso se *convierte* en El *Cordero Resucitado*: de *pie, extendiéndose, asiendo* la Realidad, la Verdad, la Identidad DEL Padre.

Tal vez ustedes *no* tenían la intención de *morir*, pero NO hay medias tintas. La *entrega* TOTAL de uno mismo, *continúa* en forma de *Iniciación*, hasta que el *Iniciado* atraviesa TODAS las *"Noches oscuras del Alma"*: voluntaria, gustosa, decididamente – para poder *obtener* el Premio *Supremo* de: El Cristo *Reconocido*. No queda más NADA de nosotros que *queramos*; pero nosotros *queremos:* el *Oro* que ha sido *"probado en fuego"*. *Nosotros* nos *convertimos* en El *Cordero* que *nosotros sacrificamos* – y esto se *convierte* en una *labor de Amor*. Esto constituye *el Camino* MÁS *angosto* que existe – y eso constituye la *consagración* de ustedes, a La Verdad de su Ser – en lugar de la *dedicación* de ustedes, a la *mentira*.

Cuidadosamente Juan está *sentando,* las *bases* para que la Naturaleza-*Cristo* de ustedes, sea *concientizada*. Porque en nuestro sentido *humano* de las cosas, hemos estado dispuestos a *detenernos* en *El Camino*; hemos estado dispuestos a *deshonrar* al Padre; hemos estado dispuestos a *establecer* 'nuestros *propios'* objetivos… y hemos *sufrido* debido a lo anterior. La *Senda* del Arco Iris, la *aceptación*, el RECONOCIMIENTO de que la mente de 'este mundo', esta *imitación*, este *hipnotismo masivo* que nos ha hecho *caminar* por la tierra como *carne,* como *sangre,* YA está *comprendida*. Y ustedes saben lo que se *entiende* ahora por *Sangre Divina*, porque ese *Trono*, que constituye la Voluntad DEL Padre, es *Sangre Divina*; y esa *Sangre Divina*, esa

Voluntad *Viviente*, se encuentra DENTRO de ustedes con Su *Poder*, con Su *Omnisciencia*, con Su *Gracia*, con Su *Amor*. Y a través de ese *Trono* ustedes son elevados hacia la Tierra del Amor *Perfecto*, de la Paz *Perfecta*, de la Visión *Perfecta*, de la Audición *Perfecta*, del Yo *Perfecto* – el "Tú" que siempre han sido, y que JAMÁS podría ser algo *menos* que *Perfecto*. De esa manera, 'Juan' está *rasgando* estos *Velos* – El Cristo *en* Juan, El Cristo *en* ustedes.

La próxima semana vamos a *entrar* en ese lugar de *La Tierra del Amor Perfecto*, donde estaremos *preparados* YA para *abrir* el *Libro de la Vida*. Esperábamos esta semana comenzar *a romper un Sello* o *dos*, pero aparentemente Juan tiene *otro* plan. Nosotros *debemos* estar *preparados* por medio de nuestra *Liberación* Interior, a *prescindir* de *la* voluntad *personal*.

¿Cómo van ustedes a lograr esa Liberación *Interior* a partir de ahora, y hasta la próxima semana? ¿Cómo pueden ustedes *reconocer* la voluntad *personal*? –Cuenta con tantos *disfraces*... – incluso se presenta como una '*impartición*', que fácilmente considerarían como *viniendo del* Padre. "¡Con toda seguridad ustedes piensan que esto que yo estoy haciendo, constituye la Voluntad *del* Padre!" ¿*Cómo* poder *notar* la *diferencia*?

–"Por sus *frutos* los conoceréis" (Mateo 7:20). Los *Ángeles* del Señor, esas Benditas *Imparticiones Internas*, conllevan sus *propias* 'señales'. ¿*Dudan* ustedes que esto sea una *Impartición del* Padre? Entonces pueden *estar seguros* que NO lo es. JAMÁS se presenta la *duda* cuando viene *del* Padre. Ustedes lo *saben* – cuenta con el *Anillo de la Autoridad*, así como con "*las señales que conlleva*" (Marcos 16:17, 20).

¿Les *preocupa* el fracaso? –No se *pre-ocupen;* ustedes, NO pueden *fallar*. El *éxito* YA ha sido *alcanzado* EN El Espíritu. "*Lo Mío* escuchará Mi Voz. Lo Mío vendrá hacia Mí" (Juan 10:4). AHORA nos hemos convertido en *Un Solo* Hogar DENTRO del Padre, y es nuestra *tarea* – de cada uno de nosotros – *vivir* en la *Integridad* de nuestra Propia Alma, estando abiertamente *receptivos* a la Verdad de *todos* aquellos quienes nos *rodean*.

No hagan de esto, algo *personal*; NO lo lleven al nivel de un "yo", *tratando* de ser Espíritu; o al nivel de un "yo", *tratando* de hacer que Dios, *entre* en *mi* ser – NO se limiten a la dimensión de las *formas*. Ustedes se encuentran *totalmente* tan *presentes* donde alguien más *pareciera* estar, como donde su propia forma *pareciera* estar.

No hay lugar alguno donde ustedes *no* se encuentren; NO hay lugar alguno donde *El Yo*, *no* esté – y *El Yo*, SOY el *Nombre* de *ustedes*. Comiencen a *levantar* el Velo en *todas* partes; y, a medida que *amplíen* su alcance de *receptividad*, las *imparticiones* serán: más *profundas*, más *frecuentes* y más *importantes* para ustedes. *Más* Luz irradiará *a través* de ustedes, para *bendecir* a quienes los rodeen.

Nosotros SOMOS, los Hijos DE la *Resurrección*. Nosotros estamos, siendo *conducidos* gentilmente hacia esa Conciencia que *camina* sobre esta tierra, *consciente* del Reino de la Luz, la cual puede *volverse* hacia un niño, hacia una nación, hacia una religión, o hacia un grupo político, doliente; y *mirar* a cualquiera de ellos, con el RECONOCIMIENTO que éstas, son *formas* que *ocultan* a los ojos *humanos*, El *Invisible* Cristo *Impecable*. Y sólo en eso *confiamos*: en El *Invisible* Cristo *Impecable* en **TODOS**. Nosotros, NO pertenecemos a ningún club que diga: "Los negros quedan *excluidos*". Nosotros, NO tenemos ninguna *restricción* que *no* sea: la *constante Integridad* A la Verdad DE Dios, en TODO – y, sobre TODO, la *Integridad* A la Verdad DE Dios, *dondequiera* que ustedes se *encuentren*.

Y ustedes también, *percibirán* su Arcoíris – encontrarán *abiertas* las Compuertas del Cielo en su propia Conciencia. En nuestra *fidelidad* A la Verdad, en nuestra *veracidad* A la Verdad, es que la Verdad *actúa* EN nosotros. Juan está *aquí* – tan solo *como* otro *precursor* de la *Nueva* Conciencia de ustedes, *como* el Hombre *Nuevo* que camina sobre la tierra.

Hay tantas cosas hermosas *por delante* para nosotros, las cuales SON *ciertas en este instante* – y eso constituirá nuestra Meditación *final*. Vivamos, EN Conciencia, DENTRO del Reino DE Dios *Terminado* sobre la tierra. No será 'mejor' mañana, porque AHORA

ES, *Perfecto*. Por favor capten esa idea dentro de ustedes – El AHORA ES: *Perfecto*.

Y en tanto *recorren* este Camino muy muy *estrecho*, ustedes *descubrirán* que se *abre* hacia Lo *Infinito en la tierra, tal como en El Cielo.*

Fue un *gusto* estar con ustedes hoy. Mucho está *aconteciendo* – de eso estoy muy *seguro*, en TODOS nosotros. Resultará muy *interesante* observar los *cambios* que están teniendo lugar en nuestras vidas *exteriores*, debido a esta Transformación *Interna* por la que TODOS estamos *pasando*.

Gracias por estar aquí.

CLASE 11

SECRETOS DE LOS CUATRO JINETES

Revelación 5:1 a Revelación 6:17

Herb: Se nos dice que *"Dios, es Luz; y que, en Él, no hay oscuridad alguna".*

Cuando ustedes *reconocen* también Que: **Dios es Todo**, entonces *saben* que Todo *tiene* que ser Luz, sin ningunas tinieblas. Y finalmente, a medida que dicha comprensión *profundiza* y *señorea*, los conduce hacia su *Iluminación, comprendiendo* que eso constituyó el *descubrimiento* de que, detrás de 'este mundo' de bien y de mal, aquí, en esta tierra, existe *'otro Universo'.* Dentro de esta nueva Conciencia, a medida que el *descubrimiento* del Maestro se convierta en el *descubrimiento* de ustedes, percibirán el mundo del mal *disolverse* como algodones de azúcar, frente a sus ojos. Entonces *contemplarán* la Creación *Divina* delante de ustedes, tal y como siempre ha sido. De esa *manera* fue como Juan fue *elevado* hacia ese Estado de Conciencia que hoy día puede *ayudarnos* a *comprender* la *Verdadera* Enseñanza *del* Cristo, traída a la tierra, para *levantar* todos *los velos,* y *contemplar* al Cristo, tal como Él, es.

Y Juan fue elevado hacia El Espíritu; y ahora, en su **Primera** *Visión,* percibimos, que él ve un Ángel.

"Y vi en la mano derecha de Aquél que estaba sentado en el trono, un libro escrito por dentro y por fuera, sellado

con siete sellos; y vi a un ángel fuerte proclamando a gran voz: ¿Quién es digno de abrir el libro, y desatar sus sellos? —Y ningún hombre, ni en el cielo ni en la tierra ni bajo la tierra, podía abrir el libro; ni siquiera mirarlo" (Revelación 5:1-3).

Nosotros contamos con el Padre, con el *Trono* del Padre, con alguien *sentado en el Trono*; y *en Su Mano Derecha tiene un Libro*. Y a cada uno de nosotros se nos dice: "¿Puedes abrir este *Libro*?" Y el Ángel dice: *"No; nadie en la tierra es digno"*. La Conciencia, que ES Dios, contiene Su Propia *Voluntad* Infinita, la cual constituye el *Trono* DE Dios. Y sentado en ese *Trono*, sobre la *Voluntad* Infinita DE Dios, se encuentra el *Poder* de esa Voluntad; y la *Mano Derecha* de dicho *Poder* constituye la *Perfección* de ese *Poder*; y en la *Perfección* de ese *Poder* hay un *Libro* – el *Libro de la Vida*, el *Libro* de la Realidad, el *Libro* de la Verdad – y nosotros, NO somos *dignos de abrir el Libro de la Verdad*. ¿Por qué?

Ésa es la pregunta que debemos *averiguar* hoy; ésa es la pregunta que nos hemos estado haciendo toda la vida. "¿Por qué *no* puedo vivir *en* el Reino DE Dios sobre la tierra? ¿Por qué no puedo *moverme y tener mi Ser* dentro de la Realidad? Si *no* existen el bien ni el mal, ¿por qué me encuentro *confrontado* con el 'par de opuestos'? ¿Por qué *no soy digno de abrir el Libro* de la Verdad? ¿Por qué *no soy digno de vivir* en la Verdad? ¿Por qué *no soy digno de experimentar* todo lo que la Perfección de Su Verdad implica?"

Y Juan dice:

"No había nadie digno de abrirlo. Así que lloré. Lloré mucho, porque ningún hombre fue encontrado digno de abrir y de leer el libro, ni siquiera de mirarlo" (Revelación 5:4).

Espiritualmente, cuando ustedes *lloran,* es porque se están **alineando** con la Voluntad DE Dios. Ustedes están *muriendo,* por *su* propia voluntad – de ahí *su llanto.* Y ahora Juan se estaba *alineando* con la Voluntad DEL Padre. Él estaba *crucificando* la voluntad *de* Juan – de ahí su *llanto.* Él estaba *deshaciendo,* en su *propia* Conciencia, TODOS los actos de *desobediencia* a la Voluntad DE Dios, que habían sido parte de su vida *humana.* El *llanto* implica: *deshacer* la naturaleza *humana* – *renuncia, redención, reconciliación* con la Voluntad DEL Padre. Y Juan, *aprendiendo* que **ningún** hombre podía *abrir el Libro de la Vida,* de la *Verdad,* de la *Realidad, hasta* que se hubiera *Unificado* CON la Voluntad *del* Padre, estaba pasando por ese proceso de ser Unificado CON esa Voluntad – y a eso se le llama *llanto.*

> "*Y uno de los ancianos me dijo: no llores, he aquí el león de la Tribu de Judá, la Raíz de David, ha prevalecido para abrir el libro y soltar sus siete sellos*" (Revelación 5:5).

Lo mismo acontece con nosotros – hay un momento en que nosotros, a través de nuestra *reconciliación* CON la Voluntad *del* Padre; a través de nuestra *mansedumbre y receptividad* a esa Voluntad, y *sólo* a esa Voluntad, por nuestra *anulación* de TODAS las acciones de *desobediencia* en el pasado, llegamos a un punto donde el *Anciano,* dentro de nosotros, dice: "**No** *llores;* has *anulado* el pasado. Tú, *eres Uno* CON la Voluntad *del* Padre; tú, *eres blanco como la nieve. No llores.* Mira, Uno está a punto de *deshacer los* **Siete Sellos**: *El León de la Tribu de Judá, la Raíz de David*". Y con esto está *enfatizando* la naturaleza *humana* de aquel llamado 'Jesús', *de la Tribu de Judá, la Raíz de David.* Esto se está diciendo a la raza *humana,* para que tal como fue llevado a cabo por otro ser *humano,* así *también ustedes* puedan llevarlo a cabo. Y este ser *humano* fue *bautizado* y *se* convirtió en *Jesús,* quien *manifestó* al

Cristo, siendo por ello llamado, *Cristo-Jesús* – tal como ustedes también serán llamados cuando *manifiesten:* al Cristo.

Y ahora, Aquel que va a *deshacer el Sello*, NO es Jesús, sino *El Cristo de* Jesús, el Maestro *Interior*. El Maestro *Interior* es quien va a *deshacer* las **Siete Barreras** que conducen hacia el Trono de Dios, que cada uno de nosotros ha estado *buscando*. Esto, por cierto, constituye la *Resurrección de* Juan – su **Primera Resurrección**.

> "*Y vi; y he aquí, en medio del trono y de los cuatro seres vivientes, y en medio de los ancianos, estaba un Cordero de pie, como inmolado, el cual tenía siete cuernos y siete ojos, que son los siete espíritus de Dios enviados por toda la tierra*" (Revelación 5:6).

Cada uno de nosotros, en nuestra *humanidad*, *inmolamos* al Cordero. El *rechazo* del Cristo constituye la *inmolación del Cordero*. El *desconocimiento* del Cristo *Interior*, del Espíritu *Viviente* de Dios; el *desconocimiento* de la *Identidad*; el *desconocimiento* del Universo *Espiritual*, TODO esto constituye *la muerte del Cordero*, que *cada* uno de nosotros llevamos a cabo *todos* los días. El Cordero está *vivo* DENTRO de nosotros, pero nosotros estamos *muertos* para El Cordero; NO está *reconocido* DENTRO de nuestra Conciencia. El Cristo, *vive* DENTRO de nosotros; pero nosotros, NO estamos *vivos* para El Cristo, *matamos al Cordero*. Pero ahora Juan *contempla* al *Cordero como inmolado*. Ese *mismo* Cristo que TODOS hemos matado como *humanos*, está *vivo dentro* de Juan – NO *inmolado*, sino *vivo* – *elevándose* a través de la Conciencia de Juan, para *abrir los Sellos*. El Cristo DENTRO de Juan, es Quien está *abriendo los* **Siete Sellos**, tal como El Cristo, DENTRO de nosotros, es Quien *abrirá los* **Siete Sellos**.

Entonces El Cordero se *avivará* DENTRO de nosotros, y *proclamará*: "El Yo, *Soy* la Resurrección (Juan 11:25); El Yo, *Soy* el que estuve muerto, pero que ahora vive por *siempre*. El Yo, *Soy* Él, en medio de ti, a Quien, en un principio, NO *reconociste*; pero ahora estás *reconociendo: Mi* Presencia, *Mi* Poder, *Mi* Voluntad, *Mi* Perfección. Ahora que estás viviendo bajo una Perspectiva *Unitiva* escondido DENTRO del Cristo, es que El Cristo DENTRO de ustedes, abre las **Siete** *Compuertas* que conducen hacia El Reino de los *Cielos* sobre la Tierra". Esto es lo que constituye el *proceso* llamado: **Primera** *Resurrección*, en Juan; esto es lo que constituye la *entrada* al **Cuarto** Cielo o **Cuarta** Dimensión de Conciencia, a la cual llamamos: *Iluminación*.

Así pues, DENTRO de cada uno de nosotros se encuentra El Cristo, *esperando* nuestro RECONOCIMIENTO – **no** de *palabra*, sino nuestra *receptividad* y *obediencia* – nuestra *habilidad* para *seguir* los Pasos *del* Cristo, *del* Pastor *Interior*, el cual *restaura* nuestra Alma. Este volvernos hacia el *Interior*, constituye El *Camino*; y ahora, para Juan, está *demostrando* ser: el **único** Camino. Le *muestra* que, el mensaje DEL Cristo en la tierra, *sólo* es recibido por quien *entrega* TODA su vida a "El Yo, El *Cristo*", El Padre *Interior*, Quien ES *Poderoso*, Quien ES *Mayor* que aquel que *camina* sobre la tierra. Y "El Yo, El *Cristo*", El Padre *Interior*, ES Quien *lleva a cabo* TODO; Quien *mueve* montañas, Quien *divide* el Mar Rojo, Quien *hace llover el Maná oculto* desde el Cielo. El Yo-Cristo DENTRO de ustedes, Estoy SIEMPRE dispuesto para *abrir los* **Siete Sellos**, y para *conducirlos* hacia el *Reino de los Cielos sobre la tierra*. Nieguen su personalidad, *tomen* su cruz, *crucifiquen* TODO aquello que *no* sea DE Dios, y *Síganme*. Y Juan está llevando a cabo *exactamente* eso – su llanto ha *cesado*. Se le ha dicho que ya NO *deshaga* – él, ha *deshecho* TODA la naturaleza *humana* de su *pasado*. Ahora él está a punto de *convertirse* en: un Hijo DE La *Resurrección*.

> *"Y en medio de los ancianos, estaba en pie un Cordero como inmolado, el cual tenía siete cuernos, y siete ojos, que constituyen los siete Espíritus de Dios, enviados a toda la Tierra"* (Revelación 5:6).

Los **Siete** *Cuernos*, pues, representan la *Fortaleza Perfecta*, La *Omnipotencia*. Los **Siete** *Ojos* representan La *Omnisciencia*. El **Siete** implica *siempre* la *Compleción*. Sólo DENTRO del Cristo se encuentran la *Omnipotencia* y la *Omnisciencia*. Nosotros somos *sacados* fuera de lo *finito*, hacia la *Omnipotencia* – los **Siete** *Cuernos*; hacia la *Omnisciencia* – los **Siete** *Ojos*, sólo cuando nos encontramos en un Estado *Consciente* de *Naturaleza*-Cristo; de Identidad *Espiritual, Indivisa*.

> *"Y el Cordero vino, y tomó el libro de la mano derecha de Aquél que estaba sentado en el trono"* (Revelación 5:7).

Así es como le *aconteció* a Juan – le *aconteció* a Jesús que *"El Yo, y el Padre, Uno somos"* – y Juan *percibe* esa Unicidad *como* Dios, El Padre **y** El Yo, Juan, estando aquí *unidos* en esa Unicidad debido al Cristo *Interior*. Juan se encuentra DENTRO del Cristo; El Cristo se encuentra DENTRO del Padre – *"El Yo, y el Padre, Uno somos"*. Y eso constituye la *Promulgación* del Cristo *Interior*, al abrir el *Libro de la Verdad*, para que la Voluntad, la Perfección, el Poder **y** el Amor DEL Padre, puedan *fluir* DENTRO de ustedes, *a través* del Cristo de *su* Ser. El Cristo en *ustedes*, recibe la *Totalidad* del Padre. Y ustedes, al *recibir* **y** al *reconocer* al Cristo DENTRO de ustedes como su *Identidad*, están *recibiendo* la Totalidad DEL Padre, **y** son *llevados* bajo el *señorío* DE Dios.

> *"Y cuando hubo tomado el libro, los cuatro seres vivientes y los veinticuatro ancianos se postraron delante del Cordero, teniendo cada uno, arpas y tazones de oro llenos con perfume, lo cual constituye las oraciones de los santos"* (Revelación 5:8).

Conforme El Cristo es *reconocido* en *ustedes*, entonces cada Faceta de *su* Ser es *alineada*, y esto es lo que constituye a los *Ancianos*, a los *Santos*, postrados. Existe una *Unicidad*: una Mente

Única, una Sustancia *Única*, un Ser *Único* – la Cadena Completa de *Mando* está establecida en una *Unicidad*. Y en esta *Filiación* o Unión *Consciente* CON El Padre, cada *faceta* del Ser de ustedes se encuentra bajo la Voluntad, la Perfección y el Poder DEL Espíritu *Infinito*. Ahora bien, *Sus Arpas y Tazones de Oro llenos con Perfume*, implican que ahora, ustedes *son:* un *Instrumento* para Lo Infinito; ustedes han sido *Unificados* con El Padre; ustedes han *tomado el Libro de la Vida de la Mano Derecha de Aquél que se sienta sobre el Trono*, en la Conciencia *de* Dios. Y las *Arpas representan* los deseos; y los *Tazones de Oro llenos con Perfume, representan* las obras que *ahora* llevamos a cabo – La Voluntad *Divina* y las Obras *Divinas*, han sido *ejecutadas*. Ustedes, *glorifican* AL Padre – éste es el *Hombre Nuevo*, la *Nueva* Conciencia, el ideal del Hombre-*Cristo* que camina sobre la *tierra*, la cual constituye el *destino* para cada hombre. "*Porque El Yo, voy a Mi Padre; y a vuestro Padre* – El Yo, El Cristo del Ser de *ustedes*".

> "*Y cantaban un nuevo cántico, diciendo: Digno eres de tomar el libro y de abrir sus sellos; porque tú, fuiste inmolado; y con tu sangre, nos has redimido para Dios, de todo linaje, lengua, pueblo y nación*" (Revelación 5:9).

Este *Nuevo Cántico* ha sido llamado: el *Nuevo Cántico* de la *Resurrección*. Ésa es, la Nueva *Conciencia* que ya NO está sujeta a la *mente* de 'este mundo'. Esta Conciencia NO entona el *cántico* que el *mundo* canta acerca del bien y del mal. Esta Conciencia entona el *cántico* de la Verdad de que: Dios ES, TODO; que El Espíritu ES, TODO; *que, en Él, está La Luz; y que NO existe oscuridad alguna*.

Y la *Sangre* que ustedes *reciben* ahora, ya NO es más, una *imitación* de Sangre – es la *Sangre Verdadera*; es la *Sangre Divina*. La *Voluntad de* Dios constituye la Sangre *Divina*; y así como la *Voluntad* DEL Padre se derrama a través de *ustedes*, de la misma manera la Sangre *Divina* se derrama también por medio de *ustedes*.

Ustedes, NO pueden llevar a cabo esto, con *rituales*, dogmas, NI con *palabras*; ustedes pueden *adherirse* a todos los movimientos que existen, pero éste es, el ÚNICO Bautismo que les trae la *Verdadera Sangre Divina*. Nos fue dicho que ustedes *tienen* que renacer de *Agua* y de Espíritu. El *Agua* es símbolo de *Purificación* – la *Purificación* sólo llega a través de la Voluntad *del* Padre en ustedes. El *Bautismo* de la Voluntad *del* Padre en ustedes, nace del *Agua*.

Juan el Bautista bautizaba como *símbolo* de que *teníamos* que nacer del *Agua*. *Tenemos* que ser *purificados*, al recibir Sangre *Divina*. Y por medio del *Cristo* en ustedes, la *Voluntad* **del** Padre *fluye*, *purificando* su sentido completo de *humanidad*; *purificando* la *creencia* en la mortalidad. Toda *familia* y *nación* – TODO aquello que NO provenga del Padre, es llamado: *familia y nación*. Y así ustedes toman el *señorío* sobre TODO aquello que NO proviene *del* Padre, a través de la *Voluntad* DEL Padre, la cual *fluye* por medio del *reconocimiento* del Cristo del Ser de *ustedes*.

"*Y nos has hecho para nuestro Dios, reyes y sacerdotes; y reinaremos sobre la tierra*" (Revelación 5:10).

Al ser capaces de *recibir* la *Voluntad* DEL Padre por medio del *Cristo* en ustedes, se convierten en un *Rey sobre la tierra*, un *Sacerdote de* Dios. Ahora se encuentran DENTRO del Reino *de* Dios, trabajando *como* un *Rey* dentro del Reino, y por la *Voluntad del* Padre que *fluye* a través de ustedes, en Inspiración *Directa* – ustedes son un *Sacerdote **de*** Dios, recibiendo *directamente* desde El Padre Interior, esa Verdad que ustedes pueden *derramar* como una *bendición*, para quienes los *rodean*.

Ahora debieran ustedes *comprender* la diferencia que tenemos ante nosotros, entre un *Sacerdote **de*** Dios, el cual ha *recibido* al Cristo *Interior*, estando así, en *unión consciente* CON El Padre, y nuestra imitación *humana*, la cual NO ha recibido la Voluntad NI la Inspiración *Directa **del*** Padre. Y TODO sobre la tierra se encuentra en proporción *directa* al hecho de *si* hemos *recibido* una

Impartición *Interna Directa*, o si tan solo estamos *repitiendo*, al *leer* las palabras de la Biblia.

Ahora se nos dice que nuestra *Senda* hacia *el Libro de la Vida*, hacia la *Realidad*, NO es a través de las palabras que *repetimos, leemos o escuchamos*. Hay un Camino *Único, Estrecho* y *Perfecto* – y **sólo** eso constituye *El Camino*. *El Cordero* en ustedes, <u>tiene</u> que *moverse* a través de la Conciencia *de ustedes*, y *tomar el Libro*, de la *Mano del Padre* – NO hay otra *manera*. Entonces ustedes se *convertirán* en un *Rey sobre la tierra*, en un *Sacerdote* **de** *Dios*. Y NO tienen que *utilizar* sombrero O una vestimenta *especial* para ello; ustedes NO tienen tampoco que *pertenecer* a ninguna Orden *Sagrada* – ustedes se encuentran *ungidos* desde el *Interior*. De esta manera ustedes *abren el Libro de la Verdad dentro* de <u>su</u> propia **Primera** *Resurrección*.

"*Y miré, y entonces escuché la voz de muchos ángeles alrededor del trono, de los seres vivientes y de los ancianos; y el número de ellos era diez mil veces diez mil, y miles de miles*" (Revelación 5:10).

Ahora la voz de *ustedes* es *unida* a las de <u>su</u> propio Hogar, para convertirse en *Una Sola Voz*: la Voz *Viva* DEL Padre Mismo. TODOS unidos en *un Único* Hijo, en el RECONOCIMIENTO de ser: *Coherederos en Cristo*. Ustedes *descubren* que NUNCA estuvieron 'solos' – eso NO es posible; ustedes *descubren* la Identidad del Ser *Único* – ese *Único* Ser *Infinito* en quien TODOS somos Uno. Ésa es la *actividad* hacia la cual, TODOS nos estamos *moviendo* ahora, rápidamente.

"*Diciendo en voz alta; digno es El Cordero que fue inmolado, para recibir poder, riquezas, sabiduría, fuerza, honor, gloria y bendiciones*" (Revelación 5:12).

Ahora bien, he ahí los **Siete** *Frutos del Espíritu*, pero… ¿Quién los recibe? ¿Quién es digno de recibirlos? –*Digno* ES: *El Cordero*.

Estábamos *buscando* UNO sobre 'esta Tierra' que fuera *digno* de abrir el *Libro de la Verdad*, pero **ninguno** era *digno*, tan solo *El Cordero*. Y *sólo El Cordero* es quien *recibe* los *Frutos del Espíritu*. ¿*Y dónde* nos deja todo eso? –Nosotros debemos estar *vivos* en la Conciencia-*Cristo*; nosotros debemos *estar* en la Conciencia-*Cristo*. Porque la Conciencia-*Cristo* constituye *El Cordero*. Y *sólo* la Conciencia-*Cristo* es digna de *recibir* Poder. Coloquen la palabra Espíritu *detrás* de cada uno de estos *Frutos,* para recibir el Poder *Espiritual*, la Riqueza *Espiritual*, la Sabiduría *Espiritual*, la Fuerza *Espiritual*, el Honor *Espiritual*, la Gloria *Espiritual*, las Bendiciones *Espirituales*. DENTRO de la Identidad *Espiritual*, ustedes reciben la TOTALIDAD de los **Siete** *Espíritus* DEL Padre – y entonces ustedes son *honrados* y *glorificados* EN Cristo.

> "*Toda criatura que está en el Cielo, sobre la Tierra, y debajo de la Tierra; y todo aquello que se encuentra en la mar, y todo lo que en ellos está, oí decir: Bendición, honor, gloria y poder para Aquel que se sienta sobre el trono*" (Revelación 5:13).

Y *recuerden* que: *Aquel que se sienta sobre el Trono, constituye el Poder Omnipotente de la Voluntad del Padre.* Y *cuando* ustedes *honran* el Poder *Omnipotente* de la Voluntad *del* Padre, entonces ustedes están *admitiendo* esa *Omnipotencia del* Padre en TODAS partes, la cual les *garantiza* que *Aquel en quien hay Luz*, y nada más, ES tan *Omnipotente*, que la oscuridad JAMÁS podrá ser. Estamos *aprendiendo* a mirar las *apariencias* de 'este mundo', pero a *honrar* a *Quien se sienta sobre el Trono;* estamos aprendiendo a *honrar* al Cristo *Invisible*, la Luz en la cual NO hay oscuridad alguna, *como* la Presencia TOTAL del Padre sobre la Tierra. Honrar **y** pagar tributo al Cristo es, *aceptar* que Dios ES, todo; que Dios ES, Luz; y, por lo tanto, El Cristo siendo la *Identidad* del Hombre, la Imagen **y** Semejanza *Divinas,* la Luz *del* Padre, entonces la Identidad *Espiritual* constituye **mi** Identidad – El Yo, **Soy** esa Luz.

El cambio de Conciencia implica *saber* que NO hay ser *material* alguno. El Cristo, NO es ser *material*. Honrar al Cristo constituye esa gran *capacidad* para *levantarse* de la tumba del "yo" *personal*.

El *vislumbrar* al Cristo EN ustedes, ese *primer Despertar Glorioso*, los deja a ustedes con esa gran y apasionante idea de que, *ahora, reinaremos* – el mundo se vuelve más *brillante*; la *Esperanza* se *eleva* por *dentro*. Sabemos que TODA la oscuridad que hemos encontrado NO ha sido más que un *espejismo de los sentidos*. Comenzamos a *percibir* posibilidades JAMÁS *imaginadas* por la mente *humana*. La **Primera** *Resurrección,* para Juan, ha *acontecido*.

"Y los cuatro seres vivientes decían: Amén; y los veinticuatro ancianos se postraron sobre sus rostros, y adoraron a Quien vive por los siglos de los siglos" (Revelación 5:14).

Ustedes han *captado* una *visión preliminar* de *ustedes* mismos, y a medida que se *esclarezca su* visión, la visión de Juan continúa; y ahora el **PRIMER SELLO** ha sido *parcialmente* abierto, al mostrarnos las Capacidades *Completas* que nos esperan – los *Siete Espíritus*, la Sabiduría *Espiritual*, la Riqueza *Espiritual*, el Honor *Espiritual*, la Gloria *Espiritual* y las Bendiciones *Espirituales* – el Espectro *Completo* de la Divinidad.

Y eso nos conduce a la parte más *desconcertante* de la visión: los **Cuatro** *Jinetes del Apocalipsis*. Bien pudieran ustedes decir, ¿Por qué hemos de escuchar otra vez una *historia* acerca de **Cuatro** *Jinetes* que entraron a la *mente* de un hombre, cuando éste *tuvo una visión*? Resulta posible que ustedes hayan *leído* muchas de las *versiones* de las Escrituras, con distintas *interpretaciones* de las Escrituras de muchos teólogos eruditos. Bueno, hemos tenido esos **Cuatro** *Jinetes* en la Biblia desde que existe este *Libro de Juan*. Finalmente, *luego* de que este *Libro* fuera 'aprobado' como parte de la Biblia, se *imprimió* durante los siglos cuatro o cinco; y, a pesar de los **Cuatro** *Jinetes*, a pesar de todas las palabras que se han escrito acerca de ellos, todo cuanto ustedes tienen que *hacer* es, *abrir* sus ojos, y *mirar* hacia el mundo – ahí pueden *contemplar* que los **Cuatro Jinetes,** NO nos han hecho *ningún* 'bien', aunque se *suponía* que para *eso* estaban allí – estaban ahí con un *propósito,* pues constituyen: *la Visión* **del** *Cristo, en Juan.*

¿Es *burlada* la Palabra DE Dios? O tal vez, los **Cuatro Jinetes** han sido como el *árbol* en el patio *trasero* – *estéril* durante todo el invierno, y de repente *en flor.* Estamos en la época en que los **Cuatro Jinetes** están a punto de *florecer,* y podemos *entender* su Poder *dentro* de nosotros; su *significado.* Ahora los *vemos,* a través de los *ojos* **de** *Juan* – de una manera *diferente*; NO de la *forma* como los *hombres* han escrito acerca de ellos, sino a través de los Ojos *del Espíritu.*

Sabemos que el **Primero** será este *Caballo* **Blanco***.* Y bien, esto es lo que deben aprender desde el principio: que los **Cuatro Jinetes** son, todos **y** cada uno de *ustedes.* **No** hay ninguna palabra acerca de los **Cuatro Jinetes,** que **no** *les concierna. Ustedes son*: los **Cuatro Jinetes,** y verán el por qué. **No** se refieren a la hambruna sobre la *tierra*; NO se refieren a la *guerra,* NO se refieren a la *peste,* y NO se refieren a un *hombre* sobre un *Caballo* **Blanco** – se refieren a <u>ustedes</u>. Y *tampoco* fue algo que 'a Juan' se le *ocurriera* – él, NO era un dramaturgo. Juan estaba en ese *Nivel de Conciencia* en el cual *percibió* la *misma* visión que otros habían percibido *anteriormente.*

Mucho de lo que *ustedes* escuchan **y** leen en la *Revelación de Juan,* acontece en un determinado *Nivel de Conciencia*; así, *Zacarías* percibió aquello que *Juan* percibió; lo mismo *Daniel*; *Ezequiel* percibió algo, y eso representan la *certeza* para ustedes, de que existe *un lugar en la Conciencia,* en el cual *ustedes* TAMBIÉN contemplarán a los **Cuatro Jinetes** – las *Visiones* del Cordero, el Halo Dorado, el Trono, que NO constituyen símbolos de la *tierra,* sino del Alma. Démosles un vistazo:

> "*Y el Yo, vi cuando el Cordero abrió uno de los sellos, y escuché, como si fuera el ruido del trueno, a una de las cuatro criaturas, diciendo: Ven; y mira*" (Revelación 6:1).

Ahora es *El Cordero*, El *Cristo*, Quien *abre* los **Sellos**. Esto representa la Conciencia-*Cristo* en <u>ustedes</u>, comenzando a *abrir un* **Sello** – *derribando* una 'Barrera' para su RECONOCIMIENTO de la Perfecta Armonía de la *Presencia de* Dios. Y cuando El *Cristo* en <u>ustedes</u> abre el **Sello**, entonces el *Ángel dice: "Ven; y mira".*

"*Y el Yo, miré, y he aquí un caballo blanco; y el que estaba sentado sobre él, tenía un arco; y le fue dada una corona, y salió conquistando, y para conquistar*" (Revelación 6:2).

Consideren un momento cuando la Verdad llegó *claramente* por *primera* vez a ustedes. Fue cuando se *montaron* sobre su *Caballo* **Blanco** – contaban CON la *Verdad*; contaban CON la *Corona de la Victoria* a su favor; contaban CON el *Arco*, contaban con un *Objetivo*, y NO podían *fracasar*. Estaban *encumbrados* más allá del *poder* de su *imaginación* – eran Lady Guinevere o el mismo rey Galahad corriendo hacia el horizonte, porque contaban con la *Nueva Verdad* – el RECONOCIMIENTO de cierto *poder* DENTRO de ustedes. Y esto es lo que acontece a <u>TODOS</u> en ese momento, cuando la Verdad *entra por vez primera*, y nos *libera* de la *prisión* de la mente *humana*. ¡Qué *sentimiento* más glorioso! Y tal como anteriormente se dijo, tenemos la *sensación* de que *reinaremos, seremos Reyes de la tierra, y Sacerdotes del Padre*. Así es como nos sentimos en ese momento, porque hemos visto que un Hombre *caminando* sobre la tierra, *hizo* milagros, y *dijo*: "¡Ven! Tú *puedes* hacer lo *mismo*; incluso *mayores* obras harás". Y claro que nuestro corazón *responde* – nos encontramos *cabalgando* hacia el atardecer, montados sobre un *Caballo* **Blanco**.

Se trata de TODA persona que comienza a *amar* la Biblia – quiere *salir* y ser *misionero*; quiere *difundir* la Palabra [el Verbo], las *Buenas* Nuevas. Así pues, ahora ustedes *creen* tener la *Llave* – pero tan solo es el **PRIMER SELLO**. Entonces miran, y he aquí, justo afuera de ustedes, desde su *Interior*, encuentran otro *Caballo* emergiendo. Y NO es algo que ustedes *quieran*, pero van a tener que *cambiar* de *Caballos*; van a dejar por completo ese *Caballo* **Blanco**, y ahora van a montar uno **Rojo**; y luego montarán uno **Negro**; y después un cuarto más, un Caballo **Pálido** o **Gris**. Comenzaron con un *Caballo* **Blanco** de la Verdad; con un *Arco* listo para *atinar* a cualquier objetivo; un *blanco*, un *blanco* perfecto – obtuvieron la *Corona de la Victoria*. ¿*Qué* aconteció?

Sobre el *Caballo* **Rojo**, hay otra *guerra* de jinetes; sobre el Caballo **Negro**, hay otra *hambruna* de jinetes; sobre el Caballo **Gris**, hay otra muerte de jinetes. Ustedes, sobre el *Caballo* **Blanco**, y *contra* su propia voluntad, SIN ningún *propósito* en mente, fueron *sacados* de allí, y se encontraron *montando* uno **Rojo**.

Una vez más ustedes fueron levantados, y se encontraron montando un *Caballo* **Negro** y después uno **Gris**. ¿Por qué *no* podemos *quedarnos* en el *Caballo* **Blanco**? Ése es el gran *Secreto* acerca de lo que está aconteciendo aquí. La *guerra* es ÚNICAMENTE *guerra*, aconteciendo DENTRO de ustedes; la *hambruna* es SÓLO hambruna, DENTRO de ustedes; la *muerte* es *muerte*, pero DENTRO de ustedes. *Cada* uno de nosotros tiene una *guerra*: una agitación, un malestar *interno*. El *Jinete* del *Caballo* **Rojo**, la *guerra*, es el malestar DENTRO de ustedes – y debido a la naturaleza de las *emociones* humanas. El *Jinete* del *Caballo* **Negro** es el *intelecto* de ustedes, su sentido de la *razón* y la *lógica*, su mundo de los cinco *sentidos* – es **Negro** porque NO está en la *Luz*; NO está en El *Cristo*, que constituye la *Luz*. Y el *Jinete* del *Caballo* **Gris** es la *creencia* de ustedes en la *materia*, su conciencia de *cuerpo*, de *forma*.

Entonces descubren que, aunque la *Palabra* les *fue dada,* **y** la han *aceptado, creyendo* en Ella y *adorando* a Dios, *galopando* en su *Caballo* **Blanco**, un poder *desconocido* se *mueve a través* de ustedes – se trata de la mente de 'este mundo', la cual los *hace descender* de su *Caballo* **Blanco**, hacia un lecho de *emociones*. *Emociones* que ustedes preferirían NO tener, como: envidia, celos, odio, temor y resentimiento – se trata de su *Caballo* **Rojo**. Ustedes NO *quieren* montar el *Caballo* **Rojo**, pero son incitados. Las cosas *suceden*; y, a pesar de la Palabra [del Verbo], ustedes *bajan* del *Caballo* **Blanco** de la *Pureza*, y se encuentran ahora en un *estado de reacción*. Por el momento NADA pueden *hacer* al respecto, porque NO se dan cuenta qué ha *sucedido* – se trata de la *mente* de 'este mundo', actuando *a través* de su mente, y *como* su mente. Dense cuenta, el **Segundo** *Caballo*, el *Caballo* **Rojo** constituye: el *comienzo* de la *revelación* del *hipnotismo* de la mente *carnal*, la cual los *aparta* a ustedes de la *Verdad* sobre la que ustedes *creían* que estaban *montando* – y ahora se encuentran *montando* sobre la *mentira*: se encuentran *convencidos* que hay 'algo' ahí *afuera* que "merece" su indignación, su ira, sus celos, su resentimiento... 'Algo' por ahí que a ustedes NO les *gusta*; 'algo' por ahí que tienen que *condenar*. Oh; pero *Dios es, Luz; y en Él,* NO *hay oscuridad en absoluto* – claro, eso está *olvidado*; eso fue *cierto* en el *Caballo* **Blanco**, pero NO ahora – existe una 'excepción' por ahí, 'alguien' por ahí que NO les *agrada*.

Así ahora se encuentran en su *Caballo* **Rojo** – *no* es tan malo; y junto con ello llega una ola de *pensamientos* de 'este mundo'. Ya NI siquiera están sobre un *Caballo* **Rojo**; ahora se encuentran DENTRO de la *fría* lógica de su *razón* y de su *intelecto*. Se encuentran sobre el *Caballo* **Negro**, el cual es todo lo *opuesto* al **Blanco**. Mientras que *comenzaron* con la Luz *Pura* de la Verdad, ahora se encuentran *razonando* por 'ustedes mismos'; están DENTRO de una conciencia *material* de cinco *sentidos*; están en lo *opuesto* a la Luz – ustedes han sido *engañados* por la *apariencia* llamada: materia, forma; ahora se encuentran *montados* sobre su *intelecto, convencidos* de que, con su mente, pueden *resolverlo todo*; con su mente, pueden *superar* este problema; con su mente, pueden *resolver* cualquier cosa. Y el **Cuarto** *Caballo*, el *Caballo* **Pálido**, el *Caballo* **Gris** es todavía más *difícil* de superar, porque implica la *aceptación* de 'este mundo' *físico* por parte de *ustedes*.

Ustedes comenzaron con la idea de *seguir* el *Mensaje* de Cristo-Jesús, pero la mente de 'este mundo' viene a ustedes como *creencias*, las cuales llegan como *Caballos*. El *Caballo* **Rojo** de la *emoción*, el *Caballo* **Negro** del *intelecto*, el *Caballo* **Gris** de la *creencia en la* *materia*. Las **tres** negaciones del HECHO de que Dios ES, **TODO**; que Dios ES, *Luz*; y que, EN Dios, NO hay *oscuridad* alguna – y esto representan <u>sus</u> **Cuatro** *Jinetes*. ¿En *cuál* de ellos se encuentran ustedes *montados*?

En ese lugar fue donde *apareció* un **Quinto** *Jinete* – en ese lugar fue donde *Cristo*-Jesús avanza a través del Ser de *ustedes*; donde El *Cristo* del Ser de ustedes, les revela un *nuevo* "Tú", un *nuevo* "Ser", una *nueva* "Identidad". Finalmente, el *Caballo* **Blanco** *vencerá* a los otros **tres**, como <u>su</u> Identidad *Espiritual* – sin embargo, **primero** *tienen* que *atravesar* por los *Actos de Purificación*.

Ustedes *tienen* que *vencer* al Caballo **Rojo** – las *emociones*; *tienen* que *vencer* al Caballo **Negro** – el intelecto, la *mente humana*, las *cinco creencias sensorias*; *tienen* que *vencer* al Caballo **Gris** – la *creencia* en la *materia*.

Y estas **tres** *Purificaciones* de los **Tres** *Caballos,* constituyen la *primera* parte de la *declaración* de Jesucristo: "*Tienen* que *renacer de agua*" – ustedes *tienen* que ser *purificados* de TODA *creencia* DENTRO de ustedes, que *niegue* que Dios ES, *Luz*; y que, EN Él, NO hay oscuridad alguna; ustedes *tienen* que ser *purificados* de TODA *creencia* que diga que Dios, NO ES TODO – *hasta* entonces estarán preparados para el **Quinto** *Sello* – NO antes.

Yo considero que aquí es donde nos *detendremos* un momento, y *repasaremos mentalmente* y en *silencio*, precisando *dónde* es que estamos *parados*. Ustedes SON, El *Cristo*; pero la *falsa* Conciencia de 'este mundo' los obliga a *reaccionar*: emocional, intelectual y físicamente. Mientras que El Cristo dice: "*Envainen* su espada; NO *reaccionen* ante el mal; *pónganse de acuerdo* con su adversario; El Yo, *Soy* el Camino; NO por *fuerza*, NO por *poder*, NO por *fuerza física*, NO *por poder mental*, NO por *poder físico* – sino por… Mi **Espíritu**, dice El Cristo ".

Así, la *purificación* de ustedes consiste en *confiar* en El *Invisible* Cristo DEL Ser; *conocer* la TOTALIDAD del Padre donde las apariencias *parecieran* estar; *mirar* de frente TODAS las formas de *reacción emocional* que ustedes tienen, y contemplarlas como:

una *negación* de la Presencia TOTAL del Espíritu DE Dios. Nuestra *fidelidad* ES, *para* El Cristo, NO para nuestras *emociones* – ahí es donde nos *negamos* a *nosotros mismos*; nuestra *fidelidad* ES, *para* El Cristo, NO para nuestro *intelecto* – ahí es donde nos *negamos a nosotros mismos*; nuestra *fidelidad* ES, *para* El Cristo, NO para nuestros *requerimientos físicos* – ahí es donde nos *negamos a nosotros mismos*.

¿Y *cuáles* son algunos de estos 'requerimientos' *emocionales, intelectuales* y *físicos*? *Físicamente*, el mundo ha tomado drogas, ¿cierto? Los *falsos* apetitos, el alcohol… ustedes NO pueden *montar* el *Caballo* **Blanco** de esa manera. *Emocionalmente*, tenemos 'nuestras' ambiciones; y ustedes saben que, *si* no fuera por una conciencia *física*, ¿a *qué* le *temerían*? –El *miedo* nace del hecho de que ustedes *creen* que 'alguien' puede *destruir* o *dañar* aquello que han *admitido* en su conciencia *física* – lo cual, en sí mismo, constituye una *negación* de la Identidad *Espiritual*.

Así pues, *en tanto* se encuentren montando los *Caballos* **Rojo**, **Negro** o **Gris**, estarán construyendo <u>sus</u> propias *barreras* para el Mensaje *Puro* del Cristo; *evitando* con ello *moverse* hacia *El Trono del Padre* para *recibir* desde el Poder de *Su* Voluntad, la Verdad *Perfecta* del Propio Ser de ustedes y del Universo que los *rodea*. El Plan *Infalible* de la Creación dice: "*Cuando te hayas purificado,* y *cuando hayas muerto diariamente, lo suficiente,* a esos **tres** *Caballos,* entonces *descubrirás* que tú has sido *sacado* fuera de la *agitación interior,* de la *hambruna interior* del Espíritu; tú has sido sacado fuera de esas cualidades *desemejantes* a Dios. Entonces *anularás* la ley del karma – te encontrarás *liberado".*

Ahora bien, ustedes tienen la *misma* inquietud *interior* que otros, y esta confusión *interior* se convierte en la guerra *externa* que el mundo experimenta. Así como estamos en bancarrota *espiritual* y hambrientos de nuestra propia *Alma*, de esa *misma* manera esta hambruna *interior* se convierte en la *hambruna* que el mundo experimenta en el *exterior*. Así como estamos *muertos* para El *Cristo* en el *Interior*, esa misma *muerte interna* se convierte en la verdadera *muerte externa*.

Guerra, hambruna y muerte; muerte por violencia; *muerte* por carencia, y *muerte* por muerte, son parte de la conciencia *interior* del hombre, *exteriorizadas*. No se exteriorizan, sino *hasta* que *primero* se encuentran DENTRO. Y cuando NO se encuentran DENTRO de nosotros, cuando nosotros estamos *en* Paz *Interior*, en la Paz-*Cristo*, en *Mi* Paz; cuando estamos DENTRO del Alma, en lugar de *dentro* de la mente; cuando la plenitud del Fruto *Espiritual* del Padre nos está *honrando, bendiciendo, glorificando* como SU Hijo, entonces la *ausencia* de estas cualidades de: violencia, hambruna, muerte, *dentro* de nosotros, ya NO pueden *exteriorizarse* para nosotros, **como:** guerra, hambruna **y** muerte, porque TODO aquello que puede *exteriorizarse* para nosotros, NO es más, que *nuestra propia* conciencia.

Pero si todo esto es *purificado*, entonces se *exteriorizará* como *Frutos* del *Espíritu*. Entonces ustedes verán que *realmente* se encuentran DENTRO de la **Cuarta Dimensión**. Para llegar al **Quinto, Sexto** y **Séptimo** *Sellos*, entonces ustedes <u>tendrán</u> que darse a la *tarea*, y *analizar* el grado en que han obedecido el Mandato: "RECONÓCEME **a Mí**, el Cristo, DENTRO de ti, en TODOS tus caminos". Pudieran considerar que 'ustedes' han *cumplido*, y probablemente lo hayan hecho hasta *ese* grado – han cumplido gracias 'a ustedes'. Pero en realidad 'ustedes', NO pueden hacerlo gracias 'a ustedes mismos' – ustedes <u>tienen</u> que RECONOCER **al Cristo** en TODO. Y ustedes, NO pueden *resentirse* con El Cristo; NO pueden *envidiar* al Cristo; NO pueden *indignarse* con El Cristo, NI *vengarse* del Cristo.

¿Se dan cuenta *cómo* '<u>sus</u> emociones' los *engañan?* Los llevan a *reaccionar...* ¿a qué? –Al Cristo, a la *verdadera* Cualidad en ustedes, que por Sí Sola *puede* descubrir los Secretos de la Vida. Así pues, *obedecer al Cristo* en nosotros, implica *desterrar* los disturbios *emocionales* de TODAS las falsas *creencias* de que "nosotros", a través de la mente *humana*, podemos *elevarnos* al Cielo; y de la *creencia* de que *aparte* del Espíritu, existe 'algo más'. –NO HAY NADA MÁS. Tan SOLO existe *MI* Espíritu – la TOTALIDAD DEL Espíritu constituye: la *gran Revelación*, la *perfecta Demostración de* Cristo-Jesús. Y conforme esto sea finalmente *aceptado* en suficiente medida DENTRO de ustedes, *encontrarán* que El Cordero EN ustedes, Se *eleva* para *abrir ese* **Quinto Sello.**

Hagamos una pausa ahora, y retornemos en unos momentos – habrá un intermedio de aproximadamente cinco minutos.

∞∞∞∞∞∞ Fin del Lado Uno ∞∞∞∞∞∞

¿Qué tal si *aclaramos* algunos de los puntos más relevantes, *antes* de avanzar en el *SEGUNDO SELLO*?

"*Entonces salió otro caballo, y era rojo – y se le dio poder a quien lo montaba, para quitar la paz de la tierra, y para que se mataran unos a otros – y le fue dada una gran espada*" (Revelación 6:4).

Ahora pueden ver, que NO se trata de *guerra* sobre la 'tierra' – se trata de guerra DENTRO de *ustedes* – *conflicto* de voluntad **con** El Padre Infinito. Y ese *conflicto* de voluntad DENTRO de *ustedes*, provoca esa *agitación interior* que ocurre en TODOS; y pueden *darse cuenta* por qué la *guerra* finalmente 'aparece', y por qué la Paz es, 'quitada de la tierra'. –*Nosotros* la quitamos de *nosotros mismos*; *nosotros*, NO podemos *exteriorizar* la Paz, porque NO la *tenemos* DENTRO de *nosotros*. De esta manera es como la Paz es, 'quitada de la tierra'.

"*Y cuando El Cordero abrió el tercer sello, oí al tercer ser viviente que decía: 'Ven, y mira'. Y miré un caballo negro; y el que estaba sentado sobre él, tenía una balanza en su mano. Y oí una voz en medio de los cuatro seres vivientes, que decía: 'Una medida de trigo por un denario, y tres medidas de cebada por un denario; y asegúrate de no dañar al aceite ni al vino'"* (Revelación 6:5-6).

Ahora, respecto al *Caballo* **Negro**, vemos que este 'jinete', este *intelecto*, esta *mente humana*, lleva un par de *escalas o balanzas*. Se nos dice que *cuando ustedes siembran para la mente, cosechan de la mente*. El *equilibrio interior* provoca a aquello que ocurre en el *exterior*; aquello que aparece *afuera* de ustedes es lo que acontece *adentro*. Ésa es la *balanza* – y *si* ustedes están sembrando para *la carne, entonces eso es lo que* ustedes *cosecharán*. Y *si* ustedes NO *siembran para el Espíritu, entonces* ustedes **no** *podrán cosechar frutos espirituales en el exterior*. Son ustedes quienes están *equilibrando su* propia *balanza*; están *cosechando* **sólo** *aquello que sembraron*. Ese es el significado de *la balanza y del trigo*: *Una medida de trigo por un centavo; tres medidas de cebada por un centavo*. En realidad, se trata de la *misma* declaración. Se les está diciendo que el karma es, un *contador perfecto* – aquello que *cosechan* corresponde **exactamente** a aquello que han *sembrado*; *reciben* aquello por lo que *pagaron*. *Si* el precio del trigo fuera muy *alto*, y *si* ustedes pagaran *mucho*, entonces obtendrían *mucho* trigo por ese precio. JAMÁS podrán *recibir* 'más' de lo que ustedes hayan *dado*.

La ley del karma hace los ajustes *perfectos*, aclarando aquí que *cualquier* cosa que *experimenten* en *su* vida, constituye la *correspondencia* **exacta** de aquello por lo que han *pagado*. Y el *pago* de ustedes se realiza a través de *su conciencia*, puesto que: *su conciencia* es aquello que se convierte en *su experiencia*. Ustedes cosechan *su* propia conciencia. Cuando ustedes siembran para el *Espíritu*, para el Cristo, entonces *esa Conciencia-Cristo se convierte en la cosecha* de ustedes. Repito: aquello que ustedes siembran; aquello por lo que ustedes pagan, *corresponde* a lo que ustedes cosechan. Y ése es el significado de la *medida de trigo*. NADA tiene que ver con *escasez*; NADA tiene que ver con una *epidemia de carencia*. Se trata de aquello que ustedes han atraído sobre ustedes *mismos* – eso es lo que *ustedes* experimentan; y si 'algo' falta en el *exterior*, es porque falta en el *interior* – la *bancarrota financiera* implica: *bancarrota espiritual*.

Por eso es que la *hambruna* monta este *Caballo*. La *mente* del hombre está *separada* de la *Mente* DEL Padre. Por eso es **incapaz** de *abrir el Libro de la Vida*; por eso es **incapaz** de *recibir el Pan de Vida*, y resulta *insuficiente*; y, en última instancia, provoca una *hambruna* dentro de *ustedes* – una *hambruna* **espiritual**, por lo que luego *ustedes* caminan alrededor de esta tierra expresando: *"Me falta esto,* **y** *me falta aquello"* – pero lo que **realmente** les *falta* NO es, lo material, sino que *ustedes* carecen de la Sustancia que podría haber 'hecho' lo material, *si* ustedes *hubieran estado* EN el Espíritu. Esta *bancarrota* **espiritual** constituye la *hambruna* que monta el *Caballo* **Negro** – la *ausencia* de Luz.

Y allí mismo dice:

"*Y no lastimes el aceite y el vino*" (Revelación 6:6).

Recuerden que las *cinco Vírgenes prudentes estaban aceitando sus lámparas*. Ellas NO se habían *olvidado* de *aceitar sus lámparas*, lo que significa que: *habían mantenido abierta su Conciencia al Cristo Interior*; estaban en un estado de *Unicidad* con *El Cristo Interior*; estaban recibiendo *Lubricación* Divina. El *Aceite* SIEMPRE se refiere a quienes son: *ungidos por el Espíritu*; lo mismo que el *Vino* – el *Vino* **del** Espíritu. No se trata tan solo de: la *Verdad de la Letra*, la *Palabra de la Verdad* que se *habla* con la lengua – eso es el *Agua*; en algunas ocasiones *Agua* significa eso, por lo que el *Agua* se *convirtió* en el *Vino:* para mostrarles que, *la Letra de la Verdad*, *debe* convertirse en las *Aguas Vivas*, en *El Espíritu de la Verdad* llamado: *Vino*.

Así pues, si ustedes están *observando* hacia el *Interior*, *descansando* en el Conocimiento del Cristo *Interior*, entonces se encuentran DENTRO del *Vino* DEL *Espíritu*. Ésa es la resultante o

Fruto del *Descanso Interior*. *Ungidos por el Aceite*, ustedes reciben el *Vino **del** Espíritu* – y entonces NO *experimentan:* carencia, hambruna, guerra, cosas de 'este mundo' – están *inmunes* a la ley del karma. Todo eso es *revelado* en estos símbolos del Alma.

Y la **Cuarta** Bestia, el **Cuarto** Caballo, constituye esta misma *Muerte*.

"*Y se le dio poder sobre la cuarta parte de la tierra, para matar con espada, y con hambre, y con muerte, y con las bestias de la tierra*" (Revelación 6:8).

YA NO hay *poder* alguno en la *muerte*; pero para *saberlo*, tendrían que *regresar* con el *jinete* sobre el *Caballo **Blanco***, pues ha cometido una gran cantidad de *torpezas* – salió a *conquistar conquistando*, y a *conquistar*. ¿*Qué* es aquello que iba a *conquistar*? ¿*A quién* iba a *conquistar*? Él creyó que *aceptaba* las *enseñanzas* **de** Jesús, pero *no* fue así – Jesús NO *enseñó* que hubiera *bien y mal* sobre la tierra; Jesús *enseñó* que: ***sólo*** *hay Luz*. Ahora bien, ¿*qué* es aquello que ustedes van a *conquistar*? ¿*Qué* es aquello que un *benefactor* va a llevar a cabo, cuando NO existe mal alguno allá 'afuera', para ser *beneficiado*?

Así pues, ahora estamos siendo *elevados*; la *purificación* se está *estableciendo*; estamos siendo *elevados* para *reconocer* que JAMÁS se le puede 'negar' la *Paternidad* DE *Dios* a *ningún* individuo sobre esta tierra. Dios ES, El Padre de TODO individuo sobre esta tierra; de TODA bestia del campo; el Padre de TODO lo que *vive*. Y "NO llamen 'padre' a *nadie*, excepto al *Uno*, Quien es su *Padre en los Cielos*".

Bien, en el instante en que se hayan 'volteado', *negando* la Paternidad DE Dios para *cualquier* individuo sobre esta tierra, en ese *mismo* instante habrán *descendido* del *Caballo **Blanco***. Ustedes NO pueden odiar, SIN odiarse a sí mismos; ustedes NO pueden odiar, SIN negar la Omnipresencia DE Dios. Y en el instante en que ustedes *se odiaran*, en ese mismo instante estarían *negando* que Dios es, su Padre, ya que no pueden *odiar* al Hijo DE Dios.

Y *si* Dios no *fuera* su Padre dentro de **mi** Conciencia, entonces ese juicio que 'les adjudico', **me** es *devuelto*. En el instante en que hubieran encontrado un *lugar* donde Dios *no* estuviera, en ese instante estarían *montando* sobre uno de los otros **tres** *Caballos* experimentando: guerra, hambre o muerte.

"*Hasta con el menor de éstos, mis hermanos*", el Yo, *tengo* que *percibir* que Dios ES, el Padre **de** TODOS. ¿Y por qué Dios ES, el Padre de TODOS? –Porque el *único* Hijo DE Dios ES, el Cristo *Infinito*, el cual *camina* sobre la tierra, AHORA. *Si* yo mirara *más allá* del Cristo de *ustedes*, hacia una 'persona', entonces estaría *negando* la Paternidad DE Dios; estaría *negando* la Presencia **y** la Totalidad DEL Espíritu – estaría *perpetuando* **mi** *propio* sufrimiento; **me** estaría condenando *a* **mí** *mismo* – NO a *ustedes*. NO existe *poder* alguno en **mi** condena, hacia *ustedes* – "*yo*" soy quien está *condenado*. Y cuando *ustedes* condenan a 'otro', entonces *literalmente se* están condenando a *ustedes* mismos; *se* están *saliendo* del Círculo **del** Cristo. Y, por supuesto, al *Cordero*, Quien ES el *Cristo* de ustedes, son *ustedes* quienes lo están *asesinando* nuevamente, quienes lo están *crucificando* tal como en la antigüedad, tal como TODOS en el mundo lo han estado haciendo día tras día, hasta el *momento* del RECONOCIMIENTO, de que El Padre, *dentro* de *uno* mismo, constituye el *verdadero* Cristo de *nuestro propio* Ser.

Cuando la *Purificación se arraiga*, cuando se *establece* dentro de *ustedes*, entonces *ustedes* se *dan cuenta* por qué era *necesario* caminar DENTRO de la Identidad del Espíritu, en la *aceptación* de que la *Perfección* ES, *Omnipresente*; en la *aceptación* de que el Amor ES, *Omnipresente*; en la *aceptación* de que la Belleza y la Armonía SON, *Omnipresentes*; en la *aceptación* de que la Gracia ES, *Omnipresente* – porque *sólo ahora* se dan cuenta que están *recibiendo* y *aceptando*, las *Enseñanzas* de quienes se han *adelantado* hacia un Estado *Superior* de Conciencia; *sólo ahora* comienzan a darse cuenta que se ha *ejercido* una *Fuerza* para *sincronizar* el Reino *Invisible* con lo *visible*. El *desbordamiento* de ese Reino *Invisible* sobre la tierra hacia *su* Conciencia, constituye la *recepción* de la

Palabra de los Ángeles; de aquellas Almas que se han *ido* a un Estado *Superior* de Conciencia a quienes Juan describe ahora, como: laborando *siempre* para *elevarnos* a Su Reino, sobre la *tierra*.

Entonces este es el comienzo del **Quinto** Sello.

"*Y cuando abrió el quinto sello*" (Revelación 6:9) ...

– se trata del Cordero DE Dios, El Cristo DENTRO de ustedes, Quien abre el **Quinto** Sello.

"*Yo, Juan, vi debajo del altar, las almas de los que habían sido muertos a causa de la Palabra (Verbo) de Dios, y así como por el testimonio que tenían*" (Revelación 6:9).

Habiendo sido muertos por la Palabra (El Verbo), significa que, en su *humanidad*, *aprendieron* a *alinearse* con la Voluntad DEL Padre, *muriendo* al sentido *personal* – así es como *fueron muertos* – muriendo a la voluntad *personal*; muriendo a la ambición *personal*; muriendo al deseo *personal*. Al *unificarse* con la Voluntad DEL Padre, *fueron muertos* – entraron al Estado de *Transición;* murieron al *falso* sentido de *sí mismos*, y fueron *nacidos* DEL Espíritu, e hicieron su '*transición*', caminando *a través* de la *experiencia de la muerte*, SIN ser 'tocados'. Y ellos, *contemplados* por Juan DESDE la Conciencia *Superior*, fueron percibidos como: *las Almas bajo el Altar*.

"*Y ellos clamaban a gran voz, diciendo: ¿Hasta cuándo Señor, santo y verdadero, no juzgas y vengas nuestra sangre en aquellos que moran sobre la tierra?*" (Revelación 6:10).

Ellos querían *saber* por qué *todavía* existen: odio, violencia, guerra, hambruna y muerte sobre esta tierra. *Si* ellos *murieron* a su *personalidad*, entonces, ¿por qué? Y *si* ellos se *esforzaron* tanto por brindarnos esta *Inteligencia* de una Vida *Superior*, entonces, ¿por qué *seguimos* en la ignorancia? Y ése, es el *significado*. Dentro de ustedes, el Ser *Superior* está *dispuesto* a elevar al *ser inferior* – pero el *ser inferior*, por alguna 'razón', NO está *listo*.

Y la Voz responde:

"*Y túnicas blancas les fueron dadas a cada uno de ellos; y les fue dicho que debían descansar un poco más, hasta que también sus consiervos y hermanos, que debían ser muertos tal como ellos lo fueron, estuvieran preparados*" (Revelación 6:11).

Es decir, la *Impartición Superior*, la *Revelación Divina*, NO puede llegar a ustedes, *hasta* que hayan *alineado su* voluntad *con* La DEL Padre *Interior*. *Cuando* ustedes hayan *alineado su* voluntad con La DEL Padre, *entonces* se dice que serán 'asesinados'. Ustedes estarán *muertos* a la voluntad *personal*; y después, DENTRO de la Voluntad *Única*, las *Imparticiones* Superiores de la *Revelación* se moverán *a través* de ustedes, *desde* aquellos que han ido *por delante*, hacia una Conciencia *Superior*.

Recuerden siempre que: *matar* y *asesinar*, son términos *simbólicos* para el "morir a diario" a la voluntad *personal*, al sentido *personal* del "yo"; un "yo" *separado* que camina sobre la tierra, *separado* y *apartado* de alguien más *separado* – TODOS nosotros, caminando *separados* de un Dios. Y esa *sensación de separación*, unos de los otros, **y** de Dios, *sólo* comienza a *detenerse*, a medida que *aprendemos* a convertirnos en **Una Sola** Voluntad, *una* voluntad *con* la Voluntad *Perfecta* DEL Padre.

Ahora bien, hasta este punto del **Quinto** *Sello*, aquellos de nosotros sobre la tierra, NO hemos *alineado* del todo *nuestra* voluntad con La **del** Padre, por lo que NO *hemos muerto* a nuestro "yo" *personal*. Así pues, el **Sexto** *Sello* NO se puede *abrir*. El Reino

Invisible **NO** puede *sincronizarse* con lo *visible*. Las bendiciones de aquellos en la Conciencia *Superior*, **NO** pueden *desbordarse* DENTRO de *nuestra* conciencia.

Pero a medida que *aprendemos*, el **Sexto** *Sello* es abierto.

> "*Y miré cuando Él abrió el sexto sello; y he aquí, hubo un gran terremoto. El sol se volvió negro, como tela de silicio; la luna se volvió como sangre*" (Revelación 6:12).

Antes que toda esta 'violencia' comience, <u>tienen</u> que mirar aquí la *simbología* del Alma muy *claramente*. *Cuando* la Voluntad ***del*** Padre **y** la ***de*** ustedes son *Una*; cuando se *abandona* el "yo" *personal*; cuando la *Purificación* ha tenido efecto para que <u>ustedes</u> ya ***no*** sean más un *títere* para la mente de 'este mundo', la cual *introduce* a través de *ustedes*: las *emociones*, las creencias *sensorias*, los *conceptos*, las *apariencias*, las *imágenes* que 'creen' que debieran *cambiarse*; cuando <u>ustedes</u> se encuentran en cierta medida *redimidos* de las *falsas* creencias de los sentidos; *cuando* la Sangre Divina *fluye* a través de <u>ustedes</u> como la Voluntad *Viviente **del*** Padre, *abriendo* el **Sexto** *Sello*, entonces el *mayor* 'shock' de su experiencia tiene lugar – deberían estar *preparados* para ello. Aquí se describe *todo* este 'shock' como: un *terremoto*.

Ahora bien, **NO** se trata del *fin* de 'este mundo' en absoluto; TAMPOCO se trata de un gran *presentimiento* acerca de esto, tal como lo afirman aquellos que toman *literalmente*, a 'la letra', La Palabra (Verbo). TODO, hasta este momento y de alguna manera, *no* ha sido más que la *aceptación* de un mundo *material*. Oh sí; nosotros podríamos *tratar de* **creer** que: *no* somos seres físicos, sino Espíritu – pero AÚN *dependemos* del sol para *calentarnos*, de las estrellas para *iluminar* la noche. Existen ciertas cosas acerca de 'este mundo' físico, *arraigadas* tan profundamente DENTRO DE nosotros, que, ahora, cuando llegamos a la *Verdadera Iluminación*, descubrimos que **NO** existe *realidad* alguna en el *mundo físico*;

descubrimos la *cándida ilusión* de lo *material* – y el resultado es tan *impactante*, que es descrito aquí, como un *terremoto*.

Observen que todo aquello que consideramos *permanente* y *seguro* en 'este mundo' – ahora *percibimos* A TRAVÉS de todo *eso*. *Eso*, NO se *destruye*, tal como lo consideran aquí los **no**-iluminados; *eso*, NO se *destruye* en absoluto – pero *aprendemos* que ya NO *dependemos* más de todo *eso*; que *percibimos* A TRAVÉS de *eso*. Y cuando *percibimos* A TRAVÉS de aquello que considerábamos *permanente* **y** *seguro* en 'este mundo', entonces *reconocemos* la *mentira* de su *supuesta* existencia – y la mentira que *reconocemos* es descrita aquí. Ésa es la razón por la que, en el **Sexto** *Sello, hubo un gran terremoto* (Revelación 6:12).

Se trata del *derrocamiento* TOTAL de la conciencia-*material*. "*El sol, se volvió negro como tela de silicio; la luna, se convirtió en sangre*" (Revelación 6:12). Ya NO *dependemos* más, de la luz *constante* del sol – <u>nosotros</u> SOMOS: la Luz.

> "*La luna, se volvió toda como sangre; las estrellas del cielo, cayeron sobre la tierra*" (Revelación 6:12, 13).

Ustedes saben *cómo*, la *precisión* **y** el *orden*, constituyen la *regla*, la *norma* **de** los Cielos. Las estrellas se *mueven* de *cierta* manera; NO sólo *una* estrella de la Osa Mayor se *mueve*, sino que la Osa Mayor **completa** se *mueve* – SIEMPRE están ahí, *moviéndose juntas* – existe una cierta *precisión*. El astrólogo bien puede decir en un instante *qué, dónde, y cuándo*, será; pero ahora *las estrellas* se *caen del cielo como higos verdes en el viento*. ¿Por qué? –Porque estamos viendo A TRAVÉS del reino *físico*; estamos viendo A TRAVÉS de nuestro *falso* sentido de 'estabilidad' al respecto.

> "*Y el cielo se desvaneció, tal como un pergamino que es enrollado; y toda montaña y toda isla fue movida de su lugar*" (Revelación 6:14).

La estabilidad *inquebrantable* de la montaña, NO se encuentra allí. Ustedes se encuentran *dentro* de esa Conciencia que puede *decirle* a la montaña: "¡*Muévete de aquí*!" El cielo, NO *es* aquello que *era* hace un momento. Todo aquello que les había *parecido* tan *constante*, tan *estable*, tan *cierto*, tan *seguro*..., ahora es visto como un *mito*, como una *mentira*. Ustedes AHORA ya NO *buscan* encontrar su *seguridad* en el mundo *material*. –Han *encontrado* una *mejor* seguridad; han *descubierto* que la *seguridad* se encuentra: DENTRO de la *Identidad*.

Hay *estabilidad* en la *Naturaleza*-Cristo; hay *seguridad* sólo cuando ustedes son: Ser *Espiritual*. Y ahora *descubren* por qué un simple rayo de sol, JAMÁS puede ser *aniquilado*, aunque la *persona* sí sea *aniquilada*. El rayo de sol se encuentra *sustentado* por la *plenitud* del sol, tal y como ustedes se encuentran *sostenidos* y *sustentados* EN: la Identidad *Espiritual* – ustedes están *sostenidos* POR: la *Plenitud del* Espíritu.

Ustedes caminan DENTRO de la **Tercera Dimensión**, SIN ser *tocados* por Ella, porque en *realidad* se encuentran DENTRO de la **Cuarta Dimensión** de Conciencia. Ustedes *empujan* o *mueven* las *montañas de materia*, hacia la *mar* – *fuera* de su Conciencia. Todo esto implica la *desaparición* de las *creencias* y de los *conceptos* materiales, *fuera* de su Conciencia. **No** se trata del *fin* de 'este mundo' *físico*; **no** se trata de *violencia*, *odio*, NI nada de lo que el hombre haya *pensado* – se trata de: la *Purificación de* la Conciencia de ustedes, para que: RECONOZCAN que el Espíritu ES TODO cuanto está aquí. Y esto sucederá, conforme *avancen* a través de estos 'pasos', para *llegar* al Cristo *Interior*.

> "*Y los reyes de la tierra, los grandes, los ricos, los capitanes, los poderosos, todo siervo y todo hombre libre, se escondieron en las cuevas y entre las peñas de los montes. Y les decían a los montes y a las peñas: Caed sobre nosotros, y escondednos del rostro de Aquel que está sentado sobre el Trono, y de la ira del Cordero*" (Revelación 6:15, 16).

Dense cuenta que TODA autoridad *humana* es *destruida, para ustedes*. NO existen autoridades *humanas* DENTRO del Espíritu. Y estos *reyes, gobernantes, potentados, ricos…* – TODOS ellos representan: las *falsas creencias* en los poderes de 'este mundo', las cuales *carecen* de TODO poder sobre la Identidad *Espiritual* de ustedes. Y eso de que se *ocultan, tratando de esconderse debajo de las peñas*, les *muestra* que dichos *conceptos* 'en ustedes', *comienzan a desaparecer* – tratan de *esconderse de la Ira* de *Dios*.

¿Conocen el significado del concepto *Ira*? Lo han *visto* varias veces en la Biblia. *La Ira de Dios*, implica: *El Divino Amor*. ¿Saben por qué se le llama *Ira*? El Amor DE la Verdad hacia quienes NO se encuentran DENTRO *de* la Verdad, *pareciera* 'Ira'. El Amor *de* la Verdad DE Dios es tan *perfecto*, que TODO lo *desemejante* a la Verdad, *tiene* que *esconderse debajo de las rocas*; *tiene* que *temer* – le *teme* al Amor; se está *escondiendo* del Amor, al cual llama *Ira*, porque el Amor constituye *Ira* para aquellos que NO son *verdaderos*, para aquellos que son *falsos*. Y ellos están siendo *liberados* de su mentira. *"Porque ha llegado el gran día de su Ira, ¿y quién podrá sostenerse en pie?"* (Revelación 6:17).

Así ahora, nos hemos *movido* a través de la *sensación* del **Sexto Sello**. El Cristo *en* ustedes, *libera* al Divino Amor, y TODA creencia, *desemejante* al Padre, comienza a *salir* de la Conciencia de ustedes.

Quiero que pasen un tiempo *preparándose* para el **Séptimo Sello**, haciendo un *inventario* cuidadoso. Y NO creo que *completemos* la *consideración* de ese **Séptimo Sello** el día de hoy. La *mayor barrera* hasta este momento, *aparte* de los **Tres** *Caballos* que TODOS hemos estado *montando* vigorosamente, la constituye el *hecho* de que, aunque *deseamos* vencer la *creencia* en la materia, *desconocemos* el *cómo*. Y como *resultado*, podemos hacer TODOS los esfuerzos *sinceros* para lograrlo; pero, aun así, nos *bajamos* del *Caballo* **Blanco** y *montamos* el *Caballo* **Gris**, el *Caballo* **Pálido** – pero *todavía* tenemos un ser *humano* aquí, DENTRO de una forma *física*.

¿Recuerdan ese *viento* que NADIE sabe *de dónde viene*? De *dónde* viene, se *escucha*; y a *dónde* va, NADIE lo *sabe*. Así fue como

Jesús le explicó a Nicodemo, El *Espíritu*. Ustedes *ven* los 'efectos' del *viento*: *sienten* el *viento*, pero NO *conocen* la Fuerza *Invisible* que *produjo* el viento. Lo *mismo* acontece con El *Espíritu* – es la Fuerza *Invisible* que provoca la apariencia *material*.

Bueno, este *Espíritu Invisible* es TODO cuanto *hay* – y ES Dios, ES Luz, ES Perfección, y está *aquí*. Y aunque ustedes pudieran *sentir* que están *montando* el *Caballo* **Blanco** de la Verdad y de la Pureza; y *sentir* que han *conquistado* al *Caballo* **Gris**, al *Caballo* **Rojo** y al *Caballo* **Negro** – la *mente*, el *cuerpo* y las *emociones*, ahora esto tiene que *extenderse* hacia *todos los que caminan sobre la tierra*. Dense cuenta que esos *Tres Caballos,* de NINGUNA manera constituían la mente, el cuerpo, NI las emociones de ustedes. ¿*Cómo* podrían serlo, cuando el *Nombre* de ustedes ES: Espíritu? El *adversario invisible* con el que debemos *ponernos de acuerdo* es: la *mente* de 'este mundo'.

Todos hemos pensado que estamos *pasando* por una *Iniciación*, y de hecho lo *estamos*, pero NO de la *manera* en que *pensamos*. La Iniciación, NO es para *su* mente NI para *su* cuerpo – es *su* **Alma** la que está *pasando* por la *Iniciación*. *AQUÍ* NO es donde esto está *aconteciendo* – *su* **Alma** está *yendo* a través de la *Iniciación*, y Su *adversario* es: la *mente* de 'este mundo'. El **Alma** de *ustedes*, la cual *pasa* a través de la *mente* de 'este mundo', está siendo *iniciada*, y aquello que 'acontece *aquí*' *dentro* de la *forma*, NO es más que: la *sombra* de dicha *Iniciación*.

Incluso el ser *material* DENTRO del cual *caminamos*, NO es más que la *sombra proyectada* por el Alma, a medida que *atraviesa* la *mente* de 'este mundo'. *La sombra del valle de muerte* es por donde la *imagen* camina; y la *labor* de *ustedes* NO se encuentra aquí *abajo*, en la *sombra*, en la *imagen*. La *Purificación* de *ustedes* es aquello que los *saca* fuera de esos **Tres** *Sellos* dentro de los cuales están ustedes *sepultados* DENTRO de una 'imagen', *intentando llegar* a 'algún lado', SIN lograrlo.

Pero con ese **Quinto** *Sello*, ustedes comenzaron a *sentir* la Conciencia-*Alma* – ustedes NO estaban *sepultados* DENTRO de las *emociones*, DENTRO de lo *físico*, DENTRO de la *mente* – y eso implicó que NO estaban expresando la *mente* de 'este mundo' – ustedes estaban siendo *redimidos* de todo esto, y *traídos* a la *reconciliación* con el Alma. Y ahora ustedes han *cambiado* la jugada – se han *vuelto* hacia el *Interior*; se están *arrepintiendo*. El Alma está *experimentando* Su Iniciación, porque el propósito de <u>su</u> Alma es: *señorear* sobre la 'forma' de <u>ustedes</u> – ésa es la *Iniciación* por la que está atravesando <u>su</u> Alma: <u>tiene</u> que *señorear* sobre <u>su</u> 'forma'; <u>tiene</u> que *señorear* sobre 'este mundo'.

Y cuando <u>su</u> Alma *señoree* sobre <u>su</u> 'forma', entonces <u>ustedes</u> *abrirán* el **Séptimo** *Sello*; entonces El *Cristo* de <u>ustedes</u>, *abrirá* el **Séptimo** *Sello*, y <u>ustedes</u> se *pararán en el Trono,* junto con Aquél que *ascendió al Trono* antes que ustedes.

Así pues, el *mayor obstáculo* que enfrentan ustedes es, este universo *material*. La *materia* ha sido *señalada* con mucha precisión, incluso por la física, nada más que como *energía* – NO se trata de una *sustancia*; ES *energía* – y para ser más claros, *energía eléctrica*. Así que las *imágenes* que están *viendo*, están compuestas de: *energía eléctrica* – así de simple. Lo que ustedes están *mirando* es *energía eléctrica* en 'forma' de *imágenes*, llamadas: cosas, personas, condiciones, formas; y estas *imágenes* de *energía eléctrica*, *no* son ni más ni menos, que 'mente mortal', *apareciendo como...* Lo más *difícil* de nuestra *hipnosis*, al 'mirar' estas *imágenes*, es *comprender* que, en el *instante* en que estas *apariencias*, estas *masas de electricidad*, se conviertan en *materia*, en ese *preciso* instante estarán en vías de: *desintegrarse*.

TODA la *materia* en el universo se *descompone* lentamente, DESDE el instante en que *nace*. ¿Por qué? –Porque NO *procede* DE Dios; NO tiene *Vida*; NO es una *Sustancia Viva* – es una *imagen eléctrica*. Tendrán que *lidiar* con eso durante algún tiempo, *hasta* que la *materia* NO los *engañe* más – pero NO lo lograrán, en tanto *permanezcan establecidos* en: las *emociones* o la *mente*.

TODA la materia *vibra*; y TODO *movimiento* en la materia es *originado* por: la *reacción* de <u>ustedes</u>, ante dichas *vibraciones*.

Cuando *ustedes* 'miran' un objeto, entonces *creen* que tiene color, pero NO tiene color alguno. La *reacción* de *ustedes* a sus *vibraciones*, es lo que *pareciera* darle su color. La *reacción* de *ustedes* a sus *vibraciones,* es lo que pareciera *darle* longitud, profundidad y anchura. Las *cualidades* DE la *materia* están conformadas por: la *reacción* de *ustedes* a las *vibraciones* de esa *materia*; y esas *vibraciones* constituyen: *impulsos eléctricos.*

Tienen que *recordar* que *ustedes* también están hechos de: *impulsos eléctricos.* Y la frecuencia de las *vibraciones* de *ustedes*, en *relación* a la frecuencia de la *vibración* de la *materia,* determina la *experiencia* de *ustedes*. TODO movimiento, tiempo, espacio, conciencia material, constituye la *relación* de un *conjunto de vibraciones* **con** otro *conjunto de vibraciones*; y ése, NO es el *mundo* sobre el cual *caminó* Cristo-*Jesús.*

Cristo-*Jesús descubrió:* '*otro mundo*' **en** el cual, NO hay *vibración* alguna – *Mi Reino,* NO es un *mundo de vibraciones.* Y *si* ustedes quisieran *caminar* en *Mi Reino,* entonces *tendrían* que encontrar una manera de NO *resistir,* de NO *reaccionar* ante el 'mal', ya que el 'mal', se *resiste* **solo** de *una* manera. Las *vibraciones* del ser eléctrico de *ustedes,* responden a las vibraciones de aquello que *ustedes* creen que es 'malo'. *Resistir,* NO *reaccionar,* NO significa '*eliminar*' la *vibración* del ser de *ustedes,* sino que implica: entrar en un *estado* de *no-vibración.*

Por eso es que se llama: NO-*reacción,* NO-*resistencia*; porque significa: la NO-*vibración.* Cuando *ustedes* se encuentran en un estado de NO-*vibración,* entonces las *vibraciones* que los 'tocan a ustedes', NO encuentran *reacción* en *ustedes,* y NO los *involucran.* La NO-*vibración* es: el *Método,* el *Silencio* en el *Desierto,* el cual los lleva al *Reino Invisible* de la NO-*vibración*; las *Aguas Tranquilas* DEL Espíritu. "*Él, me lleva junto a las aguas tranquilas*" (Salmo 23:2).

A medida que *ustedes aprenden* a vivir *con* El Cristo EN ustedes, son llevados *junto a Aguas Tranquilas*; al Reino de la NO-vibración, DENTRO del cual, el *pensamiento* de 'este mundo', NO puede 'moverse' *a través* de ustedes, puesto que *ustedes* permanecen en un estado de NO-*pensamiento*. Su NO-*pensamiento* los *aparta* de las 'emociones', los *aparta* de la 'mente', los *aparta* de 'este mundo' material de la *vibración*, hacia el *Perfecto* Universo *Espiritual* de la NO-*vibración*, en el cual TODO ES: *UNO*.

El hombre del *Caballo* **Blanco** ignoraba lo anterior, y por eso la mente de 'este mundo' lo *subió* a muchos *otros caballos. Cada uno* de nosotros *tiene* que llegar a la *quietud*, ya que es la ***única*** forma de *salir* de la *creencia* en un universo *material*. TODAS sus *creencias mentales* de que: NO existe un universo *material*, NO serán de *provecho* alguno. No basta *leer* las *instrucciones* sobre *cómo* hornear un pastel o *cómo* conducir un automóvil o *cómo* nadar – *tendremos que ir* **y** llevarlo a la *práctica*.

Hemos *leído* la Biblia, pero eso constituye tan solo: las *instrucciones*; hemos *leído* acerca de los **Seis** *Sellos*, pero eso constituye tan solo: las instrucciones – *tenemos que* ***llevarlo a cabo***; *tenemos* que **entrar** en un estado de NO-resistencia a la *materia*. Y ustedes NO podrán *hacerlo, en tanto se mantengan* en un estado de *vibración* que *implique:* un *estado de* **pensamiento**. *Tienen* que *aquietarse*; *tienen* que transitar a través de los *Años Silenciosos en el Desierto.*

Ahora bien, nuestro *amiguito*, Nicodemo, vino de *noche* a Jesús, lo cual significa que *vino* en un Estado de *oscuridad* Espiritual – de *noche*. Y Jesús dijo: "¿Eres 'maestro' en Israel, y **no** *conoces* esto que te estoy *enseñando?*" Nicodemo era, *tercero en el orden jerárquico del Sanedrín*, y 'enseñaba' religión – sin embargo, *inmerso* dentro de una conciencia *material*, todo aquello relacionado con las *palabras* DE Jesús, pasaba *a través* de su conciencia *material*. Cuando Jesús le dijo: "***No*** *te asustes que El Yo, te diga que tienes que* **renacer** *de Agua y del Espíritu, pues de lo contrario,* **no** *podrás entrar en el Reino de Dios*" (Juan 3:7).

Eso de *renacer* implica que deben *dejar atrás* su conciencia *material, y renacer de Agua y del Espíritu*. El *Agua* es, la *Purificación,* el símbolo de la *purificación* de las *emociones*, de la *mente* y de la creencia en la *materia*, cuyo propósito es: *establecerse* en un Estado de NO-vibración. En el Estado de NO-vibración, de NO-reacción, las *vibraciones* de 'este mundo' *chocan* contra el *Vacío*, y uno se encuentra *caminando a través* de 'este mundo' material, *inmune* por completo a la Ley DEL Karma.

No existe *vibración* de 'este mundo' que pueda 'tocar' el *Vacío del Espíritu*. Y **sólo** en este *Vacío*, este *Espíritu* o *Sangre Divina*, *fluye* CON la Voluntad que *resucita* al Cristo EN ustedes, el cual puede *llegar* **y** *abrevar* DEL Padre, DEL Libro de la Verdad o DE la Realidad. Ahora bien, aquí estamos *profundizando* en el misticismo, pero <u>ustedes</u> **<u>tienen</u>** que <u>recordar</u> que el **Séptimo Sello** es aquello para lo que nos estamos *preparando*. Si esto les ayuda a ustedes a *darse cuenta* de la razón por la que han estado *aprendiendo cuidadosamente* cómo: **aquietarse**, entonces eso habrá *cumplido* un propósito.

La **Quietud** de <u>ustedes</u> constituye el *Camino* hacia la *inmunidad* de los *falsos* poderes de 'este mundo' que *llegan* a través de la *mente* de 'este mundo' *invadiendo* su privacidad, SIN que ustedes se *percaten* de ello; *apeándolos* del *Caballo de la* **Pureza**, y haciéndolos *montar* toda clase de caballos, a pesar de <u>su</u> oposición. La **Profunda Quietud** de <u>ustedes</u> conlleva el *Profundo Silencio* de Su Paz; y cuando la Paz es *establecida* **en** ustedes, entonces NINGÚN tipo de *disturbios* en el mundo puede *penetrar* en la Paz de <u>su</u> *Santuario Espiritual*. Y es entonces cuando <u>ustedes</u> ya estarán *preparados* para presenciar: la *remoción* del **Séptimo** *Sello*.

Ahora intentaré darles algunas *razones físicas*, así como *espirituales*, que existen *detrás* del SILENCIO – porque finalmente el mundo <u>tiene</u> que ver que *existe* una *razón*, **y** que El Cristo **de** Jesús estaba muy por *delante* de TODA la *ciencia* de 'este mundo', *conociendo* TODO aquello que *evoluciona* lentamente en la *secuencia temporal* de la vida de los *hombres*. –Es hacia este Cristo, hacia quien ustedes 'se *vuelven*'. Los *Principios* sobre los que ustedes se encuentran *parados*, son: "<u>Dios ES, Todo</u>; <u>Dios ES, mi Padre</u>; <u>Dios ES, Espíritu</u>; <u>El Espíritu ES, mi Padre</u>. Y eso significa que el Yo, NO nací **de** la carne, sino que fui un Niño *Espiritual*. –Ahora

Soy *Consciente* de ello: El Yo Soy, Espíritu *Puro*; El Cristo ES, mi *Nombre*; el *único* Caballo que montaré es, el *Caballo del* **Cristo**. Cada vez que sea *tentado* para montar *otro caballo*, que *niegue* al Cristo, *sabré* que me estoy *alejando* de la *apertura* de los **Sellos**, *alejando* del **Trono** *del Padre*; que me estoy *rindiendo* ante los *Jinetes del Apocalipsis* – estoy *permitiendo* que la mente de 'este mundo', *gobierne* mi vida – **y** mi Alma, NO estaría *aprobando* Su Iniciación de esa manera.

"Pero en tanto el Yo, aquí DENTRO de esta Conciencia, *deponga mis* conceptos, *aceptando* la *Presencia* DEL Espíritu, la *Presencia* DE Dios, El *Poder* DE Dios... mi Alma estará *pasando* a través de mí, *experimentando* **Su** Iniciación. El Yo, está *superando* la mente de 'este mundo'; Se estará *moviendo* a través de la mentira acerca de Dios, y *asentándose* en la Verdad acerca DE Dios; Se estará *moviendo* a través de lo *irreal* **y** *estableciéndose* en lo *Real* – y SU Inteligencia estará *comunicándose* con este sentido *humano* de ser... y *convirtiéndose* en MI Inteligencia.

"El Yo, me estoy haciendo *Uno* con *mi Propia* Alma; estoy siendo *elevado fuera* de la mente. Y cuando soy *elevado fuera* de 'mi' mente, entonces soy *elevado fuera* de la influencia de 'este mundo' – porque el mundo NO tiene poder alguno sobre **mi** Alma".

El que ustedes estén *siendo elevados* hacia la Conciencia DEL Alma, constituye la Senda de los **Siete Sellos**. Y *cada Sello* por el que *atraviesan*, los 'sella' a *ustedes*, de *por vida* – JAMÁS tendrán que dar 'marcha atrás'.

Para quienes *tomarán* esta lección, y tratarán de '*memorizarla*', permítanme decirles lo siguiente. *Si* ustedes quisieran *hacer* lo anterior, eso es un *buen* comienzo – pero ustedes NO pueden *memorizar* las 'instrucciones' para hornear un pastel, *pretendiendo* que **ya** *tienen* el pastel. Así pues, *si* memorizan estas palabras, *recuerden* que eso, NO es *suficiente*.

Ustedes <u>tienen</u> que *sumergirse* en la *verdadera Experiencia* de Liberación; ustedes <u>tienen</u> que estar *dispuestos* a permitir que el sol se convierta en *sayal*; que las estrellas *caigan* del cielo; que las montañas sean *empujadas* hacia la mar. Estén *dispuestos* a ver *desmoronarse cada* concepto *material*, pues eso constituye la *gran barrera* para la Luz – *sus* conceptos *mentales-materiales* constituyen: la *barrera* para la *Verdadera* Luz DEL Padre, y constituyen la *negación* de la *Totalidad* DE la Luz. Ahí es donde ustedes <u>*tienen*</u> que *morar* en la Consciencia.

Y NO se *apuren* NI por un instante, *creyendo* que NO van a llegar a '*ninguna parte*'. TODOS hemos pasado por ese *largo período* de 'NO llegar a *ninguna parte*'. Resulta *frustrante*, pero *necesario*; y, aunque *piensen* que NO están llegando a '*ninguna parte*', se trata del *Camino* – por esa razón el **Sexto** *Sello* resulta tan *impactante*. La *Iluminación* temprana, el *terremoto*, el *vuelco* – todo eso es debido a que *ya* han pasado por las *primeras* **Cinco** *Etapas*. Las *Victorias sucesivas* de *vaciar* las *emociones*; de *vaciar* los *conceptos intelectuales*; de *vaciar* la *creencia* en los cinco *sentidos*... estas *Victorias sucesivas* resultan *necesarias* para la *Victoria* **Final**, la cual es: el R<small>ECONOCIMIENTO</small> de la *Individualidad* EN Cristo.

Así que, por favor, NO *desmayen* – tan solo están *siguiendo* una Senda que TODOS aquellos quienes *avanzan* hacia la Verdad del Ser, <u>*deben*</u> seguir. *Ustedes*, NO pueden *rechazar* miles de años de *adecuamiento*, en seis meses, en un año, NI en dos.

La semana próxima abriremos el **Séptimo** Sello, y estoy seguro que estaremos *preparados* para ello. Mientras tanto, *no* hay nada que les *impida* adentrarse a la *Revelación*, acerca de su significado, en tanto lo *leen*; por *aquietarse* con él; por ir al *Desierto* y decir: "*Padre, revela para mí, Tu Presencia – para que pueda conocerte correctamente*" – depongan <u>*su*</u> voluntad *personal*. El gran *secreto* de esta *Revelación* Completa de Juan es: "*Hágase* **Tu** *Voluntad en mí*". El mundo lo *repite* tan solo de *palabra*: "*Hágase Tu Voluntad*". Juan nos está mostrando **cómo** obedecer dicho *Mandato*. Y el *Camino Estrecho* hacia la Vida *Eterna* es, *aprender* cómo *obedecer* ese Mandamiento: "*Hágase* **Tu** *Voluntad* – NO *la mía*".

El Cristo de *ustedes* es **Quien** lo *está llevando a cabo*. Y conforme sean *capaces de rendirse* a ese Cristo, le *estarán diciendo* al Padre:

"Hágase Tu Voluntad" (Mateo 26:42) – pero NO *con* su mente *humana* se van a *rendir* al Cristo, sino debido a la **ausencia** de mente *humana*. Ustedes se *rendirán* al Cristo, *permaneciendo* en ese *Estado de* **Quietud**, *de no-vibración*, el cual *libera* la Actividad DEL Alma *de* ustedes. Y a través de esa *Actividad* DEL Alma, El *Cristo* será *percibido*. Se *consumará* un matrimonio, **y** El Alma de *ustedes*, Quien se ha *casado* con el *mundo* dentro del *matrimonio falso* con la mente de 'este *mundo*', se *unirá*, se *desposará* CON El Cristo, en el Matrimonio *Místico* DE la *Realidad*. De ese *Matrimonio*, La Verdad *es nacida* DENTRO de la Conciencia de *ustedes*.

Ahora deberían *mantenerse* en el *lugar* donde puedan *relajarse* DENTRO de su Alma; *ayudando* a su Alma en Su Iniciación; *aprendiendo* que ahora se encuentran en un Estado de *Unicidad* CON su Alma; que pueden *depender* de su Alma; que Ella *conoce sus* necesidades; que está *presente*; que los está *alimentando*.

El Alma ha *establecido comunicación* CON ustedes – *sosténganse* en eso, **y** *permitan* que el Alma sea: su *Maná Escondido, la Carne que el mundo* NO *conoce* – *confíen* en eso. Ustedes *sólo* encontrarán que su Alma está presente, confiando en Ella. –De lo contrario, el pensamiento de 'este mundo' los *llevará* directamente hacia la *corriente* de *mentira* acerca de la Verdad del Ser.

Ahora ustedes se encuentran *caminando afuera*, sobre la *nada* – así pudiera *parecer* – pero una vez más, ése ES, el *Camino*. Ustedes *caminan* sobre la *nada* de los sentidos *físicos* – pero en *realidad*, están *caminando* sobre: la TOTALIDAD *del* Espíritu, hasta que su confianza se *afirme*. En este universo NO hay NADA más que: Espíritu – NI siquiera hay un *tú* con el cual *quejarse*. *Aquél* que se queja, NO existe – **EL ESPÍRITU ES TODO**. *Permitamos* ahora que esa sea nuestra *consigna*, hasta que el Espíritu, *Se haga cargo* de la Conciencia de *ustedes*.

Me parece que el **Séptimo** Sello comienza en el *Capítulo* **Octavo**... No; en el **Séptimo** *Capítulo*. Así que comenzaremos con el **Séptimo** *Capítulo* la próxima semana.

Los Ángeles de los *Cuatro* Rincones de la Tierra que *ascienden* desde el *Este*, cuentan CON el **Sello** del Dios *Vivo* – CON *El **Nuevo** Horizonte*, CON *La **Nueva** Jerusalén*.

Muchas gracias.

CLASE 12

EL SÉPTIMO SELLO

REVELACIÓN 7:1 A REVELACIÓN 8:1

Herb: - Hoy estamos aquí para *descubrir* qué es aquello que *abre* el **Séptimo** *Sello*.

> *"Después de estas cosas vi a cuatro ángeles, parados en las cuatro esquinas de la **tierra**, sosteniendo los cuatro vientos de la tierra, para que el viento no soplara sobre la tierra, ni sobre la mar, ni sobre ningún árbol"* (Revelación 7:1).

Esta es una *visión* que tuvieron tanto Ezequiel como Daniel. Estos **Cuatro** *Ángeles* representan: los **Cuatro** *Grados de Avance* posibles sobre la tierra, hacia la *Conciencia de la* **Cuarta** *Dimensión*. Cada uno, un *Grado separado* y *distinto*, conduce al *siguiente Grado*. Cada uno de nosotros está pasando a través de estos **Cuatro** *Grados* en la tierra. Hemos sido **protegidos** a medida que hemos pasado por esta *Progresión*, SIN siquiera saberlo. Detrás de esto, SIEMPRE ha estado el Amor DEL Padre, ***protegiéndonos*** incluso, *de* nuestra *propia voluntad*; pues, aunque tropezamos, NUNCA estamos realmente **separados** DEL Padre. Y a pesar de estar *inconscientes* de esta *Protección*, ahora se está *revelando* algo llamado: *los* **Cuatro** *Vientos sostenidos por los* **Cuatro** *Ángeles*.

"*Y vi ahora a otro ángel ascendiendo desde el este, teniendo el sello del Dios vivo; y clamó a gran voz a los cuatro ángeles, a quienes les fue ordenado dañar la tierra y la mar*" (Revelación 7:2).

Este *nuevo* Ángel representa el *símbolo* de algo que va a *abrir* el **Séptimo** *Sello*. Es a este *Ángel*, ante quien vamos a *rebelarnos*, conforme *profundicemos* dentro de *nuestra propia* Naturaleza Espiritual.

Sin embargo, esta nueva *Clave* para *abrir* el **Séptimo** *Sello*, aparece ahora ante Juan, como un *Ángel del Este*, el cual dice:

"*No dañes la tierra, la mar, ni a los árboles, hasta que hayamos sellado a los Siervos de nuestro Dios en sus frentes*" (Revelación 7:3).

El *sellar en sus Frentes a los Siervos de Dios* – la Iniciación Interior – *abre* la *Visión Interna*, y nos es presentada como aquello que *previene:* el daño, el dolor, la enfermedad, los desastres. Aquello que *parece* estar a punto de *ser desatado*, de ser *soltado* sobre la tierra, está representado por los **Cuatro** *Vientos*. Existe una *protección*, una *válvula* de seguridad, un *Ángel del Este*, el cual puede *sellar* nuestras *frentes*, a aquellos que somos *Siervos* de Dios, para que podamos caminar, *inmunes* a la ley del karma.

Esta *Visión Interna*, esta *Iniciación*, aunque *incomprendida* incluso por aquellos que han *estudiado* el Cristianismo, nos fue dada por Pablo. "*En ustedes está, esa Mente que estaba en Cristo Jesús*" (1 Corintios 2:16). Ustedes *saben*, por supuesto, que no existe **ninguna otra** 'mente' – se trata de la **Única** Mente que existe. Ustedes *saben*, por supuesto, que Pablo *no* nos hubiera *aconsejado* que tuviéramos "*esa Mente*", *si* dicha Mente *no* estuviera *aquí*. Ciertamente ustedes, no pueden ir a ningún lado, con la intención de *encontrarla* – es: *Omnipresente*.

Y ahora *el Ángel del Este* les está *mostrando* el Camino para *"tener esa Mente que estaba en Cristo Jesús"*. Ah; ustedes quieren *detenerse* y *ver* qué *tipo* de Mente podría ser. *"La Mente que estaba en Cristo Jesús"*, fue *capaz* de *mirar* un Universo *distinto* al que los *ojos del hombre miraban*. Se nos dice que dicha *Mente* está **aquí**, a la mano; se nos dice que *podemos contemplar* un Universo que ES *Perfecto*, tal como lo ES *Mi Padre que está en los Cielos*; que dicha *Mente* está **aquí**. Esa *Mente*, la *Mente*-Cristo, *sólo* puede ser suya por *una* razón: *El Ángel del Este* está *proclamando* la Identidad de *cada* persona sobre la faz de la tierra.

¿Cómo puede alguien, que *no* es El Cristo, tener la *Mente*-Cristo? *¿Cómo* puede decir Pablo que <u>tenemos</u> esa *Mente que estaba* EN *Cristo Jesús*, cuando nuestro *Nombre* **no** es: el Cristo? *¿Qué* es aquello que va a **abrir** el Sello? –El Sello va a ser abierto por la *Identidad* – aceptada, vivida, reconocida, incorporada… ¡y por **nada más**! No hay *apertura* alguna del **Séptimo** Sello, hasta que la Identidad sea: RECONOCIDA. *El sellar a aquellos en la Frente*, implica la *preparación* de la Conciencia para *recibir el* RECONOCIMIENTO del Ser; el RECONOCIMIENTO *de que El Yo*, **Soy** ese Espíritu DE Dios, el cual *contiene* e *incorpora*, la *plenitud* DEL Padre, en TODO. El Yo, **Soy** ese Espíritu que *vive por siempre*; y hasta que el *hombre de la tierra* esté dispuesto a *renunciar* a su creencia *mortal* en un *ser separado*, en una *vida* que NO sea Divina –la Ley *Divina* **no** podrá *actuar* en <u>su</u> Vida.

Sin embargo, hay quienes, gracias a Dios, se *esfuerzan* por: *conocer* <u>su</u> *Identidad* – aquellos que **no** *buscan* más que la Verdad Misma; aquellos que *conocen* que: *la Verdad puede hacerlos libres;* y aquellos llamados *Israelitas*, esos *luchadores*, son quienes AHORA, serán *sellados en sus Frentes por la Verdad* DEL Espíritu, la cual es *presentada* a la Conciencia de TODO hombre sobre la tierra que esté *dispuesto a* **aceptarla**. *"No dañes la tierra ni aquello que pertenece a la tierra, hasta que hayamos sellado…"* a aquellos que están *preparados, dispuestos* y *capaces*, para **aceptar** <u>su</u> Identidad.

"Y oí el número de aquellos que estaban sellados: ciento cuarenta y cuatro mil sellados – todas las tribus de los hijos de Israel" (Revelación 7:4).

Así encontramos luego que estas *Tribus* son *doce*, y que hay *doce mil* en cada *Tribu*. De esa manera tenemos un significado para la palabra "*doce*", y en este caso, el significado es: *una Plenitud Sagrada*. El *Doce* por *Doce*, el *Doce* al *cuadrado*, muestran que *sólo* aquellos *preparados* para pasar a la Fase **Final** de su Viaje *Espiritual*, son quienes *están* "*sellados*" contra el karma.

Siete también significa '*integridad*'; pero **siete** significa *integridad* buena **o** mala. *Doce* significa '*Integridad*', la cual es, *Santa*, DE Dios. Y "*doce veces doce*" es la **Séptima** Etapa que *Abre los* **Siete** *Sellos*. En cuanto a '*ciento cuarenta y cuatro mil*', **no** cuenta con *ningún* otro significado, porque finalmente, habrá *miles de millones*, "*sellados* por el Padre", cada uno a <u>su</u> vez. Ustedes y yo nos encontraremos entre estos *Israelitas*, siempre y cuando hayamos *preparado* el Camino, *dentro* de *nosotros*, *aceptando* la *Presencia* del Padre, *sabiendo* que **no** hay separación; que nos hemos *sometido* a la Voluntad *Interior* DEL Padre; y que hemos *aprendido*, de las Enseñanzas de Cristo-*Jesús*, que NO hay *separación* entre Dios **y** el Hombre.

Si además estamos *dispuestos a redimir* 'este mundo' que nos rodea, *enfocando* TODO nuestro *esfuerzo* en *rechazar* TODO aquello *desemejante* a Dios, entonces estaremos *entre* esos "*ciento cuarenta y cuatro mil*". NADIE sabe, sino *cada uno de nosotros*, *dónde* estamos. Pero ustedes <u>tienen</u> que saber que: NO hay *entrada* alguna al Reino DE los Cielos, excepto *a través* del Reino DE Dios, **dentro** de <u>ustedes</u>. **No** hay *nadie* en TODO este Universo, que pueda *llevarlo a cabo por ustedes* – independientemente de cuán 'avanzados' o cuán 'sinceros', pudieran ser. El Reino DE los Cielos, el Reino DE Dios *dentro de ustedes*, debe *entenderse* que significa: el Ser DE *Ustedes*; y el RECONOCIMIENTO de ese Ser les dice que ustedes, SON *distintos* de aquello que *parecen* ser.

Bien, estos *Israelitas que están sellados en sus Frentes*, han *hecho* algo que nosotros aún **no** hemos *hecho* – ellos, han *arribado* a un *lugar* [comprensión], donde *saben* que NO viven DENTRO de *cuerpos mortales*; ellos, NO han aceptado la Vida como *forma*; ellos, NO *creen* que viven DENTRO de la *forma física*; ellos, NO se sienten *confinados* a un *tiempo* o *lugar*. Ellos, han *aceptado* que, puesto que El Cristo ES, su *Nombre* [Naturaleza]; puesto que el Espíritu [el *Discernimiento* Divino] ES, su *Sustancia*; es que ellos, TAMPOCO pueden ser *seres físicos*. Y *a menos* que este paso sea *tomado por nosotros*, NO estaremos *aceptando* la Palabra DE Dios NI las *enseñanzas* DE Dios; y, por lo tanto, nos *castigaríamos* en un futuro. Y ustedes *saben*, por supuesto, que hemos pasado *muchos* años *castigándonos* por *violar*, quizá *inocentemente,* la Verdad – que El Cristo es *nuestro* Nombre, *nuestra* Sustancia, la Ley de *nuestro* Ser; que El Yo y mi Padre, UNO SOMOS – y TODO aquello que hemos *aceptado* en *otro 'nombre'*, constituye el grado de *deuda kármica* de la que ahora debemos ser *perdonados* – por nuestra *inocencia*, por nuestra *desobediencia*, por nuestra *inconciencia* de lo que la Enseñanza *de* Cristo-*Jesús* constituye sobre la tierra – porque, *a menos* que *tengamos* la Mente-*Cristo*, NO podremos *caminar* DENTRO del Reino DE los Cielos, EN la tierra.

¿Y *dónde* encontrarán ustedes esa Mente-*Cristo*? –*En* el Reino DE Dios DENTRO de ustedes; en su *Identidad*. ¿*Cómo* sabrán si han *encontrado* la Mente-*Cristo*? –Todo cuanto necesitan *hacer* es, **darse cuenta** que: la Mente-*Cristo*, *escribió* la Biblia; la Mente-Cristo, *pronunció* cada Palabra que 'este mundo' atribuyó a *Jesús*; la Mente-*Cristo*, dijo: "No *reaccionen* al mal" (Mateo 5:39); la Mente-*Cristo*, dijo: "De cierto les digo que *pongan* la otra mejilla (Mateo 5:40); de cierto les digo que su Justicia debe *exceder* a la de los escribas y fariseos" (Mateo 5:20). TODA Palabra del *Sermón del Monte* fue *pronunciada* por: la Mente-*Cristo*.

Cuando ustedes se *encuentren* DENTRO de la Mente que NO *reacciona*, entonces *sabrán* que están DENTRO de la Mente-*Cristo*; *cuando* sepan que SON, la Luz, entonces *sabrán* que están DENTRO de la Mente-*Cristo*. Ustedes pueden *distinguir: dónde* está, *qué* es, y *cómo* actúa, la Mente-*Cristo*, simplemente *leyendo* lo que Ella *Misma* dice. La Mente-*Cristo* ES, la *Voz* del *Nuevo* Testamento – Ella expresó TODA Palabra; la Mente-*Cristo* es, la Mente de *ustedes*. Y cuando *acepten* que se trata de la *propia* Mente de <u>ustedes</u>, entonces también *rechazarán* todo aquello que NO sea <u>su</u> Mente – *rechazarán* todo aquello que NO sea <u>su</u> Mente, y que sea *puesto ante* ustedes. Ustedes, cuentan con el Poder de *vetar*, para *permanecer* en aquello que ES: la Mente-*Cristo*, *rechazando* TODO cuanto *niegue <u>su</u> Identidad*; *rechazando* TODO cuanto *niegue* la Perfección, en TODO.

Es entonces cuando *sabrán* que tienen la Mente DE Cristo, *aceptada* – *sabrán* que están siendo *sellados en su Frente*; *sabrán* que están *preparados* para mostrar "*obras mayores*" (Juan 14:12); y *sabrán* a qué se refería El Cristo cuando dijo: "*El Yo, voy delante de ustedes, para prepararles un lugar*" (Juan 14:3).

Hoy día existe un *Grupo* en esta tierra, *pioneros* de una Era *Nueva* – un *Grupo* que ya NO *camina:* en la *muerte*, en la *tumba* de la *materia*, en la *creencia* de que exista un *final*, en la *creencia* de que Dios *castiga*, en la *creencia* de que Dios *permite* la enfermedad, en la *creencia* de que la enfermedad es una *realidad*... Tal *Grupo* existe – ellos han *sido sellados*, han sido *Iniciados*. Y ellos son, los *abanderados* que cada mañana '*este mundo*' encuentra. Nosotros nos *unimos* a ellos cuando, incluso en pequeña medida, nos *dedicamos* a: *alcanzar el Cielo, sobre la tierra. Comenzamos* con *nosotros* mismos – lo hacemos *individualmente*, antes de *percibir* su impacto *colectivo*. Nosotros somos aquellos que ustedes podrían llamar: los *Auto Redimidos*.

Existe un pequeño pasaje en el Libro del Profeta *Habacuc*, al que rara vez se hace referencia, el cual *muestra **cómo** alcanzar tal logro*, aunque tan solo es una *repetición* de algo que ustedes *ya* han venido *haciendo*. Se encuentra en Habacuc 3:17-19. *Si* acaso les parece *conocido*, es debido a que Jacob hizo lo *mismo* cuando 'luchó' contra el *intruso*. He aquí lo que dice:

*"Aunque la higuera NO florezca, NI en las vides haya fruto; aunque falte el producto del olivo, y los campos NO produzcan; aunque el rebaño sea esparcido, y NO se escuche en los establos... Sin embargo, me alegraré **en** El Señor; me alegraré **en** el Dios de mi salvación. El Señor Dios ES, mi fortaleza; Él, hace que mis pies sean como los pies del ciervo; y El Señor, hace que camine sobre mis Lugares Altos. (Dirigido al director principal de los cantantes de mis instrumentos de cuerda)"* (Habacuc 3:17).

He ahí la técnica de la *Redención* – implica PERMANECER en la Mente-*Cristo*; implica ver que, en el *pensamiento de 'este mundo'*, tan solo hay: imágenes *lisiadas*, condiciones *lisiadas*. Ahora bien, aquello que está *aconteciendo* aquí es, que ustedes están *descubriendo* que Jesús, JAMÁS tuvo un enemigo *humano*. Ustedes se encuentran arribando a *Tierras Altas*, para *percibir* que el *único adversario* que hubo en 'esta tierra' para Cristo-*Jesús*, NO fue un hombre, NO fue un imperio, NI condiciones *humanas* – su **único** adversario fue: la *mente de 'este mundo'*.

La *mente de 'este mundo'*, constituye el **único** adversario de ustedes. Cada *adversario* que vean dentro de una base *individual* y *específica*, constituye un 'error'. En la Mente-*Cristo* ustedes se encuentran *redimiendo únicamente,* la *mente de 'este mundo'* – **no** a 'seres' en lo *individual*. El *objetivo* de ustedes ya NO debiera ser: la persona, el lugar, la condición, el problema en lo particular. Por el contrario, ustedes son *elevados* hacia una *Nueva* Dimensión, para RECONOCER que la *verdadera* batalla NO es entre ustedes y las *personas* que los rodean; TAMPOCO entre *ustedes* y las *naciones*; NI entre *ustedes* y la *situación mundial* – de hecho, ésa NO es la batalla. –Porque se trataría del *lugar equivocado* y de la *batalla equivocada* – y ustedes, NO pueden *ganar* en dicha batalla, porque estarían luchando contra: lo *inexistente*. *Pónganse de acuerdo con su adversario*, con el *verdadero*, y entonces encontrarán que ustedes, *también* tienen un ÚNICO adversario – el ***abstenerse*** de **no** *intentar cambiar*: las condiciones, el clima, la pobreza, la enfermedad, ***ni*** nada por el estilo. El única adversario de ustedes ES: la *mente de 'este mundo'*. Y ustedes, van a *aprender* a *vetar*, a *proscribir* la *mente de 'este mundo'*, cuando el **Séptimo** *Sello sea abierto*.

La Mente-*Cristo* de ustedes, constituye el *rival* para la *mente de 'este mundo'*. Lo anterior *descubre* que su *mente humana individual*, **no** constituye *rival* alguno para la *mente de 'este mundo'*. Entonces la pregunta específica es: "¿Cuentan ustedes con esa *Mente que estuvo en Cristo Jesús?*" En realidad, NO hay nadie que pueda decir: "Bueno, ¿*cómo* puedo *encontrar* u *obtener* esa Mente?" –Porque todo lo que han estado *aprendiendo* es: que la Mente DE Cristo Jesús ES, la Mente que *cuenta* con Luz, *y* NO *hay ningunas tinieblas en Ella* (I Juan 1:5). En el instante en que ustedes *se den cuenta* que la *Perfección* está en TODAS partes, entonces *contemplarán* la oscuridad con la Mente-*Cristo* que NO *reacciona* – y eso es *todo* cuanto harán. Y sabrán que NO necesitan *conquistar* aquello que CARECE de *existencia*, excepto DENTRO de la *mente de 'este mundo'*.

DENTRO de su Mente-*Cristo*, lo *más importante* será *su capacidad de resistir* SIN ***reaccionar***, porque entonces estarán llegando a ese "*lugar*", donde *sabrán* que, ***si*** Dios ES **TODO**, entonces *cualquier reacción* constituiría una *negación* de que Dios sea **TODO**. En el *instante* en que ustedes se *encuentren dispuestos* a *permanecer* SIN ***reaccionar***, RECONOCIENDO que Dios ES: **TODO**, en ese mismo instante ustedes estarán *admitiendo el Sello, la Iniciación*, que les permitirá *caminar* hacia un *Nivel Superior* de Conciencia. Ustedes *tienen que estar dispuestos* a **someterse** a La Ley *Divina*, SIN preguntar, SIN temer, SIN una mente que *insista* en largas *discusiones*. Ustedes *tienen que estar: dispuestos a **apartarse**, de esa mente* que NO constituye la Mente-*Cristo*, para *descubrir* que ***sólo*** la Mente-*Cristo se encuentra allí*, **y** que ***sólo*** Ella puede *delinear* Su Propia Realidad.

Observen ahora cuidadosamente, y verán que: TODO *aquello que se encuentre* DENTRO *de **su** mente*, constituirá su *experiencia* *externa* – la *experiencia* de su hogar, de su cuerpo, de su negocio o actividad, de su vida... **Cuando** ustedes *cuentan* con la Mente-Cristo, entonces *cuentan* con *la Puerta al Reino* DE *Dios*. Y TODO cuanto *llega a través* de la Mente-Cristo, *se convierte* en la *experiencia* de su cuerpo, de su vida, de su negocio o actividad, de su matrimonio, de sus relaciones. TODO cuanto *llega a través* de la Mente-**Cristo**, *se exterioriza* como Perfección; TODO cuanto llega a través de la *mente humana, tiene* que *exteriorizarse* como bueno, **así** como malo.

Ahora debemos *avanzar* hacia ese **Séptimo Sello**. Hay quienes *eligieron* dedicar su *esfuerzo* al *rechazo* de TODO lo *desemejante a* la Mente-*Cristo*, para poder *caminar* DENTRO de la Mente-*Cristo*. Y también hay quienes **no** están *seguros*, o aún **no** *entienden*, e incluso tienen ciertas metas '*personales*' que cumplir. La *elección* es algo que *finalmente* tendrán que *llevar a cabo*, si es que *aún* **no** la han hecho.

> "*Después de esto miré, y he aquí, una gran multitud, que ningún hombre podía contar, de todas las naciones, familias, personas, y lenguas, paradas delante del Trono, y delante del Cordero; vestidos con túnicas blancas, y con palmas en sus manos*" (Revelación 7:9).

Éstos son Aquellos que han hecho la *Elección*, la cual es llamada, la *Elección* DE *la Gracia*. Portan *las Túnicas Blancas, y tienen Palmas en sus Manos*. Están *parados*, como ustedes saben, *delante del Trono, delante de la Voluntad* DEL *Padre, y delante* DEL *Cordero*. Esto significa que ellos han *aceptado* que ***únicamente*** la Voluntad DEL Padre, *a través* del Cristo de su *propio Ser*, constituye **El** *Camino*. Cada uno está *aceptando* al Cordero, como su *Identidad*. *Sólo* por medio de la *Resurrección*, por medio del *Cristo* RECONOCIDO *dentro de ustedes*, es que ustedes *caminan dentro* DE *la Voluntad* DE *Dios, delante del Trono* DEL *Padre*. Y ***únicamente*** a través de la Mente-*Cristo* es que ustedes *reciben* la Voluntad DEL Padre.

Aquellos con *Túnicas Blancas*, han sido *Unificados* – ellos han sido traídos a una *Unión* **Consciente** CON Dios, a través de la Mente DE Cristo, DENTRO de *ellos mismos*. NO se encuentran *separados*; las *Palmas* son un elemento significativo de *Paz Interior*. Ellos han encontrado *la Paz que sobrepasa todo entendimiento*, porque están en *Unión*, en *Unicidad*; porque se han *graduado* de la *creencia* de que cuentan con mentes y cuerpos, *humanos*. Dios, NO puede ser *Uno* con una mente *humana* NI con un cuerpo *humano*, porque El Espíritu y la materia, JAMÁS pueden ser *Uno*. Tener la Mente-*Cristo* implica: *ser Perfectos como el Padre* – El Espíritu. Ustedes NO pueden *hacerse* a *ustedes mismos*, Espíritu; ustedes <u>tienen</u> que *SER*, Espíritu. Este es el *fin* de la *falsa identidad* de la carne, y **sólo** es *conocida* a través de esa *Mente* que *contempla únicamente,* la Luz *del* Padre a su alrededor – la Luz que *bendice*; la Luz que *redime*; la Luz que NO acepta *otra* apariencia *desemejante* al Padre, como estando presente NI como siendo *real*.

Ahora bien, a *dos* o *tres* de ustedes se les ha *conferido* este Principio, y el *resto* de nosotros *estamos preparados* para ello. <u>La TOTALIDAD DE Dios</u>, constituyó la *Enseñanza* y la *Demostración* de Cristo-*Jesús*. Escuchar la Enseñanza implica sólo el *preludio* para **aceptarla**, y luego para *demostrarla*. Ustedes <u>tienen</u> que demostrar: <u>la TOTALIDAD DE Dios</u>. Recuerden que, en las **Siete** *Cartas a las Iglesias*, se nos dijo que Dios y El Cristo en ustedes, constituyen **Siete** *Cualidades*. Las **Siete** *Iglesias* en ustedes, son ciertas *Cualidades*, siendo las principales: *Omnipresencia*, *Omnisciencia* y *Omnipotencia*. El Espíritu, siendo TODO cuanto *ustedes* SON, DENTRO de un Universo *Espiritual, Se Individualiza* como <u>su</u> propio Ser *Infinito*. Por lo tanto, ustedes, *NO* pueden estar AHORA, DENTRO de *otro* cuerpo, que NO sea el Cuerpo *Espiritual*; y TAMPOCO pueden estar DENTRO de *otra* mente, que NO sea la *Mente Espiritual*, AHORA. Ustedes NO pueden ser *algo menos,* que el *Infinito* Amor *Divino* que *Se* expresa, AHORA. Ustedes NO pueden ser *algo menos*, que el *Vital* Reino DE los Cielos, AQUÍ y AHORA. Ustedes, NO pueden ser *algo menos* que lo *Justo*. Ustedes, NO pueden tener *algo menos*, que *dominio* y *señorío*, puesto que eso, constituye la *Realidad* DEL Ser.

El Principio pues, es el siguiente: el Espíritu *siendo* TODO, constituye TODO cuanto puede estar *presente*; por ello NO puede haber *otra actividad, que la Actividad Espiritual*. El Principio de ustedes ES, que El Espíritu constituye la ÚNICA Presencia y la ÚNICA Actividad. Y cuando ustedes *aceptan* esto como un Hecho, entonces todas las otras *apariencias* que *niegan* este Hecho, se vuelven simple *humo* SIN sustancia, SIN presencia, SIN actividad; y *nada más* puede estar *realmente* presente. Siendo el Espíritu la ÚNICA Presencia, es que NO puede haber *presencia material*; siendo El Espíritu la ÚNICA Actividad, es que NO puede haber *actividad material*. Entonces es que pueden mirar 'este *mundo*', y ver que TODO aquello que 'este *mundo*' considera *actividad* es: una *negación* de la Actividad *Espiritual*, que constituye la ÚNICA Actividad *presente*.

Ahora *comprenderán* por qué Habacuc reveló que, *independientemente* de aquello que *veamos*, descansemos en la *Presencia* DEL Señor; **por qué** debemos *tener* la Mente-*Cristo*; y **cómo** es que tenemos que *reclamar* la Mente-*Cristo* al *percibir* TODA actividad *material*, con el RECONOCIMIENTO de que El Espíritu, siendo TODO, implica que **sólo** El Espíritu *puede* estar allí, **y sólo** la Actividad *Espiritual* puede estar allí – porque NO existe *ninguna otra* sustancia presente. Y debido a ese RECONOCIMIENTO, sabemos que la actividad *material* NO puede estar *presente*; y, por lo tanto, NO puede constituir *poder* alguno.

Para ustedes, ese RECONOCIMIENTO de la TOTALIDAD del Espíritu, finalmente *abrirá el* **Séptimo** *Sello*. Eso constituirá: la *separación definitiva de la hipnosis de la mente de 'este mundo'*, la cual está presentando *toda* la actividad *material* a 'este mundo'. Cristo-*Jesús* estuvo *solo*, enfrentando TODA la actividad *material* de 'este mundo'; y siendo Uno CON Dios, Se mostraba como el ÚNICO Poder – *Uno* en el RECONOCIMIENTO de que TODO ES, la Actividad *Espiritual*, puesto que El Espíritu ES TODO, lo cual implica *mayoría*, incluso frente a una *multitud* de parientes, lenguas, naciones y personas.

Éstos, *vestidos con Túnicas Blancas y Palmas en sus Manos*, NO se *conmueven*, NO *reaccionan*, a causa de las familias, las personas, las lenguas, las naciones – es decir, NO se *conmueven*, NO *reaccionan*, debido a la *actividad material* de 'este mundo'. Ellos han *aprendido* el *secreto* de aquellos "*escondidos en Cristo*" (Colosenses 3:3) que: cuando ustedes aceptan la TOTALIDAD DEL ESPÍRITU, entonces eso imposibilita el que exista *poder en la materia*; que: TODO poder visible de la materia, independientemente de su naturaleza, deriva su existencia, *exclusivamente*, del *falso sentido de mente*, el cual *todavía* NO ha sido *excluido*, NI tampoco ha crecido hasta la *comprensión* de que: puesto que Dios ES TODO; puesto que El Espíritu ES TODO, entonces la materia cuenta *solamente* con una supuesta existencia – así pues, el '*adversario*' es: la *mente mortal del universo*, la cual *imita* la Actividad **Espiritual**, y nos la presenta como: *actividad* **material**.

Cuando ustedes *miran* en '*este mundo*', a una 'persona', en realidad NO están *mirando* a una 'persona' – ustedes están *mirando* una *conciencia invisible*, la cual les es presentada *como:* 'persona'. Ustedes NO están *mirando* a una '*persona*' *enferma* – ustedes están *mirando* una *conciencia* que NO está *completa*; una *conciencia* que *todavía* está *dividida, apareciendo* ante su *sentido mortal* como una '*persona*' *enferma*. Aquello que ustedes están *mirando*, SIEMPRE es: una *conciencia*. Cuando ustedes NO *miran* DESDE la Mente-Cristo, entonces están *mirando* **fuera** de LA *Conciencia, hacia* **su** *conciencia* – y es cuando esa *conciencia* aparece como: *ser material*.

El Alma de ustedes está *atravesando* ahora, la *mente de 'este mundo'* – se trata de Su *Iniciación*; se trata de un *matrimonio falso*. Ese *matrimonio falso* de *su* Alma con la *mente de 'este mundo'*, da a luz un *hijo ilegítimo*. Ese *niño ilegítimo*, es la *conciencia mortal* que ustedes son; ese *niño ilegítimo* está *renaciendo*. Ahora pueden *ver* con claridad, que el Alma, *enlazada* con la *mente de 'este mundo'*, da a luz una *conciencia* **híbrida** – y eso constituye la *Iniciación* del

Alma. Ahora bien, cuando <u>ustedes</u> permiten que la *mente mortal* gobierne <u>su</u> *conciencia* – lo cual constituye la práctica *humana* normal, entonces esa *conciencia-infantil-híbrida* se *exterioriza* como *bien*, **así como** *mal*, en la vida de ustedes. Pero a medida que <u>ustedes</u> *aprenden* a '*ayunar*', a '**excluir**' la *mente de 'este mundo'*, *permitiendo* que sea el Alma quien *gobierne* **y** *señoree* <u>su</u> Conciencia, entonces la *mente de 'este mundo'* es *redimida*. De esa manera se *vierte* 'más' del Alma; se *vierte* 'más' Luz, y finalmente se produce un *divorcio* entre El Alma **y** la *mente de 'este mundo'*, con lo cual El Alma de ustedes se *enlaza* CON El Cristo, DENTRO del *Matrimonio-Místico*. Lo anterior es *evidenciado* como El Cristo RECONOCIDO dentro de la Conciencia, o *Conciencia-Cristo*, en lugar de la *conciencia mortal* – y esta *Nueva* Conciencia constituye *El Cristo Resucitado*, que está *viviendo* la vida de <u>ustedes</u>. Esto es lo que constituye *la Senda* de aquellos que *eligen* el **Camino de la Gracia**.

Así es como *aprendemos* que: <u>nuestro *'adversario'* es, la *mente de 'este mundo'*, la cual se ha *presentado*, dentro de su *matrimonio falso*, a nuestra Alma</u>. Y nosotros vamos a *alejarnos* de eso, llevando a cabo un *cambio de 'mente'*, por un *cambio de 'Conciencia'*. Nuestra *purificación* nos permite *sostenernos* de tal manera, que aquello que *aparezca negando* la TOTALIDAD del Espíritu, NO va a ser *aceptado* por <u>nosotros</u>. Lo vamos a *redimir*, a *arrancar*, en el sentido de que, *si* de alguna manera nos *obligara*: a reaccionar, a involucrarnos, a conquistar, a buscar defendernos, entonces tendríamos una poca *más de tarea* – hasta que algo DENTRO de nosotros *capte* la *irrealidad* de TODO cuanto presenta la *mente mortal*.

El Espíritu Lo ES TODO. ¿Está enfermo un *bebé*? ¿Puede una *columna vertebral*, ser desplazada? ¿Puede un *corazón*, por sí mismo, ser *incapaz* de soportar sus cargas? ¿Puede un *tumor*, meterse al cerebro? –*Sólo* **en** la *mente mortal*, y *sólo* **en** esa conciencia nacida de una *mente mortal*. Pero como ustedes *saben*, <u>El Espíritu ES, la ÚNICA Presencia, **y** la ÚNICA Actividad</u>. Entonces, TODO aquello que *niegue* lo anterior, NO puede ser *cierto*. Porque, *si* fuera *cierto*, entonces El Espíritu NO sería la ÚNICA Actividad **y** la ÚNICA

Presencia. Así pues, ¿*dónde* está la Conciencia de ustedes? —Nuestra Conciencia *descansa* en la *aceptación* de que Dios, *siendo* Espíritu y *siendo* TODO, entonces el Espíritu Lo ES, TODO. Con eso es con lo que ustedes *viven, aprendiendo* aquello que constituye <u>*su*</u> Senda hacia la *libertad*. NO existe *actividad* alguna sobre *base material*, porque estaría *dentro* de la *conciencia mortal* – y tan SOLO *existe*: *la Actividad Espiritual* – y esa Actividad *Espiritual* ES: Perfecta; NO hay *salud* sobre una *base mortal*, tan *solo* existe: la *Actividad Espiritual* – y esa *Actividad Espiritual* ES: Perfecta; NO hay *provisión* sobre una *base mortal*, tan SOLO existe: la *Actividad Espiritual* – y eso constituye: una *Provisión* Perfecta.

De esa manera ustedes *aprenden* a *mirar* todo aquello que *niegue* la *perfección* de la Actividad *Espiritual, sabiendo* que la *negación* ES: una *mentira*. Puede que *parezca* realidad, puede que *parezca* impedir su provisión – pero **carece** de *Poder* para hacerlo, haciendo que ustedes *acepten* dicha *apariencia*. Puede presentarles *mala* salud, y provocarles sufrimiento, pero es debido *únicamente* a la **aceptación** *de dicha* **apariencia**. *Si* en cambio su Conciencia *acepta* que: <u>Dios lo ES TODO</u>; que <u>El Espíritu lo ES TODO</u>; que ***solo*** <u>la Actividad DEL Espíritu *puede estar* donde *aparece* el cuerpo de ustedes</u>, **y** que <u>la Actividad DEL Espíritu ES, Perfecta</u>, *entonces* ustedes estarán viviendo en el *Lugar* que **antecede** a la *forma física*; estarán viviendo DENTRO DE la Conciencia de la Perfección *Espiritual*, y, por lo tanto, al *ver* la *imperfección* física, dirían: "El Yo, NO puedo ser *engañado* para *aceptarte* como estando *presente*, como estando *aquí*, como siendo *real*. <u>El Yo, me *mantengo* en la Perfección *Espiritual*, como la ÚNICA Actividad presente</u>".

Ahora bien, *si* alguien les *dijera* que el sol *no* está en el cielo, *¿en qué* afectaría eso al Hecho, al *decirse* lo contario? El Hecho *es*, que lo *ES*. *Si* alguien les dijera que su casa *no* está ubicada en el número en el cual se encuentra ubicada, ¿*qué diferencia* habría, cuando que es *ahí* donde se encuentra? Alguien les *dice* que ustedes *no* tienen una prenda roja en su armario, pero ustedes *saben* que *sí* la tienen. El *hecho* es que: <u>*La pretensión,* **no** *cambia la Realidad*</u>.

Y *si* El Espíritu ES, la ÚNICA Presencia y la ÚNICA Actividad, entonces NINGÚN *hecho físico* en 'este mundo', podría *cambiar* esa *Realidad*. ¿En *dónde* se encuentran ustedes, en el **Hecho Real**, o en la *pretensión física*?

Bien, la *reafirmación* del *lugar* en donde ustedes se *encuentran*, de lo que ustedes *aceptan* en Conciencia, determina *si ustedes* son capaces de *dar este paso*. Y es que: ustedes JAMÁS podrán violar la Verdad — y la única Verdad que finalmente los hace libres es que: El Espíritu ES, TODO. Por consiguiente, El Espíritu ES, la ÚNICA Presencia AHORA, AQUÍ, y para SIEMPRE. Y JAMÁS habrá *otra* Actividad en el Universo, que NO sea: la *Actividad* **Espiritual**. Una vez que eso les quede claro, entonces podrán preguntarse: "¿*Cuál* es la *Naturaleza* de la Actividad *Espiritual*?" —Su *Naturaleza* ES: Armonía, Perfección, Plenitud, Compleción — ésa es la *Naturaleza Inalterable* de la Actividad *Espiritual* — SIEMPRE ES, Perfecta; SIEMPRE ESTÁ, Completa; SIEMPRE ES, Armoniosa; y eso constituye la **Realidad** *de la Existencia*. No se trata de *algo* que deba ser *alcanzado*, más de lo que ustedes *alcanzan* al sol en el firmamento — se trata de un **Hecho** *de la Existencia*.

Por lo tanto, ustedes son los que tienen que *rechazar* aquello que *niegue* el *Hecho*, que *niegue* la *Realidad*. Aquello que NO es Armonía, aquello que NO es Paz, aquello que NO es Abundancia, aquello que NO es Perfección, *niega* el Hecho de que El Espíritu SEA Perfecto — y El Espíritu, *está AQUÍ*; y el Espíritu ES, *AHORA*; y el Espíritu ES, la ÚNICA Actividad. Por lo tanto, ¿*cuáles* son esas '*otras cosas*'? Por definición de aquello que ES, tiene que ser aquello que NO ES — *real* para la mente *mortal*, pero NO así para la Mente-*Cristo*. Y hasta que esa Mente-*Cristo* constituya la Mente de ustedes, *conscientemente* aceptada, *tendrán* que consagrar sus esfuerzos a *rechazar* aquello que *niegue* el **Hecho** de la Existencia del Espíritu, como TODO. Así *descubrirán* que en tanto *rechazan* aquello que niega el *Hecho*, la *Realidad* de la Existencia, la *Ayuda Invisible* los va a *elevar* hacia aquello que finalmente constituirá el Reconocimiento *Pleno* de que: AHORA, *ustedes* se encuentran DENTRO DE la Mente-*Cristo*.

El Principio de que: El Espíritu ES TODO, está *demostrando ser muy efectivo cuando se practica*. Constituyó el Principio *de* Jacob, el Principio *de* Moisés, el Principio *de* Jesús, el Principio *de* Joel... Hay un *lisiado*, pero... *¿cómo* puede ser, cuando El Espíritu ES, la ÚNICA Presencia? Por lo tanto, NO hay *lisiado* alguno, ¿cierto? –Aunque 'este mundo' *vea* un *lisiado*. ¿**Qué** hacer con el *lisiado* que NO *está* allí, *cuando* se *ve* uno? *Cuando* ustedes están *viviendo* en el RECONOCIMIENTO de que el Espíritu ES TODO, entonces *ustedes* NO *hacen* NADA – eso es lo que *hacen*: NADA. *¿Qué* se *hace* con aquello que NO *está* allí? Y ustedes podrían decir: "Pero eso NO lo *elimina*". –No; *ustedes* NO pueden *eliminar* aquello que NO está *allí*. Y entonces dirían: "¡Estamos *jugando*!". –No; NO estamos *jugando*...

Hubo una 'tormenta' *visible* para 'este mundo', pero esa 'tormenta' NO estaba *dentro* de *la* Conciencia-*Cristo* – y esa Conciencia se *exteriorizó* como la *pacificación* de la 'tormenta'. Ustedes bien podrían decir: "Entonces, *¿por qué* esa Conciencia *no* se exterioriza como un *lisiado* que ya NO está *lisiado*?" Pues eso es justamente lo que *hará* – eso es precisamente lo que Él *demostró* que *hace* – Esa Conciencia Se *exterioriza* como un *lisiado* que ya NO está más *lisiado*. ¿Subió y bajó por 'este mundo', y *sanó* a **todos** los lisiados? –No; *sólo al que* vino *hacia* Él; al que puso su atención **en** Él.

Ustedes se preguntarán: "*¿Qué* hay con la hambruna en 'este mundo'? *Si* existe un Poder tan grande, ¿por qué *no* hacemos que la comida *descienda del cielo*?" –Bueno, ¿por qué alguien *nos* pregunta a 'nosotros'? Alguien le preguntó a *Él* – dijeron: "*¿Qué* podemos hacer con estas personas? – NO tienen *qué* comer?" Ésa era la *conciencia* de *ellos*. ¿*Cuál* era Su Conciencia? Él *tenía esa Mente que estaba en Cristo-Jesús*. ¿*Qué* fue lo que *hizo* esa *Mente*? –Esa *Mente* sabía que: *sólo* El Espíritu está *presente*; *sólo* la *Actividad* del Espíritu está *presente* – y aquello que NO *constituye* la *Actividad* **del** Espíritu, NO *está presente*. Para Él, NO había *condición* alguna que 'cambiar', porque la **única** *Actividad* del Espíritu, NO es una *'condición'*, sino *Perfección*. Y Su Conciencia de dicha *Perfección*, se *exteriorizó* como comida, *revelando* con ello que existe una *Perfección Invisible*, dondequiera que haya una *Mente*-Cristo, traída hacia lo *Visible*. Nuevamente Pablo cuestiona: "¿Cuentan <u>ustedes</u> con esa Mente?"

De esa manera están ustedes *encarando* TODO, *con* el *conocimiento* de que: <u>la *Perfección* está *aquí, presente*</u>; **y** constituye la <u>ÚNICA Presencia</u>. El Yo, NO estoy *trayendo comida a 'este mundo'* – la Comida, **está** *aquí*; el Yo, NO estoy *trayendo suministros a 'este mundo'* – la Provisión, *está aquí*; el Yo, NO estoy *trayendo alegría a 'este mundo'* – el Gozo, *está aquí*; el Yo, NO estoy *trayendo salud a 'este mundo'* – la Salud, *está aquí*. El Yo, estoy *aceptando* que la *Perfección está aquí: instantánea, constante, incesantemente*. Ésa es la *Conciencia*-Israelita que *porta* la *Túnica Blanca*.

Esa *Conciencia*-Israelita llegó a ustedes, a través de la *práctica* **y** del *deseo* de *seguir los pasos*, de 'Alguien' que *había demostrado* La Verdad. Es en esa *aceptación*, que <u>su</u> *frente* está **sellada**. Al *violarla, ustedes* se *apartan* del *Ser* **ÚNICO**, hacia una *personalidad dual*; hacia una *creencia en los opuestos*; hacia una *creencia* en TODAS las tragedias que 'este *mundo*' presenta. Ustedes se *castigan* a sí mismos, al *vivir* **y** *aceptar* la NO-EXISTENCIA, como una *condición* de <u>su</u> vida.

> *"Ellos clamaban ahora a gran voz, diciendo: Salvación a nuestro Dios, Quien se sienta sobre el trono; y al Cordero"* (Revelación 7:10).

Ellos estaban diciendo que <u>**sólo** en El Espíritu hay Salvación</u>; que **sólo** en El Cristo, RECONOCIDO como Identidad, se encuentran la Paz, la Verdad, la Plenitud *del* Padre, *en* la vida de <u>ustedes</u>. Ellos se *consagraban por completo*, a la ÚNICA Voluntad *del* Padre, al **aceptarse** *a sí mismos* como siendo: **Su** *Propio Espíritu*.

"Todos los ángeles estaban de pie alrededor del trono, y alrededor de los ancianos, y alrededor de las cuatro bestias – y se postraron sobre sus rostros frente al trono, y adoraban a Dios" (Revelación 7:11).

Ésa es una clase *distinta* de *adoración* a la que 'este *mundo*' ha conocido. Implica: *una Adoración* SIN *separación* – ya NO más: Dios ALLÍ, *y* yo AQUÍ. La *Adoración* A Dios implica: la *aceptación de* Dios como *mi* Padre; la *aceptación* de *Su* Sustancia como *mi* Sustancia. Consideren eso por un instante...

Para *tener* la Mente-*Cristo*, <u>ustedes **tienen** que ser</u>: El Cristo. Para ser El Cristo, <u>ustedes tienen que ser</u>: el Hijo DE Dios. ¿Podrían acaso tener la Mente-*Cristo*, si NO fueran el Hijo DE Dios? Y aquí se les está diciendo que: TENGAN *esa Mente*; se les está diciendo que SON el Hijo DE Dios. Cuando se les dice que Dios ES, <u>su</u> Padre, ¿no son ésas, *buenas noticias*? ¿Hay *algo más* que ustedes *necesiten* saber? ¿No pueden realmente *obtener* TODO *desde ahí*? –*del* que Dios *sea* <u>su</u> Padre. Y recuerden las veces que *pensaron* que <u>su</u> *Padre*, NO se encontraba donde *ustedes* estaban; acuérdense de los momentos en que *ignoraron* por completo la *Presencia* de <u>su</u> Padre; acuérdense de los momentos en que *las cosas salieron mal*, y ustedes las *aceptaron* como si en *realidad* estuvieran aconteciendo, SIN *saber* que, debido a que Dios ES, <u>su</u> Padre, resulta del TODO **imposible** que, al Hijo DE Dios, le pase algo que NO sea: lo *Perfecto*.

∞∞∞∞∞∞ Fin del Lado Uno ∞∞∞∞∞∞

Dense cuenta cómo, *los ladrones de 'este mundo'*, les han estado *robando* <u>su</u> *Identidad*. Ustedes SON: El Hijo DE Dios – resulta *imposible* ser algo más que *Perfecto*, **e** Hijo DE Dios. Y <u>*ustedes*</u>, NO son quienes lo *deciden* – <u>ustedes</u> NO pueden *decidir* lo que van a ser; <u>ustedes</u> NO pueden *decidir* lo que *no* van a ser. Se trata de los Hechos de la Vida: <u>AHORA</u> **SOMOS** los **Hijos** DE <u>Dios</u>. Y este *simple* **Hecho**, Portentoso **y** capaz de *destruir* la tierra, ha sido completamente *ignorado* por la mayoría de nosotros, por las religiones de 'este mundo'. Hemos estado diciendo que El Hijo DE Dios, que *El Yo Soy*, es: 'imperfecto' – que tiene que ser *'mejorado'*; que está *'enfermo'*; que sufre *'carencias'*; que es *'limitado'*; que se va a *'morir'*. Eso NO ES, El Hijo DE Dios – ¡para *nada*! Eso es, un *concepto falso* que hemos *admitido*, el cual **nada** tiene que ver con nuestra *Identidad*, con nuestro *Ser*.

Así pues, *antes* que sea *roto* el **Séptimo** *Sello*, finalmente llegamos a RECONOCER que debido a que SOY El Hijo DE Dios, y debido a que Dios ES Mi Padre, TODO aquello que *niegue* Mi *Perfección*, NO solo es *una mentira*, sino que NO se encuentra *aquí* – se trata de: una *sugestión mental* **inexistente**. **Carece** de TODO *Poder* para cambiar el **Hecho** *del Ser* – que El Padre, la ÚNICA Presencia; El Espíritu, la ÚNICA Presencia, la cual constituye Mi *Sustancia*, ES SIEMPRE Él Mismo, y JAMÁS podría ser algo *menos* que: Ser *Eterno* **y** *Perfecto*.

Cuando la Conciencia **admite** ese *Hecho*, entonces es que YA estamos *preparados* para *entrar* en la *Experiencia* **de** Cielo **y** tierra, en una Vida que es: *Eterna* – eso constituye el *Hecho*; el cual NO necesita *alcanzarse* – desde SIEMPRE ha sido: un *Hecho*. Ustedes, simplemente NO *rechacen* el *Hecho* – pero **sí** *aprendan a rechazar* 'su supuesto *opuesto'*. Entonces *descubrirán* que TODO el *Poder* de ese *Hecho*, una vez **aceptado** en su Conciencia, constituye: su *Unión Consciente* CON *Dios*, Quien ES el ÚNICO Ser *Concientizado*.

No existe NINGÚN otro *Conocimiento* – y ese *Conocimiento* es lo que está *abriendo* ahora, el **Séptimo** *Sello*, diciendo:

"*¡Amén! Bendiciones y gloria; sabiduría, acción de gracias, honor, autoridad y poder, sean para nuestro Dios, por los siglos de los siglos. ¡Amén!*" (Revelación 7:12).

Nuestro Dios, El Espíritu, ES: UNO **y** lo ÚNICO. Y TODO aquello que NO *sea* Espíritu, es una *imagen* en el *tiempo* **y** en el *espacio*. Ustedes *aprenderán* a basarse sobre eso, *sin* necesidad de *mover* un músculo y *sin* necesidad de *mover* un pensamiento – ¡y NADA podrá *engañarlos* JAMÁS!

"*Y uno de los ancianos respondió diciéndome: '¿Quiénes son éstos que están vestidos con túnicas blancas? ¿De dónde vinieron?' Y yo le dije: 'Señor, tú lo sabes'. Y él me dijo: 'Bueno, ellos son los que han salido de la gran tribulación; quienes han lavado sus mantos; y quienes los han blanqueado en la sangre del Cordero'"* (Revelación 7:13, 14).

Tal y como nosotros lo estamos haciendo.

El Séptimo Sello está *abierto* ahora, al RECONOCER que: **Dios ES, MI Padre** – pero NO por *declararlo*, sino por *concientizarlo*, por *admitirlo*. Y ese RECONOCIMIENTO incluye: la *vivificación* del Ser de ustedes, la *aceptación* de las consecuencias de que Dios sea *su* Padre, **y** la *comprensión* de que, puesto que Dios ES, el Poder, la Mente, la Presencia TOTALES, es que NO hay poder en el universo que pueda *contrarrestar* la Perfección DE Dios *gobernando* el Ser de ustedes, en TODO momento. La Perfección DE Dios constituye la *certeza* de que la Perfección de *su* Padre, JAMÁS es algo *menos* que *su* Ser Perfecto. La Perfección conlleva la Capacidad de *sustentar* Su Propia Creación en Perfección; la Capacidad de *mantener, alimentar, señorear, proteger, salvaguardar, guiar,* **e** *instruir* – y debido a que Dios ES Perfecto en TODO esto, **y** debido a que Dios ES MI Padre, es que El Yo, Estoy SIEMPRE bajo el *perfecto cuidado* de MI Padre.

TODO aquello que *niegue* lo anterior, constituye la *mentira*. El *Hecho* de la Protección *Perfecta* de MI Padre, JAMÁS cambia. TODO cuanto en mi pasado haya *negado* esto, es una *mentira*, por lo que JAMÁS pudo haber acontecido. La enfermedad, JAMÁS pudo acontecerle al Hijo DE Dios – y ustedes, NUNCA fueron algo menos que el Hijo DE Dios. *Cualquier* enfermedad que ustedes hayan *experimentado*, NO es más que la *aceptación* del hecho de que Dios,

NO *es* y NO *fue*, SU Padre. Así pues, *dense cuenta* que su *aceptación* de que Dios NO *fuera* su Padre, JAMÁS *cambió* el **Hecho** de aquello que Dios ES. El *cuidado* que Dios tiene del Ser de *ustedes*, NUNCA ha *cambiado*. ¿Qué les está diciendo esto? –Les está diciendo que <u>ustedes</u> admitieron un concepto *falso* de ustedes mismos, así como de su experiencia; les está diciendo que ese ser que *estaba enfermo*, JAMÁS fue el Ser de <u>ustedes</u>; les está diciendo que el ser que era *pobre*, JAMÁS fue el Ser de <u>ustedes</u>; les está diciendo que el ser que *estaba desnutrido*, JAMÁS fue el Ser de <u>ustedes</u>. ¿Acaso Dios NO los *alimentó* lo *suficiente*? ¿Acaso Dios *cerró* un ojo, y los dejó SIN protección? –No; ustedes *vivieron* un *falso sentido* de <u>ustedes</u> *mismos*.

DENTRO de <u>su</u> Naturaleza *Espiritual*, NO *existe* cicatriz alguna – NO hay huesos fracturados; NO hay dolores – NO existe más que <u>su</u> Ser *Puro, Perfecto*, SIEMPRE *Inmaculado*. Y cada vez que <u>ustedes</u> se *mantengan conscientes* de eso, lo *suficiente* como para *borrar* de <u>su</u> propio *libro de recuerdos* todo aquello que les *aconteció* – DISTINTO A Dios – **y** que *comprendan* que NO pudo haberle *acontecido* al Hijo DE Dios, entonces *descubrirán* que están *destruyendo* la red de pensamientos de *'este mundo'*; se habrán *puesto de acuerdo* con <u>su</u> *adversario*, al *comprender* la naturaleza *falsa* de <u>su</u> *adversario* – y ustedes *serán* entonces, uno de aquellos que estarán *dirigiéndose* hacia: El Reino DE los Cielos, sobre la tierra.

Ahora que el **Séptimo** *Sello está abierto* por esta **aceptación** de la *Verdad* en la Biblia, ésos serán quienes se *dirigirán* hacia la Maestría, hacia el Señorío. NUNCA morirán; NUNCA se enfermarán; NUNCA tendrán carencias, porque han **aceptado** que su Vida ES, El Espíritu DE Dios. Y eso era *todo* cuanto, en ese momento, les *faltaba*. Al NO haber *aceptado* que <u>su</u> Vida fuera El Espíritu DE Dios, NO había forma alguna que *mantuvieran* la Integridad de <u>su</u> Ser – *defendían* a un fantasma, *mejoraban* a un fantasma, *corregían* a un fantasma, *esperaban* que un fantasma *sobreviviera*, y *alimentaban* a un fantasma…

El *Hombre Nuevo* constituye el *retorno* a esa Conciencia *llamada*: *Virgen*. La Conciencia *Virginal* es quien *sigue* al Cordero. Todos estamos siendo *restaurados* hacia la Conciencia-*Virgen* de María – la Conciencia de que El Espíritu DE Dios, constituye el *Nombre* de MI Ser; la Conciencia de que la Naturaleza Paterna DE Dios, está *asegurada*, porque nuestra Sustancia ES Una y la Misma. Esa Sustancia ES, por SIEMPRE, Divina; está por SIEMPRE, siendo *alimentada* por El Padre; está por SIEMPRE, siendo *mantenida* por El Padre. Y la hipnosis de la *mente de 'este mundo'*, que decreta lo *contrario*, *cae* sobre los Oídos y los Ojos, los cuales constituyen los Oídos y los Ojos DEL Cristo – Oídos y Ojos que *redimen* las *apariencias*; que se *niegan* a ser algo menos que El Hijo DE Dios que El Yo, **Soy**. Ya NO podremos más, ser *despojados* de nuestra Identidad, *excepto*: por <u>nuestra</u> *propia falsa* voluntad.

Ahora bien, cualquiera que *acepte* que: **Dios ES Mi Padre**, <u>tendrá</u> que experimentar una *elevación* que NO puede ser *descrita* con palabras. Ustedes pudieran ser *tentados* a *negar* lo anterior, tal como Pedro fue tentado – *muchos* son *tentados a negarlo*, porque NO han *aprendido* que es CIERTO. Pero *cuando* ustedes hayan *aprendido* que ésa es la Verdad, y aun así lo *sigan negando*, entonces su *negación* será *aún peor*. Porque *negar* por *ignorancia*, es una cosa; pero *negar* aquello que se ha **aprendido** que constituye la Verdad, implica *admitir* que NO se tiene *voluntad* alguna de caminar DENTRO del Reino de los Cielos, en la tierra – y *así será* para aquel que *niegue*, *sabiendo*.

Ahora bien, ¿*cómo* podría el Yo *dañarlos*? *Si* existiera algún daño en el Mí, entonces NO podría ser *como* El Hijo DE Dios que *Yo Soy* – tendría que ser en mi *falso sentido de ser* – pero esa *falsa* sensación de personalidad, *carece* de TODO poder sobre ustedes. Quienquiera que pretendiera dañarlos, tendría que estar *dentro* del *falso sentido de ser*. ¿Van ustedes a *aceptar* un *falso sentido de ser* que cuente con la *posibilidad* de dañar? El Hijo DE Dios ES, el *Nombre* de TODO Individuo. Cuando una *persona* actúa *fuera* de <u>su</u> Identidad – CARECIENDO de poder – bien podría *aceptar* que otra *persona, también* está *fuera* de su Identidad, **y** *cuenta* con poder – de ahí que cualquier arma tendría poder sobre todo aquel que se *mantuviera fuera* de su Identidad. Pero cuando ustedes RECONOCEN *como* Hijo DE Dios, a TODO aquél que se *acerque* a ustedes con la intención de dañar, entonces, *¿'quién'* sería en *realidad* aquél que se *acerca* a ustedes queriendo dañar? El Hijo DE Dios, NO *viene* hacia <u>ustedes</u> – El Hijo DE Dios ES, TODO cuanto está AQUÍ. *¿Quién* pues, es el que *viene?* –NADIE; NADA. Ah, pero ustedes *pensaron* que se trataba de una *persona* – NO *sabían* que era una Conciencia; y NO *sabían* que la Conciencia 'tomó forma' debido a la *mente de 'este mundo',* la cual formó un *vapor* a través del cual El Alma, la Identidad, Se *mueve* – ahí, NO hay más que una *imagen* de alguien, *pretendiendo* dañar.

El *adversario* de ustedes es: la *mente de 'este mundo',* la cual llega, a través de la *falsa* conciencia, *como* una 'persona' que *daña* – pero TODO cuanto existe ES, El Hijo DE Dios. Ahora bien, después de *cientos* de veces en que ustedes hayan RECONOCIDO que TODO cuanto existe ES, El Hijo DE Dios, *finalmente* podrán, con *absoluta certeza,* decir: "TODO cuanto hay *ahí* ES, El Hijo DE Dios; y TODO cuanto está *aquí* ES, El Hijo DE Dios". Entonces se *encontrarán* EN la Mente-*Cristo* – más allá de eso, NO hay nada que *hacer* – y lo *mismo* aplica con *cualquier* problema que los acose.

Y es que, *si* ustedes tan solo *resuelven* el 'cincuenta por ciento' de sus problemas de esa manera; o incluso *si* tan solo *resuelven* 'uno', entonces eso les *demostrará* que cuando USTEDES **conocen** La Verdad, entonces La Verdad que USTEDES **conocen**, los *hace* a USTEDES, *libres*. El Hijo DE Dios ES, el ÚNICO Hijo sobre esta tierra. *Si* ustedes NO pueden *elevarse* lo suficiente como para *aceptar* eso, pero *quieren* admitirlo *sólo* para sus amigos, parientes o familia, entonces NO estarán *aceptando* La Verdad de que El Espíritu ES, TODO. Y uno NO puede *'aceptar'* una *verdad a medias',* esperando que *funcione*. Pero *si* ustedes van a *bendecir* a TODOS en su Conciencia; y *saben,* que El ÚNICO Hijo DE Dios camina sobre esta tierra; y a través de la *niebla* ustedes se *mantienen viendo* las *muchas* formas de los *muchos* niveles de conciencia, entonces *sabrán* que las *muchas* conciencias y formas, NO *cambian* al *Invisible* Hijo DE Dios.

El Padre los *hizo* A ustedes y A TODOS en esta tierra, a *Su Propia Imagen* y a *Su Propia* Semejanza. *Cada* uno ES, El Hijo DE Dios. Nosotros <u>tenemos</u> que **aceptarlo**; <u>tenemos</u> que *ser fieles* a esto, y <u>tenemos</u> que *bendecir* a TODOS. Y en la **aceptación** del Hijo ÚNICO Universal DE Dios *como:* Imagen y Semejanza *Divinas*, ustedes habrán *eliminado* TODO el *daño potencial* de este universo, *contra* ustedes. ¿*Quién* está ahí? –La Imagen y Semejanza *Divinas*. ¿Los va a *lastimar*? ¿Los va a *matar* de hambre? ¿Les va a *enviar* un virus? ¿Les va a *doler*? –¡No puede! ¿*Qué* es aquello que *puede dañarlos*? –La *creencia* de <u>ustedes</u> de que hay *algo más* que El Hijo DE Dios; la *creencia* de <u>ustedes</u> de que existen *condiciones materiales*; la *creencia* de <u>ustedes</u> de que El Espíritu NO ES, TODO.

Ahora estamos *enfatizando* aquello que *impacta* nuestra vida diaria, ¿cierto? No estamos considerando una *revelación* del año 35 d. C o del 60 d. C. Estamos *poniendo atención* a La Palabra de la Mente-*Cristo* en nosotros, hoy en día; estamos *comprendiendo* la *Revelación* de una verdad, que fue *cierta* en aquel entonces acerca *de* Dios, como siendo nuestro Padre, que ACTUALMENTE y SIEMPRE, será *cierta*. Así que TODO cuanto se *necesita* para ustedes, para mí y para 'este mundo' en general, es: *aprender a* **aceptar** Su Palabra; y, en esa **aceptación**, saber que lo *opuesto* NO puede ser *cierto* a la vez. UNO SOLO ES *verdadero*: El Hijo DE Dios, El Espíritu DE Dios, *dentro* de <u>ustedes</u>, Quien *conforma* El Reino DE Dios. Y TODA cualidad del Padre *dentro* de ese Espíritu de <u>ustedes</u>, actúa, en TODO momento, al cien por ciento para *mantener* la Integridad de <u>su</u> Ser en TODO momento, para *mantener* <u>su</u> Salud; para *mantener* <u>su</u> Vida, Eterna; para *mantener* <u>su</u> Provisión; para *mantener* la Perfección de <u>su</u> Ser. Y entonces, 'aquí afuera', se encuentra un nivel de conciencia que NO está del todo *consciente* de esto, *interrumpiendo* esa Plenitud en una *fracción* – y esa *fracción* aparece *como* un "*yo*" *físico, como* una *experiencia física, como* un

Clase 12: El Séptimo Sello

nivel de conciencia llamado *humanidad*, todo lo cual no es más que la experiencia *fraccionada* del *falso* estado de consciencia de ustedes. Y de esa manera RECONOCEMOS la Plenitud, la cual es *inherente* a *su* Ser – tan solo requiere *fidelidad* al *Hecho* de que: Dios ES, El Padre *de* ustedes.

Así pues, ése será el tema de TODAS sus meditaciones durante la semana – el que ustedes *recuerden* que: Dios ES, *su* Padre – Hecho que NO puede ser alterado. Entonces podrían preguntarse: "¿Sería posible que el Yo cruzara la calle, y fuera *atropellado* por un automóvil?" Y *ustedes* debieran responder: "**¡No!**"; porque entonces Dios, *no* sería *su* Padre; Dios, *no* permitiría que Su Hijo cruzara la calle, y fuera atropellado por un automóvil. ¿Sería posible que ustedes estuvieran *enfermos*? ¿Por qué Dios permitiría que Su Hijo *enfermara*? ¿*No* implicaría eso un niño *imperfecto; alguien* que tendría que ser *mejorado*? ¿Podría Dios 'crearlos' *algo menos* que *Perfectos*? Se dice que ustedes fueron creados *a Su Imagen* y *a Su Semejanza*, lo cual implica: *Perfectos*. Así que: *descarten* **y** *borren* todos esos *desastres potenciales* que la mente *humana* siempre está *imaginando*. Borren el millón de 'patrañas' con las cuales el *error* pudo haber existido en el *falso* sentido de vida, **y** *aprendan a despertar* DENTRO del Reino DE Dios, *como* El Hijo DE Dios.

Cuando en Lucas nos fue revelado que: "el Cielo *está a la 'mano' – cerca*", se estaba indicando que *ustedes* pueden entrar al Reino **de** los Cielos, *aquí y ahora* – porque el Cielo *está*, donde *ustedes* estén. ¿*Dónde* más podría estar El Hijo DE Dios, *si no* EN el Cielo? ¿Existe algún *otro lugar* para El Hijo DE Dios? Y *si* TODOS SOMOS El Hijo DE Dios, entonces ¿*dónde* está el Cielo? –Justo dónde *nosotros* nos *encontremos* en **este** instante. ¿Y *dónde* está el *infierno*? –El *infierno* está *donde insistimos* en que nos encontramos: DENTRO de **nuestra propia** conciencia. No tenemos que *esperar* NI un solo día para encontrarnos AHÍ. Pero nosotros, *tenemos* que *salir* de la conciencia que hace un infierno, del Cielo, DENTRO de *nuestras* 'propias' mentes'.

Ahora bien; NO tenemos que *dirigirnos* a ningún lado en busca del Cielo – y *tampoco* tenemos que *esperar*. El Hijo DE Dios *está*, EN el cielo – y se *encuentra AQUÍ, AHORA*. En el momento en que *ustedes* lo *entiendan*, entonces se *darán cuenta* por qué Lucas dijo que: El Reino DE Dios está DENTRO de <u>nosotros</u> – es aquello que constituye <u>su</u> *Identidad* como El Hijo DE Dios. ¿Se *dan cuenta* que TODO cuanto *necesitan* se encuentra *aquí*? No es algo que tenga que ser *cultivado*, porque se encuentra *AQUÍ* – existe *AQUÍ*, donde <u>ustedes</u> *están*. TODO lo que se requiere de <u>ustedes</u> es: la **aceptación** del Hecho de que: se encuentra *AQUÍ*.

Cuanto más estudian la vida *de* Jesús, *tanto más captan* que verdaderamente están *estudiando* la Vida de la *Mente-Cristo* sobre la tierra. La *aceptación* de que TODO está AQUÍ, implica el RECONOCIMIENTO de que NO *falta nada* en El Hijo DE Dios. *Si* padecieran 'hambre', sería porque NO estarían *consciente* de la provisión que está *AQUÍ* – SIEMPRE donde ustedes se *encuentran*. Y debieran *permitir* que <u>su</u> Conciencia se *eleve* hacia el lugar donde se vuelven *consciente* de esa TOTALIDAD que se encuentra *aquí* – JAMÁS falta NADA; NUNCA estamos en *otro* lugar; TODO está SIEMPRE donde <u>ustedes</u> *están*. DENTRO de <u>su</u> *dividida* conciencia-*humana*, simplemente NO son *conscientes* de la TOTALIDAD que está *aquí*. Pero *cuando* ustedes son *conscientes* de SER El Hijo DE Dios, **y** lo *viven*, entonces NUNCA *negarán* que las *Cualidades* del Hijo DE Dios SON: la *Perfecta* Imagen **y** la *Perfecta* Semejanza DEL Padre: Completo, Pleno, Autónomo hasta la Eternidad. Y debido a que NO hay *muerte* EN el Padre, es que NO hay *muerte* EN El Hijo; debido a que NO hay *carencia* EN El Padre, es que NO hay *carencia* EN El Hijo; debido a que NO hay *problemas* EN El Padre, es que NO hay *problemas* EN El Hijo. TODO cuanto está *EN* El Padre, está *EN* El Hijo; TODO cuanto está *EN* El Padre, se encuentra *EN* el Ser de *ustedes* – NADA se les ha *retenido*; NADA puede serles *quitado*. Pero *cuando* <u>ustedes</u> **creen** que 'algo' les es *retenido* o *quitado*, entonces *niegan* la Identidad *como* El Hijo DE Dios; y es cuando el *pensamiento* de 'este mundo', les *roba* <u>su</u> Ser.

CLASE 12: EL SÉPTIMO SELLO

Con eso casi terminamos el **Séptimo Sello**.

"*Por lo tanto, están delante del trono de Dios, sirviéndole día y noche en Su templo*" (Revelación 7:15).

RECONOZCAN que el Ser de <u>ustedes</u>, constituye El *Templo* DE Dios. "*¿Acaso no sabéis que <u>vosotros</u> SOIS el Templo* DEL *Dios viviente?*" (2 Corintios 6:16).

"*Y aquél que está sentado sobre el trono, morará entre ellos. Y ellos no tendrán más hambre*" (Revelación 7:15, 16).

El Hijo DE Dios RECONOCIDO, **aceptado** como la Identidad de <u>ustedes</u>, ya NO tendrá más 'hambre'.

"*Ya no tendrán sed; y la luz del sol no los iluminará, ni los calentará*" (Revelación 7:16).

Miren, mientras *dependan* del sol en el firmamento **y** del calor del sol, <u>ustedes</u> NO se estarán **aceptando** como El Hijo DE Dios. *Cuando* ustedes se RECONOCEN dentro de <u>su</u> Conciencia como ese Hijo, entonces ustedes SON la Luz, ustedes SON el Calor. No *dependerán* más de NADA *fuera* de <u>su</u> Ser − se encontrarán *autosuficientes* por completo. Esto constituye el *Hecho actual*, que espera por <u>su</u> **aceptación**.

"*Porque el Cordero que está en medio del trono, los alimentará ...*" (Revelación 7:17).

El Cristo EN ustedes, **aceptado** como el Ser DE ustedes, *Se* alimenta *a Sí Mismo*.

"*... y los conducirá a fuentes de aguas vivas − y Dios enjugará toda lágrima de sus ojos*" (Revelación 7:17).

Cada lágrima implica la **negación** de que *ustedes* SON: El Hijo DE Dios. Y es que, como Hijo DE Dios, NO existe *razón* alguna por la cual *llorar*.

Bien pues, esto constituye *El Camino* – y *ustedes* mismos tendrán que *abrir el* **Séptimo** *Sello*. Y eso implica: *Revestirse* de *Inmortalidad* – El Hijo DE Dios ES, *Inmortal* – eso significa que El Hijo DE Dios, NO es un *mortal*. Eso implica que *ustedes* NO son, *seres mortales*, **y**, *a la vez*, El Hijo DE Dios. *Ustedes* tendrán que *luchar* contra esto, hasta que puedan *llegar* a esa conclusión *conmovedora* de que, *si* ustedes SON El Hijo DE Dios, entonces, por lógica, habrá *muchas* otras 'cosas' que *ustedes*, ¡NO son!

Ahora *meditemos* sobre esto, para *alcanzar* la *Plena* Conciencia, de que *sólo* El Hijo DE Dios está *aquí*, en TODA esta tierra, y en TODOS los universos *desconocidos*. Y ese Hijo DE Dios ES, UN ÚNICO Cristo *Invisible* – con *tu* Nombre, con *mi* Nombre, y con *nuestro* Nombre, *inseparables* **del** Padre – SIEMPRE bajo la Ley Divina; *Perfectos* como *nuestro Padre que está en los Cielos* (Mateo 6:9). *Consideren* lo anterior por un tiempo; *profundícenlo* en su contemplación; *apliquenlo* en TODO aquello que conozcan, hasta que la **certeza** de esto se asegure *dentro* de *ustedes*: YO, SOY ESE HIJO.

El Yo, *Soy* la Sustancia DE Dios; Su Espíritu ES, Mi Espíritu; por lo tanto, la *única* ley que Me gobierna ES, **Su** Ley *Espiritual*. El Yo, NO estoy sujeto a *leyes materiales*, porque El Yo, NO Soy *ser material* – El Yo, *Soy* El Espíritu. El Yo, contemplo mi *falso* estado de conciencia *humana*, *detrás* de la *apariencia material* – veo cómo se formó ese *falso* estado de *conciencia* humana, conforme El Alma se movió a *través* de la *mente de 'este mundo'*. El Yo *comprendo* ahora que, a medida que *acepto* cada vez **menos** y **menos** de la *mente de 'este mundo'*, *sólo* El Alma *conformará Mi* Conciencia, y *sólo* El Alma *delineará* al Hijo *Perfecto* que El Yo, **Soy**. TODO esto lo puedo *hacer* DENTRO de *Mi* Propia Conciencia; El Yo, *Me* estoy **Sellando** a Mí Mismo; y este *Sello* se convierte en *Unicidad* RECONOCIDA: *¡Un Glorioso Ser Perfecto!*

A *cada* paso, a lo largo de este Camino *Interior* hacia esa *Unicidad*, ustedes *encontrarán* otra *veta*, otra *muesca* en la Conciencia. Ustedes *descubrirán* el significado del *sufrimiento*, como algo muy *distinto* a aquello que 'este *mundo*' ha conocido. El ÚNICO *sufrimiento* que ustedes experimentarían sería: **el liberar el falso sentido de humanidad**. Comprenderán que, debido a lo anterior, "'Él', *sufrió por* <u>nuestros</u> *pecados*" – puesto que 'Él', **aceptó** la *Realidad Interior*. Y conforme fue *puesto a prueba*, y <u>ustedes</u> lo saben, eso le provocó todo un *sufrimiento* – así como 'Él' *sufrió*, así también nosotros *sufriremos*. Pero *comparado* con los sufrimientos *de 'este mundo'*, este *sufrimiento* implica: un *Gozo Invaluable*. *Nosotros mismos* nos obligamos a *sufrir* para *avanzar* cada vez más *alto*, en la **aceptación** de <u>Su</u> Vida, como <u>nuestra</u> Vida. Y el **único** *sufrimiento* que sentimos es, cuando el *falso* sentido de vida nos *agrede* con sus *exigencias*. ¡Qué *sufrimiento* tan *distinto* a los '*sufrimientos* reales' por los que 'este *mundo*' *cree* estar atravesando!

Nosotros estamos siendo *Purificados* por *completo*, en el RECONOCIMIENTO de que El Hijo DE Dios, SIEMPRE ha Sido: El Hijo. Ustedes, JAMÁS han tenido un *karma* – tan solo era el *falso* sentido de la *mente de 'este mundo'*; pero el *karma* JAMÁS estuvo ahí – fue parte de la *hipnosis* de la *mente de 'este mundo'*. La *cancelación* del karma requiere del RECONOCIMIENTO de que: <u>NO hay *karma* alguno para El Hijo DE Dios</u> – porque: <u>El Hijo DE Dios, *carece* de pasado *humano*. El Hijo DE Dios ES: el Ser *Perfecto* y *Atemporal* DEL Padre que El Yo, **Soy**.</u>

Practicar lo anterior los llevará hacia experiencias *fuera del cuerpo*, las cuales acompañan el RECONOCIMIENTO del *Ser*-Cristo – cuando ya NO se dejan *engañar* más, por las *imágenes* que presentan las *ilusiones* de la vida *dentro* de la *forma*.

> "*Cuando abrió el séptimo sello, hubo silencio en el cielo como por espacio de media hora*" (Revelación 8:1).

Ahora bien, ese *Silencio en el Cielo por espacio de media hora*, se presenta luego de la *apertura del* **Séptimo** *Sello*, para darles a ustedes y a mí, la *oportunidad* para llevar a cabo el *Ajuste Interior* necesario ante nuestra *Nueva* Identidad *Encontrada*. *Y esa media hora*, para nosotros, abarcará 'una semana' – *El Silencio, la Paz en el Cielo*, en tanto *contemplamos* en *quietud*, la *Verdadera Naturaleza* del Ser llamado: El Cristo, el cual ES: El Hijo DE Dios; Lo Invisible *Presente*; la Realidad *Viviente* de TODOS aquellos que caminan sobre esta tierra.

Hasta la semana que viene – Bendiciones y Amor.

CLASE 13

EL SONIDO DE LAS TROMPETAS

REVELACIÓN 8:1 A REVELACIÓN 9:17

Herb: - Nos encontramos en el **Octavo** Capítulo del *Libro de la Revelación*:

> *"Y cuando él abrió el séptimo sello, hubo silencio en el cielo por espacio de media hora"* (Revelación 8:1).

Lo que suceda en este *Silencio*, dependerá del *Nivel de Conciencia* de ustedes. El Padre está diciendo: *"Descansen* un rato. *Permitan* que la Verdad que han *aprendido*, se convierta en <u>su</u> carne; *permitan* que *Mi* Palabra en ustedes, *surja*; *permitan* que *Mi* Voluntad en ustedes, *Mi* Poder en ustedes, *Mi* Sustancia en ustedes, sea TODO cuanto ustedes *son"*. Y entonces, aquellos que han sido **sellados** *en sus Frentes*, que han *recibido la Visión Interna*, *descansan* ahora **y** *pemiten* que el *Poder* DEL Espíritu sea quien determine: <u>sus</u> Acciones, <u>su</u> Voluntad, <u>sus</u> Pensamientos, <u>sus</u> Obras.

También habrá algunos que dirán: "Lo tengo; 'yo' lo entiendo todo". Así ellos *descubrirán* que <u>su</u> Silencio es, muy *breve* – tan solo de *media hora*, porque su *aceptación* mental NO fue lo *suficientemente profunda*. Ellos son quienes aún NO han *sido sellados en la Frente*; quienes NO han estado *abiertos* a la capacidad de *recibir* El Espíritu *Viviente*. Ahora, en este *Silencio*, tenemos la *oportunidad* para *revisar*, para hacer *ajustes*, para *permitir* que *el hombre viejo muera*, para *permitir* que *lo Nuevo nazca*. Así que veamos lo que, *hasta ahora*, hemos *aprendido*.

En las **Siete** *Cartas a las Iglesias*, aprendimos que existe *Un Solo* Universo *Espiritual*, a pesar de lo que nos *digan* los ojos. Aprendimos que *más allá de nuestra percepción sensoria*, se encuentra la *Realidad*; y ésta es, *Perfecta*; y lo es TODO; y Se *individualiza* como la *Individualidad Espiritual* de TODO aquel que camina sobre la tierra. Y TODOS ellos son *Perfectos*, y actúan bajo *la Perfecta Ley Espiritual*, la cual *contiene dentro* de Su *Perfección*, la capacidad para *mantener dicha Perfección*, de manera que el Universo *Espiritual*, **y** aquellos que lo *habitan, permanezcan* por SIEMPRE *Inmaculados*, por siempre *actuando* en *Perfecta* Armonía, de acuerdo con el Principio *Infalible* del Espíritu.

Además *aprendimos* que eso ES: TODO cuanto existe; que se trata de un Espíritu *Todopoderoso* SIN opuesto alguno – por lo que NO hay *otro* Ser. Nosotros *aprendimos* que se trata de un Espíritu *Omnisciente*; *aprendimos* que se trata de un Espíritu *Omnipresente, Indivisible* de Sí Mismo; *aprendimos* que este Espíritu ES: *Infinito*; *aprendimos* que NO existe NADA, *dentro* de este Espíritu *Infinito*, que sea algo *menos* que: *Infinito – Indivisible* de Sí Mismo; *aprendimos* que la Perfección ES: *Omnipresente* y *Eterna*. De esa manera El Principio ES *revelado*: TODO ES: Dios; TODO ES: Espíritu, Manteniéndose, Sustentándose, Expresándose, Conllevando *Su* Propio Cumplimiento – y nosotros, *morando* DENTRO de ese Universo, y en NINGÚN 'otro' lado.

De esta manera, para nosotros, los **Siete** *Sellos* representan ahora, esas *barreras dentro* de nuestra *humanidad*, que nos han *impedido* vivir **y** disfrutar el Universo *Perfecto* DE Dios. Y a medida que estos *Sellos son abiertos, descubrimos* que comenzamos *bastante seguros* de haber *descubierto* una gran Verdad – pero, a pesar de toda nuestra *dedicación*, una **fuerza** invisible, desconocida, *NO* reconocida, se *movió* a través de nosotros y nos *bajó del Caballo Blanco* de la Victoria, poniéndonos sobre *otro* caballo, y sobre *otro,* y *otro.* Nos encontramos *cabalgando* sobre *muchos* caballos. Descubrimos que, a pesar de caminar DENTRO de un *Perfecto* Universo *Espiritual,* nos encontramos *montando*: un *caballo de emociones*; montando: un *caballo* de *intelecto*; montando: un caballo de *materia* – y por otro lado, *declarando* 'nuestra fidelidad' a Dios TODO el tiempo. Y después llegó un *momento bendecido* cuando, a través de cierta *Actividad* en nuestra Conciencia, fue *establecida* una *Comunión* en 'este mundo' DENTRO del cual *caminamos visiblemente,* **con** el *Invisible* Universo DE Dios.

Descubrimos que el *Invisible* Universo estaba justo *aquí*; justo donde *caminábamos, oculto* a nuestro *falso* sentido de identidad. Y finalmente, *fuimos* **sellados** *en la Frente*. Estábamos *abiertos* para RECONOCER *todo* cuanto habíamos *aprendido* que existía, por medio de la Enseñanza DEL Cristo – y luego nos *pusimos de pie* DENTRO del Reino *Revelado*. Para unos fue sólo un *vistazo*; para algunos otros *nunca* aconteció; y para otros fue finalmente la *revelación* de que: "*Dondequiera* que El Yo *Estoy,* Tierra Santa ES" (Éxodo 3:5).

En esta media hora, hay Silencio en el Cielo. Existe un *período de ajuste* para ustedes y para mí, y para todo aquel que haya *recorrido* la Senda, con el *propósito* de hacer un balance, para *permitir* que lo Espiritual *profundice* – de manera que ahora pueda ser *seguido,* por *Acciones* DEL Espíritu. Entonces nosotros, quienes hemos *recibido* el *Impulso Interior,* la *capacidad para comunicarnos Directamente* CON El Padre; nosotros, a quienes *nos han vuelto hacia El Cristo Interior,* Quien constituye el Camino – nosotros *caminamos con una sensación de conocimiento,* de que aquí, justo *donde nos encontramos,* se encuentra *actuando* la Ley DE Dios; que aquí, *donde nos encontramos,* se encuentra la Ley DEL Padre, *actuando* para expresar *Su Propia* Perfección.

"*El Yo,* NO *temo lo que el hombre 'mortal' pueda hacerme*" (Salmos 118:6). No le *temo* a NINGÚN otro *poder* que NO sea: el Poder *Perfecto* DEL Padre. Y, por supuesto, deberíamos haber *alcanzado* ese Estado de Conciencia que *sabe: si* El Yo, *Soy* Espíritu, *entonces* NO existe NADA más. Nosotros pudiéramos *resistirnos* un poco a esto; y al hacerlo, diríamos: "Padre, *aceptaré* todo aquello que me impartas, pero por favor permíteme *conservar:* una o dos de '*mis' ilusiones"* – en ese momento debieran entonces *sonar las Trompetas* para aquellos, quienes por alguna *incapacidad innata* para *abrirse* al Absoluto, *descubren* que ahora *se sienten presionados* – su *falta de disposición* para: *renunciar* al sentido *personal,* a la individualidad *personal,* a la voluntad *personal,* al deseo *personal,* a *su propio* falso sentido de lo físico… todo eso *repercute* contra ese Poder del Espíritu *Interior,* El cual dice: "*¡Hágase* **Mi** *Voluntad*!"

Así es como comienza la *resistencia*; de hecho, ahora es *intensificada*. Y habrá **Siete** *Trompetas*; y cada *Trompeta* será *interpretada* por *quien muestre:* el problema, el dolor, el sufrimiento, como un acto de *castigo* por parte *del* Padre. Y recorrerán la tierra *preguntándose*: "*¿Por qué* me castigan? *¿Qué* hice para merecer esto? –He sido bueno; incluso he sido santo; he tratado de vivir una vida sagrada. *¿Qué* he hecho?" – y no RECONOCERÁN el Amor DEL Padre diciendo: "A pesar de *tu falta de voluntad,* e *incapacidad momentánea* para renunciar a *tu* sentido de justicia, a *tu* sentido acerca de la manera en que 'este mundo' debiera estar…, es la Voluntad DEL Espíritu el que *tú* seas: *Perfecto*; y el que *tú* seas: *elevado* más allá de tus 'juguetes' – esos preciados 'juguetes' de la adolescencia, *tienen* que *marcharse*. Porque en la *Madurez Espiritual, cada uno* de nosotros *tiene* que caminar DENTRO de la *Perfecta* Voluntad DEL Padre. Pero NO en el sentido de que: ahora *ya sé lo que debo hacer*; sino por el contrario, en el sentido de que: ahora *sé, que* NO *sé* – más bien *sé,* que se trata **únicamente** de la Voluntad DEL Padre en mí, la cual ha sido activada a través del Cristo DEL Ser, *Aquello* que *conoce* el Camino – pero NO 'yo', *aquí afuera* – 'yo' NO lo *sé*; y me regocijo de NO *saber,* para que pueda ser *revelado* a través del Cristo *en* mí, *aquello* que he de hacer, *adónde* he de ir, y *cómo* ha de hacerse.

Finalmente se lleva a cabo esta *rendición,* esta *renuncia* al *último* remanente de *uno mismo*; y hasta que esto se logre, debe *sonar otra Trompeta*. Cada *Trompeta* representa *otro* Nivel de

Amor, *liberándonos* de la *voluntad personal* – interpretado, por lo individual, como: *el mal sobre la tierra*. Y así veremos ahora cómo las *Trompetas* **no** son tanto *'el castigo activo de Dios'*, tal y como se nos había dicho, sino más bien: una ley – *una ley del karma*. Una ley como… bueno, digamos por ejemplo, que ustedes toman un libro de recetas de cocina, y ahí dice que horneen el pastel durante *veinte* minutos, pero lo meten al horno y lo sacan a los *treinta* minutos. Ustedes **no** dirían que el autor del libro, quien escribiera esa receta, los está *castigando* – simplemente dirían que *ustedes* **no** *obedecieron* las simples instrucciones de la receta. Lo *mismo* acontece cuando *ustedes* violan una Ley Divina que es: *Perfecta* – porque entonces todo lo *imperfecto* tendrá que acontecer; y dichas *imperfecciones* constituyen realmente, la *violación* a la Ley Divina, la cual queda evidenciada como *imperfecciones*, para que *ustedes* puedan *regresar* y dejar de ser un *hijo pródigo* que está *violando* la Ley Divina. *Quemado* pues el pastel, *sabrán* que para la *próxima* vez, **no** lo dejarán en el horno durante *treinta* minutos – se mantendrán: *alertas*. De igual manera, cuando *abandonan* por un tiempo *el Camino de la Verdad*, pudiera *parecer* que prosperan – pero, *finalmente*, el pastel se *quemará*; y entonces sabrán que **no** fue un *castigo del* Padre – eso *no* existe; no fue más que la *violación* de *ustedes*, aquello que *activó* la ley automática del Karma, la ley de: *cosechar aquello que se ha sembrado*, lo cual les *impide* caminar más lejos en errores adicionales, en errores que se conviertan en crisis. *Siempre*, gracias a la *Vara del Espíritu*, nuestro Camino se mantendrá *intacto*, si tan solo tenemos *oídos para oír* **y** *ojos para ver*. Y estos llamados *males* que entonces *aparecen*, serán *males* para algunos; pero cuando se *contemplan* dentro de su *verdadera Luz*, *constituyen* la ley del Karma que *impide* mayores desvíos.

Y ahora, las *Trompetas*:

> "*Vi a los siete ángeles que estaban delante de Dios, y a ellos les fueron dadas las siete trompetas*" (Revelación 8:2).

Ahora, aunque el 'mal' pareciera presentarse, estas *Siete Trompetas* están *sostenidas por* **Siete** *Ángeles*. Veamos la ley del Karma en acción.

"*Vino otro ángel, y se paró frente al altar con un incensario de oro; y le fue dado mucho incienso para que lo ofreciera junto con las oraciones de los santos sobre el altar de oro que estaba delante del trono*" (Revelación 8:3).

En la apertura de los **Siete** *Sellos* aprendimos *cómo* entrar en el *Reino de los Cielos*. Esto constituyó, para Juan, una Experiencia Real; constituyó una descripción de la misma Experiencia por la que nosotros estamos pasando; y ahora esas Verdades que aprendimos, están llevando algo a cabo – se están *haciendo cumplir*; se están *activando a Sí Mismas*. Fue maravilloso *aprender* la Verdad y *percibir* ahora, que la Verdad en El Espíritu está SIEMPRE *activa*. Toca una *Trompeta* – y cada vez que toca otra *Trompeta* – la Verdad *dentro* de ustedes, remueve, destruye, desentierra otro remanente de naturaleza *humana*, a lo cual ustedes dicen: "¡Oh! Duele; duele…" Sí; *duele* – pero nosotros *vamos* por la Verdad, y Ésta nos dice: "El *Yo*, **no** *he venido a traer paz, sino una Espada*. El Yo, he venido a: *detener* los condicionamientos de la mente *humana*". Y a medida que la Verdad *muerde*, sentimos esa *mordida incisiva*; sentimos el *dolor* que provoca, porque estamos siendo *liberados* de la mentira. Pronto nos *acostumbraremos*; *aprenderemos* que la *Acción* de la Verdad solo es *dolorosa* debido a una sola razón – estamos *reaccionando* a esa Verdad. Cuando nos movemos a un ritmo *propio*, *desemejante* al Ritmo **del** Padre, entonces la Verdad resulta muy *inquietante*. Por otro lado, cuando estamos *dispuestos* a *permanecer* **dentro** de la Verdad, para darnos cuenta que la Verdad *sabe* más, de lo que nuestra *naturaleza humana* sabe, entonces cabalgaremos *dentro* del Ritmo de la Verdad, SIN fricciones, SIN oponernos a Ella, y descubriremos que al *aferrarnos* a la *ausencia* de *deseos,* el dolor es eliminado. Pueda que ni siquiera se den cuenta del hecho de que se están **aferrando** al *ayer,* cuando la Verdad *elimine:* los *conceptos falsos.* Pero cada vez que hay *dolor;* cada vez que hay una *confusión interna,* es debido a que *lo viejo* está dando paso a *lo nuevo* – y *nosotros*… todavía *tratando* de *aferrarnos* a lo viejo.

Para algunos, este *ceder* provoca un estado de *terror* o *pánico;* para otros, conlleva una *sensación* de *fascinación* – la *Aventura* del Espíritu que los está *elevando* más allá de los niveles de la mente *finita.* Ellos se *relajan;* saben que **no** se puede *pelear* con el caballo *ensillado;* aprenden a ir a *galope,* y **no** pasa mucho tiempo antes que *desarrollen* la técnica de *saber* que el Espíritu, *cuenta* con una Ley – una Ley de *Progresión;* una Ley de *Muchas Mansiones;* una ley que dice: "*Hoy* es, un nuevo día; *hoy* es, una nueva experiencia; *hoy* **no** es, como ayer; hoy **no** almacenen los *ayeres* en el granero. El *hoy* es, totalmente fresco, nuevo; es como *maná fresco* – los conceptos del *ayer, tienen* que ser *descartados*".

Bien saben ustedes que, *si* los árboles que nos rodean **no** fueran *regenerados,* entonces *no* pasaría mucho tiempo *antes* que murieran; y, dentro de nuestros *finitos* conceptos *humanos,* todavía *creemos* que debemos *permanecer* tal como estamos, dejando simplemente *caer* lo malo, y *acumulando* lo bueno. Pero El Espíritu dice: "**No, no;** *si* ustedes lo consideran así, entonces habrá *otra Trompeta para ustedes. Tienen* que *aprender* a dejar que les *muestre* aquello que **no** pueden *saber* dentro de una mente *finita.* También *ustedes tienen* que *cambiar* – al *igual* que los árboles". Sus miembros van a *engendrar* nuevas ideas; y éstas *darán a luz* otras nuevas ideas – ustedes, serán la *Revelación* de Mi Imagen Divina **y** de Mi Semejanza. Pero **no** pueden hacerlo *dentro* de la *carne;* de *nada* aprovecha *permanecer* dentro de la *carne.* De esta manera El Espíritu *dice* ahora: "Conforme *Mi* Verdad se *active* dentro del Ser de ustedes, un Cuerpo *Nuevo* se estará formando dentro de ustedes; una Forma *Nueva,* una Mente *Nueva,* una Vida *Nueva* – un 'Tú' completamente *Nuevo,* el cual puede *continuar viviendo*

EN *Mi* Reino ". Y así es como encontraremos que hemos sido *protegidos* por el *Sello* de la Verdad, o que todavía *permanecemos* en el *vulnerable* 'Talón de Aquiles'.

Ahora tienen que recordar que *siempre* nos es dada nuestra *oportunidad* para ser *sellados* contra los dolores, las penas, los falsos conceptos. Y *si* hemos sido *tercos* en el Camino, entonces El Espíritu va ahora a *desmontar* esa terquedad. Lo único en nosotros que SIEMPRE será *destruido* es: lo *irreal* – la *realidad* de nosotros es: *Omnipotente*. Sólo aquello que *carece* de Verdad, de Sustancia, aquello que **no** procede *del* Padre, es lo que puede ser *destruido*. El Yo que es, el Ser *Espiritual*, el Ser *Perfecto*, permanece por SIEMPRE: *completamente Inmaculado* **y** más allá de la destrucción – tan solo 'la maleza' está siendo hoy *arrancada* – y nosotros, bien debiéramos *renunciar voluntariamente* a ella, pues de lo contrario, será *arrancada*.

La **PRIMERA** *Trompeta sonará pronto*. El *Ángel que ahora está en el Altar con un Incensario de Oro*, es visto por Juan de la siguiente manera, lo que significa que: la Ley de la Verdad EN ustedes, se está *cumpliendo*. Y él ve al Espíritu entrando EN el Ser de ustedes, como un *Incensario de Oro*. Y en este *Incensario de Oro*, la Verdad, constituye el *Incienso*; y la Verdad será *vertida* DENTRO del Ser de ustedes. Para Juan, así es como se produce; y conforme este *Incienso* es vertido desde el *Incensario de Oro*, una *Nueva* Era, un *Nuevo* Nivel de Conciencia es *comenzado* en ustedes. A medida que la Verdad entra EN ustedes, en esa misma medida les provocará una *reacción*, si es que NO se encontraran *sellados* – porque esta Verdad constituye una *Espada* que corta Su *opuesto*. Lo anterior constituye: un *Acto de Amor*; y este *Incienso* se ofrece junto con *las oraciones de todos los Santos sobre el Altar de Oro delante del Trono*. AHORA el humo del *Incienso,* como Espíritu *pulsando* a través del Ser de ustedes, como *Nuevos* Impulsos llegando a ustedes, provoca que se *den cuenta* que están siendo *abiertos* a las *Imparticiones* de los *Ángeles*. Y a medida que esto acontece, el *Humo del Incienso*, que representa: las *Obras* de ustedes, su *Trabajo*, sus *Acciones*, debido al

Ímpetu Espiritual que ahora se les *confiere*, provoca que este *Humo*, estas *Obras*, se *eleven* DELANTE *del Padre.*

"*Y el humo del incienso ascendía delante de Dios, de la mano del ángel*" (Revelación 8:4).

Las *Acciones* de ustedes comienzan a ser de *Naturaleza Divina*. Ustedes están *siendo liberados* de cierto grado de voluntad *personal*; encuentran cierta medida de Voluntad *Divina, actuando* DENTRO de <u>su</u> Conciencia; están *entrando* a la Nueva Era DEL Espíritu.

"*Y el ángel tomó el incensario y lo llenó con fuego del altar; (la Verdad Divina) lo arrojó a la tierra – y hubo voces, truenos, relámpagos y un terremoto*" (Revelación 8:5).

Cuando la *comunicación* del Espíritu es *activada* DENTRO del Individuo, entonces tiene lugar un *terremoto* DENTRO de ese Individuo – un *vuelco* TOTAL. Ahora empieza a *sentir* que, cuando el *terremoto activa* ese *Vuelco* total; cuando *siente* que está aconteciendo el *cambio* de Conciencia, entonces lo extraño, no es que sea algo *único* en ese *Individuo* en lo *particular*, sino que se trata de algo por lo que TODOS pasan cuando eso *acontece* – se trata del *comienzo* de un *Cambio* en las Corrientes de la Vida: desde el Árbol del Bien y del Mal, hacia el Árbol de la Vida. Conforme nos *abrimos* al *Poder* del Espíritu *Interior*, entonces las apreciadas *creencias* del ayer, comienzan ahora a ser *abandonadas –* incluso *contra* nuestra propia voluntad. Las *creencias anteriores* en: enfermedad, muerte, en el poder de los males de '*este mundo*', comienzan TODAS a *desvanecerse –* TODO lo anterior forma parte de nuestro *terremoto.*

Disminuye el poder de la voluntad *personal –* se comienza a ver la Luz del *cómo* la voluntad *personal* conduce hacia la *autodestrucción*. Por eso es descrita como un *terremoto –* pero, ¿**qué** es? –Se trata del *despertar de un sueño*; tan solo los *primeros rumores somnolientos* del *despertar* del *sueño* de que: el mal es *posible*, DENTRO de la Creación *Perfecta* DE Dios. Cuando es *conocido* por lo que *es*, entonces se convierte en un *terremoto muy bienvenido*, porque *conlleva*: la *liberación*, el *cambio* de la tierra hacia el Cielo.

Ahora bien, se trata de una *embestida* a la *falsa* conciencia *material* del individuo; y TODO cuanto acontece, que *pareciera* ser un *gran* mal, no es más que la *destrucción* de dicha conciencia que NO *reconoce:* la TOTALIDAD DE Dios. Porque, en última instancia, a través de esos *truenos*, de esos *relámpagos*, de ese *terremoto*, habrá un *Renacimiento* de la Mente-*Cristo*, de la Conciencia *Inmaculada* – el RECONOCIMIENTO DEL Reino que se encuentra: *a la mano,* en TODA su *Perfección*; y ahora sólo la *niebla*, el *vapor*, es lo que está siendo *destruido*. El *cristal oscuro* está siendo *fragmentado*, por medio de la *Acción Invisible* del Espíritu con su *Incensario Dorado*, arrojando su *Incienso* al Altar DE la Verdad. La Luz está *irrumpiendo* como una *Espada*, para la conciencia *material*. En esto ustedes pueden *reconocer* muchas de las cosas que han comenzado a *perturbarlos,* las cuales *ahora* pueden ser *percibidas* desde un *enfoque superior*.

"*Y los siete ángeles que tenían las siete trompetas se dispusieron a tocarlas*" (Revelación 8:6).

Ahora recuerden: a **Cuatro** *Ángeles parados en las* **Cuatro** *Esquinas de la Tierra*, se les ha dicho que contengan los vientos *hasta que los hayan* **sellado** *en sus Frentes*; y ahora cada una de las *Trompetas* que *suenan*, están *siendo tocadas* – pero NO hay *sufrimiento* alguno para aquellos que *han sido* **sellados** CON la Verdad. Y en este *Silencio en el Cielo,* hay una *oportunidad,* para TODOS nosotros, de *retornar* a la *Casa del Padre*, para *aceptar* la Verdad, para *permanecer* en la Totalidad DE Dios. Así que ahora, cuando *comiencen* los truenos, cuando *comience* el terremoto, ¿cuál será su *reacción*? ¿Por qué hay una *sensación de agonía*? –Tan solo porque *creemos* que Dios, NO es TODO. Esa creencia *tiene* que ser *sacudida* **fuera** de nosotros. ¿Qué representa una *agonía* cuando ustedes se *establecen* **en** El Cristo? –Representa la *nada*; y, por lo tanto, en su *incredulidad* acerca de la TOTALIDAD DE Dios, **o** se *enraizan* EN la Verdad, **o** se *desenraizan* DE la Verdad – ustedes tan solo *leyeron mal* las instrucciones, o *desobedecieron*.

Nosotros hemos estado *aprendiendo* que: <u>Dios ES, TODO</u>. En la **aceptación**, por parte de ustedes, de que <u>Dios ES, TODO</u>, *descubrirán* que **ya** han *traspasado* el sonido de las Trompetas – ya NO hay más Trompetas para ustedes. Estas Trompetas son sólo para quienes NO han **aceptado** que: Dios ES, TODO. Quienes han salido DE Egipto, quienes viven EN Israel, quienes ya NO están *atados* por los sentidos… NO están *escuchando* esas *Trompetas*. Se trata tan solo del *sonido* de Satanás, en medio de nosotros, el cual está *siendo quitado* de su perchero; Satanás en medio, *siendo destruido* por la Palabra, el Verbo: <u>DIOS ES, TODO</u>. Y así, el individuo que percibe *erróneamente*, continuará *sufriendo* debido a que NO obedece la Ley *Divina*: **NO HAY NADIE MÁS QUE EL YO, EL ESPÍRITU DE** <u>DIOS</u> – Mi Universo ES, *Perfecto*; Mi Ley ES, *Perfecta*; Mi Hijo ES, *Perfecto*. "SEAN ustedes: *Perfectos*" (Mateo 5:48): <u>SEAN Mi Hijo</u>. Y la simple **aceptación** de que YO, SOY, constituye el *rechazo* a **TODA** creencia que les llega pretendiendo *convencerlos* de que: **No** lo SON. Así es como *aprendemos* a: *permanecer allí*; y he aquí, NI siquiera *escucharemos* el sonido de esas *Trompetas*.

<u>***DIOS ES TODO***</u>, constituye la *canción* que cantan. <u>***DIOS ES***</u> <u>***TODO***</u> – y en esa TOTALIDAD, ***El Yo, Soy***. <u>Ese Espíritu que ES El</u> <u>Padre</u>, ***El Yo, Soy***. Esa Ley *Espiritual*, que ES *Perfecta*, que *gobierna todo* Espíritu, es La Ley que *gobierna* Mi Ser. Y *aquello* en mí, que pudiera *negar* esto, que *pudiera reconocer* el poder de *otra ley*, el poder de la *mortalidad*, el poder de la *enfermedad*, el poder del *dolor*… *aquello* en mí que pudiera *reconocer* todo eso, constituye la *falsa* Conciencia por la cual, estas *Trompetas* continúan *sonando*.

Cuando esa *falsa* conciencia 'muere', entonces El Yo, *renazco* para El Espíritu. Este es el propósito de esta Batalla *Interior*: destruir la *falsa* conciencia en el hombre, la cual es llamada *el trono de Satanás* (Revelación 2:13). Por supuesto que *sabemos* lo que es: se trata de la conciencia de 'este *mundo*', la **mente** *mortal* en nosotros, con *sus* muchos *disfraces*; *mirando* e *identificando*: el dolor, el mal, el terror, la mala salud, la carencia, la limitación y la vejez, justo donde NO existen. Se trata de la **mente** *mortal, proyectando sus* propias *imágenes*, para después *confirmarlas*; poniéndose un *disfraz*, **y** llamándose a sí misma, **nuestra** *mente*. Y a través de *nuestros* ojos, *mira su* propia creación *falsa*, confirmándola **y** atándonos a lo *falso*, por lo que *los Ángeles arrojan Su Fuego desde el Altar.*

"Sonó el primer ángel la trompeta, y hubo granizo y fuego mezclados con sangre, los cuales fueron arrojados sobre la tierra; y la tercera parte de los árboles se quemó, y toda la hierba verde se quemó" (Revelación 8:7).

Granizo y Fuego se mezclan con Sangre. Ah, pero ¿*qué* clase de *Sangre* era esa? –Sabiduría *Divina*. ¿Qué tipo de *Fuego*? –Verdad *Divina* ¿Qué tipo de *Granizo*? –Amor *Divino*. Amor, Verdad, Sabiduría, *en medio* de ustedes – eso es todo. ¿Y *qué* fue esa *tercera parte destruida*? –La *tercera parte* de la *voluntad humana.* Cuando eso es *liberado* de ustedes, entonces esa *parte* de la voluntad es *destruida* – pero *todavía* cuentan con voluntad *personal.* No les es quitada *su voluntad* – pero ahora *su* voluntad *personal* pierde lo *personal*, en el sentido de que ahora están *dispuestos* a *hacer* la Voluntad DE Dios; poniendo *su* propia voluntad, *acorde* CON la Voluntad DE Dios. Y así se dice que sólo *una tercera parte es destruida.* **No**; esto **no** implica *agonía* en absoluto – están siendo *instruidos* POR Dios; implica *someterse* al *Impulso Divino*; aprender que SU VOZ NO puede ser *burlada*; SU Voluntad, **en** ustedes, Se está *cumpliendo.*

Y ahora la SEGUNDA *Trompeta*:

"Y el segundo ángel sonó como si fuera una gran montaña que ardía con fuego, la cual fue precipitada

en la mar; y la tercera parte de la mar se convirtió en sangre" (Revelación 8:8).

¿Saben ustedes lo que es esa *mar?* –Representa la conciencia *material* del hombre; la *mar* del *pensamiento* de '*este mundo'*, la cual *se convierte en Sangre, en una tercera parte.* Una vez más, un *tercio* de la conciencia *material* en ustedes, se convierte en: *Sabiduría* Divina, *Sangre* Divina. Y esa *gran montaña ardiendo con fuego que es precipitada en la mar*, representa la montaña del *deseo.* La montaña de ese *deseo* del ser *falso*, el cual dice: "*yo me* glorificaré". Hemos estado tan *acostumbrados* a glorificar el ser *personal*, que cuando es *destruido* hasta cierto punto en nosotros, se asemeja a *una montaña que es precipitada en la mar.* "¿Qué? –*yo no* puedo salir más, y hacer las cosas que *yo* quiero hacer; *yo no* puedo construir *mis* imperios; *yo no* puedo mostrarle al mundo lo inteligente que yo soy"… *Perder* lo *anterior, pareciera* ser la mayor *tragedia* de 'este mundo' – pero representa la *Mayor Bendición*, porque **sólo** en el *destierro* de ese gran *deseo* ardiente de *ser alguien*, de *glorificarnos* a *nosotros* mismos, es que podemos *descubrir* la mayor *alegría*: el Gozo *permanente* de GLORIFICAR AL Padre.

Y así, la *Inteligencia Superior* es filtrada a través de lo *inferior*; y el *filtrarse* hacia lo *inferior* representa la *mayor tragedia* de 'este mundo' – todo aquello por lo que trabajaron durante todos estos años, les es 'quitado'. Y, sin embargo, es como el niño que grita: "Por favor, mamá; ¡no *me quites* ese juguete! Ese muñeco es mi *querido bebé*". El niño NO *sabe* que <u>tiene</u> que *crecer* – y el *humano* TAMPOCO **sabe** que <u>tiene</u> que *crecer. Sus* deseos *personales*, <u>su</u> búsqueda de *estatus*, constituyen <u>su</u> gran deseo de *exhibir* <u>su</u> *propia* inteligencia **y** capacidades – son <u>sus</u> muñequitos. No *sabe* que en las Alas, está esperando un Paraíso en el cual NO hay 'muñecos' que le puedan ser *quitados*; en donde NO hay vida *humana* para ser *eliminada jamás*; en donde NO hay forma *humana* alguna para *experimentar* jamás una enfermedad o una *agonía.* Cuando ustedes *renuncian* a sus llamados *juguetes buenos*, entonces también *pierden* todos sus *juguetes malos* – aunque en ese nivel NO lo *sepan*. No *saben* que están siendo *redimidos* del *error ancestral*, fuera de conceptos *falsos*, de imágenes en el *tiempo* **y** en el *espacio*; NO *saben* que están siendo *elevados* hacia la Vida *Eterna* en la tierra, tal como *Eterna* lo es en el Cielo. Y así, su *pérdida* de sentido *personal* de un '*yo*', en ese momento en particular, pareciera *una montaña en llamas, precipitándose en la mar.*

"*Y ahora, una tercera parte de las criaturas que estaban en la mar y tenían vida, murieron. Y la tercera parte de los barcos fueron destruidos*" (Revelación 8:9).

Las criaturas en la mar, constituyendo *la mar* la conciencia *material*, representan los *conceptos* de esa conciencia *material*. Así pues, *una tercera parte* de nuestros *conceptos materiales*, son *destruidos* en *la mar* de la conciencia *humana*. Aprendemos que Dios, JAMÁS ha enviado un *terremoto* para destruir; Dios, JAMÁS ha enviado un *huracán*; Dios, NO está en el *torbellino*; Dios NO se está elevando en *la mar* para tragar *barcos*; Dios, NO está causando *pestes* sobre la tierra – con esto *aprendemos* que, son <u>nuestros</u> *falsos* conceptos acerca de la *materia*, aquello que nos ha hecho *prisioneros* de la mente; pero ahora, esa *mente* ya NO cuenta con más 'poder' para engañarnos. El gran engaño de la **mente** *mortal* está tomando, *lentamente*, un giro totalmente *nuevo* en nuestra existencia.

Estamos comenzando a *percibir* que estas cosas que le atribuimos al *castigo* **de** Dios, NO representan nada de eso; estamos *aprendiendo* que hay una ***fuerza*** en *acción*, una *sombra* – una *sombra* que cae sobre la tierra desde otra *sombra*, y que la **mente** *mortal* parada *frente* al Alma, *proyecta* su *sombra* sobre *el valle de sombras de la muerte*. Observen que la *muerte* de nuestra Alma es tan solo una *muerte* **imitada**. Cuando el Alma pasa *a través* de la **mente** *mortal*, *a través* de <u>la mente</u> de '*este mundo*', entonces quedamos *muertos* para el Alma. Y esa Alma, que pasa *a través* de la mente de *'este mundo'*, proyecta su *sombra* sobre la tierra. Es una pena que hayamos *identificado* esa *sombra como* 'yo', *como* 'él' y *como* 'ella'. Pero ahora *aprendemos* que nosotros, NO *somos* esa *sombra*; nosotros, NO *somos* esa *imagen*, vista a través del *cristal oscuro* de la mente de *'este mundo'* – tan solo *parecíamos* ser esa *sombra*. Henos aquí, *comenzamos* a ver que los *males* de la tierra y el *bien* de la tierra, NO son Creación *Divina*; *comenzamos* a ver que lo *bueno* que *decae* y se *convierte* en lo malo, NO es Creación *Divina*; *comenzamos* a ver que la vida *aparente* que se apaga, NUNCA fue una Vida *Divina*; *comenzamos* a ver que la imagen *humana*, NO es la Imagen y Semejanza *Divina* en absoluto.

Estamos *saliendo* de un *sueño* profundo. Y se necesita del *sonido de las Trompetas* para despertarnos a la *Realidad* en toda su Perfección – SIEMPRE radiante, SIEMPRE vital, SIEMPRE funcionando en TODA su Perfección. Estamos comenzando a ver que el *gran engañador* es: la mente de *'este mundo'*, la *niebla*, el *cristal oscuro*, lo cual ha provocado que caminemos a través de un *sueño*. La palabra *sueño* se vuelve muy *extraña* para nosotros. Aprendemos que NO hay *simbolismo* alguno en las palabras: "*Despierta tú que duermes*" (Efesios 5:14) – se trata de una declaración *directa* y *literal*. "*Despierta tú que duermes*" en la *irrealidad*, en un *sueño de mortalidad*, en un *sueño material*, en un *sueño de bien y de mal*, en un universo que NO es perfecto, en un universo de *montañas y valles*, de *odio y violencia* – ¡Ése es el *sueño*! ¿Y quién es el *soñador*? –El *soñador* es: la mente de *'este mundo'*. La mente de *'este mundo'* que se ha *desviado*, en realidad NUNCA se ha *desviado*. ¿Acaso puede una *sombra, desviarse*? Descubrimos que nuestra Alma ha *viajado* a través de SU Propio Reflejo; nuestra Alma se *mueve* a través de SU Propio Reflejo – y la sombra de ese *viaje*, constituye el *sentido falso del 'yo'*. La Mente Divina *proyecta* SU Propia Sombra – la mente de *'este mundo'* es, la sombra. El Alma Se *mueve* a través de la mente de *'este mundo'*; y luego, a través de SU Propia Sombra.

Pero cuando se *aprende* la Verdad, cuando *despertamos* del sueño, entonces *descubrimos* que nuestra Alma JAMÁS ha cambiado – nuestro *Cuerpo*-Alma JAMÁS ha cambiado; nuestra *Vida*-Alma SIEMPRE se ha encontrado *aquí*. Y *descubrimos* que existe un muy *buen uso* para este cuerpo *humano*. Es como cuando nos miramos en el espejo – vemos un *reflejo* de *nosotros mismos*. JAMÁS decimos: "Yo soy ese *reflejo*" – sabemos que es, un *reflejo* de mí; me dice **cómo** me *veo*; NO podría *ser* de *otra* manera. De la *misma* manera, lo *mismo* también *sucede* con nuestra Alma: Se *ve* en *SU* Propio Reflejo. Pero *si* nosotros *creyéramos* que: **somos** el *reflejo*, entonces *caminaríamos* dentro de ese matrimonio *falso* entre el Alma **y** <u>la mente</u> de 'este mundo'. Nos *convertiríamos* en: el niño *nacido* – NO DEL Padre, sino **de** <u>la mente</u> de 'este *mundo*', y seríamos esa **mente *mortal*** individualizada dentro de la *forma*. TODO el *sonido de las Trompetas* está *ocurriendo* <u>dentro</u> de esa **mente *mortal*** individualizada en una *forma*, la cual constituye la imagen *humana*, *inconsciente* de que *Su* Ser, *Su* Realidad ES, la Imagen *Divina*, El Hijo *Perfecto* DEL Padre.

"… *y la tercera parte de los barcos fueron destruidos*" (Revelación 8:9).

Estos *barcos* representan: las *ideas* sobre las que navegamos. A medida que nos *liberamos* de algunas de esas ideas, de esos conceptos, estamos más dispuestos a *liberarnos* de las *creencias* rígidas **y** sólidas de que exista *algo* contra lo cual tengamos que *defendernos*. A *través de la niebla* resurge la Idea de que: El Yo, el Hijo DE Dios, soy SIEMPRE, *Perfecto*; NO requiero de defensa alguna. Nos *liberamos* del conflicto y *descubrimos* que NUNCA hubo un conflicto, excepto en *nuestro sentido* del 'yo', el cual nos *esforzábamos* por *glorificar*. El *conflicto de voluntades* es lentamente *eliminado* – de lo contrario, el sonido de las *Trompetas* sería *intensificado*.

Ahora *sonará el* **Tercer** Ángel, y aquellos de nosotros que *todavía* creemos: que Dios, NO es TODO; que nosotros, NO *somos* Espíritu; que nosotros, NO *somos* la Imagen Espiritual *Permanente* del Padre; que nosotros, NO *somos* auto-suficientes EN Cristo... somos quienes escuchamos la **TERCERA** *Trompeta*.

> "*Y ahí cayó una gran estrella del cielo, ardiendo como una antorcha; cayó sobre una tercera parte de los ríos, y sobre las fuentes de las aguas – y el nombre de la estrella es 'Ajenjo'*" (Revelación 8:10, 11).

La Estrella que *cae* del Cielo ES, el Cielo, el Espíritu, *quitando* Su Protección *de* la *falsa* voluntad del hombre; y así, la *falsa* voluntad *cae* a tierra; ha *perdido* la *Protección* de los Cielos. Se nos *permitió* cometer errores *hasta* cierto punto, pero *ahora*, incluso esa *Protección* detrás de nosotros, cuando *cometemos* errores, es *eliminada*. Y *comenzamos* a ver que en *realidad,* los errores NO son *castigo* – simplemente *son, ignorancia* de la Verdad acerca *de* Dios. Estamos cara a cara con el *hecho* de que *nosotros*, en nuestra *ignorancia*, en nuestra *violación*, somos sencillamente: *acusados* por dicha *violación*.

La mar *recibe* la voluntad *personal* del hombre, la cual es llamada Ajenjo, porque las aguas se volverán *amargas*. La *amargura* representa nuestra *propia amargura* hacia nuestras *propias acciones*. Vemos que TODO cuanto hacemos, NO prospera; y, en tanto estuvimos tan *ansiosos* por hacer esto y aquello, tal como *nosotros* lo considerábamos, apenas tuvimos tiempo para *esperar* por la *confirmación* DEL Padre. Ahora nos *damos cuenta* que *nuestras propias* acciones se *convirtieron* en *amargura* dentro de nosotros – vivimos nuestras vidas como si hubiéramos sido *disparados* desde un cañón; y, de repente, *descubrimos* que nuestras *acciones* se vieron *obstaculizadas*: las grandes cosas que *pensamos* llevar a cabo, se han vuelto *agrias*; comenzamos a *desconfiar* de nosotros mismos, de nuestra *propia* voluntad *humana*.

> "*La tercera parte de las aguas se convirtió en Ajenjo; y muchos hombres murieron porque las aguas se amargaron*" (Revelación 8:11).

Cada vez que ustedes *escuchan* acerca de *morir*, SIEMPRE será a causa de las 'acciones' de los *hombres*, a causa de las 'obras' de los *hombres*, a causa de los 'conceptos' de los *hombres*. TODO esto constituye una *descripción* de la *guerra* que acontece DENTRO del Ser del *Individuo* – la *batalla* entre la **mente mortal** y el Alma. Y TODO el *simbolismo* constituye la *muerte* de la **mente mortal** cuando el Alma Se *introduce* junto con la Verdad – NO se trata de 'este mundo' *exterior* – se trata de *nuestro* conflicto *interno* entre la mente y el Espíritu.

Difícilmente encontramos alguien que NO haya *admitido* que la *mayor* parte de su vida la ha pasado en ese *conflicto* – caminando *contra* la Voluntad *desconocida* del Padre, en tanto *recorremos* la Senda de acuerdo a **nuestros** *propios* 'deseos particulares'. Acabamos de *aprender* que '*nuestros propios* deseos', SIEMPRE *conducen* hacia una *amargura*, cuando la *estrella* de la voluntad *personal* es *lanzada a la mar*.

"*El cuarto ángel sonó la trompeta, y una tercera parte del sol, una tercera parte de la luna, y una tercera parte de las estrellas, fue herida – de modo que la tercera parte de ellas se oscureció, y el día no se evidenció en una tercera parte; y lo mismo aconteció con la noche*" (Revelación 8:12).

Todas esas *grandes* y *apreciadas* 'verdades' en las que habíamos **creído**, son *destrozadas*. El hombre, *por sí mismo*, NADA puede *hacer*. *Individualmente* descubrimos esto, y *colectivamente* es proyectado – se *proyecta*, como confusión; se *proyecta*, como el hombre desubicado; se *proyecta* como 'este mundo' en el cual vivimos actualmente. La *confusión individual* a través de la *incapacidad* para caminar *de acuerdo* CON la Voluntad DEL *Padre*, se convierte en *confusión nacional*. Los gobiernos, los jefes de gobierno, las personas en todas partes, se *confunden*. Y así ustedes se *enfrentan* con leyes *aprobadas* que resultan *improvisadas*, carecen de consideración,

Clase 13: El Sonido de las Trompetas

carecen de un pensamiento *verdadero* detrás de ellas – tan solo son para 'atender' las inestables **e** incesantes *emergencias*. Las leyes **no** pueden *ajustarse* al sentido *permanente* del estadista, **ni** tampoco pueden *cumplir* **con** la Voluntad *Divina*. Y a medida que el hombre se *enreda* y se *confunde* más, sus esfuerzos *continúan* siempre *enfocados* en <u>su</u> *propia* voluntad, en <u>su</u> *autoconocimiento*..., hasta que *descubre* que <u>su</u> *propio* conocimiento resulta: *inadecuado*. El hombre **no** puede *liberarse* de la confusión a la que <u>su</u> *propia* voluntad lo ha llevado; y así el Espíritu, *retirando* Su Protección de la voluntad *personal* del hombre, *permite* al hombre, **dentro** de <u>su</u> *propia* voluntad, *contemplar* la naturaleza de <u>su</u> *propia insuficiencia*. **Todas** las dificultades que nos *acosan* en 'este mundo' hoy en día, son la *resultante* del *desconocimiento* de la Voluntad *Divina*, por parte del *hombre*, quien camina dentro de <u>su</u> *propia* voluntad, **y** *descubre* ahora que los *frutos* de dicha *voluntad*, son la *causa* de <u>su</u> sufrimiento.

Éste es el **Cuarto** *Sonido de la Trompeta*. Quizá 'este mundo' aún **no** haya *llegado* a esta Etapa, pero puede estar muy cerca – *cuando* el hombre descubra que sus océanos *contaminados*, sus lagos *contaminados*, su aire *contaminado*, **no** es más: que <u>su</u> *propia conciencia material evidenciada*. Cuando el Espíritu se *infiltra* en la conciencia *del* hombre, entonces el hombre *se da cuenta* que hay **una sola** forma de *salir* de su confusión, la cual es: *hallar* la Voluntad **del** *Padre*; dejar de *ignorarla* – lo cual constituye *desobediencia* a dicha *Voluntad*; *someterse, rendirse*... pero hay más en juego; se requiere algo más que *someterse*.

Hay otra Trompeta:

> "*Y miré, y escuché a un ángel volando a través de en medio del cielo, diciendo en voz alta: '¡Ay, ay, ay, de los habitantes de la tierra, a causa de los otros toques de trompeta de los tres ángeles, que aún no han sonado!*'"
> (Revelación 8:13).

Bueno, en esta *Etapa* de nuestro viaje, el hombre *aún* debe *recibir* un *Nuevo Impulso* desde el *Interior*. Podría decirse que la **Cuarta** *Trompeta* y las *confusiones* resultantes de ese Impulso *Espiritual*, han *despertado* al hombre al *comienzo* de una *comprensión* acerca de la *hipnosis* que *envuelve* la tierra; que TODOS los males y problemas que acosan a la *raza humana*, NO constituyen la *Voluntad* DE Dios sobre la *tierra*, sino que se trata de la *desobediencia* DEL hombre a la *Voluntad* DE Dios – el hombre 'horneando *treinta* minutos el pastel, cuando se le dijo que lo horneara durante *veinte* minutos' [*haciendo su* voluntad *personal*].

Pero ahora es *revelado* el *por qué* el hombre es *desobediente* a la Voluntad DE Dios – incluso aunque el hombre *quisiera* obedecer. Existe un RECONOCIMIENTO *creciente* acerca de la *naturaleza* de esa *desobediencia*: existe una *fuerza* en acción, la cual *obliga* al hombre a la *desobediencia*. Y en estas **Cuatro** *Trompetas*, el Espíritu está *despertando* al hombre, a la *causa* que provoca su *inquietud*. Está *aprendiendo* que *a pesar* de que *lee* la Biblia, *a pesar* de que *asiste* a la iglesia, *a pesar* de que *ora*, *a pesar* de que *afirma*: "Yo creo en Dios", *su* desobediencia a Dios *continúa*, porque existe una *fuerza* actuando DENTRO de él, la cual NO ha sido *reconocida*; una *fuerza* que *es mentirosa desde el principio*; *un asesino desde el principio*. Hay 'algo' DENTRO de él, que *mata*, que *odia*, que es *violento*, que es *falso*, que *desobedece* la *Realidad*… y *su* propio desconocimiento de esa *fuerza*, ha sido la *causa* de *sus* problemas.

Ahora esa *fuerza* está siendo: *revelada*. De repente, la *protección* del Espíritu queda completamente *eliminada*, y la *fuerza* que causa la mortalidad, que causa los decesos, que causa los males de *'este mundo'*, las torturas de la mente y del cuerpo, esa *fuerza* es *revelada* como: **la mente** *de 'este mundo';* la ***falsa* mente** de 'este mundo'; la **mente** *falsificada*. Así vemos que: **Satanás, la mente** *falsificada* **es, la mente humana**. El hombre NO lo creería SIN las Trompetas *sonando* DENTRO de él, *hasta que* un día… *abre* los ojos y *dice*: "¡Dios mío! ¡Satanás es, *mi propia* mente!"; la serpiente *en* *medio de mí*, aquello que causa TODOS mis problemas es: ¡la **mente mortal** DENTRO de mí!

∞∞∞∞∞∞ Fin del Lado Uno ∞∞∞∞∞∞

Éste es el comienzo del **Capítulo 9**.

"*Y sonó el quinto ángel, y yo vi caer una estrella del cielo hacia la tierra – a él se le dio la llave del pozo sin fondo*" (Revelación 9:1).

Esto resulta muy *importante* para nosotros – esta **Quinta** *estrella cayendo*, es decir, *la estrella cayendo con el Sonido de la* QUINTA *Trompeta*. Primero, la *estrella cayó del cielo*, implicando la voluntad personal *individual* de cada uno; y luego, finalmente, la *estrella cae* como la voluntad *total de* la tierra. A medida que *cada* individuo *pierde* la voluntad *personal*, y a medida que la tierra *pierde* la voluntad *personal*, en esa misma medida la Voluntad *Divina* es mayormente RECONOCIDA. Ahora esta *estrella* es llamada *la Llave del pozo* **sin** *fondo*, porque a medida que el hombre *pierde* la voluntad *personal*, es como si se *quitara* un *disfraz* – el hombre RECONOCE que la 'voluntad' que lo ha estado *motivando*, NO era *su* propia voluntad; que ha sido *motivado, manipulado, condicionado*, por una voluntad **diferente** a la suya, creyendo que se trataba de *su* voluntad – aunque TAMPOCO era la Voluntad *Divina* aquello que lo motivaba – *percibe* la *naturaleza* de *su falsa* voluntad, como *sus falsas* ambiciones. Fue como *si* un *hipnotizador* DENTRO de *él mismo*, le estuviera diciendo: "*haz* esto; *haz* aquello" – y **servilmente** él salió, e *hizo* esto **y** aquello, *creyendo* que se trataba de *su propia* voluntad.

A estas alturas *aprendemos* que en realidad, estábamos bajo *un estado de hipnosis*; **no** movidos por la Voluntad DEL Padre, y **tampoco** por la *nuestra* – aunque *creyendo* que se trataba de *nuestra propia* voluntad. Cuando Pablo dijo: "*Haya en ustedes esa Mente que estaba en Cristo Jesús*", nos estaba *alertando* acerca de la *falsa* voluntad que actúa a través de la *mente* del hombre. Cuando Jesús nos dijo: *"Renazcan de Agua y de Espíritu"*, él también nos estaba *alertando* acerca de la *falsa* voluntad que actúa por medio de la *mente* del hombre. Cuando dijo que: *diéramos nuestra vida y luego volviéramos a tomarla*, nos estaba *aclarando* que la voluntad que se mueve a través de *cada* mente *humana individual*, era lo que constituía, desde el principio, el *tentador*, el *engañador*. Y ahora esta *Llave para el pozo sin fondo*, constituye la *revelación* para *cada* individuo, de que el *pozo sin fondo* no es más que: la mente de 'este *mundo*'. **No** importa lo que el hombre *haga*, pues se encontrará en un *pozo sin fondo*, mientras cuente con un sentido *mental humano* – NO hay *fin* para las *infinitas formas* con las que podemos ser *engañados*. Y ahora el hombre comienza a tener *dudas* acerca de su *trabajo* en la tierra – *considera* que él es todo un *éxito*; o *considera* que es un gran *fracaso* – pero, NO es lo uno NI lo otro – él, NO puede ser un fracaso y TAMPOCO puede ser un éxito. Lo que tiene que *aprender* es: *"Por 'mí mismo', **nada** puedo hacer"*.

La idea de *éxito* del hombre, NO es la idea de *Éxito* DE Dios. La idea de *Éxito* DE Dios es: vivir EN la Vida *Eterna*; la idea de *Éxito* DE Dios es: *una Tierra Nueva y un Cielo Nuevo*. Pero eso NO representa *nuestra* idea de éxito *material*. La idea DE Dios acerca de *Éxito*, constituye la *Expresión continua* de: *Novedad*; *Salud* que *nunca* puede verse afectada por nada en esta *tierra*; *Belleza sin* fealdad; *Alegría sin* tristeza. La idea de *Éxito* DE Dios, NO conlleva *vulnerabilidad* por las cosas de *'este mundo'*; la idea de *Éxito* DE Dios, NO implica *éxito* en 'este *mundo*', sino *Éxito* en el Reino DE Dios. Si estuviéramos circunscritos a *nuestras* propias ideas de *éxito*, NUNCA escucharíamos la Voluntad DEL Padre, diciendo: *"Vengan* hacia **Mi** Reino; *renazcan* DEL Espíritu; El Yo, en *medio* de ustedes **Soy**: la *Resurrección"*. ¿Acaso suena esto como: las *palabras* que nos dicen cómo tener *éxito* DENTRO de 'este mundo' *material*?

Así el Ser descubrirá, *finalmente*, que su concepto acerca de *éxito* estuvo *bien* hasta cierto punto, aunque *después* se convirtió en *desilusión* de por vida – NO se trataba del *Éxito* del RECONOCIMIENTO

Espiritual; NO se trataba del *Éxito* del RENACIMIENTO **del** Cristo *en* ustedes – se trataba de *ese éxito* que es, por demás, INCAPAZ de *andar por el valle de la sombra de la muerte,* SIN *temer mal alguno.*

Pero ahora, con el *Nuevo* Impulso *Interior,* con la *Apertura* de un RECONOCIMIENTO del Ser *Espiritual* de ustedes, *surge* el deseo de NO buscar más '*mi* camino, *mi* voluntad' – y con ello somos *elevados* DENTRO DEL Gran Ritmo DEL Universo *Espiritual.*

Hemos *desenmascarado* al *Tentador en medio de nosotros*; el *falso* sentido de ser, el cual dice: "'*yo' por mí mismo puedo hacer muchas cosas*". Ahora <u>tienen</u> que *aprender* a *reconocer* este *falso* sentido de ser – de lo contrario, la QUINTA *Trompeta* NO habrá *alcanzado* Su cometido con ustedes. Este *falso* sentido del '*yo*', debería hacer que *observen* <u>sus</u> propias obras ahora, tal como se describen en *Revelación.* Porque justo así es como Juan *percibe* ahora a los *hombres,* a medida que se *despliegan,* a medida que **aprenden** a *observar* las obras de <u>sus</u> propios esfuerzos *humanos.*

"*Abrió el pozo sin fondo, de donde salió humo*" (Revelación 9:2).

Dense cuenta que, **de** la **mente** *mortal, surgen* las obras **de** la **mente** *mortal,* el humo **de** la **mente** *mortal.*

"*Y era como el humo de un gran horno; y el sol y el aire, se oscurecieron debido al humo del pozo*" (Revelación 9:2).

Esto se *parece* al 'smog' de la ciudad de Los Ángeles, pero abarcando TODA la tierra – el trabajo de la **mente** *mortal* se convierte en una *niebla,* de modo que NO vemos el sol *verdadero* NI el cielo *verdadero* – tan solo vemos <u>nuestros</u> conceptos. Nosotros, NO *percibimos* al Cristo *Viviente* – miramos a través del *cristal oscuro* de nuestra **mente** *mortal.* Ahora bien, esta **mente** *mortal* NO es solo una *abstracción*; NO es *algo* que se encuentra '*allá afuera*' – la **mente**

mortal está siendo *revelada* como: la ***fuerza, en*** una persona, que *mira* **desde** *adentro, a través* de los ojos de esa persona, *hacia* 'este mundo'. Se trata de la mente de 'este *mundo', individualizada* en *cada* niño vivo. *Cada* niño crece CON esa **mente *mortal*,** hasta que 'algo' *acontece*; hasta que *aprende* y puede *sostenerse* en una **Nueva Identidad,** y *decir*: "Mujer, ¿***qué*** tengo *El Yo,* que ver *contigo?*" (Juan 2:4). *Hasta* que *pueda sostenerse* en el RECONOCIMIENTO de que: el Espíritu NO *puede* nacer NI morir; que ese Espíritu *solo puede* llevar a cabo la Voluntad DEL Padre; que ese Espíritu NO *vive* DENTRO de obras *mortales,* en *el pozo sin fondo* – que ese Espíritu es: *Eternamente Libre* – **y** ese Espíritu NO está retenido en una prisión para la *mente.*

"*Salieron* **del** *humo, langostas sobre la tierra (esto significa que salieron* **de** *las obras de la* **mente *mortal***)*. A ellas les fue dado poder, tal como los escorpiones de la tierra cuentan con poder*" (Revelación 9:3).

Estamos *contemplando* aquello que ha *consumido* TODOS *nuestros esfuerzos* a través de *nuestros* días *mortales.* Las *langostas* representan: esas *acciones* que nos *parecen* maravillosamente gratificantes – aunque, a pesar de lo *maravillosamente gratificantes* que parecían, se *comen* los frutos de *nuestro esfuerzo.* A *nosotros* nos *parecían* 'grandes obras', pero ahora *aparecen* como *langostas*; y las vemos en su *verdadera* luz. Comenzamos a ver que las *obras del hombre,* NO son las *obras* DE Dios; las *obras* **del** *hombre* se convierten: en actos violentos, en odio, en pérdida, en muerte, en inquietud, en guerras. Vemos naciones *enteras* a merced de las *obras* **del** *hombre;* vemos a los *jóvenes,* ser *trasladados al campo de batalla.* ¿Por qué? –Porque el hombre dice que *necesitamos* una 'empanada del arroz de Vietnam'; que ahí hay *algo* que tenemos que 'obtener'; y para ellos eso *suena* maravilloso; se necesita *todo* eso... e, *inevitablemente,* se *pagará* el precio CON la vida *humana.*

Todo esto está siendo *revelado* como: langostas; como: conceptos *falsos* que *destruyen*. Los *"años perdidos de las langostas"* implica la **mente *mortal*** que se vive a través de *cada* individuo, *conduciéndolo* hacia toda clase de *falsas* ambiciones que se *destruyen a sí mismas*, **y** *terminan:* en la *nada*. Estas *langostas* nos *parecen 'enormes'*, hasta que *algo* dentro de nosotros *es despertado* a su *realidad*, y es entonces cuando las miramos *como:* la NADA, *pretendiendo ser algo*. Estamos siendo alertados a *"los años perdidos de la langosta"*, y *la Llave del pozo **sin** fondo* es: el RECONOCIMIENTO de lo que la **mente mortal** *realmente es*.

En el instante en que ya NO se encuentren bajo la *creencia* de: estar *mirando serpientes* donde NO las hay, en ese *mismo* instante estarán *fuera* de la influencia *hipnótica*. El RECONOCIMIENTO de que las *serpientes* NO están allí, constituye el *despertar* de la *creencia* que había *serpientes*, en donde NO había *ninguna*; el RECONOCIMIENTO de su *nada*, de su NO-presencia, constituye el *despertar* de ustedes, del sueño; el RECONOCIMIENTO de las *obras* de la conciencia *material como* siendo *nada*, como algo *perecedero* **y** *carente* de sustancia, *carente* de Ley *Divina*, *carente* de Consentimiento *Divino*, *carente* de Propósito *Divino*; este RECONOCIMIENTO de que *el pozo **sin** fondo* constituye el universo *material*, implica el *concientizar* que NO hay *serpientes* en su morada – implica ir *despertando* **de** la *falsedad* que hasta este instante, *parecía* una *realidad*.

De esta manera el Ángel, *el **Quinto** Ángel que suena la Trompeta*, nos DESPIERTA a la *realidad* de que NO hay *necesidad* de guerra; NO hay *rivalidad* en el Espíritu; NO hay *carencia* en algún lugar, NI *abundancia* en otro, DENTRO del Espíritu. Hemos estado *actuando* bajo *leyes* hechas por el *hombre*, NO bajo Leyes *Divinas*. Y el *precio* que pagamos se *encuentra* en los titulares de los periódicos – los problemas que *cada* familia y *cada* país, enfrentan – porque hemos sido *completamente 'convencidos'* de que **todos** *'conocíamos'* El Camino – bastaba con *tocar* la Biblia de vez en cuando, y decir: "Bueno; *'yo creo'* en Dios; así que ahora *saldré* **y** *haré* aquello que *'yo'* creo que es lo mejor". Y con *la **Quinta** Trompeta* descubrimos que 'yo' NO salí NI llevé a cabo, aquello que 'yo' *pensé* que era lo *mejor* – de hecho, *salí e hice*, aquello que la **mente mortal** pensó que era lo *mejor*. No fui 'yo' *haciendo* NADA – fue la **mente mortal**, haciéndolo; NO fue 'mi' *decisión* – fue la *decisión de* la **mente mortal**; NO fue 'mi' *acción* – fue la *acción de* la **mente mortal**; NI siquiera era 'mi' *cuerpo*, era el *cuerpo de* la **mente mortal**.

Estamos *viendo:* la *imagen del universo de la* **mente mortal**; estamos *viendo*: por qué hay *anarquía* en el universo *material*; estamos *viendo* por qué hay *opuestos*, por qué hay grandes *brechas*, por qué hay *dolor* – el *dolor* NO *está* ahí; NO está *allí* en absoluto – *sólo* Dios está allí; *sólo* el Universo Espiritual está allí; *sólo* la *totalidad* DE Dios ES… pero estuvimos *confundidos* por la *serpiente en medio de nosotros*, quien miró y dijo: "¡Oh NO, NO, NO! *No* solo Dios está allí – *miren* lo que hay 'ahí *afuera'*: hay una gran *oportunidad* para 'ustedes'; 'ustedes' pueden 'ser alguien'. Y será mejor que *comiencen* a *guardar* en los graneros, porque el día de mañana habrá una gran *carencia* sobre la tierra; una gran *limitación*; una gran *hambruna*. Será mejor que *acumulen* alimentos en tanto se *pueda*. ¿Y *qué* hay de las *acciones* y de los *bonos*? –Será mejor que los *cuiden*, porque les van a *hacer daño*".

Así fue como *aceptamos* que había '*otro*' mundo', **aparte** del Universo *Perfecto* DE Dios – y para 'nosotros', era *real*; y 'nuestras' grandes *ambiciones*, fueron *grandiosas*; estábamos *llevando* a cabo las obras DE Dios – estábamos realmente *convencidos*. Pero en el fondo 'nosotros' *sabíamos* que NO estábamos *haciendo* las obras DE Dios – *sólo* Cristo *puede* hacer las obras DE Dios. NINGÚN ser *mortal puede* hacer las obras DEL Ser *Inmortal*. "La *carne*, para NADA *aprovecha*" – ¡YA es hora de *saberlo*!

La **QUINTA** Trompeta:

"*Y del humo salieron langostas sobre la tierra; y se les dio poder, semejante al poder de los escorpiones de la tierra*" (Revelación 9:3).

Observen que el *Poder de la Protección* DE Dios ha sido *eliminado*, y ahora '*nuestras*' propias obras pueden *clavarnos* el aguijón. Finalmente podemos ver que '*nuestra*' propia actividad es, aquello que nos *aguijonea*.

> "*Se les ordenó que no dañaran a la hierba de la tierra, ni a ninguna cosa verde, ni a ningún árbol*" (Revelación 9:4).

Lo anterior se refiere a aquellos que han sido **Sellados** con la Conciencia *Espiritual*.

> "*Sino únicamente a aquellos hombres que no tuvieran el sello de Dios, en sus frentes*" (Revelación 9:4).

En concreto, aquellos que NO *buscan* vivir *totalmente* DENTRO DE la Voluntad DEL Padre; aquellos que *aún* permanecen en el entendimiento de que la materia *es real*, *inconscientes* de que a la materia la constituye la **mente mortal**, la cual aparece *como* formas *materiales* – los NO-iluminados, todavía tienen que *recibir* el *aguijón* de <u>sus</u> propias obras.

> "*A ellos se les dio que no debían matarlos, sino que debían ser atormentados cinco meses*" (Revelación 9:5).

Y esos **cinco** *meses* implican que pasarán a través de **cinco** *Grados diferentes de Conciencia*, hasta que *suene* la **Sexta** *Trompeta* – <u>tienen</u> que ser *elevados* a un *lugar* donde puedan *recibir* el *Impulso Espiritual*.

> "*Y su tormento era como el tormento de un escorpión, cuando golpea a un hombre*" (Revelación 9:5).

Viviendo **en** la *materia*, tenían que vivir *bajo* las leyes de la *materia* – y siendo la *materia* nuestra *creencia* de que Dios, NO es

TODO, entonces en el instante en que estuviéramos DENTRO DE una conciencia *material* estaríamos *afirmando* que Dios, NO es TODO. Puesto que Dios, NO es *materia*, entonces nuestro *reconocimiento* de la *materia*, constituiría la *afirmación* de que: Dios, NO es TODO.

Si ustedes tuvieran alguna *duda* relacionada con el hecho de que Dios NO sea *materia*, recuerden que cualquier ser *material* puede ser *fusilado* cualquier día; y ustedes NO le dispararían *A* Dios. **No** importa cuán *bueno* haya sido ese ser *material* – hubo un juez aquí en San Rafael; él fue uno de esos *Santos vivientes* para sus amigos; *hoy* en día NO está más por aquí – durante el fin de semana, algo *aconteció...*

No *importa* qué tan *buenos* o *malos* hayan sido – ustedes NO *podrían* haber sido *peores* que Saulo de Tarso; él estaba *cegado*, y esa ceguera *pudo* haber sido una *maldición* para otros – pero NO lo fue. Fue una *bendición*, porque estuvo *ciego:* a su *conciencia material;* y justo *desde* ahí *surgió* su Conciencia-*Cristo*. Nuestra *ceguera* NO necesita ser tan *violenta*; bien puede ser el *tierno reconocimiento* de que Dios, *siendo* TODO, y Dios, *siendo* Espíritu, nos lleva al *reconocimiento* de que: <u>El Espíritu ES, TODO</u>. Por lo tanto, busquemos **primero** el Reino DEL Espíritu; y, como *consecuencia*, TODO lo *demás* <u>tendrá</u> que ser *añadido*, pues al *contar* con la *Sustancia* DEL Espíritu, <u>tendremos</u> que *contar* con las '*formas*'.

De esa manera el 'hombre' *duda* ahora de 'sí mismo'; su Conciencia *Espiritual* comienza a hacerle *ver* <u>sus</u> propias obras, como *langostas*.

"*Y en esos días, los hombres buscarán la muerte, pero no la encontrarán; y la desearán. Ellos desearán morir, pero la muerte huirá de ellos*" (Revelación 9:6).

Recuerden a Job, cómo *deseaba poder morir*. Afortunadamente, NO lo hizo; por el contrario, **aprendió** la Verdad DE Dios, **y** descubrió que: <u>NO hay muerte EN Dios</u> – nosotros simplemente *morimos* a aquello que **NO** es *verdadero*; *morimos* a aquello que es *irreal*, para que lo *Real* pueda *manifestarse*.

> "*El aspecto de las langostas era como caballos preparados para la batalla*" (Revelación 9:7).

Hombres saliendo a *conquistar* 'este mundo'.
Ahora comienzan a *ver* que cuando estuvieron *haciendo* eso, en realidad **NO** estaban *conquistando* 'este mundo'. *Esos caballos preparados para la batalla,* eran solo *langostas* que iban a *devorar* ¡al *jinete*!

> "*Y en las cabezas de las langostas había como coronas de oro*", *(*victoria*); "sus rostros eran como los rostros de los hombres*" (Revelación 9:7).

Lo anterior constituye la *presunción* del hombre, en tanto *cabalga sobre su caballo*. Así es como le *parecen* 'sus' obras – como *cosas cabalgando hacia la 'victoria'*. Siente que 'él', está *llevando a cabo* la obra DE Dios; siente que 'él', es la *gran imagen y semejanza* DEL Padre – ¡pero **NO** lo es!

> "*Y las langostas tenían como cabello – cabello de mujeres; y sus dientes eran como los dientes de los leones*" (Revelación 9:8).

Ahora estamos *describiendo* las obras de los *hombres*, DENTRO DE la conciencia *material*; estamos comenzando a *ver* que *fueron atraídos* por la *falsa* belleza de *sus* propias obras. "*Cabello como de mujeres*". Ellos admiraban *sus* grandes obras; y *sus* obras tenían *dientes como de leones*. Estaban *atados*, encadenados a *sus* obras, las cuales consideraban obras de *gran* visión y coraje. *Sus* obras *tenían dientes como de leones*, para *encadenarlos* a dichas obras. –Lo anterior *describe* la manera como TODOS nos hemos *sentido*, acerca de *nuestros* logros *humanos*.

"*Y tenían corazas, por así decirlo – corazas de hierro*" (Revelación 9:9).

Y estas *corazas* representan: el *deseo* del ser *humano*, de *poder*, de *ventaja* – *nuestras* obras nos *dieron* poder y ventaja; *nos* elevaron 'por encima de las masas'.

"*Y el sonido de sus alas era como el sonido de los carros de muchos caballos, corriendo hacia la batalla*" (Revelación 9:9).

Las *alas* representan las *grandes* obras que *creimos* que 'nosotros' estábamos haciendo. Seguro ustedes han visto esos pajaritos que pareciera que se *paran en medio de la nada*, con las alas *revoloteando* a una milla por minuto. Así es como *nuestras* alas nos *parecen* – nos *parece* que nos estamos *moviendo muy rápido…* pero *dentro* de la conciencia *material*, ¡NO estamos llegando a *ningún* lugar!

"*Y tenían colas como de escorpiones; y aguijones en sus colas; y su poder consistía en lastimar a los hombres, durante cinco meses*" (Revelación 9:10).

Esas son las *obras* que nos parecen tan *geniales*, las cuales se convierten en *langostas disfrazadas*, que *consumen:* 'nuestro' *tiempo*, 'nuestro' *esfuerzo* y 'nuestras' *vidas humanas*. Y el Espíritu dice: "Éste, NO es el Camino DEL Padre. *Despójense* del *manto de la mortalidad*; *caminen* DENTRO DEL Espíritu; ustedes *descubrirán* que YA cuentan con TODO aquello por lo que se *esforzaron* por *acumular* – NADA les *faltaba*; contaban con la Plenitud DE Dios – La han *tenido* desde el *Principio*; la *tendrán* hasta la *Eternidad* – el Yo, **nunca** los *dejaré*".

Aquello a lo que *dedicamos* 'toda' una vida *humana* para *obtener*, NO es más que una *miseria insignificante* comparada con la *Totalidad* que YA está DENTRO de *nuestra* Sustancia *como* El Hijo DE Dios. Ese gran *Secreto* les es revelado a ustedes, *conforme* la *Voz* DEL Espíritu, el *Poder* DEL Espíritu, y la *Acción* DEL Espíritu, *tocan* la Conciencia de *ustedes*. TODO cuanto El Yo he estado *buscando*, YA lo SOY. ¿*Cómo* podría El Yo, *ser* El Hijo DE Dios, y al mismo tiempo ser algo *menos* que un Hijo *Perfecto*? ¿*Podría* El Hijo DE Dios *carecer* de algo? ¿*Qué* fue todo aquel *esfuerzo* y *búsqueda*, si no la *creencia* de que NO era El Hijo DE Dios? Y así, NO siendo El Hijo DE Dios DENTRO de 'mi' conciencia, *salí* para *asir todo* aquello con lo que El Hijo DE Dios YA había *nacido*; aquello que YA *tiene* – simplemente *negué* mi Herencia; *negué* mi Identidad – yo, y los otros tres mil millones. El Hijo DE Dios, YA *cuenta* con TODO cuanto El Padre *tiene*. ¿*Quién* es este *humano* que 'busca'? ¿*Quién* es este *humano* que 'se esfuerza'? ¿*Quién* era este *humano* que se 'protegía a sí mismo'? –Era *ése*, quien NO *sabía* que ES: El Hijo DE Dios – *cada* uno de nosotros DENTRO de nuestra conciencia *humana*. Y ahora 'nuestras' *obras* nos parecen *como langostas*; vemos que nos hemos *esforzado* por *obtener* aquello que YA poseíamos. ¿*Qué* mayor *desperdicio* podría haber? La **mente mortal**, en nosotros, nos ha *consumido* – pero estamos *siendo elevados* por encima de las *creencias*, por encima de la *ignorancia*.

"*Y estas langostas tenían sobre ellos, un rey, el cual es el ángel del abismo; y cuyo nombre en hebreo es Abadón, pero en griego su nombre es Apolión*" (Revelación 9:11).

Ignoro el significado en hebreo; pero Apolión significa *destructor* en griego. Así pues, la *cabeza* de estas *langostas*, estas *falsas* obras del *hombre*, son llamadas: *destructor*. Una vez más se nos dice que la **mente mortal**, es *aquello* que nos hace '*pensar*' que vamos rumbo a la *victoria*, en tanto que *destruye* aquello que *construye*. ¿Por qué *destruye*? –Porque está *construyendo* un universo de *imitación de imágenes*, llamado: *yo material* – pero, Dios ES: TODO

La *Revelación* de San Juan NO *difiere* de la *Revelación* de Jesús – va *directo* hacia 'este mundo': Dios ES, TODO. Debido a que el hombre NO puede *aceptarlo*, hay *más* Escrituras para ser *reveladas*, y aún *más* Escrituras para ser reveladas dentro de la Biblia *Viviente* de la propia Alma de ustedes. Esa Alma SIEMPRE les *revelará:* la *naturaleza* de la TOTALIDAD DEL Espíritu, hasta que llegue el día cuando la *falsa* conciencia *humana* 'se haga a un lado', y entonces el Alma *establezca el Reino de los Cielos* **en** *la tierra*, justo donde ustedes se *encuentran*: revelados, reconocidos, comprendidos **y** vividos *como:* el Ser *Inmortal* de ustedes.

Ustedes *descubrirán* que NO tendrán más *ambición personal*; que NO hay nada que tengan que *llevar a cabo* – más bien, *vivirán* de una manera *distinta*; de la manera como las *Trompetas* les recomiendan AHORA *a gran voz: aprendiendo a vivir* **aquí y ahora**.

Y con la ***Sexta*** *Trompeta*, estaremos *viendo* de esa manera.

"*Una aflicción pasó; y he aquí, vendrán otras dos, más adelante. El* SEXTO *ángel sonó la Trompeta, y yo escuché una voz de entre los cuatro cuernos del altar de oro que estaba delante de Dios, diciendo al* SEXTO *ángel que tenía la trompeta: 'ahora libera a los cuatro ángeles que están atados en el gran Río Eufrates'*" (Revelación 9:12-14).

¿Recuerdan a esos ***Cuatro*** *Ángeles en los confines de la tierra?* Estaban *atados en el gran Río Eufrates*. Eso significa que estábamos *ciegos* a su *presencia*; NO estábamos *conscientes* de ellos – nos encontrábamos *durmiendo* en el *gran Río Eufrates*. La percepción *sensorial, la mar de los cinco sentidos*, constituye ese *Río Eufrates*, porque río abajo, llega el *cargamento* de la **mente *mortal*** que TODOS *compramos y adoramos*. El cargamento *falso* de la **mente *mortal*,** *desciende* a los sentidos. Y los *sentidos* dicen: "Oh; ¿acaso no es hermoso esto? ¿Acaso no es maravilloso aquello? Ojalá pudiera *conseguir* algo de eso". Los cinco *sentidos* son, el Río Eufrates; y nos *encadenan* a los **Cuatro Ángeles**.

Llamemos a esos **Cuatro Ángeles**: **Cuatro** *Niveles* de nuestra Voluntad *Divina* – porque en el primero, estamos ***dispuestos*** a la Voluntad *Divina*; luego, estamos ***sumisos*** a la Voluntad *Divina*; después, estamos ***receptivos*** a esa Voluntad *Divina*; y finalmente, en el cuarto – debido a que estuvimos *dispuestos, sumisos y receptivos*, es que somos capaces de *avanzar* **y** *llevar a cabo* la Voluntad *Divina*: *vivir* DENTRO DE la ***Actividad*** de la Voluntad *Divina*. Ahora bien, estos **Cuatro Ángeles** se *revelan* como: la *disposición*, la *sumisión*, la *receptividad* y la *acción*, DENTRO DE nosotros, de la Voluntad DEL Padre.

A los **Cuatro Ángeles** les fue *dicho* que *retuvieran* Su *Acción*, hasta que *nosotros* hubiéramos sido **sellados**. Y ahora que el hombre *conoce* que la *naturaleza* de la **mente mortal** es *engañar*; y que la *materia* constituye la ***imitación*** que la **mente mortal** 'expele' del Espíritu *Perfecto;* es que el *Impulso* de estar: *dispuestos, sumisos, receptivos* y *vivos* DENTRO DE la *acción* DEL Espíritu, es *percibido* DENTRO del Alma del hombre, y *disuelve* el *falso sentido* de la conciencia.

> "*Y los cuatro ángeles que estaban preparados para una hora y un día y un mes y un año, fueron liberados para asesinar a la tercera parte de los hombres*" (Revelación 9:15).

El *asesinato* constituye SIEMPRE, la *aniquilación* de otro *grado* de la **mente mortal** – el *asesinato* de las *falsas creencias* de la **mente mortal**. Dense cuenta, están siendo *conducidos* hacia el RECONOCIMIENTO de la Mente-*Cristo* – *morir* a lo *falso*, siendo *renacidos* a lo *Nuevo*.

"Y el número de los ejércitos de los jinetes era doscientos millones; y yo escuché el número de ellos" (Revelación 9:16).

Estos *jinetes*, estos innumerables *jinetes*, representan a aquellos que han *salido fuera* de la conciencia del *cuerpo* – están *ausentes del cuerpo*; se encuentran *viviendo* DENTRO de la Voluntad DEL Padre. Caminan sobre la tierra, tanto *visible* como *invisiblemente* – algunos han hecho su *transición*; otros NO – *todavía* se encuentran *visibles* en la carne. Nosotros *tendríamos* que estar *entre* esos *jinetes*, si es que *aún no* lo estamos. Y estos *innumerables* jinetes constituyen las *Influencias, detrás del Velo*, que SIEMPRE trabajan para *liberarnos*; para *penetrar* nuestra Conciencia, a medida que nos *abrimos* – SIEMPRE *rodeándonos*; SIEMPRE *presentes*.

Ahora la TOTALIDAD DE Dios es más un *Hecho* Inmediato, puesto que estamos *preparados* para *aceptar* esto en este Nivel, ya que nos *encontramos* en la **SEXTA** *Trompeta*.

"Y miré a los caballos en una visión, y los jinetes sentados allí, con corazas de fuego, de zafiro y de azufre" (Revelación 9:17).

Vemos pues que las *corazas* representan el *Poder* DEL Espíritu que llega *a través* de la Conciencia. Y el Poder DEL Espíritu reside en el *Zafiro*, en el *Azufre*, y en el *Fuego*. El *Fuego* representaría la *Verdad*; el *Zafiro*, la *Voluntad* (en realidad *no* percibo con claridad esta sección); el *Azufre*, la *Justicia*. Estamos siendo *conducidos* a la *Justicia* DEL Espíritu, la cual *trasciende* el sentido *humano* de *justicia*. Y estos *Símbolos* nos dicen entonces, que hay una *Nueva* Autoridad *siendo nacida* DENTRO de nosotros – una *Nueva* Autoridad que está *reemplazando* a la **mente mortal**, la cual había constituido 'nuestra autoridad'. Nos estamos *haciendo conscientes*, de una *Nueva* Vida. Hemos *identificado* a la **mente mortal dentro** de nosotros mismos; y, debido a esta *identificación*, es que somos capaces de *reconocer* la Verdad, donde, *dentro* de la *mentira* de la **mente** *mortal*, antes habíamos estado *ciegos* a la Verdad. En tanto que *antes adorábamos* a Dios sólo de '*nombre*', ahora estamos *recibiendo* el Espíritu *Viviente* DE Dios – nos encontramos DENTRO de un Estado de Conciencia de *cambio*. Las *cabezas de estos caballos* son como las *cabezas de los leones* – ésa es la *Autoridad* DEL Espíritu EN nosotros: la *Autoridad* del *León de Judá*, la *Autoridad* DEL Cristo. Ahora podemos *reconocer* ese *Impulso Interno* que nos *saca* de la mente de 'este *mundo*'; estamos *receptivos* al Cristo; *conocemos* la Voz de nuestro Pastor. Nos *encontramos* en el Estado de Conciencia de **Una Sola** Voluntad; viviendo ahora DENTRO de **Una Sola** Voluntad DEL Padre – *independientes* de la *falsa* voluntad que *imita*; *independientes* de la **mente** *mortal*. Ustedes han *llegado* a un *lugar* donde pueden ser *capaces de* **recibir** la Voluntad, por medio de: El Cristo *en* ustedes.

Bien, ese Estado *Divino* de Ser *continúa* en tanto *permanecen* en su apariencia *mortal* de *personalidad* individual. Ése es El Cristo *reconocido* en ustedes; *alimentado* desde lo *Alto* – **no** con el pan de 'este *mundo*', sino alimentado con el Pan "*que procede de la Boca* **del** *Padre*" (Mateo 4:4). Esto constituye una *condición de Ser*, la cual implica el *Destino* de cada *Individuo* sobre la tierra. Y debiera ser así para TODOS nosotros: un Nivel de Conciencia *dentro* del cual nos *sintamos cómodos* ahora; capaces de *relajarnos*; capaces de *reconocer* al *tentador* en medio de nosotros, como **mente** *mortal*; capaces de *saber* que las *imágenes* presentadas allá *afuera* como 'formas', NO son Creación *Divina*; y, por lo tanto, NO están sustentadas por la *Divinidad*; es más, ahora somos capaces de *saber* que TODA forma *material* que miramos, *representa* la *mentira* acerca de la Imagen **y** la Semejanza *Divinas*, que se encuentra *aquí*. Esto es lo que constituye el *Cambio* en Conciencia *en* ustedes, el cual les permite: "*Mantenerse quietos…*" (2 Crónicas 20:17).

He aquí un *R<small>ECONOCIMIENTO</small> trascendente* que <u>*tiene*</u> que llevarse a cabo: <u>**TODO** aquello *visible*, **NO** fue *colocado* allí *por Dios*</u>. Se requiere de una inteligencia *común* para poder *reconocerlo*: ustedes, NO tienen que *hacer explotar* una bomba en el jardín *de* Dios; ustedes, NO tienen flores *atropelladas* por las ruedas de un camión; ustedes, NO están con personas en *pánico*, como si hubieran sido puestas allí *por* Dios. Lo que ustedes están **mirando** es: un *concepto* – el concepto *humano*, el concepto DE la **mente mortal**... pero NO es posible que lo anterior se *encuentre* 'ahí afuera', *cuando* **Dios** ES TODO cuanto se encuentra 'ahí afuera'. De esa manera *aprendemos* que, debido a que Dios ES TODO, y debido a que Dios NO es esa *apariencia material*, es que NO *hay* **nada** allí; NO puede haber 'algo' allí – 'Algo' más *tiene* que estar allí; y ese 'Algo *Espiritual'* que *está* allí, NO va a *desaparecer*; *permanecerá* por SIEMPRE allí – El Cristo *Invisible,* ¡NO se va a *ir*!

Ahora bien, *aquello* que está *ahí afuera*; *aquello* que *se nos aparece*, NO fue colocado allí *por* Dios. *¿Quién* lo colocó allí? –La **mente mortal**; pero... *¿por qué* es que lo *ven*? *¿Por qué* es que se *confunden* con eso? *¿Por qué* lo etiquetan como *bueno* o como *malo*? –Pues porque: *es* la **mente mortal** *en ustedes*, aquello que lo *etiqueta*. En este punto, *cada* uno de nosotros que nos *esforzamos* por llegar a un *lugar* donde podamos *señorear* y NO ser *señoreados*, *aprendamos* lo siguiente, por favor: *¡NO EXISTE NADA 'ALLÁ AFUERA', QUE TENGA QUE SER 'CAMBIADO'!!*

Este *'compañerito'* dentro de *ustedes* que 'mira *allá afuera*', y que *decreta* aquello que es: *bueno* o *malo*; ese *'compañerito'* es: un *mentiroso*. –La **mente mortal** en ustedes, la cual dice que *allá afuera* está aquello que es *bueno* **o** que es *malo*; esa **mente mortal** dentro de ustedes es: una *mentirosa*. Ustedes tienen una **sola** *'persona'* en todo el universo que *vencer*: la **mente mortal** en ustedes – y NO a los *ejércitos* allá afuera; NO a las *inundaciones* allá afuera; NO a los *incendios* allá afuera; NI a las *carencias* y a las *limitaciones allá afuera* – porque NO están *ahí* – Dios ES, Lo *Único* que esta ahí. Pero *ustedes* tienen ese *'compañerito'*, esa *serpiente* en medio de *ustedes*, la cual les dice: "Dios, *NO* está *allí*; son estas *otras* 'cosas' lo que está *allí*". Ese es el *'compañerito'* a *vencer*; la *serpiente* en medio de ustedes – *¡y nada más!* Y si ustedes *dedicaran* solo

dos semanas de trabajo con esa *serpiente* en medio de ustedes, *en lugar* de trabajar con 'este mundo' *exterior*, entonces *descubrirían* la *Realidad* de la antedicha *declaración* – Dios ES, Lo ***Único*** que esta *ahí*.

Bien, ésa es la *trascendencia* de la **SEXTA** *Trompeta* – *identifica* para 'nosotros', la ***causa*** de los *problemas* de 'este mundo', como: NO *externos* a nosotros mismos, sino como la *serpiente* ***invisible*** que Moisés *levantó* en el desierto. Esa *falsa* conciencia *en* nosotros, la cual *contempla* el *Reino* DE *Dios en la tierra*, y lo *declara*: 'este mundo' de *guerra*, de *odio*, de *violencia*, de *bien* y de *mal* – pero 'este mundo', de *NINGUNA* manera se encuentra *allí*. Así pues, llegamos al punto donde estamos: DISPUESTOS A ACEPTAR LA TOTALIDAD DE **DIOS** – lo cual *significa:* que ***éste*** ES, el Jardín DEL Edén, *aquí*, *ahora*; que SOMOS los Hijos DE Dios, *aquí*, *ahora*. Y el *tentador*, en medio de nosotros, *repite:* "¡NO!; ¡NO lo *eres!*"

Ese *tentador* es, la conciencia *invisible* de cada *mortal*; es el '*tipo o compañerito*' que te *despertó* esta mañana – a menos que hubieras *despertado* EN el Espíritu. Quien te despertó es, ¿esa conciencia *mortal* que *declara* un mundo de *bien* y de *mal?* O quien te despertó, ¿es *el Cristo en ustedes*, Quien dice que AHORA se encuentran ustedes *caminando* DENTRO del Jardín DEL Edén? "*El lugar en el cual se encuentran, Tierra Santa ES*" (Éxodo 3:5). ***No hay mal externo en el Universo*** – NO lo hay, DENTRO de la Conciencia-*Cristo*. Y *cualquier* conciencia que NO sea la Conciencia-*Cristo*, constituye una *falsa* conciencia, puesto que Cristo ES, El Hijo DE Dios.

Si tuviéramos que *detenernos* **y *decir***: "Bueno; ***entiendo*** eso", entonces NO lo estaríamos *entendiendo*. Es NECESARIO *estar:* dispuestos, sumisos, receptivos, **y** luego proceder a la *acción*, hacia los HECHOS que ***evidencien*** la Conciencia-Cristo. Así pues, *tenemos* que *aprender* a *ejercer* el *Señorío* – pero NO sobre 'este mundo', sino sobre: *la mente* de *'este mundo'* que habita en el *cuerpo* de ustedes. Cuando ejercen el *señorío* sobre *la mente de* 'este *mundo' en* ustedes, entonces *descubren* que tienen: SEÑORÍO SOBRE 'ESTE

MUNDO'. Ese *dominio* es un *bello señorío*; NO les permite *salir,* y *hacer 'su* voluntad' – simplemente los *convierte:* en un *instrumento* para la Voluntad *Perfecta*; y ustedes pueden *medir* su *Fidelidad,* por el *grado de Armonía* que se *manifieste* al vivir DENTRO de esa Voluntad.

Repito: 'ustedes' tienen que practicar el ejercer el dominio, el señorío, sobre la **mente** en ustedes – y NO sobre 'este *mundo*'. Cuando la *mente* en ustedes *identifica* 'un mal' en la tierra, entonces ésa, NO es la Mente DE Dios en ustedes – se trata de la **mente mortal***, haciéndose pasar* por *su* mente; y en Realidad, *tampoco* se trata de *su* mente. *Su* mente NO está *identificando* 'el mal' – se trata de esa *mente* que *ustedes* han **aceptado** *falsamente,* como *su* mente; y esa es, la *serpiente* en medio de nosotros. La *mente* que *acepta* la '*realidad* de la *materia',* es la *mente* que NO es *su* mente, sino que ha estado *haciéndose pasar* por *su* mente, en *su* vida *mortal.*

He aquí la *naturaleza* de la *hipnosis*: cada uno de nosotros *cuenta* con una *oportunidad* a través de la **receptividad al Cristo-Interior**, que YA ha **vencido** a la *mente* de 'este *mundo*', para ser *elevado,* para *trascender* ese *falso estado mental* que NO constituye NINGUNA *mente en absoluto.* Y eso *muestra* que la *serpiente,* NO es más que: una serpiente de *bronce, inmóvil, indefensa, incapaz* de *hablar.*

Me parece que ya casi es hora de ir a casa, así que vamos a *concluir* esto. Todavía nos falta la SÉPTIMA *Trompeta,* así como la *conclusión* de esta SEXTA Trompeta ¿Les molestaría si lo *hacemos,* por favor ?

Hay una *experiencia* que constituye el *descubrimiento* de la **mente mortal** en ustedes: hay 'algo' en ustedes, por ejemplo, que '*sabe*' que en dos horas estarán en casa o sentados en uno de sus restaurantes favoritos. Ese 'algo' en ustedes es, la **mente mortal**; hay 'algo' en ustedes que '*sabe*' que mañana es lunes, y que un cierto calendario de eventos debe ser *atendido* mañana – se *trata* de la **mente mortal**; hay 'algo' en ustedes, que '*toma decisiones';* y *si* todavía están DENTRO DE una conciencia *mortal,* ésa es, la **mente** *mortal.* Ahora bien, esa **mente mortal** NO *consulta* a Dios; esa **mente mortal** hace '*su propia' voluntad* EN ustedes; y ustedes *salen*, y *piensan* que son 'ustedes', quienes están haciendo *su* voluntad – ¡pero **no**! – *ustedes*, están *haciendo* la voluntad de esa **mente mortal**.

Tal vez en este momento lo anterior parezca una declaración que NO pueden *apreciar* del *todo*. Pero el "***Despierta** tú que duermes*" (Efesios 5:14), va a significar la *capacidad* de ustedes de *observar* el 'proceso de pensamiento de **su mente**' así como la 'voluntad de **su propia mente**', RECONOCIENDO que han estado *bajo la influencia de una **mente*** que NO es la *suya*; una **mente** que 'despertó' esta mañana y 'decidió' aquello que debían vestir; una **mente** que puede 'decirles' que muevan su mano derecha hacia acá, y su mano izquierda hacia allá; una *mente* que puede 'decirles' que corran por la habitación; una **mente** que puede 'decirles' que suban o bajen la colina; una **mente** que puede 'decirles' que suban o bajen del auto – esa es: la **mente mortal**.

Se trata de una **mente** que puede 'decirles', todo aquello que 'ustedes' *deben hacer*... pero NO se trata de la *Mente* DE Dios. Esa **mente**, en cada individuo sobre esta tierra es, **mente mortal**. Pero llega un momento cuando ustedes *retroceden, miran,* y *dicen*: "Pero si eres el *mismo* 'compañerito' que la semana pasada 'me dijo' que yo, estaba enfermo. Eres el '*compañerito*' que 'me dijo' que tío Harry había muerto; eres el '*compañerito*' que 'me dijo' que el hijo de mi vecino estaba tomando fármacos, y que ya no debíamos hablar con él. *Tú* eres quien 'me lo dijo'; *tú* eres quien 'me dijo' que Dios, NO es TODO".

Así pues, cuando '*ustedes*' fueron al hospital a *visitar* 'a tío Harry', era a la **mente mortal** a quien estaban 'mirando' – **no** al tío Harry; cuando '*ustedes*' *observan* cualquier pecado, enfermedad o muerte en este universo, están viendo a la **mente mortal**, haciéndose *visible*; cuando '*ustedes*' *miran* la decadencia, están viendo a la **mente mortal** haciéndose *visible*; cuando '*ustedes*' *miran* aquello que llaman vejez, están mirando a la **mente mortal**, haciéndose *visible*.

¿De *quién* **es** la ***mente***? ¿Es la *Mente* DE Dios? —**No**; se trata del *tentador* sobre la tierra; se trata de la ***mente*** *de imitación*, la cual es la ***mente del mortal***, la ***mente humana***. No sé quién lo dijo, pero llamó al 'humano': "una *penumbra* de hombre; tan solo la *sombra* de un hombre; un hombre *descolorido*".

Cuando *sean capaces* de mirar esa ***mente mortal*** en '*ustedes*', entonces habrán *visto* al *tentador*. Habrán *visto* TODO aquello de lo que *habla* la Biblia cuando dice: "¡*Vete de delante de Mí*, ***Satanás***!" – y, sin embargo, esa ***mente mortal*** los *miró* a *ustedes* durante *todo* el día. *Aprenderán* que aquello que NO ES la Mente-*Cristo*, es: la ***mente-anticristo***. Se trata del *tentador* en *medio* de nosotros; y el clímax de la Sabiduría es, ***aprender*** a mirar a esa ***mente****,* hasta que puedan: *mirarla* SIN *pensamiento* alguno. "**No** *piensen*" acerca de esa ***mente*** en ustedes, la cual NO es, la Mente-***Cristo***.

Muchos *prestarán atención* a esto; otros muchos, NO – ha sido escrito *durante* veinte siglos. Y hay algunos de nosotros que *todavía* lo estamos *aprendiendo*, **y** *dudamos…*; y todavía estamos *dispuestos* a *entregar* nuestras *obras* a las *langostas*.

Hasta aquí lo dejaremos por ahora, en el *entendido* de que hay un '*organismo vivo* DENTRO de nosotros', llamado: ***mente mortal***, el cual ha *fingido* ser *mi mente*; el cual ha *identificado* un universo *falso*; y el cual 'yo', en mi *inocencia*, he *aceptado* – incluso he *identificado* un cuerpo *falso*. Porque el ÚNICO 'cuerpo' ES, el *Cuerpo* DEL Alma, el Espíritu. *Cada* uno de nosotros *cuenta* con este *Cuerpo*-Alma, el cual, la ***mente mortal*** es, *incapaz* de RECONOCER. Pero a medida que ustedes RECONOZCAN la ***mente mortal***, tendrán *la Llave del pozo* **sin** *fondo*. El RECONOCIMIENTO de la ***mente mortal*** como: un *impostor*, le *quita* su supuesto *poder*, de manera que *cada* idea que 'les presente', cada *creencia* que 'les presente', cada *identificación* que 'les presente', ustedes podrán *mirarla* **y** *decir*: "Lo siento; eso *estaba* en mi conciencia *anterior* – pero El Yo, he ***retornado*** *a la Casa* DEL *Padre*. La ÚNICA Mente que RECONOZCO ES, la Mente-***Cristo***; y esa **Mente *Inmortal*** puede *vivir*, ahora, aquí, DENTRO del Universo ***Inmortal*** sobre la tierra".

Clase 13: El Sonido de las Trompetas

Ciertamente estamos *agradecidos* por nuestras *Trompetas* – por el *Sonido*, por la *Intensidad* de su Labor DENTRO de nosotros, porque *finalmente:* nos **despertarán** *a quienes dormimos* – **y** entonces, el *Cristo nos dará* **Su** *Luz.*

Que tengan una travesía *dichosa*, y espero verlos la próxima semana.

www.ingramcontent.com/pod-product-compliance
Lightning Source LLC
Chambersburg PA
CBHW021437070526
44577CB00002B/196